国家卫生健康委员会
"十四五"规划新形态教材

全国高等学校教材

本教材第3版曾获首届全国
教材建设奖全国优秀教材二等奖

供护理学类专业高等学历继续教育等仅

儿科护理学

第 4 版

主　编	范　玲　沙丽艳	
副主编	杨秀玲　万峰静　崔　瑾	
数字负责人	沙丽艳	
编　者	万峰静	海南医科大学国际护理学院
（以姓氏笔画为序）	毛孝容	电子科技大学医学院
	李智英	中山大学附属第一医院
	杨　莉	济宁医学院护理学院
	杨秀玲	青岛大学护理学院
	沙丽艳	大连医科大学附属第二医院
	张　红	新疆医科大学第一附属医院
	陆旭亚	浙江中医药大学护理学院
	范　玲	中国医科大学附属盛京医院
	林晓云	福建医科大学护理学院
	赵秀芳	四川大学华西第二医院
	贺琳晰	中国医科大学附属盛京医院
	崔　瑾	重庆医科大学附属儿童医院
	崔杏芳	宁夏医科大学继续教育学院
	韩　琼	楚雄医药高等专科学校护理系
编写秘书	贺琳晰	中国医科大学附属盛京医院
数字秘书	刘　洋	大连医科大学附属第二医院

人民卫生出版社
·北 京·

图书在版编目（CIP）数据

儿科护理学 / 范玲，沙丽艳主编. -- 4 版 . -- 北京：
人民卫生出版社，2024. 10. --（全国高等学历继续教育
"十四五"规划教材 . -- ISBN 978-7-117-36874-2

I. R473.72

中国国家版本馆 CIP 数据核字第 2024H47F09 号

儿科护理学
Erke Hulixue
第 4 版

主　　编　范　玲　沙丽艳
出版发行　**人民卫生出版社**（中继线 010-59780011）
地　　址　北京市朝阳区潘家园南里 19 号
邮　　编　100021
E - mail　pmph @ pmph.com
购书热线　010-59787592　010-59787584　010-65264830
印　　刷　三河市尚艺印装有限公司
经　　销　新华书店
开　　本　787×1092　1/16　　印张：30
字　　数　706 千字
版　　次　2003 年 8 月第 1 版　　2024 年 10 月第 4 版
印　　次　2024 年 11 月第 1 次印刷
标准书号　ISBN 978-7-117-36874-2
定　　价　88.00 元

打击盗版举报电话　010-59787491　　　E - mail　WQ @ pmph.com
质量问题联系电话　010-59787234　　　E - mail　zhiliang @ pmph.com
数字融合服务电话　4001118166　　　　E- mail　zengzhi @ pmph.com

出版说明

为了深入贯彻党的二十大和二十届三中全会精神，实施科教兴国战略、人才强国战略、创新驱动发展战略，落实《教育部办公厅关于加强高等学历继续教育教材建设与管理的通知》《教育部关于推进新时代普通高等学校学历继续教育改革的实施意见》等相关文件精神，充分发挥教育、科技、人才在推进中国式现代化中的基础性、战略性支撑作用，加强系列化、多样化和立体化教材建设，在对上版教材深入调研和充分论证的基础上，人民卫生出版社组织全国相关领域专家对"全国高等学历继续教育规划教材"进行第五轮修订，包含临床医学专业和护理学专业（专科起点升本科）。

本套教材自1999年出版以来，为促进高等教育大众化、普及化和教育公平，推动经济社会发展和学习型社会建设作出了重要贡献。根据国家教材委员会发布的《关于首届全国教材建设奖奖励的决定》，教材在第四轮修订中有12种获得"职业教育与继续教育类"教材建设奖（1种荣获"全国优秀教材特等奖"，3种荣获"全国优秀教材一等奖"，8种荣获"全国优秀教材二等奖"），从众多参评教材中脱颖而出，得到了专家的广泛认可。

本轮修订和编写的特点如下：

1. 坚持国家级规划教材顶层设计、全程规划、全程质控和"三基、五性、三特定"的编写原则。

2. 教材体现了高等学历继续教育的专业培养目标和专业特点。坚持了高等学历继续教育的非零起点性、学历需求性、职业需求性、模式多样性的特点，贴近了高等学历继续教育的教学实际，适应了高等学历继续教育的社会需要，满足了高等学历继续教育的岗位胜任力需求，达到了教师好教、学生好学、实践好用的"三好"教材目标。

3. 贯彻落实教育部提出的以"课程思政"为目标的课堂教学改革号召，结合各学科专业的特色和优势，生动有效地融入相应思政元素，把思想政治教育贯穿人才培养体系。

4. 将"学习目标"分类细化，学习重点更加明确；章末新增"选择题"，与本章重点难点高度契合，引导读者与时俱进，不断提升个人技能，助力通过结业考试。

5. 服务教育强国建设，贯彻教育数字化的精神，落实教育部新形态教材建设的要求，配备在线课程等数字内容。以实用性、应用型课程为主，支持自学自测、随学随练，满足交互式学习需求，服务多种教学模式。同时，为提高移动阅读体验，特赠阅电子教材。

本轮修订是在构建服务全民终身学习教育体系、培养和建设一支满足人民群众健康需求和适应新时代医疗要求的医护队伍的背景下组织编写的，力求把握新发展阶段，贯彻新发展理念，服务构建新发展格局，为党育人，为国育才，落实立德树人根本任务，遵循医学继续教育规律，适应在职学习特点，推动高等学历医学继续教育规范、有序、健康发展，为促进经济社会发展和人的全面发展提供有力支撑。

新形态教材简介

　　本套教材是利用现代信息技术及二维码，将纸书内容与数字资源进行深度融合的新形态教材，每本教材均配有数字资源和电子教材，读者可以扫描书中二维码获取。

　　1. 数字资源包含但不限于PPT课件、在线课程、自测题等。

　　2. 电子教材是纸质教材的电子阅读版本，其内容及排版与纸质教材保持一致，支持多终端浏览，具有目录导航、全文检索功能，方便与纸质教材配合使用，可实现随时随地阅读。

获取数字资源与电子教材的步骤

❶ 扫描封底**红标**二维码，获取图书"使用说明"。

❷ 揭开红标，扫描**绿标**激活码，注册/登录人卫账号获取数字资源与电子教材。

❸ 扫描书内二维码或封底绿标激活码随时查看数字资源和电子教材。

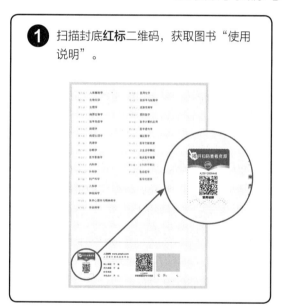

电子教材操作演示

❹ 登录 zengzhi.ipmph.com 或下载应用体验更多功能和服务。

扫描下载应用

客户服务热线 400-111-8166

前　言

　　全国高等学历继续教育规划教材《儿科护理学》从首版诞生至今历经数年。为更好地适应教学与临床需求，编写团队启动了第4版修订工作。本次编写，秉承第3版的编写理念，结合高等学历继续教育非零起点性、学历需求性、职业需求性、模式多样性的特点，按照规划教材顶层设计、全程规划、全程质控和"三基、五性、三特定"的编写原则，在遵循教材评审委员会和人民卫生出版社统一要求的基础上，以护理学专业高等学历继续教育需求为目标，结合儿科护理学专业发展的最新动向，推陈出新，使本版教材更加贴近临床工作实践。本次修订强调护理职业能力、方法能力和社会能力并举，注重与相关课程内容的衔接、知识的交叉渗透，体现护理学专业规划教材的先进性与实用性。特色如下：

　　1. 定位明确　本教材适用于我国护理学专业高等学历专科起点升本科的学生使用，也可供护理相关职称考试考生、临床护理教师和护理工作者使用和参考。

　　2. 内容与时俱进　本教材在编写内容上把握传承与创新，高度重视知识的更新，依据学科发展、疾病谱变化及儿科护理岗位的实际需求设置学习情境，优化与调整了部分章节内容，并将护理学行业发展的指南、标准、新技术及新进展等融入教材，体现了护理学规划教材的与时俱进。同时加强了"课程思政""专业赋能"理念在教材中的深度融合，挖掘提炼儿科护理学专业知识体系中所蕴含的思想价值和精神内涵，打造融"知识、能力、素质"于一体、体现护理专业特色、渗透人文情怀的护理教材。

　　3. 模块新颖丰富　编写团队在延续以护理程序为框架的编写体例基础上继续拓展编写特色：每节前设置"学习目标"，既有助于提高学习效率，又可以检验学生的学习效果；各系统重点疾病以临床真实典型案例切入，启发学生带着疑问和兴趣去学习，提高学生运用护理知识，观察、分析、解决临床实际问题的综合能力；正文中设置"知识拓展"，引导学生对研究热点及学科前沿进行深入思考；同时重视梳理知识点脉络，章末设置"学习小结"及"复习参考题"，简明、扼要地展现知识架构，帮助学生记忆与理解，增强学生的学习兴趣和思辨能力。

　　4. 形式立体多样　本书是"纸数融合"的新形态教材，更加强调教材建设的立体化、多样化，为读者提供课件、案例分析、同步练习、思维导图、在线课程、技能操作视频等多种数字教学资源。一书一码的形式，进一步增强了新形态教材的适用性与协同性。

　　本教材在编写过程中，得到了各参编院校领导及同仁的大力帮助与支持，在此谨致真诚的感谢！

　　本教材编写力求概念清楚、数字准确，但由于能力与水平有限，难免存在缺点和不当之处，恳请各院校师生及广大读者批评、指正！

2024年9月

目 录

第一章
绪论
001

第一节　儿科护理学概述 001
　　一、儿科护理学的任务和范畴 001
　　二、儿科的特点 002
　　三、儿科护理的一般原则 003
第二节　儿童年龄分期及各期特点 004
　　一、胎儿期 004
　　二、新生儿期 005
　　三、婴儿期 005
　　四、幼儿期 005
　　五、学龄前期 006
　　六、学龄期 006
　　七、青春期 006
第三节　儿科护士的角色和素质要求 007
　　一、儿科护士的角色 007
　　二、儿科护士的素质要求 008
第四节　儿科护理的发展与前景 009
第五节　儿科护理学的课程思政引导 011
　　一、课程思政在儿科护理学中的基本
　　　　范畴 012
　　二、儿科护理学思政教育要求 013

第二章
生长发育
015

第一节　生长发育概述 015
　　一、生长发育的规律 015
　　二、影响生长发育的因素 016
第二节　儿童体格生长发育 017
　　一、出生到青春期前体格生长规律 ... 018
　　二、青春期体格生长特点 020
　　三、与体格生长有关的各系统发育 ... 020
第三节　儿童神经心理行为发育 023
　　一、神经系统发育 024
　　二、感知的发育 024

三、运动的发育 026

四、语言的发育 027

五、心理活动的发展 027

六、社会行为的发展 028

第四节　儿童发展理论 030

一、弗洛伊德的性心理发展理论 030

二、艾瑞克森的心理社会发展理论 031

三、皮亚杰的认知发展理论 032

四、科尔伯格的道德发展理论 033

第五节　儿童发展中常见的问题 034

一、体格生长偏离 034

二、心理行为异常 035

第六节　儿童健康评估 038

一、健康史收集 038

二、身体评估 039

三、发育评估 042

四、家庭评估 045

五、营养评估 046

第三章
儿童及其家庭的健康促进
049

第一节　各年龄段儿童及其家庭的健康
　　　　促进 049

一、新生儿及其家庭的健康促进 050

二、婴儿及其家庭的健康促进 051

三、幼儿和学龄前儿童及其家庭的健康
　　促进 054

四、学龄儿童及其家庭的健康促进 057

五、青少年及其家庭的健康促进 058

第二节　儿童游戏 060

一、儿童游戏 060

二、游戏治疗 062

第三节　儿童事故伤害的预防及处理 063

一、窒息与异物进入机体 064

二、溺水 064

三、中毒 065

四、外伤 065

五、交通事故 066

第四节　儿童计划免疫 067

一、免疫方式及常用制剂 067

二、免疫程序 068

三、预防接种的准备及注意事项 068

四、预防接种的反应及处理 070

第四章
住院患儿及其
家庭的护理
072

第一节　儿童医疗机构的设置特点及
护理管理 072

一、儿科门诊 072

二、儿科急诊 074

三、儿科病房 075

第二节　与患儿及其家长的沟通 077

一、与患儿的沟通 077

二、与患儿家长的沟通 079

第三节　住院患儿的心理反应及护理 080

一、各年龄阶段患儿对疾病的认识 080

二、各年龄阶段患儿对住院的反应及
护理 080

第四节　住院患儿的家庭应对及护理 083

一、患儿住院对家庭的影响 083

二、住院患儿的家庭支持 084

第五节　儿童临终关怀及其家庭的
情感支持 085

一、临终患儿的护理 085

二、对临终患儿家庭的情感支持 086

第六节　儿童疼痛管理 088

一、儿童疼痛的评估 088

二、儿童疼痛的护理 090

第七节　儿童用药护理 091

一、儿童用药特点 092

二、儿童药物选用及护理 092

三、药物剂量计算 094

四、儿童给药方法 095

第五章
**儿科常用护理
技术**
098

第一节 婴儿抚触 098
第二节 儿童喂养 099
　　一、奶瓶喂养技术 099
　　二、管饲技术 100
第三节 儿童动、静脉采血技术 102
　　一、桡动脉采血技术 102
　　二、外周静脉采血技术 104
　　三、股静脉采血技术 105
第四节 儿童静脉输液技术 106
　　一、头皮静脉输液技术 106
　　二、静脉留置针输液技术 108
　　三、经外周静脉导入中心静脉置管技术 109
　　四、静脉输液港的使用与维护 111
第五节 婴幼儿灌肠法 114
第六节 温箱使用法 115
第七节 光照疗法 117
第八节 换血疗法 119

第六章
**新生儿及新生儿
疾病患儿的护理**
123

第一节 新生儿分类 123
第二节 正常足月儿的特点及护理 125
第三节 早产儿的特点及护理 128
第四节 新生儿窒息的护理 131
第五节 新生儿呼吸窘迫综合征的护理 135
第六节 新生儿缺氧缺血性脑病的护理 139
第七节 新生儿颅内出血的护理 142
第八节 新生儿黄疸的护理 145
第九节 新生儿感染性疾病的护理 148
　　一、新生儿败血症患儿的护理 149
　　二、新生儿感染性肺炎患儿的护理 150
　　三、新生儿梅毒患儿的护理 152
第十节 新生儿代谢紊乱的护理 155
　　一、新生儿低血糖症患儿的护理 155
　　二、新生儿常见代谢性疾病的特点 158
第十一节 新生儿坏死性小肠结肠炎的
　　　　　护理 159
第十二节 新生儿重症监护及护理 162

第七章
儿童营养及营养障碍性疾病患儿的护理
166

第一节　儿童能量与营养的需求......166
一、能量的需要......166
二、营养素的需求......167

第二节　儿童喂养与膳食安排......169
一、婴儿喂养......170
二、幼儿膳食安排......173
三、学龄前儿童膳食安排......173
四、学龄儿童和青春期少年膳食安排......173

第三节　儿童营养状况评估......174
一、健康史询问......174
二、营养调查......174

第四节　蛋白质–能量营养障碍患儿的护理......175
一、蛋白质–能量营养不良患儿的护理......176
二、单纯性肥胖患儿的护理......180

第五节　维生素营养障碍患儿的护理......182
一、营养性维生素D缺乏性佝偻病患儿的护理......183
二、维生素D缺乏性手足搐搦症患儿的护理......190
三、维生素A缺乏症患儿的护理......192

第六节　微量元素缺乏患儿的护理......193
一、锌缺乏患儿的护理......193
二、碘缺乏症患儿的护理......195

第八章
呼吸系统疾病患儿的护理
197

第一节　儿童呼吸系统解剖生理特点......197
一、解剖特点......197
二、生理特点......198
三、免疫特点......199

第二节　急性上呼吸道感染患儿的护理......199

第三节　急性感染性喉炎患儿的护理......202

第四节　肺炎患儿的护理......204
一、支气管肺炎患儿的护理......205
二、不同病原体所致肺炎的特点......212

第五节　支气管哮喘患儿的护理......213

第九章
循环系统疾病
患儿的护理
220

第一节　儿童循环系统解剖生理特点 …… 220
　　一、心脏的胚胎发育 …… 220
　　二、胎儿血液循环和出生后的改变 …… 222
第二节　先天性心脏病 …… 224
　　一、室间隔缺损 …… 226
　　二、房间隔缺损 …… 228
　　三、动脉导管未闭 …… 230
　　四、法洛四联症 …… 232
　　五、肺动脉瓣狭窄 …… 235
第三节　先天性心脏病患儿的护理 …… 237
第四节　病毒性心肌炎患儿的护理 …… 239

第十章
消化系统疾病
患儿的护理
245

第一节　儿童消化系统解剖生理特点 …… 245
第二节　口炎患儿的护理 …… 247
第三节　腹泻病患儿的护理 …… 249
第四节　儿童体液平衡及液体疗法 …… 257
　　一、儿童体液平衡的特点 …… 257
　　二、水、电解质和酸碱平衡紊乱 …… 258
　　三、液体疗法 …… 260
第五节　胃食管反流患儿的护理 …… 263
第六节　肠套叠患儿的护理 …… 266
第七节　先天性巨结肠患儿的护理 …… 269

第十一章
血液系统疾病
患儿的护理
272

第一节　儿童造血及血象特点 …… 272
　　一、造血特点 …… 272
　　二、血象特点 …… 273
第二节　营养性贫血患儿的护理 …… 274
　　一、缺铁性贫血患儿的护理 …… 275
　　二、营养性巨幼细胞贫血患儿的护理 …… 279
第三节　出血性疾病患儿的护理 …… 282
　　一、免疫性血小板减少症患儿的护理 …… 282
　　二、血友病患儿的护理 …… 285
第四节　急性白血病患儿的护理 …… 289

第十二章
泌尿系统疾病
患儿的护理
297

第一节 儿童泌尿系统解剖生理特点......297
　　一、解剖特点......297
　　二、生理特点......297
　　三、儿童排尿及尿液特点......298
第二节 急性肾小球肾炎患儿的护理......299
第三节 原发性肾病综合征患儿的护理......305
第四节 泌尿道感染患儿的护理......312

第十三章
神经系统疾病
患儿的护理
318

第一节 儿童神经系统解剖生理特点......318
第二节 病毒性脑炎患儿的护理......320
第三节 细菌性脑膜炎患儿的护理......324
第四节 脑性瘫痪患儿的护理......327
第五节 癫痫患儿的护理......331

第十四章
内分泌系统疾病
患儿的护理
338

第一节 先天性甲状腺功能减退症患儿
　　　　的护理......338
第二节 生长激素缺乏症患儿的护理......342
第三节 性早熟患儿的护理......345
第四节 糖尿病患儿的护理......348

第十五章
免疫缺陷病和风
湿免疫性疾病患
儿的护理
356

第一节 儿童免疫系统发育特点......356
　　一、非特异性免疫......356
　　二、特异性免疫......357
第二节 原发性免疫缺陷病患儿的护理......359
第三节 过敏性紫癜患儿的护理......362
第四节 幼年特发性关节炎患儿的护理......366
第五节 川崎病患儿的护理......369

第十六章
遗传代谢性疾病
患儿的护理
374

第一节 概述......374
第二节 唐氏综合征患儿的护理......378
第三节 苯丙酮尿症患儿的护理......382

第十七章
感染性疾病患儿的护理
386

第一节　概述 386
一、概念 386
二、儿童传染病的临床特点 386
三、传染病患儿的护理 387
第二节　麻疹患儿的护理 388
第三节　水痘患儿的护理 394
第四节　流行性腮腺炎患儿的护理 396
第五节　手足口病患儿的护理 399
第六节　猩红热患儿的护理 402
第七节　结核病患儿的护理 405
一、概述 405
二、原发型肺结核 409
三、结核性脑膜炎 410

第十八章
危重症患儿的护理
415

第一节　儿童急性中毒的护理 415
第二节　脓毒症休克患儿的护理 419
第三节　儿童惊厥的护理 423
第四节　急性呼吸衰竭患儿的护理 429
第五节　充血性心力衰竭患儿的护理 434
第六节　急性肾衰竭患儿的护理 440
第七节　儿童心肺脑复苏与护理 445

推荐阅读
453

索引
457

第一章　绪论

第一节　儿科护理学概述

	学习目标
知识目标	1. 熟悉儿科的特点及儿科护理的一般原则。 2. 了解儿科护理学的任务和范畴。
能力目标	以儿童及其家庭为中心，能够运用所学知识为儿童及其家庭实施整体护理。
素质目标	培养护生关爱生命、关注儿童健康的职业精神。

儿科护理学（pediatric nursing）是研究儿童生长发育规律及其影响因素、儿童保健、疾病预防和护理，以促进儿童身心健康发育的一门专科护理学科。儿科护理的目的是保护儿童免受或减少疾病的伤害，在关注儿童疾病预防、促进转归过程的同时，也关注环境和社会因素对儿童及其家庭健康状况的影响，保障儿童健康，提高生命质量。

一、儿科护理学的任务和范畴

（一）儿科护理学的任务

儿科护理学的任务是通过研究儿童的生长发育特点、疾病防治和保健规律，根据各年龄阶段儿童的体格、智力发育和心理行为特点提供"以儿童及其家庭为中心"的全方位整体护理，增强儿童身体素质，最大限度地降低儿童发病率和死亡率，保障和促进儿童身心健康成长。

（二）儿科护理学的范畴

一切涉及儿童时期健康、卫生保健和疾病护理等方面的问题都属于儿科护理学的范畴。儿科护理学研究的对象是自胎儿期至青春期结束。随着医学模式的转变，儿科护理学的范畴已由单纯对儿童疾病的护理转变为"以儿童及其家庭为中心"的全方位整体护理；由单纯对患病儿童的护理扩展为对所有儿童提供有关生长发育、疾病防治、健康保障和促进儿童身心健康的全面服务；由单纯的医疗保健机构来承担任务逐渐发展为由护理人员带动整个社会共同参与并承担儿童的预防保健及护理工作。儿科护理学与儿科学、基础医学、人文科学，以及其他自然、社会等多学科都有着广泛的联系，需要政府的支持和整个社会所有群体的通力协作，构建整合性儿童健康服务体系，才能实现推进儿童健康事业高质量发展的目标。

二、儿科的特点

随着医学模式的转变及护理学的发展，儿科护理的理念、内涵和模式也发生了改变。儿童与成人的根本差别在于儿童处在不断的生长发育过程中，在解剖、生理、免疫、心理行为发育，以及疾病病理、临床表现、预后、预防等方面，均存在与成人不同的特征和特殊需要，且不同时期的儿童之间也存在差异。因此，了解儿童的特点、理解儿科护理的一般原则有助于儿科护理工作的顺利开展和护理措施的正确实施。

（一）解剖、生理及免疫特点

1. 解剖特点　随着体格生长发育的不断进展，儿童在外观上也发生着变化，如体重、身高（长）、头围、胸围、臀围等的增长，身体各部分比例的改变等。儿童各器官的发育亦遵循一定规律，如骨骼的发育、牙齿的萌出等。因此，护士应熟悉儿童的正常生长发育规律，正确对待儿童生长发育过程中的特殊现象，以正确鉴别正常与病态表现。护士应将儿童生长发育规律渗透在护理工作中，如新生儿、小婴儿头部相对较大，颈部肌肉和颈椎发育相对滞后，抱新生儿时应注意保护其头颈部；儿童髋关节附近的韧带较松弛、臼窝较浅，容易发生脱臼及损伤，护理操作中动作应轻柔，避免过度牵拉。

2. 生理特点　不同年龄儿童的生理、生化正常值各不相同，如心率、呼吸频率、血压、血液和其他体液的生化检验正常值等随年龄的变化而改变。儿童生长发育快，代谢旺盛，所需营养物质和能量相对比成人多。婴儿代谢旺盛，而肾功能较差，故比成人更容易发生水和电解质紊乱；幼儿营养需求相对较高，但胃肠消化功能相对不成熟，很容易发生腹泻；儿童贫血时易出现髓外造血的表现。因此，护士只有熟悉这些生理生化特点，对患儿作出正确的评估，才能给予正确的诊疗护理措施。

3. 免疫特点　儿童皮肤、黏膜、淋巴系统、体液免疫以及细胞因子等免疫功能随年龄的增长而完善，如小婴儿常表现为生理性免疫低下状态，防御能力差，易患感染性疾病。新生儿可从母体获得IgG，暂时形成被动免疫，但3~5个月后逐渐下降；儿童一般在6~7岁时自行合成IgG的功能才达到成人水平。又由于母体IgM不能通过胎盘，故新生儿血清IgM浓度低，易患革兰氏阴性菌感染；婴幼儿期IgA缺乏，局部分泌型IgA（SIgA）也不足，易患呼吸道及胃肠道感染。因此，护理中应注意消毒隔离以预防感染，同时做好儿童计划免疫的宣教与管理。

（二）心理行为发育特点

儿童时期是心理行为发育和性格发展的重要时期。由于儿童身心未成熟，缺乏适应及满足需要的能力，依赖性较强，合作性差，需要特别的保护和照顾。同时，儿童心理行为发育还易受家庭、学校和社会环境的影响，因此护理中应贯彻"以儿童及其家庭为中心"的理念，在家庭、社会的关注和正确引导下，促进儿童身心健康成长，并根据不同年龄阶段的儿童心理行为发育特征和需求，采取相应的护理措施。

（三）临床特点

1. 病理特点　儿童疾病的种类、病理变化与成人差别很大，即使对于同一致病因素，儿童与成人，甚至不同年龄儿童的病理改变和疾病过程也会有相当大的差异。如肺炎球菌所致肺部感染，在婴幼儿时期常表现为支气管肺炎，对于年长儿和成人则表现为大叶性肺炎；当维生素D缺乏时，在婴幼儿期可引起佝偻病，而成人则表现为骨软化症、骨质疏松症。

2. 疾病特点　儿童在不同年龄阶段，机体的调节与适应能力不同，机体对病原体的反应也有差异，所以疾病的临床表现也不尽相同。颅内压增高时，年长儿症状较典型，表现为头痛、喷射性呕吐、惊厥等；而小婴儿则出现脑性尖叫、前囟饱满隆起、颅缝增宽等不典型症状。又如化脓性脑膜炎，小婴儿表现前囟隆起，而脑膜刺激征不明显。而且儿童语言表达能力有限，常不能准确诉说病情，多由家长或其照顾者代述，其可靠性与代述者的既往经验及其与患儿的亲密程度有关。学龄儿童虽能简单陈述病情，但他们的时间和空间知觉尚未发育完善，陈述的可靠性降低；部分儿童可能因惧怕打针、吃药而隐瞒病情，也有个别儿童为逃避上学而假报或夸大病情，使其可靠性受到干扰。因此，在详细向家长等询问病史及健康史的基础上，还需细致观察儿童表情、姿势、动作并结合全面的体格检查和必要的辅助检查进行综合分析，才能作出确切的诊断和正确的处理。

3. 预后特点　儿童患病时起病急，病情变化快，疾病预后有正反两方面倾向。从正面而言，儿童处于不断生长时期，生命力旺盛，组织修复功能强，如进行及时、有效的诊治护理，疾病往往迅速恢复好转，且由于儿童修复和再生功能旺盛，后遗症一般较成人少。但从反面而言，在新生儿、体弱儿童中可能病情恶化迅速，如评估治疗不及时，则病情危重可能在未见明显临床症状时即发生猝死。因此，儿童患病时应细致观察，严密监护，随时发现病情变化，做好积极抢救的准备。

4. 预防特点　开展计划免疫和加强传染病管理是降低儿童发病率和死亡率的重要环节。大多数儿童疾病是可以预防的，目前通过各种预防措施已使麻疹、脊髓灰质炎、白喉、破伤风、伤寒、乙型脑炎等许多儿童传染病的发病率和病死率明显下降。同时，应当重视儿童保健，做好胎儿、围生期和新生儿保健。定期健康检查，宣传科学育儿法，及早筛查和发现先天性、遗传性疾病以及视觉、听觉和智能异常，加以矫治训练，防止发展为严重伤残。现已发现很多成年后出现的疾病常常源于儿童时期，可见儿童时期的疾病预防及健康促进已成为儿科护理工作的重点。

三、儿科护理的一般原则

（一）实施"以儿童及其家庭为中心"的护理

对于儿童来说，家庭、学校、社区是影响其体格、心理、社会发育的重要场所。其中，家庭是儿童最重要的社会支持系统，是儿童疾病康复的强有力后盾。"以儿童及其家庭为中心"的护理强调家庭成员是维护儿童健康的重要参与者，儿科护士需为家庭成员提供具有针对性的疾病护理知识，认同家长在儿童患病过程中的重要作用，让家长参与医疗护理决策和护理计划的制订等，使其有效地参与到护理决策及实际的照护中。

（二）减少创伤和疼痛

儿童护理操作实施的难度较大，多数儿童护理操作要求护士有较高的技术水平。例如儿童静脉穿刺，由于儿童血管细、皮下脂肪丰富，再加之不配合，故穿刺操作难度较大；而且多数治疗性护理是有创伤的，易带给儿童疼痛和恐惧。这就对儿科护士的操作技能水平提出了更高的要求，因此护士应熟练掌握各项护理操作技术，努力提升护理技能操作水平，在治疗过程中尽量集中安排护理操作，并注意防止或减少儿童的创伤和疼痛。

（三）提供整体护理

儿科护理工作除了要维护儿童身体健康外，还要关注和促进儿童心理行为的发展和精神心理的健康。同时还要关心儿童的生理、心理活动状态是否与社会环境相适应，重视环境带给儿童的影响。

（四）遵守法律法规及伦理道德规范

儿科护士应自觉遵守各项法律法规及伦理道德规范，尊重儿童的人格和尊严，保障儿童及其家庭的合法权益，促进儿童身心两方面的健康成长。

（五）多学科协作

儿科护理涉及多个学科，需要多学科协同合作，以实现促进儿童及其家庭健康。因此，儿科护士应与儿童、家庭及其他健康促进人员密切合作，才能提供更全面的健康服务。

第二节　儿童年龄分期及各期特点

学习目标

知识目标	掌握儿童年龄分期及各期的特点。
能力目标	能够运用所学知识为不同年龄分期儿童及其家庭实施整体护理。
素质目标	培养护生关爱儿童，用整体、动态的护理观为儿童健康服务的职业精神。

儿童处于生长发育的连续性、阶段性动态变化过程中，随着身体形态与功能的逐渐完善，其心理和社会行为亦同步发展。为做好儿童的护理及保健工作，常将儿童年龄阶段划分为以下七个时期，作为儿科护士应该认识到各期儿童身心发育特点及特定的健康问题，采用整体的、动态的观点来提供相应的护理措施。

一、胎儿期

从受精卵形成至胎儿娩出为止为胎儿期（fetal period），共40周。胎儿的周龄即为胎龄，也称妊娠龄。临床上依据胎龄将胎儿期分为两个阶段。① 胚胎期（0~8周）：受精卵第6~8天着床，着床后快速分化出外胚层、中胚层和内胚层，机体的所有器官组织均由此3个胚层发育完成，第8周末所有器官初具雏形。② 胎儿期（9~40周）：胎儿早期（9~12周）是胎儿发育的关键时期，到第12周时，胎儿器官基本形成；胎儿中期（13~28周）组织、器官迅速生长，但功能完全不成熟，一旦早产存活率较低；胎儿后期（29~40周）脂肪、肌肉组织迅速增长致体重迅速增加，营养需求十分重要。

胎儿在胎儿期完全依靠母体生存，因此，孕母的健康、营养、情绪等状况对胎儿的生长发育有着重大影响。母体感染、创伤、滥用药物、接触放射性物质以及营养缺乏、严重疾病和心理创伤等，均可影响胎儿的正常生长发育，易造成流产、畸形或宫内发育不良等。由于此期受环境因素影响大，易造成围生期胎儿与新生儿的发病率和死亡率上升，因此，应重视孕期保健和胎儿保健。

二、新生儿期

自胎儿娩出脐带结扎时起至生后满28天之前，称新生儿期（neonatal period）。新生儿初脱离母体独立生活，体内外环境发生了巨大的变化，由于其生理调节和适应能力还尚未成熟，抵抗力较差，易发生低体温、黄疸、溶血、感染等健康问题，还会出现一些与孕母妊娠、分娩有关的问题，如先天畸形、产伤、窒息、感染等。不仅发病率高，死亡率也高，故此期应特别加强护理，如保暖、喂养及预防感染等。

胎龄满28周至生后7天，称围生期（perinatal period），又称围产期，此期包括了妊娠晚期、分娩过程和新生儿早期3个阶段，是儿童遭遇巨大变化和危险的时期，死亡率较高。因此，应重视优生优育，抓好围生期保健，协助儿童安全度过过渡期。

三、婴儿期

从出生到满1周岁之前称婴儿期（infant period），婴儿以乳汁为主要食物，又称为乳儿期。此期是儿童出生后生长发育最快的时期，由于生长迅速，对营养素和能量的需要相对较多，但其消化、吸收功能尚不够完善，因此，易发生消化系统功能紊乱和营养缺乏。6个月后，婴儿体内从母体获得的免疫球蛋白逐渐减少，自身免疫功能又尚未成熟，易患感染性疾病。因此，此期提倡母乳喂养和合理添加辅食，有计划地预防接种，定期到儿保门诊行健康检查，并重视卫生习惯的培养；另外，为促进脑的生长发育，必要的早期教育和智力开发也是必不可少的。

四、幼儿期

1周岁至满3周岁之前称幼儿期（toddler period）。此期儿童体格生长速度较前稍减慢，但随着行走能力的增强，活动范围增大，接触周围事物增多，智能发育较前突出，语言、思维和交往能力增强，自主性和独立性不断发展，常试图发现事物是如何进展的，故此期应注意加强早期教育，培养良好的习惯和心理素质。同时，儿童对各种危险的识别能力和自我保护意识尚不足，故应注意意外伤害和中毒的发生。由于此期儿童活动范围逐渐扩大，而自身免疫力仍低，易患传染病，故预防传染病也是幼儿期的保健重点。此期儿童乳牙逐渐出齐，营养需求相对较高；消化能力逐渐增强，但仍不完善，面临食物转换的问题，应注意合理喂养，将断乳和其他食物的添加安排在幼儿早期完成；培养良好的饮食习惯和使用餐具的能力。

五、学龄前期

3周岁至入小学前（6~7周岁）称学龄前期（preschool age）。此期儿童体格生长发育处于稳步增长的状态，免疫功能逐渐完善，智能发育较快，并以旺盛的精力和强烈的好奇心为显著特征，求知欲强，好奇、好问、喜欢模仿，具有较强的可塑性。此期儿童大多进入幼儿园接受学前教育，语言思维能力进一步发展、社会关系逐步扩展，开始认识独立性和依赖性的区别。因此，要加强学龄前教育，培养良好的品德及生活学习和卫生习惯，为入学做好准备。学龄前期儿童防病能力有所增强，感染性疾病减少，但自身免疫性疾病（如急性肾炎、风湿热等）开始出现，且此期儿童活动增加，接触外界更广，因此，应注意防止意外伤害，预防自身免疫性疾病。

六、学龄期

从入小学（6~7周岁）起至青春期开始之前称学龄期（school age）。此期儿童的体格发育仍稳步增长，除生殖系统外，其他各系统、器官发育到本期末基本接近成人水平。智能发育进一步成熟，求知能力增强，理解、分析、综合能力逐步完善。此期儿童开始走出家庭，其活动范围以同龄人为主，是增长知识、接受科学文化教育的重要时期。但此期学习负担较重，往往会对孩子造成较大的心理负担。虽然学龄期儿童严重疾病发病率较前降低，却是近视的高发期，应端正坐、立、行姿势，安排有规律的生活、学习和锻炼，保证充足的营养和休息，防止精神、情绪和行为等方面的问题。

七、青春期

从第二性征出现至生殖功能基本发育成熟、身高停止增长的时期称青春期（adolescence）。女孩一般从11~12周岁到17~18周岁，男孩从13~15周岁到19~21周岁，但个体之间存在的差异较大。由于性激素的作用使青春期儿童生长发育速度明显加快，出现第二个生长高峰，生殖系统发育加速并趋于成熟，第二性征逐渐明显，至本期末各系统发育已成熟，体格生长逐渐停止。此期以成熟的认知能力、自我认同感的建立以及同伴之间的相互影响为显著特征。由于社会外界环境对其影响越来越大，常引起心理、行为等方面的不稳定。因此，青春期除了要保证充足的营养、加强体格锻炼外，还应及时进行生理、心理卫生和性知识的教育，使之树立正确的人生观和培养良好的道德品质，建立健康的生活方式。另外，青春期高血压和肥胖可能是成年期和老年期各种心血管疾病的潜在危险因素，应做好防治工作。

第三节　儿科护士的角色和素质要求

学习目标

知识目标	1. 熟悉儿科护士的角色。 2. 了解儿科护士的素质要求。
能力目标	具备思想道德素质、专业技术素质、科学文化素质、身体心理素质，并能对自身职业发展作出规划。
素质目标	培养护生积极的专业态度，为儿童健康服务的奉献精神。

一、儿科护士的角色

随着医学模式的转变和护理学科的不断发展，儿科护士的角色已由单纯的疾病护理者转变为具有专业知识和技能的多元化角色。儿科护士的服务对象是正在长身体、长知识的儿童。儿童身心发展具有一定的过程，儿童通过和他人交往，经过系统的、有目的的学习，逐渐掌握知识、技能并积累社会经验。所以，儿科护士不仅肩负着保护和促进儿童健康的重任，还肩负着儿童教育的使命。因而，儿科护士的角色是多元化的。

（一）护理活动的执行者

儿童正处于生长发育阶段，各系统功能尚未成熟，生活自理能力不足，儿科护士最重要的角色是在帮助儿童保持或恢复健康的过程中，为儿童及其家庭提供护理服务，如药物治疗、心理支持、预防感染、合理营养等，以促进儿童身心发育。儿科护士在提供"以儿童及其家庭为中心"护理服务的同时，还应鼓励家长共同参与患儿的照顾和护理。

（二）护理计划者

为促进儿童身心健康发展，护士必须运用护理专业的知识和技能，收集儿童生理、心理、社会等方面资料，全面评估儿童的健康状况，以及在面临疾病和伤害时儿童家庭产生的反应，并根据儿童生长发育不同阶段的特点，找出其健康问题，制订全面、切实可行的护理计划，以有效的护理措施尽快减轻患儿痛苦，帮助儿童适应医院、社区和家庭的生活。

（三）健康教育者

健康教育者是当今儿科护士另一个重要的角色。健康教育与疾病治疗效果、疾病预防和家庭支持是紧密关联的。儿科护士在为患儿实施护理的各个过程中都要运用不同年龄段生长发育的知识理论对不同年龄段儿童进行健康教育，向他们有效地解释治疗和护理过程。护士应教育家庭成员如何提供护理、观察重要的体征，帮助他们采取健康态度和健康行为，促进患儿的舒适。

儿科护士需要提供的教育内容是多方面的。对家长进行健康教育，可以为家长在患儿出院后成为一名称职的照护者打下基础。如护士向儿童家长宣传科学育儿的知识，针对儿童喂养问题提供指导并预防潜在发生的问题；教育并指导家长如何使儿童远离疾病和意外伤害；教给他们关于预防接种、安全、牙齿护理等常识；讲解儿童生长发育的知识，帮助家长理解他们的孩子；还包括对儿童及家长提供情感支持和咨询等。优秀的教育者还应在提供健康教育后及时做好反馈和评价，以保证健康教育效果的持续改进，达到预防疾病、促进健康的目的。

（四）健康协调者

儿科护士与患儿的接触最多，在整个医疗过程中处于人际交往的中心地位，儿科护士需维持一个有效的沟通网，以使儿童保健工作与有关的诊断、治疗、救助等得以协调配合，保证儿童获得最适宜的整体性医护照护。此外，护士应与患儿及其家长进行有效沟通，让家庭共同参与到儿童护理过程当中来，应成为患儿及其家长与医生、营养师等其他学科人员之间沟通的桥梁，通过各种方式反映他们的想法和意见，保证儿童得到最合适的整体性医护照护，使护理计划能够及时有效地贯彻执行。

（五）健康咨询者

当患儿及其家长对疾病及与健康相关的问题出现疑惑时，儿科护士需认真倾听他们的询问、倾诉，解答他们的问题，帮助家长理解他们的孩子，提供有关治疗和护理的信息，并给予健康指导等，以澄清儿童及其家长对有关健康问题的模糊认识，解除疑惑，使他们能够找到满足生理、心理、社会需要的适宜方法，从而能够积极有效地应对压力。

（六）儿童及其家庭代言人

儿科护士是儿童及其家庭权益的维护者，在儿童不会表达或表达不清自己的要求和意愿时，更应设身处地为儿童着想，通过观察儿童的面部表情、行为举止、哭泣声、叹息声、呻吟声、咳嗽声等预感到儿童的痛苦和需要，从而及时干预。护士有责任解释并维护儿童及其家庭免受不恰当的、不道德的或违法的医疗活动的伤害；帮助患儿及其家庭作出适合的决定，包括让家庭清楚地了解他们可利用的卫生资源，告知治疗和护理的程序，让家庭共同参与儿童的护理；还需评估有碍儿童健康的问题和事件，提供给医院行政部门改进，或提供给卫生行政单位作为拟定卫生政策和计划的参考。

（七）护理研究者

儿科临床护士的日常工作就是观察儿童对健康和疾病的反应，因此具有参加科研的独特条件。在护理工作中，应积极进行护理研究工作，探讨隐藏在儿童症状及表面行为下的真正问题，更实际、更深入地帮助他们。通过研究来验证、扩展护理理论和知识，发展护理新技术，指导、改进护理工作，提高儿童护理质量，促进专业发展。

二、儿科护士的素质要求

（一）思想道德素质

1. 儿科护士应当热爱护理事业，具有全心全意为儿童健康服务的高尚情操。要有强烈的责任感、诚实的品格、较高的"慎独"修养，工作要细心、耐心，态度和蔼，有脚踏实地、一丝不苟的工作精神。

2. 儿科护士应当关爱儿童，以理解、平等、真诚和友善的心态，为儿童及家庭提供优质服务，保护儿童及其家庭的隐私。

（二）专业技术素质

1. 具备熟练的护理专业实践技能，操作准确，技术精湛，动作轻柔、敏捷。能独立完成及配合日益更新的比较复杂的临床护理技术、抢救技术和先进的检查技术。

2. 具有敏锐的观察力，树立整体护理观念，能及时判断患儿的需要并预料可能发生的问题，能够熟练运用护理程序对患儿实施整体护理。

（三）科学文化素质

1. 具备丰富的科学知识和不断学习、创新进取的意识，除了要系统地掌握护理专业理论知识，同时还要掌握基本的自然科学、社会科学及人文科学等多方面的知识。

2. 具有较强的护理科研意识，勇于改进创新、研究开拓。

3. 具有开展护理教学的能力，积极学习现代科学发展的新理论、新技术。

（四）身体心理素质

1. 具有健康的身体，有充沛的精力完成儿童的护理工作。

2. 具有健康的心理，有乐观、开朗、平和的心态和宽容的胸怀。

3. 具备良好的忍耐力及自我控制力，善于应变，灵活敏捷。

4. 具有与儿童及家庭进行有效沟通的能力，掌握与儿童及家庭有效沟通的技巧，建立和谐融洽的护患关系。

5. 具备建立良好人际关系的能力，同事之间互相尊重，团结协作。

第四节　儿科护理的发展与前景

学习目标

知识目标	了解儿科护理的发展与前景。
能力目标	具备紧跟学科前沿，洞察国际及国内儿童护理发展动向及趋势的能力。
素质目标	培养护生的职业自豪感和儿科护理学科发展的使命感。

祖国医学在儿童保健、儿科疾病防治与护理方面积累了很多经验，在众多的医学典籍及历代名医传记中，均可见到相关记载。19世纪下半叶，西方医学传入我国，开办了教会医院并设立护士学校，医院中设立了产科、儿科门诊及病房，逐渐形成了我国的儿科护理学。

中华人民共和国成立以后，儿科护理工作快速发展，护理范围和护理水平有了很大的扩展和提高。从加强孕产期保健、开展爱婴医院建设、实行预防接种、大力开展儿童保健、提倡科学育儿、推广普及妇幼卫生适宜技术、应用儿科护理新技术，直至形成和发展了儿科监护病房（pediatric intensive care unit，PICU）和新生儿监护病房（neonatal intensive care unit，NICU）等科室。儿科护理范围不断拓展、工作内容不断丰富、护理质量不断提升。

近年来，随着儿童疾病预防和治疗工作的开展，我国儿童的健康状况有了显著改善。《"健康中国2030"规划纲要》对儿科医疗护理水平提出了具体的要求：婴儿死亡率由2015年8.1‰，降低至2020年7.5‰，2030年降至5.0‰；5岁以下儿童死亡率由2015年10.7‰，降低至2020年9.5‰，2030年降低至6.0‰；2030年消除新生儿及5岁以下儿童可预防的死亡。新纲要的颁布为儿科医疗和护理工作者今后的工作指明了努力的方向。作为有独特功能的儿科护理学，研究的内容、范围和任务越来越深入、广泛，涉及儿童的生物、心理和社会等各个方面，儿科护理工作者在预防疾病、保护儿童健康、教育儿童、全面了解儿童社会心理和健康状况，实施身心整体护理中作出了重要的贡献。同时，儿科重症监护、儿童心理护理研究、现代护理与整体护理在儿科护理领域的应用也取得了一定的成果。儿科护士成为加强儿童保健、维护儿童健康的主要力量。

随着医疗技术的蓬勃发展，护理理念的不断完善，"以儿童及其家庭为中心"的护理模式逐渐成为优质护理服务的重要环节。由于护理理念的转变，护士的工作范围由医院扩大到家庭和社区。该护理模式在儿科的广泛应用，不仅可以提高患儿及其家长满意度，改善护患关系，最重要的是可以提升护理质量，有助于患儿的早日康复。儿科护理同仁须挖掘本专业领域内的各项资源和优势，不断拓展"以儿童及其家庭为中心"的优质护理服务内涵，全面提升儿科临床护理工作水平，把支持和促进儿童身心健康作为儿科护士的责任和目标，并不断为儿童患者提供优质、无缝隙的护理服务，真正做到让患儿及其家庭满意、社会满意和政府满意。

随着护理信息化的飞速发展，儿科护理也正在发生着深刻的变革，面临着前所未有的机遇。护理信息化在儿科护理领域中应用的深度和广度也在无限拓展，护理技术与信息技术的融合也愈加深入。在"健康中国"的背景下，以大数据、云计算、物联网、移动互联网等信息技术为依托，大力推进护理信息化建设，提高护理效率和管理效能已成为儿童护理专业适应社会发展需求的必然趋势。优质护理持续发展任重而道远，近年来出现的"互联网+护理"、智慧医院、智慧护理等创新服务形式必将助推长效机制的形成，为儿童护理专业发展提供更大的空间，为患儿及其家庭带来更多的福祉。

随着医学分科的细化和现代护理模式的转变，护理专科化已成为全球临床护理发展的必然趋势，建立和发展儿科专科护士培训与使用制度是提高儿科护理专业技术水平和促进儿童护理专业发展的重要方略之一。2017年中华护理学会儿科护理专业委员会开始在全国范围内培训儿科专科护士。目前培训工作在培训对象的层次、培训专业领域、培训内容、课程设置、培训效果同质化、再认证等方面正在逐步探索和完善中。另外，在一些专业性强的领域如新生儿、急救、重症等，更需要亚专业的儿科专科护士。因此，为满足专业工作和发展需求，儿科专科护士培养分层次、分专业领域地开展将成为儿童护理实践发展的策略和方向。

高级实践护士（advanced practice nurse，APN）是指拥有深厚的专科知识、对复杂问题的决策能力和扩展临床实践才能的注册护士。近年来APN在全球各地快速发展，我国也在探索适宜中国国情的APN培养路径。明确APN的核心能力是发展APN角色的重要环节，对于指导人才选拔、培训课程开发、角色考核与评价具有重要意义。APN的核心能力包含其胜任高级护理实践工作必须具备的知识、技能和态度，以便其在既定的角色和环境中提供安全和合乎标准的护理服务。全球多个国家或地区陆续建立了适宜当地医疗与文化环境的APN核心能力培养框架，但核心能力框架仍缺乏共识。我国一些医院，如四川大学华西医院等也已经开始探索开发适宜中国本土医疗体系和文化环境的APN核心能力框架，开展APN的培养与应用，为推动中国特色的APN角色发展与高级护理实践提供支撑。

第五节　儿科护理学的课程思政引导

学习目标

知识目标	1. 熟悉课程思政的概念。 2. 了解课程思政在儿科护理学中的基本范畴与思政教育要求。
能力目标	培养学生的课程思政思维，形成思政教育理念。
素质目标	培养护生具备专业价值观、职业道德、人文精神等综合职业素养。

　　"课程思政"即课程德育，是指立足价值引领、能力培养、知识传授"三位一体"的教学目标，以社会主义核心价值观和中华优秀传统文化为灵魂和主线，以专业技能知识为载体，自觉把做人做事的基本道理、把社会主义核心价值观的要求、把实现中华民族伟大复兴的理想和责任融入课程学习中，实现思想政治教育与知识体系教育的有机统一，使学生掌握科学的世界观和方法论，学会运用马克思主义立场、观点、方法辨明学科内容、研究方向，掌握科学思维方式和能力。

　　儿科护理学作为护理专业学生的必修课程之一，护理的群体是具有特殊性的儿童，这一群体往往存在不会表达或者表达不清、个体差异大、病情进展迅速等现象，给护理工作带来了一定的挑战。因此，在儿科护理的工作中，不仅要有扎实的专业理论知识和技能，还要有高尚的道德情操、坚定的职业情怀、健康的心理素质、良好的人际沟通能力、处理问题的应变能力、敏锐的观察能力和综合分析判断能力等，着重专业价值观、职业道德、人文精神、伦理法律等多方面的渗透学习，思政教育贯彻始终，旨在培养儿科护理高质量人才。

一、课程思政在儿科护理学中的基本范畴

儿科护理学中蕴含着丰富的思政元素，在学习的过程中，应该通过对社会主义核心价值观、中华优秀传统文化、理想信念、民族精神和时代精神等家国情怀的挖掘与专业知识有机融合，使学生时刻铭记新时代下的责任担当；立德树人少不了品格塑造，包括守法、奉献、仁爱、自尊等诸多品质的培养，以及观察能力、判断能力、思维能力等诸多能力的提升，都为学生将来如何做人、如何做事提供了方向。另外，儿科护理也是一门需要终身学习的学科，钻研、毅力、创新、诚信的科学精神是对培养高素质学生提出的最新要求，结合职业道德将进一步指引学生如何做事，促进学生在今后的护理道路中全面发展。以下简单介绍几种课程思政的结合要点。

1. 课程思政与家国情怀相结合 家国情怀教育的目标是将新时代爱国主义教育的内容内转化为新时代青年的行为指导方式，增强学生对国家的认同感、使命感和责任感，呼吁学生为中华民族伟大复兴而努力奋斗。健康所系，性命相托，当代医学生是未来医疗卫生事业的接班人和储备军，承担着"救死扶伤"的神圣使命，他们对爱国主义的认同和践行，直接关系国家医疗卫生事业的健康发展。儿科护士作为儿童健康的守护者，应当在大学阶段树立救死扶伤、报效祖国的远大志向。这种大医担当的责任感与使命感便是家国情怀的重要体现，能够弘扬和贯彻社会主义核心价值观，其内涵发展和中华民族传统文化发展一脉相承。

2. 课程思政与知法守法相结合 课程思政与知法守法教育的结合，需要在儿科护理的学习中渗透法律知识，学生需要充分了解和认识到儿科护理操作过程中，若没有严格遵守护理操作要求、规定以及标准，极易增加各种医疗事故的发生率，这样必然无法保障患儿的生命安全，最终要承担相关的法律责任。因此，要求儿科护士必须将患儿的生命安全放在第一位，在无监督的情况下，也要具备良好的"慎独"修养，始终将法治意识牢记心间，并严格按照相关规定进行各项护理操作。课程思政与知法守法教育的有机结合，对学生走向儿科护理工作岗位意义重大，避免学生在踏入工作岗位后，因对法律法规的认识不到位，而出现无法挽回的严重后果。

3. 课程思政与职业素养相结合 对于儿科护士来说，除了基本的爱岗敬业、诚实守信的职业道德外，敬畏生命、关怀生命，用爱心、耐心、细心和宽容去呵护患者，以科学、严谨、慎独、实事求是的态度照护患儿，以感恩之心传递帮助之手，强化合作精神，为护理事业奋斗终生的信念，是与其他职业所不同的素质要求。这需要进一步深化学生对"护士的职业道德规范和行为准则"的教育，提炼专业课程中蕴含的价值范式，并将其内化，促进护理专业学生职业道德和职业修养的提升，培养其自觉遵守职业道德、行为规范及操作流程的核心价值观。在护理学领域中表现突出的南丁格尔奖获得者事迹，可以成为激发学生热爱护理专业的重要途径。

4. 课程思政与人文素养相结合 人文素养的灵魂不是能力，而是"以人为对象、以人为中心的精神"，其核心内容是对人类生存意义和价值的关怀，尤其是儿童，他们自理能力没有完全形成，且在成长中每个阶段的需求也不相同，这更加需要儿科护士的照护与帮助，因此，良好的职业人文素养是儿科护理的精髓。从儿科护理的专业中着手，不论是患儿哭闹时的安抚，还是护士轻声细语的沟通，人文精神渗透在方方面面，也是儒家思想"幼吾幼，以及人之幼"的重要传承。

二、儿科护理学思政教育要求

1. 坚定理想信念，厚植爱国情怀，热爱和拥护中国共产党，具有正确的世界观、人生观和价值观。

2. 热爱护理事业，践行南丁格尔精神，树立救死扶伤的高远志向，敬畏生命，爱婴护童。

3. 树立依法行护的法律观念，自觉遵守医疗护理相关法规。

4. 加强品格塑造，践行社会主义核心价值观，成为有大爱大德大情怀的人。

5. 树立终身学习观念，具有主动获取新知识、不断自我完善的态度。不断增长见识，珍惜学习时光，心无旁骛求知问学。

6. 培养工匠精神，爱岗敬业、严谨求实、慎独修养，追求精益，具备独立思考能力和创新精神。

知识拓展 | **课程思政教学方法**

为有效落实《高等学校课程思政建设指导纲要》等文件精神，指导全国高校护理学类专业教师开展课程思政教学，按照教育部高教司的要求，教育部高等学校护理学类专业教学指导委员会组织全国护理院校研制了《护理学类专业课程思政教学指南》（以下简称《指南》）。

《指南》中列举了护理学类专业教学常用的6种方法，包括案例教学法、情境模拟教学法、床边教学法、体验式教学法、影视片段导入教学法和陶冶式教学法，对每种思政教学方法作出了相应的解释并给予了示例，便于教师们理解与应用。《指南》鼓励高校教师结合现代化信息教学手段，创新性地应用多样化的教学方法，特别是要根据专业教育内容及思政元素选择适合的教学方法；加强理论与实践的联系，以问题或案例为引导，充分发挥学生主体作用，在传授专业知识和技能的同时，自然而然地植入思想政治教育内容，体现"潜移默化"和"润物无声"，杜绝"剪接拼接"和"生搬硬套"，在价值传播中凝聚知识底蕴，在知识传授中加强价值引领。

总之，儿科护理学是一门科学性、人文性、实践性很强的为儿童健康服务的学科，仅学习专业知识已经无法满足学生全面发展的需求，只有将专业知识与素质教育相融合，才能培养出适应社会需求和发展的高素质、应用型护理人才。

（范 玲）

学习小结

本章绪论首先介绍了儿科护理学的概念、儿科护理学的任务和范畴，使学生能够明确学习本门学科的目的和意义；通过对儿科的特点及儿科护理一般原则的阐述，使学生了解作为儿科护士服务对象的特点以及儿科护理工作的独特之处。本章重点掌握内容为儿童年龄分期及各期特点，儿童处于生长发育的动态变化过程中，儿科护士必须以整体、动态的护理理念面对儿童的健康问题，从而采取相应的护理措施。儿科护理学已逐渐发展成为有独特功能的专门学科，学生在本章内容的学习中，要熟悉儿科护士的角色和素质要求，关注儿科护理的发展趋势，高质量推进课程思政建设，以培养德技并重的儿科护理人才，使儿科护理队伍向高层次高素质方向不断发展。

复习参考题

（一）选择题

1. 幼儿期是指
   A. 生后满1个月~满1周岁之前
   B. 生后满1个月~满3周岁之前
   C. 生后满1周岁~满2周岁之前
   D. 生后满1周岁~满3周岁之前
   E. 生后满2周岁~满3周岁之前

2. 婴儿在生后3~5个月内具有一定的免疫功能，下列可以从母体获得的免疫物质是
   A. IgA
   B. IgG
   C. IgE
   D. IgM
   E. IgD

3. 下列关于儿科护士的角色描述，**不正确**的是
   A. 儿科疾病诊断者
   B. 护理计划者
   C. 健康教育者
   D. 儿童及其家庭代言人
   E. 护理研究者

4. 下列关于儿科特点的说法，**不正确**的是
   A. 儿童从出生到发育成熟，是一个连续的、具有明显阶段特征的生长过程
   B. 儿童生长发育不成熟，所需营养物质和能量相对比成人少很多
   C. 不同年龄儿童之间的疾病过程和病理改变可能会有较大差异
   D. 儿童疾病预后具有正、反两方面倾向
   E. 开展计划免疫和加强传染病管理是降低儿童发病率和死亡率的重要环节

5. 下列关于儿科护理学思政教育的表述，正确的是
   A. 儿科护理的学习只要掌握专业知识就足够
   B. 儿科护理学中蕴含着丰富的思政元素
   C. 只要具备良好的品德，专业知识不需要认真学习
   D. 护理的名人事迹对课程思政教育没有帮助
   E. 救死扶伤是医生的任务，和护士无关

   答案：1. D；2. B；3. A；4. B；5. B

（二）简答题

1. 按照年龄，儿童分期分为哪几期？各期的主要特点有哪些？

2. 请简述儿科护理的一般原则。

第二章

生长发育

第一节　生长发育概述

学习目标

知识目标	1. 掌握儿童生长发育的规律。 2. 熟悉影响生长发育的因素。
能力目标	能归纳儿童生长发育的影响因素。
素质目标	培养护生尊重理解爱护儿童，关注儿童健康的职业精神。

　　生长发育是指从受精卵到成人的整个成熟过程，是儿童不同于成人的一个重要特点。生长（growth）是随着儿童年龄的增长，各器官和系统在长大，主要表现为形态变化，可以通过具体的测量值来表示，是量的变化。发育（development）是细胞、组织、器官功能上的分化与成熟，是质的变化，包括情感、心理的发育成熟过程。生长和发育密不可分，共同表示机体连续渐进的动态变化过程，这个过程遵循着一定的规律。

一、生长发育的规律

（一）生长发育的连续性和阶段性

　　在整个儿童时期，生长发育是一个连续的过程，但各年龄阶段生长发育的速度并不相同，而是具有阶段性，每一个阶段的发展均以前一阶段为基础。例如，体重和身长的增长在生后第一年，尤其是前3个月最快。因此，出生第一年为第一个生长高峰；第二年以后生长速度逐渐减慢，至青春期又迅速加快，出现第二个生长高峰。

（二）各系统器官发育的不平衡性

　　各系统器官的发育快慢不同，其发育顺序遵循一定的规律，有各自的生长特点（图2-1-1）。其中，神经系统发育最早，生殖系统发育最晚。

（三）生长发育的顺序性

　　生长发育通常遵循由上到下、由近到远、由粗到细、由低级到高级、由简单到复杂的顺序或规律（表2-1-1）。

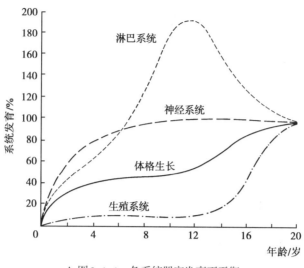

▲ 图2-1-1　各系统器官发育不平衡

▼ 表2-1-1　生长发育的顺序

主要方面	发育顺序	规律
运动发育	先抬头、后抬胸，再会坐、立、行	从上到下
	先抬肩、伸臂，再双手握物	由近到远
	先会用全手掌抓握物品，再发展到能以手指端摘取	从粗到细
	先会画直线，再学会画曲线和图形	从简单到复杂
认识事物	先会看、听和感知事物、认识事物，再发展到记忆、思维、分析、判断事物	由低级到高级

（四）生长发育的个体差异

虽然生长发育有一定的规律，但是儿童的生长发育因受先天和后天各种因素的影响而存在较大的个体差异。例如，体格上的个体差异一般随年龄的增长而越来越显著，青春期差异更大。虽然儿童的生长发育水平有一定的正常范围，但所谓的正常值不是绝对的，在判断儿童发育是否正常时，应充分考虑各种因素的影响，并需做连续动态的观察，才能作出正确的判断。

二、影响生长发育的因素

遗传因素和环境因素是影响儿童生长发育的两个最基本因素。遗传决定了生长发育的潜力，这种潜力又受到一系列环境因素的作用和调节，内在的遗传因素与外界的环境因素相互作用共同决定了每个儿童生长发育的水平。

（一）遗传因素

儿童生长发育的特征、潜能、趋势、限度等由父母双方的遗传因素共同决定。种族和家族的遗传信息会影响儿童的皮肤和头发的颜色、面部特征、身材高矮、性成熟的早晚及对传染病的易感性等。遗传性疾病，如染色体畸形或代谢障碍也会对生长发育造成影响。性别也可造成儿童生长发育的差异，各有其规律与特点。在青春期发育前，女孩的平均身高、体重低于同龄男孩。

（二）环境因素

1. 营养 合理的营养是儿童生长发育的物质基础，当各种营养素供给比例恰当、生活环境适宜，儿童的生长潜能就可能得到最好的发挥。宫内营养不良的胎儿，不仅体格生长落后，严重时可以影响脑的发育；生后营养不良，特别是生后1~2年严重营养不良，可影响体格生长并使机体免疫、内分泌、神经调节等功能低下，影响智力、心理和社会适应能力的发展。

2. 孕母状况 胎儿在宫内的发育受孕母生活环境、营养、情绪、健康状况等各种因素的影响。妊娠早期感染弓形虫、风疹、巨细胞病毒、疱疹和其他病原如梅毒等，是导致出生缺陷发生的主要生物因素之一。妊娠早期严重营养不良可引起流产、早产和胎儿体格生长以及脑的发育迟缓；孕母接受药物、放射线辐射、环境毒物污染和精神创伤等，可使胎儿发育受阻。

3. 生活环境 良好的生活环境及卫生条件，如阳光充足、空气新鲜、季节气候适宜、水源清洁、居住条件舒适等，能促进儿童生长发育，反之则会带来不良影响。家庭生活模式、亲子关系、父母育儿观念、婚姻质量等直接影响儿童的早期发展水平。健康的生活方式、科学的护理、正确的教养、适当的锻炼和完善的医疗保健服务均是促进儿童体格、神经心理发育达到最佳状态的重要因素。

4. 疾病 疾病对儿童的生长发育影响十分明显，尤其在儿童发展的关键时期。急性感染常使体重减轻；长期慢性疾病则同时影响体重和身高的增长；内分泌疾病常引起骨骼生长和神经系统发育迟缓，如先天性甲状腺功能减退症等；先天性疾病，如先天性心脏病常伴随生长迟缓。同时，长期患病的儿童不断处于疾病所造成的不平衡状态中，承受持续的内在压力，还会影响其独立及自主能力的发展。两岁以内的儿童，在患有呼吸道感染、慢性腹泻等疾病，经治疗痊愈后，若营养充足，会出现"追赶性生长"的现象，即儿童身高、体重等在短期内加快增长，以弥补患病期间的损伤，但持续的生长延迟或发生在关键时期的不良事件所造成的影响则无法弥补。

第二节　儿童体格生长发育

学习目标

知识目标	1. 掌握儿童体重、身高、坐高、头围等体格生长常用指标的测量、计算和正常值范围。 2. 熟悉儿童胸围、上臂围、皮下脂肪厚度的测量、计算和正常值范围。 3. 了解骨骼、牙齿及生殖系统发育的特点。
能力目标	能准确测量儿童生长发育常用指标并对其结果进行评价，根据评价结果对患儿及家长开展健康教育。
素质目标	培养护生在实践操作中动作轻柔，关注儿童健康的职业精神。

案例导入与思考

儿童，男，身长71cm，体重8.1kg，前囟1.2cm，头围44cm，已出牙4颗，可独坐。

请思考：

1. 此儿童最可能的月龄是多大？

2. 该年龄段儿童的脊柱会出现哪些生理弯曲？

3. 该年龄段儿童的胸围与头围相比，哪一项指标数值更大？

一、出生到青春期前体格生长规律

体格生长常用的指标有：体重、身高（长）、坐高、头围、胸围、上臂围、皮下脂肪厚度等。

（一）体重

体重（weight）是评价儿童生长最为重要的指标之一，包括各器官、组织和体液的总重量，是代表体格生长营养状况的重要指标。因体脂和体液变化较大，体重在体格生长指标中最易波动。新生儿出生体重与胎次、胎龄、性别及宫内营养状况有关。生后第一周，由于摄入不足、胎粪排出以及水分丢失，新生儿体重有生理性下降，多在生后3~4日达到最低点，以后逐渐回升，至第7~10日恢复到出生时的体重；早产儿体重恢复较慢。儿童体重随着年龄增加，增长速度逐渐减慢。正常足月婴儿生后前3个月体重增长最快，一般每月增长600~1 000g，3~6个月每月平均增长600~800g，生后1年婴儿体重约为出生体重的3倍，这一阶段是体重增长最快的时期，为"第一个生长高峰"。2岁时体重约为出生体重的4倍。2岁后到青春期前体重稳步增长，每年增长为2~3kg。进入青春期后，受内分泌影响，儿童体格增长再次变快，呈现"第二个生长高峰"。

儿科临床计算药量和输液量时，可用以下公式简单估算体重。但有条件测量体重时，仍应根据实际体重计算。

可选公式：1~6个月：体重（kg）=出生体重（kg）+月龄×0.7

7~12个月：体重（kg）=6+月龄×0.25

2岁至青春前期：体重（kg）=年龄×2+7（或8）

（二）身高（长）

身高（height）指从头顶至足底的全身长度，为头、脊柱和下肢长度的总和。3岁以下儿童应仰卧位测量，称为身长（recumbent length）；3岁以后立位测量，称身高。身高（长）的增长规律与体重相似，生后第一年增长最快，也出现婴儿期和青春期两个生长高峰。

身高（长）的简单估算：出生时为50cm；生后第一年身长平均增长约25cm，1周岁时约75cm；第二年增加速度减慢，平均增长约10cm，到2岁时身长约85cm；2岁以后身高（长）平均每年增加5~7cm，至青春期出现第2个增长加速期，个体差异较大。

2~12岁儿童身高的估算公式为：身高（cm）=年龄（岁）×7+77

各年龄阶段儿童头、躯干、下肢所占身高（长）的比例在生长进程中发生着变化，头长占身高（长）的比例从婴幼儿的1/4减为成人的1/8（图2-2-1）。

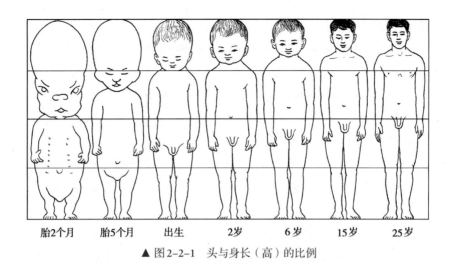

| 胎2个月 | 胎5个月 | 出生 | 2岁 | 6岁 | 15岁 | 25岁 |

▲ 图2-2-1　头与身长（高）的比例

（三）坐高

坐高（sitting height）指从头顶至坐骨结节的长度，3岁以下取仰卧位测量，称顶臀长（crown-rump length）。坐高代表头颅与脊柱的生长。由于下肢增长速度随着年龄增长而加快，坐高占身高的百分数则随年龄的增加而下降，由出生时的67%降到14岁时的53%。任何影响下肢生长的疾病（如甲状腺功能减退症和软骨营养不良），可使坐高（顶臀长）与身高的比例停留在幼年状态。

（四）头围

头围（head circumference，HC）是指自眉弓上缘经枕骨结节绕头一周的长度，是反映脑发育和颅骨生长的一个重要指标。胎儿时期脑发育居各系统的领先地位，故出生时头围相对较大，平均33~34cm。头围在1岁内增长较快，前3个月和后9个月均增长6~7cm，6月龄约为44cm，1岁约为46cm。1岁以后头围增长明显减慢，2岁时约为48cm，5岁约为50cm。头围测量在2岁以内最有价值。头围过小常提示脑发育不良；头围过大或增长过快则提示脑积水、脑肿瘤可能。

（五）胸围

胸围（chest circumference，CC）指自乳头下缘经肩胛骨角下绕胸一周的长度。由于呼吸运动的影响，测量时取呼、吸气测量值的平均值。反映胸廓、胸背肌肉、皮下脂肪及肺的发育。出生时胸围较头围小1~2cm，约32cm。1岁时胸围约等于头围，出现头围、胸围生长曲线交叉。由于近年来儿童的营养状况普遍较好，很多婴儿在未满1岁时胸围就赶上了头围。头围、胸围生长曲线交叉时间与儿童营养和胸廓发育有关。

（六）上臂围

上臂围（upper arm circumference，UAC）指沿肩峰与尺骨鹰嘴连线中点的水平绕上臂一周的长度，反映上臂骨骼、肌肉、皮下脂肪和皮肤的发育水平。常用于评估儿童的营养状况。生后第1年内上臂围增长迅速，1~5岁期间增长缓慢，为1~2cm。可用上臂围测量普查5岁以下儿童的营养状况。评估标准：>13.5cm为营养良好；12.5~13.5cm为营养中等；<12.5cm为营养不良。

二、青春期体格生长特点

儿童进入青春期后，受性激素等因素的影响，体格生长出现生后的第二个高峰，在身高、体重等方面都有极大的增长，且表现出明显的性别差异。

在青春期前的1~2年，无论男孩还是女孩，生长速度略有减慢。女孩在乳房发育后（9~11岁）、男孩在睾丸增大后（11~13岁）身高开始加速增长，女孩平均年增高8~10cm，男孩平均年增高9~11cm。在第二生长高峰期，身高增长值约为最终身高的15%。女孩在9~10岁时身高、体重、肩宽、骨盆宽的发育水平都超过同龄男孩，15岁左右男孩各项发育水平的指标又超过同龄女孩。青春期开始和持续的时间受多种因素的影响，个体差异较大。生长高峰提前者，身高的停止增长较早。

青春期体重的增长与身高平行，同时内脏器官也在增长。在青春期早期男女儿童的脂肪含量均有所增加。由于雌激素有促进脂肪组织沉积的作用，故女孩体内的脂肪在整个青春期均持续增加。男孩在雄激素的作用下以肌肉增加为主，青春期中期体脂是负增长，直至进入青春期晚期和成人期后，体脂才逐步增加。最后形成女孩身体丰满、髋部较宽，男孩则显示肩部增宽，下肢较长，肌肉增强的体型特点。

三、与体格生长有关的各系统发育

（一）骨骼发育

1. 颅骨发育　颅骨发育可以通过头围大小、前、后囟及颅缝闭合迟早情况来衡量。前囟为顶骨和额骨边缘形成的菱形间隙（图2-2-2），其对边中点连线长度在出生时为1.5~2.0cm，后随颅骨发育而增大，6个月后逐渐骨化变小，1~1.5岁时闭合，最迟不超过2岁。后囟为顶骨与枕骨边缘形成的三角形间隙，出生时即已很小或已闭合，最迟出生后6~8周闭合。颅骨缝出生时可略微分开，3~4个月时闭合。前囟检查在儿科非常重要，其大小及张力的变化均提示某些疾病的可能。前囟早闭或过小、头围过小提示脑发育不良、小头畸形；前囟迟闭或过大可见于脑积水、佝偻病、如甲状腺功能减退症等；前囟张力增加常示颅内压增加，而前囟凹陷则见于极度消瘦或脱水者。

2. 脊柱发育　脊柱的生长反映椎骨的发育。出生时脊柱仅轻微后凸，3个月左右随婴儿抬头出现第一个弯曲即颈椎前凸；6个月左右会坐时出现第二个弯曲即胸椎后凸；1岁左右开始站立时出现第三个弯曲即腰椎前凸（图2-2-3）。6~7岁时韧带发育完善，这三个自然弯曲被韧带固定。生理弯曲的形成可缓冲运动过程中产生的压力，有利于身体的平衡。坐、立、行姿势及骨骼病变会影响脊柱发育。

3. 骨的发育　包括骨化与生长。骨化有两种形式，一种为膜化骨，包括颅盖诸骨和面骨。膜化骨是间充质细胞演变为成纤维细胞，形成结缔组织膜，在膜的一定部位开始骨化，形成骨化中心，再逐渐扩大完成骨的发育。另一种为软骨内化骨，包括躯干及四肢骨和颅底骨等。软骨内化骨是由间充质细胞演变为软骨原基，后由成骨细胞的成骨活动而形成原始骨化中心。以后，还出现继发骨化中心。骨化中心不断扩大，最后软骨原基全部骨化，原始与继发骨化中心互相愈合而

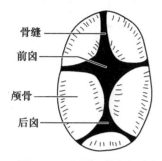

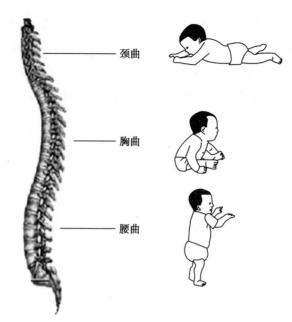

▲ 图2-2-2　颅骨、前囟与后囟　　　　　　　　▲ 图2-2-3　脊柱生理弯曲的形成

完成骨骼的发育。骨化中心出现的多少可反映长骨的成长成熟程度。通过X线检查不同年龄儿童长骨骨骺端骨化中心出现的时间、数目、形态变化，并将其标准化，即为骨龄（bone age）。骨龄是一个独立的生长指标，不依赖年龄和生长速度的变化，动态观察骨龄变化对评价体格生长态势及儿童内分泌疾病疗效有重要意义（表2-2-1）。

▼ 表2-2-1　腕部骨化中心的发育顺序

年龄	骨骼发育	年龄	骨骼发育
出生时	腕部无骨化中心	3.5~5岁	大小多角骨
3~4个月	头状骨、钩骨	5~6岁	舟骨
1岁	下桡骨骺	6~8岁	下尺骨骺
2~3岁	三角骨	9~10岁	豌豆骨
3岁左右	月骨	10岁	出全（共10个）

注：1~9岁腕部骨化中心的数目约为其年龄（岁）加1。

（二）牙齿发育

牙齿发育与骨骼发育有一定关系，但因胚胎来源不完全相同，故发育速度也不平行。人一生有两副牙齿，即乳牙共20个和恒牙共32个。出生时在颌骨中已有骨化的乳牙牙胚，被牙龈覆盖，生后4~10个月乳牙开始萌出，2~2.5岁出齐，2岁以内乳牙的数目为月龄减4~6，但乳牙萌出的时间也存在较大的个体差异，13月龄后未出牙为乳牙萌出延迟（表2-2-2）。乳牙萌出顺序一般下颌先于上颌、自前向后（图2-2-4）。在乳牙胚发育的同时，从乳牙胚的舌侧长出20个恒牙胚，将来发育成20个恒牙并与乳牙替换。在恒牙胚的两端各在胚胎10个月、出生后2年、出生后5年分别长出第1、2、3恒磨牙胚。6岁左右开始出第一颗恒牙即第一磨牙，7~8岁之后乳牙按萌出顺序逐个脱落换之以恒牙。12岁左右出第二磨牙；18岁以后出第三磨牙（智齿），但也有人终身不出此牙。恒牙一般20~30岁时出齐，共32个。个别儿童出牙时可有低热、流涎、睡眠不安、烦躁等反应。较严重的营养不良、佝偻病、如甲状腺功能减退症、21-三体综合征（又称唐氏综合征）等患儿可有出牙迟缓、牙釉质差等。

▼ 表2-2-2　乳牙萌出及换牙时间

乳牙名称	萌出时间	出牙数量	换牙时间
下中切牙	4~10个月	2	6~7岁
上中切牙及上侧切牙	8~12个月	4	7~9岁
下侧切牙	10~14个月	2	7~9岁
上下第一乳磨牙	14~22个月	4	10~12岁
上下单尖牙	18~24个月	4	8~11岁
上下第二乳磨牙	24~32个月	4	12~14岁

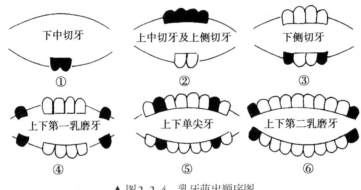

▲ 图2-2-4　乳牙萌出顺序图

（三）肌肉与脂肪组织发育

1. **肌肉组织发育**　胎儿期肌肉组织发育较差，出生后随活动增加肌肉组织逐渐生长，其生长发育与体重增长平行。儿童肌肉纤维较细，间质组织较多。生后肌肉的生长主要是肌纤维增粗，5岁以后则肌肉增长明显，并有性别差异。青春期肌肉发育尤为加速，男孩比女孩更突出。男孩肌肉占体重比例明显大于女孩。肌肉的发育与营养、生活方式、运动量等密切相关。目前肌肉力量、耐力和柔韧性已成为衡量青少年身体素质的内容之一。肌肉生长异常可见于重度营养不良、进行性肌萎缩等病症。

2. **脂肪组织发育**　脂肪组织的生长发育主要是细胞数目增加和体积增大。细胞数目增加主要在胚胎中后期、生后第1年以及青春期。脂肪细胞体积的扩大也以胎儿后期为快，到出生时已增加一倍，以后逐渐减慢，青春期生长加速时，脂肪细胞体积又扩大。脂肪组织是机体贮存能量的主要场所，在机体需要时动员、释放能量。

（四）生殖系统发育

受下丘脑–垂体性腺轴的调节，生殖系统迟至青春前期才开始发育，青春期开始和持续时间受多种因素的影响，个体差异较大。女孩在8岁以前，男孩在9岁以前出现第二性征，为性早熟（precocious puberty），即青春期提前出现；女孩14岁以后，男孩16岁以后无第二性征出现，为性发育延迟（delayed puberty）。

1. 女性生殖系统发育 女性生殖系统包括卵巢、子宫、输卵管和阴道。第二性征发育以乳房、阴毛、腋毛发育为标志。乳房发育是女孩青春期开始的第一个体征，然后是阴毛和腋毛的发育。月经初潮是性功能发育的主要标志。初潮年龄有个体差异，大多在乳房发育的1年后或第二生长高峰后出现，受遗传、营养状况和经济文化水平等因素影响。

2. 男性生殖系统发育 男性生殖系统包括睾丸、附睾和阴茎。第二性征主要表现为阴毛、腋毛、胡须、变声及喉结的出现。睾丸增大是男性青春期的第一征象，随后是阴茎变长、增粗和阴毛出现，腋毛和胡须在阴毛生长2年后出现。首次射精的平均年龄受心理、文化和生物因素影响，多在阴茎生长1年后或第二生长高峰后出现。青春期发育的年龄有很大的个体差异。

第三节　儿童神经心理行为发育

学习目标

知识目标	1. 掌握儿童感知、运动和语言的发育规律。 2. 熟悉儿童神经系统的发育特点；儿童社会行为发展的特点。 3. 了解儿童心理活动的发展特点。
能力目标	能评价儿童运动功能、语音发育功能。
素质目标	培养护生能初步运用儿童神经心理发育规律，关注儿童身心健康。

案例导入与思考

儿童，女，2岁，目前能说2~3个字构成的短语，不能正确运用"你""我"，能搭6~7块积木，能有目标地扔皮球，能独自两步一阶上、下楼梯，但不会单腿跳。

请思考：

1. 此儿童在语言、运动等方面的发育正常吗？
2. 此儿童处于语言发育的哪一阶段？

在成长过程中，儿童神经心理发育主要是指感知、运动、语言的发育，以及记忆、思维、情感、性格等心理活动的发展，故此期的发育也称之为行为发育。它与儿童的智力发育密切相关，是儿童健康成长的重要方面。

一、神经系统发育

神经心理发育以神经系统发育和成熟为物质基础。在胎儿时期神经系统发育最早，尤其是脑的发育最为迅速。出生时脑重已达成人脑重的25%左右，此时神经细胞数目已与成人相同，但其树突与轴突少而短。7岁时已接近成人脑重，约1 500g。脑重的增加主要由于神经细胞体积增大和树突的增多、加长，以及神经髓鞘的形成和发育。神经系统髓鞘化在4岁左右完成，故婴儿时期由于髓鞘形成不完善，刺激引起的神经冲动传导慢，且易于泛化，不易形成明显的兴奋灶，儿童易疲劳而进入睡眠状态。

脊髓在出生时发育已较成熟，其发育与运动功能的发育相平行，随年龄而增重、加长。脊髓下端在胎儿时位于第二腰椎下缘，4岁上移至第一腰椎，做腰椎穿刺时应注意穿刺位置。

出生时儿童即具有觅食、吸吮、吞咽、拥抱、握持等一些非条件反射和对强光、寒冷、疼痛的反应。有些非条件反射如吸吮、握持、拥抱等反射会随年龄增长和大脑皮质的发育而逐渐减退；有些神经反射出生时存在，以后永不消失，如角膜反射；有些神经反射出生时不存在，以后逐渐形成，如腹壁反射（表2-3-1）。随着条件反射的形成和积累，儿童综合分析能力逐渐提高，智力发展也逐渐趋于复杂和完善。

▼ 表2-3-1　儿童神经反射发育特点

神经反射类型	存在或消失的时间
迈步反射	出生时存在，生后2~3个月消失
握持反射	出生时存在，生后3~4个月消失
拥抱反射	出生时存在，生后3~6个月消失
觅食与吸吮反射	出生时存在，生后4~7个月消失
角膜反射	出生时存在，以后永不消失
瞳孔对光反射	出生时存在，以后永不消失
吞咽反射	出生时存在，以后永不消失
腹壁反射	出生时不存在，出生4~6个月明显，至1岁时稳定
提睾反射	出生时不存在，出生4~6个月明显，至1岁时稳定
腱反射	出生时不存在，出生9~10个月出现，至1岁时稳定

二、感知的发育

感知（sensation and perception）是通过各种感觉器官从环境中选择性地获取信息的能力。感知的发育对儿童运动、语言、社会适应能力的发育起着重要促进作用。

（一）视感知发育

新生儿已有视觉感应能力，瞳孔对光有反应，能注视或跟踪移动的物体或光点。但因视网膜视黄斑区发育不全和眼肌调节能力差，视觉不敏锐，只能够看清15~20cm范围内的事物。不少新生儿可出现一时性斜视和眼球震颤，3~4周内自动消失。新生儿期后视感知发育迅速，随着年龄的增长，逐渐发育成熟（表2-3-2）。

▼ 表2-3-2　儿童视感知的发育特点

年龄	视感知的发育
1个月	可注视光源，开始有头眼协调
3~4个月	喜看自己的手，头眼协调较好
6~7个月	目光可随上下移动的物体垂直方向转动，出现眼手协调动作
8~9个月	开始出现视觉深度，能看到小物体
18个月	能区别各种形状，喜看图画
2岁	两眼调节好，可区别垂直线和横线
5岁	能够区别各种颜色
6岁	视觉深度已充分发育，视力达1.0

（二）听感知发育

出生时因鼓室无空气，听力较差，但对强声可有瞬目、震颤等反应；出生3~7天后听觉已良好。新生儿听力筛查（neonatal hearing screening，NHS）是早期发现听力障碍的有效办法，我国已将其纳入常规新生儿筛查内容。随着儿童月龄的增长，听感知发育逐渐趋于成熟（表2-3-3）。听感知发育与儿童语言发育直接相关，听力障碍如不能在语言发育的关键期内或之前得到确诊和干预，则可因聋致哑。

▼ 表2-3-3　儿童听感知的发育特点

年龄	听感知的发育
3~4个月	头可转向声源，听到悦耳声时会微笑
6个月	能区别父母声音，唤其名有应答表示
7~9个月	能确定声源，区别语言的意义
13~16个月	可寻找不同响度的声源
2岁	区别不同高低的声音，听懂简单吩咐
4岁	听觉发育完善

（三）味觉和嗅觉发育

出生时味觉发育已很完善。婴儿接触的第一种食物是略带甜味的母乳，婴儿对于略带甜味的东西是非常敏感的。新生儿对不同味道如甜、酸、苦、咸等可产生不同的面部表情；生后1~2周的新生儿已可辨别母亲和其他人的气味；3~4个月时能区别愉快和不愉快的气味；7~8个月开始对芳香气味有反应。

（四）皮肤感觉的发育

皮肤感觉包括触觉、痛觉、温度觉和深感觉等。触觉是引起某些反射的基础，新生儿触觉已很灵敏，尤以眼、口周、手掌、足底最为敏感，触之即有瞬眼、张口、缩回手足等反应，而前臂、大腿、躯干部触觉则较迟钝。新生儿已有痛觉，但较迟钝，第2个月起才逐渐改善。新生儿温度觉很灵敏，冷的刺激比热的刺激更能引起明显的反应。

三、运动的发育

运动发育分为大运动（gross motor）和精细运动（fine motor）两大类。正常儿童大运动发育的里程碑是孩子获得某项大运动功能的年龄，发育里程碑是有顺序的，儿童获得一个能力后才能学会下一个能力。运动发育遵循自上而下、由近至远、从不协调到协调、先正向动作后反向动作的规律（图2-3-1）。如先能抬头，后会坐立行走；先能抬肩，后会用手指取物；先手舞足蹈但不会取物，后学会准确抓取物品；先会拿起物品，后学会放下。

大运动又称大肌肉运动，是身体对大动作的控制，如抬头、坐、爬、站、走、跑、跳等。精细运动是手及手指等部位小肌肉或肌肉群的运动，如抓握物品、涂画等。随着儿童年龄的增长，大运动和精细动作逐渐发展（表2-3-4）。

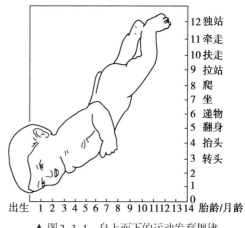

▲ 图2-3-1　自上而下的运动发育规律

▼ 表2-3-4　儿童大运动及精细动作的发育特点

年龄	大运动	精细动作
3个月	仰卧或直立位时抬头较稳	开始有意识地抓取物品
4个月	抬头很稳并能自由转动身体	尝试握持或摇摆小玩具
6个月	双手向前撑住独坐	能捏、敲物品，用手摇玩具
8个月	会爬，会坐起、躺下	两手能传递物品，会拍手
10个月	能扶着走路，能独站片刻	拇、示指取物，喜欢撕纸
12个月	能走，能弯腰拾东西	喜欢扔东西，能将圆圈套在木棍上
15个月	可独自走稳，能蹲着玩	学会用匙，能叠1块积木，能几页几页翻书
18个月	能爬台阶	能叠约3块积木，会有目标地扔皮球
2岁	能双脚跳	可叠约6块积木，一页一页地翻书，用勺吃饭
3岁	能跑，双脚交替走下楼梯	会洗手、洗脸、穿脱简单衣服，临摹线条等
5岁	能单腿跳，能跳绳	能握笔写字，使用剪刀，会系鞋带

四、语言的发育

语言（language）为人类特有的高级神经活动，与智能关系密切。语言发育是儿童全面发育的标志。正常儿童天生具备发展语言技能的机制和潜能，但是环境必须提供适当的条件，其语言能力才能得以发展。语言发育必须听觉、发音器官和大脑功能正常，并须经过发音、理解和表达三个阶段：① 发音阶段，婴儿2个月时能发出和谐的喉音，3~4个月咿呀发音，7~8个月能发"爸爸""妈妈"等复音，但都没有词语的真正意义，8~9个月能重复成人所发简单音节；② 理解语言阶段，9个月左右的婴儿能听懂简单的词意，如"再见""抱一下"等。10~12个月时有意识地叫"爸爸""妈妈"。亲人对婴儿自发的"爸爸""妈妈"等语言的及时应答，促使婴儿逐渐理解这些音的特定含义；③ 表达语言阶段，一般12个月时会说简单的词句，如"再见""没了"；1岁半时能用15~20个字，能指认并说出家庭主要成员的称谓；2岁时能指出简单的人名、物名和图；到3岁时能指认许多物品名，并能说由2~3个字组成的短句；4岁时能讲述情节简单的故事。随着儿童月龄的不断增长，语言能力越来越强。

语言发育的过程中需注意下列现象：① 乱语，又称隐语，1~2岁的孩子，很想用语言表达自己的需求，但由于词汇有限，常常说出一些成人听不懂的话语（即乱语）；② 口吃，3~4岁的孩子，词汇增多，但常常发音不准或句法不妥；③ 自言自语，是儿童从出声的外部语言向不出声的内部语言转化过程中的一种过渡形式，一般7岁以后，儿童不会再出现自言自语，如继续存在，则应引起注意。

五、心理活动的发展

儿童出生时不具有心理现象，待条件反射形成即标志着心理活动发育的开始，且随年龄增长，心理活动不断发展。

（一）注意的发展

注意（attention）是人的心理活动集中于一定的人或物。注意可分无意注意和有意注意，婴儿期以无意注意为主，3个月开始能短暂地集中注意人脸和声音；随年龄的增长、动作语言的发育，儿童逐渐出现有意注意，但幼儿时期注意的稳定性差，易分散、转移；5~6岁后儿童才能较好地控制自己的注意力。

（二）记忆的发展

记忆（memory）是将所获得的信息"贮存"和"读出"的神经活动过程，可分为感觉、短暂记忆和长久记忆3个阶段。长久记忆又分为再认和重现两种，再认是以前感知的事物在眼前出现时能认识；重现则是以前感知的事物虽不在眼前出现，但可在脑中重现，即被想起。1岁内婴儿只有再认而无重现，随年龄增长，重现能力也增强。幼儿时期的记忆特点是时间短、内容少，只按事物的表面特性记忆信息，且以机械记忆为主，精确性差。随着年龄的增长和思维、理解、分析能力的发展，儿童有逻辑的记忆逐渐发展，记忆内容也越来越广泛、复杂，记忆的时间也越来越长。

（三）思维的发展

思维（thinking）包括感知动作思维、具体形象思维和抽象逻辑思维。1岁以后儿童开始产生思维。在3岁以前只有最初级的形象思维；3岁以后开始有初步抽象思维；6~11岁后儿童逐渐学会综合分析、分类、比较等抽象思维方法，使思维具有目的性、灵活性和判断性，在此基础上进一步发展独立思考的能力。

（四）想象的发展

想象（imagination）是对已有表象进行加工改造和创造新形象的过程。新生儿没有想象能力；1~2岁儿童仅有想象的萌芽；3岁后儿童想象内容稍多，但仍为片段、零星的；学龄前期儿童想象力有所发展，但以无意想象和再造想象为主；有意想象和创造性想象到学龄期才迅速发展。

（五）情绪、情感的发展

新生儿因不适应宫外环境，常表现出不安、啼哭等消极情绪，而哺乳、抚摸、拥抱等则可使其情绪愉快。6个月后儿童能辨认陌生人时逐渐产生对母亲的依恋及分离性焦虑，9~12个月时依恋达高峰。婴幼儿情绪表现特点为时间短暂，反应强烈，容易变化，外显真实。随年龄增长和与周围人交往的增加，儿童对客观事物的认识逐步深化，对不愉快事物的耐受性逐渐增强，逐渐能有意识地控制自己的情绪，情绪反应渐趋稳定。

（六）个性和性格的发展

个性（personality）是个人处理环境关系时所表现出来的与他人不同的习惯行为和倾向性，包括思想方法、情绪反应、行为风格等。每个人都有特定的生活环境和自己的心理特点，因此，表现在兴趣、能力、气质等方面的个性各不相同。性格（character）是个性心理特征的重要方面，是在人的内动力与环境产生矛盾和解决矛盾的过程中发展起来的，具有阶段性：① 婴儿期，由于一切生理需要均依赖成人，逐渐建立对亲人的依赖性和信赖感，如不能产生依恋关系，将产生不安全感；② 幼儿期，已能独立行走，有一定的自主感，但又未脱离对亲人的依赖，常出现违拗言行与依赖行为相交替现象；③ 学龄前期，生活自理能力提高，主动性增强，但常因失败而出现失望和内疚；④ 学龄期，因学习能力提高和某些行为得到认可而满足，又因经常失败而产生自卑；⑤ 青春期，体格生长和性发育开始成熟，社交增多，心理适应能力加强但容易波动，在感情问题、伙伴问题、职业选择、道德评价和人生观等问题上处理不当时易发生性格变化。性格的形成有遗传影响，但主要源于生活环境和教育，一旦形成即相对稳定。

六、社会行为的发展

儿童社会行为是各年龄阶段心理行为发展的综合表现，其发展受外界环境的影响，也与家庭、学校、社会对儿童的教育有密切关系，并受神经系统发育程度的制约。新生儿觉醒时间短，对周围环境反应少，但不舒服时哭叫，抱起来即安静；2~3个月时能以笑、停止啼哭、发音等行为表示认识父母；3~4个月时开始出现社会反应性的大笑，对母亲声音表示愉快；7~8个月时表现出认生，对发声玩具感兴趣；9~12个月是认生的高峰，会模仿别人的动作，呼其全名会转头；12~13个月喜欢玩变戏法和躲猫猫游戏；18个月时逐渐有自我控制能力，成人在附近时可以玩很久；2岁时不再认生，爱表现自己，吸引别人注意，喜欢听故事，看动画片，能执行简单命令；3岁时人际交往更成熟，与人同玩游戏，能遵守游戏规则，此后，随着接触面的不断扩大，对周围人和环境的反应能力更趋完善（表2-3-5）。

▼ 表2-3-5　儿童的语言发育、适应周围人和物的能力及行为的发展

年龄	语言	适应周围人和物的能力及行为
新生儿	能哭叫	铃声可使全身活动减少，或哭渐止，有握持反射
2个月	发出和谐的喉音	能微笑，有面部表情，眼随物转动
3个月	咿呀发音	头可随看到的物品或听到的声音转动180°，会注意自己的手
4个月	笑出声	抓面前物体，自己玩手，见食物表示喜悦，较有意识地哭笑
5个月	能喃喃地发出单调音节	伸手取物，能辨别人声，望镜中人笑
6个月	能听懂自己的名字	能认识熟人和陌生人，自拉衣服，自握足玩
7个月	能发"爸爸""妈妈"等复音，但无意识	能听懂自己的名字，自握饼干吃
8个月	重复大人所发简单音节	注意观察大人的行动，开始认识物体，两手会传递玩具
9个月	能懂几个较复杂的词句，如"再见"等	看见熟人会伸手要抱，或与人合作游戏
10~11个月	开始用单词，一个单词很多意义	能模仿成人的动作，招手"再见"，抱奶瓶自食
12个月	能叫出物品名字，如灯、碗，指出自己的手、眼	对人和事物有喜憎之分，穿衣能合作，用杯喝水
15个月	能说出几个词和自己的名字	能表示同意、不同意
18个月	能认识和指出身体各部分	会表示大、小便，懂命令，会自己进食
2岁	会说2~3个字构成的句子	能完成简单的动作，如拾起地上的物品，能表达喜、怒、怕、懂
3岁	能说短歌谣，数几个数	能认识画上的东西，认识男、女，自称"我"，表现自尊心、同情心、怕羞
4岁	能唱歌，讲述简单故事情节	能画人像，初步思考问题，记忆力强，好发问
5岁	开始识字	能分辨颜色，数10个数，知物品用途及性能
6~7岁	能讲故事、开始写字	能数几十个数，可简单加减，喜独立自主，形成性格

第四节　儿童发展理论

一、弗洛伊德的性心理发展理论

弗洛伊德（Sigmund Freud），著名的奥地利精神病学家，被誉为"现代心理学之父"，通过精神分析法观察人的行为，创建了性心理发展理论（theory of psychosexual development）。弗洛伊德的理论注重于儿童性心理的发展、对自己身体的欣赏及与他人关系的建立。他认为性本能是个性发展过程中具有重要意义的因素。他用"性心理"来描绘感官愉悦的体验，认为人的性心理发展分为5个阶段，如果某一阶段的需求未得到满足，便会产生心理问题，并影响下一阶段的发展。

（一）口腔期（oral stage，0~1岁）

婴儿专注于与口有关的活动，通过吸吮、吞咽、咀嚼等经口的活动来获得快乐与安全感。口部欲望得到满足，则有助于婴儿情绪及人格的正常发展。若此期发展不顺利，会造成以后自恋、悲观、退缩、嫉妒、猜疑、苛求等人格特征，还会出现咬指甲、吸烟、吸毒、酗酒等不良行为。当对婴儿进行侵入性操作前后可给予喂养或安慰奶嘴。

（二）肛门期（anal stage，1~3岁）

儿童关心与直肠及肛门有关的活动，愉快感主要来自排泄所带来的快感及自己对排泄的控制。排便环境和氛围对儿童的个性有着深远的影响，如父母在这段时期对儿童的大小便训练恰当，则孩子能与父母产生和谐的关系，并形成日后人际关系的基础。如父母对儿童的大小便训练出现问题或儿童存在与排泄有关的不愉快经历，则会形成缺乏自我意识或自以为是、冷酷无情、顽固、咨啬暴躁等人格特征。当幼儿住院时，应该鼓励儿童维持在家的排便习惯和方式，儿童因环境陌生可能导致排便行为退化，不应嘲笑责骂儿童。

（三）性蕾期（phallic stage，3~6岁）

儿童对自己的性器官感兴趣，并察觉到性别差异。男孩经由恋母情结而偏爱母亲，女孩则经由恋父情结而偏爱父亲。健康的发展在于与同性别的父亲或母亲建立起性别认同感，有利于形成正确的性别行为和道德观念，如发展不顺利，则会产生性别认同困难或由此产生其他的道德问题。

（四）潜伏期（latency stage，6~12岁）

儿童早期的性欲冲动被压抑到潜意识领域，把精力投放到智力及身体的活动上，儿童的兴趣不再限于自己的身体，转而注意自己周围环境中的事物，愉快感来自对外界环境的体验，喜欢与同性别的伙伴游戏或一起活动。如果发展好，可获得许多人际交往经验，促进自我发展。若此期发展不顺利，则会造成强迫性人格。

（五）生殖期（genital stage，12岁以后）

深藏于潜意识中的性欲冲动，随青春期的到来开始涌现。此期儿童对异性产生兴趣，注意力由父母转移到所喜爱的性伴侣，有了与性别有关的职业计划、婚姻理想。若此期性心理发展不顺利，会导致严重的功能不全或病态人格。学校和社会应提供各种形式的性知识教育，护理该期儿童时要注意维护其隐私。

二、艾瑞克森的心理社会发展理论

心理学家艾瑞克森（Milton Hyland Erickson），将弗洛伊德的理论扩展到社会方面，形成了心理社会发展理论（theory of psychosocial development）。艾瑞克森理论强调文化及社会环境对人发展的影响，认为生命的历程就是不断达到心理社会平衡的过程。他将人的一生分为8个心理社会发展阶段（其中前5个阶段与儿童的心理社会发展有关），并认为每个阶段均有一个特定的发展问题，这些问题即是儿童健康人格的形成和发展过程中所必然遇到的挑战或危机。成功地解决每一阶段的发展问题，就可健康地步入下一阶段；反之，将导致不健康的结果而影响后一阶段的发展。

（一）婴儿期

主要的社会心理发展问题：信任对不信任（trust vs mistrust）。信任感是发展健全人格最初且最重要的因素，人生第一年的发展任务是与照顾者（通常是父母）建立起信任感。良好的照料是发展婴儿信任感的基本条件。如果父母的喂养、抚摸等使儿童的需要得到满足，其对父母的信任感就得以建立，这一信任感是儿童对外界和他人产生信任感的来源。信任感发展的结果是乐观，对环境和将来有信心。与此相反，如果儿童经常感受到的是痛苦、危险和无人爱抚，便会产生不信任感和不安全感，婴儿会把对外界的恐惧和怀疑情绪带入以后的发展阶段。在护理婴儿时应经常抱起安抚以利于其信任感的形成。

（二）幼儿期

主要的心理社会发展问题：自主对羞涩或怀疑（autonomy vs shame or doubt）。此阶段幼儿通过爬、走、跳等动作来探索外部世界，对自己的身体、行为、环境的控制能力加强，逐渐建立了自主感。他们在许多领域开始独立地探索，通过模仿他人的动作和行为进行学习；同时由于缺乏社会规范，儿童任性行为达到高峰，喜欢以"不"来满足自己独立自主的需要。当幼儿自我实现得到满足和鼓励时，其自主性得到发展。此时，如果父母替孩子包办一切，而不允许他们去做想做的事，或对其独立行为缺乏耐心，进行嘲笑、否定和斥责，将会使儿童产生羞愧和疑虑，儿童将怀疑自己的能力，并停止各种尝试和努力。鼓励儿童做力所能及的自理活动，如自己进食，即使会弄得周围一塌糊涂，也应给予支持和鼓励，避免过分干预；同时，用温和、适当的方式约束儿童，使其按社会能接受的方式行事，学会适应社会规则。此期顺利发展的结果是自我控制和自信，形成有意志的品质。

（三）学龄前期

主要的心理社会发展问题：主动对内疚或罪恶感（initiative vs guilt）。随着身体活动能力和语言的发展，儿童探究范围扩大，他们开始主动探索周围的世界，敢于有目的地去影响和改变环境，因而产生一种自我意识。如果对他们的好奇和探究给予积极鼓励和正确引导，则有助于他们主动发展。反之，如果总是指责或批评孩子的行为，禁止他们有一些离奇的想法或游戏活动，或要求他们完成其力所不能及的任务，均会使他们产生内疚感、缺乏自信、态度消极、怕出错、过于限制自己的活动。此期顺利发展的结果是建立方向感和目标感，形成有目的的品质。例如，儿童在住院期间会对很多医疗器械感到好奇，在护士听心率时用手去触碰听诊器，不要指责他，而是让儿童听自己的心律，积极回答儿童想知道的问题，并鼓励儿童在进行操作前帮忙做准备，如准备胶布等，让儿童有成就感。

（四）学龄期

主要心理社会发展问题：勤奋对自卑（industry vs inferiority）。此期是成长过程中的一个决定性阶段。儿童迫切地学习文化知识和各种技能，学会遵守规则，从完成任务中获得乐趣，并强烈追求如何将事情做得完美。如果在这个时期儿童能出色地完成任务并受到鼓励和赞扬，则可发展勤奋感；如果无法胜任父母或老师指定的任务，遭受挫折和指责，儿童易产生自卑感。此期顺利发展的结果是学会与他人竞争，追求创造和自我发展，形成有能力的品质。父母、老师等均有责任帮助儿童发掘其自身的勤奋潜力。

（五）青春期

主要的心理社会发展问题：角色认同对角色混淆（identity vs role confusion）。随着身体迅速而显著的变化，青少年开始关注自我，探究自我，经常思考"我是怎样一个人或适合怎样的社会职业（角色）"的问题。他们极为关注别人对自己的看法，并与自我概念相比较，一方面要适应自己必须承担的社会角色，同时又想扮演自己喜欢的新潮形象，因此，他们为追求个人价值观与社会观念的统一而困惑和奋斗。正常的社会心理发展主要来自建立其独立自主的人生观念，并完善自己的社会能力和发展自身潜能，形成忠诚的品质。如无法解决上述冲突，则会导致角色混淆，没有自控力，没有安全感。

三、皮亚杰的认知发展理论

皮亚杰（Jean Piaget），瑞士心理学家，基于对儿童行为的长期观察，提出了儿童认知发展理论（theory of cognitive development）。皮亚杰认为儿童的智力起源于他们的动作或行为，智力的发展就是儿童与经常变化着的、要求其不断作出新反应的外部环境相互作用的结果。皮亚杰把认知发展过程分为4个原则阶段，每个阶段都是对前一阶段的完善，并为后一阶段打下基础。各个阶段的发展与年龄有一定关系，但每个人又由于其他因素的影响而各不相同。

（一）感觉运动期（sensorimotor stage，0~2岁）

儿童通过与周围事物的感觉运动性接触，如吸吮、咬、抓握、触摸、敲打等行动来认识世界，其间经历6个亚阶段，主要特征是形成自主协调运动，能区分自我及周围的环境，构成了自我概念的雏形，开始形成心理表征，能将事物具体化，对空间有一定的概念，并具有简单的思考能力，形成客体永久概念，即意识到物体是永远存在的且不会神秘消失。

（二）前运思期（preoperational stage，2~7岁）

儿童能用语言符号、象征性游戏等手段来表达外部事物。思维特点是以自我为中心、单纯、不可逆，即从自己的角度去考虑和看待事物，不能理解他人的观点，只注意事物的一个方面，不理解事物的转化或逆向运动；能将事物依次连接起来，但缺乏正确的逻辑推论能力。例如儿童会把自己生病住院与不听家长的命令相联系。

（三）具体运思期（concrete operational stage，7~11岁）

儿童能比较客观地看待周围事物，不再以自我为中心，学会以别人的观点看问题，能理解事物的转化，并能拼接具体形象的支持，进行逻辑推理活动，形成守恒概念，即能认识到客体外形变化，其特有的属性可以不变，能进行可逆性思维，但不能进行抽象思维。

（四）形式运思期（formal operational stage，12岁以上）

儿童的思维能力开始接近成人水平，他们不仅思考具体的（现存的）事物，也能思考抽象的（可能发生的）情景，并有综合性的思维能力、逻辑推论能力及决策能力。

四、科尔伯格的道德发展理论

美国哈佛大学教授科尔伯格（Lawrence Kohlberg），基于对儿童和成人道德发展的研究，提出了3期6个阶段的道德发展学说（theory of moral development）。科尔伯格认为，所谓道德发展，指个体在社会化过程中，随年龄的增长而逐渐学到的是非判断标准，以及按该标准去表现的道德行为。

（一）前习俗期（preconvention stage，1~6岁）

家长和其他权威人物的教导，对儿童来说，道德是外来的概念。当面对道德的两难情境，进行好坏、对错的判断时，他们往往依据外界对其的限制，而不能兼顾行为后果是否符合社会习俗或道德规范。此期分为2个阶段。

1. 惩罚-顺从导向阶段　此阶段儿童根据行为的结果而不是行为本身判断好坏，是非观念建立在回避惩罚的基础上，因此，无条件地遵从制定规则的权威人物要求，没有语言和行为一致的概念。

2. 相对公立导向阶段　此阶段是非观念主要建立在满足自身需要的基础上，尽管他们也有公平、回报、共享的概念，但这些概念是很实际的、具体的，而没有公正、感激、忠诚的含义。

（二）习俗期（conventional stage，6~12岁）

此期儿童开始形成道德观念，他们一般以社会习俗或规范为准则，行为动机主要为符合父母、家庭、社会的需要，能遵守社会道德及法规，有了忠诚和服从的概念。此期分为2个阶段。

1. 好孩子导向阶段 他们认为应遵守规定的行为，只有个人做得好才能赢得赞扬，一切行为均是为了得到他人的认可。

2. 社会秩序导向阶段 儿童的道德发展从关心他人发展到明确社会需求上，能遵守社会习俗和规则，完成任务，尊重权威，有责任心和义务感，认为维护社会规则才是正确的行为。

（三）后习俗期（postconventional stage，12岁以上）

此期儿童将社会道德规范内化，形成现实和有效地自身道德观念和原则，能全面进行自我约束，有个人需要、团体利益的道德观念和原则。此期包括2个阶段。

1. 社会契约导向阶段 尊重法规，认为人生的目标就是要对社会负责，保证大多数人的利益。

2. 普遍道德原则导向阶段 凭借自己的良心判断是非，追求平等、博爱的人生原则，这些原则是个人自主选择的，并非每个人的道德水平都能达到这个阶段。

在护理工作中，应合理使用儿童发展理论对儿童及其家长进行指导，加强对患儿心理行为表现的关注和理解，促进儿童心理、社会层面的健康发展。

第五节　儿童发展中常见的问题

学习目标

知识目标	1. 掌握儿童体格生长偏离的种类和概念。 2. 熟悉常见的儿童行为问题及干预办法。 3. 了解儿童学习障碍的表现。
能力目标	能判断儿童体格生长偏离并对患儿及其家长开展健康教育。
素质目标	培养护生的爱伤观念，在护理工作中体现细心、耐心、爱心和责任心。

多数儿童遵循一定的规律或轨道，正常地生长和发育，但也有一些儿童受各种因素的刺激和影响，在成长的过程中，有可能偏离正常生长发育的轨道，导致各种问题的出现。因此，应重视对儿童生长发育的监测，早期发现问题，早期进行干预和治疗。

一、体格生长偏离

体格生长偏离（deviation of growth）是指儿童体格生长偏离正常的轨道，主要包括低体重、消瘦、肥胖、身材矮小或高大。导致体格生长偏离的原因有遗传因素、营养因素、内分泌疾病、体质和心理因素等。

（一）体重生长偏离

1. 体重过重（overweight） 儿童体重大于同年龄、同性别儿童体重正常参考值的均值加2个标准差，或第97百分位以上者。体重过重常见原因包括营养摄入过多、活动量过少；体重过重也可见于正常的、与身高发育平行的情况，即体重与身高的发育均超过同龄儿童的发育；也有可能是疾病所引起的水肿症，如肾脏疾病等。

2. 低体重（underweight） 儿童体重低于同年龄、同性别儿童体重正常参考值的均值减2个标准差，或第3百分位以下者。低体重可见于正常的与身高发育平行的情况，如家族性矮小。低体重常见的原因包括喂养不当、挑食偏食、慢性疾病、神经心理压抑以及严重畸形等均可发生严重营养不良而致低体重。

（二）身高（长）生长偏离

1. 高身材（tall status） 儿童身高（长）的发育大于同年龄、同性别儿童身高（长）正常参考值的均值加2个标准差，或第97百分位以上者。高身材可见于正常的家族性高身材、某些内分泌疾病（如肢端肥大症）、结缔组织性疾病（如马方综合征）。

2. 身材矮小（short stature） 儿童身高（长）的发育小于同年龄、同性别儿童身高（长）正常参考值的均值减两个标准差，或第3百分位以下者。矮身材的原因比较复杂，可受父母身材矮小的影响，或由于宫内营养不良所致；某些内分泌疾病如生长激素缺乏症、如甲状腺功能减退症，遗传性疾病如21-三体综合征、特纳综合征、黏多糖贮积症、糖原贮积病等，精神、心理障碍也可导致身材矮小。因此，必须在生长发育中监测身高，尽早发现身材矮小，分析原因早期干预。

二、心理行为异常

（一）儿童行为问题

儿童在发育过程中出现的行为问题较为常见，影响儿童的身心健康。儿童行为问题多表现在日常生活中，容易被家长忽略，或被过分估计。因此区别正常或异常儿童行为非常必要。

儿童行为问题一般可分为：① 生物功能行为问题，如遗尿、遗便、多梦、夜惊、睡眠不安、食欲不佳、过分挑食等；② 运动行为问题，如吮手指、咬指甲、磨牙、咬或吸衣服、挖鼻孔、咬或吸唇、儿童擦腿综合征、活动过多等；③ 社会行为问题，如攻击、破坏、盗窃、说谎等；④ 性格行为问题，如惊恐、害羞、忧郁、社交退缩、交往不良、违拗、易激动、烦闹、发脾气、胆怯、过分依赖、要求注意、过分敏感、嫉妒等；⑤ 语言问题，如口吃等。儿童行为问题的发生与生活环境、教养方式、父母的文化、父母对子女的期望等显著相关。男孩的行为问题多于女孩，男孩多表现为运动行为问题和社会行为问题，女孩多为性格行为问题。多数行为问题可在发育过程中自行消失。

1. 屏气发作 为呼吸运动暂停的一种异常性格行为问题，多发生于6~18个月的婴幼儿，5岁之前逐渐自然消失。常在发怒、恐惧、悲伤、剧痛、剧烈叫喊等情绪急剧变化时出现，常有换气过度，使呼吸中枢受抑制，哭喊时屏气，脑血管扩张，脑缺氧时可有昏厥、丧失意志、口唇发绀，躯干、四肢挺直，甚至四肢抽动，持续0.5~1分钟后呼吸恢复，症状缓解，口唇返红，全身肌肉松弛而清醒，一日可发作数次。屏气发作与惊厥发生无关。多见于暴躁、任性、好发脾气的婴幼儿。应加强家庭教养，避免粗暴打骂，尽量不让孩子有哭闹、发脾气的机会。

2. 吮指癖、咬指甲癖 3~4个月婴儿生理上有吮吸的需求，常自吮手指尤其是拇指以安定自己。这种行为多在安静、寂寞、饥饿、身体疲乏时和睡前出现，随着年龄增长而消失。但有时儿童因心理需要得不到满足而精神紧张、恐惧、焦急，或未获得父母充分的爱，而又缺少玩具等视觉刺激，使吮指或咬指甲自娱，渐成习惯，直到年长尚不能戒除。长期吮手指可影响牙齿、牙龈及下颌骨发育，致下颌前突、齿列不齐，妨碍咀嚼。咬指甲癖的形成过程与吮拇指癖相似，系情绪紧张，感情得不到满足而产生的不良行为，多见于学龄前期和学龄期儿童。对这类儿童应多加关心和爱护，消除其抑郁孤独心理，当其吮吸拇指或咬指甲时应分散其注意力，鼓励儿童建立改正坏习惯的信心，切勿打骂讽刺或在手指上涂抹苦药等。大多数儿童入学后受同学的影响会自然放弃此不良习惯。

3. 儿童擦腿综合征 是儿童通过擦腿引起兴奋的一种运动行为障碍，女孩和幼儿更多见。多在入睡前、睡醒后或在独自玩耍时发生，可被分散注意力而终止。发作时，儿童双腿伸直交叉夹紧，手握拳或抓住东西使劲，女孩喜坐硬物，手按腿或下腹部；男孩多伏卧在床上、来回蹭，或与女孩类似表现。女孩可伴外阴充血，男孩可有阴茎勃起。对于该类儿童，不应盲目制止和批评，应使儿童平时生活轻松愉快，解除心理压力，鼓励其参与各种游戏活动。在有发作征象时以有趣的事物分散其注意力，睡前安排适当的活动使其疲劳易于入睡，睡醒后立即穿衣起床以减少发作机会。此习惯动作多随年龄增长而逐渐自行消失。

4. 遗尿症（enuresis） 正常儿童在2~3岁时已能控制排尿，如5岁以后仍发生不随意排尿即为遗尿症，多发生在夜间熟睡时，称夜间遗尿症。本病发病率5岁时为15%，男女之比约为2：1；逐渐减少到9岁时的5%，男多于女（2：1~3：1）。遗尿症可分为原发性和继发性两类：① 原发性遗尿症，较多见，多因控制排尿的能力迟滞所致，多半有家族史，无器质病变。发生频率不一，自每周1~2次至每夜1次甚至一夜数次不等。各种生活紧张事件使患儿过度兴奋、紧张、情绪波动等可使症状加重。约50%患儿可于3~4年内发作次数逐渐减少而自愈，也有部分持续遗尿直到青春期或成人，往往造成严重心理负担，影响正常的生活和学习。② 继发性遗尿症，大多因全身性或泌尿系统疾病如糖尿病、尿崩症等，其他如智力低下、神经精神创伤、泌尿道畸形、感染，尤其是膀胱炎、尿道炎、会阴部炎症等也可引起继发性遗尿现象。继发性遗尿症在处理原发疾病后症状即可消失。

对遗尿症患儿必须首先排除全身或局部疾病，应详细询问健康史，有无泌尿系统感染症状；家庭与个人情况有关的学校和社会情况；以及训练儿童排尿过程等。取得家长和患儿的合作，指导家长安排适宜的生活制度和坚持排尿训练，帮助儿童建立信心，进行激励性行为矫正、正强化的行为干预。对遗尿患儿应避免责骂、讽刺、处罚等，多做精神上的劝慰和鼓励；应训练患儿将排尿时间间隔逐渐延长，每次排尿务必排尽，晚餐后应适当控制饮水量并避免兴奋活动，睡前排尿，熟睡后父母可在其经常遗尿时间之前叫醒，使其习惯于觉醒时主动排尿，另外也可采用警报器协助训练，药物治疗常用去氨加压素减少泌尿量。中医针灸对部分患儿有一定效果，可针灸关元、气海、合谷、足三里和三阴交等。

（二）注意缺陷多动障碍（attention deficit hyperactivity disorder，ADHD）

ADHD也称多动症，是指智力正常或接近正常的儿童，具有与年龄不相称的注意力不集中、不分场合的过度活动、情绪冲动并可有认知障碍或学习困难等特点，是儿童最常见的精神行为问题之一。学龄儿童中患病率为3%~6%，男孩明显高于女孩（4~9:1）。在校表现和同学关系受影响尤为突出，这些患儿易进展为自卑。高达70%受多动症影响的儿童，直至成年仍有持续症状。ADHD的诊断须持续存在注意力不集中、过度活跃和在多环境下的冲动（例如在家和学校）；症状必须持续至少6个月；诊断还要依靠病史、体格检查以及心理评估，心理评估包括智力测验（常用中国修订版韦氏儿童智力量表WISC-CR和WPPSI-CR）、注意力评定（多用持续性操作测验）和问卷量表（多用Conners量表）。药物治疗可选用哌甲酯、托莫西汀及三环类抗抑郁药。同时，应结合家庭、医院及学校三方面的共同努力，对患儿的行为进行治疗与指导。

（三）孤独症谱系障碍（autism spectrum disorder，ASD）

起病于婴幼儿期，主要表现为不同程度的社会交往障碍、兴趣狭窄和行为方式刻板，多数患儿伴有精神发育迟滞，预后较差。目前还不清楚该病的确切病因和发病机制，研究发现遗传与环境因素都与之有关。患儿不能与别人建立正常的人际交往方式，在婴儿期表情贫乏，没有期待父母和他人拥抱、爱抚的表情和姿态。语言发育明显落后于同龄儿童，3岁时还不能说出有意义的单词和最简单的句子，不能用语言进行人际交流。一些患儿有刻板行为如重复转手，不停转圈等。对正常儿童喜爱的活动、游戏、玩具都不感兴趣，却喜欢玩废瓶盖等非玩具物品，或喜欢长时间观看转动的风扇、流水等。干预的基本目标是改善核心症状，促进患儿的语言发育，提高社会交往能力，矫正影响日常生活、学习和人际交往的刻板行为和兴趣，减轻和消除伴随的神经、精神症状和精神障碍。接受干预越早越好，至少应在学龄前开始。采用心理治疗、训练和行为干预，目前还缺乏能改变孤独症病程、改善核心症状的药物。

（四）学习障碍（learning disability）

学习障碍属特殊发育障碍，是指在获得和运用听、说、读、写、计算、推理等特殊技能上出现明显困难，并表现出相应的多重障碍综合征。临床上把由于各种原因如智力低下、多动、情绪和行为问题、特殊发育障碍所引起的学业失败统称为学习障碍。学龄期儿童发生学习障碍者较多，小学2~3年级为发病高峰，男孩多于女孩。学习障碍儿童的具体表现：① 学习能力的不足，如操作能力和语言能力；② 协调运动障碍，如手眼协调差，影响绘图等精细运动技能的获得；③ 辨音障碍，分不清近似音，影响听、说与理解；④ 理解与语言表达缺乏平衡，听与阅读时易遗漏或替换，不能正确诵读，构音障碍，交流困难；⑤ 知觉转换障碍，如听到"猫"字的读音时不能立即想到"猫"这个字的写法；⑥ 视觉空间知觉障碍，辨别能力差，常分不清6与9，b与d等，影响阅读能力。学习障碍的儿童智力不一定低下，但由于其认知特性导致他们不能适应学校学习和日常生活。对学习障碍的学生应仔细了解情况，分析其原因，针对具体的心理障碍进行重点矫治，采取特殊教育对策。

第六节　儿童健康评估

学习目标

知识目标	1. 掌握儿科体格检查的内容及方法。 2. 熟悉健康史收集方法；发育评估的内容与方法。 3. 了解家庭评估及营养评估的内容与方法。
能力目标	能完整采集儿童健康史，对儿童能熟练进行体格检查。
素质目标	培养护生检查动作轻柔，热爱儿科护理工作的职业素养。

评估是护理程序的基础，其资料对于护理诊断的形成、计划的执行和结束的评价至关重要。健康评估是对目前健康状态的评价，有利于识别儿童现存或潜在的健康问题。通过会谈、体格检查和发育测试等方法可以获得评估资料。

一、健康史收集

收集健康史的目的是识别护理问题，可通过与儿童及家长的会谈来获取信息，健康史收集应是一个有组织的、系统的资料收集过程。具体内容包括：

1. **一般资料**　包括姓名、性别、年龄、种族、出生日期、地址、联系电话、入院日期、父母或抚养人姓名、联系地址和电话、收集资料来源等。年龄记录要准确，新生儿到天数，婴幼儿到月数，年长儿到几岁几个月。

2. **主诉**　用病史提供者的语言概括主要症状或体征及其时间，如发热3天，避免使用诊断名词。

3. **现病史**　此次患病的详细情况，包括起病时间、起病过程、主要症状、病情发展及严重程度、接受过何种处理等，还包括其他系统和全身的伴随症状，以及同时存在的疾病等，即来院诊治的主要原因及发病经过。

4. **个人史**　根据不同年龄及不同健康问题询问问题各有侧重。

（1）出生史：胎次、胎龄、产次、分娩方式及过程、母孕期情况、婴儿出生后状况（有无窒息、发热、惊厥、出血、产伤、畸形及Apgar评分等）和出生时体重。新生儿和小婴儿的围生期情况应详细了解，如果出生时有问题，应询问吸氧、手术等治疗史。

（2）喂养史：饮食种类、进食量及进食频率、喂养方式，年长儿有无不良饮食习惯。婴幼儿及患营养性疾病和消化系统疾病的患儿要详细询问喂养史。

（3）生长发育史：了解以往生长发育指标增长的情况，前、后囟闭合时间，乳牙萌出的时间和数目，运动、语言、智力和精神心理发育，对新环境的适应性，学龄儿童的学习情况以及与同伴间的关系等。

（4）生活史：生活环境、卫生习惯、饮食、睡眠时间和型态（有无午睡、日夜颠倒、易惊醒）、休息、排泄、卫生和活动情况，是否有特殊行为问题（吮拇指、咬指甲、异食癖、吸烟、喝酒、药物滥用等）。

5. 既往史

（1）既往一般健康状况：须询问患儿既往健康还是多病。

（2）疾病史：曾患疾病（尤其是传染病）、损伤、治疗、手术和住院情况。

（3）过敏史：是否有过敏性疾病如哮喘，有无对药物、食物或某种特殊物质的过敏史。

（4）药物史：药名、剂量、用法、时间以及服药原因。

（5）免疫接种史：是否按时接种，接种后有无不良反应。近期是否用过丙种球蛋白等血制品。

6. 家族史 家族中是否有遗传性、过敏性和传染性疾病，家庭成员的年龄、学历、健康状况。

7. 心理社会史 儿童性格特征、对住院的反应、是否了解住院原因、是否适应医院环境、是否能配合治疗和护理，语言、宗教和社会支持系统、对健康和疾病看法、文化层次等。

二、身体评估

身体评估是护理评估的重要内容，掌握体格检查的方法是身体评估的关键，评估的目的是对儿童身体功能的全面评价，以发现护理问题，为制订护理计划提供依据。

（一）儿童体格检查注意事项

1. 环境舒适 体格检查的房间应该光线充足，温度适中，环境安静，检查用品齐全，并根据需要提供适当玩具和书籍。确保可能会发生危险的设备都在儿童不能触及的地方，保护学龄期儿童和青少年的隐私。尽量安排儿童与亲人在一起，以减轻体格检查给儿童带来的焦虑。

2. 态度和蔼 在检查前，检查者应态度和蔼，和父母交谈，微笑地看着儿童给予适当的抚摸，然后才让儿童躺在床上。如果儿童没有做好准备，可以先和父母交谈，然后慢慢把注意力移到儿童身上，赞赏儿童、衣着或喜欢的东西，和儿童讲有趣的小故事，或用玩具或听诊器与之游戏，使之安静接受检查。

3. 适当的宣教 护士可以用娃娃来给儿童示范要做的检查，也要让儿童参与到检查中，如让儿童选择是躺在检查床上还是坐在陪诊者身上，用简单的话来给儿童解释检查每一个步骤。

4. 顺序灵活 在给患儿检查时要按一定顺序，通常都是从头到脚，年长儿对检查的顺序有要求可以更改，但是检查顺序应视患儿病情、情绪灵活掌握。易受哭闹影响的项目如测呼吸、脉搏、心脏听诊、腹部触诊等先检查，不易受哭闹影响的如皮肤、淋巴结骨骼等可随时检查。刺激性最大的检查如咽部、眼部应放在最后。在危急时刻，要先检查受伤部位和重要的脏器功能。检查尽可能迅速，动作轻柔，检查过程中全面仔细，注意保暖，冬天检查者双手及听诊器胸件等应先预温。

5. 保护和鼓励儿童 在检查前要洗手，必要时戴口罩，听诊器消毒，防止交叉感染；在检查完之后要和家长说明检查的结果，还要表扬儿童在检查过程中的配合。

（二）体格检查的内容

1. 一般状况 在询问健康史的过程中，在患儿不注意时就开始观察儿童的发育和营养情况、精神状态、面部表情、皮肤颜色、哭声、体位、行走姿势、语言应答、活动能力、对周围事物的反应等，通过这些观察，可初步判断患儿的神志状况、发育营养、病情轻重、亲子关系等。

2. 一般测量

（1）体温：腋温测量较方便，体温表置于腋窝处夹紧上臂至少5分钟，正常36~37℃。

（2）呼吸和脉搏：儿童的脉搏和呼吸易受进食、活动、哭闹等因素的影响，故尽可能在儿童安静时测量。年幼儿以腹式呼吸为主，可按小腹起伏计数。呼吸过快不易看清者可用听诊器听呼吸音计数。儿童脉搏应选较浅动脉如桡动脉，婴幼儿可通过心脏听诊或颈动脉、股动脉来测量。各年龄段呼吸和脉搏正常值如下表（表2-5-1）。

▼ 表2-5-1　各年龄段呼吸和脉搏正常值

年龄	呼吸/（次·min⁻¹）	脉搏/（次·min⁻¹）	呼吸:脉搏
新生儿	40~45	120~140	1:3
1岁以下	30~40	110~130	1:3~1:4
1~3岁	25~30	100~120	1:3~1:4
4~7岁	20~25	80~100	1:4
8~14岁	18~20	70~90	1:4

（3）血压：影响血压精确测量的最重要因素是袖带宽度，一般为上臂长度的1/2~2/3，过宽者测量值偏低，太窄偏高。年幼儿不易测量准确。新生儿及小婴儿可用监护仪测定。不同的测量部位血压不同，下肢的收缩压高于上肢。儿童时期收缩压（mmHg）=80+（年龄×2），舒张压为收缩压的2/3。正常时下肢血压比上肢血压高20mmHg。大动脉炎和主动脉狭窄者应测四肢血压。

（4）体重：晨起空腹排尿后或进食后2小时测量为佳。测量时应脱鞋，只穿内衣裤。衣服不能脱去时应减去衣服重量，以求准确。

（5）身高（长）：3岁以下儿童仰卧位测量，称身长，即让儿童仰卧于量板中线上，助手将儿童头扶正，让其头顶接触头板，测量者一手按压其膝盖使双下肢伸直紧贴底板，一手移动足板使之紧贴儿童足底，并与底板相垂直，当量板两侧数字相等时读数（图2-5-1）。3岁以后立位测量称身高，要求儿童脱鞋、帽，直立背靠身高计的立柱或墙壁，两眼正视前方，挺胸抬头，腹微收，两臂自然下垂，手指并拢，脚跟靠拢，脚尖分开约60°，使两足后跟、臀部、肩胛间和头部同时接触立柱或墙壁。测量者移动头板与儿童头顶接触，板呈水平位时读数，精确至0.1cm（图2-5-1）。

（6）坐高（顶臀长）：3岁以下儿童仰卧于量板上测顶臀长。测量者一手握住儿童小腿使其膝关节屈曲，骶骨紧贴底板，大腿与底板垂直；一手移动足板使之紧压臀部，当量板两侧数字相等时读数，精确至0.1cm。3岁以后用坐位测量坐高，要求儿童坐于坐高计凳上，骶部紧贴量板，再挺身坐直，大腿靠拢紧贴凳面与躯干成直角，膝关节屈曲成直角，两脚平放于地面；测量者移下头板与儿童头顶接触，板呈水平位时读数，精确至0.1cm。

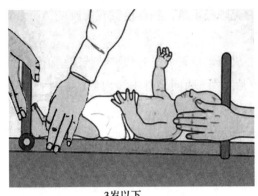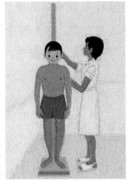

3岁以下　　　　　　　　　3岁以上

▲ 图2-5-1　身长（高）测量法

（7）头围：将皮尺的0点固定于一侧眉弓上缘，紧贴头皮绕枕骨结节最高点及另一侧眉弓上缘回到0点读数，记录到小数点后一位数。

（8）胸围和腹围：儿童取卧位或立位，3岁以上取立位，两手自然平放或下垂，将软尺0点固定在儿童一侧乳头下缘（乳腺已发育的女孩，固定于胸骨中线第4肋间）经背部两侧肩胛骨下缘回到0点，取平静呼吸时的中间读数，或吸、呼气时的平均数；平脐绕腹一周的长度为腹围，记录小数点后一位数。

3. 皮肤和皮下组织　检查皮肤最好在明亮的自然光线下进行，观察皮肤颜色，注意有无苍白、潮红、黄疸、皮疹、瘀点、瘀斑等；观察毛发颜色、光泽，有无脱发；触摸皮肤温度、湿润度、弹性、皮下脂肪厚度，有无脱水、水肿等。

4. 淋巴结　检查枕后、颈部、耳后、腋窝、腹股沟等处的淋巴结，注意大小、质地、数目和活动度。

5. 头部

（1）头颅：观察头颅形状、大小、注意前囟大小和紧张度，是否隆起或凹陷；婴儿注意有无颅骨软化、枕秃；新生儿有无产瘤、血肿。

（2）面部：观察有无特殊面容、眼距、鼻梁高低、双耳位置和形状等。

（3）眼耳鼻：注意眼睑有无水肿、下垂，眼球是否突出、斜视，结膜是否充血，巩膜是否黄染，角膜有无溃疡及浑浊，瞳孔的大小和对光反射；外耳道有无分泌物，提耳时是否疼痛；听力测试结果；观察鼻翼扇动、鼻塞、分泌物的性状和量。

（4）口腔：观察口唇色泽有无苍白、发绀、干燥、口角糜烂、有无张口呼吸，硬腭和颊黏膜有无溃疡、充血、黏膜斑、鹅口疮，牙的数目和排列，有无龋齿，眼部是否充血，扁桃体是否肿大等。

6. 颈部　观察颈部外形，甲状腺是否肿大，气管是否居中，有无颈抵抗等。

7. 胸部

（1）胸廓：检查胸廓是否对称，有无畸形，如鸡胸、漏斗胸等佝偻病的体征，有无"三凹征"等。

（2）肺：注意呼吸频率、节律，有无呼吸困难；触诊语颤有无改变；叩诊有无浊音、鼓音等；听诊呼吸音是否正常，有无啰音等。

（3）心：注意心前区是否隆起，心尖搏动位置、强弱和波动范围，正常新生儿心尖搏动部位于第4肋间锁骨中线偏外侧，6~7岁后到第5肋间锁骨中线内侧；心尖搏动范围一般不超过2~3cm。叩诊心界大小；听诊心率、心律、心音，注意有无杂音。

8. 腹部　注意有无肠型，新生儿脐部是否有分泌物、出血、炎症，有无脐疝；触诊腹壁紧张度，有无压痛、反跳痛，有无肿块等。正常婴幼儿肝脏可在肋缘下1~2cm扪及，柔软无压痛，6~7岁后不应再触及。婴儿期偶可触及脾脏边缘。叩诊有无移动性浊音；听诊肠鸣音是否亢进。腹水患儿应测腹围。

9. 脊柱和四肢　注意有无畸形、躯干与四肢比例失调、佝偻病体征等。

10. 肛门与外生殖器　观察有无畸形、异常分泌物，男孩有无包皮过长、隐睾、鞘膜积液、疝气等。

11. 神经系统　观察患儿的神志、精神状态，有无异常行为，检查四肢的活动、肌张力和神经反射，注意是否存在脑膜刺激征。检查新生儿应注意其特有的吸吮反射、拥抱反射、握持反射是否存在；有些神经反射有其年龄特点，新生儿和小婴儿提睾反射、腹壁反射较弱或不能引出，但跟腱反射亢进，并可出现踝阵挛；2岁以下的儿童Babinski征可呈阳性，但若一侧阳性、一侧阴性则有临床意义。

三、发育评估
（一）生长发育评估常用方法
生长发育评估内容包括发育水平、生长速度和匀称程度三个方面。发育水平（growth level）是将某一年龄时点所获得的某项体格生长指标测量值与参考人群比较，得到该儿童在同质人群中所处的位置，即为此儿童该项体格生长指标在此年龄的生长水平。生长速度（growth velocity）是指对某一单项体格生长指标定期连续测量，将获得的该项指标在某一年龄段的增长值与参照人群比较，得到该儿童此项体格生长指标的生长速度。匀称程度（proportion of body）是对体格生长指标之间关系的评价。

1. 均值离差法　适用于正态分布的情况。通过大量人群横断面调查算出均值和标准差，以均值为基值，标准差为离散距，认为均值加减两个标准差（含95%的受检总体）为正常范围（图2-5-2）。用儿童体格生长指标的实测值与均值比较，确定评价儿童发育等级。

2. 中位数、百分位数法　适用于正态和非正态分布。将一组变量值（如身高、体重）按大小顺序排列，求出某个百分位的数值，然后将百分

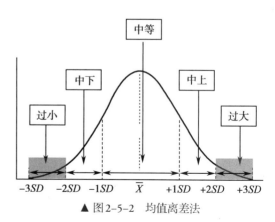

▲ 图2-5-2　均值离差法

位列表。以第50百分位（P_{50}）为中位数，其余百分位为离散距，常用P_3、P_{10}、P_{25}、P_{50}、P_{75}、P_{90}、P_{97}。一般$P_3 \sim P_{97}$百分位（含95%的受检总体）范围内被认为是正常范围。

3. 指数法 用两项指标之间的相互关系做比较，以反映身体的发育水平。如体重指数（body mass index，BMI）：BMI＝体重（kg）/身高^2（m^2），它不仅能较敏感地反映体型胖瘦，受身高影响较小，与皮脂厚度、上臂围等综合反映体脂累积程度指标的相关性也比较高。儿童BMI大于或等于同年龄同性别第85百分位为超重，大于或等于第95百分位应考虑肥胖。

4. 生长曲线（growth chart）评价法 将同性别同年龄组儿童的各项体格生长指标（如身高、体重）按离差法或百分位法的等级绘成曲线，制成生长曲线图（图2-5-3），对个体儿童将定期连续测量的体格生长指标数值每月或每年点于图上并绘成曲线与标准曲线作比较，可了解该儿童目前生长在人群分布中的地位，比较前后数据，可看出其生长趋势和生长速度为正常、向下（下降、增长不足）、向上（增长加速）或平坦（缓慢、不增），及时发现偏离予以干预。这种连续动态测量较单次测量更能说明问题。

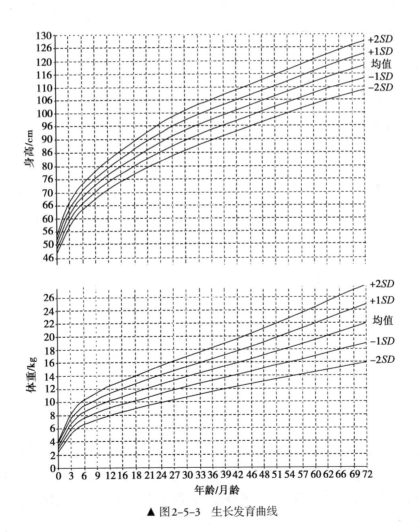

▲ 图2-5-3 生长发育曲线

（二）神经心理发育的评估

1. 筛查性测验

（1）丹佛发育筛查测验（Denver developmental screening test，DDST）：DDST是评估儿童心理发育最常用的筛查方法，适用于0~6岁儿童（最适年龄<4.5岁）。共104项目（原著有105项），各以横条代表，分布在4个能区，逐项检测个人–社会、精细动作–适应性、语言、大运动四个能区。最后根据项目测查情况评定结果为异常、可疑、基本正常或正常。用于评估儿童有无发育落后。

（2）绘人试验（human figure drawings，HFD）：适用于5~9.5岁儿童。要求儿童根据自己的想象在一张白纸上用铅笔画一全身正面人像，然后根据人像身体部位、各部比例和表达方式的合理性等进行评分。HFD方法简单，不需语言交流，可用于不同语言地区。儿童绘人能力取决于神经系统的成熟程度，较少取决于画人技巧。绘人测验结果与其他智能测验的相关系数在0.5以上，与推理、空间概念、感知能力的相关性更显著。

（3）图片词汇测验（Peabody picture vocabulary test，PPVT）：适用于2.5~18岁儿童。共有150张图片（根据我国文化特点修改为120张），每张有黑白线条图4幅。检查时测试者讲一个词，要求儿童指出其中相应的一幅图。是智力落后常用的一种智力测验方法。PPVT可测试儿童的听觉、视觉、认知、推理、综合分析、注意力和记忆力等能力。该测试方法简单，用时较短，尤其适用于语言和运动障碍者。

2. 诊断性测验

（1）Bayley婴儿发育量表（Bayley scales of infant development，BSID）：适用于2~30个月的婴幼儿。测试心理发育水平，确定是否有发育迟缓及干预后的效果，也是研究儿童神经心理发育的工具。包括智能量表、运动量表和婴儿行为记录表3部分内容。测试结果分别得出运动发育指数和精神发育指数。

（2）Gesell发育量表（Gesell developmental scales，GDS）：包括4大行为领域的588个行为项目。4大行为领域是运动（大运动和精细动作）、语言（表情、发音、理解和表达语言等）、适应（精细感觉协调运动和适应环境等）、个人社会交往（自理生活、游戏和与人交往等）。适用于0~6岁的儿童评价。测评结果以发育商数（developmental quotient，DQ）表示。如果适应行为DQ在85分以下，表明可能有器质性损伤的存在，DQ在75分以下，表明发育迟缓。

（3）Wechsler学前及初小智能量表（Wechsler preschool and primary scale of intelligence，WPPSI）和Wechsler儿童智能量表（Wechsler intelligence scale for children，WISC）：WPPSI适用于4~6.5岁儿童，WISC适用于6~16岁儿童。测试内容包括词语类及操作类两大部分。测查一般智力水平、语言和操作水平，以及各种具体能力，如知识、计算、记忆、抽象思维等，是智力评估和智力低下诊断的重要方法之一。

心理测试只用于评判儿童神经心理发育水平，不能诊断疾病；发育量表的功能是测验婴幼儿在某一年龄阶段的神经心理功能发展水平，并不能完全预示未来的能力高低。心理测试必须由经过专门训练的专业人员进行；根据目的选择测验；测试过程中与被测试儿童建立友好信任的关系；正确解释测验结果并对结果保密。

四、家庭评估

家庭是儿童主要的生活环境，家庭环境的情况直接影响儿童的身心发展，所以系统、详尽的家庭评估十分重要。

（一）家庭结构评估

1. 家庭组成 指家庭中目前与儿童共同居住的家庭成员，也应包括扩展的家庭支持系统等。评估父母目前的婚姻状况，是否有分居、离异及死亡情况，如有家庭危机事件，还应了解儿童对该事件的反应。

2. 家庭成员的职业及教育情况 父母的职业包括目前所从事的工作、工作强度、工作离居住地的距离、工作满意度以及是否暴露于危险环境等，还应涉及家庭的经济状况、医疗保险情况等。父母的教育状况是指教育经历、所掌握的技能等。

3. 文化及宗教特色 包括卫生习惯、饮食运动习惯，家人对患儿疾病认识程度，对患儿未来健康的预期等。

4. 家庭及社会环境 居住面积、房屋类型，室内温度及采光条件，家庭环境是否安全。周围环境污染情况、交通状况、邻里关系、学校位置、娱乐空间和场所、环境中潜在的危险因素等。

（二）家庭功能评估

1. 家庭成员关系及角色 成员之间是否亲近、相互关心，有无偏爱、溺爱、冲突、紧张状态等。

2. 家庭中的权威和决策方式 评估父母的权利分工对家庭的影响。传统上，母亲在照顾家人生活和健康上承担更多责任，父亲在家庭重大事项的决策上起主导作用。

3. 家庭的沟通交流 评估父母是否鼓励孩子与他们交流，孩子是否耐心倾听父母的意见，家庭是否具有促进患儿生理、心理和社会性成熟的条件；与社会的联系情况，是否能从中得到支持。

4. 家庭卫生保健功能 评估家庭成员有无科学育儿的一般知识、家庭用药情况、对患儿疾病的认识、提供疾病期间护理照顾的能力等；同时了解家庭其他成员的健康情况。

护士在进行家庭评估时，应注意使用沟通技巧，涉及隐私问题应注意保护，获得家长信任、理解和支持。

（三）常用量表测评

常用的有Procidano和Heller的家庭支持量表（表2-5-2）及Smilkstein的家庭功能量表（表2-5-3）。

▼ 表2-5-2 Procidano和Heller的家庭支持量表

家庭支持度	是	否
1. 我的家人给予我所需的精神支持		
2. 遇到棘手的事时，我的家人帮我出主意		
3. 我的家人愿意倾听我的想法		

家庭支持度	是	否
4. 我的家人给予我情感支持		
5. 我与我的家人能开诚布公地交谈		
6. 我的家人分享我的爱好与兴趣		
7. 我的家人能时时察觉到我的需求		
8. 我的家人善于帮助我解决问题		
9. 我与家人感情深厚		

评分方法：是=1分，否=0分。总分越高，家庭支持度越高。

▼ 表2-5-3 Smilkstein的家庭功能量表

家庭功能	经常	有时	很少
1. 当我遇到困难时，可从家人处得到满意帮助	3	2	1
补充说明：			
2. 我很满意家人与我讨论与分担问题的方式	3	2	1
补充说明：			
3. 当我从事新的活动或希望发展时，家人能接受并给予支持	3	2	1
补充说明：			
4. 我很满意家人对我表达感情的方式以及对我情绪的反应	3	2	1
补充说明：			
5. 我很满意家人与我共度时光的方式	3	2	1
补充说明：			

评分方法：经常=3分，有时=2分，很少=1分。总分在7~10分，表示家庭功能良好；4~6分，表示家庭功能障碍；0~3分，表示家庭功能严重障碍。

五、营养评估

儿童营养状态的评估是衡量儿童每日平均所获得的营养素与其生理所需之间是否相称。通过营养评估及时发现儿童个人或群体存在的营养问题，以便及时调整膳食，保证儿童身心健康。常用的营养评估方法包括膳食调查、体格检查及体格发育评估、实验室检查。

（一）膳食调查

应详细询问儿童在家或在托幼机构进食的情况，了解儿童的膳食组成，计算每人每日膳食中各营养素的摄入量，以及这些营养素是否能够满足个体的每日所需，参照同年龄儿童每日膳食营养素推荐摄入量及体格发育指标参考值和生化检验正常值来整体评估膳食是否均衡合理。

1. 调查方法　一般有3种形式，即称重法、记账法及询问法。

（1）称重法：详细称重和记录每天所摄入的食物数量及种类，然后根据日人数计算出每人每天各种营养素的摄入量。常以平均数法分析结果，即从每日摄入食物种类、数量计算各种食物中某营养素的总量，用日人数算出人平均摄入量。日人数为三餐人数的平均数。一般调查时间为5天，如果食谱变化不大，也可缩短至3天。

（2）记账法：多用于集体儿童膳食调查，以食物出入库的量计算。计算与结果分析同称重法。

（3）询问法：是通过问答方式了解儿童前1~3日内的膳食情况，从而分析其营养状况。此方法适用于个人膳食调查。

2. **膳食评价**　将膳食调查结果与推荐供给量比较，全面分析儿童营养状况。

（1）能量和各种营养素的摄入与同龄儿童供给量标准比较：当能量达到推荐摄入量的85%以上时，显示能量摄入足够，<70%为不足；蛋白质、维生素、矿物质达到80%以上为正常。

（2）宏量营养素供能比例：膳食中宏量营养素比例适当，即蛋白质产能应占总能量的10%~15%，7岁以上脂类占总能量的25%~30%，糖类占总能量的50%~60%。

（3）膳食能量分配：每日三餐中早餐供能应占一日总能量的25%~30%，中餐占35%~45%，晚餐占25%~30%，加餐占10%。

（二）体格检查及体格发育评估

1. **体格检查**　对儿童进行全面体格检查，注意是否有营养素缺乏的早期指征，如维生素D缺乏的儿童有夜惊、枕秃等。

2. **体格发育评估**　儿童营养紊乱和缺乏最先表现生长发育异常，儿童生长指标的监测可及时、准确地反应儿童营养状态。因此，通过对儿童的体重、身长（高）、头围、胸围、皮下脂肪厚度等进行测量，间接评价儿童的营养水平。

（三）实验室检查

了解机体某种营养素贮存状态、缺乏水平。主要测定血、尿、体液中的营养素及其代谢产物水平，可反映近期的营养状况。常用的指标有：血清总蛋白、白蛋白，血钙、磷、锌及各种维生素等；血液中有关的酶或辅酶测定可反映身体营养代谢状况，如骨碱性磷酸酶、谷胱甘肽还原酶等。

（崔杏芳）

学习小结

儿童生长发育具有连续性和阶段性，各系统器官发育具有不平衡性、顺序性和个体差异性等特点，遵循由上到下、由近到远、由粗到细、由低级到高级、由简单到复杂的规律，并受遗传、营养、孕母情况、环境和疾病因素的影响。儿童体格测量的常用指标包括体重、身高（长）、坐高、头围、胸围、上臂围、皮下脂肪厚度等。此外，与体格生长有关的各系统还包括骨骼、牙齿、肌肉与脂肪组织、生殖系统等。儿童神经心理发育主要是指感知、运动、语言的发育，以及记忆、思维、情感、性格等心理活动的发展，与儿童的智力发育密切相关，是儿童健康成长的重要方面。弗洛伊德的性心理发展理论、艾瑞克森的心理社会发展理论、皮亚杰的认知发展理论、科尔伯格的道德发展理论对于正确理解儿童的心理社会发展具有重要的指导意义。正确对儿童进行健康评估，尤其注重对儿童发育状况的评估，及时发现体格生长偏离和心理行为问题，及时给予干预和指导。

复习参考题

（一）选择题

1. 男孩，体格检查：身长88cm，体重12kg，胸围大于头围，前囟已闭，乳牙18颗，该患儿尚**不能**进行的动作是
   A. 坐
   B. 爬
   C. 翻身
   D. 走
   E. 独脚向前蹦跳

2. 男婴，营养发育中等，体重7.5kg，身长65cm，能伸臂向前撑身躯稍坐，头围41cm，两个下中切牙正在萌出，该男婴最可能的年龄是
   A. 2个月
   B. 3个月
   C. 6个月
   D. 10个月
   E. 12个月

（3~5题共用题干）

某儿童，营养发育中等，身长75cm，头围与胸围相等，能听懂自己的名字，能说简单的单词，两足贴地能独站数秒钟，不能独立行走。

3. 该儿童的年龄可能是
   A. 4个月
   B. 6个月
   C. 8个月
   D. 12个月
   E. 18个月

4. 按标准体重公式计算，该小儿的体重应是
   A. 6.5kg
   B. 8kg
   C. 10.5kg
   D. 12.5kg
   E. 15kg

5. 该小儿的头围可能是
   A. 34cm
   B. 36cm
   C. 40cm
   D. 44cm
   E. 46cm

   答案：1. E；2. C；3. D；4. C；5. E

（二）简答题

1. 请简述儿童生长发育的规律。
2. 根据弗洛伊德的性心理发展理论，不同阶段儿童的发展特点有哪些？
3. 为儿童进行体格检查时应遵循怎样的顺序？

第三章

儿童及其家庭的健康促进

第一节　各年龄段儿童及其家庭的健康促进

学习目标

知识目标	1. 掌握各年龄段儿童及其家庭健康促进的重点内容。 2. 熟悉各年龄段儿童及其家庭的相应健康指导。 3. 了解新生儿的家庭访视。
能力目标	能够利用所学知识为各年龄段儿童及其家庭提供健康促进指导。
素质目标	培养护生尊重、爱护儿童，关注儿童健康的职业精神。

案例导入与思考

患儿，女，9个月，因"食欲减退，面色、唇部苍白，精神差"入院，家长诉患儿近1个月进食少、偏食、易疲劳，不爱活动，体重增长缓慢。自发病以来无发热、咳嗽、腹痛、呕吐，大小便正常，未入院治疗。患儿此前未诊断其他疾病。患儿为第一胎足月顺产，出生体重3.0kg，纯母乳喂养，未添加辅食。按期进行计划免疫接种，患儿父母均身体健康。

体格检查：体温36.7℃，脉搏100次/min，呼吸28次/min，体重6.3kg，头围43cm，萌出1颗下中切牙。发育尚可，营养欠佳，神志清楚，面色苍白，中度贫血，皮肤黏膜无皮疹和黄染，毛发干、黄，浅表淋巴结未扪及，双肺呼吸音清，心律齐，腹部平软无压痛，肝右肋下3.2cm，脾左肋下2.1cm，脊柱四肢检查无畸形。

辅助检查：Hb 74g/L，RBC $2.9×10^{12}$/L，WBC $9.6×10^9$/L，PLT $280.0×10^9$/L。

请思考：

1. 根据患儿目前的状况，列出其主要护理诊断。

2. 应如何对家长进行健康指导？

3. 患儿家长出现了焦虑紧张的情绪，作为护士你应该如何对其进行心理护理？

　　健康促进（health promotion）就是要尽一切可能使人们的精神和身体保持在最优状态，宗旨是使人们知道保持健康，在健康的生活方式下生活，并有能力作出健康的选择。这是2000年世界卫生组织前总干事布伦特兰在《渥太华宪章》基础上对健康促进作出的更为清晰的解释。对儿童而言，家庭支持至关重要，儿童的健康促进需要联合其家庭共同努力。

一、新生儿及其家庭的健康促进

新生儿离开母体后最显著的生理变化是胎血循环停止，独立呼吸开始，而此时的新生儿身体各组织、器官功能发育还不成熟，对宫外环境的适应性和调节性较差，易患各类疾病，且病情变化快，死亡率高。新生儿发病率和死亡率最高的阶段是在其出生后第1周，故此时是新生儿健康促进的重中之重。

（一）家庭访视

社区卫生服务中心的妇幼保健人员在新生儿出生后的7天内和生后28天进行家访，一般家访2~3次。高危儿或者检查发现有异常者应适当增加访视次数。家访的目的在于早期发现问题，早期干预，从而降低新生儿疾病发生率或减轻疾病的严重程度。访视内容有：① 了解新生儿的出生情况、出生后生活状态、预防接种、喂养与护理等情况；② 观察新生儿的居住环境及其一般情况，重点注意有无产伤、黄疸、畸形、皮肤与脐部感染等；③ 体格检查，包括头颅、前囟、心肺腹、四肢、外生殖器，测量头围、体重等；④ 指导及咨询，如喂养、日常护理。问题严重者应立即就诊。

（二）合理喂养

母乳是新生儿的最佳食品，在评估母亲乳汁分泌及乳头、乳房的情况无碍后，应大力鼓励母乳喂养，宣传母乳喂养的优点，教授哺乳的方法和技巧，并指导母亲观察乳汁分泌是否充足，新生儿吸吮是否有力。若母乳充足，新生儿哺乳后安静入睡，大小便正常，体重正常增长；母亲可有乳房胀痛感或乳汁溢出浸湿胸前衣服等现象。低出生体重儿吸吮力强者可按正常新生儿的喂养方法进行，按需授乳；吸吮力弱者可将母乳挤出，用滴管哺喂，一次量不宜过大，以免吸入气管。食后右侧卧位，床头略抬高，避免溢奶引起窒息。同时，注意部分药物可通过乳汁分泌，如氨基糖苷类抗生素、异烟肼、氯霉素等，故乳母应在医生指导下用药。如确系母乳不足或者乳头、乳房条件较差无法进行母乳喂养者，则指导母亲采取科学的人工喂养方法。

（三）维持体温正常

维持体温稳定是新生儿时期重要的护理目标。新生儿房间应阳光充足，通风良好，温湿度适宜。有条件者家庭室内温度保持在22~24℃，湿度55%~65%。由于新生儿体温调节和解剖方面的特点，其体温易受外界气温的影响，冬季环境温度过低可使新生儿（特别是低出生体重儿）体温不升，影响代谢和血液循环，甚至发生新生儿寒冷损伤综合征，因此，需特别注意寒冷环境新生儿的保暖。访视时应指导家长正确使用热水袋或代用品保暖，防止烫伤。夏季若环境温度过高、衣被过厚或包裹过严可引起新生儿体温上升。因此，要随着气温的变化，调节环境温度，增减衣被、包裹。

（四）日常护理

应指导父母正确观察新生儿日常情况，包括观察新生儿的精神状态、面色、呼吸、体温、哭声和大小便等情况，了解新生儿的生活方式。新生儿皮肤娇嫩，且新陈代谢旺盛，应每日沐浴，水温以略高于体温为宜，可用中性的婴儿沐浴露，介绍正确的眼睛、口腔黏膜、鼻腔、外耳道、臀部和脐部的护理方法。新生儿免疫功能弱，在脐带未脱落前要注意保持局部清洁干燥，避免弄湿或污染脐带，以免发生感染。用柔软、浅色、吸水性强的棉布制作衣服、被褥，避免使用合成制品或羊毛织物，以防过敏。衣服式样简单，易于穿脱，宽松不妨碍肢体活动。冬季，新生儿不宜穿得过多、过厚，包裹不宜过紧，更不宜用带子捆绑，应保证新生儿活动自如及双下肢屈曲，以利于髋关节的发育。尿布以白色为宜，便于观察大小便的颜色；且应勤换勤洗，保持臀部皮肤清洁干燥，以防尿布性皮炎（红臀）。存放新生儿衣物的衣柜不宜放置樟脑丸，以免引发新生儿溶血。

（五）早期教养

新生儿的视、听、触觉已初步发展，在此基础上，可通过反复的视觉和听觉训练，包括色彩鲜艳的玩具及优美的音乐，帮助新生儿建立各种条件反射，培养新生儿对周围环境反应能力。

同时，应鼓励家长与新生儿进行眼神交流与皮肤接触，促进父母与新生儿的情感连接及其感知觉发育；另一方面，父母对新生儿说话和唱歌等，可促进新生儿的智力发育。

（六）预防疾病和意外

定时开窗通风，保持室内空气清新。新生儿有专用用具，食具用后要消毒，保持衣服、被褥和尿布清洁干燥。新生儿脐带未脱落前要注意保持干燥，避免脐炎。母亲在哺乳和护理新生儿前均应洗手。尽量减少亲友探视和亲吻新生儿，避免交叉感染。凡患有皮肤病、呼吸道和消化道感染及其他传染病者，不能接触新生儿。按时接种卡介苗和乙肝疫苗。母乳喂养的新生儿出生两周后应遵医嘱口服维生素D，以预防佝偻病的发生。注意防止因包被蒙头过严、哺乳姿势不当、乳房堵塞新生儿口鼻等造成新生儿窒息。新生儿早期应进行法定的遗传代谢性疾病（先天性甲状腺功能减退症、苯丙酮尿症）筛查和听力筛查，同时推荐先天性髋关节发育不良的筛查。

二、婴儿及其家庭的健康促进

婴儿的生长发育十分迅速，对营养素和能量尤其是糖类、蛋白质的需要量相对较多，但其消化、吸收功能尚未发育完善，故易引起消化功能紊乱、营养不良等疾病。与此同时，随着月龄的增加，婴儿从母体获得的免疫物质逐渐减少，而自身的免疫功能尚未成熟，所以易患肺炎等感染性疾病和传染病。

（一）合理喂养

婴儿生长发育迅速，对营养物质的要求高，考虑婴儿自身进食能力及营养需求，整个婴儿期的食物以乳类为主。

对于4~6个月以内婴儿提倡纯母乳喂养，部分母乳喂养或人工喂养儿则应首选配方奶粉，根据《中国0~2岁婴幼儿喂养指南》建议，人乳中维生素D含量低，母乳喂养儿不能获得足量的维生素D。适宜的阳光照射能促进皮肤中维生素D的合成，但鉴于养育方式的限制，阳光照射可能不是6月龄内婴儿获得维生素D最方便的途径，因此，婴儿出生后数日就应开始每日补充维生素D 10μg（400U）。

6个月以上婴儿要及时添加辅食，保证婴儿的营养需求。家长应掌握换乳食品添加的顺序和原则、食物的选择和制作方法等，要注意观察婴儿的粪便，及时判断换乳食品添加得恰当与否。断奶应采用渐进的方式，以春、秋两季较为适宜。同时，注意断奶期间，婴儿可能出现焦躁不安、易怒、啼哭或失眠等表现，家长应给予特别的关心和爱抚。随着婴儿神经系统及运动系统的发育，手眼协调性和独立意识逐渐增强，自换乳食品添加起，即应训练婴儿用勺进食，最初婴儿通常会拒绝，推开勺或用舌头顶出，家长可在喂食前给婴儿喂部分母乳或配方奶，再用长柄的浅勺将少量的食物送到舌根位置，让婴儿感觉这是愉快的进食活动之一。7~8个月后学习用杯子喝奶和水，以促进咀嚼、吞咽及口腔协调动作的发育，9~10个月的婴儿开始有主动进食的要求，可先训练其自己抓取食物的能力，尽早让婴儿学习自己用勺进食，有益于其手部肌肉发育，并培养婴儿的独立性、自主性。

（二）睡眠和活动

婴儿的睡眠习惯个体差异较大，活跃型婴儿通常比安静型婴儿睡眠少。随着婴儿年龄的增长睡眠时间逐渐缩短，两次睡眠的间隔时间延长。为使婴儿有充足的睡眠，保证婴儿健康，必须在出生后即应培养良好的睡眠习惯。1~2个月婴儿尚未建立昼夜生活节律，胃容量小，可在夜间哺乳1~2次，但不应含奶头入睡；3~4个月后逐渐停止夜间哺乳，任其熟睡。婴儿的睡眠环境不要过分安静，白天光线柔和，夜间熄灯睡觉。婴儿睡前避免过度兴奋，可用轻音乐催眠。婴儿应有固定的睡眠场所和睡眠时间，临睡前把他们放在婴儿小床上，让他们在熟悉的环境中入睡，婴儿床应该只是睡觉的场所，不要作为婴儿玩耍的地方。习惯养成后，不要轻易破坏。

可帮助2~6个月的婴儿进行肢体被动运动，每日2次；6~12个月的婴儿有部分自主动作，可在成人的辅助下进行爬、坐、仰卧起身、扶站、扶走、双手取物等动作；每日沐浴后作婴儿抚触，这些被动与主动的运动有利于婴儿神经系统和运动系统的发育，增强免疫力，减少哭闹，增加睡眠，增进婴儿与父母之间的感情。家长应每日带婴儿进行户外活动，到人少处呼吸新鲜空气和晒太阳；有条件者可进行空气浴和日光浴，以增强体质和预防佝偻病，开始每日1~2次，每次10~15分钟，逐渐延长到1~2小时，在夏季，户外活动时间宜集中在上午9点前和下午4点后。

（三）牙齿的健康

儿童出牙时即应开始关注牙齿的卫生，儿童4~10个月乳牙开始萌出，婴儿会感觉不舒适，表现为咬东西、吸吮手指、流涎，甚至会表现烦躁不安、无法入睡、拒食等。家长可每天用湿润的软布擦洗牙龈和刚萌出的牙齿，不要用牙刷。可给较大婴儿咀嚼磨牙棒，使儿童感觉舒适。婴儿应避免含着奶嘴入睡，以防发生"奶瓶龋齿"。

（四）生活护理

1. 清洁卫生　每日早晚应给婴儿洗脸、洗脚和臀部，勤换衣裤。有条件者每日沐浴，天气炎热、出汗多时应酌情增加沐浴次数。沐浴不仅可保持婴儿清洁，还为婴儿提供了嬉戏和运动的机会；同时，家长也可利用这一时间观察婴儿的健康状况，更多地抚摸婴儿，并与之交流。浴后，要特别注意揩干皮肤褶皱处，如颈、腋、腹股沟等部位。婴儿头部前囟处易形成鳞状污垢或痂皮，可涂植物油，待痂皮软化后用婴儿专用洗发液和温水洗净，不可强行剥落，以免引起皮肤破损和出血。耳部及外耳道的可见部分，每日以细软毛巾揩净；鼻孔分泌物，用棉签蘸水揩除，切勿将棉签插入鼻腔；在哺乳或进食后可喂少量温开水清洁口腔，但不可用纱布等擦抹，以免损伤口腔黏膜和牙龈。

2. 衣着 婴儿衣着应简单，宽松而少接缝，避免摩擦皮肤，便于穿脱及四肢活动，质地以棉布为宜。衣服上不宜用纽扣，宜用带子，以免婴儿误食或误吸，造成意外伤害。婴儿颈短，上衣不宜有领，可用和尚领或圆领。不用松紧腰裤，最好穿连衣裤或背带裤，以利胸廓发育。婴儿臀下不宜直接垫塑料布或橡胶单，以免发生尿布性皮炎。注意按季节增减衣服和被褥，尤其是冬季不宜穿得过多、过厚，以免影响四肢循环和活动，以婴儿两足温暖为宜。

（五）早期教育

1. 大小便训练 随着食物性质的改变和消化功能逐渐成熟，婴儿大便次数逐渐减少至每日1~2次，指导家长对婴儿进行定时大便训练，会坐后可以练习大便坐盆，每次3~5分钟，不要分散其注意力。

2. 视、听、触觉训练 对3个月内的婴儿，可在婴儿床上悬吊颜色鲜艳、能发出声音、能转动的玩具，吸引婴儿注意；每天定时播放悦耳的音乐；家人经常面对婴儿说话、唱歌。3~6个月的婴儿需要进一步完善视、听、触觉，可选择各种颜色、形状、发声的玩具，逗引婴儿看、摸、听。注意培养婴儿分辨声调的能力，用温柔的声音表示赞许或鼓励，用严厉的声音表示禁止或批评。允许婴儿洗澡时玩水，让婴儿品尝各种质地的食物，用手摆弄各种质地食物或织物，感觉冷或热的物体，体验风的感觉。对6~12个月的婴儿应培养其稍长时间的注意力，引导其观察周围事物，逐渐认识、熟悉常见的事物；以询问的方式让其看、指、找，使其视觉、听觉与心理活动紧密联系起来。

3. 动作的发展 家长应为婴儿提供一定的运动空间和机会。2~3个月时，婴儿可以开始练习空腹俯卧，并逐渐增加俯卧的时长，培养其俯卧抬头的能力，扩大婴儿的视野。3~6个月时，婴儿喜欢注视和玩弄自己的小手，抓握细小的玩具，应用玩具培养婴儿的抓握能力，将婴儿竖立抱起，上举。7~9个月时，用颜色鲜艳的软球等玩具逗引婴儿爬行，婴儿在家长的辅助下练习站立、坐下和迈步，增强婴儿的活动能力和扩大其活动范围。10~12个月时，鼓励婴儿学习走路，给婴儿玩可以推或拖的玩具。

4. 语言的培养 语言的发展是一个连续有序的过程。最先是练习发音，然后是感受和理解语言，最后才是用语言表达，即说话。婴儿出生后，家长就要利用一切机会和婴儿说话，逗引婴儿"咿呀"学语，利用日常接触的人和物，引导婴儿把语言同人、物或动作联系起来。5~6个月婴儿可培养其对简单语言作出动作反应，如用眼睛寻找询问的物品、用动作回答简单的要求等来发展婴儿理解语言的能力。9个月开始培养婴儿有意识地模仿发音，如"爸爸""妈妈"等。

（六）防止意外

婴儿时期常见的意外事故包括异物吸入、窒息、中毒、跌伤、触电、溺水和烫伤等。因此，家长必须时刻照看婴儿，切勿将其独自放置在一旁，避免让婴儿接触一些小型的、可能导致误吸的物品，保持婴儿远离火源和电源，妥善放置药物或有毒物品，保证婴儿被放在安全的地方，应特别向家长强调预防意外的重要性。

（七）预防疾病和促进健康

婴儿对传染性疾病普遍易感，为保证婴儿的健康成长，必须切实完成计划免疫程序的基础免疫，预防急性传染病的发生，并注意尽量避免在某种传染病流行期间带婴儿到人群密集场所，避免交叉感染。同时，要定期为婴儿做体格检查，进行生长发育监测，以便早发现、早干预、早治疗。检查的内容包括：① 体格测量及评价；② 询问个人史及既往史；③ 各系统检查；④ 常见疾病的实验室检查，如营养不良、缺铁性贫血等。对临床可疑佝偻病、发育迟缓、微量元素缺乏等疾病做进一步检查。检查的频率：6个月以内婴儿每月1次；7~12个月婴儿2~3个月1次；高危儿、体弱儿应适当增加检查次数。婴儿期常见的健康问题还包括婴儿腹泻、尿布皮炎和脂溢性皮炎、湿疹及食物过敏等，保健人员应根据具体情况给予健康指导。

三、幼儿和学龄前儿童及其家庭的健康促进

（一）合理营养

幼儿正处在断奶之后、生长发育仍较快的时期，应注意供给足够的能量和优质蛋白，保证各种营养素充足且均衡。乳类供应应不低于总能量的1/3。每日5~6餐为宜。在2~2.5岁之前，幼儿乳牙未出齐，咀嚼和胃肠消化能力较弱，食物应细、软、烂，食物的种类和制作方法需经常变换，做到多样化、菜色美观，以增进幼儿食欲。由于幼儿期生长速度较婴儿期减缓，需要量相对下降，以及受外界环境的吸引，18个月左右可能出现生理性厌食（physiologic anorexia），幼儿明显表现出对食物缺乏兴趣和偏食。保健人员应帮助家长了解幼儿进食的特点，指导家长掌握合理的喂养方法和技巧。例如：幼儿自主性增加，应鼓励幼儿自己进食，并为其提供小块、可以用手拿的食物；在幼儿碗里不要一次放入大量的食物，有效的办法是先放少量食物，吃完后再添加，使其不感到强迫；保持愉快、宽松的就餐环境，不要惩罚幼儿，以免影响食欲。幼儿还喜欢将各种食物分开，先吃完一种再吃另一种。他们就餐时比较注重仪式，如喜欢用固定的碗、杯和汤匙等，并喜欢按固定时间进食。

在注意幼儿膳食质量的同时，还要注意培养幼儿良好的进食习惯。就餐前15分钟使幼儿作好心理和生理上的就餐准备，避免过度兴奋或疲劳。进餐时不玩耍，鼓励和培养其自用餐具，养成不吃零食、不挑食、不偏食、不撒饭菜等良好习惯。成人自己要改正不良饮食习惯，为幼儿树立良好榜样。

学龄前儿童饮食接近成人，食品制作要多样化，并做到粗、细、荤、素搭配，保证能量和蛋白质的摄入，优质蛋白占总蛋白的1/2。对学龄前儿童而言，坐在餐桌旁进餐的时候很难熬，为满足儿童营养需求应"少食多餐"，每日4~5餐。还应注意培养儿童健康的饮食习惯和良好的进餐礼仪。学龄前儿童喜欢参与食品制作和餐桌的布置，家长可利用此机会进行营养知识、食品卫生和防止烫伤等健康教育。

（二）睡眠和活动

儿童的睡眠时间随年龄的增长而减少，幼儿每日平均为12小时，幼儿每晚可睡10~12小时，白天小睡1~2次。学龄前儿童每日睡眠时间为11~12小时。因儿童想象力极其丰富，会导致其怕黑、做噩梦、梦游等情况，儿童不敢独自在卧室睡觉，常需要家长的陪伴，或带一个喜欢的玩具上床，以便他们有安全感。成人可在儿童入睡前与其进行一些轻松、愉快的活动，以减轻其紧张

的情绪，但避免剧烈的活动或讲情节紧张的故事，还可在卧室内开一盏小夜灯。

在12~18个月的幼儿尚未能够稳定行走的阶段，可以在成人的扶持下进行有节奏的活动。3岁以内的幼儿模仿性强，可配合儿歌或音乐进行有节奏的运动。学龄前儿童十分活跃，可学习做广播体操和健美操，协调手脚运动，有益于肌肉、骨骼的发育，使他们从日常的游戏和活动中可以得到较多的锻炼。医务人员应指导家长在儿童体格锻炼时充分利用空气、日光和水，开展"三浴锻炼"，除恶劣气候外，多带儿童在户外玩耍，衣着适宜，不要过多、过厚。

（三）牙齿的健康

在幼儿时期，家长可用软布或软毛牙刷轻轻清洁幼儿牙齿表面，到了学龄前期，家长可逐渐指导儿童自己刷牙，早晚各一次，并做到饭后漱口。为保护牙齿宜少吃易致龋齿的食物，如糖果、甜点等，去除不良习惯，如含着糖或喝着牛奶、果汁入睡。适当补充含氟物质对预防龋齿也很重要，适量的氟化物可使牙釉质更坚固。可用含氟牙膏刷牙或饮用含适量氟的水。家长还应带儿童定期进行口腔检查。

（四）生活护理

由于幼儿和学龄前儿童的自理能力不断增加，3岁左右应学习穿脱衣服、整理自己的用物。家长既要促进其独立性，又要保证安全和卫生。在儿童进食、洗脸、刷牙、穿衣、如厕等时，家长可给予协助，但仍应鼓励其自理，不能包办。家长应为儿童创造良好的自理条件，如衣服颜色鲜艳便于识别，衣裤宽松便于穿脱，鞋子不用系带式等。

（五）早期教育

1. 大小便训练 18~24个月的幼儿开始能够控制肛门和尿道括约肌，同时认知的发展使他们能够表示便意，理解应在什么地方排泄。但大小便的控制还受生理心理等因素影响。因此，在训练过程中，家长应多采用赞许和鼓励的方式，训练失败时不要表示失望或责怪幼儿。同时，幼儿应穿易脱的裤子，更利于排便习惯的培养。选择合适的坐便器，幼儿坐在上面后可以自如站起，这会让幼儿感到安全。幼儿大一些后可逐渐过渡到使用成人坐便器，在幼儿脚下放一只小凳子可帮助平衡身体。让幼儿看到便后冲水的过程，了解这是常规化行为。每次练习排便5~10分钟为宜，父母必须陪在身旁。大便训练常较小便训练先完成，因为大便较有规律性，而且幼儿对排大便的感觉更强烈。当环境突然改变时，幼儿已经形成的排泄习惯可能会改变，但当情绪平稳后，排泄习惯则会恢复。2~3岁幼儿大多已可以控制排尿，如5岁后依旧不能随意控制排尿则应就诊。

2. 动作的发展 玩具可促进动作的发展，家长应根据不同的年龄为幼儿选择适宜的玩具。12~15个月的幼儿喜欢走路，他们以扔东西和捡东西，或放东西到袋中再取出为乐。18个月的幼儿喜欢能推拉的玩具。因此，1~2岁幼儿要选择发展走、投掷、跳、攀登和发展肌肉活动的玩具，如球类、积木、小拉车、滑梯等。2岁后的儿童开始模仿成人的活动，喜欢玩水、沙土、橡皮泥等，喜欢在纸上随意涂画，还喜欢奔跑、蹦跳等剧烈的运动，要选择能发展动作、注意、想象、思维等能力的玩具，如能装拆的玩具、形象玩具（积木、娃娃等）、小汽车等，成人可从旁引导或帮助儿童玩耍，鼓励儿童独自活动，以发展其动作的协调性。

3. 语言的发展 幼儿有很强的好奇心、表现欲和求知欲，喜欢提问题、哼唱简单的歌谣、翻看故事书或看动画片等。成人应满足幼儿欲望，经常与其交谈，鼓励其多说话，通过玩游戏、讲故事、唱歌等促进幼儿语言的发育，并借助动画片等电视节目扩大其词汇量，纠正其发音。

4. 卫生习惯的培养　家长应适时培养幼儿良好的卫生习惯，培养幼儿定时洗澡，勤换衣裤，勤剪指甲，养成饭前便后洗手，不喝生水，不吃未洗净的瓜果，不食掉在地上的食物，不随地吐痰和大小便，不乱扔果皮纸屑等习惯，同时家长应为孩子做好表率，树立好榜样。

5. 品德教育　家长应适时教导儿童尊敬长辈、与人分享、互助友爱、使用礼貌用语等。当儿童破坏了某些规则时，如安全注意事项，可给予适当的惩罚，但切勿采取简单、粗暴的惩罚方式，这样会对儿童内心造成极大的伤害。在日常生活、游戏或学习中，有意识地培养其克服困难的意志，提高其自觉、坚持、果断和自制的能力，培养儿童遵守规则、团结协作、关心集体、互相谦让的品质等。安排儿童学习绘画、乐器、唱歌、跳舞和手工制作，参观动物园、植物园和博物馆等活动，培养多方面的兴趣、想象力和思维能力，陶冶情操。学龄前儿童多以自我为中心，情绪波动比较大，易发脾气，家长应耐心教育，循循诱导，在其性格形成的初期即给予明确的是非观念教育，以培养良好的品德。另外，成人对儿童教育的态度和要求应保持一致，平等对待每位儿童，以免引起心理紊乱和造成儿童缺乏信心或顽固任性。

（六）防治常见的心理行为问题

儿童常见的心理行为问题包括发脾气、抗拒、攻击性或破坏性行为、吮拇指、咬指甲、遗尿、手淫等，家长应针对原因采取有效措施。

1. 发脾气、抗拒　幼儿控制情绪的能力与其语言、思维的发展和父母的教养有关。儿童的生活需依赖家长的帮助。家长对儿童的要求或行为应按照社会标准予以满足或约束，尽量预见性地处理问题，减少儿童产生消极行为的机会，用诱导而不是强制的方法处理儿童的行为问题，减少对立情绪的产生。父母及时满足他们的需要有助于幼儿心理的正常发育。如其需求经常得不到满足，则幼儿可能控制不住自己的情绪而发脾气等。

2. 攻击性行为　在游戏中，一些儿童会做出攻击性行为，他们抓、咬或打伤他人。家长可帮助儿童使用适宜的方法发泄情绪，如玩消耗体力的游戏等，并帮助此类儿童获得团体的认同。

3. 破坏性行为　儿童常因取乐、好奇、表现自己的能力或精力过旺无处发泄而无意中破坏物品，而某些儿童则是由于无法抑制自己的愤怒、嫉妒或无助的情绪而有意做出破坏性行为。家长应及时分析原因，对于孩子的好奇心不应抑制，对有意破坏的孩子应给予正确指导和关心，但避免斥责或体罚。

4. 吮拇指、咬指甲　当儿童在此期出现吮拇指或咬指甲等行为，可能表达的是对爱和安全感的需求，家长应注意观察，及时寻找原因。大多数吮指或咬指甲的儿童入学后受同学的影响会自然放弃不良习惯。

5. 遗尿　5岁以上儿童仍发生不随意排尿即为遗尿症，多发生于夜间熟睡时。遗尿症可分为原发性和继发性两类，原发性遗尿症大多是控制排尿的能力迟滞所致，无器质性病变，继发性遗尿症多由全身性或泌尿系统疾病引起。多数遗尿儿童可在3~4年内发作次数逐渐减少而自愈。

6. 手淫　学龄前期儿童有时喜欢玩弄自己的外生殖器。家长应积极查明原因，及时矫正，切勿责怪、体罚和讥讽儿童，避免儿童羞耻和恐惧；同时为儿童安排合理的作息时间，提供足够的游戏机会。

（七）预防疾病和意外

加强预防接种及防病工作。幼儿每3个月~半年接受一次健康检查，学龄前儿童每半年~1年接受一次体格检查，监测其生长发育情况，预防营养不良、缺铁性贫血、单纯性肥胖、视力异常、龋齿、寄生虫感染等疾病。通过游戏和体育活动，增强儿童体质。对儿童进行安全教育，采取相应的安全措施防止意外发生，如异物吸入、烫伤、跌伤、中毒、电击伤、外伤、溺水、中毒、交通事故等。

四、学龄儿童及其家庭的健康促进

学龄儿童大脑皮质功能发育更加成熟，认知和心理社会发展非常迅速。学龄期是儿童接受科学文化教育的重要时期，也是儿童心理发展上的一个重要转折时期，同伴、学校和社会环境对其影响较大，要预防精神、情绪和行为等方面的问题。学龄儿童机体抵抗力增强，发病率较低，但要注意口腔卫生和用眼卫生，端正坐、立、行姿势。健康促进的重点是加强体格锻炼，培养良好的品格和生活习惯，促进德、智、体全面发展。

（一）合理营养

学龄儿童生长发育速度虽较婴幼儿期下降，但需储备一定的营养物质为青春期的体格生长作准备。为满足儿童体格生长、体力活动、心理和智力发展等需求，学龄儿童的膳食要求营养充足且均衡。学校与家长应重视早餐和课间加餐，早餐应保证质和量，小学生常因晨起食欲不佳或上学赶时间而进食不足，最好于上午课间补充一定量营养丰富的食品，如水果、坚果、牛奶等，以保证精力充沛；还要特别重视补充强化铁食品，如菠菜等，以降低缺铁性贫血的发病率。家长在安排饮食时，可让儿童参与制订菜谱和食材的准备，以增加其食欲。学龄儿童的饮食习惯和方式主要受家人、同伴和大众传媒的影响。学校应开设营养教育课程，让儿童养成不挑食、不偏食、定时定量进餐、不暴饮暴食、不喝生水、少吃零食等习惯。

（二）睡眠和活动

学龄儿童睡眠时间有较大的个体差异，应根据儿童的年龄、活动量、健康状况等因素养成个性化的休息习惯，家长应培养儿童按时上床和起床的习惯，有条件者尽量午睡片刻，以保证学龄儿童下午上课时精力充沛。此期儿童不再出现入睡时怕黑的现象，睡眠问题大多与梦游和梦呓有关。梦游常出现于快动眼睡眠期从第4期到第1期的转变过程，即睡眠后的前3~4小时内，他们往往忘记自己曾梦游过。儿童梦游时通常是突然坐起，下床行走，动作比较笨拙、重复，看上去不安，而后重新躺下入睡。只要梦游时儿童没有面临危险，尽量不要干涉他们。如果有危险，应轻柔地唤他的名字，把他领回床上，告诉他刚才梦游了，放松些，这种情况就不会发生了。当儿童保持轻松，不过于疲劳即可预防梦游，无须治疗。

学龄儿童应每天进行户外活动和体格锻炼。系统的体育锻炼，如体操、跑步、球类、游泳等活动均能促进儿童体力、平衡、耐力和协调能力的发展。参加户外活动还有助于清醒头脑，缓解身体疲劳，增进与他人之间的情感交流。适量劳动也可增强体质，促进生长发育，养成学生爱劳动的好习惯，促进其全面发展。儿童在进行体格锻炼时，家长或老师应为其选择合适的场所，同时在旁给予相应指导和保护，内容要适当，循序渐进，切勿操之过急。

（三）牙齿的健康

学龄儿童大约在6岁开始长出恒牙，因此，第一颗恒牙又称"六龄牙"，通常是第一磨牙。儿童换牙主要集中在学龄期间，因此，应特别注重学龄期儿童的口腔卫生，家长应定期带孩子接受牙科检查，指导并监督儿童使用正确的刷牙方式。可让孩子使用含氟牙膏，以避免酸性物质腐蚀牙齿，在牙刷的选择方面，应选择软毛、小刷头的牙刷。指导并监督儿童养成每天早晚刷牙、饭后漱口的习惯，预防龋齿。

（四）培养教育

加强儿童品德教育，以培养儿童良好的性情及学习、生活习惯，通过体育锻炼培养儿童的毅力和奋斗精神，通过培养广泛的兴趣，如唱歌、跳舞、绘画等，陶冶高尚情操。严格禁止儿童吸烟、饮酒、随地吐痰等不良习惯，充分利用各种机会和宣传媒介帮助儿童抵制社会上各种不良风气。

（五）防治常见的心理行为问题

学龄儿童对学校不适应是十分常见的现象，多表现为焦虑、恐惧或拒绝上学。其原因多种多样，如与家长分开产生的分离性焦虑、恐惧某位老师、讨厌学校环境、与小伙伴关系紧张以及害怕考试等。家长需查明原因，并与学校老师配合，采取相应措施，帮助孩子适应校园生活。学习困难的儿童应排除情绪行为问题、注意缺陷多动障碍及特殊发育障碍。

（六）预防疾病和意外

保证学龄儿童充足的睡眠和休息，每年体格检查一次，按时进行预防接种，预防传染病的发生，宣传常见传染病的知识，并对传染病做到早发现、早报告、早隔离、早治疗。学校和家庭应为学龄期儿童提供良好的学习环境，包括配套的桌椅和适宜的光线，课间要到户外活动，进行远眺以缓解视力疲劳，并积极开展眼保健操活动，预防近视，一旦发生近视，应及时到医院进行检查和治疗。注意指导儿童用眼卫生和培养儿童正确的坐、立、行走和读书的姿势，如看书、听课、写字时不要弯腰、歪头、扭身，站立和行走时不要斜肩、驼背等，预防脊柱异常弯曲。学龄儿童常发生的意外伤害包括溺水、车祸，以及在活动时发生擦伤、割伤、扭伤、挫伤或骨折等。儿童必须学习交通规则和防范意外事故的知识，以减少伤残的发生。

五、青少年及其家庭的健康促进

青春期是个体由儿童过渡到成人的时期，是儿童生长发育最后的阶段，此期儿童体格生长迅速，认知、心理和社会行为发展逐渐趋于成熟。但由于神经内分泌调节尚不稳定，还要面对突然增多的社会压力，青少年会出现一些特殊的健康问题。青春期是人生中决定体格、体质、心理和智力发育和发展至关重要的时期，需要社会及家庭给予特别关注。

（一）合理营养

青春期作为生长发育的第二高峰期，此期生长发育十分迅速，加之脑力劳动和体力消耗大幅增加，因此，必须供给足够的能量、蛋白质、维生素及矿物质，如铁、钙、碘等营养素。青少年的食欲极其旺盛，但由于缺乏正确的营养知识以及受大众传媒和同伴的影响，他们喜欢吃一些营养成分不均衡的流行快餐食物，甚至不吃早餐，从而造成营养失衡。当女孩开始注意自己的身材和外貌时，她们会对正常范围内的体重增加而担心，形成过度偏食或挑食，甚至发展为厌食症，严重损害其身体健康。家长、学校和保健人员有责任指导青少年挑选营养适当的食品并养成良好的饮食习惯。

（二）睡眠和活动

青少年需要充足的睡眠和休息以满足其体格迅速生长的需求，应养成早睡早起的睡眠习惯，家长应起到榜样和监督作用。青少年每日应进行一定量的体育锻炼，可以是游戏、玩耍、体育活动等的一部分，也可是有计划的体育锻炼。同时，每周应有3次以上中、大量的锻炼，每次坚持20~30分钟，可在体育课由老师指导完成。经常的体育锻炼能减少青少年高血压、高血脂、肥胖等发生，同时可降低其发生抑郁和情感障碍的危险。

（三）健康教育

指导青少年养成健康的生活方式，受社会不良因素的影响，青少年容易染上吸烟、饮酒等不良习惯，甚至有的青少年染上酗酒、吸毒及滥用药物的恶习，应加强正面教育，利用多种方法大力宣传吸烟、酗酒、吸毒及滥用药物的危害，强调青少年应对自己的生活方式和健康负责，使青少年自觉抵制此类不良生活方式，帮助其养成良好的生活习惯。应加强对少女的经期卫生指导，特别是月经初潮的少女，指导其重视生活的规律性，避免受凉、坐浴、剧烈运动及重体力劳动，注意会阴部卫生等，帮助她们应对经期压力。青春期健康指导的一个重要内容是性教育，家长、学校和社科人员可通过上卫生课、发放宣传手册、交谈等方式对青少年进行性教育。性教育的内容应包括介绍生殖系统的结构与功能、第二性征、月经、遗精、妊娠、性行为、性传播疾病等知识，消除青少年对性和对异性交往的困惑和矛盾，指导青少年与异性正常交往。并自觉抵制黄色书刊、录像等的不良影响。对于青少年的自慰行为如手淫等应给予正确引导，客观地介绍其对健康的危害，避免夸大，避免青少年对此产生恐惧、苦恼和追悔的心理冲突和压力。

（四）法制和品德教育

青少年思想尚未完全成熟，极易受外界一些错误的或不健康的人或物的影响。因此，需要为青少年提供系统的法治教育，倡导助人为乐、勇于上进的道德风尚，严格抵制腐化堕落思想的影响。

（五）防治常见的心理行为问题

青少年的心理水平尚处于从幼稚向成熟发展的过渡时期，缺乏承受压力、克服困难的意志力，社会经验也十分欠缺，其身心处在一种非平衡状态，容易出现心理冲突和矛盾。如果这些矛盾不能顺利解决，就可能在其情绪、性格、情感及行为等方面出现异常，甚至出现严重的心理行为问题。所以，及早发现青少年的心理、情绪及行为问题，及时给予调整，对其身心的正常发展具有重要意义。青少年最常见的心理行为问题为出走、自杀、自闭及对自我形象不满等。家庭及社会应给予高度重视，并采取有效的措施预防此类问题，出现问题时积极解决。

（六）预防疾病和意外

青少年神经内分泌调节不够稳定，可出现痤疮、良性甲状腺肿、高血压、自主神经功能紊乱等，女孩易出现月经不规律、痛经等。青少年应重点防治近视、龋齿、结核病、风湿病、沙眼、肥胖、营养不良、缺铁性贫血、神经性厌食和脊柱弯曲等疾病，可通过定期健康检查早发现、早治疗。意外创伤和事故是青少年，尤其是男孩常见的问题，包括运动创伤、交通事故、溺水、打架斗殴所致损伤等，应继续进行安全教育。

第二节 儿童游戏

学习目标

知识目标	1. 掌握各年龄段儿童游戏的特点。 2. 熟悉儿童游戏的功能。 3. 了解儿童游戏的分类。
能力目标	能够利用所学知识为不同年龄段儿童提供游戏指导及治疗，指导不同年龄段儿童家长选择合适的玩具，采取适当的游戏。
素质目标	引导护生进一步加深对儿童游戏的认识，使其真正意识到儿童游戏的重要性，树立正确的儿童观、游戏观。

一、儿童游戏

（一）儿童游戏分类

皮亚杰认为游戏是随认知发展而变化的，游戏的类型以及复杂程度取决于儿童认知能力发展的程度，当儿童处于不同的认知发展阶段，其会表现出不同的游戏喜好。他根据儿童认知发展的阶段，把儿童游戏分为练习性游戏、象征性游戏和规则游戏。

1. 练习性游戏 在儿童处于感知运动阶段，儿童主要是通过感知和动作来认识环境，如身体动作、摆弄具体物品等，在简单的、重复的练习中尝试发现和探索新的动作，获得功能性的乐趣，进而使自身获得发展。该游戏的主要表现形式为重复操作物体的练习性游戏，是儿童最早出现的一种游戏形式，多见于儿童出生到2岁这一阶段。

2. 象征性游戏 象征性游戏是在儿童前运算阶段出现的，是2~7岁学前儿童最典型的游戏形式。象征即用具体的事物表现某种特殊意义，包括儿童把一种东西当作另一种东西来使用，或把自己或他人假装成另一个人，如把厨房玩具当作真正的厨具，把自己或他人扮演成爸爸妈妈。通过象征性游戏，儿童可以脱离当前对实物的知觉，以象征代替实物并学会用语言符号进行思维，体现着儿童认知发展的水平。

3. 规则游戏 在儿童处于具体运算阶段，其思维能力得到更大程度的发展，已具备明显的逻辑性和符号性，具备简单逻辑推演的能力，克服思维的自我中心性。规则游戏是在儿童具体运算阶段出现的常见游戏形式，是按照一定规则进行的、带有竞赛性质的游戏，参加游戏的人数在2人以上。包括智力游戏、体育运动、才艺游戏等，此类游戏有助于培养儿童之间的交往及团队合作精神。

（二）儿童游戏的功能

1. 促进感觉功能及运动功能发展 通过游戏，如搭积木、踢球、捉迷藏、跳绳等，可促进儿童的视、触、听、走、跳、跑等感觉功能及运动能力的发展，有助于提升儿童的动作协调性。

2. 促进智力发展 通过游戏，年龄稍小的儿童可以学会识别物品的颜色、大小、形状、质地和用途，增进语言表达能力，对于稍年长的儿童，游戏可以帮助其了解空间及时间等抽象概念，获得解决简单问题的能力。游戏普遍自带一定的技巧性，需要儿童使用创造思维和应变能力，如搭建乐高可以培养儿童的创造力及空间想象力，同时在此期间儿童还可能面对各种问题，需要不断寻找解决方案，促进儿童智力发育。

3. 促进社会化及自我认同 一些集体游戏中包含不同的角色和相应的责任，社会角色与责任有助于促进儿童社会化的培养。在游戏过程中，儿童理解自己在集体中所处的地位，并能适应自己的社会角色及遵守相应的责任，学会与他人分享，关心集体，协调同伴和对手的关系，帮助儿童认识到自己在相互关系中的位置；同时，游戏规则要求人人平等，通过游戏能够引导儿童遵守社会所接受的各种行为准则。婴幼儿还通过游戏探索自己的身体，区分自身与外界环境。

4. 促进创造性发展 在生活中，儿童可以根据自己的想象力，发明新的游戏方法，搭建新的模型等。不管结果如何，家长都应尽量对儿童的想法或创造给予支持和鼓励，使儿童的创新思维及所拥有的创造潜能得到有效激发。

5. 治疗性价值 游戏还具有一定的辅助治疗作用。儿童通过游戏发泄不良情绪、缓解紧张及压力、减轻焦虑与恐惧。对于住院患儿，游戏可以帮助患儿理解治疗及护理过程，促进其适应医疗环境，增加对治疗的依从性。游戏在一定程度上还可帮助医务人员观察患儿病情，了解患儿对疾病的认知程度，为患儿提供健康教育等。

（三）不同年龄段儿童游戏的特点及选择

游戏是儿童日常生活中重要的组成部分，是儿童与他人沟通的一种重要方式。通过游戏，儿童能够更好地识别自我及外界的环境，促进智力发展及动作协调性，初步建立社会交往模式，学会解决简单的人际关系等。

1. 婴儿期游戏 游戏是婴儿认知发展和社会化发展的方式。婴儿期多为单独性游戏，游戏内容往往为婴儿自己的身体，玩手脚、翻身、爬行和学步等身体动作带给他们极大的乐趣，喉部发出的各种声响也使他们感到兴奋，他们喜欢用眼、口、手来探索陌生事物，对一些颜色鲜艳、能发出声响、能滚动的玩具感兴趣。也有一些需要家长参与的游戏，如喜欢反复不停地扔东西给家长拾起。

2. 幼儿期游戏 多为平行性游戏，即幼儿与其他小朋友一起玩耍，但没有联合或合作性行动，玩伴之间偶有语言的沟通和玩具的交换，主要是自己独自玩耍，如看书、搭积木、奔跑等。

3. 学龄前期游戏　多为联合性或合作性游戏，如绘画、搭积木、剪贴和做模型等。许多儿童共同参加一个游戏，彼此能够交换意见并相互影响，但游戏团体没有严谨的组织、明确的领袖和共同的目标，每个儿童可以按照自己的意愿去表现。这期儿童的想象力非常丰富，模仿性强，复杂性、技巧性明显增加。

4. 学龄期游戏　学龄儿童的游戏多为竞赛性游戏，如学校的拔河比赛、唱歌比赛、诗词朗诵、小品表演等。儿童在游戏中为完成某个目标而制订一些规则，彼此遵守，并进行角色分工。游戏的竞技性和合作性高度发展，并出现游戏的中心人物。学龄期儿童希望有更多的时间与同伴一起玩耍。

5. 青春期游戏　青少年的游戏内容因性别而有很大的差异。女孩一般对社交性活动感兴趣，喜欢参加聚会，爱看小说、电影及电视节目，并与朋友讨论自己的感受。男孩则喜欢运动中的竞争及胜利感，对机械和电器装置感兴趣。青少年对父母的依赖进一步减少，愿意花更多的时间与朋友在一起。他们主要从朋友处获得自我认同。

二、游戏治疗

1969年，皮亚杰等认为游戏是儿童用来表达内心世界的一种方式，同时游戏具有一定的辅助治疗作用。游戏治疗协会曾将游戏治疗定义为："是一种通过理论模式的系统使用而建立起来的人际交往过程。在这期间，由训练有素的游戏心理治疗师运用游戏的方式去帮助当事人，使其得到成长和发展。"

（一）游戏治疗的功能

游戏治疗的目的是通过建立安全的环境发现来访者的心理问题，通过合理有效的方法帮助来访者实现心理的康复和发展。

1. 提升儿童的生理功能　在游戏治疗中，治疗师为儿童设计具有针对性的游戏，帮助儿童实现生理的发展，如针对身体平衡能力较差的儿童设计的身体统合训练。治疗师基于儿童的神经发展的需要，引导儿童对感觉刺激作出适当反应，其目的在于改善大脑处理外界刺激与自身反映的能力，即通过游戏活动提升儿童的生理功能。

2. 促进儿童的认知发展　在游戏治疗中，治疗师可以通过游戏训练儿童的认知能力，如通过象征性游戏提升儿童的象征思考能力，或通过规则游戏训练儿童对规则的理解力和自我约束力。儿童需要在游戏治疗中记住游戏规则、游戏参与者和自身的游戏经验，发展儿童的记忆能力。

3. 帮助儿童完善人格　在现实生活中，由于各种约束和限制，儿童缺乏足够安全的空间以展示最真实的自我。在游戏治疗中，儿童则可以在游戏情境中发现自我、展示自我、调整自我、接纳自我。儿童通过游戏将游戏情景与自我以往的经验联系起来，每一次游戏都是在修正儿童关于自身人格以及自己与外界关系的认知，实现人格的发展和完善。

4. 提升儿童人际交往能力　游戏治疗过程是一种人际交往的过程，参与游戏治疗的儿童会展示自己的社交行为特征、语言表情、沟通方式等非语义性特征。这些特征为治疗师提供了充足的材料去分析儿童的社交行为，发现其中存在的问题，并针对性地帮助儿童提升人际交往能力。如在儿童与父母进行过家家的游戏中展现亲子互动场景，治疗师可以根据儿童展示内容发现其存在的问题，并制订治疗计划，提升其人际交往能力。

5. 促进儿童社会化发展 社会文化将影响塑造儿童的行为模式，决定儿童是否可以融入社会并被个人接纳。游戏治疗有助于儿童更加准确地掌握所处环境的社会文化特征，实现儿童社会化的发展，提升社会认可度。治疗师可设计相应游戏情景，激发儿童展现非社会化行为，并通过游戏治疗的方式加以修正，促进儿童的社会化发展。

（二）治疗性游戏

治疗性游戏则是基于游戏治疗，并经多学科专业人员协商开发，用于帮助儿童应对住院事件的策略，当游戏用来提升儿童的心理及生理状态时，即可称为治疗性游戏。按照游戏的目的，治疗性游戏被分成3类：生理促进性游戏、指导性游戏、情绪宣泄性游戏。

1. 生理促进性游戏 维持或促进儿童生理健康，帮助儿童接受治疗的游戏，可促进患儿参与治疗护理计划，并帮助患儿形成自护的观念，如治疗性游戏用于儿童口腔护理、鼻腔卫生及糖尿病自我管理中。

2. 指导性游戏 为护士向患儿解释治疗和护理过程、进行健康教育等提供机会。通过指导儿童如何进行医疗护理操作来为儿童做好医疗护理准备，其引导方法包括影像教学、玩偶游戏、身体模型等。游戏过程中依据患儿的认知程度与学习模式指导其住院相关的治疗措施与情景，使其澄清错误观念。指导性游戏包括医疗角色扮演、医疗护理操作示范。

3. 情绪宣泄性游戏 为患儿提供了发泄不良情绪，缓解其紧张或压力的机会。运用绘画、说故事等方式表达住院儿童的内心情感，外化患儿感受，以及非言语化的体验，缓解紧张并表达压力情境背后的恐惧与焦虑。同时，也可通过此方法观察患儿住院的情绪。

第三节　儿童事故伤害的预防及处理

学习目标

知识目标	1. 掌握各种意外伤害的预防措施及处理。 2. 熟悉各种儿童事故的发生诱因。 3. 了解不同年龄段儿童常见的事故伤害。
能力目标	能够举例说明儿童常见事故伤害发生的原因，并运用所学知识为儿童事故伤害提供相应的预防及处理措施。
素质目标	培养护生高尚的职业道德及爱伤观念。

意外事故（unintentional accident），又称意外伤害，是指因各种意外而引起的人体损伤。它已成为威胁儿童健康和生命的主要问题，是儿童的第一死因。在我国，14岁以下儿童意外伤害占儿童死亡原因总数的26.1%。5岁以下儿童主要意外伤害死亡原因是意外窒息、溺水、中毒、交通事故和摔落，其中意外窒息和溺水死亡人数占半数以上。

一、窒息与异物进入机体

窒息是出生1~3个月内婴儿较常见的意外事故，多发生于严冬季节。如婴儿包裹过严，床上的大毛巾等物品不慎盖在婴儿脸上，或因母亲与婴儿同床，熟睡后误将身体或被子捂住婴儿的面部而导致婴儿窒息等。另外，婴儿易发生溢奶，如家长未能及时发现，婴儿可将奶液或奶块呛入气管引起窒息。异物进入机体多见于婴幼儿，此期儿童好奇心强，已能准确定位口腔位置，他们会将能捡到的小物品放入口中，如豆类、塑料小玩具、硬币、纽扣等，故易导致窒息。因此，家长、幼托机构和学前教育机构人员要严格防范潜在危险，做到以下预防措施：

1. 不要让儿童玩塑料袋、未充气的气球，怀抱儿童时注意不要让自己的身体堵住儿童口鼻。

2. 儿童与家长分床睡，保证儿童床上无杂物。

3. 成人切勿在儿童进餐时惊吓、逗乐、责骂儿童，以免在其大笑、大哭时将食物误吸入气管。

4. 不给儿童整颗的花生、瓜子、豆子及带骨、带刺、带核的食物。

5. 培养儿童良好的饮食习惯，坐起喂食，细嚼慢咽，以免大块的食物误入气管。

6. 不给儿童玩体积小、锐利、可轻易拆分的玩具及物品，如纽扣、小珠子、硬币、剪刀、易破损的玩具等，以免误入鼻、耳或放入口中误吞，造成鼻、耳、气管及食管异物，刺伤、割伤等。

7. 看护婴幼儿时，必须做到放手不放眼，放眼不放心，对易发生意外事故的情况应有预见性。

处理：① 异物进入机体阻塞咽喉部时，应迅速用手掏出或用塑料管吸出异物，并改变儿童体位，采取侧卧位或俯卧位，同时清除分泌物，解除窒息；② 若在口腔和咽喉部看不到异物，不可强行挖取，因强行挖取会使儿童深吸气，加速异物吸入，此时应立即采取海姆利希手法（Heimlich maneuver）急救；③ 对呼吸、心跳停止者应立即进行心肺复苏，凡窒息患儿均应立即送至医院进行抢救。

二、溺水

溺水是导致儿童意外死亡的主要原因之一，是水网地区儿童常见的意外伤害，包括失足落井或掉入水池等。当儿童会走后，他们能到达看似安全的地方，如洗手间、水桶、水龙头等处，这对身体协调能力差的儿童来说依旧是危险的，容易溺水。家庭和社会教育机构应做到以下预防措施。

1. 不要让儿童单独留在浴室内。

2. 家中不要积攒不必要的水。

3. 当儿童靠近水源时应密切注意，如浇水时、用水盆洗衣服时等。

4. 游泳池应设有围栏。

5. 幼托机构应远离河塘等水源，农村的水缸、粪缸均应加盖，以免儿童失足跌入。

6. 教育儿童不可去无安全措施的池塘、江河玩水或游泳。

处理：① 迅速倾倒出患儿呼吸道内积水，并进行人工呼吸，若患儿心跳已停止，应立即行心肺复苏术；② 将患儿送至医院抢救，保持呼吸道通畅，必要时进行气管插管，予呼吸机辅助通气，在有条件的情况下，可给予高压氧治疗；③ 当呼吸和心跳恢复后，需积极恢复有效循环，维持心律和血压，纠正酸中毒及电解质紊乱。

三、中毒

中毒是5岁以内儿童意外死亡的主要原因之一，在2岁左右发生率最高。从儿童会爬时开始，中毒的危险时刻存在。引起儿童中毒的常见物品包括药物、化学药品、食物、有毒动植物等。儿童中毒的预防措施有：

1. 保证儿童所食食物新鲜、清洁。

2. 教育孩子不要随意采摘植物或野果，以防食入有毒的植物，如含氰果仁（苦杏仁、桃仁、李仁等、白果仁）等。

3. 教育孩子知道药物不是糖果。

4. 口服药及日常使用的灭蚊、灭虫、灭鼠药等剧毒物品需放置在高处或上锁，以防儿童触及，使用时还要充分考虑到孩子的安全；家长喂药前应认真核对药品标签、用量及用法，对标签不清或变质的药品应弃去。世界卫生组织（World Health Organization，WHO）建议，应立法对有毒物质和药品进行儿童防护式包装，且包装内容物不得达到致死剂量。

5. 不要贮存大量的清洁液、油漆、杀虫剂等有毒物质，且避免将这些物品盛装在食物盒或饮料瓶中，以免导致误服中毒。

6. 教育孩子不玩垃圾桶。

7. 冬季室内使用煤炉或烤火炉应注意室内通风，并定期清扫管道，避免管道阻塞，经常检查煤气是否漏气，以免发生一氧化碳中毒。

处理：① 清除未被吸收的毒物；② 接触有毒物质的患儿应立即脱去污染的衣服，用清水冲洗被污染的皮肤；③ 吸入有毒物质的患儿应立即离开有毒场所，呼吸新鲜空气，吸出呼吸道分泌物，必要时吸氧，昏迷患儿要注意舌根后倒和喉头水肿引起窒息；④ 口服有毒物质的患儿应采用催吐、洗胃、导泻和灌肠等方法。

四、外伤

儿童各种技能尚不灵活，当奔跑或探索新鲜事物时很容易受伤，同时某些动物也可能危及儿童安全。常见的外伤有骨折、关节脱位、电击伤、灼伤及咬伤等。预防儿童外伤有以下几种措施。

1. 儿童居室的窗户、阳台、楼梯、睡床等处均应设有栏杆，防止发生危险。家具边缘最好是圆角，以避免碰伤。

2. 儿童应减少接触厨房、热水瓶、开水、热油等，正确使用热水袋，给儿童洗脸、洗脚或洗澡时应先倒入冷水再加热水，以防烫伤。

3. 妥善保存易燃、易爆、易损品，如鞭炮、蜡烛、玻璃器皿等。强调点火时的危险，教会儿童什么是热的感觉。WHO建议，制定并执行儿童防护式打火机的相关标准及有关烟火警报的法律。

4. 室内电源、电器应有防止触电的安全装置；教育孩子在雷雨时勿在电线杆旁停留，严禁在大树下或高层的墙檐下避雨，以免触电。

5. 大型玩具如滑梯、跷跷板等应定期检查，及时维修，儿童需在成人的陪伴下玩耍。

6. 不要让儿童口内含食物时做剧烈的运动，如走或跑的时候不要让他们吃棒棒糖等有柄的食物。

7. 户外活动应选择平整无泥沙、碎石的场地，最好有草坪；室内地面宜用地板或铺有地毯。

8. 家中尽量不饲养宠物，教育孩子不要过分挑逗宠物，以免发生咬伤。

处理：

（1）创伤的处理：① 详细了解患儿损伤部位，根据患儿的症状、体征和检查结果及时给予合理的处理；② 如有污染或异物时应及时用冷开水或肥皂水将伤口洗净，并将异物清除；③ 出现骨折、意识不清、休克或颅脑损伤等情况，应立即送往医院进一步检查及急救。

（2）烧（烫）伤的处理：① 迅速消除烧（烫）伤的原因，撤离火场，脱去燃烧或发烫的衣物；② 用冷水浸泡烧（烫）伤部位，如化学物品所致，用大量清水冲洗后（强酸、强碱除外），还应用对抗剂中和；③ 保护创面，用消毒液清洁创面后，用无菌纱布包裹避免污染；④ 呼吸道烧（烫）伤，因肿胀而发生呼吸困难者，应立即做气管切开，插入套管，改道呼吸。

（3）宠物咬伤的处理：① 及时用冷开水或肥皂水洗净伤口；② 将患儿送至医院接种狂犬病疫苗。

五、交通事故

能自由活动的儿童意识不到行进中汽车的危险，或在车中没有系安全带，均易发生交通事故。儿童交通事故的预防措施有：

1. 婴幼儿应坐在汽车的后座，并有特制的婴幼儿汽车座椅。

2. 不要将婴儿车放在停好的汽车后面。

3. 孩子应在有成人陪伴下进行户外活动。

4. 教育儿童遵守交通规则，识别红绿灯；不要在马路上玩耍；做好学龄前儿童接送工作。

5. 教育儿童坐汽车时，系安全带，不可坐在第一排。

6. 在校园、居民区和游戏场所周围等处强制车辆减速。建议车辆和行人分道行驶。

处理：

（1）详细了解患儿损伤部位，根据患儿的症状、体征和检查结果及时给予合理的处理；

（2）出现骨折、意识不清、休克或颅脑损伤等情况，应立即送往医院进一步检查及急救。

第四节　儿童计划免疫

学习目标

知识目标	1. 掌握儿童预防接种的准备和注意事项；预防接种的不良反应及相关处理。 2. 熟悉儿童计划免疫程序。 3. 了解儿童主动免疫、被动免疫及其常用制剂。
能力目标	能够为儿童提供正确的计划免疫措施；指导儿童家长正确处理预防接种反应。
素质目标	培养护生高尚的职业道德及爱伤观念。

儿童计划免疫（planned immunization）是根据免疫学原理、儿童免疫特点和传染病疫情的监测情况制定的免疫程序，是有计划、有目的地将生物制品接种到儿童体中，以确保儿童获得可靠的抵抗疾病的能力，从而达到预防、控制乃至消灭相应传染病的目的。预防接种（preventive vaccination）是计划免疫的核心。

一、免疫方式及常用制剂

（一）主动免疫及常用制剂

主动免疫（active immunization）是指给易感者接种特异性抗原，刺激机体产生特异性的免疫力。这是预防接种的主要内容。但主动免疫制剂在接种后经过一定期限产生的抗体，在持续1~5年后逐渐减少，故还要适时地安排加强免疫，以巩固免疫效果。

主动免疫制剂统称为疫苗（vaccine）。按其生物性质可分为灭活疫苗、减毒活疫苗、类毒素疫苗、组分疫苗（亚单位疫苗）及基因工程疫苗等类型。

（二）被动免疫及常用制剂

未接受主动免疫的易感者在接触传染源后，被给予相应的抗体，而立即获得免疫力，称之为被动免疫（passive immunization）。由于抗体留在机体中的时间短暂（一般约3周），故主要用于应急预防和治疗。例如，给未注射麻疹疫苗的麻疹易感儿注射丙种球蛋白以预防麻疹；受伤时注射破伤风抗毒素以预防破伤风。

被动免疫制剂包括特异性免疫球蛋白、抗毒素、抗血清。此类制剂来源于动物血清，对人体是一种异型蛋白，注射后容易引起过敏反应或血清病，特别是重复使用时，更应注意。

二、免疫程序

免疫规划程序的内容包括接种（月）年龄、接种剂次、剂量和途径，间隔时间，加强免疫和联合免疫等。2021年3月国家卫健委发布《国家免疫规划疫苗儿童免疫程序及说明（2021年版）》（表3-4-1），调整了疫苗免疫规划。我国国家免疫规划疫苗儿童免疫程序包括11种疫苗，预防12种传染性疾病，包括乙型病毒性肝炎、结核病（主要指结核性脑膜炎、粟粒性肺结核等）、脊髓灰质炎、百日咳、白喉、破伤风、麻疹、风疹、流行性腮腺炎、流行性乙型脑炎、流行性脑脊髓膜炎、甲型病毒性肝炎。

三、预防接种的准备及注意事项

1. **环境准备** 接种场所光线明亮，空气新鲜，温度适宜；接种及急救物品摆放有序。

2. **心理准备** 作好解释、宣传工作，消除家长和儿童的紧张、恐惧心理；接种不宜空腹进行。

3. **严格掌握禁忌证** 通过问诊及体格检查，了解儿童有无接种禁忌证，如处于某种急性疾病的发病期或恢复期，或处于某种慢性疾病的急性发病期，应推迟接种。体温高于37.6℃者，同时伴有其他明显症状的儿童暂缓接种。患严重湿疹或其他皮肤疾病者，待治疗好转或痊愈后再行接种。各种制品的特殊禁忌证应严格按照使用说明执行。

4. **生物制品的准备** 检查制品标签，包括名称、批号、有效期及生产单位，并做登记；检查安瓿有无裂痕，药液有无发霉、异物、凝块、变色或冻结等；按照规定方法稀释、溶解、捣匀后使用。

5. **严格执行免疫程序** 掌握接种的剂量、次数、间隔时间和不同疫苗的联合免疫方案，及时记录及预约，交代接种后的注意事项及处理措施。

6. **严格执行查对制度及无菌操作原则** 仔细核对儿童年龄和姓名；认真询问儿童的病史及传染病接触史；严格掌握禁忌证；严格按照规定的接种剂量接种；注意预防接种的次数，按使用说明完成全程和加强免疫；按各种制品要求的间隔时间接种，一般接种活疫苗后需隔4周。接种死疫苗后需隔2周，再接种其他活或死疫苗。严格遵守消毒制度，用75%乙醇消毒，做到一人、一针、一管，以免交叉感染。抽吸后如有剩余药液，需用无菌干纱布覆盖口，但放置不能超过2小时；接种后剩余活菌苗应烧毁。

▼ 表3-4-1 儿童计划免疫程序

可预防疾病	疫苗种类	接种途径	剂量	出生时	1个月	2个月	3个月	4个月	5个月	6个月	8个月	9个月	18个月	2岁	3岁	4岁	5岁	6岁
												接种（月）年龄						
乙型病毒性肝炎	乙肝疫苗	IM	10/20μg	1	2					3								
结核病[1]	卡介苗	ID	0.1ml	1														
脊髓灰质炎	脊灰灭活疫苗	IM	0.5ml			1	2											
	脊灰减毒活疫苗	PO	1粒/2滴					3								4		
百日咳、白喉、破伤风	百白破疫苗	IM	0.5ml				1	2	3				4					
	白破疫苗	IM	0.5ml															5
麻疹、风疹、流行性腮腺炎	麻腮风疫苗	IH	0.5ml								1		2					
流行性乙型脑炎	乙脑减毒活疫苗	IH	0.5ml								1			2				
	乙脑灭活疫苗	IM	0.5ml								1，2			3				4
流行性脑脊髓膜炎	A群流脑多糖疫苗	IH	0.5ml							1		2						
	A群C群流脑多糖疫苗	IH	0.5ml												3			4
甲型病毒性肝炎	甲肝减毒活疫苗	IH	0.5/1.0ml										1					
	甲肝灭活疫苗	IM	0.5ml										1	2				

注：
1. 主要指结核性脑膜炎、粟粒性肺结核等。
2. 选择乙脑减毒活疫苗接种时，采用两剂次接种程序。选择乙脑灭活疫苗接种时，采用四剂次接种程序，乙脑灭活疫苗第1、2剂间隔7~10天。
3. 选择甲肝减毒活疫苗接种时，采用一剂次接种程序。选择甲肝灭活疫苗接种时，采用两剂次接种程序。
4. IM.肌内注射；ID.皮内注射；PO.口服；IH.皮下注射。

7. 其他　① 2个月以上婴儿接种卡介苗前应做结核菌素试验（PPD 试验），阴性者才能接种；② 脊髓灰质炎疫苗冷开水送服，且服用后1小时内禁热饮；③ 接种麻疹疫苗前1个月及接种后2周避免使用胎盘球蛋白、丙种球蛋白制剂。

四、预防接种的反应及处理

疫苗相对于人体来说是一种异物，疫苗在诱导人体免疫系统对特定疾病产生保护力的同时，其本身的生物学特性和人体的个体差异（如免疫功能、过敏体质、健康状况、精神因素等）可能致使少数个体出现一些不良反应。

1. 一般反应　是指由疫苗本身所引起的反应。大多为一过性，在24小时内出现，主要表现为儿童发热和局部红肿、疼痛，可伴有食欲减退、全身不适、乏力等。儿童的普遍反应是较轻微的，一般持续2~3天即可自行消退，不需特别处理，多饮水，适当休息即可。反应较重者，可对症处理，如物理降温、局部热敷等；若反应严重，如红肿范围不断扩大，持续高热，应到医院就诊。

2. 异常反应　极少数儿童可能出现过敏性休克、过敏性皮疹、晕厥及血管神经性水肿等。一旦出现，应立即抢救或治疗。

3. 偶合症　是指受种者正处于某疾病的潜伏期，或存在基础疾病，但尚未发现，在接种后巧合发病。因此，偶合症的发生与疫苗接种无关，只是时间上的巧合，如夏季偶合腹泻，冬季偶合流感等。

（沙丽艳）

学习小结

本章儿童及其家庭的健康促进首先介绍了各年龄段儿童及其家庭的健康促进，学生通过本部分内容的学习能够对不同年龄段儿童及其家庭的特定健康促进要点有更清晰的认识；其次介绍了儿童游戏，引导学生利用所学知识为不同年龄段儿童提供游戏指导及治疗，指导不同年龄段儿童家长选择合适的玩具，采取适当的游戏；介绍了儿童意外事故及损伤的预防等内容，通过此部分内容的学习，学生能够阐述不同年龄段儿童常见的意外事故及损伤，并提供相关预防措施；最后介绍了儿童计划免疫，学生能够清楚儿童预防接种的准备和注意事项，预防接种的不良反应及相关处理。

积极做好儿童及其家庭的健康促进工作，对儿童的健康成长具有十分重要的意义。

复习参考题

（一）选择题

1. 有关计划免疫，下列选项**错误**的是
   A. 预防接种可提高易感者非特异免疫力
   B. 是预防儿童传染病的关键措施
   C. 大多接种特异性抗原，使易感者产生免疫抗体
   D. 极少数儿童可能出现过敏性休克
   E. 部分儿童接种后有低热

2. 1岁婴儿一般每日睡眠时长是
   A. 16~18小时
   B. 15~16小时
   C. 12~14小时
   D. 10~12小时
   E. 9~10小时

3. 以单独性游戏为主的儿童阶段是
   A. 青春期
   B. 学龄期
   C. 学龄前期
   D. 幼儿期
   E. 婴儿期

4. 预防接种的一般反应通常出现的时间是
   A. 4小时内
   B. 12小时内
   C. 24小时内
   D. 48小时内
   E. 72小时内

5. 下列**不属于**预防儿童窒息与异物进入机体的措施的是
   A. 不让儿童玩塑料袋、未充气的气球等物品
   B. 儿童与家长同床睡，保证时刻关注儿童情况
   C. 成人不在儿童进餐时惊吓、逗乐、责骂儿童
   D. 不给儿童整颗的花生、瓜子、豆子及带骨、带刺、带核的食物
   E. 培养儿童良好的饮食习惯，坐起喂食，细嚼慢咽

   答案：1. A；2. B；3. E；4. C；5. B

（二）简答题

1. 如何训练婴儿的视、听、触觉？
2. 发现学龄儿童梦游应该如何处理？
3. 如何预防儿童窒息与异物吸入？
4. 被动免疫的常用制剂包括哪几类？

第四章　住院患儿及其家庭的护理

第一节　儿童医疗机构的设置特点及护理管理

学习目标

知识目标	1. 熟悉儿童医疗机构的设置特点。 2. 了解儿童医疗机构的护理管理。
能力目标	能够胜任不同儿童医疗机构工作特点，并具备相应的病情观察能力及突发事件的应急处理能力。
素质目标	培养护生爱岗敬业、敏锐果断的职业素养。

我国儿童医疗机构主要有三类：儿童医院、妇幼保健院和综合性医院的儿科，它们共同承担着我国儿童的医疗和保健工作，其中以儿童医院的设置最为全面，包括儿科门诊、儿科急诊和儿科病房。

一、儿科门诊

（一）设置特点

1. 预诊处　预诊处一般设置在医院内距大门最近处或儿科门诊的入口处，至少有两个通道，分别通向候诊室及隔离室。预诊处护士可以通过简明扼要的病史询问和必要的体格检查，在较短的时间内对就诊儿童的病情作出初步判断，协助家长准确选择就诊科室，指导家长正确就诊，鉴别和隔离传染病患儿，减少交叉感染。因此，预诊处应备有简单的预诊用具及一般的消毒隔离设备等。通过预诊可帮助识别患儿病情的轻重缓急，并给予妥善安排，一旦患儿发生病情变化急需抢救时，预诊护士要将其护送至抢救地点。因此，预诊工作要求由经验丰富、责任心强、动作迅速、决断能力强、处理果断的高年资护士担当。

2. 挂号收费处　患儿经过预诊分诊后，便可在此处挂号交费就诊。目前国内很多医院均可以通过电话预约、自助挂号缴费机或手机APP等多种方式完成挂号缴费，优化患儿就诊流程，有效提高了就诊效率。

3. 测量室　测量室内一般设有身高、体重、体温等指标的测量装置及设备，也有一些医院将体温、体重等常规测量设在预诊处，发热患儿可在就诊前到体温测量处测量体温，便于护士对就诊儿童病情作出初步判断。

4. 候诊室　由于儿童就诊多由家长陪同，候诊室应设置充足的候诊椅，室内环境尽量宽敞、明亮，保持空气流通。还应设置母婴室、饮水处和卫生间等，以方便患儿及其家长候诊。同时，候诊室也是儿科门诊健康教育的重要场所，可在此利用宣传栏、电视视频、健康小手册等媒介进行科普卫生知识的宣传。有条件的医院可在此处设置儿童游戏场地，减轻儿童就诊时的恐惧感。

5. 诊查室　依据医生出诊情况规划合适的诊查室数量，室内设有诊查桌、椅，诊查床及洗手设备。尽量保证一医一患，减少就诊患儿相互干扰，保护患儿隐私。

6. 传染病隔离室　隔离室内应备有诊疗床、必要的诊疗工具以及消毒隔离设备，如隔离衣、防护服、洗手装置、紫外线灯等，设置隔离区、工作准备区（生活区与物资保障区）、缓冲区，实行双通道进出，即工作人员通道、隔离人员通道。建议安排专人协助隔离的患儿及其家长处理挂号、缴费、取药等事宜。

7. 治疗室　备有各种治疗所需的设备、器械和药品，可进行必要的治疗，如各种注射、穿刺、换药等。

8. 化验室　应设在诊查室附近，便于患儿化验检查。

9. 门诊药房　方便患儿及其家长取药。

10. 其他　根据医院规模及实际情况，还可设置儿科配液中心、输液区、雾化室及采血中心等以方便患儿就医，提高工作效率。

（二）护理管理

儿科门诊的特点之一是陪伴就诊的人员多、流动性大，患儿家长焦急程度较其他科别重，根据这一特点，儿科门诊在护理管理上应做好以下几方面工作。

1. 维持良好的就诊秩序　门诊护士应合理安排各诊室就诊人数，随时调整、疏散就诊儿童，做好患儿及其家长的沟通协调工作，保证就诊秩序有条不紊。

2. 密切观察病情变化　由于儿童病情变化较快，门诊护士需经常巡视候诊室、诊察室等区域，随时观察患儿的病情变化，发现异常情况及时与医生联系并配合处理。

3. 预防院内感染　严格执行消毒隔离制度，遵守无菌技术操作规程，及时发现传染病的可疑征象，并予以处理。

4. 杜绝差错事故发生　严格落实核对制度，护士在给药、注射等各项工作中应一丝不苟，避免差错发生。

5. 提供健康指导　儿科门诊是进行儿童健康宣教的重要场所，门诊护士可充分利用候诊时间，根据季节及疾病流行情况，开展实行多样的健康教育。

知识拓展 ｜ 　　　　　　　　　　儿科专科护理门诊

　　　　近年来，在健康中国的大背景下，社会各界对儿童健康的关注度逐渐提升，各医疗机构中陆续开设了儿科护理专科门诊，提供慢性病管理、健康评估、换药护理、管路维护、家庭随访、保健咨询等方面的多元化服务内容，使儿童及其家长在护理门诊得到了更专业、更丰富、更有成效的健康照护。

儿科护理专科门诊的建设发展应汇集专科护士、临床护理专家等儿科护理精英、骨干力量，科学、系统的护士培养体系为儿科护理专科门诊人才梯队注入专业力量，目前亟须在学历、工作年限、专科培训资质、专科化继续教育等方面作出界定，逐步形成统一标准，提升专科护理人才质量。在提高专科护理人才知识水平的同时，保证了专科护理门诊的专业性和权威性，以此保障儿科护理专科门诊可持续发展。此外，护理门诊工作制度和护士处方权的管理有待进一步规范，建议逐步开展出诊专科护士处方权的试点工作，下一步将探索更适合我国护士处方权的实践模式，推进我国儿科护理专科门诊护士高级护理实践能力的发展。

二、儿科急诊

（一）设置特点

儿童病情变化快，突发情况多，应及时发现，随时做好紧急抢救的准备。急诊是抢救患儿生命的重要地点，因此，儿科急诊的各诊室应备有适用于各年龄段儿童的不同规格型号的抢救器械、用具及药品等。

1. 抢救室 儿科抢救室应设立于能够迅速辨别和到达的地方，有醒目的路标和标识。依据所在医疗机构儿科急诊量确定设置抢救床位数量，配有监护仪、儿童复苏设备、呼吸机、输液泵、除颤仪等仪器设备，以及各种穿刺包、切开包、常用无菌用品等。抢救车内备有常用急救药品、物品等，以满足抢救危重患儿的需要。

2. 观察室 设有病床及一般抢救设备，室内需配备治疗带（包括中心供氧、吸痰、电源）、病床呼叫系统、雾化器、洗手池、卫生间等，如有条件可装备监护仪、婴儿暖箱等，还应按病房要求备有各种医疗文件。

3. 治疗室 应设有治疗床、药品柜、注射用具，各种治疗、穿刺用物品及各种导管等。

4. 简易手术室 应备有用于清创缝合手术、大面积烧伤的初步处理、骨折固定等相应的器械、药品等。

（二）护理管理

1. 急诊抢救的五要素 人员、医疗技术、药品、仪器设备及时间为急诊抢救的五要素，其中抢救人员起主要作用。因此，儿科急诊医务人员必须系统培训基础生命支持、高级生命支持等课程，熟练掌握儿童常用急救技术。儿科急诊护士应有高度的责任心、具备敏锐的观察力，出现紧急情况时，能迅速敏捷地配合急诊医生对危重患儿实施抢救。此外，药品种类齐全，仪器设备先进，时间争分夺秒都是保证抢救成功缺一不可的重要环节。

2. 执行急诊岗位责任制度 急诊护士应坚守岗位，责任分明，随时做好抢救患儿的准备。经常巡视、观察病情变化并及时处理。对抢救药品和设备的使用、保管、补充、维护等应有明确的分工及交接班制度，确保仪器设备性能良好，放在指定位置。同时，重视对儿科急诊的安全保卫工作。

3. 建立并执行各科常见急诊的抢救护理常规 定期组织护士学习、掌握各科常见疾病的抢救程序、护理要点，熟练掌握各种急救技术，培养高度的责任心及良好的应急能力，不断提高抢救效率。在实施重大抢救和应对突发公共卫生事件或群体灾害事件时，应当按规定及时报告医院相关部门，启动应急预案。

4. 加强急诊文件管理　儿科急诊工作繁忙而紧张，但仍要保持病历材料的完整性、真实性和准确性，记录患儿就诊时间、一般情况、诊治过程等。紧急抢救中遇有口头医嘱，必须当面复述确保无误后执行，抢救结束后及时补记于病历中，方便日后核对并为进一步治疗和护理提供依据。

知识拓展　｜　　　　　　　　　　**儿科收治急诊范围**

儿科疾病具有起病急、来势猛、变化快等特点，所以儿科急诊量大、病情重、病死率高。儿科急诊主要收治范围如下：

（1）心跳呼吸骤停，严重呼吸循环衰竭。

（2）严重咳嗽、呼吸急促、呼吸困难或呼吸窘迫。

（3）严重喘息，哮喘急性发作。

（4）各种原因引起的休克，心律失常，先天性心脏病伴缺氧发作，急性心功能不全。

（5）各种原因引起的惊厥、意识障碍或昏迷。

（6）严重呕吐、腹泻、腹痛、急性消化道出血。

（7）急性中毒、外伤等其他各种意外伤害。

（8）严重内环境紊乱。

（9）新生儿疾病及早产儿。

（10）高热（口表温度≥39℃，肛表温度≥39.5℃）或低体温（肛表温度＜36℃）。

（11）其他需要急诊救治或监护的儿科疾病或症状。

三、儿科病房

（一）设置特点

1. 儿科普通病房　儿科普通病房一般最适宜的床位数是30~40张。设有大、小两种病室，大病室容纳4~6张床，小病室为1~2张床，作为观察、隔离之用。一张床占地2m²，床与床之间距离为1m，床与窗台的距离为1m，床周设有护栏。每个病室均应设有卫生间，墙壁设壁灯，供夜间照明，地面注意防滑。病室墙壁可装饰颜色鲜明、儿童喜爱的各种图案，减轻患儿的恐惧心理。

2. 重症监护室　收治病情危重、需要观察及抢救的患儿。监护室主要由监护病房、负压隔离病房和辅助用房及家长接待室等组成，室内备有各种监护设备和抢救设备。为减少交叉感染，大部分儿童重症监护室采用取消陪护的封闭式管理，同时为了满足患儿家长的探视需求，可在监护室内安装视频探视系统，家长可通过监护室外的屏幕看到患儿住院的情况，也可以在做好消毒隔离前提下，定期开放家长进入重症监护室探视，促进交流沟通，体现人文关怀。

3. 护士站及医生办公室　设在病房中间，靠近危重病室，以便观察和抢救。

4. 治疗室　备有各种治疗所需的设备、器械和药品。可进行各种注射和必要的治疗，如各种穿刺、换药等。

5. 配膳（奶）室　将营养部门备好的患儿食品在配膳室分发。室内配备消毒锅、冰箱、配膳桌、碗柜及分发膳食用的餐车。如为营养部门集中配奶，另备有加热奶的用具。新生儿室及重症监护室应设配奶室。

6. 游戏室　具有儿科特色的病区还可以设置游戏室或游戏区，为不同年龄段患儿提供可清洁的玩具及图书等，备有桌椅、电视机、音箱等设备，以便患儿更愉快地适应住院生活。地面采用地板或塑料材质，以防患儿跌倒。

7. 厕所与浴室　各种设置要适合患儿年龄特点。浴室要宽敞，便于护士协助患儿沐浴，厕所可有门，但不应加锁，以防意外发生。

此外，病房还需设有库房、值班室、仪器室、干燥间及开水间等。

（二）护理管理

1. 环境管理　病房环境要适合儿童生理、心理特点，可张贴或悬挂卡通画，以动物形象作为病房标记等。病室窗帘及患儿被服采用颜色鲜艳、图案活泼的布料制作。新生儿病房应注意控制光照和噪声，以免因为持续明亮的灯光及过大的声音对早产儿带来不良刺激；儿童病室夜间灯光应调暗，以免影响睡眠。室内温、湿度依患儿年龄大小而定（表4-1-1）。

▼ 表4-1-1　不同年龄患儿适宜的温、湿度

年龄	室温	相对湿度
新生儿	22~24℃	55%~65%
婴幼儿	20~22℃	55%~65%
年长儿	18~20℃	50%~60%

2. 生活管理　医院负责提供式样简单、布料柔软的患儿病号服，经常更换，集中清洗消毒，保持整洁。根据患儿的不同疾病与病情决定其活动与休息的时间。对长期住院的学龄期患儿要适当安排学习时间，形成规律的作息生活，减轻或消除离开学校后的寂寞、焦虑心理。

3. 安全管理　儿科病房安全管理的范围广泛、内容繁杂。无论设施、设备还是日常护理的操作，都要考虑患儿的安全问题。防止坠床、跌倒、烫伤，防止误饮误服。病房应有紧急事件的应急预案，消防、照明器材应专人管理，安全出口要保持通畅。每个病房门后应粘贴紧急疏散流程图，发生紧急情况时应根据病房所在方位，按图中指示进行疏散。在治疗护理过程中要细心，严格执行查对制度，保证护理安全。

4. 控制交叉感染　儿童免疫系统发育尚不完善，住院期间易发生交叉感染，病房应明确清洁区、半污染区及污染区，严格执行清洁、消毒隔离、探视和陪伴制度。病室定时通风，按时进行空气、地面及设施的消毒，操作前后认真洗手。同时，加强患儿及其家长的健康教育，督促其正确佩戴口罩及洗手。

第二节 与患儿及其家长的沟通

学习目标

知识目标	1. 掌握与患儿的沟通技巧。 2. 熟悉与患儿家长的沟通方法。 3. 了解儿童沟通的特点。
能力目标	能够根据不同年龄阶段儿童的特点，运用语言与非语言沟通技巧与患儿及其家长进行有效沟通。
素质目标	培养护生尊重患儿及其家长、和谐沟通的专业素质。

沟通是人与人之间信息传递的过程，可通过文字、语言、表情、肢体动作等方法来实现，是人类与生俱来的本能，也是构成人际关系的基础。沟通是儿科护理中的重要技能，有效的沟通交流可以缓解患儿的负性情绪，使患儿更加主动配合治疗及护理工作，而且可以帮助建立良好的护患关系，取得患儿及其家长的信任，有利于临床护理工作的开展，从而有效解决患儿健康问题。但由于儿科患者年龄、生长发育水平及心理发展的不同特点，与患儿的沟通需采用一定的技巧，同时还应注意与患儿家长的交流。

一、与患儿的沟通

（一）儿童沟通的特点

1. 语言表达能力差 由于发育水平有限，不同年龄阶段的儿童，语言表达能力不同。年龄越小，词汇量越少，表达能力越差。婴儿只能用不同音调、响度的哭声来表达自己的需要。幼儿吐字不清楚、用词不准确，表达不清，使对方难以理解。3岁以上儿童，可通过语言并借助肢体动作、形容、叙述某些事情，但容易夸大事实，掺杂个人想象，缺乏条理性、准确性。8岁以上的儿童才能逐渐流利的使用语言进行沟通，并逐渐接近成人。

2. 认识、分析问题的能力不足 随年龄的增长，儿童对事物的认识逐渐从直觉活动思维和具体形象思维过渡到抽象逻辑思维。在这转变过程中，常因经验不足、知识能力有限而在理解、认识、判断、分析等环节出现偏差，对自己及周围事物缺乏正确的认识和评估，容易影响沟通的进展与效果。

3. 模仿能力强，具有很强的可塑性 学龄前儿童智力及思维能力逐渐完善，他们会设法了解和认识周围环境，模仿成人的言行。学龄期儿童接触范围扩大，在追求成功的努力中，注意追随模仿优秀的同学和老师。在不同的环境里，儿童模仿的内容不同，只要护士在沟通时有目的性地进行引导，就能获得事半功倍的效果。

（二）与患儿沟通的技巧

儿科护士应根据患儿的年龄、心理特点，灵活运用语言和非语言的沟通技巧与患儿交流。

1. 语言沟通技巧

（1）选择合适的沟通方式与通俗易懂的词汇：护士需了解不同年龄患儿语言表达能力及理解水平，选择适合该年龄段的沟通方式，在语言沟通时掌握适当的语速，注意语调和声调，尽量不用"是不是""要不要"等模棱两可的语言，不用否定方式。尽可能使用简单、简短和重点突出的句子，避免使用专业的医学术语和省略语等，并能根据患儿的反应调整沟通的方式。

（2）耐心倾听：沟通中护士应注意倾听，患儿是"特殊"的群体，他们有自己的思想，护士应该注意倾听，关注他们的观点，鼓励他们进一步交谈，不要轻易打断他们的谈话或过早地作出判断，要仔细体会弦外音，以了解患儿的主要意思和真实内容。必要时可以应用复述、意译、澄清或总结的方法核实患儿的想法。

（3）真诚理解：儿童的情绪变化快，常会喜怒无常，儿科护士应容许患儿在受伤时哭泣、在受挫时表达愤怒。适当的触摸、温和的表情、简单的问候，可使患儿减轻伤痛，并逐渐接受一些不愉快的事实。儿科护士也应诚实地向患儿提供治疗护理的相关知识，不要试图隐瞒和欺骗患儿，在诊疗程序结束时还应询问患儿的感受，避免交流中产生不信任。此外，护士不要随意向患儿许诺无法完成的事情，承诺的事情尽量要实现，以免破坏护患之间的信任关系。

（4）适时使用幽默：儿科护士恰当地使用幽默，可以帮助患儿释放其情绪上的紧张感，从而调整由于疾病所产生的压力，有效地帮助患儿更开放、更真诚地与护士沟通。

（5）注意保护隐私：与患儿沟通需要保护其隐私，即使年龄小，也有其个人世界，面对外部世界，他们需要宁静的自我空间进行幻想。同时，护士在工作中获得与患儿疾病治疗、护理相关信息时，不应泄露患儿的隐私。在进行暴露性护理、治疗或特殊的检查操作时，应关门、隔帘或屏风保护患儿隐私。

2. 非语言沟通技巧

（1）面带微笑：护士的面部表情会对患儿的情绪产生影响，微笑有助于患儿消除紧张情绪，增加交流的主动性。即使是不会语言表达的婴儿，若看到护士表情严肃地面对自己时，也会很紧张，甚至哭啼。因此，在与患儿交流时，应面带微笑，注意配合面部的表情、眼神，以缩短护患双方感情上的距离。

（2）适时触摸：触摸是含义深刻的沟通之一，它的方式有很多种，如安抚、抚摸、搂抱等。儿童对于触摸传递的信息十分敏感，当患儿忧伤害怕时，触摸向患儿传递"爱"的信息，可以让他们感受到特别的温暖和关怀。对于哭闹的患儿，触摸也是一种有效的帮助患儿恢复平静的手段。护士在应用触摸的时候应该注意部位、强度和持续时间等。同时，注意对于不同年龄、性别、种族、文化背景等的患儿采取合适的、个性化的触摸，以免产生消极后果。

（3）平等尊重：儿科护士的服务对象虽然是年龄小、经验经历少，甚至是对外界一无所知的患儿，但仍要平等相待，尊重患儿。与患儿沟通时，护士应采取与患儿保持目光接触，采取下蹲姿势与患儿保持视线平行，让他们感觉到护士对交谈内容感兴趣以及愿意听他谈话。对青春期患儿，则应注意尊重患儿的想法和隐私，以客观、尊重的开放态度与其交流。

3. 其他沟通技巧

（1）游戏：游戏是与儿童沟通的最重要最有效的途径。患儿通过游戏可以减轻疾病和住院带来的压力，护士可以通过游戏了解患儿的住院感受评估患儿的身体状况、智力和社会发展水平等。护士应根据患儿不同的年龄和心理发展阶段安排适当的游戏。应用治疗性游戏，可以拉近护患之间的距离，鼓励和教育患儿，帮助患儿发泄痛苦，使之消除因住院和疾病带来的恐惧和焦虑等不良情绪。护士还可以使用游戏向患儿解释诊疗程序，减少患儿因住院产生的压力，进而配合完成治疗护理流程。

（2）叙事：叙事简单地说就是说故事。心理学家认为，说故事可以改变自己，因为人可以在重新叙述自己的故事甚至只是重新叙述一个不是自己的故事中，发现新的角度，产生新的态度，从而产生新的重建力量。叙事提供给护士一种感知患儿复杂情绪的途径，在说故事的过程中，护士可以提供给患儿很多情感建议和疾病相关知识，同时询问患儿的感受，鼓励他们用语言表达内心的想法。

（3）绘画：绘画可以帮助儿童表达内心的感受，其涵盖的信息一般比语言沟通传递出的信息更丰富，儿童常常在图画中投射出大量的内在自我。护士应该鼓励患儿画画并用自己的语言描述内心感受，释放情感。在对患儿绘画内容进行分析的时候应结合患儿的具体情况，进行综合细致的分析，给予个性化护理。

二、与患儿家长的沟通

儿科的诊疗护理活动中，不仅需要患儿的参与，还特别需要家长的配合。

1. 建立互信的合作关系　与患儿家长沟通时，护士的首要任务是取得家长的信任与配合。根据家长的职业特点、年龄以及文化背景等，采取合适的沟通方式。尽量使用开放性问题鼓励家长交谈，耐心听取，不要对家长的某些观念、价值观抱有成见和进行评价、批评，以免妨碍双方信任感的建立。

2. 积极缓解家长紧张、焦虑的情绪　儿童是家庭的中心，一旦儿童患病，家长紧张、焦虑在所难免。加之对疾病缺乏认识，对治疗效果、药物副作用以及经济负担等的担忧，都会导致患儿家长的紧张和焦虑。在与家长沟通的过程中，护士应态度和蔼，语言温和，理解家长因子女患病而引起的焦虑心情，并给予适当的安慰。准确评估患儿及其家庭生理、心理、社会等多方面的个性化需求，尽量予以满足。

3. 恰当地处理冲突　部分家长常由于遇到住院周期长、经济负担重、疾病威胁患儿生命等情况而对治疗方案产生怀疑，常表现为对医务人员技术水平的不信任、拒绝配合治疗、对医院环境设施以及医务人员过分挑剔等。此时，护士应换位思考，充分理解家长的心情，且保持充足的耐心，对各项诊疗护理过程给予细致的解释和说明，进而取得家长的配合。

第三节 住院患儿的心理反应及护理

学习目标

知识目标	1. 熟悉患儿对住院的心理反应及护理。 2. 了解各年龄段患儿对疾病的认识。
能力目标	正确评估各年龄阶段患儿对住院的心理反应，为患儿提供心理支持。
素质目标	培养护生高度的责任感和同情心以及为儿童健康服务的奉献精神。

疾病导致患儿的生理功能和心理状态都会发生相应的变化，其心理状态受疾病本身的影响，反之又影响疾病的发生和发展。刚入院的患儿通常对陌生环境和人群，以及各种侵入性的治疗感到不适甚至恐惧。曾有负性住院经历的患儿，再次入院后其心理问题往往表现得更为严重，对治疗和护理难以配合等。护士应根据患儿年龄、疾病的严重程度，为其提供帮助，尽量缩短对医院的适应时间，最大限度地减少身心影响。

一、各年龄阶段患儿对疾病的认识

儿童由于认知能力的局限，其对患病、住院的认识往往与惩罚、罪恶、自责联想在一起。各年龄阶段患儿对疾病的认识有不同特点。

1. 婴儿期 婴儿6个月以后开始逐步意识到自己是独立的个体，对疾病缺乏认识，但能意识到与照顾者的分离，害怕陌生人。

2. 幼儿与学龄前期 此期患儿已经开始了解自己身体各部位的名称，但不能从疾病的现象中找出原因，认为患病是外在的事物，仅使其身体感到不适，常将疼痛等感觉与惩罚相联系，对疾病的发展及预后缺乏认识。

3. 学龄期 随着认知水平的提高，此期患儿具有一定的抽象思维能力，对疾病的病因有一定的认知。能听懂有关疾病和诊疗护理的解释，喜欢询问疾病相关问题，开始恐惧身体的伤残和死亡。

4. 青春期 此期患儿的认知水平进一步发展，能够认识到疾病的原因，明确疾病与器官功能改变有关。对疾病的发生及治疗有一定的理解，能够用言语表达身体的不适，但此期患儿自我意识增强，容易出现焦虑、恐惧，夸大病情，以及难以接受疾病造成的身体功能损害和外表改变。

二、各年龄阶段患儿对住院的反应及护理

（一）婴儿期

1. 婴儿期患儿对住院的心理反应 婴儿期是儿童身心发育最快的时期，其对住院的心理反应

可随月龄的增加有明显差别。

（1）6个月以内的婴儿：此阶段婴儿在满足生理需要后一般比较平静，较少哭闹。2个月左右会注视母亲，母婴感情逐渐加深，会通过哭闹来表达情绪反应，而住院使这一过程中断，婴儿的安全感减弱，信任感的发展中断；同时，婴儿所需的良性刺激减少，感觉及运动的发育将受到一定影响。

（2）6个月至1岁的婴儿：此期婴儿对父母或照顾者的依赖性越来越强，对住院反应强烈，主要反应是分离性焦虑（separation anxiety），即婴儿与其父母或照顾者分开所表现出来的行为特征，可有哭闹、四处张望以寻找父母、排斥陌生人的行为，亦可有焦虑、抑郁、退缩等表现。

2. 护理要点

（1）6个月以内的婴儿：在满足生理需要的同时也要消除病痛，特别要多给予抚摸、怀抱、微笑以建立信任，提供适当的颜色、声音等感知觉的良性刺激，协助进行婴儿抚触以及动作训练。

（2）6个月至1岁的婴儿：住院期间尽量减少患儿与父母的分离，向父母了解患儿住院前的生活习惯，创造患儿熟悉的环境，可把患儿喜爱的玩具或物品放在床旁。通过耐心、细致的护理，使患儿感到亲切，增加信任并建立感情。

（二）幼儿期

1. 幼儿期患儿对住院的心理反应　幼儿对母亲的依恋变得愈发强烈，此期患儿是分离性焦虑最明显的阶段，对住院误认为是惩罚，害怕被家长抛弃；对医院环境感到陌生和恐惧，生活不习惯，对活动受限感到不满；语言表达能力及理解能力有限，使他们易被忽视和误解；尤其父母不在身边时，会出现哭闹与反抗，当意识到没有希望回家或父母陪伴时，会感到失望和孤独，也可出现否认患病，拒绝治疗等行为。部分患儿会出现退化现象，即倒退出现患儿过去发展阶段的行为，如尿床、吸吮拇指或咬指甲、过度依赖等，这是患儿逃避压力常出现的一种方式。

2. 护理要点

（1）营造温馨的住院环境：如在患儿视线所及的范围内增加环境中色彩的运用，布置卡通装饰与宣传栏，允许患儿留下心爱的玩具，播放儿童感兴趣的短片与音乐等。

（2）有效沟通：尽量由固定的护士对患儿进行连续、全面地护理，了解患儿表达需求的特殊方式，增进对医务人员的信任，使其尽早适应住院带来的变化。允许患儿发泄自己的情绪，接受其退化行为。

（3）鼓励家长的陪伴与支持：在患儿病情允许的条件下，应提倡家长对患儿的陪护与支持。家长的陪伴、爱抚与亲切熟悉的话语，都会给予患儿精神上的鼓励。尽量保持患儿住院前的生活习惯，鼓励其自主性行为。

（三）学龄前期

1. 学龄前期患儿对住院的心理反应　由于自我意识的形成，能够控制和调节自己的行为。患儿住院期间，希望得到家长的陪伴和安慰，如与父母分离，和幼儿一样也会出现分离性焦虑，但因认知能力有所发展，表现较温和，如悄悄哭泣、难以入睡、反复询问父母或照顾者探视的时间等，甚至出现呕吐、尿频、腹泻等身心症状。此阶段患儿可有恐惧心理，源于对陌生环境的不习惯，对住院与疾病不能完全理解或部分不能理解，尤其害怕因疾病或治疗造成疼痛以及破坏身体完整性。

2. 护理要点

（1）关心、尊重患儿：介绍新的环境及同病室的小伙伴，减少陌生感，关心、爱护、尊重患儿，尽快与其建立友好关系，倾听患儿，真诚地谈话。

（2）帮助患儿克服恐惧心理：根据患儿病情组织适当的活动，如游戏、绘画、看电视、讲故事等，以转移其注意力，使其忘记痛苦和烦恼。以患儿容易理解的语言，讲解其所患的疾病及治疗的必要性，帮助其克服恐惧心理。

（3）树立自信心：促进患儿主动遵守各项制度，配合治疗，促进其正常的生长和发育。在病情允许时，鼓励患儿参与自我照顾，帮助其树立自信心。

（四）学龄期

1. 学龄期患儿对住院的心理反应　学龄期患儿自尊心较强、独立性增加，尽管他们的心理活动很多，但表现比较隐匿，可能努力做出若无其事的样子来掩盖内心的恐慌。因对疾病缺乏了解，患儿可能忧虑自己会残疾或死亡。喜欢观察医务人员的表情、动作及查房时的讨论等，以此作为评价病情的依据。因感到害羞而不愿配合体格检查。学校生活在此阶段患儿心目中占有相当重要的位置，因住院而与学校及同学分离，会使其产生孤独感，担心学业落后；也有担心自己住院给家庭造成经济负担而产生的内疚感或抑郁情绪。

2. 护理要点

（1）建立信任关系：进行体格检查及各项操作时，要注意保护患儿隐私、维护患儿的自尊。注意听取患儿意见，关心、爱护患儿，尽量满足他们的合理要求，耐心解答所提出的问题，及时疏导不良情绪，增强患儿的信任感和安全感。

（2）满足患儿的学习需求：帮助患儿与学校、同学保持联系，允许同学和老师来医院探望，交流学习进展情况，病情允许可鼓励患儿尽快恢复学习。

（3）增强健康信念：根据患儿的需要及理解程度，提供有关疾病及治疗的相关的知识，树立健康信念。开导并解除疑虑，引导其积极主动地接受治疗。可让患儿参与护理计划的制订，鼓励适当的自我护理。

（五）青春期

1. 青春期患儿对住院的心理反应　青春期是独立性、自我肯定和角色认同发展的关键时期。此期患儿的性格基本形成，住院限制了患儿身体的活动范围，减少了与伙伴沟通交流的机会，使其归属感丧失，常常不愿受医务人员过多的干涉，心理适应能力加强，但情绪容易波动。

2. 护理要点

（1）增强患儿安全感：多与患儿交谈沟通，向其细致、耐心地解释病因、治疗过程及预计的出院时间，减轻疑虑，增加患儿的安全感，使其安心治病。

（2）强化患儿自我管理能力：根据病情，与患儿共同制定生活时间表，安排治疗、学习、锻炼及娱乐活动等，在按时完成诊疗护理常规的前提下，可适当提供给患儿部分选择权，来强化患儿的自我管理能力。

（3）心理支持：允许青春期患儿表达其情绪的波动，重点关注其心理发展，及时进行恰当有效的沟通交流，给予有针对性的心理干预。

第四节　住院患儿的家庭应对及护理

学习目标

知识目标	1. 熟悉患儿住院对家庭的影响。 2. 了解兄弟姐妹对患儿住院的反应。
能力目标	能够准确评估家庭成员对患儿住院的反应，为患儿父母及兄弟姐妹提供情感和信息支持。
素质目标	培养护生理解、体贴、关爱患儿及其家庭成员的职业精神。

住院患儿不仅自身受到影响，家庭各成员也要面临因日常生活以及角色责任变化而产生的压力，如照顾患儿带来的精力消耗及经济的损失，患儿生病带来焦虑、担忧等负面情绪对心理状态的影响等，使家庭进入应激状态，家庭必须作出调整以应对危机，良好的适应能帮助和支持患儿应对疾病，并维持正常、健康的家庭功能。

一、患儿住院对家庭的影响

（一）患儿住院对父母的影响

患儿住院打破了家庭的正常生活，家庭成员尤其是父母受到的影响最大，其反应的程度受到不同因素的影响，如疾病发生的缓急和进程、严重程度、医疗护理措施以及其对疾病的认知程度等。

1. 否定和怀疑　在患儿确诊疾病和住院的初期，家庭成员往往处于震惊和慌乱中，如果病情较严重，父母可能会对诊断表示质疑和难以接受。

2. 内疚感　家庭成员特别是母亲受到的影响最大，她常将孩子患病归罪于自己的过失，许多家长会表现出对患儿不正确行为的容忍和支持，他们认为孩子的生病是自己照顾不周造成的，对孩子有愧疚，于是对患儿的不合理要求尽量满足，甚至许多无理的行为也不加管教。

3. 不平和愤怒　一些危重症患儿的家长可能会感到不平和愤怒，并将这种情绪向其他家庭成员甚至是医务人员发泄，使护患矛盾激化，不利于患儿的疾病康复。

4. 挫折和无助　目睹患儿忍受病痛和接受痛苦的诊疗程序时，对家长而言是极其痛苦的，面对压力不知所措，产生无助、挫折和孤独感。

5. 焦虑　当诊断不明确或病情比较严重时，由于对患儿的预后顾虑重重，家长可能会焦虑、担心，严重时会产生心理障碍，以至于影响生理功能，造成内分泌失调及心血管、消化、呼吸系统功能的紊乱。

6. 回避　部分患儿病程长、预后不良、家庭缺少经济或社会的支持等，都增加了家长适应的难度，也可能会因为长时间照顾患儿而感到疲惫不堪，甚至可能会出现失职行为。疾病可能会帮助家庭暂缓一些家庭所面临的危机，例如父母之间的冲突和未解决的婚姻问题，但是也有可能加剧矛盾，导致家庭成员对立和家庭的分裂。

（二）患儿住院对其他家庭成员的影响

对于有多个孩子的家庭，一个孩子的住院打破了其余孩子的生活习惯。因不同的年龄而有不同的心理反应，住院初期兄弟姐妹们可能会为过去与患儿打架或对其不友好而感到内疚，并认为他们在引起患儿的疾病中起到了不好的作用。兄弟姐妹还可能会对自身的健康状况感到担忧，害怕自己也患上类似的疾病。随着患儿住院时间的延长，家长常全神贯注于患儿而忽视其他兄弟姐妹，要求独立性增强，兄弟姐妹可能会感到焦虑和不安，妒忌患儿独占父母的注意力和关爱，甚至产生怨恨心理。此时，恰当的心理支持，可帮助他们很好地应对这种改变。

二、住院患儿的家庭支持

儿科护理强调"以儿童及其家庭为中心"，优先考虑家庭的价值和需求，促进家庭合作，强化家庭整体的力量来提供支持，能够不同程度地减轻家长紧张、焦虑的心理，减少家庭对患儿住院的不良反应，与医务人员建立信任的关系，有利于医护工作的进行，更好地促进患儿的康复。

（一）为患儿的家庭成员提供情感支持

1. 为患儿父母提供情感支持

（1）向患儿父母介绍医院环境，提供院内陪护的各项便利措施，讲解疾病的知识，提供有关患儿治疗、生理心理反应及预后的相关信息，减轻患儿父母的紧张和焦虑，缓解患儿住院给父母带来的压力。

（2）经常陪伴并与之沟通，接受患儿父母语言和非语言信息，倾听患儿父母感受，并帮助其明确产生这些感觉的原因，从而选择适当的应对方式。

（3）通过指导患儿父母如何照顾患儿、照顾家庭等来减轻父母的负担。安排其他家庭成员探视并轮流陪护患儿，使患儿父母得到休息。

（4）组织住院患儿父母们座谈会，共同分享讨论孩子住院后的感受、体会和顾虑，为患儿父母提供相互支持。采用共情护理模式对患儿家长进行心理干预，提高患儿家长满意度，构建和谐的医患关系，提升整体医疗质量。

2. 为患儿其他家庭成员提供情感支持

（1）建议父母选择恰当的时机和方式向患儿的兄弟姐妹说明患儿的情况，进行家庭内的讨论，了解兄弟姐妹内心的真实想法和感受，避免患儿的兄弟姐妹出现被父母抛弃的感觉。

（2）鼓励患儿与兄弟姐妹之间通过打电话、发送图片、在线视频等方式交流感情。病情允许的情况下，可建议兄弟姐妹探视或参与对患儿的护理，鼓励兄弟姐妹和父母共同参与患儿的活动。

（3）帮助父母理解、应对患儿兄弟姐妹所经历的反应，如果兄弟姐妹有焦虑、嫉妒、内疚感等，应注意评估，给予关注，如果持续存在，则需要进一步的心理干预。

（二）为患儿家庭成员提供信息支持

护士应有计划地、循序渐进地通过多种途径为患儿家庭成员提供信息支持。在患儿住院期间为家庭提供有关患儿治疗、生理心理反应及预后的相关信息能减轻父母的紧张和焦虑，使父母能以良好的心态正视疾病、面对患儿住院的事实，这样才能真正担负起照护患儿的责任。医务人员应以热情、客观、理解、关心的态度向患儿家庭成员传递各种信息。提供信息时，要注意因人而异，选择适当的时间和方法。同时应避免一次性给予太多信息，少量多次给予有利于家庭成员更好地理解信息的实质。

第五节　儿童临终关怀及其家庭的情感支持

学习目标

知识目标	1. 掌握临终患儿的心理反应；临终患儿的护理措施。 2. 熟悉儿童临终关怀的含义。 3. 了解患儿临终前后其父母的心理反应及护理要点。
能力目标	1. 能够准确评估临终患儿的心理反应，为其提供缓和性、支持性照顾。 2. 能够在患儿临终前及死亡后为其家庭成员提供情感支持。
素质目标	培养护生尊重生命，具备人道主义精神和人文情怀的专业素质。

临终关怀（hospice care）是指一种照护方案，为濒死的患儿及其家长提供缓和性和支持性的照顾，以及患儿死亡后对家长的心理辅导。目的是为临终患儿提供一种最舒适的服务和照顾，减轻身心痛苦，使患儿及其家长接纳患儿临终的事实，协助患儿与家长度过濒死的过程，平静地走完生命的最后一程。在对临终患儿实施临终关怀的过程中，应充分发挥患儿和家长在临终决策中的重要作用，同时护士应组建多学科团队协助制订决策。当患儿及家长需要作出艰难决策时，应注意保护隐私并给予充足的时间和空间以利于家庭作出决定。

一、临终患儿的护理

（一）临终患儿的心理反应

临终患儿的心理反应与其对死亡的理解和认识有关。儿童是一个特殊的群体，对死亡的认识还不够成熟、不够清楚，而且不同年龄段的儿童对死亡的认识各不相同。婴幼儿尚不能理解死亡；学龄前儿童对死亡的概念仍不清楚，常与睡眠相混淆，认为死亡是可逆的、暂时的，死后仍可以复生；学龄儿童已经开始逐渐认识死亡，但7~10岁的儿童并不理解死亡的真正意义，仅仅认为死亡是非常可怕的大事，而不能将死亡与自己直接联系起来。因此，对10岁以下的儿童来说，与亲人在一起，可有效提升其安全感。随着心理的发展，10岁以后的儿童逐渐懂得死亡是生命的终结，是普遍存在且不可逆的，自己也不例外，对死亡有了和成人相似的概念，因此，惧怕死亡及死亡前的痛苦。

（二）临终患儿的护理

1. 减轻躯体痛苦 临终前，患儿常常经历各种疼痛和身体的不舒适，对于儿童来说，减轻其躯体的痛苦是首要的。因此，护士应当积极地采取各种措施缓解患儿的疼痛与不适，及时满足其生理需要。在保证临终患儿安全和舒适的重要前提下，护士应选择适合临终患儿年龄的疼痛评估工具对患儿进行全面评估，个性化实施疼痛管理，尽量使患儿处于无痛或轻度疼痛的状态。

2. 减轻心理痛苦 心理支持在儿童临终关怀中起着十分重要的作用。医务人员要以耐心、细致的护理服务支持患儿，帮助患儿减轻对死亡的恐惧和焦虑等心理。随时观察患儿情绪的变化，提供必要的支持与鼓励。护士应经常询问和聆听患儿的需求和想法，并针对患儿的心理反应提供情感支持，尽量满足患儿的要求，帮助患儿在最后的生命阶段建立最佳的心理状态。

3. 为患儿创造一个家庭式的治疗环境 临终患儿的照护环境最好相对独立，尽量将其安置于单间，病室应安静、舒适，具有家庭氛围。为临终患儿家长创造更多的时间和空间守护在患儿身边，参与适当的照顾，并将患儿平时最喜欢的玩具带到病房，陪伴在其身边，让临终患儿在病房里感受到如家一般的宁静和温馨，安静舒适地走完人生的最后阶段。

二、对临终患儿家庭的情感支持

儿童临终期间，父母承受着比儿童更大的心理负担，对临终患儿父母的支持是儿童临终关怀中不可忽视的部分。在护理临终患儿的过程中，父母的悉心照顾很大程度上能缓解患儿的疼痛，减轻患儿的心理负担。但同时，他们内心也承受着巨大的痛苦，心理健康受到严重影响。因此，医务人员在精心护理患儿的同时，更要理解患儿父母的心理感受，及时给予安慰和舒缓，使他们安全度过心理障碍期。

（一）患儿临终前

医务人员在护理临终患儿时，应选择恰当的言辞与患儿父母交谈、与父母谈论有关死亡的问题，最重要的是让他们面对现实、接受现实，使其有充分的时间来做心理准备。鼓励家庭成员共同参与患儿照护，为父母提供有价值的信息，使其明确知道患儿现在最需要的是什么，帮助他们合理安排与患儿剩余的相处时间。

（二）患儿死亡后

1. 死亡患儿父母的心理反应 在患儿死亡后，父母极度悲伤，绝大多数父母的心理反应可分为以下5期（表4-5-1）。医务人员应正确理解患儿死亡后父母的心理反应，根据不同的心理反应过程，给予恰当的劝慰和解释，并表示出极大的同情，以利于其心理的康复。尽量安排一个安静的环境，允许父母在患儿身边停留一段时间，给予最后的照顾。

▼ 表4-5-1　死亡患儿父母的心理反应分期

分期	表现
第1期（极度痛苦期）	父母一旦得知患儿死亡，感到异常悲伤
第2期（全心贯注期）	父母凝视着已故的患儿，心情茫然
第3期（内疚期）	父母感到对患儿疾病的治疗未竭尽全力，有负罪感
第4期（敌对反应期）	部分父母可能会责怪医务人员，会臆想患儿的死亡与医务人员的治疗和护理不当有关
第5期（丧失理智期）	部分父母可能会做出不理智的举动（哭、叫、与医务人员吵闹等）

2. 死亡患儿的善终护理　为死亡患儿提供遗体告别室或尽量安排一个安静、单独的房间，允许父母参与遗体护理，为已故患儿擦洗、更衣；条件允许的情况下，可为家庭举行某种仪式做最后的告别。帮助患儿父母实现愿望或者宗教、文化观念方面的需要，根据需要留存患儿的头发、足印、照片、手环等供亲人怀念。

3. 丧亲家庭的延续性心理疏导　对于父母来说，孩子的死亡是严重的创伤事件，突然失去孩子会对丧亲者的精神健康产生严重的、持续的不良影响，部分家庭成员难以从悲痛中走出，甚至出现延长哀伤反应。因此，在患儿死亡后应定期对患儿家庭进行随访，评估患儿父母的情绪状态及了解家庭存在的主要问题尽可能地提供各种援助，保持适当的信息沟通，逐步引导死亡患儿父母早日走出失去子女的痛苦，重新开始自己的生活。

4. 器官移植　临终患儿的器官和组织捐献应尊重患儿及其父母的意愿。首先明确患儿及其父母对器官捐献的看法，并向其解释可能捐献的器官或组织。如愿意且可以捐献，应向其提供相应的书面材料，解释涉及的相关流程和政策。

知识拓展 ｜ **危重症儿童临终关怀多学科团队的任务**

危重症儿童临终关怀多学科团队的主要任务包括以下五个方面。

（1）解决医疗支持相关问题：医疗团队（包括医生、护士、药剂师、营养师、麻醉师等）对处于临终状态的患儿进行全面且综合的评估，包括生理、心理、精神、社会、死亡管理和丧亲支持，并制定明确的治疗目标和采用合适的治疗方式。

（2）解决社会支持相关问题：评估危重症临终患儿家庭面临的挑战、交流方式及偏好、应对目前状况的能力及心理准备；确认家庭的社会和经济负担；必要时考虑转介给临床心理学专家或专业社工。

（3）解决精神支持相关问题：评估患儿及家庭成员是否需要信念和精神支持；必要时考虑转介给合适的人员。

（4）解决丧亲支持相关问题：评估家庭、患儿在平稳状态、突发状况及死亡等不同阶段出现悲伤和丧亲之痛的程度和影响；必要时考虑转介给社会心理学医生。

（5）解决团队成员支持相关问题：重视临终关怀团队成员的心理健康，评估团队成员的痛苦和共情疲劳，并开展心理支持，包括死亡教育、情绪控制能力培训、心理疏导等，提高医务人员心理安全感。必要时考虑转介给社会心理学医生。

第六节　儿童疼痛管理

学习目标

知识目标	1. 掌握儿童疼痛评估的内容。 2. 熟悉疼痛的定义。 3. 了解各年龄阶段患儿对疼痛的语言表述和行为反应。
能力目标	1. 能够联合应用多种评估工具，准确、动态评估患儿疼痛程度。 2. 能够运用药物性及非药物性综合干预手段为患儿有效控制疼痛，促进其舒适。
素质目标	培养护生关爱生命、呵护健康，积极为患儿减轻疼痛的职业精神。

国际疼痛学会（International Association for the Study of Pain，IASP）对疼痛定义是：疼痛是与实际的或潜在的组织损伤相关联的不愉快的感觉和情绪体验。疼痛给儿童带来包括生理（呼吸、循环、代谢、免疫、神经等）、心理、行为、生长发育以及社会交往等诸多方面的负面影响。全美保健机构评审联合委员会将疼痛正式确定成为继体温、脉搏、呼吸、血压4大生命体征之后第5大生命体征，并日益受到重视。解除儿童疼痛是儿科工作的一个重要方面。

一、儿童疼痛的评估

儿童作为一个特殊的群体，经常接受一些常规治疗，或是经历一些儿童疾病，形成疼痛体验。不同年龄阶段儿童对疼痛的认知能力、行为反应和表达方式不同，选择合适的评估工具对不同年龄段儿童的疼痛进行评估，是儿童疼痛管理的首要环节，也是镇痛措施干预效果评价的重要指标。

1. 儿童疼痛的特点　儿童疼痛有其自己的特点，不同年龄阶段的儿童对疼痛感受的差异性较大，受影响因素较多，表达疼痛的方式也不尽相同。儿童对疼痛的敏感性高，对轻微刺激所产生的生理变化更明显，常因缺乏完善的认知和语言表达能力，多不能以恰当的语言表达疼痛的强度和部位；对疼痛的回避性强，表达疼痛时行为夸张。这些儿童疼痛的特点决定了评估儿童疼痛的特殊性，因此，选用适合患儿年龄和发育水平的评估方式，同时结合病史资料，询问、观察和测定患儿的各项反应是评估儿童疼痛的关键。

2. 疼痛评估的内容　护士应从身体、心理、社会等多角度对患儿进行综合评估，以整体的观点看待患儿疼痛，将"以儿童及其家庭为中心"的护理理念融入疼痛评估中，包括：① 疼痛的原因、部位、性质、程度及伴随症状；② 影响疼痛的因素；③ 患儿表达疼痛的方式；④ 既往疼痛的经历；⑤ 患儿家长对疼痛的反应。

疼痛是感观和情绪的双重体验，需用多种评估策略进行定性和定量的疼痛评估，在进行儿童疼痛评估时，可应用QUESTT原则：① 询问儿童（question the child）；② 使用疼痛等级量表（use a pain rating scale）；③ 评价行为和生理改变（evaluate behavioral and physiologic change）；④ 确保父母的参与（secure parents' involvement）；⑤ 考虑疼痛的原因（take cause of pain into account）；⑥ 干预并评价结果（take action and evaluate results）。

3. 各年龄段患儿对疼痛的语言表述和行为反应（表4-6-1）

▼ 表4-6-1　不同年龄阶段患儿对疼痛的语言表述和行为反应

年龄阶段	语言表述	行为反应
婴儿期	哭闹	面部表情痛苦、眼睛紧闭、皱眉、鼻唇沟加深；肢体扭动，肌肉紧张，拒乳，睡眠改变
幼儿期	哭闹，尖叫	局部退缩，有抗拒行为，需要情感支持、睡眠改变
学龄前期	能描述疼痛的位置及程度，但不能对疼痛的感觉量化	剧烈反抗，有攻击行为
学龄期	能够描述疼痛的位置及程度，能逐渐对疼痛的感觉量化	为表现勇敢而控制和忍受疼痛，不表达疼痛，表现得安静、沉默，不期望被人发现疼痛
青春期	对疼痛的描述更熟练、准确	用社会所接受的方式来表现疼痛，行为有控制力，有时会否认疼痛

4. 儿童疼痛评估工具　目前儿童疼痛的评估主要有自我描述、生物学或生理学评估、行为学评估三方面。评估工具的选择应综合考虑患儿的年龄段、疾病严重性、诊疗情况等多方面因素，选择合适的评估工具（表4-6-2），也可联合使用多种评估工具有助于提高疼痛评估的准确性。

▼ 表4-6-2　疼痛评估工具

评估工具	适用年龄	评估项目	适用范围
新生儿面部编码系统（Neonatal Facial Coding System，NFCS）	早产和足月新生儿	皱眉、挤眼、鼻唇沟加深、张口、嘴垂直伸展、嘴水平伸展、舌呈杯状、下颌颤动、嘴呈"O"形、伸舌（只用于评估早产儿）	评估急性短期疼痛
CRIES术后疼痛评分（Crying Requires Increased Vital Signs Expression Sleeplessness）	32孕周以上的新生儿	观察啼哭、SpO_2达95%以上时对氧浓度的要求、心率和血压、表情、入睡情况	评估术后疼痛
FLACC量表（The Face Legs Activity Cry Consolability Scale）	2个月~7岁	观察患儿面部表情、腿部动作、活动度、哭闹程度、可安慰性	评估术后疼痛
儿童疼痛观察评分（The Pain Observation Scale for Young Children，POCIS）	1~4岁	观察表情、哭泣、呼吸、身体紧张程度、手臂和手指的紧张程度、腿和脚趾的紧张程度、觉醒程度	评估急性和慢性疼痛

评估工具	适用年龄	评估项目	适用范围
脸谱疼痛量表（FACES Pain Rating Scale）	3~4岁	评估者向患儿描述疼痛程度与图片中脸谱的关系，患儿从中选择最能代表自己疼痛程度的脸谱（例如0是没有任何疼痛，5是非常痛）	评估急性和慢性疼痛，特别适合急性疼痛
筹码片量表（Poker Chip Scale）	3~4岁以上	筹码水平排列成一行，评估者向儿童说明：筹码的多少代表疼痛的程度（1个代表轻微疼痛，4个代表最痛），患儿选择筹码的数目	评估急性和慢性疼痛
修订版脸谱疼痛量表（The Faces Pain Scale-Revised，FPS-R）	4~16岁	同脸谱疼痛量表	同脸谱疼痛量表

二、儿童疼痛的护理

（一）药物性干预

1. 遵医嘱使用镇痛药　镇痛的目的是控制疼痛、改善功能、提高生活质量。选择镇痛药时应充分考虑儿童的年龄、病情、疼痛原因，采用多模式或平衡治疗的方法，这样可以最大限度控制疼痛并降低药物不良反应，遵医嘱合理用药。临床上常用的镇痛药有非阿片类镇痛药、阿片类镇痛药和辅助性镇痛药物三类。

（1）非阿片类药物：非阿片类药物包括对乙酰氨基酚和布洛芬，是世界卫生组织推荐疼痛处理的一线药物，主要作用于外周神经系统，适用于缓解儿童轻度至中度疼痛。

（2）阿片类药物：包括吗啡、曲马多、芬太尼、美沙酮、氢吗啡酮等，主要作用于中枢神经系统。阿片类药物以其快速而稳定的镇痛效果广泛应用于治疗儿童中度至重度疼痛。

（3）辅助性镇痛药物：如能缓解焦虑、镇静且能导致顺应性遗忘的地西泮和咪达唑仑，能有效控制神经源性疼痛的抗惊厥药，用于神经病理性疼痛的三环类抗抑郁药，用于消炎和骨痛的类固醇等辅助性镇痛药在临床的应用也逐渐增加，这些辅助药物可以单独使用，也可以同阿片类药物联合使用。

2. 及时评估镇痛效果　理想的镇痛应该是建立在对患儿进行全面和动态评估的基础上，患儿所感受的疼痛并非一成不变。因此，需要动态评估患儿的疼痛水平，判断镇痛药是否有效，疼痛是否缓解。

3. 预防减少并发症的发生　5岁以上患儿，其认知程度能够了解操作目的和方法，可以采用患儿自控式止痛法（patient controlled analgesia，PCA）镇痛，5岁以下患儿或者不能合作的患儿，可采用护士或家长控制镇痛的方法，用药过程中应观察患儿的生命体征及镇痛药的不良反应，防止患儿出现过度镇静和呼吸抑制。同时应注意大剂量、长时间应用阿片类镇痛药可能会出现戒断综合征，甚至诱发谵妄，因此，在进行儿童镇痛治疗时，应严格遵守个体化治疗方案，避免过度镇痛是预防和减少并发症最有效的方法。

（二）非药物性干预

非药物性干预可以提高镇痛药的镇痛效果，并可减少镇痛药的使用剂量。干预方式主要包括两类：① 认知–行为干预，包括放松训练、分散注意力、冥想法、正念疗法及生物反馈法；② 生物物理干预，包括吸吮、冷热疗法以及按摩疗法。

1. 舒适的环境 在治疗过程中保持病房环境的安静、整洁，各项护理操作集中进行，使患儿的身体处于舒适的环境中，从而帮助缓解患儿因疼痛产生的不良情绪。

2. 分散注意力 分散注意力就是使患儿的注意力从疼痛或伴随的恶劣情绪转移到其他刺激上，如让患儿听音乐、唱歌、看视频、做游戏等。主要有被动型和主动型两种方式。

（1）主动型：患儿参与其中，如给予新生儿安慰奶嘴，采用非营养性吸吮的方法分散注意力；为幼儿和学龄前患儿提供玩具或做游戏；让学龄期患儿唱歌或玩电动玩具；青春期患儿玩电子游戏机等，都能帮助患儿缓解疼痛。

（2）被动型：由医务人员或家长实施帮助患儿分散注意力的行为。如用柔软的毯子将新生儿和婴儿包裹起来；年龄较小的可给予抚触、拥抱或轻拍；可以给幼儿或学龄前患儿播放音乐、讲故事；指导青春期患儿放松训练、正念减压等。

3. 冷热疗法 热疗可使组织局部血管扩张，改善血液循环，具有消炎、消肿、促进肌肉放松及镇痛等作用。冷疗可使局部血管收缩，温度降低，降低疼痛的传感速度，减轻水肿，缓解急性软组织损伤产生的疼痛。在应用时应注意冷热敷的温度、使用时间及禁忌证等。

4. 口服蔗糖溶液或葡萄糖溶液 可用于新生儿镇痛。对于超低出生体重儿以及血糖水平不稳定的婴儿须谨慎使用。

第七节　儿童用药护理

学习目标

知识目标	1. 掌握儿童常用药物的给药方法。 2. 熟悉儿童药物选择及用药剂量的计算方法。 3. 了解儿童用药特点。
能力目标	1. 能够根据不同年龄段患儿疾病特点，选择合适给药途径的用药护理能力。 2. 熟练掌握儿童常用药物特点，准确观察药物疗效及副作用。
素质目标	培养护生认真负责、科学严谨的工作态度以及关爱儿童的职业精神。

　　药物治疗是儿童综合治疗的重要手段，合理及时地用药可以控制病情、促进康复。但药物的过敏反应、副作用和毒性作用会对机体产生不良的影响。生长发育中的儿童因器官功能发育尚不够成熟，对药物的毒副作用较成人更为敏感，因此，儿童用药应充分考虑年龄因素，慎重选择、剂量准确、针对性强，做到合理用药。

一、儿童用药特点

由于药物在体内的分布受体液的pH、细胞膜的通透性、药物与蛋白质的结合程度、药物在肝脏内的代谢和肾脏排泄等因素的影响,儿童的用药具有以下特点:

1. 肝肾功能及某些酶系发育不完善,对药物的代谢及解毒功能较差,使药物在体内的滞留时间延长,因此增加了血药浓度以及药物的毒副作用。例如,因早产儿及两周以下的新生儿肝葡糖醛酸含量少,使用氯霉素会导致体内游离量较多而导致中毒,产生"灰婴综合征",所以应避免使用。

2. 血-脑脊液屏障不完善,药物容易通过血-脑脊液屏障到达神经中枢,引起中枢神经系统症状。例如,儿童对吗啡类药物特别敏感,易发生呼吸中枢抑制,因此,此类药物应慎重使用。

3. 儿童各年龄阶段不同,对药物反应不同,药物的毒副作用有所差别。3个月以内婴儿慎用退热药,可能会出现虚脱;治疗鼻炎的萘甲唑啉外用药用于婴儿可引起昏迷、呼吸暂停。

4. 胎儿、乳儿可受母亲用药的影响。孕妇用药时,药物可通过胎盘屏障,进入胎儿体内循环,用药剂量越大,时间越长,越易通过胎盘的药物,到达胎儿体内引起血药浓度越高,持续越久,影响越大。有些药物在乳汁中浓度很高,可引起乳儿发生中毒反应,如苯巴比妥、阿托品、水杨酸盐等,应慎用;而放射性药物、抗肿瘤药物、抗甲状腺激素药物等,哺乳期应禁用。

5. 儿童易发生电解质紊乱。儿童体液占体重的比例较大,对水、电解质的调节功能较差,对影响水盐代谢和酸碱代谢的药物特别敏感,比成人容易中毒。因此,儿童在应用利尿剂后极易产生低钠或低钾血症。

知识拓展 | **建立我国儿童基本药物示范目录的意义**

儿童自身免疫系统尚不成熟,是抗感染药物的主要用药群体,但儿童临床研究开展较为困难,又不宜直接沿用成人用药数据,所以,相对其他年龄段患儿,儿童更容易出现抗感染药物的不合理使用。2021年国家卫生健康委员会在其发布的《国家基本药物目录管理办法(修订草案)》公开征求意见中明确提出了要新增"儿童药品目录",也出台了多项政策鼓励儿童用药的研制和创新。完善《国家基本药物目录》(National Essential Medicines List,NEML)中儿童抗感染药物信息和丰富儿童抗感染用药选择,不仅能够为儿童患者提供专业的针对性用药指导,提供理论和数据支撑,而且能够匹配基本药物政策,进一步提升儿童药物生产研发动力,完善已上市儿童用药安全性佐证,激励儿童药物新剂型和新品种的研发,提升儿童药物产业发展活力。

二、儿童药物选用及护理

儿童用药应慎重选择,不可滥用。应结合儿童的年龄、病种、病情,有针对性地选择药物,同时要考虑儿童对药物的特殊反应和药物的远期影响,注意观察用药效果和毒副作用。如何指导患儿正确使用药物,提高药物的安全性和有效性,降低药物不良反应的发生,是每一个医务人员的重要职责。

（一）抗生素的应用及护理

抗生素是儿童临床最常用的药物之一。要严格掌握适应证，有针对性地使用。通常以应用一种抗生素为宜，长期联合应用大量抗生素，容易造成肠道菌群失调和消化功能紊乱，甚至可引起二重感染或细菌耐药性的发生，延误正确的诊断和治疗。在应用抗生素时还要注意药物的毒副作用，如应用链霉素、卡那霉素、庆大霉素等时，注意有无听神经、肾脏损害，且此类药剂量不要过大，疗程不宜太长。

（二）镇静药的应用及护理

儿童有高热、过度兴奋、烦躁不安、频繁呕吐、剧咳不止、惊厥等情况时，可考虑使用镇静药，使其得到休息，以利病情恢复。常用的药物有苯巴比妥、地西泮、水合氯醛等，使用中应特别注意观察患儿的呼吸情况，以免发生呼吸抑制。

（三）退热药的应用及护理

儿童发热常使用布洛芬和对乙酰氨基酚类药物退热，作用机制是抑制前列腺素合成酶，使前列腺素合成减少，体温下降。该类药物可反复使用，但剂量不可过大，用药时间不可过长，保证足够的给药间隔时间。用药后注意观察患儿的体温和出汗情况，及时补充液体，防止发生虚脱。复方解热止痛片（APC）对胃有刺激性，可引起白细胞减少、再生障碍性贫血、过敏等不良反应，大量服用时会因出汗过多、体温骤降而导致虚脱，婴幼儿应禁用此类药物。小婴儿应首选物理降温，必要时再给予药物降温。婴儿不应使用阿司匹林，以免发生瑞氏综合征。

（四）止泻药和泻药的应用及护理

儿童腹泻时一般不主张使用止泻药，应该先调整饮食。因为使用止泻药后虽然腹泻可以得到缓解，但是由于肠蠕动减弱增加了肠道内毒素吸收，甚至会发生全身中毒症状。多采用口服或静脉补充液体，防止脱水和电解质紊乱，满足机体所需，再辅以肠黏膜保护剂或微生态制剂（如乳酸杆菌、双歧杆菌）调节肠道微生态环境。儿童便秘也应首先多吃水果、蔬菜等调整饮食习惯，或采用外用药物通便法。

（五）镇咳祛痰药的应用及护理

婴幼儿支气管狭窄，不会主动咳痰，发生炎症时易致黏膜肿胀，分泌物增多，出现呼吸困难。因此，在呼吸道感染时一般不用止咳药，多用祛痰药或雾化吸入法稀释分泌物，配合体位引流排痰，使之易于咳出。哮喘患儿提倡局部吸入β_2受体激动剂类药物，必要时可选用静脉滴注平喘药，但应注意药物的不良反应，静脉输注过快或浓度过高时，可兴奋中枢神经系统和循环系统，注意观察有无精神兴奋、头晕、心律失常，小婴儿观察有无惊厥等发生。新生儿及小婴儿应慎用茶碱类药物。

（六）肾上腺皮质激素的应用及护理

肾上腺皮质激素是由肾上腺皮质分泌的所有激素的总称，按其作用机制分为糖皮质激素、盐皮质激素和促肾上腺皮质激素。糖皮质激素临床应用最多，有抗炎、抗毒素、抗休克等作用。应严格掌握使用指征，在诊断未明时避免滥用，以免掩盖病情。长期使用可影响蛋白质、脂肪、糖代谢，抑制骨骼生长，降低机体免疫力，还可引起血压升高和库欣综合征。用药过程中不可随意减量或停药，防止出现反弹现象。此外，水痘患儿使用肾上腺皮质激素可能会加重病情，故应避免使用。

（七）细胞毒性药物的应用及护理

细胞毒性药物是常用的抗肿瘤药，能抑制恶性肿瘤的生长和发展，并在一定程度上杀灭肿瘤细胞。多为静脉给药，刺激性较强，极易引起局部组织损伤，包括静脉炎，药物外渗所致局部化学性蜂窝织炎和渗出性坏死。因此，应严格按医嘱以适当剂量的生理盐水或葡萄糖液稀释，以免药物浓度过高，给药速度不宜过快。选择外周静脉注射时，应选择条件较好静脉，并经常更换注射部位，以利于损伤静脉的修复。一旦出现外渗立即停止注射，并尽量自静脉注射处以空注射器回抽渗漏于皮下的药液，然后拔出针头，局部进行封闭治疗。患肢抬高勿受压，根据具体药物选用合适的拮抗药。可局部冷敷6~12小时，但奥沙利铂及长春碱类药则不宜采用冷敷，以免加重末梢神经毒性反应的发生。

三、药物剂量计算

儿童用药剂量较成人更应计算准确，可按下列方法计算。

（一）按体重计算

是最基本的计算方法，多数药物已给出每公斤体重、每日或每次需要量，按体重计算总量方便易行，故在临床广泛应用。

每日（次）剂量=患儿体重（kg）×每日（次）每公斤体重需要量。

如抗生素、维生素等可先计算出每日剂量，再分2~3次应用；临床对症治疗的药物，如退热药、镇静药等可按每次剂量计算。

患儿体重应按实际测得值为准。若计算结果超出成人剂量，则以成人量为限。

（二）按体表面积计算

由于许多生理过程（如心排血量、基础代谢）与体表面积关系密切，按体表面积计算药物剂量较其他方法更为准确，但计算过程相对复杂。

每日（次）剂量=儿童体表面积（m²）×每日（次）每平方米体表面积需要量。

儿童体表面积可按下列公式计算，也可按"儿童体表面积图或表"求得（图4-7-1）。

体重≤30kg，儿童体表面积（m²）=体重（kg）×0.035+0.1

体重>30kg，儿童体表面积（m²）=［体重（kg）-30］×0.02+1.05

（三）按年龄计算

方法简单易行，用于剂量幅度大、不需十分精确的药物，如营养类药物。

（四）从成人剂量折算

仅用于未提供儿童剂量的药物，所得剂量一般偏小，故不常用。

儿童剂量=成人剂量×儿童体重（kg）/50。

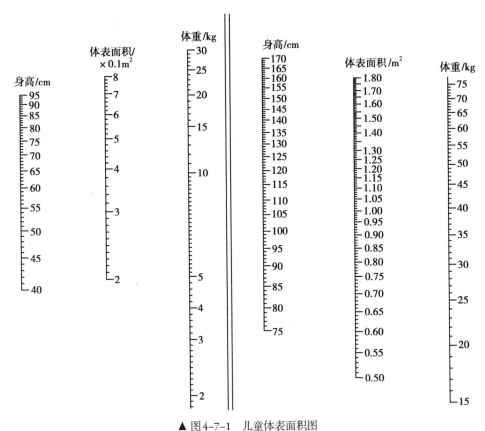

▲ 图4-7-1　儿童体表面积图

四、儿童给药方法

儿童给药的方法应以保证用药效果为原则，综合考虑患儿的年龄、疾病和病情严重程度，选择适当的给药途径、药物剂型、剂量和用药频次，以排除各种不利因素对患儿产生的影响。

（一）胃肠道给药法

1.口服法　药物经口服后，被胃肠道吸收、利用，起到局部或全身作用，以达到防治和诊断疾病的目的，是最常用、最方便且较安全的给药方法，对患儿身心的不良影响小，只要条件允许，尽量采用口服给药。婴幼儿通常选用糖浆、水剂或冲剂，也可将药片捣碎加糖水吞服，年长儿可用片剂或药丸。患儿哭闹时不可喂药，以免呛入气管或呕吐。对牙齿有腐蚀作用或使牙齿染色的药液，应使用吸管；服用止咳糖浆后暂不饮水；胃动力药及保护胃黏膜药，应在饭前服用。口服给药法的缺点是吸收慢，不适用于急救，对意识不清、呕吐不止、禁食等患儿也不适用。

2.管饲法　对神志不清、昏迷状态，不能吞咽药物或拒绝服药而又无法注射时可采用管饲法注入。液体药物可直接注入胃肠道内，片剂药物管饲前应先研碎，加少量水溶解后再注入，然后用适量温开水冲管，防止管路堵塞。注入速度宜慢，注后取侧卧位，防止呕吐、呛咳引起窒息。

3.灌肠法　灌肠给药也称直肠给药，是经肛门将药物送入肠道内，通过直肠黏膜丰富的毛细血管网将药物迅速吸收进而发挥药效。主要有保留灌肠法、直肠点滴法和栓剂塞入法三种方式，常用于退热药物、镇静药物、通便药物的给药。直肠给药较口服给药吸收快，消化酶对药物的影响和破坏少，同时避免了胃部刺激，适用于呕吐、口服药物有困难的患儿。

（二）注射法

注射法比口服法吸收快、血药浓度升高迅速，但对儿童刺激大，易造成患儿恐惧，适用于急重症、不宜口服给药以及患消化道疾病不能经胃肠道给药的患儿。常用肌内注射、静脉推注及静脉滴注法。

1. 肌内注射　年龄小于2岁患儿首选股外侧肌注射；2岁至学龄期儿童首选腹臀肌注射；上臂三角肌适用于3岁以上儿童，作为小剂量药物的注射部位；背臀肌建议作为5岁以上患儿考虑的注射部位。疫苗接种通常选择腹臀肌和三角肌。对年长儿注射前应做适当解释，注射中给予鼓励；对不合作、哭闹挣扎的婴幼儿，可采取"三快"（进针、注药及拔针均快）的特殊注射技术，以缩短时间，防止发生意外。肌内注射次数过多可造成臀肌挛缩，影响下肢功能，使用中应尽量注意避免。

2. 静脉推注　短时间内可迅速达到较高的血药浓度，多用于抢救危重患儿，在推注时速度要慢，并密切观察，防止药液外渗。

3. 静脉滴注　不仅用于临床治疗给药，还可补充水分及营养、供给能量等，使用中需根据患儿年龄、病情、药物性质调节滴速，保持静脉通畅。常采用静脉留置针进行静脉滴注，减少患儿反复穿刺的痛苦。根据患儿年龄、病情、药物性质调节滴速，必要时可使用输液泵控制给药速度，以保持准确的液体入量。

（三）外用法

以软膏为多，也可用水剂、混悬剂、粉剂等。根据不同的用药部位，可对患儿手进行适当约束，以免因患儿抓、摸使药物误入眼、口而发生意外。

（四）其他方法

雾化吸入较常应用，但需有人在旁照顾；对神志不清、昏迷、不能吞服药物时可采用鼻饲给药；灌肠给药采用不多，可用缓释栓剂；含剂、漱剂在婴幼儿时期使用不便，年长儿可用。经耳道给药时，要使用正确的方法：3岁以下将患儿耳垂向下向后拉；3岁以上患儿，则将耳垂向上向后拉，与使用耳温计测量外耳道内温度的方法相同。

（范　玲　贺琳晰）

学习小结

本章首先介绍了儿童医疗机构的设置特点及护理管理，与患儿及其家长的沟通方法和技巧；重点阐述了住院患儿的心理反应及护理包括其家庭的应对及支持、儿童用药及疼痛护理，学生通过此部分内容的学习能够根据各年龄段住院患儿的不同反应有针对性地给予相应的护理干预，并能够为患儿父母提供情感支持。同时掌握儿童常用药物的选用及注意事项，学习儿童疼痛的评估和护理。

儿童正处于体格不断生长发育、心理活动和社会行为不断发展的重要阶段。住院对儿童及其家庭来讲是一个压力事件，极易对其身心健康产生不良影响，从而影响其正常的生长发育及人格发展。为了减轻住院对儿童及其家庭产生的压力，儿科护士应根据儿童的年龄、疾病的严重程度、住院期间主要的压力来源等引起的心理反应，运用专业知识和专业技能，为患儿提供全面的身心护理，同时为其家庭提供帮助，将"以儿童及其家庭为中心"的护理模式贯穿住院患儿护理工作的始终。

复习参考题

（一）选择题

1. 在下列医疗机构中，儿科设置最全面的是
   A. 妇幼保健院
   B. 儿童医院
   C. 综合医院的儿科
   D. 私立医院儿科
   E. 社区医院

2. 新生儿病室合适的温度、湿度是
   A. 湿度24~26℃，相对湿度65%~75%
   B. 湿度22~24℃，相对湿度55%~65%
   C. 湿度20~22℃，相对湿度50%~60%
   D. 湿度18~20℃，相对湿度55%~60%
   E. 湿度18~20℃，相对湿度45%~55%

3. 小儿用药最基本的计算方法
   A. 按体表面积计算
   B. 按年龄计算
   C. 按体重计算
   D. 以成人剂量折算
   E. 以身高计算

4. 关于死亡患儿父母的心理反应分期，**不正确**的是
   A. 极度痛苦期
   B. 全心贯注期
   C. 内疚期
   D. 敌对反应期
   E. 焦虑期

5. 患儿，女，9岁，因鼻外伤入急诊，诊治过程中患儿自口内吐出新鲜血液，随后立即出现全身发抖，面色苍白，双眼紧闭，体格检查不配合，患儿的主要心理反应为
   A. 焦虑
   B. 自卑
   C. 孤独
   D. 恐惧
   E. 绝望

   答案：1. B；2. C；3. B；4. E；5. D

（二）简答题

1. 幼儿期儿童对住院主要的心理反应有哪些？应如何进行护理？

2. 如何将"家庭式"的护理服务理念贯穿临终儿童的护理中？

3. 发热患儿在使用布洛芬退热过程中，作为责任护士，护理上应注意哪些问题？

第五章

儿科常用护理技术

第一节 婴儿抚触

学习目标

知识目标	1. 掌握婴儿抚触的操作步骤。 2. 熟悉操作的目的、评估要点及物品准备。 3. 了解婴儿抚触的注意事项。
能力目标	能够熟练应用抚触技术为婴儿提供护理。
素质目标	培养护生科学严谨、体贴爱护患儿的职业精神。

【目的】

促进神经系统的发育，提高免疫力，有利于婴儿的生长发育。增进食物的消化和吸收，减少婴儿的哭闹，增加睡眠。促进婴儿与父母的交流，帮助婴儿获得安全感，减少焦虑，发展对父母的信任感。

【护理评估】

1. 评估婴儿的皮肤完整性，脐部情况。

2. 评估婴儿健康状态及行为反应。

【物品准备】

平整的操作台、治疗盘、温度计、润肤油、湿纸巾、尿布及干净的衣服、包被。

【操作步骤】

1. 核对婴儿信息，向家长解释抚触的目的。

2. 严格按照洗手法进行手卫生。

3. 关闭门窗，调节室温26~28℃，光线柔和，可以播放柔和音乐，解开婴儿包被和衣服。

4. 将润肤油倒在手中，揉搓双手至温暖后进行抚触，动作开始要轻柔，慢慢增加力度，每个动作重复4~6次。抚触的顺序：头面部→胸部→腹部→上下肢→背部→臀部。

5. 两拇指指腹从前额中央滑向两侧至发际。

6. 两拇指指腹从下颌部中央向两侧向上滑动成微笑状。

7. 一手轻托婴儿头部，另一手指腹从婴儿一侧前额发际抚向枕后，避开囟门，中指停在耳后乳突部轻压一下；换手，同法抚触另一侧。

8. 两手掌分别从胸部的外下方向对侧外上方滑动至婴儿肩部，避开乳头，交叉推行进行胸部抚触，顺畅呼吸循环。

9. 按顺时针方向按摩腹部，从婴儿右下腹部抚触至左下腹部（避开脐部和膀胱），操作者可能会感觉气泡在指下移动。

10. 双手呈半圆形交替握住婴的上臂向腕部滑行，在滑行过程中，从近端向远端分段挤捏上肢；双手挟着手臂，从近端向远端轻轻搓滚肌肉群至手腕；用拇指指腹从手掌心按摩到手指，并从手指两侧轻轻提拉每个手指；同法依次抚触婴儿的对侧上肢和双下肢。

11. 使婴儿呈俯卧位，双手平放婴儿背部，以脊柱为中线，两手掌分别从脊柱两侧由中央向两侧滑行，从背部上端开始逐渐下移至臀部，最后由头顶沿脊椎做迂回动作抚触至臀部。

12. 核对婴儿信息，包好尿布、穿衣。

13. 整理用物，洗手。

14. 观察并记录，婴儿体温、心率、呼吸、肤色。

【注意事项】

1. 抚触最好在婴儿沐浴后，婴儿清醒时进行；选择在两餐之间，婴儿不宜太饱或太饿。根据婴儿状态决定抚触时间，一般为10~15分钟。

2. 托起头部时，要注意脊柱和颈部的安全；转动婴儿手腕、肘部和肩部关节时，允许婴儿自由运动，不要在关节部位施加压力。抚触过程中注意观察婴儿的反应，如果出现哭闹、肌张力提高、兴奋性增加、肤色改变等，应暂停抚触，反应持续1分钟以上应停止抚触，根据情况酌情处理。

3. 抚触时注意与婴儿进行语言和目光的交流。

第二节　儿童喂养

学习目标

知识目标	1. 掌握儿童奶瓶喂养及管饲技术操作步骤。 2. 熟悉操作的目的、评估要点及物品准备。 3. 了解儿童奶瓶喂养及管饲技术的注意事项。
能力目标	能够熟练应用儿童奶瓶喂养及管饲技术，为患儿提供肠内营养护理。
素质目标	培养护生同情心、责任心、爱护患儿的职业精神。

一、奶瓶喂养技术

【目的】

采用配方奶喂养技术，保证患儿得到足够营养及水分的摄入。

【护理评估】

1. 评估患儿口腔黏膜完整性，吸吮、吞咽、消化和排泄情况。

2. 评估患儿生命体征、病情变化、意识情况。

3. 评估患儿家长对喂养的知识水平和心理反应。

【物品准备】

温度适宜的配方奶、一次性奶瓶、纱布或小毛巾等。

【操作步骤】

1. 携用物至患儿床旁，核对信息，包括配方奶种类、量及时间，向家长解释奶瓶喂养的目的。

2. 洗手，戴口罩。

3. 检查奶嘴孔大小。选择合适的奶嘴，奶嘴孔过小，吸吮费力；奶嘴孔过大，容易呛咳；3~4个月的患儿宜选用奶瓶倒置时两奶滴之间稍有间隔的奶嘴；4~6个月的患儿宜用奶液能连续滴出的奶嘴；6个月以上的患儿可用奶液能较快滴出形成一直线的奶嘴。

4. 将奶液滴在手臂内侧，感觉温热，不烫为宜。

5. 操作中核对。

6. 协助患儿取母乳喂养姿势，斜抱患儿，呈头高足低位，患儿头部枕于操作者肘窝处，操作者手臂支撑患儿身体，将纱布围于患儿颌下。

7. 奶嘴碰触患儿嘴唇诱发觅食/吸吮反射，待患儿张口时将奶嘴放至舌上，倾斜奶瓶，让奶液充盈奶嘴，保证患儿顺利吸吮。

8. 喂奶后取下纱布擦拭口唇。

9. 将患儿竖抱，头部靠在操作者肩上，自下而上轻拍其背部1~2分钟，排出胃内空气。

10. 协助患儿取舒适卧位，右侧卧位，床头抬高30°。

11. 操作后核对。

12. 整理用物，洗手，记录。

【注意事项】

1. 在喂奶前、后30分钟，可予患儿腹部环形按摩，促进营养物质的消化吸收和利用，减少喂养不耐受的发生。

2. 喂奶过程中，观察患儿吸吮、吞咽及呼吸情况；观察患儿的面色，血氧饱和度，如有发绀应暂停喂养，缓解后再继续。

3. 喂奶后勤巡视，观察有无溢奶、呕吐、腹胀等，防止胃食管反流引起误吸。

4. 观察患儿大便的颜色、性状等，发现腹泻及时通知医生，留取便标本送检。

二、管饲技术

【目的】

对吸吮、吞咽能力低下以及各种疾病导致不能经口进食的患儿，经鼻腔或口腔插入胃管至胃内，通过胃管灌注流质食物、水分和药物，保证足够的能量和营养供给。

【护理评估】

1. 患儿的病情及合作程度。

2. 患儿的口腔、鼻腔情况，黏膜有无肿胀、炎症，鼻中隔有无偏曲。

3. 评估患儿腹部症状和体征。

【物品准备】

无菌包（换药碗2个，镊子2把）、一次性压舌板、一次性胃管、注射器、一次性治疗巾、医用手套、棉签、胶布、纱布、手电筒、听诊器、弯盘、管饲液（38~40℃）、温开水适量、水温计、生理盐水、管道标识贴、pH试纸等。

【操作步骤】

1. 携用物至床旁，核对信息，包括管饲液的种类和量，解释操作目的及过程，取得家长配合。

2. 洗手，戴口罩。

3. 协助患儿取仰卧位，头偏向一侧，颌下铺治疗巾，放弯盘。

4. 观察患儿鼻腔口腔有无畸形、破损、息肉等，清洁一侧通畅的鼻腔或口腔。

5. 打开无菌包，取出合适型号的胃管，戴医用手套，检查胃管确认通畅，测量插入的长度。鼻胃管插入长度：前额发际到剑突或鼻尖经耳垂到剑突；口胃管插入长度：口角经耳垂到剑突。

6. 少量生理盐水润滑胃管前端。

7. 操作中核对。

8. 沿一侧鼻腔或口腔轻轻插入胃管。当胃管插至咽喉部时，年长、清醒患儿头后仰嘱其做吞咽动作，昏迷或小婴儿应托起头颈部，使下颌靠近胸骨柄，便于胃管顺利通过。插入过程中，持续观察患儿面色、呼吸、有无恶心、发绀，如盘在口腔或误入气管应立即拔出，稍事休息后重新插管，动作轻稳，以免损伤食管黏膜。

9. 确认胃管是否在胃内。方法包括：① 连接注射器抽出胃液，检测pH；② 置听诊器于患儿胃部，经胃管快速注入少量空气，听到气过水声；③ 将胃管末端置于盛水的治疗碗中，无气泡逸出。

10. 使用"人"字法或"工"字法将喂养管固定于一侧鼻翼，"高举平台法"固定于面颊；经口置管时，使用"高举平台法"将喂养管固定于下颌和面颊，标记留置胃管的深度和留置时间。

11. 抽吸胃液，观察胃潴留情况。

12. 用水温计测量水温及奶温，分别倒入治疗碗内，先用注射器抽取少量温开水注入胃管，再抽取奶液经胃管缓慢注入。注入过程中观察生命体征变化，如有呕吐、呛咳，应立即停止。

13. 输注结束后，再次注入少量温开水，封闭胃管末端并妥善固定。

14. 协助患儿清洁鼻腔、口腔，撤去治疗巾及弯盘，维持原卧位20~30分钟。

15. 操作后核对。

16. 整理用物，洗手，记录管饲液名称、量及管饲时间。

【注意事项】

1. 根据患儿的年龄、体重选择合适型号的胃管。通常情况下，患儿体重低于3kg，选择6F型号；3~9kg，选择8F型号；10~20kg，选择10F型号；21~30kg，选择12F型号；31~50kg，选择14F型号；大于50kg，选择16F型号。

2. 新生儿呼吸以鼻通气为主，鼻腔留置胃管会不同程度地影响呼吸功能，宜选择经口留置胃管。

3. 每次管饲前，须确定胃管在胃内方可注入。管饲前进行回抽，观察胃潴留情况，如潴留量较多，应通知医生给予相应的处理。

4. 未进行管饲时，应保持胃管处于夹闭状态，避免空气进入胃内引起胀气或管内液体外流。新生儿及小婴儿鼻饲时，可将鼻饲液注入空针筒以自然重力灌入胃内。如经胃管给药，则药物必须研细用温开水调匀后方可注入，饮食与药物应分开注入。

5. 留置胃管期间应注意保持口腔清洁，每天进行口腔护理，按时更换胃管。

第三节　儿童动、静脉采血技术

学习目标

知识目标	1. 掌握儿童桡动脉、外周静脉及股静脉采血技术的操作步骤。 2. 熟悉各项操作的目的、评估要点及物品准备。 3. 了解各项操作的注意事项。
能力目标	能够根据患儿具体情况，选择合适的部位为患儿进行血标本采集。
素质目标	培养护生严谨求实、精益求精、爱护患儿的职业精神以及团队合作精神。

一、桡动脉采血技术

【目的】

采集动脉血，进行动脉血气分析，判断患儿的呼吸功能、血氧代谢及血液酸碱度等。为指导氧疗、调节机械通气参数提供依据。

【护理评估】

1. 评估患儿一般情况，体温、血压、情绪、吸氧浓度或者呼吸机参数等。

2. 评估穿刺部位皮肤情况。

3. 评估凝血功能。

【物品准备】

治疗盘、动脉采血器、碘伏、棉签、医用手套、治疗巾、软枕、无菌纱布、标本架等。

【操作步骤】

1. 携用物至患儿床旁，核对信息，解释操作目的，取得患儿及家长配合。

2. 评估桡动脉，进行Allen试验。

（1）嘱患儿握拳。

（2）同时按压患儿尺动脉及桡动脉，阻断手部供血。

（3）数秒后，嘱患儿伸开手指，此时手掌因缺血变苍白。

（4）松开尺动脉，观察手掌颜色恢复时间。

（5）5~15秒之内恢复颜色提示尺动脉供血良好，该侧桡动脉可用于穿刺。

3. 洗手，戴口罩，戴手套。

4. 垫软枕、铺治疗巾，患儿上肢外展，手心朝上，手指自然放松，操作者用示指和中指触摸患儿桡动脉搏动最强处，确定穿刺点。

5. 以穿刺点为中心由内向外消毒，直径≥8cm，待干。

6. 准备纱布，检查动脉采血器并打开。

7. 再次消毒。

8. 消毒操作者示指：消毒范围为第1、2指节掌面及双侧面。

9. 预设动脉采血器针栓位置：预设针栓位置与采血量一致，儿童推荐采血量为0.5~1ml。

10. 操作中核对。

11. 操作者用已消毒的手指再次确认穿刺点，使穿刺点固定于手指下方。另一只手持动脉采血器，针尖斜面向上，与皮肤呈15°~30°角缓慢穿刺。见回血后停止进针，待动脉血自动充盈至预设位置后拔针。

12. 拔针后用无菌纱布或棉球按压穿刺点约3~5分钟，确认无出血方可停止按压。

13. 立即封闭动脉采血器，将血标本垂直颠倒5次，平行揉搓5秒以上，使血液与抗凝剂充分混匀。

14. 粘贴检验条形码。

15. 撤治疗巾、软枕。脱手套，洗手。

16. 协助患儿取舒适体位。

17. 操作后核对。

18. 整理用物，洗手，记录。

19. 标本送检。

【注意事项】

1. 采血过程中，观察患儿的意识状态及病情变化；观察局部皮肤情况，一旦出现血肿，应立即按压穿刺点，停止采血。不能配合的儿童可通过改良Allen试验判断侧支循环情况。

2. 按压过程中注意观察肢体血运情况，有无青紫或苍白出现；凝血功能障碍者应延长按压时间并观察局部渗血情况。

3. 标本采集后应及时送检，以免影响血气分析结果。

二、外周静脉采血技术

【目的】

采取血标本，判断患儿病情进展，为治疗疾病、健康评估提供参考依据。

【护理评估】

评估患儿病情、意识状态、合作程度、饮水、进食及运动等情况。

【物品准备】

治疗盘、采血针、真空采血管、碘伏、棉签、医用手套、治疗巾、止血带、输液贴、标本架等。

【操作步骤】

1. 携用物至患儿床旁，核对信息，解释操作目的，询问是否按要求进行采血前准备。

2. 选择合适的真空采血管，粘贴检验条形码。

3. 洗手，戴口罩，戴手套。

4. 铺治疗巾，扎止血带，选择合适的静脉，松止血带。

5. 以穿刺点为中心由内向外消毒，直径≥5cm，待干。

6. 准备胶布，第二次消毒，待干。

7. 穿刺点上方5~7.5cm处扎止血带，检查采血针并打开。

8. 操作中核对。

9. 左手绷紧皮肤，右手持针以15°~30°角穿刺，见回血后放低角度再进针0.2~0.5cm，固定针头，连接真空采血管，松止血带，抽取所需血量后拔出采血管，穿刺过程中注意观察患儿的反应。

10. 迅速拔针，按压穿刺点至不出血。

11. 将真空采血管轻柔垂直颠倒数次，混匀；避免震荡，防止溶血。

12. 撤治疗巾、止血带，脱手套，洗手。

13. 协助患儿取舒适体位。

14. 操作后核对。

15. 整理用物，洗手，记录。

16. 标本送检。

【注意事项】

1. 多个组合检测项目同时采血时应按以下顺序采血：血培养瓶→柠檬酸钠抗凝采血管→血清采血管→肝素抗凝采血管→EDTA抗凝采血管→葡萄糖酵解抑制采血管。

2. 首选手臂肘前区静脉，优先顺序依次为正中静脉、头静脉及贵要静脉，当无法在肘前区的静脉进行采血时，也可选择手背浅表静脉。避免在输液、输血侧肢体采集血标本。

3. 凝血功能障碍者应延长按压时间并观察局部渗血情况。

三、股静脉采血技术

【目的】

采取血标本，判断患儿病情进展，为治疗疾病、健康评估提供参考依据。常用于外周静脉条件不良儿童血标本的采集。

【护理评估】

评估患儿病情、意识状态、合作程度、饮水、进食及运动等情况。评估患儿腹股沟处皮肤情况。

【物品准备】

治疗盘、采血针、真空采血管、碘伏、棉签、医用手套、胶布、5ml注射器等。

【操作步骤】

1. 携用物至患儿床旁，核对信息，解释操作目的。

2. 选择合适的真空采血管，粘贴检验条形码。

3. 协助患儿取合适体位，垫高臀部，髋部外展45°，屈膝90°，助手站在头端，双肘及前臂约束患儿躯干及上肢，双手固定患儿双腿，尿布包裹好患儿会阴部，防止采血中尿便污染。

4. 洗手，戴口罩，戴手套。

5. 确定股静脉位置，股静脉在股动脉搏动点内侧0.5cm处。

6. 以穿刺点为中心由内向外消毒，直径≥5cm，消毒两遍，待干。

7. 消毒操作者示指，消毒范围为第1、2指节掌面及双侧面。

8. 操作中核对。

9. 选择腹股沟中、内1/3交界处，操作者用已消毒的示指触及股动脉搏动处，另一手持注射器在股动脉搏动点内侧0.3~0.5cm处垂直穿刺（图5-3-1）；或在腹股沟下1~3cm处与皮肤成35°~45°角进针，边上提针边抽回血，见回血后固定针头，抽取所需血量，穿刺过程中注意观察患儿的反应，并安抚患儿。

10. 迅速拔针，按压穿刺点至不出血为宜。

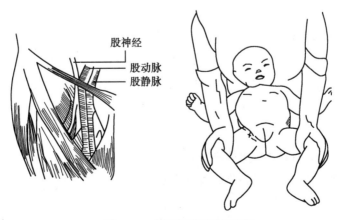

股神经
股动脉
股静脉

▲ 图5-3-1　股静脉穿刺法示意图

11. 将针头刺入真空采血管胶塞，让血液自行流入采血管，再将采血管轻柔垂直颠倒数次，混匀，防止血液凝固。

12. 脱手套，洗手。

13. 撤臀下软垫，协助患儿取舒适体位。

14. 操作后核对。

15. 整理用物，洗手，记录。

16. 标本送检。

【注意事项】

1. 避免反复穿刺，损伤血管壁，造成血肿或局部出血。

2. 有出血倾向或血液病患儿，严禁股静脉穿刺。

3. 按压时间5~10分钟，注意按压力度，观察下肢皮肤颜色，如误入股动脉应延长按压时间并观察局部渗血情况。

第四节　儿童静脉输液技术

学习目标

知识目标	1. 掌握常用儿童静脉输液技术的操作步骤。 2. 熟悉各项操作的目的、评估要点及物品准备。 3. 了解各项操作的注意事项。
能力目标	能够针对患儿具体需求，采用合适的儿童静脉输液技术为患儿建立输液通路。
素质目标	培养护生爱岗敬业、严谨细致、全心全意为儿科患者服务的职业精神。

一、头皮静脉输液技术

婴幼儿头皮静脉极为丰富，分支甚多，互相沟通交错呈网状且静脉表浅，易于固定，方便肢体活动。较大的头皮静脉有额上静脉、颞浅静脉、枕后静脉及耳后静脉等（图5-4-1），常用于婴幼儿静脉输液。

【目的】

1. 补充液体、营养，维持体内电解质平衡。

2. 使药物快速进入体内以达到治疗疾病的目的。

【护理评估】

评估年龄、病情、心肺功能、过敏史及配合程度等。

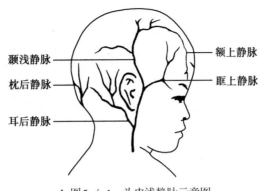

颞浅静脉

枕后静脉

耳后静脉

额上静脉

眶上静脉

▲ 图5-4-1 头皮浅静脉示意图

【物品准备】

治疗盘、弯盘、输液器、液体及药物、碘伏、棉签、止血带、胶布、治疗巾、静脉留置针、透明敷料，输液接头、剃刀等。

【操作步骤】

1. 洗手，戴口罩。

2. 核对并检查液体，必要时按医嘱加入药物，注意药物的配伍禁忌。

3. 填写、粘贴输液标签。

4. 插输液器，整理用物，洗手。

5. 携用物至患儿床旁，核对患儿和药液信息。

6. 协助患儿取仰卧位或侧卧位，头垫软枕，助手站于患儿足端，固定其肢体及头部。

7. 评估血管，选择合适型号的静脉留置针。

8. 洗手。

9. 将输液袋挂于输液架上，第一次排气。

10. 以穿刺点为中心由内向外消毒，直径≥8cm，并大于敷料范围，至少消毒两遍，待干。准备透明敷料，标明留置日期、时间等。

11. 将输液接头与静脉留置针连接后，再将其与输液器相连。

12. 取下针帽，转动针芯，第二次排气。

13. 操作中核对：核对患儿及药物的信息。

14. 一手绷紧血管两端皮肤，另一手持针在静脉最清晰点向后移0.3cm，与皮肤呈5°~15°角进针，见回血后压低角度（5°~10°），再将静脉留置针缓慢送入0.2cm，后撤针芯0.2~0.3cm，将外套管与针芯全部送入血管，撤出针芯，打开调节器。

15. 透明敷料覆盖，采用无张力性粘贴方法固定，U形固定延长管，将记录胶带贴于敷料下缘。

16. 根据病情、年龄、药物性质调节输液速度。

17. 协助患儿取舒适体位。

18. 操作后核对。

19. 健康指导：不得随意调节滴速；观察输液是否通畅、有无肿胀；观察有无输液反应。

20. 整理用物，洗手，记录。

【注意事项】

1. 常选用额上静脉、颞浅静脉及耳后静脉等，注意区分头皮动静脉，根据需要剃去穿刺部位毛发。

2. 尽量避免输注刺激性较强的药物，一旦发生药物外渗，头皮局部容易出现瘢痕，影响皮肤生长及美观。

3. 穿刺中注意观察患儿的面色和一般情况，必要时暂缓穿刺。

二、静脉留置针输液技术

【目的】

1. 安全留置，用于长期输液的患儿。

2. 保护血管，减轻反复穿刺的痛苦。

【护理评估】

评估年龄、病情、心肺功能、过敏史及配合程度等。

【物品准备】

治疗盘、弯盘、输液器、液体及药物、碘伏、棉签、止血带、静脉留置针、透明敷贴、输液接头、胶布、治疗巾等。

【操作步骤】

1. 洗手，戴口罩。

2. 核对并检查液体，必要时按医嘱加入药物，注意药物配伍禁忌。

3. 填写、粘贴输液标签。

4. 插输液器，整理用物，洗手，摘口罩。

5. 携用物至患儿床旁，核对患儿及药物信息。

6. 协助患儿取舒适的体位。

7. 评估血管，选择合适型号的静脉留置针，常选用手部、前臂及上臂，避免肘区及用来吮吸的手指，婴幼儿可考虑头皮静脉，如尚未行走可选择足部静脉，避免选择靠近神经、韧带、关节、受伤、感染部位的静脉。

8. 洗手、戴口罩。

9. 将输液袋挂于输液架上，第一次排气。

10. 铺治疗巾，扎止血带，选择穿刺部位，松止血带。

11. 以穿刺点为中心由内向外消毒，直径≥8cm，并大于敷料范围。准备透明敷料，标明留置日期，时间等。

12. 在穿刺点上方8~10cm扎止血带（婴幼儿酌情选择），再次消毒。

13. 检查输液接头，检查留置针。连接输液接头与静脉留置针，连接输液器。

14. 取下针帽，转动针芯，第二次排气。

15. 操作中核对：核对患儿及药液信息。

16. 操作者左手绷紧穿刺处皮肤，固定血管，右手持针柄，以15°~30°角刺入，见回血后压低角度（5°~10°），再将静脉留置针缓慢送入0.2cm，后撤针芯0.2~0.3cm，将外套管与针芯全部送入血管，撤出针芯，送管时将针尾稍抬起，避免外套管紧贴皮肤，产生阻力。

17. 松止血带，打开调节器，观察输液是否通畅。

18. 透明敷料覆盖，采用无张力性粘贴方法固定，U形固定延长管，将记录胶带贴于敷料下缘。

19. 根据病情、年龄、药物性质调节输液速度。

20. 撤止血带、治疗巾，协助患儿取舒适体位。

21. 操作后核对。

22. 健康指导：不得随意调节滴速；避免静脉留置针一侧肢体剧烈活动；观察有无输液反应。

23. 整理用物，洗手，摘口罩，记录。

【注意事项】

1. 每天至少评估一次导管及局部皮肤情况。

2. 每3~4天更换一次静脉留置针，如穿刺点出现发红、渗出、炎性反应时，应立即拔出，局部进行相应处理。

3. 输液完毕后用封管液脉冲式正压封管。

三、经外周静脉导入中心静脉置管技术

经外周静脉导入中心静脉置管（peripherally inserted central catheter，PICC）是由外周静脉穿刺插管，沿静脉走向到达上腔静脉的方法。该技术操作快速简便、创伤小，在儿科护理中应用日益广泛。

【目的】

1. 为输注高渗液体、刺激性药物及化疗药物提供长期的静脉途径。

2. 为中心静脉压监测、肠外营养提供重要通道。

3. 减轻药物对周围静脉的刺激和反复穿刺给患儿带来的痛苦。

【护理评估】

评估患儿的血管情况，置管处皮肤是否有红肿、硬结、瘢痕，以及肢体活动度情况。综合考虑患儿疾病特点，使用药物的性质及是否需要反复输血或采血等情况，选择最佳尺寸的PICC导管。进行置管前宣教，取得患儿及家长配合并签署知情同意书。

【物品准备】

PICC导管、止血带、带翼的可撕裂的导入针、厘米刻度尺、注射器、孔巾、镊子、剪子、无菌纱布等。另备处置车2台、隔离衣、医用手套、生理盐水、肝素液、输液接头及附件、专用胶布、棉签、75%酒精、安尔碘等。

【操作步骤】

1. 携用物至患儿床旁，核对信息，解释操作目的。

2. 洗手，戴口罩。

3. 确认穿刺部位，选择合适的静脉：首选贵要静脉；次选肘正中静脉；最后选头静脉。

4. 患儿平卧、手臂外展呈90°，测量穿刺点至上腔静脉长度：从预穿刺点下2cm沿静脉走向到右胸锁关节。测量并记录上臂中段臂围，用于监测可能出现的并发症，如渗漏和栓塞。

5. 以穿刺点为中心，沿血管走行由内向外涂抹外用局麻药，面积1.5cm×3cm，厚度1mm，作用30分钟；遵医嘱予患儿镇痛镇静。

6. 打开PICC穿刺包，铺无菌巾，戴医用手套，按要求备物。

7. 助手握住患儿手部并抬高，操作者以穿刺点为中心，螺旋式，顺时针及逆时针交替进行，先用75%酒精消毒三遍脱脂待干，再用安尔碘消毒三遍，范围为全臂（腋部至手腕）。

8. 操作者穿隔离衣，戴医用手套。

9. 握住已消毒的肢体，助手对未消毒的手部进行消毒，待干。

10. 助手穿隔离衣，戴医用手套，铺无菌治疗巾，建立最大化无菌区。

11. 第二次消毒，先安尔碘消毒一遍，再酒精消毒两遍，待干。

12. 检查导管完整性，将导丝外撤至距离预剪尖端0.5cm处，剪掉多余导管，将外露导丝反折，以折痕做标记，预冲导管，连接注射器，排气。

13. 助手扎止血带，操作者绷紧皮肤，以15°~30°角直刺血管，见回血后放低5°~10°，再进针0.5cm，助手松止血带并按住导管鞘上方止血，操作者向心方向带入插管鞘，撤出针芯，持导管沿导管鞘缓慢送入，送管过程缓慢注入生理盐水，抽回血，确认导管通畅，脉冲式冲洗导管。操作时动作轻柔、匀速、短距离送管，严密观察患儿的病情变化，导管送入至腋静脉时，将患儿头偏向穿刺侧，使下颌紧贴肩头，同时抬高上半身呈半坐位，避免导管误入颈静脉。

14. 助手一手固定圆盘，另一手用无菌纱布按压穿刺点，操作者从静脉内缓慢撤出导入鞘，全部撤出后撕裂导入鞘，连接心电导联，观察特异性P波，确定导管尖端位置。

15. 撤出导丝，撤导丝时如遇阻力，应立即停止并使导丝恢复至原状，连同导管一起退出约2.5cm，再抽导丝。连接输液接头再次正压脉冲式封管。

16. 方形纱布覆盖穿刺点，以透明敷料固定导管弯曲呈"L"形，高举平台法固定延长管。

17. 标记置管日期、时间。

18. 向家长交代注意事项进行健康宣教。

19. 操作后核对。

20. 整理用物，记录，填写置管信息表。

21. X线检查定位，确认导管末端在上腔静脉内方可开始输液治疗。

【注意事项】

1. 密切观察穿刺点和血管情况，如有红、肿、热、痛时给予适当处理，必要时拔出导管。

2. 观察穿刺后臂围有无变化，测量上臂臂围方法：穿刺点上四横指（以患儿手指为准），若穿刺部位在肘上需测量肩峰下10cm或15cm处，以后每次测量应于同一位置。

3. 评估导管是否存在脱出、移位、打折、折断等情况。保持导管通畅，规范维护导管，封管时禁用小于10ml的注射器，防止压力过大导管断裂。

4. 透明敷料应在导管注入24小时更换一次，之后每周更换一次敷料及输液接头；若敷料潮湿、卷曲、松脱应立即更换。

5. 导管的留置时间应由医生决定。拔除导管时，动作应轻柔平缓，不能过快过猛。测量拔除导管的长度，观察有无损伤或断裂。导管拔除后，立即压迫止血，涂抗菌药膏封闭皮肤创口防止空气栓塞，用敷料封闭式固定后，每24小时换药至愈合。

四、静脉输液港的使用与维护

植入式静脉输液港是一种全植入式、埋置于人体内的闭合输液系统，是目前临床静脉输液系统的最新技术，是需要长期及重复输液患儿的静脉通路之一。

【目的】

1. 为需要长期反复静脉化疗、输血、胃肠外营养及支持治疗的患儿提供可靠稳定的深静脉通道。

2. 体表无伤口、护理简单、感染风险低。较其他中心静脉导管并发症少。

（一）静脉输液

【护理评估】

1. 评估患儿年龄、病情、过敏史、不良反应史、自理能力和配合程度。

2. 静脉输液港及穿刺处皮肤有无红肿、硬结、压痛、皮疹、渗出。询问患儿有无肢体麻木、疼痛等。

3. 触摸静脉输液港位置，若发生移位、翻转，及时通知医生处理。

4. 治疗方案和周期、药物性质。

【物品准备】

输液器、药液、10ml注射器、输液港专用无损伤针、中心静脉护理包（皮肤消毒剂、酒精棉片、医用手套、无菌胶带、10cm以上无菌透明敷贴、无菌开口纱布）、肝素帽、酒精、碘伏、棉签、生理盐水、肝素稀释液。

【操作步骤】

1. 携用物至患儿床旁，核对信息，解释操作目的。

2. 洗手，戴口罩。

3. 按触、确认注射座的位置。

4. 洗手，打开中心静脉护理包，戴手套。

5. 抽吸10ml生理盐水，连接无损伤蝶翼针，排气，夹闭延长管。

6. 以注射座为中心，用酒精、碘伏围绕穿刺点螺旋式消毒皮肤三次，直径10~12cm。

7. 操作中核对，更换无菌手套。

8. 触诊后，一手拇指、示指、中指以三个方向呈环状固定静脉输液港，另一手持无损伤针头，穿过静脉输液港的中心部位，直到针头触及隔膜腔。

9. 打开延长管的夹子，抽回血，以确定针头位置无误，用生理盐水脉冲方式冲洗输液港后，夹闭延长管并分离注射器，以低于插针水平位置更换或安装肝素帽。

10. 针头下垫无菌开口纱布，用无菌胶带固定针翼，再用无菌透明敷贴固定无损伤针，保持局部密封状态，酒精棉片擦拭接口，连接输液系统或抽好药的注射器。

11. 当输液或静脉注射结束后，肝素液正压封管，夹闭延长管，撤掉输液系统或注射器。

12. 操作后核对。

13. 整理用物，洗手，记录。

（二）血样采集

【护理评估】

1. 评估患儿年龄、病情、过敏史、不良反应史、自理能力和配合程度。

2. 静脉输液港及穿刺处皮肤有无红肿、硬结、压痛、皮疹、渗出。

3. 触摸静脉输液港位置，若发生移位、翻转，及时通知医生处理。

【物品准备】

输液港专用无损伤针、10ml注射器、20ml注射器、真空采血管、医用手套、无菌胶带、酒精、碘伏、棉签、生理盐水、肝素稀释液等。

【操作步骤】

1. 携用物至患儿床旁，核对信息，解释操作目的。

2. 洗手，戴口罩。

3. 选择合适的真空采血管，粘贴检验条形码。

4. 戴医用手套，确定注射部位，消毒，无菌条件下定位并连接输液座（方法同输液）。

5. 操作中核对。

6. 确定针头位置无误后，用10ml无菌生理盐水冲洗输液座。至少抽出2.5ml血液丢弃。更换新的20ml注射器抽取足量血标本。将采集的血液转移至恰当的真空采血管内。

7. 采血完毕后，用酒精棉球擦拭接口15秒，待干，再用10ml无菌生理盐水脉冲式冲管，确保冲净导管内残留的血液。

8. 再次用酒精棉球擦拭接口15秒，待干，肝素液正压封管。

9. 操作后核对。

10. 整理用物，洗手，记录。

11. 标本送检。

（三）更换敷料

【护理评估】

1. 评估患儿年龄、病情、过敏史、不良反应史、自理能力和配合程度。

2. 静脉输液港及穿刺处皮肤有无红肿、硬结、压痛、皮疹、渗出。

3. 触摸静脉输液港位置，若发生移位、翻转，及时通知医生处理。

【物品准备】

清洁手套、医用手套、无菌胶带、敷料、透明敷料、肝素帽、酒精、碘伏、棉签等。

【操作步骤】

1. 携用物至患儿床旁，核对信息，解释操作目的。

2. 洗手，戴口罩。

3. 戴清洁手套。

4. 使用生理盐水棉签小心去除透明敷料及其他敷料。

5. 脱去清洁手套，再次洗手，戴医用手套。

6. 用酒精、碘伏以穿刺点为中心由内向外消毒皮肤三次，待干时间至少20秒，消毒直径10~12cm，消毒范围应大于透明敷料面积，以酒精棉签擦拭穿刺针座及延长管部分，从近端（穿刺处）擦至远端（延长管接口处）。

7. 脱去手套，再次洗手，更换医用手套。

8. 以透明敷料固定穿刺针，以穿刺点为中心无张力粘贴，透明敷料要覆盖住针头及部分延长管，胶布妥善固定。

9. 以低于插针水平位置更换肝素帽，取下原来的肝素帽，用酒精棉球包裹擦拭肝素帽接口15秒，连接肝素帽，如患儿配合，指导患儿在快速更换肝素帽时，做深呼吸并屏气。

10. 标记敷料更换时间。

11. 操作后核对。

12. 整理用物，洗手，记录。

【注意事项】

以上三项操作均需注意如下事项：

1. 必须使用静脉输液港专用无损伤针穿刺。针头应垂直刺入，以免针尖刺入输液港侧壁。穿刺动作轻柔，感觉有阻力时不可强行进针，以免针尖与注射座底部推磨，形成倒钩。

2. 常规每周更换敷料、肝素帽以及无损伤针头。每班评估敷料如有潮湿、污染应及时更换；肝素帽有积血、断裂或渗液应及时更换。治疗间歇期连续4周未使用输液港时，应进行常规维护。

3. 封管时禁用小于10ml的注射器，防止压力过大导管断裂。静脉应用两种不同药物之间应用10ml生理盐水冲洗，避免药物相互作用产生沉淀。

4. 如需静脉用药则延长管连接静脉输液器；如无需静脉用药，则：年龄>2岁，浓度为10~100U/ml的肝素液一次性注射器冲洗5ml，夹管并换接肝素帽；年龄<2岁，浓度为10~100U/ml的肝素液一次性注射器冲洗3ml，夹管并换接肝素帽。

知识拓展 | **置管穿刺部位的皮肤消毒液选择**

穿刺部位皮肤消毒：① 用浸有碘伏消毒液原液的无菌棉球或其他代替物品局部擦拭2遍，作用时间遵循产品说明；② 使用碘酊原液直接擦拭皮肤表面2遍以上，作用时间1~2分钟，待稍干后再用70%~80%乙醇脱碘；③使用有效含量≥2g/L氯己定-乙醇（体积分数70%）溶液擦拭2~3遍，作用时间遵循产品使用说明；④ 使用复方季铵盐消毒剂原液擦拭消毒，作用时间3~5分钟；⑤ 其他合法、有效的皮肤消毒产品，按照产品使用说明书操作。

第五节　婴幼儿灌肠法

学习目标

知识目标	1. 掌握婴幼儿灌肠技术的操作步骤。 2. 熟悉操作的目的、评估要点及物品准备。 3. 了解灌肠操作的注意事项。
能力目标	能够熟练应用灌肠操作技术为患儿提供护理并评价灌肠效果。
素质目标	培养护生保护患儿隐私、平等关爱患儿的职业精神。

【目的】

1. 刺激肠壁，促进肠道蠕动，使粪便排出，解除便秘，减轻腹胀。

2. 清洁肠道，为检查或手术做准备。

3. 清除肠道有害物质，减轻中毒。

4. 为高热患儿降温。

5. 使用镇静剂。

【护理评估】

1. 评估患儿病情、意识状态、合作程度。

2. 评估腹胀及排泄情况，观察肛周皮肤情况。

【物品准备】

治疗盘、一次性使用灌肠包或灌肠筒、玻璃接头、各种型号的肛管、治疗巾、弯盘、卫生纸、润滑剂等，血管钳、量杯、水温计、输液架、便盆、尿布。根据医嘱准备灌肠液，溶液温度一般为39~41℃，用于降低体温时为28~32℃。

【操作步骤】

1. 携用物至患儿床旁，核对信息，向患儿及家长解释灌肠的目的，取得配合。

2. 关闭门窗，遮挡患儿。

3. 选取合适的卧位，如病变在乙状结肠和直肠，取左侧卧位；如病变在回盲部，则取右侧卧位。铺治疗巾，双腿屈膝，脱裤至膝下，适当遮盖保暖。保留灌肠时需将患儿臀部抬高10cm。

4. 挂灌肠筒于输液架上，液面距离患儿肛门约40~60cm。

5. 再次核对患儿，戴手套，连接肛管并润滑其前端，排尽管内气体，用血管钳夹闭。分开臀部，暴露肛门。将肛管轻轻插入肛门，插入深度根据灌肠目的以及儿童年龄而定。不保留灌肠时，<1岁者插入2.5cm，1~4岁者插入5cm，4~10岁者插入7.5cm，≥11岁者插入10cm。保留灌肠时，插入10~15cm。动作轻柔，避免损伤。

6. 松开血管钳，使液体缓缓流入，观察患儿一般状况及灌肠液下降速度。如患儿感觉腹胀或有便意，应将灌肠筒适当放低并指导深呼吸，以减轻腹压。

7. 灌肠后夹闭肛管，用卫生纸包裹后轻轻拔出，放入弯盘内。药物保留时间根据灌肠目的而定。如不保留灌肠，患儿需保留5~10分钟后再排便，保留灌肠则需要用手夹紧患儿两侧臀部约10分钟，保留药液至1小时以上。

8. 擦净臀部，取下弯盘，为患儿包好尿布，协助患儿穿好裤子，撤去治疗巾，整理床单位。

9. 核对患儿信息，整理用物，洗手，记录。

【注意事项】

1. 根据医嘱决定灌肠液量，一般6个月以内的婴儿每次约为50ml，6个月~1岁每次约为100ml；1~2岁每次约为200ml；2~3岁每次约为300ml。

2. 液体流入速度宜慢，并注意患儿情况，如出现疲乏，可暂停片刻后再继续，以免患儿虚脱；如患儿突然面色苍白、异常哭闹、腹痛或腹胀加剧、排出液为血性时应立即停止灌肠，并与医生联系，给予处理。

3. 溶液注入或排出受阻，可协助患儿更换体位或调整肛管插入的深度，排出不畅时可按摩腹部，协助促进排出。准确测量入液量和排出量，达到出入量基本相等或者出量大于注入量。

第六节　温箱使用法

学习目标

知识目标	1. 掌握温箱的操作步骤。 2. 熟悉操作的目的、评估要点及物品准备。 3. 了解温箱使用的注意事项。
能力目标	1. 能够按照流程完成温箱使用的技术操作，熟练解决相关警报。 2. 能够准确完成使用温箱患儿的各项监测。
素质目标	培养护生以患儿为中心，为患儿及其家庭提供关怀及照顾的职业精神。

【目的】

温箱使用是以科学的方法，创造一个温度和湿度相适宜的环境，保持体温稳定，用以提高新生儿尤其是早产儿的成活率。

【护理评估】

评估患儿的胎龄、出生体重、日龄、生命体征、有无并发症等。

【物品准备】

婴儿温箱（图5-6-1）、灭菌注射用水等。

【操作步骤及要点】

1. 携用物至患儿床旁，核对信息，解释使用温箱的目的。

2. 洗手，戴口罩。

3. 检查温箱，温箱水槽内加入灭菌注射用水至水位指示线。

4. 接通电源，温箱预热，根据患儿的体重及出生日龄设置温箱模式、温湿度（表5-6-1）。

5. 温箱达到预热温度后，操作中核对。

6. 患儿入温箱，选择合适体位，可提供"鸟巢"式等体位支持。

7. 操作后核对，罩温箱遮光罩。

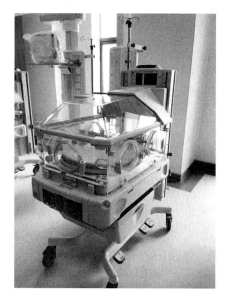

▲ 图5-6-1 婴儿温箱

8. 定时测量体温，根据体温调节温度设置，并做好记录，在患儿体温未升至正常前，每30~60分钟监测体温1次，体温升至正常后每4小时测1次，注意保持体温在36.5~37.5℃之间，并维持适当的相对湿度。

9. 一切护理操作应在箱内进行，减少开箱次数，以免箱内温度波动。

10. 符合出箱条件的患儿可以出温箱，出温箱条件：体重≥2 000g，体温正常者；室温维持在24~26℃时，在不加热的温箱内能保持正常体温者；患儿置温箱内1个月以上，体重虽不到2 000g，但一般情况良好者。

11. 核对信息。

12. 予患儿穿衣并适当保暖。

13. 再次核对。

14. 整理用物，洗手，记录。

15. 关闭温箱和电源开关，切断电源，终末消毒，及时检查维修温箱，处于备用状态。

▼ 表5-6-1 不同出生体重早产儿温箱温、湿度参数

出生体重/g	温度				相对湿度
	35℃	34℃	33℃	32℃	
1 000~<1 500	初生10d内	10d后	3周后	5周后	55%~65%（极低和超低出生体重儿生后2~3d内可适当提高湿度）
1 500~<2 000	—	初生10d内	10d后	4周后	
2 000~<2 500	—	初生2d内	2d后	3周后	
≥2 500	—	—	初生2d内	2d后	

【注意事项】

1. 保持温箱清洁，每天擦拭，每天更换灭菌注射用水，每周更换温箱1次，彻底清洁后消毒，定期进行细菌监测。

2. 温箱不宜放置在阳光直射、有对流风及取暖设备附近，以免影响箱内温度。

3. 随时观察温箱使用效果，及时查找报警原因并处理。

4. 温箱预热至少需30~60分钟，箱温升至所需初始温度并持续观察3~5分钟，确认维持恒温后，方可放入患儿。体重<1 500g采用肤温控制模式，肤温探头金属面应避开骨突，避免被压，每班评估被覆盖皮肤并给予相应处理；体重>1 500g采用箱温控制模式，每次调节箱温的幅度为0.5℃。使用肤控模式时，应注意探头是否脱落，以免造成患儿体温不升的假象，导致箱温调节失控。

5. 严禁骤然提高温箱温度，以免体温上升过快造成不良后果。

第七节　光照疗法

学习目标

知识目标	1. 掌握光照疗法的操作步骤及注意事项。 2. 熟悉操作的目的、评估要点及物品准备。 3. 了解光照疗法的不良反应。
能力目标	能够熟练应用光疗技术为患儿提供护理并观察光疗效果及患儿不良反应。
素质目标	培养护生树立敬畏生命、关爱生命、尊重患儿的职业精神。

【目的】

光照疗法（phototherapy）是通过一定波长的光线照射治疗新生儿各种原因所致的高胆红素血症，常用于换血前后的辅助治疗及极低出生体重儿预防性光疗。主要作用是使患儿血中的非结合胆红素氧化分解为水溶性胆红素，从胆汁和尿液中排出，减轻黄疸。一般波长425~475nm的蓝光最有效，分单面和双面光疗，双面光优于单面光，还可用白光照射，灯的功率约160~320W为宜。按照光疗照射时间可分为连续光疗和间断光疗，一般不超过4天。

【护理评估】

了解患儿诊断、日龄、体重、黄疸的范围和程度、胆红素检查结果、生命体征、精神反应等资料。

【物品准备】

光疗灯/箱、灭菌注射用水、遮光眼罩、尿布等。

【操作步骤】

1. 携用物至患儿床旁，核对信息，解释操作的目的。

2. 洗手，戴口罩。

3. 清洁光疗灯/箱，光疗箱水槽内加入灭菌注射用水。

4. 接通光疗灯/箱电源，检查线路及灯管亮度，箱温预热至适宜温度，设置适宜的相对湿度。

5. 操作中核对，将患儿放入已预热好的光疗箱中。灯管与皮肤距离33~50cm。

6. 将患儿全身裸露，佩戴遮光眼罩，用尿布遮盖会阴部。佩戴遮光眼罩防止光线损伤视网膜，注意不要覆盖口鼻，防止窒息。男婴注意保护阴囊。

7. 关闭箱门，打开蓝光灯记录开始照射时间（图5-7-1）。

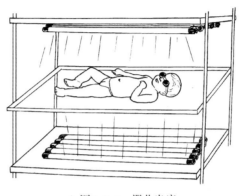

▲ 图5-7-1　婴儿光疗

8. 使患儿皮肤均匀受光，并确保最大面积暴露于光照下。若使用单面光疗箱一般每2小时更换体位1次。

9. 操作后核对。

10. 光疗时至少2小时测量生命体征1次，根据体温调节箱温，体温保持在36.5~37.2℃为宜。若光疗时体温上升超过37.8℃，需暂停光疗。

11. 观察病情变化，按时巡视，操作应在光疗箱内集中进行，保持光疗箱清洁。俯卧照射时要有专人巡视，以免口鼻受压影响呼吸。避免患儿遮光眼罩及尿布脱落，保持皮肤清洁，防止汗水、奶渍、大小便等污染，影响治疗效果。

12. 对符合条件的患儿予以停止光疗。一般光照12~24小时才能使血清胆红素下降，足月儿血清胆红素为（13.0±0.7）mg/dl，早产儿血清胆红素为（10.7±1.2）mg/dl时可停止光疗。

13. 核对信息。

14. 予患儿摘眼罩，穿衣并适当保暖。

15. 再次核对。

16. 整理用物，洗手，记录光疗治疗时间及灯管使用时间。

17. 切断电源，终末消毒。

【注意事项】

1. 每日擦拭光疗灯，防止灰尘影响光照强度。

2. 患儿入箱前进行皮肤清洁，禁忌在皮肤上涂粉剂和油类。

3. 光疗过程中观察光疗效果和不良反应，若患儿出现烦躁、高热、拒奶、呕吐、皮疹、腹泻及脱水等症状时，及时与医生联系，妥善处理。

第八节 换血疗法

学习目标

知识目标	1. 掌握换血技术操作步骤。 2. 熟悉操作的目的、评估要点及物品准备。 3. 了解换血技术的注意事项。
能力目标	1. 能够熟练应用换血技术为患儿提供护理。 2. 能够准确识别患儿病情变化，必要时采取有效措施对患儿实施抢救。
素质目标	培养护生的爱伤观念、慎独精神及评判性思维能力。

【目的】

换血疗法（exchange transfusion）是应用供血者的血液将患儿循环血液置换出体外的一种治疗方法。通过换血可迅速减少体内致敏红细胞和血清中的抗体，减轻溶血；降低血清胆红素水平，防止核黄疸的发生；纠正贫血，防止缺血及心功能不全。主要用于母婴血型不合引起的新生儿溶血病，是目前治疗新生儿重度高胆红素血症最迅速的方法。

【护理评估】

1. 评估患儿身体，了解病史、诊断、日龄、体重、生命体征、黄疸等一般情况。

2. 观察患儿有无肌张力异常等胆红素脑病的临床表现。

3. 查看患儿各项检查结果，包括胆红素浓度，肝功能，心功能，凝血功能等。

【物品准备】

1. 血源选择 Rh血型不合应采用Rh血型与母亲相同，ABO血型与患儿相同（或抗A、抗B效价不高的O型）的供血者；ABO血型不合者可用O型的红细胞加AB型血浆或用抗A、抗B效价不高的O型血或患儿同型血。有明显贫血和心功能不全者，可用血浆减半的浓缩血。换血量为150~180ml/kg（约为患儿全血量的2倍），应尽量选用新鲜血，库存血不应超过3天。

2. 药物 生理盐水、葡萄糖液、10%葡萄糖酸钙、肝素、苯巴比妥、地西泮、急救药物等。

3. 用物 24G留置针、注射器、三通管、碘伏、棉签、治疗巾、换药碗、弯盘、帽子、医用手套、无菌手术衣、输血器、输血泵、输液泵、废血瓶、量杯、心电监护仪、远红外线辐射台、换血记录单等。

【操作步骤】

1. 携用物至患儿床旁，核对信息。

2. 洗手，戴口罩。

3. 将患儿置于远红外线辐射台，连接心电监护仪，仰卧位并固定约束四肢。换血前禁食4小时或抽空胃内容物，进行静脉输液，防止换血过程中呕吐和误吸。术前半小时肌内注射或静脉缓慢注射苯巴比妥。

4. 选择合适的外周动、静脉，建立两条静脉通路，分别用于静脉用药和输血；建立一条动脉通路，首选桡动脉或肱动脉，连接三通管，用肝素生理盐水封管，留置针妥善固定，保持通畅。如进行脐动、静脉换血，应协助医生消毒皮肤，上至剑突，下至耻骨联合，两侧至腋中线，协助医生留置导管。

5. 穿无菌手术衣，戴帽子、医用手套，使用最大化无菌屏障。

6. 操作中核对。

7. 开始换血

（1）手动换血：用肝素生理盐水预充三通管及动脉压力延长管，连接出血管路，延长管螺纹口端接动脉留置针，另一端连续连接两个三通管，三通管侧端接肝素生理盐水和抽血注射器，尾端通过排血管连接废血瓶。打开输血开关，调节滴速至80~90滴/min。手术护士以4~5ml/min的速度缓慢抽血，每抽20ml全血后注入废血瓶。换血过程中，应注意同步、等量、匀速地抽出和输入血液，并根据生命体征动态调整换血速度，一般控制全程在90~120分钟，中途可遵医嘱适量推入肝素生理盐水保持管路通畅。

（2）全自动换血：由输血泵控制输血通路，设置温度。连接抽血通路，将两个三通管一端接输液泵管，接废血袋；另一端接患儿动脉通路。准确调节出血与输血的速度，肝素生理盐水速度，并在输液泵上设置好换血总量。打开三通，开始换血，注意观察抽出和输入血量是否相等，并根据生命体征调整换血速度。

8. 换血过程中严格无菌操作，严密观察患儿的面色、反应及生命体征变化，每5分钟监测血压一次。监测血糖情况，维持血糖正常。换血至总量的1/2时复查血气、血常规、电解质及血清胆红素。

9. 换血完毕后，正压封管，协助患儿取舒适卧位。

10. 操作后核对。

11. 整理用物，洗手，记录，记录开始换血时间、抽血量、输入血量及累计出入量。遵医嘱复查血标本等。

【注意事项】

1. 换血指征　①母婴有ABO血型不合或Rh血型不合，产前确诊为溶血病；②出生时有胎儿水肿，脐血总胆红素>68μmol/L（4mg/dl），明显贫血（脐带血Hb<120g/L）；③血清胆红素

在足月儿>342μmol/L（20mg/dl），早产儿体重在1 500g者>256μmol/L（15ml/dl），体重1 200g者>205μmol/L（12mg/dl）；④ 有早期核黄疸症状者。

2. 在换血开始前、术中、换血结束时均需测定血胆红素，并根据需要检查其他生化项目，以判断换血效果及病情变化。换血过程中患儿如有激惹、心电图改变等低钙症状时，可缓慢推注稀释后的葡萄糖酸钙补钙治疗。

3. 保持静脉通路通畅，以免因输血或推注钙剂外渗导致组织肿胀、皮肤坏死。

【换血后护理】

1. 保持呼吸道通畅，换血后应先禁食4~6小时，4小时后可遵医嘱试喂糖水，若无呕吐，可进行正常喂养。

2. 拔出动脉留置针后须按压针眼5~10分钟，严密观察有无渗血，防止血肿发生。

（贺琳晰）

学习小结

本章介绍了儿科常见的护理技术，包括婴儿抚触、儿童喂养、儿童动/静脉采血技术、儿童静脉输液技术、婴幼儿灌肠法、温箱及光照疗法、换血疗法。阐述了各项操作的目的、护理评估、用物准备等，重点介绍了操作步骤及注意事项。儿科护理技术的熟练程度直接决定了儿科护理服务的质量。在儿科护理服务中，应采取有效沟通及人文关怀举措、不断提升技术操作水平，减轻患儿创伤及疼痛，不断改善患儿及其家庭的就医感受。

复习
参考题

（一）选择题

1. 光照疗法最常见的不良反应是
   A. 发热
   B. 低钙血症
   C. 青铜症
   D. 溶血
   E. 皮疹

2. 下列有关婴儿灌肠目的的描述，**不正确**的是
   A. 解除便秘，减轻腹胀
   B. 清洁肠道，为检查或手术做准备
   C. 高热患儿降温

D. 使用镇静剂
E. 减慢肠道蠕动，减轻中毒

3. 护士调节早产儿暖箱的湿度是
   A. 25%~35%
   B. 35%~45%
   C. 45%~55%
   D. 55%~65%
   E. 65%~75%

4. 下列关于婴儿抚触操作的描述，**不合理**的是
   A. 调整适宜的环境温湿度

B. 抚触过程中观察婴儿的反应

C. 抚触顺序是头面部→胸部→背部→腹部→上下肢→臀部

D. 注意与患儿的语言交流

E. 与患儿进行目光交流

5. 患儿体重5kg，术前禁食，遵医嘱留置胃管一枚，护士应选择几号胃管

A. 6F

B. 8F

C. 10F

D. 12F

E. 14F

答案：1. A；2. E；3. D；4. C；5. B

（二）简答题

1. 使用温箱保暖的患儿，符合哪些条件可以出温箱？

2. 简述换血的指征及操作注意事项。

第六章 新生儿及新生儿疾病患儿的护理

第一节 新生儿分类

学习目标

知识目标	1. 掌握新生儿的分类方法。 2. 熟悉新生儿各类型命名的定义。 3. 了解高危儿的定义。
能力目标	能够运用所学知识为新生儿及其家庭实施整体护理和健康教育。为新生儿家庭提供信息及心理支持。
素质目标	培养护生爱护新生儿，关注新生儿健康的职业精神。

新生儿（neonate，newborn）指从脐带结扎至生后满28天的婴儿。围产期（perinatal period）通常是指从妊娠28周至生后7天。包括了产前、产时和产后三个阶段，国际上常以围产儿和新生儿死亡率作为一个国家卫生保健水平的衡量标准。根据不同的方法，新生儿通常分为以下几类。

（一）根据胎龄分类

1. 足月儿（**full-term infant**） 是指胎龄37周至42周（259~293天）的新生儿。

2. 早产儿（**pre-term infant**） 是指胎龄<37周（<259天）的新生儿。

3. 过期产儿（**post-term infant**） 是指胎龄≥42周（≥294天）的新生儿。

（二）根据出生体重分类

1. 低出生体重儿（**low birth weight neonate**） 是指出生体重<2 500g的新生儿。其中，体重<1 500g者称为极低出生体重儿（very low birth weight neonate）；体重<1 000g者称为超低出生体重儿（extremely low birth weight neonate）。低出生体重儿常见于早产儿或小于胎龄儿。

2. 正常出生体重儿（**normal birth weight neonate**） 是指出生体重为2 500~4 000g的新生儿。

3. 巨大儿（**giant neonate**） 是指出生体重>4 000g的新生儿。

（三）根据出生体重与胎龄关系分类（图6-1-1）

1. 小于胎龄儿（**small for gestational age，SGA**） 是指出生体重在同胎龄儿平均出生体重的第10百分位以下的新生儿。

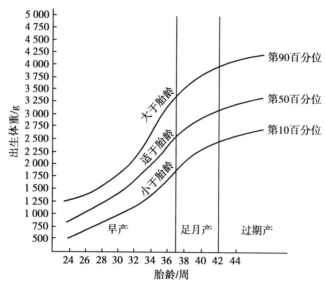

▲ 图6-1-1　新生儿命名与胎龄及出生体重的关系

2. **适于胎龄儿**（appropriate for gestational age，AGA）　是指出生体重在同胎龄儿平均出生体重的第10~90百分位之间的新生儿。

3. **大于胎龄儿**（large for gestational age，LGA）　是指出生体重在同胎龄儿平均出生体重的第90百分位以上的新生儿。

（四）根据出生后周龄分类

1. **早期新生儿**（early newborn）　是指出生后1周内的新生儿，也属于围生儿。通常也是新生儿发病率与死亡率最高的时期。

2. **晚期新生儿**（late newborn）　是指出生后2周至4周末的新生儿。

（五）高危儿

高危儿（high risk infant）是指已发生或可能发生危重状况而需要密切监护的新生儿。通常包括以下情况：

1. **母亲疾病史**　母亲患有糖尿病、高血压、感染、吸烟、酗酒史，曾经有死胎史及母亲为Rh阴性血型等。

2. **母亲异常妊娠史**　母亲年龄>40岁或<16岁，孕期有阴道流血、妊高征、先兆子痫、胎膜早破、前置胎盘等。

3. **异常分娩史**　难产、急产、产程延长、使用产钳，分娩过程中使用镇静和止痛药物等。

4. **出生时有异常**　早产儿、巨大儿、窒息、脐带绕颈、宫内感染和先天畸形等。

第二节　正常足月儿的特点及护理

<table>
<tr><td rowspan="3">学习目标</td></tr>
</table>

学习目标

知识目标	1. 掌握足月儿的定义。 2. 熟悉足月儿的外观与生理特点，足月儿的几种特殊生理状态。 3. 了解足月儿预防感染的方法。
能力目标	能够运用所学知识为足月儿及其家庭实施整体护理和健康教育。为新生儿家庭提供信息及心理支持。
素质目标	培养护生爱护足月儿，关注足月儿健康的职业精神。

正常足月儿（normal full-term infant）是指胎龄37~42周，出生体重2 500~4 000g，身长在47cm以上，无畸形和疾病的活产婴儿。

【特点】

（一）外观特点

正常新生儿皮肤红润，皮下脂肪饱满，毳毛少。头大（占全身比例1/4）。头发分条清楚，耳壳软骨发育好，耳舟成形。乳腺结节>4mm，足纹遍布足底。男婴睾丸已降至阴囊，女婴大阴唇覆盖小阴唇。指、趾甲达到或超过指、趾端。

（二）生理特点

1. 呼吸系统　胎儿肺内充满液体。在产道娩出过程，受到挤压，约1/3~1/2肺液由口鼻挤出，其余在建立呼吸后被肺间质内毛细血管及淋巴管吸收。由于呼吸中枢发育不成熟，呼吸频率较快，安静时约40次/min。胸廓呈圆桶状，肋间肌薄弱，胸廓运动较浅，主要靠膈肌的升降运动带动呼吸，呈腹式呼吸。

2. 循环系统　胎儿娩出后血液循环动力学发生巨大变化：① 胎盘-脐血循环终止；② 因呼吸的建立和肺膨胀，肺血管阻力降低，肺血流增加；③ 从肺静脉回流到左心房的血量增加；④ 体循环压力增加，使卵圆孔、动脉导管功能性关闭。新生儿心率波动较大，90~160次/min。足月儿平均血压70/50mmHg（9.3/6.7kPa）。

3. 消化系统　足月儿出生时吞咽功能已完善，但食管下端括约肌松弛，胃呈水平位，幽门括约肌较发达，故新生儿易出现溢奶、呕吐现象。新生儿消化道面积较大，管壁薄、通透性高，有利于吸收。消化道能分泌足够的消化酶，但淀粉酶到生后4个月才能达到成人水平，故不宜过早喂食淀粉类食物。生后24小时内开始排胎粪，2~3天排完。胎粪由胎儿肠道分泌物、胆汁及咽下的羊水等组成，呈墨绿色。如果超过24小时未排胎粪，应检查是否存在肛门闭锁或其他消化道畸形。

4. 泌尿系统　新生儿肾小球滤过率低，浓缩功能差，故不能有效地处理过多的水和溶质，容易出现水肿或脱水。新生儿一般在生后24小时内开始排尿，如果超过48小时未排尿，应检查原因。

5. **血液系统** 足月儿出生时血红蛋白约为170g/L，血红蛋白中胎儿血红蛋白（HbF）占70%~80%，5周后降至55%左右，逐渐被成人型血红蛋白（HbA）取代。血容量为80~100ml/kg。由于胎儿肝脏维生素K储存量少，凝血因子Ⅱ、Ⅶ、Ⅸ、Ⅹ活性较低。

6. **神经系统** 新生儿头围相对较大，出生后头围生长速率为每月1.1cm，至生后40周左右逐渐减缓。脊髓相对较长，其末端在第3、4腰椎下缘。足月儿大脑皮质兴奋性低，睡眠时间长，每天睡眠达21~22小时。新生儿已具备原始反射：觅食反射、吸吮反射、握持反射、拥抱反射、交叉伸腿反射。出生3~7天后听觉增强，触觉、温度觉灵敏，痛觉较钝。

7. **体温调节** 新生儿体温调节中枢发育不完善，皮下脂肪较薄，体表面积相对较大，容易散热。新生儿主要靠棕色脂肪产热。当产后环境温度低于宫内温度，散热增加，生后1小时内体温可降低2.5℃，如果不及时保温，可出现低体温、硬肿症。如果外界温度过高，新生儿通过皮肤蒸发水分散热，容易导致体内水分不足，血液浓缩而发热，称为"脱水热"。中性温度（neutral temperature）系指机体维持正常体温所需的代谢率和耗氧量最低时的环境温度。新生儿的中性温度与胎龄、出生后日龄及出生体重有关。

8. **能量及体液代谢** 新生儿出生后1周内每天基础热能耗量为50~70kcal/kg（209.2~313.8kJ/kg），随后增至每日总热能为100~120kcal/kg（418~502kJ/kg）。新生儿体液总量占体重的70%~80%。出生后第一天需要液体量为60~100ml/kg，以后每日增加30ml/kg，直至每日150~180ml/kg。足月儿需要钠量1~2mmol/（kg·d），10天后钾需要量为1~2mmol/（kg·d）。

9. **免疫系统** 免疫球蛋白IgG可以通过胎盘屏障从母体中获得，故新生儿对一些传染病如麻疹，有免疫力而不易感染。IgA和IgM不易通过胎盘屏障，因而新生儿易患细菌感染，尤其是革兰氏阴性菌感染，如大肠埃希菌感染。由于T细胞免疫功能低下，白细胞的吞噬功能较弱，也容易引起新生儿感染。

10. **几种常见的生理状态**

（1）生理性体重下降：新生儿出生后由于水分丢失较多、入量少及胎粪的排出等，出现体重下降，一般不超过10%，10天左右恢复到出生体重。

（2）生理性黄疸：参照本章第七节。

（3）"马牙"和"螳螂嘴"："马牙"是指在口腔上腭中线和齿龈部位，有黄白色、米粒大小的颗粒，是由于上皮细胞堆积或黏液腺分泌物积留形成，数周后可自然消退。"螳螂嘴"是指两侧颊部各有一个隆起的脂肪垫，有利于吸吮，不可挑破，以免感染。

（4）乳腺肿大、假月经：男女新生儿生后4~7天均可能出现乳腺肿大，2~3周消退。部分女婴在生后5~7天出现阴道少许血性分泌物或大量非脓性分泌物，1周左右消失。是由于母体的雌激素进入胎儿体内，在出生后突然中断所致。

（5）新生儿红斑及粟粒疹：生后1~2天，在新生儿的头部、躯干及四肢出现大小不等的斑丘疹，称为"新生儿红斑"，1~2天后自然消退。也可在鼻尖、鼻翼、颜面形成米粒大小的黄白色皮疹，称为"粟粒疹"，是由于皮脂腺堆积的原因，可自然消退。

【常见护理诊断/问题】

1. 有误吸的危险　与呛奶、呕吐有关。

2. 有体温失调的危险　与体温调节中枢发育不完善有关。

3. 有感染的危险　与新生儿免疫功能低下和皮肤黏膜屏障功能不足有关。

【护理措施】

（一）保持呼吸道通畅

在新生儿娩出时开始呼吸前尽快吸尽口、鼻腔及呼吸道分泌物，以免引起吸入性肺炎。吸奶后保持新生儿头高足低位，以免呕吐引起误吸。

（二）维持体温正常

1. 保暖　新生儿娩出后应立即用预热好的毛巾抹干身体。根据季节采取各种保暖措施，使新生儿处于中性温度，减少散热，维持正常体温。室温维持在22~24℃，相对湿度在55%~65%。出生后24小时内监测体温4次，24小时后每天测体温2次，有异常按要求监测体温。

2. 合理喂养　为保证充足的营养，生后半小时即可抱给母亲喂奶，以促进乳汁分泌，并可防止低血糖。随后可按需喂奶，吃完后应将婴儿抱起轻拍背1~2分钟，排出胃内空气，或者抬高床头30°，以防呕吐。

（三）预防感染

1. 严格执行消毒隔离制度　工作人员入病室前更换清洁工作服、鞋，洗手，护理每1个新生儿前后均应洗手。每天空气消毒2次。工作人员或新生儿如有感染性疾病应立即隔离，防止交叉感染。

2. 皮肤护理　足月儿每天沐浴1次，保持皮肤清洁。勤换尿片，每次大便后用温水清洗臀部，防止红臀及尿布皮疹发生。

3. 脐部护理　保持脐部的清洁、干燥，注意脐部不可被尿液或粪便污染。脐带一般在3~7天脱落，观察脐部有无渗血、渗液、红肿等。如有渗液可选用过氧化氢清洗后，再用0.2%~0.5%碘伏消毒，如果有肉芽组织，可用硝酸银烧灼局部。

（四）健康教育

1. 鼓励母乳喂养　鼓励母亲坚持母乳喂养，促进母婴感情，保证婴儿营养供给。

2. 按时做好筛查　一般是在出生后第3天进行遗传代谢病筛查。早产儿、高危儿增加听力及视网膜检查，为早期发现、早期诊断、早期治疗提供依据。

第三节 早产儿的特点及护理

学习目标

知识目标	1. 掌握早产儿的定义；早产儿的生理特点。 2. 熟悉早产儿的外观特点。 3. 了解早产儿保暖、喂养及预防感染的方法。
能力目标	能够运用所学知识为早产儿及其家庭实施整体护理和健康教育。为早产儿家庭提供信息及心理支持。
素质目标	培养护生爱护早产儿，关注早产儿健康的职业精神。

早产儿（pre-term infant）是指胎龄小于37周（<259天）的新生儿。体重大多在2 500g以下。

【特点】

（一）外观特点

早产儿身长通常小于47cm，皮肤绛红，皮下脂肪薄，毳毛多。头占全身比例达1/3。头发细而乱，耳壳软，耳舟未成形。乳腺结节<4mm，足纹少。男婴睾丸未降至阴囊，女婴大阴唇不能覆盖小阴唇。指/趾甲未达到指/趾端。

（二）生理特点

1. 呼吸系统　由于呼吸中枢及呼吸器官发育不成熟，以及红细胞内缺乏碳酸酐酶，碳酸分解为二氧化碳的数量减少，因而不能有效刺激呼吸中枢等原因。早产儿的呼吸浅促不规律，常会出现呼吸暂停。如气流停止时间≥20秒，心率下降至<100次/min。因肺表面活性物质少，易发生呼吸窘迫综合征（respiratory distress syndrome，RDS）。同时由于肺发育不成熟，容易发生气道高压、合并感染及炎性损伤而致支气管肺发育不良（bronchopulmonary dysplasia，BPD）。

2. 循环系统　早产儿心率较快，血压较足月儿低，部分可伴有动脉导管未闭。

3. 消化系统　因食管下部胃贲门括约肌松弛，胃呈水平位，幽门括约肌较发达，易溢乳或呕吐。由于早产儿的各种消化酶含量较低，胆酸分泌较少，对脂肪的消化吸收较差。在缺氧或喂养不当时易导致坏死性小肠炎。同时由于肝糖原储存不足，蛋白质的合成能力较差，容易出现低血糖及低蛋白血症。

4. 泌尿系统　由于早产儿肾脏浓缩功能较差，排钠增多，容易导致低钠血症。葡萄糖的阈值较低，容易出现糖尿。碳酸氢根阈值低及肾小管的排酸能力不足，在使用含酪蛋白较高的牛乳喂养时，容易出现代谢性酸中毒。

5. 血液系统　早产儿的血容量为85~110ml/kg。由于早产儿红细胞生成素较低，"生理性贫血"出现较早。而且由于维生素K、维生素D缺乏，容易出现佝偻病。

6. 神经系统　早产儿神经系统成熟程度与胎龄有关，胎龄愈小，原始反射愈不完全。另外，由于早产儿的脑室管膜下存在丰富的胚胎生发层，易发生脑室周围-脑室内出血。

7. 体温调节 早产儿的体温调节中枢发育更加不成熟，皮下脂肪薄，尤其是棕色脂肪少，产热不足，而早产儿体表面积大，散热较快，易导致体温不升，常出现硬肿症。

8. 免疫系统 早产儿皮肤娇嫩易损伤，皮肤的屏障功能差。IgG含量低，T细胞免疫功能低下，易发生各种感染。

【常见护理诊断/问题】

1. 体温过低 与体温调节功能差、产热不足、散热增加有关。

2. 有误吸的危险 与呕奶有关。

3. 营养失调：低于机体需要量 与吸吮、吞咽反射差、消化功能低有关。

4. 自主呼吸障碍 与呼吸中枢发育不完善、呼吸肌无力有关。

5. 有感染的危险 与早产儿免疫功能低下有关。

【护理措施】

（一）维持体温正常

根据早产儿的体重、成熟程度及病情，给予相应的保温措施。如果体重低于2 000g者，应尽量置于温箱保暖，温度根据体重、出生天数调整（表6-3-1）。体重大于2 000g者，可给予毛巾、棉被包裹，加强保暖，降低耗氧量及散热。尽量减少暴露的机会。维持室温在24~26℃，相对湿度在55%~65%。

▼ 表6-3-1 不同出生体重新生儿温箱温度及湿度参考

体重/kg	温度				湿度
	35℃	34℃	33℃	32℃	
1.0	≤10d	>10d	>3周	>5周	
1.5	—	≤10d	>10d	>4周	55%~65%
2.0	—	≤2d	>2d	>3周	
>2.5	—	—	≤2d	>2d	

（二）防止误吸

由于早产儿吸吮及吞咽协调功能差，可采用管饲喂养。喂奶后尽量减少搬动患儿。喂养后抬高床头，右侧卧位，防止胃食管反流引起窒息。喂奶的量以不发生胃潴留和呕吐为止，早产儿胎龄愈小，喂奶的量愈少。

（三）合理喂养

尽量早吸吮，早喂奶。以母乳喂养为宜，如果无法母乳喂养者，用早产儿配方奶。根据出生体重合理安排喂奶的量与间隔时间（表6-3-2）。早产儿由于缺乏维生素K，应及时补充维生素K。

▼ 表6-3-2 早产儿喂入量与间隔时间

出生体重/g	<1 000	1 000~1 499	1 500~1 999	2 000~2 500
开始奶量/ml	1~2	3~4	5~10	10~15
每天隔次增加奶量/ml	1	2	5~10	10~15
间隔时间/d	1	2	2~3	3

（四）维持有效呼吸

保持呼吸道通畅，早产儿在仰卧位时，可在肩下垫软枕，避免颈部弯曲，扩大呼吸道角度，有利于呼吸。及时吸出呼吸道分泌物，痰液黏稠时，可行雾化后再吸痰，应掌握吸痰的压力，防止损伤呼吸道黏膜。有低氧血症者，可给予吸氧，维持动脉氧分压6.7~9.3kPa（50~70mmHg），或经皮血氧饱和度为88%~93%为宜。但应控制吸氧的浓度及时间，以防出现视网膜病变。

由于早产儿的病情变化快，常出现呼吸暂停，应严密观察生命体征的改变。还应观察早产儿的精神反应、肌张力、皮肤颜色等。

（五）预防感染

医务人员应严格遵守消毒隔离制度。每次接触早产儿前后要洗手或用快速手消毒液消毒手部，避免交叉感染。做好患儿衣服、床单元及用品的消毒，所有用物一人一用。做好皮肤护理、脐部护理。将感染及非感染患儿分开收治。尽量缩短各种管道留置的时间，防止发生管道相关性感染。加强环境消毒。

（六）健康教育

早产儿母亲常因对孩子的生命安危产生一定焦虑与不安，对照顾患儿的能力产生怀疑与担忧，需要医务人员的耐心指导与心理支持。鼓励母亲参与照顾，指导合理的喂养、正确的沐浴方法等。同时为早产儿提供发展性的照顾。

知识拓展 | **发展性照顾**

发展性照顾（developmental care）是20世纪80年代在美国、日本、中国台湾等国家和地区发展起来的一种新生儿护理新理念，根据每个早产儿的不同情况，采取个性化护理，尽可能排除环境中妨碍其生长发育的因素，并创造更良好的环境，注重患儿行为上的呼唤及环境对生长发育的影响，使刺激适度。主要措施包括：模拟宫腔环境温度、鸟巢式护理、降低噪声及光线刺激、增加母婴接触、抚触、袋鼠式照顾方式、减少疼痛刺激、提供充足的睡眠等。通过发展性照顾，早产儿体重增长明显，住院时间缩短，住院费用减少，生存能力增强，从而真正提高早产儿的存活质量。

第四节 新生儿窒息的护理

学习目标

知识目标	1. 掌握新生儿窒息的临床表现、常见护理诊断/问题及相应的护理措施。 2. 熟悉新生儿窒息的概念、分类、病因及治疗原则。 3. 了解新生儿窒息的病理生理。
能力目标	能够运用所学知识为窒息患儿及其家庭实施整体护理和健康教育，为窒息新生儿家庭提供信息及心理支持。
素质目标	培养护生爱护患儿，关心窒息患儿健康的职业精神。培养护生主动学习相关知识，帮助窒息患儿的父母解决所需。

新生儿窒息（asphyxia of newborn）是胎儿发生宫内窘迫，或在分娩过程或分娩后因各种病因不能建立正常呼吸，缺氧导致低氧血症及全身多器官功能障碍，是围生期新生儿死亡和伤残的重要原因之一。

【病因及发病机制】

凡是足以造成母体和胎儿间血液循环和气体交换障碍，使血氧浓度降低的任何因素皆可导致新生儿窒息。其原因可分以下三个方面：

（一）产前原因

1. 孕母因素　妊娠糖尿病、妊娠高血压、严重贫血、妊娠毒血症、急慢性传染病等感染性疾病，使胎盘血液灌注减少，引起胎儿缺氧。

2. 子宫因素　多胎及羊水过多、过少，巨大儿，使子宫过度膨胀；子宫痉挛出血，妨碍胎盘供血。

3. 胎盘因素　胎盘早剥、胎盘发育不良、胎盘钙化、前置胎盘等影响胎盘血循环。

4. 脐带因素　脐带发育不良、脐带绕颈、打结脱垂、扭转，使脐带血流中断。

（二）产时原因

1. 产伤　产程延长、急产、产力异常、羊膜早破、头盆不称及各种异常分娩，如产钳臀位、内回转术处理不当，使胎儿颅腔受压，引起脑组织水肿、出血，而抑制呼吸中枢。

2. 药物影响　分娩过程中应用麻醉药或镇静剂、催产药不妥，而抑制胎儿呼吸中枢。

3. 新生儿呼吸系统先天畸形　如肺不张、肺发育不良、自发性气胸、食管气管瘘等。

（三）产后原因

1. 误吸　分娩后，由于新生儿气道分泌物未及时清除，新生儿吸入羊水、胎粪等物质，或者新生儿胃内容物反流，导致气体交换障碍。

2. 气道受压　新生儿由于体位不当，导致气道或胸部受压或挤压，造成新生儿不能有效呼吸。

【病理生理】

窒息的本质是缺氧。当胎儿缺氧时，胎动增加，呼吸运动加深，心率一过性加快，逐渐减慢。严重时可导致心力衰竭、血压降低、肛门括约肌松弛，胎粪排出污染羊水。或由于新生儿出生后未能建立正常的呼吸，肺泡塌陷，气体交换功能受损，导致缺氧。随着PCO_2升高，PO_2和pH迅速下降，血液分布发生了变化，肠、肾、肌肉及皮肤的血管收缩，减少供血，以保证心、脑、肾上腺等重要器官的供血。病理改变主要为缺氧、呼吸性酸中毒、代谢性酸中毒，引起器官的充血和出血，胸膜、心包膜、肾上腺、脑及脑膜均受累，常有脑水肿和出血。

【临床表现】

1. 宫内窒息　胎动异常，前期胎动频繁，胎心率增快≥160次/min；后期胎动减少，胎心率变慢<100次/min。

2. Apgar评分　在新生儿出生后1分钟、5分钟、10分钟进行Apgar评分（表6-4-1），Apgar评分0~3分为重度窒息，4~7分为轻度窒息，8~10分为正常。若生后5分钟Apgar评分<7分，应在5分钟后再评一次；或者生后1分钟Apgar评分8~10分而数分钟后又降到7分及以下者亦属窒息。

▼ 表6-4-1　新生儿Apgar评分标准

体征	评分标准			1min	5min
	0分	1分	2分		
皮肤颜色	青紫或苍白	躯干红、四肢紫	全身红润		
心率/（次·min^{-1}）	无	<100	>100		
弹足底或插鼻管反应	无反应	有些动作，如皱眉	哭，喷嚏		
肌张力	松弛	四肢略屈曲	四肢活动		
呼吸	无	慢，不规则	正常，哭声响		

3. 各器官表现　受损的表现与缺氧的严重程度密切相关。

（1）循环系统：心率、血压下降，末梢循环差。

（2）呼吸系统：呼吸从加速到后期减慢，甚至呼吸停止。肺动脉高压、羊水吸入综合征。

（3）泌尿系统：肾功能受损，尿量减少。

（4）中枢神经系统：缺氧缺血性脑病，颅内出血。

（5）消化系统：应激性溃疡或坏死性小肠结肠炎。肝功能受损，病理性黄疸加重。

（6）代谢情况：代谢性酸中毒，低血糖，电解质紊乱。

【辅助检查】

血气分析可显示呼吸性酸中毒或代谢性酸中毒，当胎儿血pH≤7.25时，提示胎儿有严重缺氧，需准备各种抢救措施。出生后应多次监测pH、$PaCO_2$和PaO_2，作为应用碱性溶液和供氧的依据。完善生化检查：监测血糖、血电解质、血尿素氮及肌酐等。

【治疗要点】

1. 预防及积极治疗孕母疾病

2. 早期预测　估计胎儿娩出后有窒息危险时，应充分做好准备工作，包括人员、仪器、物品等。

3. 及时复苏 按ABCDE复苏方案。A（airway）：清理呼吸道；B（breathing）：建立呼吸，增加通气；C（circulation）：维持正常循环；D（drug）：药物治疗；E（evaluation and environment）：评价和环境（保温）。

知识拓展 | **新生儿复苏**

新生儿心肺复苏是帮助和保障新生儿平稳过渡的重要生命技术支持技术。

随着临床实践及科学研究的不断进展，一些复苏操作要点及证据不断更新。以下为2022年中国新生儿复苏指南。

产前咨询，组成团队，检查物品

出生

足月吗？
羊水清吗？
肌张力好吗？
哭声或呼吸好吗？ —— 是 →

常规护理：
新生儿和母亲在一起
彻底擦干
母婴皮肤接触
保暖和维持正常体温
延迟脐带结扎

A 保暖和维持正常体温
摆正体位，清理气道（必要时）
擦干和刺激

呼吸暂停或喘息样呼吸？
心率<100次/min？ —— 否 → 呼吸困难或持续紫绀？
                                    ↓是
                              摆正体位，清理气道
                              脉搏血氧饱和度监测
                              必要时常压给氧
                              考虑持续气道正压通气

B 正压通气
脉搏血氧饱和度监测
考虑使用3-导联心电监测

心率<100次/min？ —— 否 → 复苏后护理和监护
↓是

检查胸廓运动
需要时矫正通气步骤
需要时气管插管或喉罩气道

心率<60次/min？
↓是

C 气管插管
胸外按压与正压通气配合，100%氧
使用3-导联心电监测
考虑紧急脐静脉置管

心率<60次/min？
↓是

D 静脉注射肾上腺素
若心率持续<60次/min
考虑低血容量
考虑气胸

出生后导管前目标血氧饱和度	
1min	60%~65%
2min	65%~70%
3min	70%~75%
4min	75%~80%
5min	80%~85%
10min	85%~90%

▲ 新生儿复苏流程图

4. 复苏后处理 评估和监测呼吸、心率、血压、尿量、肤色、经皮氧饱和度及窒息所致的神经系统症状等，注意维持内环境稳定，控制惊厥，治疗脑水肿。

【常见护理诊断/问题】

1. 气体交换受损 与胎粪吸入、气道分泌物吸入有关。

2. 有感染的危险 与免疫功能低下、污染的羊水吸入、气管插管有关。

3. 有颅内出血的危险 与钳产导致头部产伤有关。

【护理措施】

（一）尽快恢复有效气体交换功能

1. 复苏准备 包括用物及抢救团队。

2. 快速评估 迅速实施心肺复苏。

3. 复苏后监护 密切监测生命体征、神志及血氧饱和度等。

4. 观察 监测重要脏器受损的表现：观察患儿神经系统表现，有无双眼凝视、四肢抖动、肌张力改变、颅内压增高等；有无腹胀、胃潴留、便血等坏死性小肠结肠炎表现等；了解肾功能情况。

5. 体位 患儿取头高位，抬高头肩部，保持呼吸道的通畅。

6. 给予氧疗 复苏后供氧模式按照病情选择，维持 PaO_2 60~80mmHg，$PaCO_2$ 40~60mmHg，pH 7.35~7.45。

7. 记录 患儿出生时情况，抢救过程，复苏后情况。

（二）预防感染

1. 做好保护性隔离 严格执行手卫生。工作人员要穿入室衣、鞋，正确执行手卫生。

2. 严格执行探视制度 平时使用探视摄像头，如出现病情变化或康复期，可适当安排直系亲属探视，探视人员须穿一次性隔离衣、戴隔离帽、戴一次性口罩、套鞋套，洗手后方可入室探视，拒绝有传染性疾病的亲属探视。

3. 环境消毒 病房每6小时使用空气消毒机消毒空气，每次30分钟。

4. 监测患儿体温 每4小时测体温，观察末梢循环情况，如体温异常、末梢循环异常应及时处理。

5. 做好基础护理 予2%碳酸氢钠溶液口腔护理每天两次，予0.5%安尔碘脐部护理每天两次，每次大小便后做好臀部皮肤护理，如发现有鹅口疮、臀红、脐部发红、异常分泌物等异常情况及时报告医生并进行处理。

6. 药物预防 如有胎粪污染羊水或宫内窘迫者需使用抗生素预防感染。

（三）防止颅内出血，及时发现并正确处理颅内出血

1. 绝对静卧 保持安静，减少声、光干扰，避免对患儿的移动与刺激，各种操作集中进行，动作轻、稳、准。

2. 体位管理 头肩部抬高15°~30°，头偏向一侧，以保持头呈正中位，防止压迫颈部大血管。

3. 病情观察 观察患儿是否出现兴奋或抑制或兴奋与抑制交替的症状与体征，如烦躁、脑性

尖叫、肌张力增高、抽搐、呼吸增快或嗜睡、肌张力低下、呼吸抑制等。

4. 止血剂及镇静剂的应用 根据病情需要，正确使用止血剂及镇静剂，并观察用药后反应。

（四）健康教育

做好患儿母乳喂养宣教，及出院后定期复查，追踪患儿生长发育情况。提供心理及信息支持。

第五节 新生儿呼吸窘迫综合征的护理

学习目标

知识目标	1. 掌握新生儿呼吸窘迫综合征的定义、病因；新生儿呼吸窘迫综合征的临床表现、常见护理诊断/问题及相应的护理措施。 2. 熟悉新生儿呼吸窘迫综合征的治疗要点。 3. 了解新生儿呼吸窘迫综合征的病理生理。
能力目标	能够运用所学知识为呼吸窘迫综合征新生儿及其家庭实施整体护理和健康教育。为窒息新生儿家庭提供信息及心理支持。
素质目标	培养护生爱护新生儿，关注呼吸窘迫患儿健康的职业精神。鼓励护生主动学习相关知识，帮助患儿父母树立战胜疾病的信心。

案例导入与思考

患儿，男，胎龄29周，体重1 500g，因胎膜早破剖宫产娩出，出生后3小时，出现呼吸困难，并呈进行性加重，呼吸急促。

体格检查：呼吸80次/min，呼气性呻吟，吸气时三凹征明显，肌张力低下，心音减弱。

辅助检查：血气分析结果：$PaO_2 < 50mmHg$（6.7kPa），$SaO_2 < 80\%$。胸片提示两肺透明度降低，支气管充气，肺野呈"白肺"症状。

请思考：

1. 该患儿目前主要的护理诊断/问题是什么？

2. 首先应进行的处理原则是什么？

3. 针对该患儿的病情应配合医生采取哪些护理措施？

4. 患儿母亲及家长对孩子的病情非常焦虑，作为管床护士如何进行心理支持。

新生儿呼吸窘迫综合征（respiratory distress syndrome，RDS）又称肺透明膜病（hyaline membrane disease，HMD），是由于肺表面活性物质（pulmonary surfactant，PS）缺乏导致。临床表现为出生后不久即出现进行性呼吸困难和呼吸衰竭。多见于早产儿，胎龄越小，发病率越高。

【病因与发病机制】

PS是由Ⅱ型上皮细胞合成并分泌的一种磷脂蛋白复合物。PS的作用是覆盖在肺泡表面，降低肺泡表面张力，防止呼气末肺泡萎陷，以保证功能残气量。PS在孕18~20周开始产生，35~36周迅速增加，故早产儿胎龄愈小，PS量也愈少。糖尿病母亲所生的新生儿由于其血中的高胰岛素能拮抗肾上腺皮质激素对PS合成的促进作用，故其发生RDS的概率比正常增加5~6倍。剖宫产、窒息及低体温、前置胎盘、胎盘早剥等因素，均可导致PS合成减少，另外由于PS基因变异或缺陷，使PS的功能障碍，发生RDS的风险增加。

【病理生理】

早产儿由于功能肺泡量少，气体交换功能差；胎龄愈小，PS的量愈低，使肺泡表面张力增加，呼吸末功能残余气量降低，肺泡容易萎陷。表现为肺顺应性下降，气道阻力增加，通气/血流降低，气体弥散障碍，从而导致缺氧，以及缺氧所导致的代谢性酸中毒；此外通气功能障碍可引起呼吸性酸中毒。缺氧及酸中毒使肺毛细血管通透性增加，液体渗出，肺间质水肿和肺纤维蛋白沉着于肺表面形成嗜伊红透明膜，进一步加重气体弥散障碍，加重缺氧及酸中毒的产生，形成恶性循环。

【临床表现】

1. 呼吸困难 患儿多于出生后6小时内出现呼吸急促，并呈进行性加重>60次/min。随后出现呼吸不规则，吸气性三凹征，呼气呻吟，青紫。最后可发展为呼吸暂停。听诊两肺呼吸音减低，可闻及细湿啰音；在生后2~3天最严重，72小时后好转。

2. 低氧血症 血气分析出现PaO_2下降，$PaCO_2$升高，pH降低。

3. 神经系统改变 随着缺氧加重，患儿可出现反应减弱，肌张力下降或消失，哭声弱或意识丧失等。

4. 循环系统改变 心率增快或减慢，心前区搏动增强，胸骨左缘第2肋间可听到收缩期或连续性杂音。

【辅助检查】

1. 实验室检查

（1）泡沫试验：取胃液1ml加入95%酒精1ml，振荡15秒后静置15分钟后观察试管液面周围泡沫环的形成。无泡沫为（－），表示PS缺乏，肺未成熟，易发生RDS；泡沫少于1/3试管周围为（＋），泡沫多于1/3试管周围为（＋＋），表示已有一定量PS，但肺成熟度不够；试管周围一圈或双层有泡沫为（＋＋＋），表示PS较多，肺已成熟。

（2）肺成熟度判定：分娩前进行羊水穿刺，测定羊水中磷脂（lecithin，L）/鞘磷脂（sphingomyelin，S）的比值，判断肺的成熟程度。若L/S≥2，则表示肺已发育成熟，否则为未成熟。

（3）血气分析：PaO_2降低，$PaCO_2$升高，pH降低。

2. X线检查 是目前确诊该病的最佳手段。两肺呈透明度下降，可见细颗粒状网状影；可见清晰充气的树枝状支气管；严重时肺野呈白色。

【治疗要点】

1. 纠正缺氧 根据患儿情况，轻者可选用鼻导管、面罩吸氧，重者可选用持续气道正压（continuous positive airway pressure，CPAP）吸氧或者气管插管、机械通气等。

2. PS替代治疗 可明显降低RDS病死率及气胸发生率，改善肺顺应性和换气功能。临床常用的表面活性物质有3种：天然制剂、人工制剂、混合制剂。如制剂为固体制剂，应将制剂溶于生理盐水，然后采用不同体位（仰卧、左侧、右侧、再仰卧位各1/4）从气管插管内滴入。一旦确诊，尽快经气管内注入肺内，越早用药，效果越好。可多次用药。用药前彻底清理呼吸道分泌物，用药后6小时内避免清理呼吸道，以保证药效。

3. 维持酸碱平衡 严重代谢性酸中毒使用5%碳酸氢钠治疗，治疗呼吸性酸中毒以改善通气为主。

4. 支持治疗 放在温箱或辐射式抢救台保暖，维持皮肤温度在36.5~37.5℃。保证液体和营养的供应，但补液量不宜过多，以免导致动脉导管开放。

5. 防治肺部感染 应用青霉素或头孢菌素等抗生素预防和治疗肺部感染。

6. 关闭动脉导管 可通过保证肺氧合及限制液体量、维持适当的呼气末正压通气（positive end expiratory pressure，PEEP），减少左向右分流等保守治疗。部分患儿可口服吲哚美辛或布洛芬等环氧化酶抑制剂，促进PDA关闭；手术结扎是关闭PDA的最后方法。

【护理评估】

1. 健康史 了解母亲妊娠期情况；患儿出生情况，包括胎龄、体重、分娩方式，有无窒息史等；出生时Apgar评分情况。

2. 身体状况 评估患儿在生后4~6小时内呼吸情况，有无呼吸窘迫，例如：呼吸急促（>60次/min）、鼻翼扇动、呼气时呻吟、吸气时呈三凹征、发绀，并呈进行性加重。严重时可出现呼吸浅促、不规律、肌张力下降、呼吸暂停甚至出现呼吸衰竭，肺部可闻及湿啰音。评估患儿的意识、氧合、心律、内环境酸碱平衡等情况。评估血生化、胸部X线等辅助检查结果。

3. 心理-社会状况 评估家长对新生儿呼吸窘迫综合征知识的了解程度，了解家长的心理反应，有无母婴分离性焦虑，社会支持情况。评估母亲及家庭成员对治疗的理解及支持程度。

【常见护理诊断/问题】

1. 气体交换受损 与肺泡缺乏PS致肺泡萎陷、换气功能障碍有关。

2. 自主呼吸障碍 与PS缺乏导致肺不张、呼吸困难有关。

3. 营养失调：低于机体需要量 与摄入量不足有关。

4. 有电解质失衡的危险 与代谢紊乱有关。

5. 有感染的危险 与免疫功能低下有关。

【预期目标】

1. 患儿气体交换功能改善。

2. 患儿能进行有效呼吸。

3. 患儿能获得充足的营养。

4. 患儿电解质平衡保持在正常范围。

5. 患儿感染得到有效预防。

【护理措施】

（一）保持呼吸道通畅

1. 打开气道　新生儿仰卧时肩部垫一软枕，头稍后仰，使其气道打开。

2. 清除呼吸道分泌物　必要时可给予雾化吸入，稀释痰液。有条件的患儿可采用密闭式吸痰，以减少血氧、血压、心率的变化。推荐使用浅吸痰法（气管内吸痰法），避免对气道的损伤及加重缺氧。

3. 防止反流　患儿体位抬高头肩部15°，防止反流性窒息。

（二）合理给氧

使 PaO_2 维持在 50~70mmHg，SaO_2 维持在 90%~94% 之间，避免氧中毒。做好病情观察及血氧监测，保证吸氧的有效性。

1. 面罩供氧　面罩的选择必须与小孩的头围大小合适，太小不利于 CO_2 排出，太大容易漏氧，降低吸氧浓度。氧流量不少于5L/min为宜。

2. 持续气道正压通气（CPAP）　使有自主呼吸的患儿在整个呼吸周期都接受高于大气压的气体，增加肺残余气量，防止肺泡萎陷。可用呼吸机CPAP供氧，也可用简易鼻塞瓶装法。

3. 机械通气　在使用CPAP疗效不明显者，应考虑采用机械通气法（conventional mechanical ventilation，CMV），包括间隙正压通气（intermittent positive pressure ventilation，IPPV）及PEEP。

（三）合理喂养

保证营养供给，根据体重计算每天所需的热量。不能吸乳者，可用管饲法或静脉营养，需要静脉营养的患儿，尽量避免使用外周静脉，防止液体外渗，可采用PICC输入，严格控制液体的渗透压及总量、速度等。每次喂养后，均需密切观察患儿喂养耐受情况：有无腹胀、呕吐等。

（四）维持电解质酸碱平衡

定时监测血气及血液生化情况，关注电解质酸碱平衡，合理安排输液顺序及输注速度，防止低钠、低钾的发生。

（五）预防感染

严格执行消毒隔离制度，接触患儿前后均应洗手，病室环境每天消毒两次或采用空气净化。患儿的用物均需严格按照消毒隔离要求处理。

（六）健康教育

让家长了解各治疗的方法及进程，减轻家长的焦虑，取得配合，指导家长相关的照顾知识。指导家长定时复查，及生长发育追踪观察。

【护理评价】

1. 经过治疗及护理，患儿是否能有效进行气体交换。

2. 患儿是否能恢复有效呼吸，维持正常氧合。

3. 患儿是否获得合理的喂养。

4. 患儿是否能维持正常电解质平衡。

5. 患儿感染是否得到有效预防。

第六节　新生儿缺氧缺血性脑病的护理

学习目标

知识目标	1. 掌握新生儿缺氧缺血性脑病的临床表现、常见护理诊断/问题及相应的护理措施。 2. 熟悉新生儿缺氧缺血性脑病的概念、病因及治疗原则。 3. 了解新生儿缺氧缺血性脑病的病理生理。
能力目标	能够运用所学知识为缺氧缺血性脑病新生儿及其家庭实施整体护理和健康教育。为缺氧缺血性脑病新生儿家庭提供信息及心理支持。
素质目标	培养护生爱护新生儿，关注新生儿健康及新生儿家庭社会支持的职业精神。

新生儿缺氧缺血性脑病（hypoxic-ischemic encephalopathy，HIE）是指由于在围生期缺氧窒息导致的脑缺氧缺血性损害，包括特征性的神经病理及病理生理过程，并在临床上出现一系列脑病的表现，部分儿童可留有不同程度神经系统后遗症。

【病因与发病机制】

1. 缺氧　围产期窒息、反复呼吸暂停、呼吸系统疾病、右向左分流型先天性心脏病等。

2. 缺血　失血或严重贫血，心跳停止或严重的心动过缓、心力衰竭或周围循环衰竭等引起机体氧合状态不良的疾病。

【病理生理】

1. 血流动力学改变　当缺氧发生时，体内各器官血流重新分布，以保证脑组织血液供应；如果缺氧未改善或继续加重，出现代偿机制丧失，脑血流灌注减少，供应大脑半球的血流减少，以保证丘脑、脑干和小脑的灌注，此时，大脑皮质矢状旁区及白质将受到损伤。同时缺氧及酸中毒可导致脑血管自主调节功能下降，脑血管的缩舒功能减弱或消失，形成压力性的血流改变，当脑血流压力过大时引起脑毛细血管破裂，而当缺血时可引起缺血性损伤。

2. 脑组织生化代谢改变　缺氧时无氧糖酵解增加、乳酸堆积，容易导致低血糖和代谢性酸中毒。ATP的产生减少，细胞膜上的钠泵及钙泵功能不足，导致钠钙离子的转运失调，使脑细胞膜的完整性受损。

3. 神经病理学改变　神经病理学改变以皮质梗死及深部灰质核坏死，尤其是早产儿则以脑室周围出血及白质病变为主。

【临床表现】

以意识改变及肌张力变化为主，严重者可伴有脑干功能障碍。根据意识、肌张力、原始反射、有无惊厥、病程及预后不同可分为轻、中、重3度。

1. 轻度　表现为兴奋、易激惹，拥抱反射活跃，肌张力正常，前囟平，未出现惊厥。症状一般在72小时消失，预后较好。

2. 中度　表现为嗜睡、反应迟钝，肌张力低下，可出现惊厥。前囟张力正常或稍高，拥抱反射和吸吮反射减弱，瞳孔缩小，对光反应迟钝。症状在72小时内明显。如果患儿嗜睡程度加重或者昏迷，抽搐则提示病情加重，可能有后遗症。

3. 重度　意识不清，常处于昏迷状态，肌张力低下，肢体自发动作消失，反复出现抽搐或呼吸暂停。前囟张力高，瞳孔不等大或对光反射消失，心率减慢。死亡率高，存活者多有后遗症。

【辅助检查】

1. 化验检查

（1）血清肌酸磷酸激酶同工酶：正常值<100U/L，脑组织受损时升高。

（2）神经元特异性烯醇化酶：正常值<6μg/L，神经元受损时血浆中此酶活性升高。

（3）脑损伤的严重程度：无围生期窒息史时，需要排除其他疾病引起的脑病时可采用此法，可行脑脊液常规、生化及脑特异性肌酸激酶检测。

2. 脑电图　可反映脑损害严重程度、判断预后，以及有助于惊厥的诊断。表现为脑电活动延迟、异常放电、背景活动异常。

3. 脑影像学检查

（1）B超：对基底神经节、脑室及其周围出血具有较高的敏感性。

（2）CT：有助于了解颅内出血的范围和类型，检查时间为生后4~7天为宜。

（3）磁共振成像：对脑灰质与白质的病变分辨率高，对脑损伤的判断敏感性高。

【治疗要点】

1. 支持疗法

（1）保证通气功能：保持使PaO_2>60~80mmHg，$PaCO_2$及pH在正常范围。可根据情况给予不同的吸氧方式、机械通气、NO吸入等。但应避免PaO_2过高或$PaCO_2$过低。

（2）维持脑及全身的血流灌注：可使用多巴胺或多巴酚丁胺。

（3）维持正常的血糖值：提供神经细胞代谢所需的能量。但应避免高血糖。

2. 控制惊厥　首选苯巴比妥，首剂量为20mg/kg，在15~30分钟内静脉滴入，如果效果不好，可在1小时后增加10mg/kg，每日维持剂量为3~5mg/kg。地西泮（安定）的作用时间短，起效快，在使用苯巴比妥疗效不理想时可以加用，但应观察抑制呼吸的现象。

3. 治疗脑水肿　控制液体的入量，每日液体的总量不能超过60~80ml/kg。在颅内压增高时，使用呋塞米利尿，每次0.5~1mg/kg静脉推注。严重者选用20%甘露醇滴注，每次0.25~0.5g/kg。

4. 亚低温治疗　采用人工诱导的方法将体温下降2~4℃，减少脑组织的基础代谢。可采用冰敷头部的方法降温，保护脑细胞。亦可采用全身亚低温治疗，于发病的6小时内进行，持续时间为72小时。

5. **改善预后** 加强新生儿后期的治疗、追踪及早期干预。包括保护脑细胞治疗、早期的康复治疗，降低致残率。

【常见护理诊断/问题】

1. **低效性呼吸型态** 与缺氧缺血所致的呼吸中枢损害有关。

2. **有脑组织灌注无效的危险** 与脑缺氧缺血引起脑血流灌注不足有关。

3. **有废用综合征的危险** 与缺氧缺血导致的后遗症有关。

【护理措施】

（一）合理给氧，提升氧合

及时清理呼吸道分泌物，保持呼吸道通畅。按照病情的需要给予合适的吸氧方式，例如：面罩吸氧、鼻导管吸氧及机械通气等。应观察吸氧效果，缺氧症状是否改善。

（二）保护脑组织，降低脑缺血

1. **密切观察病情变化** 严密观察患儿的呼吸、心率、血氧饱和度等，观察患儿的神志、瞳孔、肌张力、前囟的改变，有无抽搐等症状。

2. **亚低温治疗的护理**

（1）降温：可采用循环水冷却法在头部进行降温，水的起始温度为10~15℃。在体温降至35.5℃时开始躯体保暖，脑室温度下降至34℃时保持30~90分钟。

（2）维持：维持72小时的低温治疗。但应避免体温下降引起的硬肿症，做好躯体的保温工作，肤温控制在35~35.5℃。

（3）复温：复温宜逐渐进行，复温时间应>5小时。复温速度每小时≤0.5℃，当肛温达到35℃时，可持续2~3小时再继续复温。避免体温升高过快引起低血容量性休克、高血钾、凝血功能障碍、血糖紊乱、惊厥或低血压，复温过程应采用肛温监测，并监测生命体征、神经系统症状和体征。如出现上述情况应暂停复温，维持原来温度至少4小时或直至症状缓解，然后再开始复温治疗。

（4）监测：在整个亚低温的治疗过程中，给予持续的心电血氧监护、肛温监测及每小时血压监测。同时观察患儿有无出现惊厥、抽搐，观察各种反射、末梢循环情况。如果出现心率过慢或心律失常，应报告医生。尽量减少搬动患儿，保持安静。避免臀部抬得太高，以免引起颅内压改变。

（三）早期干预，降低废用综合征风险

早期给予患儿动作训练和感知觉刺激训练，有助于促进脑功能的恢复。指导家长掌握早期的康复干预措施，以取得配合，增加康复信心。出院后对患儿进行每个月1次的早期随访至半年后，每季度至半年的随访至3岁，进行指导及纠正康复干预措施。

（四）健康教育

让家长了解出院后早期康复的方法，指导家长相关的照顾知识。指导家长定时复查，生长发育追踪观察，减轻家长的焦虑。

第七节 新生儿颅内出血的护理

学习目标

知识目标	1. 掌握新生儿颅内出血的临床表现、常见护理诊断/问题及相应的护理措施。 2. 熟悉新生儿颅内出血的概念、病因及治疗原则。 3. 了解新生儿颅内出血的病理生理。
能力目标	能够运用所学知识为颅内出血新生儿及其家庭实施整体护理和健康教育。为颅内出血新生儿家庭提供信息及心理支持。
素质目标	培养护生尊重爱护新生儿，关注颅内出血患儿健康的职业精神。培养护生主动学习颅内出血的相关知识，帮助患儿父母树立治疗信心。

案例导入与思考

患儿，男，2日龄，因"脐血pH低，生后31分钟"入院。患儿系 G_1P_1，胎龄 40^{+1} 周，产前有宫内窘迫，顺产娩出，羊水清，脐带绕颈1周，脐血pH 7.167，Apgar评分1分钟8分（肤色、肌张力各扣1分），5分钟10分，出生体重4.06kg，身长53cm。第2天开始出现皮肤黄染。

体格检查：T 36.6℃，HR 132次/min，R 45次/min，BP 78/52mmHg。足月成熟儿外貌，皮肤轻度黄染，双眼结膜下出血，有激惹，前囟隆起、软，无尖叫、惊厥，抽搐，四肢肌张力稍高。

辅助检查：TCB(血清胆红素)：10.2mg/dl；大便常规：转铁蛋白阳性，大便潜血阳性；尿常规：尿蛋白（+/-），尿RBC（+）；CT图像提示有室管膜下出血。

请思考：

1. 该患儿哪些症状、体征和辅助检查提示新生儿颅内出血的可能？
2. 该患儿目前主要的护理诊断/问题是什么？
3. 针对该患儿应采取哪些护理措施？

新生儿颅内出血（intracranial hemorrhage of the newborn）是由于缺氧或产伤引起，早产儿发病率较高，是新生儿期最严重的脑损伤。病死率高，存活者常有后遗症。

【病因与发病机制】

1. 产伤 由于胎位不正，胎头过大或漏斗骨盆、产程延长等因素使胎儿头部受压过长，或使用产钳、吸引器等使胎头机械损伤。

2. 缺氧缺血 由于缺氧缺血、高碳酸血症等易引起脑血管的被动性压力血流，脑血流量增高而致毛细血管破裂。

3. 早产 胎龄小于32周的早产儿，其脑室周围的室管膜下及小脑软膜下的颗粒层存在胚胎生发层基质，该组织为一个未成熟的血管网，当脑血流改变时，可导致毛细血管破裂。

4. 其他　新生儿的肝功能不成熟，凝血因子不足，容易引起颅内出血。

【病理生理】

根据出血部位不同，临床上分为以下几型，不同部位出血其病理改变不一样。

1. 脑室周围-脑室内出血　由于新生儿脑血管自主调节功能不完善，当各种原因引起的颅内压力改变或脑血流不稳定时，使脑血流迅速加快或减少。加之早产儿管室膜下的基质毛细血管丰富、血管走向不规则、血管壁薄，当脑血流涨落>10%时，血管过度扩张或舒张，引发出血。临床上以梗阻性脑积水、白质损伤、脑梗死及生发基质损伤为主要病理改变。

2. 原发性蛛网膜下腔出血　缺氧、酸中毒及低血糖及产伤等因素，引起血管通透性改变，导致蛛网膜下毛细血管内的血液外渗。

3. 硬脑膜下出血　常因产伤或产程延长等机械性损伤硬膜下血窦及附近血管，常累及上矢状窦、下矢状窦、直窦和横窦，甚至大脑镰、小脑幕撕裂性损伤。

【临床表现】

1. 常见症状　主要与出血的部位与出血的量有关。

（1）神志改变：兴奋、激惹、嗜睡、昏迷等。

（2）呼吸改变：呼吸不规律，增快或变慢，甚至出现呼吸暂停。

（3）颅内压增高表现：前囟隆起、尖叫、惊厥、抽搐、角弓反张。

（4）眼部症状：凝视、斜视、眼球上转困难、眼球震颤。

（5）瞳孔对光反射：反射消失或不对称。

（6）肌张力：肌张力先增高，以后逐步减弱、消失。

（7）其他：贫血、黄疸。

2. 不同部位颅内出血的临床表现

（1）脑室周围-脑室内出血：多见于早产儿。胎龄越小，发生率越高。根据CT图像分为4级：Ⅰ级：室管膜下出血；Ⅱ级：脑室内出血；Ⅲ级：脑室内出血伴有脑室扩大；Ⅳ级：脑室内出血伴有脑实质出血。一般在出生后3天内出现，常见症状为拥抱反射消失，肌张力低下，表情淡漠或呼吸暂停。Ⅰ~Ⅱ级，出血量小，症状较轻，预后较好；Ⅲ~Ⅳ级病情进展快，可在数分钟至数小时内意识状态从迟钝变为昏迷，呼吸暂停，心动过缓，甚至死亡。存活率仅为50%，并有后遗症。

（2）原发性蛛网膜下腔出血：出血的原发部位在蛛网膜下腔内，较常见。主要原因可为缺氧、酸中毒、产伤等，预后较好。表现是在生后第2天出现间歇性抽搐、惊厥，出血量少者症状较轻，大量出血者可在数小时内死亡。

（3）硬膜下出血：多为产伤性出血。出血量少时可无症状，出血量大时，可在出生后24小时出现惊厥、偏瘫、斜视等症状。严重的天幕、大脑镰撕裂和大脑表浅静脉破裂可在出生后数小时内死亡。

（4）小脑出血：多发生于早产儿。严重者除一般症状外，主要表现脑干症状，如频繁呼吸暂停、心动过缓等，预后较差。

【辅助检查】

影像学检查：颅脑B超、CT、MRI等检查有助于诊断及预后判断。脑脊液检查也有助于诊断是否存在颅内高压或颅内出血。

【治疗要点】

1. 止血 可选用维生素K、酚磺乙胺、巴曲亭等。

2. 镇静止痉 选用苯巴比妥、地西泮等。

3. 降低颅内压 有颅内高压者用呋塞米。出现呼吸不规律、叹息样呼吸等中枢性呼吸衰竭者可用小剂量甘露醇。

4. 支持疗法 保持患儿安静，尽可能避免搬动、刺激患儿，维持正常的PaO_2、$PaCO_2$、pH、渗透压及灌注压。

5. 外科治疗 对脑室内或蛛网膜出血者可行腰椎穿刺。如有梗阻性脑积水者，可行脑室、腹腔分流术。

【护理评估】

1. 健康史 了解母亲的妊娠史、分娩史，了解母亲孕期健康情况，母亲是否有高血压、凝血功能障碍等，了解胎儿宫内情况、分娩方式、分娩过程，以及患儿生后Apgar评分情况。出生后医疗、护理过程有无不当行为，例如过度通气、快速输注高渗液体等。

2. 身体状况 评估患儿的生命体征及神经系统症状：意识、肌张力及瞳孔改变，有无出现抽搐、惊厥等症状，有无呕吐、贫血等。

3. 心理–社会状况 了解家长对新生儿颅内出血治疗护理的信息需求，心理、情绪表现。了解患儿家庭经济负担、生活环境及社会支持状况。母亲的产后康复及心理、情绪状况。

【常见护理诊断/问题】

1. 低效性呼吸型态 与呼吸中枢损害有关。

2. 有窒息的危险 与惊厥、抽搐有关。

3. 有废用综合征的危险 与出血导致的后遗症有关。

4. 体温失调 与体温中枢受损有关。

【预期目标】

1. 患儿能维持有效呼吸。

2. 患儿惊厥、抽搐得到有效控制，未出现窒息。

3. 患儿颅内出血得到有效控制，尽量减少或不出现与疾病相关的废用综合征。

4. 患儿体温维持在正常范围内。

【护理措施】

（一）合理给氧

注意用氧的浓度与时间，足月儿维持血氧饱和度在85%~95%即可，早产儿90%~94%。避免长时间、高浓度的给氧导致氧中毒。如有呼吸衰竭者，需气管插管、机械通气。确保管道通畅、固定良好，防止堵管或脱管。

（二）防止惊厥与抽搐

绝对卧床，减少不必要的刺激，尽量减少搬动患儿头部，所有操作集中进行，减少反复穿刺。注意保持环境的安静，减少噪声，必要时给予镇静剂。及时清除呼吸道分泌物，保持呼吸道通畅，在惊厥或抽搐发作时，注意安全，防止误吸、窒息。

（三）密切观察病情变化

注意观察生命体征、神志、瞳孔、血氧变化。密切观察呼吸型态。如果出现前囟饱满或隆起，提示颅内压增高。注意观察体温变化，如果体温不升或高热，提示病情危重，应做好抢救准备。正确使用止血剂，减轻出血，减少出现废用综合征的风险。

（四）维持体温正常

保持体温正常，密切监测体温变化，防止体温过低或过高波动剧烈，导致颅内出血加重。体温过高时采用物理降温，体温过低时加强保暖，可采用温箱或辐射式抢救台保暖，并调节适宜的环境温度、湿度。

（五）健康教育

向家长解析治疗的方案及进程，减轻家长的焦虑症状，取得配合。有后遗症的患儿，应指导家长掌握康复训练方法，效果判断，随访计划等。给予必要的心理支持与咨询。

【护理评价】

1. 评价经过治疗及护理，患儿是否维持有效呼吸。

2. 评价患儿是否出现惊厥与抽搐。

3. 评价是否及时处理出血，预防及减轻废用综合征的发生。

4. 评价患儿体温是否维持在正常范围。

第八节　新生儿黄疸的护理

学习目标

知识目标	1. 掌握新生儿黄疸的临床表现、常见护理诊断/问题及相应的护理措施。 2. 熟悉新生儿黄疸的概念、分类、病因及治疗原则。 3. 了解新生儿黄疸的病理生理。
能力目标	能够运用所学知识为黄疸新生儿及其家庭实施整体护理和健康教育。为黄疸新生儿家庭提供信息及心理支持。
素质目标	培养护生爱护新生儿，关注新生儿健康及社会支持的职业精神。有主动学习新生儿黄疸护理知识的态度。

新生儿黄疸（neonatal jaundice）是因胆红素在体内积聚引起的皮肤或其他器官黄染。可分为生理性及病理性，严重者可导致中枢神经损害，产生胆红素脑病。

【新生儿黄疸的分类】

（一）生理性黄疸

由于新生儿胆红素代谢特点，50%~60%的足月儿和80%的早产儿出现生理性黄疸。足月儿生后2~3天出现黄疸，4~5天达高峰，5~7天消退，最迟不超过2周，黄疸的程度较轻，先见于面部、颈、巩膜，然后遍及躯干及四肢，胎粪都呈黄色，一般无症状，脐血血清总胆红素（TSB）＜42.7μmol/L（2.5mg/dl），24小时内＜102.6μmol/L（6mg/dl），48小时内＜153.9μmol/L（9mg/dl），72小时以内及以后＜220.6μmol/L（12.9mg/dl）。早产儿生后3~5天出现黄疸，黄疸程度较足月儿重，消退也较慢，可延长至2~4周。24小时TSB＜136.8μmol/L（8mg/dl），48小时内＜205.2μmol/L（12mg/dl），72小时内＜256.5μmol/L（15mg/dl）。

（二）病理性黄疸

新生儿黄疸出现下列情况之一时要考虑为病理性黄疸：① 生后24小时内出现黄疸，TSB＞102.6μmol/L（6mg/dl）；② 足月儿TSB＞220.6μmol/L（12.9mg/dl），早产儿或低体重儿TSB＞255μmol/L（15mg/dl）；③ 血清结合胆红素＞26μmol/L（1.5mg/dl）；④ TSB每天上升＞85μmol/L（5mg/dl）；⑤ 黄疸持续时间较长，足月儿超过2周，早产儿超过4周，或进行性加重。对病理性黄疸应积极查找病因。

【病因与发病机制】

1. 感染性

（1）新生儿肝炎：由于母亲在怀孕期间感染了巨细胞病毒、乙型肝炎、风疹、单纯疱疹等，通过胎盘屏障传染给胎儿或分娩时产道感染。

（2）新生儿败血症及其他感染：由于细菌感染，其毒素加快了红细胞的破坏所致。

2. 非感染性

（1）新生儿溶血症：可分为ABO血型不合及Rh血型不合导致的溶血病，ABO血型不合多为母亲O型，新生儿A型或B型。Rh血型不合主要发生在Rh阴性母亲和Rh阳性胎儿。

（2）胆道闭锁：多数见于胎儿宫内病毒感染导致胆管炎、胆管闭锁，结合胆红素排泄障碍。

（3）母乳性黄疸：约1%的母乳喂养的新生儿会出现黄疸，非结合胆红素升高。在停止母乳喂养后3天，黄疸下降可诊断。

（4）遗传性疾病：葡萄糖6-磷酸脱氢酶（G6PD）、丙酮酸激酶和己糖激酶缺陷均可影响红细胞正常代谢。

（5）药物性黄疸：某些药物如磺胺类、水杨酸盐、维生素K_3等，可与胆红素竞争Y、Z蛋白的结合点，影响胆红素的代谢。

【病理生理】

当患儿饥饿、缺氧、脱水、酸中毒、感染或颅内出血时，使红细胞破坏加速，胆红素的生成过多，肝细胞处理胆红素的能力减弱，肝肠循环增加，则使黄疸加重。Rh溶血可引起胎儿重度贫血，由于重度贫血、低蛋白血症和心力衰竭可导致全身水肿。骨髓外造血增加，可出现肝、脾大。血清未结合胆红素增高，可透过血-脑屏障，使基底核黄染、坏死，发生胆红素脑病，多留有后遗症。

【临床表现】

1. 黄疸　Rh溶血比ABO溶血的症状严重，出生后24小时内进展迅速，以未结合胆红素为主，如果溶血严重，可造成胆汁淤积，结合胆红素亦升高。

2. 贫血　Rh溶血者在生后即可出现严重贫血、水肿或心力衰竭。

3. 肝脾大　Rh溶血者多有不同程度的肝脾增大，ABO溶血患儿则不明显。

4. 胆红素脑病　一般在生后4~7天出现，临床分为4期：警告期、痉挛期、恢复期、后遗症期。约有50%的患儿因呼吸衰竭或DIC死亡，存活者多有后遗症。

【辅助检查】

1. 血型检测　检查母子ABO血型及Rh血型，证实是否存在血型不合。

2. 确定有无溶血　溶血时红细胞和血红蛋白减少，早期新生儿血红蛋白<145g/L，网织红细胞增高（>6%），有核白细胞增多（>10/100个白细胞）。血清胆红素增高。

3. 致敏红细胞和血型抗体测验　改良直接抗人球蛋白试验（Coombs）、红细胞抗体释放试验阳性是新生儿溶血的确诊试验，而血清中游离抗体试验可提示是否继续溶血。

【治疗要点】

1. 产前治疗　可采用提前分娩、血浆置换、宫内输血。

2. 新生儿治疗　包括光照疗法、药物治疗、换血疗法，以及防止低血糖、低体温、纠正酸中毒、贫血、水肿和心力衰竭等。

【常见护理诊断/问题】

1. 皮肤颜色异常　与胆红素浓度增高有关。

2. 潜在并发症：胆红素脑病。

【护理措施】

（一）降低胆红素浓度

1. 密切观察病情　观察皮肤、巩膜色泽、大便颜色、神志、反应，如果出现拒乳、呕吐、烦躁、惊厥、肌张力减低、嗜睡等胆红素脑病的早期症状，应立即通知医生，做好抢救准备。

2. 喂养　因饥饿使胆红素产生增加，早期喂养可减少胆红素的肝肠循环，故建议早期喂养，在新生儿吸吮无力时，应给予少量多餐或管饲喂养。

3. 实施光照疗法　对于病理性黄疸的患儿，应尽快实施光照疗法。光照疗法的护理措施如下：

（1）光疗前的准备：①检查灯管是否全亮，灯管的使用时间要<1 000h，灯管及反射板的清洁度，防止灰尘影响光照强度，温度传感器是否处于功能状态，开机进行预热；②室温调节到22~24℃，按照患儿的胎龄、体重、出生日龄调节箱温；③检查全身皮肤，是否有伤口，头皮是否有血肿。进行皮肤清洁，皮肤上忌涂油及爽身粉，以免影响照射效果，患儿全身皮肤裸露，用尿布遮盖会阴部，佩戴遮光眼罩，尽可能增加照射皮肤面积，修剪指甲，戴防护手套，以防光疗期间患儿因哭闹或烦躁时抓破皮肤。

（2）光疗过程中的护理：① 每2小时测体温，每1小时监测箱温1次。如体温高于37.8℃或低于35℃，暂时停止光疗。所有操作尽量在箱内进行，避免受凉；② 双面光疗时一般采用仰卧位，如单面蓝光照射时，为使患儿皮肤广泛均匀照射，采用仰卧、侧卧、俯卧等体位交替更换，每2小时翻身1次；③ 随时观察患儿眼罩、尿片有无脱落，皮肤是否完整；④ 保证水分和营养供给，奶间增加喂水1次，详细记录出入量；⑤ 观察有无发生光疗的不良反应，如呼吸暂停、发热、腹泻、呕吐、皮疹、青铜症及抽搐等，应通知医生考虑暂停光疗；⑥ 遵医嘱予白蛋白和酶诱导剂，纠正酸中毒，以利于胆红素和白蛋白的结合，减少胆红素脑病的发生；⑦ 观察黄疸消退情况，每天监测皮肤胆红素变化；⑧ 每班记录箱温及箱内湿度。

（3）光疗后护理：停止光疗时，应检查患儿全身皮肤完整性，做好保暖措施。出箱后清洁消毒光疗设备，记录出箱时间及灯管使用时间。

（二）预防核黄疸（胆红素脑病）的发生

1. 光疗及补充水分 对于光照疗法效果不明显者，须立即进行换血疗法，并补充足够的液体，增加胆红素的排出及防止光疗时水分的丢失过多。

2. 加快排泄 遵医嘱给予白蛋白和酶诱导剂，纠正酸中毒，有利胆红素和白蛋白结合，促进胆红素的排泄。

3. 控制输液速度 防止短时间内输入高渗液体，使血-脑脊液屏障开放，导致胆红素进入脑组织。

4. 健康教育 向家长介绍治疗的过程与效果，取得配合。如果是母乳性黄疸，可隔次喂母乳，逐步过渡至正常喂母乳，严重者可暂停母乳至黄疸消退。指导家长慎用容易导致溶血的药物。出院后1周进行随访追踪。

第九节　新生儿感染性疾病的护理

学习目标

知识目标	1. 掌握新生儿感染性疾病的临床表现、常见护理诊断/问题及相应的护理措施。 2. 熟悉新生儿感染性疾病的概念、分类、病因及治疗原则。 3. 了解新生儿感染性疾病的病理生理。
能力目标	能够运用所学知识为感染性疾病新生儿及其家庭实施整体护理和健康教育。为感染性疾病新生儿家庭提供信息及心理支持。
素质目标	培养护生爱护新生儿，关注新生儿健康的职业精神。培养护生主动学习新生儿感染性疾病护理的态度。

一、新生儿败血症患儿的护理

新生儿败血症（neonatal septicemia）指细菌侵入血液循环，并生长、繁殖、产生毒素并发生全身炎症反应综合征。

【病因与发病机制】

1. 病原菌　我国以金黄色葡萄球菌多见，其次为大肠埃希菌。随着近年来留置针、气管插管等技术的广泛使用，表皮葡萄球菌、铜绿假单胞菌、克雷伯菌等条件致病菌引起的感染逐渐增多。

2. 感染途径　新生儿败血症的感染途径分为产前、产时、产后。产前感染与孕妇的感染有关，通过羊膜腔感染。产时感染与胎儿通过产道时感染有关，例如胎膜早破、产程延长、产伤等。产后感染与脐部、皮肤黏膜及呼吸道、消化道感染有关。

3. 自身因素　新生儿由于IgG主要来自母体，早产儿胎龄愈小，含量愈少。IgM、IgA不能通过胎盘屏障，体内含量低，对G^-易感。同时由于皮肤、脐部等屏障功能较差，补体、中性粒细胞储备不足，吞噬、杀菌力不强等，易致全身感染。

【病理生理】

感染或非感染因素侵袭机体后，体内产生炎症介质和细胞毒素，如肿瘤坏死因子α（TNF-α）、白介素-1（IL-1）、白介素-6（IL-6）、白介素-8（IL-8）等激活粒细胞，造成内皮细胞损伤，血小板黏附，进一步释放自由基和脂质代谢物，并在体内形成连锁反应，引起组织细胞损伤和全身炎症反应，随着疾病的进展，最后发生多系统器官功能衰竭。

【临床表现】

出生后7天内起病为早发型，出生后7天后发病为晚发型。早期症状为反应差、嗜睡、发热或体温不升。有时表现为黄疸、出血倾向、休克、呕吐、腹胀，甚至出现呼吸衰竭、DIC等。可合并肺炎、脑膜炎、坏死性小肠结肠炎等。

【辅助检查】

1. 外周血检查　白细胞总数$<5\times10^9$/L或$>20\times10^9$/L、杆状核细胞/中性粒细胞数≥0.16，出现中毒颗粒、血小板计数$<100\times10^9$/L有诊断价值。

2. 细菌培养　血培养、脑脊液培养或咽拭子、脐带残端培养阳性。

3. 急相蛋白检测　C反应蛋白、触珠蛋白升高。

【治疗要点】

1. 合理选用抗生素　早期、联合、足量应用抗生素，保证充足的疗程，血培养阳性者，疗程需10~14天，有并发症者需要治疗3周以上。注意观察用药的毒副作用。

2. 处理严重并发症　休克时可输新鲜血浆或全血，及时纠正酸中毒及低氧血症。

3. 清除感染病灶　及时查找可能引起感染的病灶，处理脐部、皮肤感染灶。

4. 支持治疗　注意维持正常体温、供氧，提供足够的热能及液体。纠正电解质紊乱。

【常见护理诊断/问题】

1. 体温失调　与感染有关。

2. 营养失调：低于机体需要量　与反应差、拒奶有关。

3. 有电解质失衡的危险　与心力衰竭、中毒性脑病、中毒性肠麻痹等有关。

4. 潜在并发症：化脓性脑膜炎、感染性休克、DIC。

【护理措施】

（一）维持体温正常

1. 密切观察体温变化　每天监测体温4~6次，体温超过38℃时，可给予物理降温，头部垫冷水枕，多喂水，松解衣被或调节温箱温度等。如果新生儿出现四肢发凉、体温不升时，应加强保暖。调节合适的室温及湿度。

2. 妥善处理局部病灶　及时处理如脐部、皮肤、口腔感染病灶，避免感染加重。

（二）合理喂养

根据新生儿的消化功能情况，少量多餐，必要时给予管饲喂养、静脉营养。观察新生儿的残余奶量，有无腹胀及肠鸣音情况，早期发现坏死性小肠炎的症状。

（三）合理安排输液

注意输液速度不宜过快，并注意观察药物的毒副作用。抗生素需现配现用。及时监测血气及生化指标，合理安排输液次序，及时纠正水、电解质、酸碱平衡。

（四）密切观察病情变化

观察新生儿的面色、四肢温度、反应等，如果患儿出现高热、反应差、前囟门隆起、呕吐、肌张力高等症状，应警惕并发化脓性脑膜炎的发生。如出现脸色青灰、吃奶反应差、皮肤发花、四肢厥冷、脉搏细弱等应考虑感染性休克或DIC的可能，及时做好抢救准备。

（五）健康教育

向患儿家长宣教有关败血症的相关知识，及预防感染的方法。指导家长识别新生儿败血症的异常表现，及出院后随访等。

二、新生儿感染性肺炎患儿的护理

新生儿感染性肺炎（neonatal infection pneumonia）是指新生儿在宫内、分娩过程或产后，由细菌、病毒、衣原体等不同病原体感染引起的肺部炎症。

【病因与发病机制】

细菌、病毒、衣原体等都可引起新生儿感染性肺炎。

1. 宫内感染　母亲体内或产道内的病原体（细菌或支原体）经血行通过胎盘感染胎儿，也可能是胎儿吸入污染的羊水产生感染。

2. 分娩过程中感染　胎膜早破24小时以上，孕母产道的细菌上行感染；或者胎儿在分娩过程，通过产道吸入污染的羊水等。

3. 出生后感染　通过与呼吸道患儿接触后感染；也可以因败血症引起的血行感染，及医疗器械、手卫生、气管插管等医源性感染。

【病理生理】

病原菌侵入人体后，产生炎症介质与抗炎因子，两者失衡产生抗蛋白溶解酶，加重组织破坏，促纤维因子增加，使肺纤维化，影响肺泡的气体交换功能，引起低氧血症。当细胞缺氧时，组织对氧的摄入及利用障碍，加之新生儿胎儿血红蛋白高，2,3-DPG低，易造成组织缺氧及酸碱平衡失调，胞质内酶系统受到损害，不能维持正常功能，引起多脏器炎症反应及功能障碍，导致多器官功能衰竭。

【临床表现】

出生时常有窒息史，多在12~24小时出现；产时感染性肺炎需经过一定的潜伏期才发病；产后感染性肺炎则多在生后5~7天发病。主要表现为：反应差、哭声弱、拒奶、口吐白沫、呼吸浅促、发绀、呼吸不规则、体温不稳定，病情严重者出现点头样呼吸或呼吸暂停；严重者出现呼吸衰竭；肺部体征不明显，有的表现为双肺呼吸音粗。合并心力衰竭者心脏扩大、心音低钝、心率快、肝脏增大。常并发DIC、休克、PPHN、肺出血等。

【辅助检查】

1. 血液检查 细菌感染者白细胞总数升高；病毒感染者、体弱者及早产儿白细胞总数降低。

2. X线检查 胸片可见两肺广泛点状浸润影，可融合成片状，大小不一，常伴有肺气肿、肺不张，偶见肺大叶实变，伴有脓气胸、肺脓肿、肺大疱。

3. 病原学检查 取血液、脓液、气道分泌物培养或病毒分离；免疫学方法监测细菌抗原、血清检测病毒抗体及衣原体特异性的IgM等可协助诊断。

【治疗要点】

1. 控制感染 针对病原菌选择合适的抗生素；细菌性肺炎以早用抗生素为宜，静脉给药疗效较佳。原则上选用敏感抗生素，巨细胞病毒肺炎、单纯疱疹病毒性肺炎可选用阿昔洛韦；衣原体肺炎可选用红霉素。

2. 加强呼吸管理 保持呼吸道通畅，注意保暖、合理喂养和氧疗。

3. 胸部物理治疗 包括体位引流，胸部叩击/震动。

【常见护理诊断/问题】

1. 气体交换受损 与肺部感染有关。

2. 体温失调 与感染引起的免疫反应有关。

3. 焦虑（家长） 与缺乏相关疾病知识，担心患儿预后有关。

【护理措施】

（一）保持有效气体交换

1. 保持呼吸道的通畅 保持头部轻度仰伸位，头高位30°，及时清除口鼻腔分泌物，定时翻身、拍背。

2. 合理用氧，改善呼吸功能 根据病情采用鼻导管、面罩等方法给氧，CPAP辅助通气者，保持CPAP各管道通畅、连接紧密。重症并发呼吸衰竭者，给予正压通气。使PaO_2维持在60~80mmHg（7.9~10.7kPa）。

3. 维持酸碱平衡 合并有代谢性酸中毒者，给予碳酸氢钠纠正。

4. 观察病情 注意患儿的反应、呼吸、心率等的变化，作好急救准备。

（二）维持体温正常

1. 维持中性温度 调节合适环境温度及湿度。根据患儿体温设置合适的温箱温度及湿度，定时测量患儿体温。

2. 观察循环情况 患儿肢体温度及末梢循环情况。

3. 合理喂养 补充足够能量及水分，采用管饲奶，喂奶后半小时开放胃管，防止胃内积气，抬高头肩部30°，防止呕吐、误吸。必要时采用静脉营养。

4. 药物治疗 遵医嘱予抗感染治疗。

（三）健康教育与心理护理

1. 讲解新生儿肺炎发生的常见原因、主要临床表现及主要治疗方案与预后。

2. 讲解新生儿发热观察要点及相关预防措施。

3. 安抚家长情绪，帮助家长树立能照顾好患儿的信心。

三、新生儿梅毒患儿的护理

新生儿梅毒（neonatal syphilis）又称先天性梅毒（congenital syphilis）、胎传梅毒，是指梅毒螺旋体由母体经过胎盘进入胎儿血液循环所致的疾病。发病可出现于新生儿期、婴儿期、儿童期。2岁以内为早期梅毒，2岁以上者为晚期梅毒。

【病因与发病机制】

先天性梅毒通过胎盘传播，其感染时间在怀孕4个月后。妊娠早期由于绒毛膜朗罕巨细胞层阻断，母血中的螺旋体不能进入胎儿。妊娠4个月后，朗罕巨细胞层退化萎缩，螺旋体可通过胎盘和脐静脉进入胎儿血液循环。其原因可分以下两个方面：

1. 先天性感染 母亲患有梅毒，通过胎盘传播给胎儿。

2. 后天性感染 分娩过程中，胎儿通过接触患早期梅毒母亲外生殖器的初疮而受染。

【病理生理】

主要病理改变为血管炎，组织坏死和纤维化。先天性梅毒常影响多个脏器。胎盘变大、变硬、色苍白。纤维结缔组织增生，小动脉壁变厚。肝脏体积变大，明显纤维化及髓外造血。肺组织弥漫纤维化，淋巴细胞和巨噬细胞灶性浸润，称为白色肺炎（pneumonia alba）。相似的病变也可出现在脾、胰和心脏。这些脏器的镀银染色切片中可找到梅毒螺旋体。其他有心脏、皮肤受损，骨软骨骨膜炎、骨组织树胶肿、肾炎、间质性角膜炎、脉络膜视网膜炎及慢性脑膜炎等。

【临床表现】

大多数早期梅毒患儿出生时无症状，生后2~3周逐渐出现。如母亲在妊娠早期感染梅毒又未及时治疗，则新生儿发病时间早且病情重。

1. 一般症状 发育差，营养差，皮肤萎缩貌似老人，低热，黄疸，贫血，低血糖，哭声嘶哑，易激惹等。

2. 皮肤黏膜损害 15%先天性梅毒患儿会出现皮肤黏膜损害，即出现鼻炎。鼻流脓、血性分泌物是胎传梅毒最早的症状，后期可出现鼻阻塞、软骨炎、鼻中隔穿孔、马鞍鼻畸形，声音嘶哑，哭泣无声等临床症状。皮疹常于生后2~3周出现，30%~60%的患儿会出现皮肤表现，如水疱、脓疱、红斑、糜烂、皲裂等，主要为暗红色斑丘疹伴皮肤脱屑样改变及出血点，以四肢为主，尤其手心、足心为多见。

3. 骨骼系统损害 约占90%，多发生于生后数周，因剧痛而形成"假瘫"，X线片可见对称性长骨骨骺端横行透亮带。

4. 单核巨噬细胞系统表现 大多数患儿会出现肝大，可出现黄疸、肝功能受损。肱骨内上髁淋巴结肿大是胎传梅毒的重要特征。

5. 中枢神经系统损害 新生儿罕见，多在生后3~6个月时出现急性化脓性脑膜炎样症状，脑脊液中细胞数增加以淋巴为主，血糖正常。

6. 眼损害 早期胎传梅毒可出现三种眼损害：脉络膜视网膜炎、青光眼和葡萄膜炎。

7. 肾脏病变 肾病综合征在2~3个月时出现，伴有水肿、腹水、低蛋白血症、蛋白尿，伴有血尿和管型尿的肾小球肾炎较少见。

8. 其他表现 梅毒性肺炎（白色肺炎）一般不常见；早期胎传梅毒可出现腹泻。

【辅助检查】

出生时胎盘大而苍白是宫内感染的指征。

1. 梅毒螺旋体检查 取早期梅毒皮损表面分泌物等作暗视野显微镜检查，找到有活动能力的苍白螺旋体，即为阳性结果，具有诊断价值。

2. 非梅毒螺旋体血清试验

（1）性病研究实验室试验（venereal disease research laboratories test，VDRL）可作为筛查试验。

（2）婴儿血清RPR或FTA–ABS或TPPA阳性有确诊价值。

（3）荧光螺旋体抗体吸附试验（fluorescent treponema antibody–absorption test，FTA– ABS test）则有助于确诊。

3. X线检查 早期可发现长骨骨软骨膜炎。

【治疗要点】

1. 以早期发现、早期诊断、早期治疗为原则

2. 药物治疗 首选青霉素，且一定要依据不同型的梅毒采取相应的治疗剂型、剂量和疗程，治疗方法为使用足量青霉素。每次5万U/kg，静脉滴注，12小时1次，7天后改为8小时1次，再用2周。神经梅毒者：240万U/（kg·d），静脉滴注，治疗3周。先天性梅毒常规采用水剂青霉素治疗，青霉素治疗浓度为0.03U/ml，才能确保血液和脑脊液中的螺旋体被杀灭。青霉素过敏者可用红霉素。

【常见护理诊断/问题】

1. 有感染的危险 与新生儿机体免疫功能低下、孕母患有梅毒有关。

2. 有皮肤完整性受损的危险 与新生儿皮肤菲薄、梅毒螺旋体损伤皮肤黏膜有关。

3. 焦虑（家长） 与对治疗、预后知识缺乏有关。

【护理措施】

（一）预防感染

1. **严格执行手卫生** 做好消毒隔离。

2. **监测体温** 每3小时监测患儿体温，当体温升高>37.5℃时，告知医生，予调节环境温度、松解包被，中度发热时，可予温水浴或温水擦浴降温，30分钟后复测体温。

3. **避免交叉感染** 做好接触隔离工作，悬挂"接触隔离"标识。病人用物不交叉使用，严格遵守"一人一物一消毒"。同时做好床边隔离，治疗及护理操作应戴一次性手套、给以集中进行。患儿使用过的衣被等物品，应做好初步处理、做好标识后再送清洗消毒。

4. **自我防护** 由于患儿多为潜伏梅毒，皮肤无任何皮疹，主要是血液和体液的传染，因而医务人员注意自我保护，操作前戴一次性手套，操作后及时脱一次性手套并在流动水下洗手。

5. **抗生素治疗** 严格遵医嘱给予苄星青霉素肌内注射治疗。

（二）保持皮肤完整性

1. **床单元及衣物要求** 护理时注意保持床单整洁、干燥、舒适，及时更换脏湿的衣物。

2. **皮肤护理**

（1）每2小时翻身一次，避免同一部位皮肤长时间受压而发生压疮。

（2）皮肤干裂脱皮的患儿予涂抹鱼肝油，以防止皮肤裂伤。

（3）患儿皮肤菲薄，撕除固定用的胶布时动作轻柔，避免发生皮肤撕脱性皮炎，进而发生感染，必要时给予安普贴保护受压皮肤。

（4）在整体护理过程中加强对患儿皮肤的护理，动作温柔，避免不必要的摩擦，防止患儿皮肤损伤。

（5）如有皮肤糜烂用无菌生理盐水清洗创面，保持皮肤清洁、干燥，勤剪指/趾甲，防止抓伤皮肤。

3. **臀部及脐部护理**

（1）及时更换尿片，保持臀部清洁、干燥。臀红时给予鞣酸软膏外涂、并注意观察其进展情况。

（2）加强脐部护理，脐部发红、脐窝见分泌物时，增加脐部护理次数，可一日3次，先用左手拇指和示指撑开脐窝，右手用3%过氧化氢消毒脐窝，可重复数次，直至清洁干净为止；再用95%酒精消毒棉签擦干脐窝后，用75%酒精消毒脐周（若有伤口时不可用酒精消毒），最后给予脐包或灭菌方纱覆盖。

4. **口腔护理** 一日3次，予NS清洗口腔并观察有无口腔分泌物或鹅口疮的发生，如发现有鹅口疮即通知医生并按医嘱处理，如制霉素甘油外涂，并注意观察其进展情况。

（三）改善预后，减轻焦虑

1. **降低并发症** 密切观察病情，及早处理，降低并发症的发生，改善预后，如患儿出现面色青灰、呕吐、脑性尖叫、前囟饱满、两眼凝视即提示有脑膜炎的可能；如患儿面色青灰、皮肤发花、四肢厥冷、脉搏细弱、皮肤有出血点等则应考虑感染性休克或DIC，应立即报告医生，积极处理。必要时设专人守护。

2. 心理支持 一旦确诊此病，多数家长会产生恐惧、焦虑心理，同时担心患儿预后情况。护士应安慰鼓励患儿家长，给予心理支持，并注重保护患儿以及家长的隐私。

（四）健康教育

指导家长为患儿制订合理的喂养计划，按时添加辅食，并指导家长出院后2、4、6、9、12月定期复查PRP和梅毒螺旋抗体，如PRP未降低或升高者，需再接受治疗，发现患儿异常不适时及时就诊。

第十节 新生儿代谢紊乱的护理

学习目标

知识目标	1. 掌握新生儿代谢性疾病的临床表现、常见护理诊断/问题及相应的护理措施。 2. 熟悉新生儿代谢性疾病的概念、病因及治疗原则。 3. 了解新生儿代谢性疾病的病理生理。
能力目标	能够运用所学知识为代谢性疾病新生儿及其家庭实施整体护理和健康教育。为代谢性新生儿家庭提供信息及心理支持。
素质目标	培养护生爱护新生儿，关注新生儿健康的职业精神。培养护生积极主动学习新生儿代谢紊乱相关知识的态度，主动帮助新生儿父母解决所需。

一、新生儿低血糖症患儿的护理

新生儿低血糖症（neonatal hypoglycemia）是指新生儿血糖值低于正常新生儿的最低血糖值。长期以来新生儿低血糖症的定义一直存在有争议，目前多数学者认为，全血血糖<2.2mmol/L应诊断为新生儿低血糖，而<2.6mmol/L为临床需要处理的临界值，而不考虑出生体重、胎龄和生后日龄等其他因素。

【病因与发病机制】

1. 糖原及脂肪储备不足 最常见于低出生体重儿（包括早产儿），由于低出生体重儿在胎儿期的糖原和脂肪储备量少，出生后为适应追赶性生长，其代谢所需的能量较正常新生儿相对高，特别是葡萄糖的需要量和利用率明显增高，其发生低血糖症概率也更高。

2. 葡萄糖消耗增加 主要见于新生儿窒息、新生儿呼吸窘迫综合征、新生儿败血症、新生儿硬肿症等疾病因素。新生儿患严重的疾病时，机体会出现各种应激状态进行自我保护，在应激状态下机体对葡萄糖消耗率明显增加；严重疾病时机体消化吸收功能均减弱，均易发生低血糖症。

3. 血胰岛素水平增高　常见于妊娠糖尿病母亲分娩的婴儿。妊娠糖尿病母亲怀孕期间血糖增高，胎儿血糖也随之增高，胎儿胰岛细胞代偿性增生，使胎儿胰岛细胞分泌大量胰岛素来维持血糖的稳定，出生后来自母体的糖原中断，代偿性增生的胰岛细胞仍分泌大量的胰岛素，可致低血糖的发生。

4. 内分泌和代谢性疾病　常见于新生儿半乳糖血症患儿。因血中的半乳糖增加，葡萄糖含量相应减少，而导致低血糖。

【病理生理】

新生儿脑细胞对葡萄糖的利用率大，低血糖易导致脑损伤。当机体出现低血糖时，下丘脑的"糖感受器"将信息迅速传递到相关神经元，引起下丘脑促肾上腺皮质素释放激素、促甲状腺激素释放激素等细胞兴奋，促进促肾上腺皮质素释放激素、促甲状腺激素释放激素、兴奋氨基酸神经递质等的释放，从而兴奋垂体–肾上腺轴，糖皮质激素和肾上腺髓质的儿茶酚胺分泌增多，出现各种交感神经兴奋症状：惊厥、震颤、眼球不正常转动、多汗等。当机体血糖继续下降时，大脑皮质受抑制，继而波及皮质下中枢包括基底节、下丘脑及自主神经中枢，最后累及延髓，出现各种脑功能障碍的表现：反应低下、阵发性发绀、呼吸暂停、嗜睡、拒食等。

新生儿低血糖常缺乏临床症状，同样血糖水平的新生儿症状轻重差异也很大，且无症状性低血糖较有症状性低血糖高10~20倍，症状和体征多为非特异性，多见于生后数小时或1周内，或伴于其他疾病过程而被掩盖。

【临床表现】

1. 无症状性低血糖　缺乏临床症状，仅为血糖值降低，无明显的症状和体征。

2. 症状性低血糖　除血糖值降低外，常出现各种交感神经兴奋或抑制的症状。

（1）交感神经兴奋：惊厥、震颤、眼球不正常转动、多汗等。

（2）交感神经抑制：反应低下、阵发性发绀、呼吸暂停、嗜睡、拒食等。

3. 并发症　新生儿血糖的监测及低血糖的早期治疗对防止神经系统损害有非常重要的作用。若血糖监测不及时或延误治疗可引起神经系统不可逆的损害，甚至引起脑瘫。

【辅助检查】

1. 血糖测定　常用微量纸片法测定血糖值<2.2mmol/L时，可诊断为低血糖。

2. 影像学检查　CT、MRI等影像学手段可直观发现神经系统损伤、发展及变化的过程。

【治疗要点】

新生儿血糖的监测及低血糖的早期治疗对防止神经系统损害有非常重要的作用。

1. 尽早开奶　尽早开奶是预防新生儿低血糖发生和治疗无症状性低血糖的首要策略。应从生后30分钟开始喂奶（或管饲），可喂母乳或配方奶，24小时内每2小时喂1次。

2. 静脉营养供给　当血糖低至需要处理的临界值2.6mmol/L时，应静脉输注葡萄糖治疗，缓慢推注10%葡萄糖2ml/kg，速度为1ml/min，随后继续以糖速6~8mg/（kg·min）持续静脉输入，如低血糖不能缓解，则逐渐增加输注葡萄糖量至10~12mg/（kg·min），外周输注葡萄糖的最大浓度为12.5%，如超过此浓度，应放置中心静脉导管，通过中心静脉导管输注糖速可增至

15mg/（kg·min）。

3. 药物治疗 如通过补充葡萄糖均不能维持正常血糖水平，可静脉使用激素（如氢化可的松）至症状消失、血糖恢复正常后24~48小时停止。持续性低血糖时可使用胰高血糖素、二氮嗪、生长抑素等。

【常见护理诊断/问题】

1. 营养失调：低于机体需要量 与葡萄糖利用增加导致低血糖有关。

2. 潜在并发症：神经系统损害。

3. 有感染的风险 与低血糖导致抵抗力下降有关。

【护理措施】

（一）保证热能供给，防止低血糖

1. 合理喂养 为保证能量供给，宜早期喂养，预防低血糖的发生。生后半小时内首先试喂10%葡萄糖水，每次5~10ml/kg，连续1~2次后如无呕吐及其他反应即开始喂奶，有母乳时给予母乳喂养，无母乳时使用配方奶喂养，每间隔2~3小时喂奶1次。如出现反应差、少动且不哭，试喂10%葡萄糖水时吸吮和吞咽反射均较弱，及时监测血糖确认有低血糖症，报告医生后立即给予留置胃管鼻饲，以保证热能供给充足。

2. 密切监测血糖变化 新生儿低血糖大多数缺乏临床症状，尽管无临床症状，仍可引起中枢神经系统损伤，每小时监测微量血糖1次至血糖稳定。

3. 保证静脉通道的通畅，合理安排输液速度 外周静脉输注葡萄糖的最大浓度为12.5%，如超过此最大糖浓度时，应放置中心静脉导管，如外周中心静脉导管等，防止输注的药液对患儿血管和周围组织刺激引起化学性损伤。合理安排输液速度，防止血糖的波动过大。

4. 保持适宜的中性温度和湿度 为了降低患儿自身热能的消耗，需保持环境温度在22~24℃，相对湿度在55%~65%，此环境温湿度在安静状态下能使患儿的体温保持36.5~37.5℃，此时的代谢率和耗氧量最低，减少热能消耗。

（二）密切观察病情变化

应密切观察患儿有无低血糖和神经系统受损的症状，如嗜睡、反应淡漠或激惹、苍白、多汗、哭声异常、体温不升、喂养困难、呼吸暂停、颤抖、眼球震颤、惊厥、肌张力异常等。如发现应及时通知医生，积极处理。

（三）预防感染

患儿需定期采血标本监测血糖值变化，采血时应做好皮肤的消毒，临床常用的消毒液为安尔碘，因其残留液会影响血糖测试的结果，故应采用75%乙醇进行皮肤消毒，消毒直径需大于2cm，晾干后才进行采血。新生儿常用足跟采血法，做好消毒隔离措施，防止患儿并发皮肤感染，以免加大血糖波动的风险。低血糖患儿，抵抗力下降，容易并发呼吸道感染，应做好空气消毒。

知识拓展 | **新生儿足跟采血法**

新生儿足跟采血法适用于只需少量血样或静脉采血困难的新生儿。采血前先用温热毛巾将患儿足部包裹5分钟，使之充血而方便采血；取足跟两侧面为穿刺点，注意勿在足跟中央穿刺血（足跟中央血量少、还增加跟骨骨髓炎的危险），用酒精棉签消毒穿刺部位后用穿刺针快速刺入，深度小于2.5mm。用棉签擦去第一滴血后轻轻挤压足跟，使血不断流出进入采血管，采取足够的血样后用棉球轻压并包裹穿刺部位止血。足跟采血常见的并发症为感染、蜂窝组织炎、跟骨骨髓炎、足跟部瘢痕形成等。因此，操作时应严格执行无菌操作，避免反复同一部位多次穿刺。

（四）健康教育

1. 向患儿家长介绍有关新生儿低血糖的知识　讲解新生儿低血糖的病因、主要表现、治疗和预后。告诉家长外周中心静脉置管的意义和必要性，可能出现的并发症，并签署知情同意书。

2. 指导家长坚持母乳喂养　向家长讲解母乳喂养的各种好处，教会患儿母亲正确挤母乳方法、母乳的储存与运输方法、盛装母乳容器的选择和消毒方法等。鼓励家长参与新生儿的喂养护理。

3. 做好出院宣教指导及预防宣教　指导家长出院后继续合理喂养，按时预防接种和定期健康检查。

二、新生儿常见代谢性疾病的特点

新生儿期快速生长或各种疾病引起对各种机体所需营养素的摄入或缺乏所导致的各种疾病，统称为新生儿营养代谢疾病。

【分类】

新生儿常见的代谢疾病可分为如下：

1. 新生儿糖代谢紊乱　新生儿低血糖症、新生儿高血糖症。新生儿以低血糖症最为多见。

2. 新生儿矿物质代谢紊乱

（1）新生儿钙、磷、镁代谢紊乱：新生儿低钙血症、新生儿高钙血症、新生儿低磷血症、新生儿高磷血症、新生儿低镁血症、新生儿高镁血症。

（2）新生儿钠、钾代谢紊乱：新生儿低钠血症、新生儿低钾血症。

【新生儿常见代谢性疾病的特点】

新生儿常见不同营养代谢疾病的特点（表6-10-1）。

▼ 表6-10-1　新生儿常见不同代谢疾病的特点

	新生儿高血糖症	新生儿低钙血症	新生儿低钠血症	新生儿低钾血症
诊断标准	血糖值>7.0mmol/L	血清钙<1.8mmol/L或游离钙<0.9mmol/L	血清钠<130mmol/L	血清钾<3.5mmol/L
好发因素	多见于超低出生体重儿	早发性多见于早产儿、低体重儿；晚发性多发生于足月儿	多见于早产儿	因疾病因素长期不能进食或腹泻、呕吐、胃肠减压的新生儿

	新生儿高血糖症	新生儿低钙血症	新生儿低钠血症	新生儿低钾血症
主要临床表现	新生儿高血糖症大多无临床症状，血糖持续长时间升高时可发生高渗血症：体重下降、脱水、多尿、糖尿等，甚至发生颅内出血。患儿可呈特有面貌，眼闭合不能，伴惊恐状	轻症可无临床症状，严重者可表现为神经肌肉兴奋性增高：心动过缓、呼吸暂停、心律失常、惊跳、惊厥、抽搐等	可表现为皮肤弹性减低、心跳增快、四肢厥冷、呼吸暂停、嗜睡、惊厥、血压降低，严重者可发生休克	主要是神经肌肉、心脏、肾脏等症状。神经肌肉兴奋性降低：反应低下、肌肉无力、呼吸变浅、腹胀、便秘、心率加快、心律失常、血压降低、心动过缓、碱中毒伴酸性尿
治疗原则	安全使用胰岛素，积极治疗原发疾病，防止高血糖并发症	静脉补钙，积极纠正原发疾病	静脉或口服补钠，积极纠正原发疾病	静脉或口服补钾，积极纠正原发疾病

第十一节　新生儿坏死性小肠结肠炎的护理

学习目标

知识目标	1. 掌握新生儿坏死性小肠结肠炎的临床表现、常见护理诊断/问题及相应的护理措施。 2. 熟悉新生儿坏死性小肠结肠炎的概念、分类、病因及治疗原则。 3. 了解新生儿坏死性小肠结肠炎的病理生理。
能力目标	能够运用所学知识为坏死性小肠结肠炎新生儿及其家庭实施整体护理和健康教育。为坏死性小肠结肠炎新生儿家庭提供信息及心理支持。
素质目标	培养护生爱护新生儿，关注新生儿健康的职业精神。培养护生主动帮助患儿父母解决信息需求的态度。

新生儿坏死性小肠结肠炎（neonatal necrotizing enterocolitis，NEC）是新生儿尤其是早产儿胃肠道的一种需要急救治疗的严重疾病，临床表现以腹胀、呕吐、腹泻、便血为主，腹部X线平片以肠壁囊样积气为特征，病理以回肠远端和结肠近端坏死为特点。

【病因与发病机制】

发病原因及确切发病机制尚不清楚，可能与下列原因有关。

1. 肠黏膜缺氧缺血　机体在缺氧缺血时全身血液重新分配，为保证心、脑等重要器官的供血，肠道血流减少，致肠黏膜缺血损伤而发生NEC，如围生期窒息、呼吸暂停、休克、低体温等。

2. 感染　败血症或肠道感染时，细菌及其毒素直接损伤肠道黏膜，或通过激活免疫细胞产生多种细胞因子，产生肠道黏膜损伤。另外，肠道内菌群失调，造成肠管胀气，对黏膜造成损伤，常见细菌有大肠埃希菌、产气荚膜杆菌、铜绿假单胞菌等，以及病毒和真菌。

3. 喂养不当 90% NEC患儿于肠道喂养后发病，配方奶喂养者远多于母乳喂养者。不合理喂养如渗透浓度太高、增量太快被认为是NEC发生的重要原因，当喂入食物渗透浓度大于400mmol/L时，即可使新生儿的肠道黏膜受损。另外，新生儿的各种消化酶活性较低，喂养量增加过多、过快，可导致蛋白和乳糖消化吸收不全，食物及其不完全消化产物积滞于肠道内，有助于细菌的生长。

【病理生理】

本病好发于回肠远端及升结肠，重者可累及全部胃肠道。肠腔充气，黏膜呈斑片状或大片坏死，肠壁积气、出血坏死。严重者整个肠壁全部坏死并穿孔。

【临床表现】

一般在生后2周内（2~12天）发病，多见于早产儿。早期表现为体温不升、心动过缓、拒乳、反应低、胃潴留、腹胀、呕吐、呼吸暂停，大便为果酱样或带有血丝。体格检查可见腹胀或肠型等，肠鸣音减弱或消失，严重者可并发败血症、肠穿孔、呼吸衰竭、休克、DIC而死亡。

【辅助检查】

腹部X线检查可见肠道充气，麻痹性肠梗阻、肠壁积气、门静脉充气为本病的特征性表现（图6-11-1），重者肠袢固定、腹水、气腹。血常规表现为外周中性粒细胞及血小板减少，血气分析提示代谢性酸中毒及呼吸性碱中毒。故血气分析、血常规、血培养、大便潜血及培养等对疾病的判断很重要。

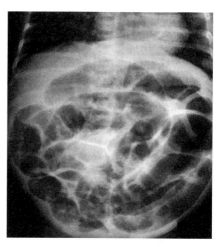

▲ 图6-11-1 腹部X线平片

【治疗要点】

1. 禁食 怀疑本病的患儿需禁食3天，确诊者禁食7~10天，重症14天或更长时间。在腹胀消失，大便潜血转阴后才可逐渐恢复进食。禁食的同时进行胃肠减压。

2. 抗感染 根据血培养结果选用敏感抗生素治疗。

3. 支持疗法 在禁食期间，静脉补充营养，维持水、电解质平衡。每天补充液体量按120~150ml/kg，热量从209kJ/kg（50kcal/kg），逐渐增加至418~503kJ/kg（100~120kcal/kg）。有凝血障碍者可输注全血、新鲜冰冻血浆或白蛋白。

4. 外科治疗 经内科治疗无效，或有肠穿孔、腹膜炎、明显肠梗阻时，应外科手术治疗。

【常见护理诊断/问题】

1. 体温过高 与感染有关。

2. 舒适受损：腹胀、腹泻 与胃肠道缺血坏死有关。

3. 营养失调：低于机体需要量 与腹泻、拒奶有关。

4. 有电解质失衡的危险 与腹泻、肠道感染等有关。

【护理措施】

（一）维持体温正常

密切监测体温变化，发热的患儿给予适当调节箱温及室温。保持环境湿度为55%~65%。监测血常规及感染指标，及时使用抗生素。观察感染性休克的早期症状：体温升高或不升、四肢末梢循环差、全身花斑纹、心率加快等，早期治疗，并做好扩容等抢救措施。加强环境通风，严格遵守手卫生制度，预防感染。

（二）减轻腹胀、腹泻

1. 观察腹胀情况 每8小时测量腹围1次。测量腹围的方法：将软尺固定于剑突与脐连线中点，经同一水平绕腹一周。平脐绕腹部一周，读数记录至小数点后一位。观察患儿面色、肠鸣音等。

2. 胃肠减压 立即禁食，腹胀明显时可行胃肠减压，改善肠腔血液供应，维持胃肠减压的压力为-7~-5kPa，避免压力过大导致胃肠黏膜损伤出血，过小起不到引流作用。观察腹胀消退情况及引流液的颜色、性质及量。

3. 观察大便情况 观察大便的次数、颜色、性质，正确留取大便标本送检，做好臀部皮肤的护理。

（三）合理喂养

1. 肠内营养 根据病情禁食7~14天。待患儿状况好转，允许进食时，应严格遵照循序渐进的原则进行喂养。先喂5%葡萄糖水，喂2~3次后，未出现呕吐、腹胀，再开始喂奶，母乳最佳，再用1:1稀释奶，开始喂3~5ml，每次递增2ml，逐渐增加奶量和浓度。观察呕吐情况，如患儿出现呕吐，将患儿头偏向一侧，记录呕吐物的颜色、量及性质。如出现腹胀、腹泻、呕吐时应立即与医生取得联系。

2. 胃肠外营养 按医嘱给予静脉营养治疗，输注氨基酸、脂肪乳等营养液时宜选PICC管，严格无菌操作。合理安排输液速度，防止液体外渗。

（四）维持水电解质平衡

1. 严格记录出入量 密切观察有无出现感染性休克或肠道穿孔出血的先兆。

2. 保证静脉管道通畅 合理安排输液顺序及速度。

3. 监测血气及生化结果 及时纠正酸碱平衡。

（五）健康教育

指导家长合理喂养，加强皮肤护理，指导家长掌握如何观察孩子的营养吸收、腹胀、大便等情况。

第十二节 新生儿重症监护及护理

学习目标

知识目标	1. 掌握新生儿重症监护的护理要点。 2. 熟悉新生儿重症监护的内容。 3. 新生儿重症监护的定义与对象。
能力目标	能够运用所学知识为重症新生儿及其家庭实施整体护理和健康教育。为重症新生儿家庭提供信息及心理支持。
素质目标	培养护生爱护新生儿，关注重症新生儿的职业精神。培养护生主动帮助重症患儿父母的态度。

新生儿重症监护室（NICU）是集中治疗患有危重症的新生儿病房，是为了对高危新生儿进行病情的连续监护和及时有效的救治，降低新生儿的病死率。

（一）监护对象

1. 需要进行呼吸管理的新生儿，包括各种原因引起的急慢性呼吸衰竭，需要氧疗、呼吸机辅助通气、气管插管的新生儿。

2. 病情不稳定、需要急救的新生儿，如休克、反复惊厥、抽搐，窒息的新生儿。

3. 一个或多个器官功能衰竭的新生儿，如心力衰竭以及肝、肾衰竭，DIC、肺出血等，需要全营养者。

4. 早产儿、极（超）低出生体重儿，小于或大于胎龄儿等需要严密监护者。

5. 外科手术后或某些特殊治疗后，例如先天性心脏病、食管气道瘘、换血后等。

6. 严重感染，例如败血症、坏死性小肠结肠炎。

7. 严重酸碱平衡紊乱者。

（二）监护内容

1. 基础监护

（1）生命体征监测：新生儿在出生后由于离开母体，皮肤水分蒸发带走大量的热能，容易导致低体温，故应及时将患儿置于温箱或红外线辐射台保暖。配有体温探头的红外线辐射台可以实时监测体温变化。心电监护仪可以动态观察患儿的心率、心律、呼吸、血压的变化。重症患儿需每30分钟至1小时测量及记录数据1次。

（2）体液、血液生化监测：包括体液、生化、胆红素、血糖、肌酐等。新生儿的心肾功能发育不完善，容易发生水、电解质紊乱，需记录24小时出入量。新生儿易发生内环境紊乱，生化指标易受母亲糖尿病、感染、酸中毒等因素影响，故重症新生儿应定时监测血液生化指标，为治疗提供依据。

2. 呼吸系统监护

（1）肺功能监测：① 通气量与呼气量的监护，与呼吸机连接的双向流速和压力传感器，监测气体的流速与气道压力，可作为通气参数调节的依据；② 顺应性监测，指机械通气时潮气量的变化；③ 气道阻力监测：气道阻力、肺组织阻力、胸廓阻力。

（2）经皮血气监护：经皮血氧（$TcPO_2$）及二氧化碳（$TcPCO_2$）监护是无创的监测仪，可以直接反映低氧血症及高碳酸血症。

（3）血氧饱和度的监护：应用电光分析技术，将人体的血氧饱和度直接显示在监护仪上。

（4）血气分析：采用动脉血分析，包括氧分压、二氧化碳分压、酸碱情况等指标，可判断机体的氧合情况。

3. 心血管系统监护

（1）心脏监护：通过持续的心电监护，及时发现心率、心律、心电波形的变化。例如：心率加快或减慢、各种心律不齐、心律失常等。

（2）血压监护：包括直接监测（又叫有创监测），是经脐动脉插入导管，由传感器将压力转化为波形，进行血压波形、舒张压监测。间接监测（又叫无创监测），用传统的血压袖带上通过传感器，显示收缩压、舒张压、平均动脉压。危重新生儿应每小时监测1次血压，测量完毕应及时取下袖带，以免影响肢体的血液循环。由于循环系统有一定的代偿功能，因此，血压不能作为病情变化的早期、敏感指标，应结合患儿的其他指标综合分析。

4. 消化系统监护

（1）临床观察：严密观察喂养情况，有无呕吐、腹胀、黄疸、腹壁水肿、颜色改变等。

（2）肝功能监测：严密观察血清转氨酶、凝血因子、胆红素等数值的改变。

（3）食管下端pH测定：24小时食管pH监测是胃食管反流的首选诊断方法。

5. 肾功能监测

（1）尿量观察：观察24小时尿量、有无水肿等。正常新生儿尿量为1.5~3ml/（kg·h），＜1ml/（kg·h）为少尿，＜0.5ml/（kg·h）为无尿，持续24小时少尿或无尿，提示肾功能不全，需留置尿管进行尿量监测。

（2）肾功能监测：尿素氮、尿肌酐的监测有助于诊断肾衰竭，尿比重的改变提示肾的浓缩或稀释功能受损。

6. 感染指标监测

（1）临床表现：新生儿由于免疫功能低下，易并发感染，但临床上早期症状、体征不明显，容易延误诊断。应密切观察新生儿的反应、喂养、体温、皮肤颜色、肢体末梢循环情况。

（2）实验室检查：白细胞计数及分类改变、C反应蛋白、降钙素原的升高提示有感染的风险。

（三）监护室的护理管理

1. 环境要求　NICU应保持恒定温湿度，温度以22~24℃、湿度55%~65%为宜。每天至少通风一次。有条件的病房使用新风系统。

2. 预防感染　入室人员必须严格遵守消毒隔离技术，接触患儿前后均应洗手或用快速手消毒液抹手。温箱、监护仪、台面等用0.05%含氯消毒液抹洗。使用空气净化器定时过滤空气。每天用0.05%含氯消毒液拖地两次。将感染与非感染患儿分开收治。

3. 病情观察 护士应密切观察患儿生命体征的变化，并将所有结果记录在病历内，及时发现病情的变化，并告知医生做出相应的处理。

4. 急救仪器及设备管理 每天由专人负责对NICU的急救、监护、抢救仪器进行检测并登记，以保证仪器设备处于完好备用状态。

5. 急救药物管理 每天对NICU的常用急救药物进行检查，保证足够的备用量，并在有效期内。

6. 落实患儿安全 做好查对工作，防止差错发生。落实安全防范措施，防止坠床、跌倒、烫伤、脱管等意外的发生。

（李智英）

学习小结

本章新生儿及新生儿疾病患儿的护理介绍了新生儿的分类、足月儿的外观及生理特点及新生儿常见疾病。学生通过本章的学习能描述早产儿的病情观察内容；了解新生儿疾病的病因、发病机制及病理生理。掌握新生儿呼吸窘迫综合征的临床表现及供氧方法，缺氧缺血性脑病的病因、病情分度及健康教育内容。熟悉不同类型颅内出血的临床表现及处理原则；掌握新生儿生理性黄疸、病理性黄疸、溶血性黄疸的临床表现及新生儿败血症的病因与临床表现，了解新生儿感染性肺炎及新生儿梅毒的症状、临床表现与护理措施。知晓新生儿代谢性疾病及坏死性小肠结肠炎的特征性表现及饮食护理等；了解新生儿监护的对象与内容、新生儿监护室的护理要求。能正确评估新生儿各种疾病的风险，及时提供恰当的护理措施，减少新生儿的死亡率及致残率。

复习参考题

（一）选择题

1. 患儿出生体重2kg，在生后2天内合适的温箱温度是
   - A. 30℃
   - B. 32℃
   - C. 33℃
   - D. 34℃
   - E. 36℃

2. 新生儿呼吸窘迫综合征出现呼吸急促的时间是
   - A. 生后1小时
   - B. 生后2小时
   - C. 生后4小时
   - D. 生后5小时
   - E. 生后6小时

3. 患儿诊断为新生儿颅内出血，下列关于防止惊厥、抽搐的措施，**不正确**的是
   A. 卧床休息
   B. 减少不必要的刺激
   C. 减少环境噪声
   D. 定时翻身、拍背
   E. 必要时给予镇静剂

（4~5题共用题干）

患儿，男，G1P1，胎龄34周，母亲RH（-），顺产娩出，生后12小时。体格检查：皮肤轻度黄染。肝脏大小为肋下2cm。实验室检查：血清结合胆红素30μmol/L（1.8mg/dl），Hb 120g/L。Coombs试验阳性。

4. 该患儿最可能的诊断是
   A. 新生儿缺氧缺血性脑病
   B. 新生儿生理性黄疸
   C. 新生儿病理性黄疸
   D. 新生儿生败血症
   E. 新生儿颅内出血

5. 该患儿首先采取的处理措施是
   A. 光照疗法
   B. 药物治疗
   C. 换血疗法
   D. 液体疗法
   E. 输血疗法

   答案：1. D；2. E；3. D；4. C；5. A

（二）简答题

1. 新生儿呼吸窘迫综合征的临床特征是什么？
2. 缺氧缺血性脑病患儿在亚低温治疗护理方面应注意哪些问题？
3. 作为责任护士，在护理颅内出血患儿时，如何评估及观察患儿的病情变化？
4. 病理性黄疸的特点是什么？

第七章

儿童营养及营养障碍性疾病患儿的护理

第一节 儿童能量与营养的需求

学习目标

知识目标	1. 掌握儿童能量消耗及儿童特殊能量需要。 2. 熟悉儿童对能量和营养素的需要。 3. 了解营养素来源。
能力目标	能够运用所学知识合理安排儿童膳食。
素质目标	培养护生尊重爱护儿童，关注儿童营养的职业精神。

一、能量的需要

儿童所有需要的能量主要来源于食物的宏量营养素。食物中富含蛋白质、碳水化合物和脂肪三大产能物质，分别产生能量16.8kJ/g（4kcal/g）、16.8kJ/g（4kcal/g）、37.8kJ/g（9kcal/g）。它们提供的能量是维持儿童健康的必要前提。能量代谢的最佳状态是能量消耗与摄入的平衡，能量缺乏或过剩都对儿童身体健康不利。儿童所需能量包括基础代谢、食物的热力作用、生长发育需要、活动需要和排泄消耗五个方面。

（一）基础代谢

是指维持人体最基本生命活动所必需的最低能量需要。单位时间内人体每平方米体表面积基础代谢消耗的能量，称为基础代谢率。儿童基础代谢率较成人高，随年龄的增长逐渐减少。婴幼儿时期，基础代谢的能量需要占总能量的50%~60%。婴儿每日约需能量230kJ/kg（55kcal/kg），7岁时每日需184kJ/kg（44kcal/kg），到12岁时能量的需要量接近成人，每日需126kJ/kg（30kcal/kg）。

（二）食物的热力作用

是指人体因为摄取食物而引起机体额外增多的能量代谢。主要用于食物消化、吸收、转运、代谢与储存。不同食物所需的热力不同，如三大产能营养素中以蛋白质的热力作用最高，相当于本身所供能量的30%，而脂肪和碳水化合物则较低。由于婴儿摄入的食物中蛋白质多，食物的热力作用占总能量的7%~8%，年长儿的膳食为混合食物，食物的热力作用约占5%。

（三）活动消耗

不同儿童活动强度、时间及类型不同，对活动所需的能量相差很大。活动所需的能量个体波动较大，并随年龄增长而增加。当机体能量摄入不足，儿童首先表现为活动减少。

（四）生长所需

生长所需的能量与儿童的生长速度成正比。1岁以内的婴儿是儿童生长发育的第一高峰，其生长所需的能量占总能量的25%~30%，随着儿童生长速度减慢，需求随之减少。到生长发育的第二高峰青春期，生长所需的能量需求再次增加。此项能量的需要是处在生长发育过程中的儿童所特需的。

（五）排泄消耗

正常情况下，未经消化吸收的食物随粪便排出，所损失的能量不超过总能量的10%。当腹泻或消化功能紊乱时损失的能量成倍增长。

以上基础代谢、食物的热力作用、生长发育需要、活动需要和排泄消耗五个方面能量的总和为儿童能量的总需要量。根据儿童年龄、体重及生长速度估计每天所需的能量，日龄1周的新生儿约为250kJ/kg，第2~3周约为418kJ/kg，婴儿期每天为460kJ/kg，以后每增加3岁约减去42kJ/kg，15岁时为250kJ/kg。

二、营养素的需求

（一）宏量营养素

1. 蛋白质　是构成人体组织、细胞的基本物质，也是体液、酶和激素的重要组成部分，所供能量占总能量的8%~15%。1岁内婴儿推荐摄入量为1.5~3g/（kg·d）。儿童生长发育迅速，保证蛋白质的供给非常重要，优质蛋白应占总蛋白的50%以上，主要来源于动物和大豆蛋白。

2. 脂类　是机体第二供能营养素，所供能量占每日总能量的35%~50%。包括脂肪、胆固醇、磷脂，其共同特点是具有脂溶性。食物中的脂肪占脂类的95%，发挥提供热量、维持正常体温、保护器官等作用。婴儿时期脂肪所提供的能量占摄入总能量的45%。随年龄增长，脂肪供能的比例逐渐下降至25%~30%。

3. 碳水化合物　是儿童膳食的主要组成部分，为能量的主要来源。1岁以内婴儿对碳水化合物的需要量相对较多，每天约需12g/kg。碳水化合物所产生的能量占总能量的55%~65%。当碳水化合物产能>80%或<40%时都不利于健康。

（二）微量营养素

1. 维生素　是维持人体正常生理功能所必需的营养素。维生素的种类很多，根据其溶解性可分为脂溶性（维生素A、维生素D、维生素E、维生素K）与水溶性（B族维生素和维生素C）两大类。其中脂溶性维生素可储存于体内，无需每日供应，因其排泄较慢，缺乏时症状出现较迟，过量易中毒；水溶性维生素易溶于水，从尿中排出迅速，不易在体内储存，需每日供给，若体内缺乏可迅速出现相应症状，但过量常不易发生中毒现象。常见维生素的作用和来源（表7-1-1）。

维生素种类	作用	来源
维生素A	促进生长发育，维持上皮细胞的完整性，增加皮肤黏膜的抵抗力，为形成视紫质所必需的成分，促进免疫功能	肝、牛奶、鱼肝油、有机蔬菜中的胡萝卜素等
维生素D	调节钙磷代谢，促进肠道对钙磷吸收，维持血液钙、磷浓度以及骨骼、牙齿的正常发育	肝、鱼肝油、蛋黄类，紫外线照射皮肤合成
维生素E	促进细胞成熟与分化，是一种有效的抗氧化剂	麦胚油、豆类、蔬菜
维生素K	由肝脏利用、合成凝血酶原	肝、蛋、豆类、青菜、肠内细菌合成
维生素B_1	构成脱羧辅酶的主要成分，为糖代谢所必需，维持神经、心肌的活动功能，调节胃肠蠕动，促进生长发育	米糠、麦麸、豆、花生、酵母
维生素B_2	为辅黄酶主要成分，参与机体氧化过程，维持皮肤、口腔和眼的健康	肝、蛋、乳类、蔬菜、酵母
维生素B_6	为转氨酶和氨基酸脱羧酶的组成成分，参与神经、氨基酸及脂肪代谢	各种食物中，亦可在肠道内由细菌合成
维生素B_{12}	参与核酸的合成，促进四氢叶酸的形成，促进细胞及细胞核的成熟，对生血和神经组织代谢有重要作用	肝、肾、肉等动物食品
维生素C	参与人体的羟化和还原过程，对胶原蛋白、细胞间黏合质、神经递质的合成与类固醇的羟化、氨基酸代谢、抗体及红细胞的生成等均有重要作用。增强抵抗力，并有解毒作用	各种水果及新鲜蔬菜
叶酸	其活性形式四氢叶酸参与核苷酸的合成，有生血作用，胎儿期缺乏引起神经管畸形	绿叶蔬菜、肝、肾、酵母，羊乳含量少

2. 矿物质 人体除碳、氢、氧、氮以外的元素称为矿物质。按其在体内含量的多少，分为常量元素和微量元素。这些矿物质本身并不供能，主要在构成人体的物质和调节体内生理、生化功能方面发挥非常重要作用。

（1）常量元素：在体内含量大于体重0.01%的矿物质，包括钙、磷、镁、钠、钾、氯和硫等。如钙、磷、镁构成骨骼，参与人体组织形成；钠、钾参与水电解质平衡的维持等。

（2）微量元素：在体内含量小于体重0.01%的矿物质，包括碘、锌、硒、铜、钼等。微量元素在体内含量很少，需通过食物摄入，是酶、维生素必需的活性因子，铁、碘、锌缺乏症是全球最主要的微量营养素缺乏病。常见矿物质的作用和来源（表7-1-2）。

▼ 表7-1-2 常见矿物质的作用和来源

元素种类	作用	来源
钙	为凝血因子，能降低神经肌肉的兴奋性，是构成骨骼、牙齿的主要成分	乳类、豆类、绿叶蔬菜
磷	是骨骼、牙齿、细胞核蛋白、各种酶的主要成分，协助糖、脂肪及蛋白质的代谢，参与缓冲系统、维持酸碱平衡	乳类、肉类、谷类、豆类
铁	血红蛋白、肌红蛋白、细胞色素和其他酶系统的主要成分、帮助氧的运输	肝、蛋黄、血、豆类、肉类、绿色蔬菜

元素种类	作用	来源
锌	为多种酶的组成成分，如与能力代谢有关的碳酸酐酶、与核酸代谢有关的酶，可调节DNA的复制转录，促进蛋白质的合成，还参与和免疫有关酶的作用	鱼、蛋、肉、禽、麦胚、全谷
镁	构成骨骼及牙齿的成分，激活糖代谢酶，与神经肌肉兴奋性有关，为细胞内阳离子，参与细胞代谢过程，常与钙同时缺乏，导致手足搐搦症	谷类、豆类、干果、肉类、乳类
碘	是构成甲状腺素的主要成分，缺乏时引起单纯性甲状腺肿及地方性如甲状腺功能减退症	海带、紫菜、海鱼等
钾	构成细胞质的要素，维持酸碱平衡，调节神经肌肉活动	果汁、紫菜、乳类、肉类
钠、氯	调节人体体液酸碱性，调节水分交换，保持渗透压平衡	食盐、新鲜食物、蛋类
铜	对红细胞生成、合成血红蛋白和铁的吸收起很大作用，与许多酶如细胞色素酶、氧化酶的关系密切，存在于人体红细胞、脑、肝等组织内，缺乏时引起贫血	肝、肉、鱼、豆类、全谷
硒	保护心血管，维护心肌健康，促进生长，保护视觉	肝、肾、肉类、海带

（三）其他

1. 水 是机体的重要成分，参与体内所有的新陈代谢及体温调节活动。机体内新陈代谢和能量的需要量决定水的需要量，儿童新陈代谢旺盛，对能量的需要量大，因此，对水的需要量多。婴儿每日需150ml/kg，以后每3岁约减少25ml/kg，至成人每日需40~45ml/kg。

2. 膳食纤维 具有生理功能的膳食纤维包括纤维素、半纤维素、木质素等。一般从谷类、新鲜蔬菜、水果中获取，膳食纤维可吸收大肠水分，使粪便体积增加，肠蠕动加速。儿童适宜的摄入量为每日20~35g。

第二节 儿童喂养与膳食安排

学习目标

知识目标	1. 掌握母乳喂养的优点、护理；人工喂养的方法、注意事项；辅食的添加原则。 2. 熟悉母乳的特点。 3. 了解儿童的膳食安排。
能力目标	能够按照儿童月龄、体重、能量的需要，正确计算奶量并指导家长正确地进行人工喂养。
素质目标	培养护生以儿童及其家庭健康为目标的营养理念与素养，科学促进儿童生长。

一、婴儿喂养

婴儿喂养的方式有母乳喂养、部分母乳喂养及人工喂养3种。

（一）母乳喂养

母乳是婴儿天然的最佳食物，对满足婴儿生理与心理发育有着不可替代作用。WHO和联合国儿童基金会制定的《婴幼儿喂养全球战略》中主张6个月以内进行纯母乳喂养，持续母乳喂养伴随辅助食品至婴儿2岁或以上。

1. 母乳成分的变化

（1）初乳：产后1周内的乳汁，淡黄色，量少，每日15~45ml，含蛋白质多（90%为乳清蛋白），脂肪少，同时还含有丰富的维生素A、牛磺酸和矿物质，有利于新生儿的生长及抗感染。

（2）过渡乳：产后7~14天的乳汁，总量增多，脂肪含量高，蛋白质及矿物质逐渐减少。

（3）成熟乳：产后14天~9个月的乳汁，总量达高峰，泌乳总量每天可达700~1 000ml，但所含蛋白质更少。

（4）晚乳：10个月以后的乳汁，总量和营养成分均减少。

2. 母乳喂养的优点

（1）营养丰富：① 蛋白质，母乳主要含乳清蛋白，在婴儿胃内形成细小的凝块，有利于消化、吸收。另外，母乳中还含有大量的乳铁蛋白、免疫球蛋白，具有杀菌作用。② 脂肪，含较多的不饱和脂肪酸，有利于婴儿神经系统的发育；另外，母乳中的脂肪颗粒很小，含有脂肪酶，对胃肠道的刺激小，易于消化、吸收。③ 碳水化合物，母乳中的乳糖比牛奶多，主要是乙型乳糖，有利于脑的发育，利于双歧杆菌和乳酸菌的生长，抑制大肠埃希菌繁殖。④ 矿物质，母乳中的含量较牛奶少，适应婴儿肾溶质负荷，且吸收率远高于牛奶，如母乳中铁的含量与牛奶相似，但其吸收率（50%）高于牛乳（4%）。与牛奶相比，母乳钙的含量虽然低于牛乳，但钙、磷比例适当（2:1），钙吸收率（50%~70%）高于牛乳（20%）。⑤ 维生素，母乳中的维生素A、维生素E、维生素C含量均比牛奶高，但母乳中维生素D及维生素K含量低，母乳喂养的婴儿应及时补充维生素D，适当补充维生素K。

（2）增强婴儿抵抗力：母乳含有丰富的SIgA、乳铁蛋白、双歧因子、溶菌酶等免疫因子，能增强婴儿的抗病能力，可以预防婴儿感染性疾病的发生，尤其是可以减少消化道和呼吸道感染。

（3）经济、方便、天然：母乳新鲜清洁，无致病菌，温度适宜，喂养方便、经济，随时可以喂养，其乳量可随婴儿喂养次数和吸吮力度而自然调节，是婴儿最适宜的天然食品。

（4）有利于增进母婴感情，促进产后恢复和避孕：母乳喂养时，母亲和婴儿的密切接触，可使婴儿获得最大的安全感和情感满足感。婴儿吸吮母乳，可刺激母体分泌催产素促进子宫收缩，促进产后恢复。哺乳期月经延迟，有利于避孕。此外，母乳喂养还可以降低母亲患乳腺癌、卵巢癌的发病率。

3. 母乳喂养的护理　母乳喂养成功与否取决于3个条件：一是充足的乳汁；二是有效的泌乳和射乳反射；三是有力的吸吮。所以，母乳喂养的护理要保证以上三个因素。

（1）两大原则：① 三早，早接触、早吸吮、早开奶。早接触：分娩后，母婴皮肤接触应在生后30分钟以内开始，接触时间不得少于30分钟；早吸吮：生后30分钟以内开始吸吮母亲乳房；早开奶：第一次开奶时间是在分娩后30分钟以内。三早有利于母婴情感建立，同时促进乳汁早分泌，还可以减少婴儿生理性黄疸、生理性体重下降、低血糖的发生。② 按需哺乳，是指母乳喂养过程中不严格限制喂奶的间隔时间，有需求就喂养。随着婴儿的成长，吸入的奶量逐渐增多，可逐渐转为按时喂养，一般每2~3小时喂一次，以后随月龄增长添加辅助食品并逐渐减少哺喂次数。每次哺乳时间以15~20分钟为宜。

（2）方法：哺乳可以根据具体情况采取不同姿势，使母亲全身肌肉放松，体位舒适，利于乳汁的分泌。一般母亲采取坐位，一手怀抱婴儿，使其头、肩部枕于母亲哺乳侧肘腕部；另一手拇指与其余四指分别放在乳房上、下方，手掌托住乳房，将整个乳头和大部分乳晕置入婴儿口中。当奶流过急，婴儿有呛、溢乳时，可采取食、中指轻夹乳晕两旁的"剪刀式"喂哺。两侧乳房交替进行哺乳。实施哺喂前，先清洁双手，然后用温水毛巾清洁乳头、乳晕，湿热敷乳房2~3分钟，沿乳腺管的走向，从外侧逐渐按摩到乳晕。抱起婴儿，用乳头轻触婴儿的口嘴唇，促进婴儿觅食反射，当婴儿张口时顺势将乳头和乳晕放入婴儿的口中。哺乳结束时，轻轻按婴儿下颌，退出乳头。

（3）母乳喂养的禁忌证：母亲感染HIV、患有严重疾病如活动性肺结核、癌症、精神类疾病以及重症心、肾等疾病不宜哺喂。目前认为乙肝母亲可以母乳喂养。但这类婴儿应该在出生后24小时给予特异性高效价乙肝免疫球蛋白，同时按照免疫程序按时接种乙肝疫苗。母亲患有结核病，经治疗无临床症状时可继续哺乳。

（4）断乳时机：断奶指由完全依靠乳类喂养逐渐过渡到多元化食物的过程。随着婴儿年龄增长，母乳已不能完全满足婴儿营养与生长所需，同时婴儿消化功能逐渐完善。因此，婴儿生后6个月开始添加辅助食品，逐渐减少哺乳次数，增加辅助食物。WHO建议母乳喂养可持续到24个月或以上。建议避开夏季炎热季节或患病时间，以春季和秋季断奶比较好。

知识拓展 | **世界母乳喂养周**

世界母乳喂养周是由世界母乳喂养行动联盟组织发起的一项全球性的活动，旨在促进社会和公众对母乳喂养重要性的正确认识和支持母乳喂养。目前在全球已有120个国家参与此项活动。自1992年起，国际母乳喂养行动联盟（World Alliance for Breastfeeding Action，WABA）确定每年8月1日至7日为"世界母乳喂养周"，使全社会积极鼓励和支持母乳喂养，拓宽母乳喂养的内涵，创造一种爱婴、爱母的社会氛围。

（二）混合喂养

同时采用母乳与配方奶或动物乳喂养婴儿的方式为混合喂养。分为补授法和代授法两种。

1. 补授法　母乳量不足时采用的方法。即母乳喂养次数不变，每次先喂母乳，两侧乳房吸空后，再根据婴儿需要补充配方奶或动物乳。

2. 代授法 指用配方奶或动物乳一次或数次代替母乳的方法。在乳汁足够，但因特殊原因不能按时哺喂婴儿，不得不实行代授法时，每日母乳哺喂次数最好不少于3次。

（三）人工喂养

用配方奶或动物乳完全替代母乳喂养的方法，称为人工喂养。在不能进行母乳喂养时，首选配方奶粉。配方奶粉是以母乳的营养素含量及其组成模式为生产依据，对牛奶进行改造后的乳制品。如脱去鲜牛奶的部分盐分，加入脱盐乳清蛋白，调整清蛋白与酪蛋白的比例；加上适当的植物油代替乳脂肪；补充适量的维生素与矿物质，使生产的奶粉成分接近人乳。

1. 摄入量估计 婴儿体重、推荐摄入量以及配方制品规格是估计婴儿配方奶粉摄入量的前提和条件，可按照配方奶粉的说明书进行配制。一般市售配方奶粉100g供能约500kcal，婴儿能量需要量约为110kcal/（kg·d），故需婴儿配方奶粉20g/（kg·d）。按规定调配的配方奶可满足婴儿每日营养素、能量及液体总量需要。

2. 人工喂养的注意事项

（1）选用合适的奶瓶、奶嘴及奶温：建议最好选择玻璃奶瓶，奶嘴一般是橡胶奶头，软硬度与奶嘴孔的大小适宜，孔的大小以奶瓶倒置时液体呈滴状连续滴出为宜。奶液的温度应与体温相似。喂哺前先将乳汁滴在手腕掌侧测试温度，若无过热感，则表明温度适宜。

（2）哺喂技巧：斜抱婴儿，使其头部枕于喂养者肘窝处，头高足低，奶瓶倾斜，使奶嘴及奶瓶的前半部充满乳汁，防止婴儿在吸奶同时吸入空气。哺喂完后竖起轻拍背部将吞咽的空气排出。

（3）及时调整乳量：婴儿食量存在个体差异，在初次配乳后，要观察儿童食欲、体重及粪便的性状，随时调整乳量。

（4）加强奶具卫生：奶液应现喂现配，每次配乳所用奶具等应洗净、消毒。

（四）辅助食品的添加

随着儿童年龄的增长，饮食从出生时的纯乳类逐渐向以谷类为主的固体食物过渡。过渡时期添加的食品称为婴儿的辅助食品，简称辅食。一般6个月以后的婴儿为满足其生长发育需要，无论是母乳喂养还是人工喂养均应按顺序逐步添加辅食。婴儿的辅食添加的过程是培养婴儿对其他食物的兴趣，让其逐渐适应各种食物的味道，并培养其自行进食能力及良好的饮食习惯，最终顺利地由乳类为主的食物过渡到固体为主的食物的过程。

1. 添加方法

（1）添加原则：从少到多，从稀到稠，从细到粗，一种到多种，循序渐进添加辅食。如大米，从米汤到稀粥，到稠粥，再到软饭。

（2）添加时间：婴儿6月龄是食物引入的"关键窗口期"。要在儿童健康、消化功能正常时添加新的辅食，患病时暂缓添加辅食。

2. 添加顺序（表7-2-1）

月龄	食物性状	添加辅食	餐数		
			主餐	辅餐	进食技能
6个月	泥状食物	含铁配方米粉、配方奶、鱼泥、豆腐、动物血、菜泥、水果泥	6次奶（断夜间奶）	逐渐加至1次	用勺喂
7~9个月	末状食物	粥、烂面、饼干、馒头片、鱼、肝泥、肉末	4次奶	1餐饭1次水果	学用杯
10~12个月	碎食物	稠粥、软饭、面条、馒头、面包、碎菜、豆制品、碎肉、带馅食品等	3餐饭	2~3次奶1次水果	自己用勺断奶瓶

二、幼儿膳食安排

（一）幼儿发育与进食的特点

1. 生长速度减慢　1岁后儿童生长速度减慢，进食相对稳定，较婴儿期食欲有所下降。

2. 心理行为影响　幼儿期神经心理发育迅速，好奇心强，进食时表现出强烈的自我进食欲望，常有探索性行为及自主选择食物的欲望。应允许幼儿参与进食，满足其自我进食欲望，培养其独立进食能力。

3. 家庭成员的影响　幼儿喜好模仿，家庭成员对食物的反应及进食行为可作为幼儿的榜样。因此，家长应注意做到不挑食、不偏食、不暴饮暴食，进食要按时定量、细嚼慢咽。幼儿期注意力易分散，应避免边进食边玩、看电视等，可导致食欲下降和消化不良。

（二）幼儿膳食安排

幼儿膳食中各种营养素和能量的摄入应满足该年龄段儿童的生理需要。蛋白质每日40g左右，其中优质蛋白（动物蛋白和豆类蛋白）应占总蛋白的1/2。蛋白质、脂肪和碳水化合物产能比约为1：3：6。膳食安排需合理，要注意色、香、味、形，同种食物烹饪时要富于变化，以刺激儿童食欲。以一日四餐加上两次点心为宜。进食过频、夜间进食过多均对儿童食欲、消化功能有所影响。

三、学龄前儿童膳食安排

学龄前儿童越来越主动参与到家庭生活中，饮食与成人逐渐接近，以一日三餐两点为宜，早晨应吃饱，富于营养。食物成分搭配合理，食谱应做到粗、细粮交替，荤、素食搭配，以保证儿童良好的生长发育。食品制作中避免坚硬、油腻、辛辣。食谱要经常更换，以促进儿童食欲。避免挑食、偏食，培养良好饮食习惯。

四、学龄儿童和青春期少年膳食安排

学龄儿童食物种类同成人，应含足够蛋白质尤其是动物蛋白，以增强理解力和记忆力。早餐要保证较高营养，以满足上午精力充沛及体力活动量大的需求。

青少年体格发育进入高峰时期，各种营养素需求增加。三餐定时定量，多吃富含钙、铁、锌及高维生素食物，避免盲目节食。加强锻炼，预防肥胖。

第三节　儿童营养状况评估

学习目标

知识目标	了解儿童营养状况评估的内容与方法。
能力目标	能够运用所学知识对儿童营养状况进行正确评估。
素质目标	培养护生尊重爱护儿童，关注儿童营养的职业精神。

儿童营养状况评估是衡量儿童每日平均所摄入的营养素与其生理所需之间是否相称。常用的评估方法包括健康史询问和营养调查，营养调查包括体格生长评价、实验室检查、体格检查、膳食调查、流行病学，即A、B、C、D、E五方面。

一、健康史询问

通过询问了解儿童进食情况，如每日进食种类及数量，母乳喂养儿每日喂养次数，人工喂养儿了解代乳品种类、调配浓度、数量及次数。询问辅食添加情况，有无偏食、挑食习惯，有无腹泻及便秘等。此外，还要了解有无营养缺乏症状，如消瘦、面色苍白、出汗、夜惊等。

二、营养调查
（一）体格生长评价（growth assessment，A）
体格生长情况是临床最基础的评价方法，工具简单，操作方便，经济，是营养评价的第一步。
（二）实验室检查（biochemical tests，B）
了解机体某种营养素贮存、缺乏水平。通过实验方法测定儿童体液或排泄物中各种营养素及其代谢产物或其他有关的化学成分，了解食物中营养素的吸收利用情况。实验室检查在营养素缺乏中变化最敏感，可用于营养缺乏的诊断。
（三）临床表现（clinical indicators，C）
除常规体格检查外，注意有关营养素缺乏的特异体征，一般临床体征出现较晚。
（四）膳食调查（dietary assessment，D）
1. 膳食调查方法　按工作要求选择不同方法，调查营养素摄入情况，对个人尤其须同时注意是否建立良好进食行为。

（1）询问法：询问儿童近1~3天吃过的食物，从而分析其营养状况。询问法简单，易于临床使用，结果查《中国食物成分表》，主要用于个人膳食调查，是目前应用最多的方法。

（2）称重法：多用于集体儿童膳食调查。

（3）记账法：多用于集体儿童膳食调查。

2. 膳食评价方法

（1）营养素摄入量与推荐摄入量（recommended nutrient intake，RNI）比较：达到RNI有两种含义：对个体而言，表示满足身体需要的可能性是97%，缺乏的可能性小（3%）；对群体而言，这一摄入水平能够满足该群体中97%个体的需要，可能3%的个体达不到该营养素的需要。

（2）宏量营养素供能比例：糖类占总能量的50%~65%在各年龄基本一致，蛋白质产能应占总能量的10%~15%，脂肪所占比例逐渐下降，7岁以上脂类占总能量的20%~30%。

（3）膳食能量分布：每日三餐食物供能亦应适当，即早餐供能应占一日总能量的25%~30%，中餐应占总能量的35%~45%，点心占总能量的10%，晚餐应占总能量的25%~30%。

（五）流行病学（epidemiology，E）

国家和地区人群对某种营养素缺乏流行情况对诊断具有重要价值。

第四节　蛋白质-能量营养障碍患儿的护理

学习目标

知识目标	1. 掌握蛋白质-能量营养不良、单纯性肥胖的身体状况、常见护理诊断/问题和护理措施。 2. 熟悉蛋白质-能量营养不良、单纯性肥胖的治疗要点。 3. 了解蛋白质-能量营养不良、单纯性肥胖的病因、病理生理和辅助检查。
能力目标	能够运用护理程序，制订蛋白质-能量营养不良患儿的护理计划及健康指导计划。
素质目标	培养护生具有与儿童及家庭有效沟通的能力，以理解、友善、平等的心态，为儿童及其家庭提供帮助。

案例导入与思考

患儿，女，18个月，因"进食量少、消瘦半年"来医院就诊。患儿出生后一直人工喂养，辅食主要以米粉为主，很少加鱼、肉、蛋等其他食物。近半年来进食量少，生长发育落后，运动功能发育迟缓，精神萎靡。

体格检查：患儿面色苍白，皮肤干燥，头发枯黄，体重8kg，消瘦，腹壁皮下脂肪菲薄，仅0.2cm，哭声低弱。心肺（-），肝脾未触及。四肢肌张力低，生理反射存在，病理反射未引出。

辅助检查：血常规示Hb 90g/L，其余正常。尿常规、便常规、肝功均正常。血清铁、锌低于参考值。

请思考：

1. 患儿可能的病因是什么？

2. 目前患儿存在的主要护理问题是什么？

3. 作为责任护士应为该患儿提供哪些护理措施？

一、蛋白质-能量营养不良患儿的护理

蛋白质-能量营养不良（protein-energy malnutrition，PEM）是由于多种原因引起的能量和/或蛋白质缺乏所导致的一种慢性营养缺乏症，多见于3岁以下婴幼儿，主要表现为体重不增、体重减轻、渐进性消瘦，皮下脂肪减少和皮下水肿，常伴有全身各器官不同程度的功能低下及新陈代谢异常。临床上分为3种类型：① 以能量供应不足为主的消瘦型；② 以蛋白质供应不足为主的水肿型；③ 介于两者之间的消瘦-水肿型。

【病因】

1. 喂养不当　喂养不当是导致婴儿营养不良的主要原因，因母乳不足而未及时添加其他乳品；突然停奶而未及时添加辅食；奶粉配制过稀；长期以淀粉类食物为主食，年长儿的不良饮食习惯，如偏食、挑食、吃零食过多、早餐过于简单或不吃早餐等引起。

2. 疾病因素　消化系统疾病或先天畸形，如过敏性肠炎、唇腭裂等均可影响食物的摄入、消化和吸收。各种急慢性感染及消耗性疾病，如麻疹、肝炎、结核等使消耗增多，从而导致营养不良。

3. 先天不足　多胎、双胎、早产及低出生体重儿，常因先天营养不足，后天生长发育迅速，营养需要量增加而引起营养不良。

【病理生理】

1. 新陈代谢异常

（1）蛋白质：由于蛋白质摄入不足或蛋白质丢失过多，使体内蛋白质代谢处于负平衡，当血清总蛋白浓度<40g/L、白蛋白浓度<20g/L时，可发生低蛋白性水肿。

（2）脂肪：体内脂肪大量消耗以补充能量的不足，故血清胆固醇浓度下降。脂肪代谢主要在肝内进行，当体内脂肪消耗过多，超过肝脏的代谢能力时，可导致肝脏细胞脂肪浸润及变性。

（3）碳水化合物：由于摄入不足或消耗增多，使糖原储存不足和血糖偏低，轻度时症状并不明显，重者可引起低血糖甚至猝死。

（4）水、盐代谢：由于脂肪的大量消耗，造成细胞外液容量增加，低蛋白血症可进一步加剧而呈现水肿；PEM时ATP合成减少，影响细胞膜上钠-钾-ATP酶的转运，钠在细胞内潴留，细胞外液一般为低渗状态，易出现低渗性脱水、酸中毒、低钾、低钠、低钙和低镁血症。

（5）体温调节能力低下：能量摄入不足、皮下脂肪较薄造成散热快、血糖降低以及氧耗量低、脉率和周围血循环血量减少，体温偏低。

2. 各系统功能低下

（1）消化系统：由于消化液和酶的分泌减少，酶活性降低，肠蠕动减弱，菌群失调，致消化吸收功能低下，易发生腹泻。

（2）循环系统：重度营养不良者，心肌收缩力减弱，心排血量减少、血压偏低和脉搏细弱。

（3）泌尿系统：肾小管重吸收功能减低，造成尿量增多而比重下降。

（4）神经系统：表情淡漠、反应迟钝、记忆力减退、烦躁不安以及条件反射不易建立。

（5）免疫功能：非特异性免疫功能及特异性免疫功能明显降低，极易并发各种感染。

【临床表现】

1. 体重及身高（长）改变　营养不良最早的表现是体重不增，随着病情加重，出现消瘦、皮下脂肪减少以至消失，皮下脂肪厚度是判断营养不良程度的重要指标之一。皮下脂肪消耗顺序为：腹部→躯干→臀部→四肢→面部。继而皮肤干燥、苍白、皱纹如老人貌，肌张力低下、肌肉松弛、肌肉萎缩呈"皮包骨"时，四肢可有挛缩。初期营养不良，身高并无影响，但随着病情加重，身高亦低于正常，出现生长迟缓。婴幼儿不同程度营养不良的临床表现（表7-4-1）。

▼ 表7-4-1　婴幼儿不同程度营养不良的临床表现

项目	Ⅰ度（轻度）	Ⅱ度（中度）	Ⅲ度（重度）
实际体重为理想体重的百分比	80%~89%	70%~79%	<70%
腹部皮下脂肪厚度	0.4~0.8cm	<0.4cm	消失
肌张力	正常	降低、肌肉松弛	低下、肌肉萎缩
身长（高）	正常	低于正常	明显低于正常
精神状态	无明显变化	烦躁	萎靡、抑制与烦躁交替

2. 各系统表现

（1）神经系统：轻度精神状态正常，随着病情加重，患儿出现易激惹、烦躁、反应低下、对周围事物不感兴趣，睡眠障碍，抑郁与烦躁相交替，严重者可引起智力低下。

（2）消化系统：初期食欲尚可，继而食欲减退甚至消失，常伴呕吐及腹泻或便秘。

（3）心血管系统：出现心音低钝、血压偏低、脉搏变缓。

（4）其他：运动功能发育迟缓；部分患儿合并血清白蛋白明显减少时，可伴发凹陷性水肿、皮肤发亮，严重者破溃，继发感染形成溃疡。

3. 并发症

（1）营养性贫血：主要与造血原料如铁、叶酸、维生素B_{12}、蛋白质等缺乏有关。以缺铁性贫血最常见，巨幼细胞贫血也可出现或两者兼有。

（2）维生素和微量元素缺乏：以维生素A缺乏症最常见，其次为B族维生素、维生素C，由于生长发育迟缓，钙、磷需求减少，故维生素D缺乏症较少见。

（3）感染：由于免疫力低下，易患呼吸道、消化道、泌尿道感染及各种传染病，特别是婴幼儿腹泻可迁延不愈，加重营养不良，形成恶性循环。

（4）自发性低血糖：常出现在夜间或清晨，是重度营养不良患儿死亡的重要原因。患儿可表现为面色灰白、神志不清、脉搏减慢及呼吸暂停。如不及时抢救，可导致死亡。

4. 营养不良分型和分度 根据患儿体重及身高（长）减少情况，5岁以下儿童营养不良的体格测量指标的分型和分度如下：

（1）体重低下（underweight）：体重低于同年龄、同性别参照人群值的均值减2SD为体重低下。体重为均值减2~3SD或中位数的70%~79%为中度；低于均值减3SD或小于中位数的70%为重度。此项指标主要反映患儿有慢性或急性营养不良，但单凭此项指标不能区别急性还是慢性营养不良。

（2）生长迟缓（stunting）：身高（长）低于同年龄、同性别参照人群值的均值减2SD为生长迟缓。身高（长）为均值减2~3SD或中位数的85%~89%为中度；低于均值减3SD或小于中位数的85%为重度。此项指标主要反映长期慢性营养不良。

（3）消瘦（wasting）：体重低于同年龄、同身高（长）参照人群值的均值减2SD为消瘦。体重为均值减2~3SD或中位数的70%~79%为中度；低于均值减3SD或小于中位数的70%为重度。此项指标主要反映近期、急性营养不良。

【辅助检查】

1. 血清白蛋白测定 血清白蛋白浓度降低是特征性改变，但由于其半衰期较长（19~21天），故不够灵敏。前白蛋白和视黄醇结合蛋白较敏感。

2. 胰岛素样生长因子Ⅰ（IGF-Ⅰ） IGF-Ⅰ水平下降，由于其不仅反应灵敏而且受其他因素影响较少，被认为是早期诊断的灵敏、可靠的指标。

3. 酶活性测定 血清淀粉酶、脂肪酶、胆碱酯酶、转氨酶、碱性磷酸酶、胰酶等活力下降，经治疗后可迅速恢复正常。

4. 其他 血浆胆固醇、各种电解质及微量元素浓度皆可下降；生长激素增高。

【治疗要点】

轻中度营养不良不需住院，只需对症处理，改善肠道功能，调整饮食，补充营养物质。在改善营养过程中各种奶制品如酸奶是很好的营养食物，易消化吸收，并促进肠蠕动，每天热量和蛋白质的摄入量主要取决于胃肠道功能的耐受情况。指导家长每日带患儿进行一定时间的户外活动。重度营养不良的治疗原则是积极处理各种危及生命的并发症、祛除病因、调整饮食、促进消化功能。

【护理评估】

1. 健康史 了解患儿的喂养史、饮食习惯以及生长发育情况，注意是否存在母乳不足，喂养不合理以及不良的饮食习惯；有无消化系统解剖和功能上的异常；有无急、慢性疾病史；是否为双胎、早产等。

2. 身体状况 测量患儿体重、身高（长）、皮下脂肪厚度并与同年龄、同性别健康儿童正常标准相比较，判断有无营养不良及程度。检查有无精神改变、水肿、肌张力下降等情况，检查血清白蛋白、维生素、微量元素、血清酶活性、血浆胆固醇浓度等有无下降。

3. 心理-社会状况　了解父母角色是否称职，育儿知识水平以及对疾病的认识程度，患儿的心理个性发育情况，家庭亲子关系，家庭经济状况等。

【常见护理诊断/问题】

1. 营养失调：低于机体需要量　与能量、蛋白质摄入不足和/或需要、消耗过多有关。

2. 有感染的危险　与机体免疫功能低下有关。

3. 潜在并发症：缺铁性贫血、低血糖、维生素A缺乏。

4. 知识缺乏：患儿家长缺乏营养知识及育儿知识。

【预期目标】

1. 患儿饮食纠正，体重逐渐增加。

2. 患儿未发生感染。

3. 患儿不发生缺铁性贫血、低血糖、维生素A缺乏等并发症。

4. 家长了解营养不良的原因，能正确选择合适的婴幼儿食品、合理喂养儿童。

【护理措施】

（一）维持营养均衡

营养不良患儿因长期摄入量少，消化道已适应低营养的摄入，过快增加摄入量易出现消化不良、腹泻，应根据营养不良的程度、消化吸收能力和病情，逐渐增加，不可急于求成，其饮食调整的原则是：少到多、稀到稠、循序渐进，逐渐增加饮食，直至恢复正常。患儿的营养素的需求可以按照以下原则补充：

1. 能量　对于轻度营养不良儿童，开始每日可供给能量250~330kJ/kg（60~80kcal/kg），以后逐渐递增。对于中、重度营养不良儿童，能量供给从每日165~230kJ/kg（40~55kcal/kg）开始，逐步少量增加；若消化吸收能力较好，可逐渐增加到每日500~727kJ/kg（120~170kcal/kg），并按实际体重计算所需能量。待体重恢复，体重与身高（长）比例接近正常后，恢复供给正常需要量。

2. 蛋白质　蛋白质摄入量从每日1.5~2.0g/kg开始，逐步增加到每日3.0~4.5g/kg，过早给予高蛋白质食物，可引起腹胀、肝大。

3. 维生素及矿物质　食物中应含有丰富的维生素及矿物质，一般采用每日给予蔬菜及水果的方式，应从少量开始，以免引起腹泻。

（二）预防感染

保持皮肤清洁、干燥，防止皮肤破损；做好口腔护理、臀部护理；注意保护性隔离，防止继发感染。

（三）密切观察病情变化

重度营养不良患儿反应低下，特别注意夜间有无低血糖表现，发现并及时报告，并做好急症抢救准备。同时注意观察是否有缺铁性贫血、维生素A缺乏等并发症的表现，严密观察体重、皮下脂肪的厚度、身高（长）、维生素A缺乏、酸中毒、进食情况、食物耐受情况、治疗效果等。

（四）健康教育

向患儿家长介绍科学育儿知识，纠正儿童的不良饮食习惯；合理安排生活作息制度，坚持户外活动，保证充足睡眠；预防感染，做好消毒隔离，按时进行预防接种；先天畸形患儿应及时手术治疗；做好生长发育监测。

【护理评价】

1. 通过治疗和护理，患儿是否遵循饮食调整原则，体重是否逐渐增加。

2. 患儿感染是否得到预防。

3. 患儿并发症是否得到有效预防，或并发症是否及时发现并得到有效的处理。

4. 家长是否了解营养不良的相关知识。

二、单纯性肥胖患儿的护理

儿童单纯性肥胖症（children obesity）是由于长期能量的摄入超过人体消耗，导致体内脂肪过度积聚，体重超过一定范围的营养障碍性疾病。肥胖不仅影响儿童健康，还成为成人肥胖症、冠心病、高血压、糖尿病、胆石症、痛风等疾病以及猝死的诱因，已成为当今大部分公共健康问题的根源，应引起社会和家庭的高度重视。

【病因】

95%~97%肥胖患儿为单纯性肥胖，不伴有明显的内分泌和代谢性疾病，是由遗传因素和环境因素相互作用而导致的，其中环境因素占主导因素。

1. 能量摄入过多　为本病的主要原因，长期摄入的营养超过机体代谢需要，剩余的能量转化为脂肪的储存于体内。

2. 活动量过少　缺乏适当的活动和体育锻炼也是发生肥胖症的重要因素，即使摄食不多，也可引起肥胖。

3. 遗传因素　肥胖具有高度的遗传性，目前认为肥胖的家族性与多基因遗传有关。肥胖双亲的后代发生肥胖者高达70%~80%；双亲之一肥胖者，后代肥胖发生率为40%~50%；双亲正常的后代发生肥胖者仅为10%~14%。

4. 其他　进食过快、饱食中枢和饥饿中枢调节失衡导致多食；精神创伤以及心理异常等因素亦可致儿童过量进食而出现肥胖。

【病理生理】

肥胖的主要生理改变是脂肪细胞的数量增多或体积增大。人体脂肪细胞的数量增多主要在儿童出生后3个月、出生后第1年和11~13岁3个阶段。在这3个阶段引起的肥胖特点为脂肪细胞数目增多并且体积增大，治疗较困难且易复发。而不在此3个阶段发生的肥胖，脂肪细胞体积增大而数量正常，治疗比较容易而且效果明显。肥胖患儿可出现以下改变。

1. 体温调节　由于脂肪的保温作用，对环境温度变化的应激能力降低，用于产热的能量消耗比正常儿童少，故肥胖儿一般会有低体温倾向。

2. 脂类代谢　常伴有血脂增高，长大以后容易出现动脉硬化、冠状动脉粥样硬化性心脏病、高血压、胆石症等疾病。

3.蛋白质代谢 嘌呤代谢异常，血尿酸水平高，易发生痛风。

4.内分泌变化 在肥胖儿童较常见。如男、女性肥胖患儿雌激素水平均增高，导致女性可有月经不调和不孕；男性可有轻度性功能低下；并且肥胖者有高胰岛素血症的同时又存在胰岛素抵抗，致糖代谢异常，可出现糖耐量降低或糖尿病。

【临床表现】

肥胖可发生于任何年龄，最常见于婴儿期、5~6岁和青春期。患儿食欲旺盛且喜吃甜食和高脂肪食物。

明显肥胖的患儿常有疲劳感，用力时出现气短或腿痛。严重肥胖者可因脂肪过度堆积而限制胸廓扩展及膈肌运动，导致肺通气不良，引起低氧血症、红细胞增多、发绀，严重时心脏扩大、心力衰竭甚至死亡，称肥胖-换气不良综合征（Pickwickian syndrome）。

体格检查可见患儿皮下脂肪丰满，但分布均匀。重度肥胖者可因皮下脂肪过多，使胸腹、臀部、大腿出现白色或紫色皮纹。少数肥胖患儿因体重过重，走路时双下肢负荷过度而出现扁平足以及膝外翻。女性肥胖患儿的外生殖器发育大多正常，胸部脂肪增多，应与乳房发育鉴别；男性肥胖患儿由于大腿内侧、会阴部脂肪过多，阴茎可隐藏在阴阜脂肪垫中而被误诊为阴茎发育不良。肥胖儿性发育较早，故最终身高常略低于正常儿童。怕别人讥笑而不愿与其他儿童交往，常出现自卑、胆怯、孤独等心理障碍。

【辅助检查】

肥胖儿童甘油三酯、胆固醇大多增高，严重患儿血清白蛋白也增高；常有高胰岛素血症，血生长激素水平减低，肝脏超声检查常有脂肪肝等。

【治疗要点】

采取控制饮食，加强运动，消除心理障碍，配合药物治疗等综合措施。饮食疗法和运动疗法是两项最主要的措施。慎用药物，外科手术不宜用于儿童。

【常见护理诊断/问题】

1.营养失调：高于机体需要量 与摄入高能量食物过多和/或运动过少有关。

2.体像紊乱 与肥胖引起自身形体改变有关。

3.知识缺乏：患儿和家长缺乏合理营养的知识。

【护理措施】

（一）饮食疗法和运动疗法

在满足儿童基本营养及生长发育需要，避免影响其正常生长发育的前提下，为了达到减轻体重的目的，患儿每日摄入的能量必须低于机体消耗的总能量。

1.饮食原则 推荐低脂肪、低碳水化合物和适量蛋白饮食。低脂饮食可促进患儿脂肪的消耗，但因同时也会使蛋白质分解增加，故需同时注意补充优质蛋白质。糖类分解成葡萄糖后会刺激胰岛素分泌，从而促进脂肪合成，故必须适量限制糖类食物。

2.食物选择 鼓励患儿选择体积大、饱腹感明显而能量低的蔬菜类食品，如萝卜、青菜、黄瓜、番茄、莴苣、苹果、柑橘、竹笋等均可选用，其所含高纤维还可抑制糖类的吸收和胰岛素的分泌，减少胆盐的肠肝循环，促进胆固醇排泄，且有一定的通便作用。

3. 培养良好的饮食习惯 提倡少食多餐，避免过饱，不吃零食，减少晚餐的进食量，细嚼慢咽等。

4. 运动疗法 适当的运动能促进脂肪分解，减少胰岛素分泌，使脂肪合成减少，蛋白质合成增加，促进肌肉发育。选择有效而又容易坚持的运动如游泳、踢球、爬楼梯、晨间跑步、散步等，运动量根据患儿耐受力而定，以运动后轻松愉快、不感到疲劳为原则。

（二）心理护理

注意避免因家长对子女的肥胖过分忧虑，到处求医，对患儿的进食习惯经常指责而引起患儿精神紧张；引导肥胖儿正确认识自身体态改变，帮助其对自身形象建立信心，消除因肥胖带来的自卑心理，鼓励其参与正常的社交活动。

（三）健康教育

向家长宣传科学喂养的知识，培养儿童良好的饮食习惯，对患儿实施生长发育监测，定期门诊随访。

第五节　维生素营养障碍患儿的护理

学习目标

知识目标	1. 掌握营养性维生素 D 缺乏性佝偻病的定义、病因、临床表现和护理措施；维生素 D 缺乏性手足搐搦症的病因、临床表现、急救措施和护理措施。 2. 熟悉营养性维生素 D 缺乏性佝偻病和手足搐搦症的发病机制、辅助检查和治疗要点。 3. 了解维生素 A 缺乏的病因、临床表现、治疗要点和护理措施。
能力目标	能制定营养性维生素 D 缺乏性佝偻病、维生素 D 缺乏性手足搐搦症的患儿的护理计划，并开展健康教育，预防该疾病的发生。
素质目标	培养护生关心、爱护患儿，具备良好的人文关怀素养；具有与患儿及其家长良好的沟通能力和素养；具有高度的责任心和严谨认真的工作态度。

案例导入与思考

患儿，女孩，11 个月，因睡眠不安 2 个月就诊。患儿约 2 个月前起出现睡眠不安，夜间为重，经常夜间醒来哭闹。白天患儿烦躁、不易安慰。易出汗，夜间为重。

体格检查：T 36.9℃，P 120次/min，R 35次/min，BP 80/50mmHg，体重9.2kg，身长73cm。可见肋膈沟，双肺呼吸音清，心率135次/min，律齐，腹膨隆呈蛙腹，肝脾未及。下肢轻度"O"形腿。

辅助检查：血常规示Hb 115g/L，RBC $4.3×10^{12}$/L，WBC $10×10^9$/L。大便及尿常规未见异常。血清钙、磷正常，血碱性磷酸酶升高。腕部正位片示骨骼端钙化带模糊不清，呈杯口状改变。

请思考：

1. 该患儿存在的主要护理问题是什么？

2. 护士接诊后，针对患儿的病情应配合医生采取哪些护理措施？

3. 如何预防该疾病的发生？

一、营养性维生素D缺乏性佝偻病患儿的护理

营养性维生素D缺乏性佝偻病（rickets of vitamin D deficiency）简称"佝偻病"，是由于体内维生素D不足引起钙、磷代谢失常，产生的一种以骨骼病变为特征的全身慢性营养性疾病。主要见于3个月至2岁的婴幼儿，患病率北方高于南方。近年来，随着儿童保健事业的发展及人们生活水平的提高，该病发病率及重症患儿逐年减少。但随着国家城市化、工业化的发展，如果对该病不引起重视，佝偻病有再增加的危险。

【维生素D的来源、转化和生理功能】

1. 维生素D的来源　婴幼儿体内维生素D来源可以分为内源性和外源性两种途径：

（1）内源性：是人类获得维生素D的主要来源，即皮肤中的7-脱氢胆固醇在阳光下经紫外线的照射下转变而成。

（2）外源性：包括3种：一种由食物提供，天然食物中如乳类、蛋类、鱼类含量都很少，谷类、蔬菜及水果中则基本不含维生素D，但可通过维生素D强化食物如配方奶等来提供。其次由鱼肝油滴剂来提供，这是外源性维生素D的主要来源。另外胎儿可通过胎盘从母体获得维生素D，可以满足婴儿生后一段时间，但所提供的量与母亲储备量及胎儿月龄有关，这是婴儿所特有的。

2. 维生素D的转化　皮肤合成的维生素D_3直接入血，而食物中维生素D_2由小肠吸收入血，两者均无生物活性，经过两次羟化作用后形成1,25-二羟维生素D［1,25-$(OH)_2D_3$］才能发挥生物效应。首先经肝细胞发生第一次羟化，生成25-$(OH)D_3$，其含量较多且稳定，常作为测定维生素D营养状况的指标。25-$(OH)D_3$运载到肾脏，在近端肾小管上皮细胞线粒体中的1-α羟化酶的作用下再次羟化，生成1,25-二羟维生素D［1,25-$(OH)_2D_3$］。被人体吸收进入血循环后，经血浆中的维生素D结合蛋白（DBP）结合，被转运后贮存于肝脏、脂肪和肌肉等组织内，经过两次羟化作用后发挥生物效应：首先经肝细胞发生第一次羟化，生成25-$(OH)D_3$，与α-球蛋白结合被运载到肾脏，在近端肾小管上皮细胞线粒体中的1-α羟化酶的作用下再次羟化，生成1,25-二羟维生素D［1,25-$(OH)_2D_3$］，具有很强的抗佝偻病生物活性。

3. 维生素D的生理功能　正常情况下，血浆中的1,25-$(OH)_2D_3$主要与结合蛋白（DBP）结

合，仅 0.4% 以游离的形式存在。主要通过三个靶器官（肠、肾、骨），发挥其生物效应。

（1）肠道：促进小肠黏膜合成钙结合蛋白（CaBP），增加肠道对钙的吸收。

（2）肾：增加肾小管对钙、磷的重吸收，特别是磷的重吸收，提高血磷浓度，有利于骨的矿化。

（3）骨骼：促进成骨细胞的增殖，血液中钙、磷向骨质生成部沉着，新骨形成。促进破骨细胞活动，使旧骨脱钙，骨盐溶解。

【病因】

1. 先天储存不足　母亲妊娠后期缺乏维生素 D，以及早产、双胎均可导致婴儿体内维生素 D 先天储存不足。

2. 日光照射不足　紫外线不能通过普通玻璃窗，儿童缺少户外活动，高层建筑群、烟雾、尘埃、寒冷季节等均可使皮肤合成维生素 D 不足。

3. 摄入不足　天然食物包括乳类含维生素 D 少，婴儿若户外活动少或未及时添加鱼肝油，亦易导致维生素 D 缺乏。

4. 生长过速　早产或双胎婴儿先天储存不足，出生后生长速度较足月儿快，需要量相对较多，若未及时补充，易导致维生素 D 缺乏。

5. 疾病与药物的影响　胃肠道或肝胆疾病会影响维生素 D 及钙磷的吸收和利用；肝、肾疾病会影响维生素 D 在体内的羟化；长期服用抗惊厥药物可使维生素 D 加速分解为无活性的代谢产物而导致体内维生素 D 不足；糖皮质激素可抑制维生素 D 对钙转运的调节。

【发病机制】

维生素 D 缺乏性佝偻病可认为是机体为维持正常血钙水平而对骨骼造成的损害。维生素 D 缺乏时，肠道吸收钙磷减少，血钙、血磷水平降低。刺激甲状旁腺分泌增加，从而加速旧骨溶解，释放骨钙入血，以维持血钙正常或接近正常水平。但因甲状旁腺素（PTH）同时也抑制肾小管对磷的重吸收而使尿磷排出量增加，导致血磷降低。细胞外液钙、磷浓度不足，破坏软骨细胞正常增殖、分化和凋亡；钙化管排列紊乱，长骨钙化带就会消失、骺板失去正常的形态，成为参差不齐的阔带；骨基质也不能正常矿化，成骨细胞代偿增生，碱性磷酸酶分泌增加，骨样组织堆积于干骺端，骺端增厚，向两侧膨出形成"手足镯""肋骨串珠"。骨膜下骨矿化不全，成骨形成异常，骨皮质被骨样组织替代，骨膜增厚，骨皮质变薄，骨质疏松；负重出现弯曲；颅骨骨化障碍导致颅骨软化，颅骨骨样组织堆积出现"方颅"。临床即形成骨骼病变和一系列佝偻病的症状体征以及血液生化改变（图 7-5-1）。

【临床表现】

本病最常见于 3 个月至 2 岁的婴幼儿。主要表现为骨骼改变、肌肉松弛和神经兴奋性改变。重症佝偻病患儿可见消化功能紊乱、心肺功能障碍并可影响智能发育及免疫功能等。临床上分 4 期。

1. 初期（早期）　多见于 6 个月以内婴儿，以神经兴奋增高为主，如易激惹、烦躁、睡眠不安、夜间啼哭。常伴与室温、季节无关的多汗，尤其头部多汗而刺激头皮，致婴儿摇头擦枕，出现枕秃。

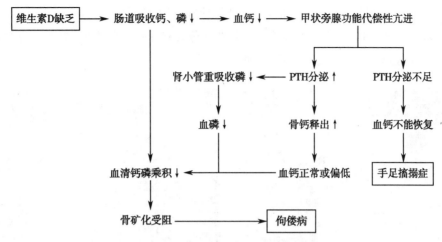

▲ 图7-5-1　维生素缺乏性佝偻病和手足搐搦症的发病机制

2. 活动期（激期）　除初期的症状外，主要表现为骨骼改变为主。可伴运动功能以及神经、精神发育迟缓。

（1）骨骼改变：① 头部，6个月以内的患儿可见颅骨软化，重者可出现乒乓球样的感觉，即用手指轻压枕骨或顶骨后部可感觉颅骨内陷；7~8个月患儿可有方颅，即额骨与顶骨双侧骨样组织增生呈对称性隆起（图7-5-2），严重时呈鞍状或十字状颅形；前囟增宽及闭合延迟，重者可延迟至2~3岁方才闭合；出牙延迟、牙釉质缺乏易患龋齿。② 胸部，胸部畸形多见于1岁左右儿童。肋骨与肋软骨交界处骨骺端因骨样组织堆积而膨大呈钝圆形隆起，上下排列如串珠状，称为佝偻病串珠（rachitic rosary），以两侧第7~10肋最明显；膈肌附着部位的肋骨长期受膈肌牵拉内陷，形成一条沿肋骨走向的横沟，称为郝氏沟（Harrison groove）；第7、8、9肋骨与胸骨相连处软化内陷，致胸骨柄前突，形成鸡胸（pigeon chest）（图7-5-3）；如胸骨剑突处向内凹陷，可形成漏斗胸（funnel chest）（图7-5-4）。这些胸廓病变均会影响呼吸功能。③ 四肢，6个月以上儿童腕、踝部肥厚的骨骺形成钝圆形环状隆起，称佝偻病手镯或脚镯（图7-5-5）；儿童开始行走

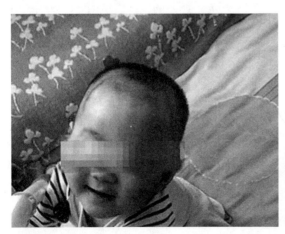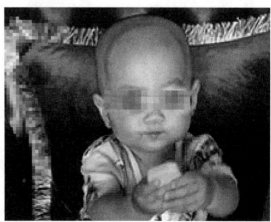

▲ 图7-5-2　方颅

后，由于骨质软化，因负重可出现下肢弯曲，形成严重膝内翻（"O"形腿）（图7-5-6）或膝外翻（"X"形腿）（图7-5-7）畸形。④ 脊柱，长久坐位者有脊柱后突或侧弯畸形。脊柱弯曲可伴致骨盆畸形，形成扁平骨盆，成年后可出现难产。

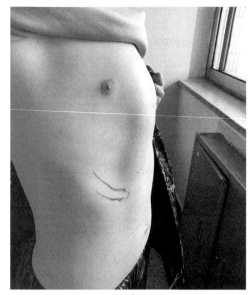
A. 鸡胸侧面

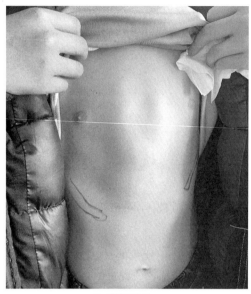
B. 鸡胸正面

▲ 图7-5-3 佝偻病鸡胸

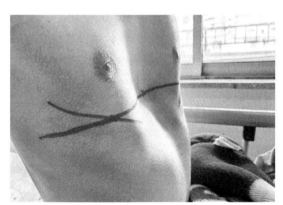

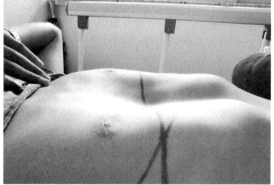

▲ 图7-5-4 漏斗胸

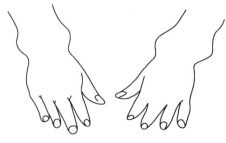

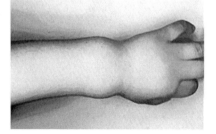

▲ 图7-5-5 佝偻病手镯

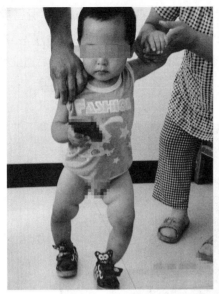
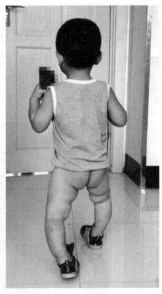

▲ 图7-5-6 "O"形腿（膝内翻）

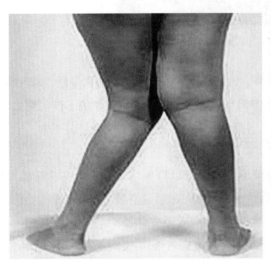
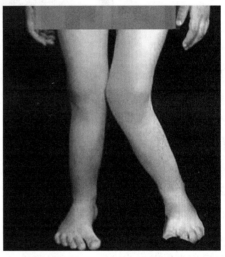

▲ 图7-5-7 "X"形腿（膝外翻）

（2）运动功能发育迟缓：血磷降低阻碍了肌肉中的糖代谢而导致肌力减弱或肌张力降低，韧带松弛，表现为头颈软弱无力，坐、立、行等运动功能落后。腹肌张力下降，腹部膨隆如蛙腹。

（3）神经、精神发育迟缓：重症患儿大脑皮质功能异常，条件反射形成缓慢，患儿表情淡漠，语言发育落后。

3. 恢复期　经适当治疗后患儿临床症状和体征减轻或消失，精神活泼，肌张力恢复。

4. 后遗症期　多见于2岁以后儿童，临床症状消失，仅遗留不同程度的骨骼畸形。

【辅助检查】

1. X线检查　初期常无明显骨骼改变，X线检查可正常或钙化带稍模糊。激期X线骨片显示钙化带消失，干骺端呈毛刷样、杯口状改变，骨骺软骨盘增宽（＞2mm），骨密度减低，骨皮质变薄（图7-5-8）。可有骨干弯曲畸形或青枝骨折，骨折可无临床症状。治疗2~3周后骨骼X线改变有所改善，出现不规则的钙化线，骨骺软骨盘＜2mm，逐渐恢复正常。后遗症期X线检查骨骼干骺端病变消失。

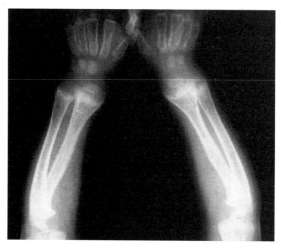

▲ 图7-5-8　佝偻病X线表现

2. 血生化检查　初期血清25-（OH）D$_3$下降，PTH升高，血钙下降，血磷降低，碱性磷酸酶正常或增高。激期患儿血清钙稍降低，血磷明显降低，碱性磷酸酶正常或增高。恢复期血清钙、磷逐渐恢复正常。碱性磷酸酶开始下降，1~2个月降至正常。后遗症期血生化恢复正常。

【治疗要点】

治疗目的在于控制病情活动，防止骨骼畸形。治疗应以口服维生素D为主，剂量为每日50~125μg（2 000~5 000IU），持续4~6周。之后改为预防量，小于1岁婴儿400IU/d，大于1岁婴儿600IU/d，同时给予多种维生素；对于有并发症的佝偻病或无法口服者，一次肌内注射维生素D 20万~30万IU，3个月后口服预防量。治疗一个月后应复查效果。

除采用维生素D治疗外，应加强营养、保证奶量，及时添加辅食，坚持户外活动。膳食中钙不足时，注意适量补充钙剂。

严重骨骼畸形者需外科手术治疗。

【护理评估】

1. 健康史　要了解患儿母亲妊娠时是否出现过小腿抽筋等维生素D缺乏情况以及身体健康状况；患儿是否为早产儿、多胎儿；患儿喂养、户外活动、生长发育、健康状况等；是否补充维生素D，补充剂量和用药时间。

2. 身体状况　评估患儿神经精神症状，测量患儿身高（长）、体重并与同年龄、同性别健康儿童正常参照值比较，判断有无生长发育迟缓、神经系统发育迟缓，是否有骨骼畸形、免疫力下降等，了解患儿血生化和X线检查改变。

3. 心理-社会状况 评估患儿出生史、喂养方法、户外活动时间、身体健康状况、有无额外添加鱼肝油制剂；评估家长对佝偻病病因、预防措施及预后的认识程度。

【常见护理诊断/问题】

1. 营养失调：低于机体需要量 与日光照射不足和维生素D摄入不足有关。

2. 有感染危险 与免疫功能低下有关。

3. 潜在并发症：维生素D中毒、骨骼畸形和骨折。

4. 知识缺乏：缺乏佝偻病预防及护理知识。

【预期目标】

1. 患儿症状及体征减轻或消失。

2. 患儿未发生感染。

3. 患儿未发生维生素D中毒、骨骼畸形和骨折。

4. 家长能说出本病的病因及预防措施。

【护理措施】

（一）补充营养

1. 增加户外活动 从孕期开始，孕妇注意坚持户外活动。生后2~3周即可进行户外活动，冬季保证每日1~2小时户外活动时间。夏季气温太高，应避免太阳直射，可在阴凉处活动，尽量多暴露皮肤。冬季室内活动时开窗，让阳光能够透过。

2. 补充维生素D 提倡母乳喂养，按时添加辅食，给予富含维生素D、钙、磷和蛋白质的食物。遵医嘱供给维生素D制剂，注意观察是否有维生素D过量中毒的表现。

（二）预防感染

保持室内空气清新，温、湿度适宜，阳光充足，做好口腔护理和皮肤护理，避免交叉感染。

（三）预防维生素D中毒、骨骼畸形和骨折

衣着柔软、宽松，床铺松软，避免早坐、久坐、早站、久站和早行走，以防骨骼畸形。对已有骨骼畸形的患儿可采取主动和被动运动的方法矫正。如遗留胸廓畸形，可作俯卧位抬头展胸运动；下肢畸形可施行肌肉按摩，"O"形腿按摩外侧肌，"X"形腿按摩内侧肌，以增加肌张力，矫正畸形。对于行外科手术矫治者，指导家长正确使用矫形器具。

（四）健康教育

宣传有关疾病的预防、护理知识，鼓励孕妇多进行户外活动和晒太阳，选择富含维生素D、钙、磷和蛋白质的食物；宣传母乳喂养，尽早开始户外活动；足月儿生后几天开始补充维生素D 400IU/d，早产儿（大于28周）、低出生体重儿、双胎儿生补充维生素D 400~800IU/d，3个月后改预防量，均补充至2岁；对于处于生长发育高峰的婴幼儿更应加强户外活动，给予预防量维生素D和钙剂，并及时添加辅食。在预防用药的同时，告知家长过量服用可造成中毒。

【护理评价】

1. 经过治疗及护理，患儿维生素D缺乏的症状是否改善。

2. 患儿是否有感染。

3. 患儿是否有维生素D中毒、骨骼畸形及骨折的发生。

4. 患儿家长对佝偻病相关知识掌握情况及应用能力是否有提高。

知识拓展 | **维生素D中毒**

　　　　长期服用大剂量维生素D，或短期内反复多次注射大剂量维生素D，或对维生素D敏感者可中毒。维生素D中毒剂量的个体差异大。一般儿童每日服用500~1 250μg（2万~5万IU），或每日50μg/kg（2 000IU/kg），连续数周或数月即可发生中毒。敏感儿童每日100μg（4 000IU），连续1~3个月即可中毒。

　　症状表现：早期表现为厌食、烦躁不安、哭闹、继之呕吐、腹泻或顽固性便秘，体重下降。患儿嗜睡、表情淡漠。也可出现惊厥、高血压等症状。由于大量钙由肾脏排出，使肾小管变性坏死，加上肾钙化，后期及严重病例表现为多饮、多尿、夜尿增多，甚至脱水、酸中毒、慢性肾衰竭。长期慢性中毒，可引起组织器官的钙化，影响体格和智力发育。孕早期维生素D中毒可致胎儿畸形。

　　处理：应立即停用维生素D和钙剂，限制钙盐和富含钙的食物的摄入。避免阳光照射。严重者立即就医，遵医嘱给药。家长应严格掌握维生素D的预防和治疗量，遵医嘱给药，防止发生维生素D中毒。

二、维生素D缺乏性手足搐搦症患儿的护理

　　维生素D缺乏性手足搐搦症（tetany of vitamin D deficiency）是由于维生素D缺乏致血钙降低，而出现惊厥、手足抽搐或喉痉挛等神经肌肉兴奋性增高症状。多见于小于6个月以下小婴儿。近年来，因为维生素D缺乏的预防工作普遍开展，该病发病率已逐年降低。

【病因及发病机制】

　　维生素D缺乏早期，可刺激甲状旁腺分泌甲状旁腺素增多，以维持血钙水平，但当维生素D进一步缺乏时，导致甲状旁腺过度反应而疲倦，甲状旁腺素分泌不足，出现血钙降低。当血总钙浓度低于1.75~1.88mmol/L（正常血清钙浓度为2.25~2.27mmol/L）或离子钙浓度降至1.0mmol/L以下时，即可出现神经肌肉兴奋性增高、手足抽搐、喉痉挛甚至全身惊厥。

【临床表现】

　　典型发作表现为惊厥、喉痉挛和手足搐搦，并有程度不同的活动性佝偻病的表现。

　　1. 惊厥　最常见，多见于婴儿期。表现为突然发生四肢抽动，两眼上翻，面肌抽动，神志不清。发作时间持续数秒至数分钟，发作时间持续久者可有发绀。发作停止后意识恢复，精神萎靡而入睡，醒后活泼如常。发作次数可数日一次至一日数次甚至数十次，一般不发热，发作轻时仅有短暂的眼球上窜和面肌抽动，神志清楚。

　　2. 喉痉挛　婴儿多见，表现为喉部肌肉、声门突发痉挛，呼吸困难，吸气时喉鸣。有时可突然发生窒息甚至死亡。

　　3. 手足搐搦　多见于较大的婴幼儿，发生时手足肌肉痉挛呈弓状，手腕屈曲，手指强直，拇指内收贴紧掌心，踝关节僵直，足趾弯曲向下呈"芭蕾舞足"，发作停止后活动自如。

隐匿型没有典型发作的症状，但可通过刺激神经肌肉引出下列体征：① 面神经征（Chvostek sign），以手指尖或叩诊锤轻击患儿颧弓与口角间的面颊部，引起眼睑和口角抽动者为阳性；② 陶瑟征（Trousseau sign），以血压计袖带包裹上臂，使血压维持在收缩压与舒张压之间，5分钟之内该手出现痉挛状为阳性；③ 腓反射（peroneal reflex），以叩诊锤叩击膝下外侧腓骨小头上腓神经处，引起足向外侧收缩者为阳性。

【辅助检查】

血总钙浓度<1.75mmol/L（7mg/dl）或血清钙离子浓度<1.0mmol/L（4mg/dl）。

【治疗要点】

（一）急救处理

1. 吸氧　惊厥发作时，立即吸氧。注意保持呼吸道通畅，喉痉挛者须立即将舌拉出口外，并进行口对口呼吸或加压给氧，必要时进行气管切开以保证呼吸道通畅。

2. 控制惊厥与喉痉挛　可用10%水合氯醛，每次40~50mg/kg，保留灌肠；或地西泮每次0.1~0.3mg/kg，静脉或肌内注射。

（二）钙剂治疗

常用10%葡萄糖酸钙5~10ml，以10%~25%葡萄糖液稀释1~3倍后缓慢推注（10分钟以上）。症状缓解后，给予钙剂口服。

（三）维生素D治疗

症状控制后按维生素D缺乏性佝偻病补充维生素D。

【常见护理诊断/问题】

1. 有窒息的危险　与惊厥发作及喉痉挛有关。

2. 有受伤的危险　与惊厥发作及手足搐搦有关。

3. 营养失调：低于机体需要量　与维生素D缺乏有关。

4. 知识缺乏：缺乏本病相关的护理知识。

【护理措施】

（一）控制惊厥、喉痉挛

遵医嘱立即使用镇静剂、钙剂。静脉注射钙剂时需缓慢推注（10分钟以上）或滴注，并监测心率，以免因血钙骤升，发生呕吐，甚至心搏骤停；避免药液外渗（绝不可皮下或肌内注射），以免造成局部坏死。

（二）安全防护，避免受伤

惊厥、喉痉挛发作时，就地抢救，立即将患儿平卧，头偏向一侧，清除口鼻分泌物，保持呼吸道通畅，立即吸氧。将舌拉出口外，在上、下门齿间放置牙垫，避免舌咬伤，必要时行气管插管或气管切开。去除周围不安全因素，床栏周围可用棉制品保护，避免强行按压患儿肢体。

（三）补充维生素D

提倡母乳喂养，按时添加辅食，给予富含维生素D、钙、磷和蛋白质的食物，定期户外活动。

（四）健康教育

教会家长惊厥、喉痉挛发作时的处理方法，如使患儿平卧，松开衣领，颈部伸直，头后仰，以保持呼吸道通畅，同时呼叫医务人员等。

三、维生素A缺乏症患儿的护理

维生素A缺乏症（vitamin A deficiency disorder）是指体内维生素A缺乏所致的以眼和皮肤黏膜病变为主的全身性疾病。多见于1~4岁儿童。包括临床型维生素A缺乏、亚临床型维生素A缺乏及可疑亚临床型维生素A缺乏（或边缘型维生素A缺乏）。近年来，我国严重维生素A缺乏已不多见，但边远农村地区仍有流行，亚临床缺乏现象仍普遍存在。

【维生素A的来源及生理功能】

1. 来源　维生素A的化学名为视黄醇，在动物性食物如乳类、蛋类和动物内脏中含量丰富，植物来源的胡萝卜素也是维生素A的重要来源。

2. 生理功能　维持皮肤黏膜层的完整性；构成视觉细胞内的感光物质；促进生长发育；维护生殖功能；维持和促进免疫功能。

【病因】

1. 先天储存不足　维生素A不易通过胎盘，故胎儿先天维生素A储备不足。

2. 摄入不足或吸收障碍　维生素A为脂溶性维生素，膳食中脂肪含量过低易发生维生素A缺乏；一些消化道疾病均可影响维生素A的消化吸收。甲状腺功能减退及糖尿病时，胡萝卜素转变视黄醇障碍导致维生素A缺乏。

3. 消耗过多　消耗性传染病，尤其是儿童中的麻疹、猩红热、肺炎和结核病等都会使体内的维生素A存储消耗殆尽。

【临床表现】

维生素A缺乏早期可无任何症状与体征，仅表现为免疫功能下降，即"亚临床状态维生素A缺乏"状态。但随着病情继续发展，则出现以下典型表现。

1. 眼部表现　是维生素A缺乏病的早期表现。最早的症状是暗适应能力下降，表现为在暗环境下视物不清，定向困难，但常被忽略，继之发展为夜盲症。上述症状持续数周后，开始出现干眼症的表现，外观眼结膜、角膜干燥，失去光泽，自觉痒感，泪液减少。

2. 皮肤表现　皮肤干燥，角化增生、脱屑。角化物充满于毛囊腔内，且突出于表皮，触之如粗沙样。以四肢伸侧及肩部最为显著，此外，尚有指甲多纹、失去光泽、变脆易折，毛发干脆、易脱落等。

3. 生长发育障碍　严重、长期维生素A缺乏可致体格发育落后。

【辅助检查】

了解患儿维生素A及血浆视黄醇结合蛋白（RBP）水平，患儿暗适应能力检查结果。

【治疗要点】

1. 调整饮食、祛除病因　提供富含维生素A的动物性食物或含胡萝卜素较多的蔬菜水果，有条件的可采用维生素A强化食品。此外，重视原发病的治疗。

2. 维生素A制剂治疗　轻症可给予维生素A制剂口服，如有慢性腹泻或肠道吸收障碍者或重症患儿，可先采用深部肌内注射维生素A注射剂，病情好转后改为口服。

3. 眼睛局部治疗　预防结膜和角膜发生继发感染，可采用抗生素眼药水或眼膏，每日3~4次。如角膜出现软化和溃疡时，可采用抗生素眼药水与消毒鱼肝油交替滴眼。

【常见护理诊断/问题】

1. 营养失调：低于机体需要量　与维生素A摄入不足和/或吸收障碍有关。

2. 有感染的危险　与维生素A缺乏所致免疫功能降低以及角膜溃疡有关。

3. 知识缺乏：患儿家长缺乏维生素A缺乏病的预防及护理知识。

【护理措施】

（一）适当补充维生素A

鼓励母乳喂养，调整饮食习惯。及时添加富含维生素A及β-胡萝卜素的食物，如乳类、蛋类、动物内脏和菠菜、胡萝卜、西蓝花、南瓜等深绿色与橙黄色的蔬菜和水果等。遵医嘱口服或肌内注射维生素A，注意观察治疗效果，防止维生素A中毒。

（二）预防感染

注意保护性隔离，预防呼吸道及消化道等感染性疾病的发生。

（三）健康教育

指导患儿家长合理喂养，及时补充维生素A，在预防的同时防止维生素A过量中毒。指导家长预防感染的措施，及时治疗消化系统及其他消耗性疾病。

第六节　微量元素缺乏患儿的护理

学习目标

知识目标	了解锌缺乏症、碘缺乏症患儿的病因、临床表现、治疗要点和护理措施。
能力目标	能为锌缺乏症、碘缺乏症患儿及家长开展健康教育，预防该疾病的发生。
素质目标	培养护生关心、爱护患儿，具备良好的人文关怀素养；具有与患儿及其家长良好的沟通能力和素养。

一、锌缺乏患儿的护理

锌缺乏症（zinc deficiency）是由于体内长期缺乏微量元素锌引起的以食欲减低、生长发育减慢、免疫力低下、味觉减退为临床表现的营养素缺乏疾病。

【病因】

1. 摄入不足　母乳与牛乳含锌量相似，但母乳吸收率高，故长期纯牛奶喂养儿易致缺锌；植物性食物相比动物性食物含锌较少，故长期素食者容易患此病。

2. 需要量增加　生长发育迅速的婴儿在组织修复过程中或营养不良恢复期，机体对锌需要量增加，如未及时补充，可发生锌缺乏。

3. 吸收障碍　各种原因所致的胃肠疾病均可妨碍锌的吸收。

4. 丢失过多　如反复出血、溶血、烧伤、慢性肾病、长期透析、蛋白尿以及长期服用青霉胺等均可因锌丢失过多而导致锌缺乏。

【临床表现】

1. 食欲减退　缺锌导致味蕾功能减退，以致味觉敏感度下降，易发生食欲缺乏、厌食、异食癖等。

2. 生长发育落后　缺锌可抑制生长激素轴功能以及性腺轴的成熟，表现为生长发育迟缓、体格矮小，严重者有侏儒症。男、女第二性征发育晚，甚至发育不良。

3. 免疫功能降低　缺锌可导致细胞免疫及体液免疫功能下降，患儿易发生呼吸道及消化道感染。

4. 智力发育迟缓　缺锌影响儿童智力发育，表现为精神萎靡、精神发育迟缓、行为障碍。

5. 皮肤黏膜症状　如脱发、皮肤粗糙、各种皮疹、反复口腔溃疡、伤口愈合延迟等。

6. 其他　可使维生素A代谢障碍，出现夜盲症等。

【辅助检查】

1. 空腹血清锌　测定正常最低值为11.47μmol/L（75μg/dl）。

2. 餐后血清锌浓度反应试验（PICR）　测空腹血清锌浓度（A_0）作为基础水平，然后给予标准饮食（按全天总热量的20%计算，其中蛋白质为10%~15%，脂肪为30%~35%，糖类为50%~60%），2小时后复查血清锌（A_2），按公式PICR＝（A_0-A_2）/AO×100%计算，若PICR＞15%提示缺锌。

【治疗要点】

治疗原发病，鼓励进食富含锌的食物；补充锌剂，常用葡萄糖酸锌。

【常见护理诊断/问题】

1. 营养失调：低于机体需要量　与锌摄入不足或需要量增加或丢失过多有关。

2. 有感染的危险　与锌缺乏所致免疫功能降低有关。

3. 知识缺乏：患儿家长缺乏本病相关知识。

【护理措施】

（一）合理营养、补充锌剂

鼓励母乳喂养，尤其初乳含锌丰富；积极添加富含锌的食物，如鱼类、蛋类等动物性食品；培养患儿良好的饮食习惯、荤素搭配、不挑食、不偏食；根据医嘱补充锌剂，常用葡萄糖酸锌口服液。

（二）预防感染

保持环境的清洁，空气清新，注意口腔卫生，防止交叉感染。

（三）健康教育

向患儿家长解释患本病的原因，配合医务人员的治疗和护理。

二、碘缺乏症患儿的护理

碘缺乏症（iodine deficiency disorders，IDD）是由于自然环境中碘缺乏造成机体碘营养不良所表现的一组疾病的总称。包括地方性甲状腺肿、甲状腺功能减退、亚临床甲状腺功能减退、流产、早产、死产和先天畸形等。

【病因和发病机制】

环境缺碘是儿童发生碘缺乏的高危因素。碘缺乏使甲状腺合成障碍而影响机体生长发育。

【临床表现】

缺碘主要的危害是影响脑发育，导致儿童智力损伤和体格发育障碍。表现为以智能障碍为主要特征的精神–神经–甲减综合征，其严重程度取决于碘缺乏的程度、持续时间和碘缺乏时所处的年龄阶段。胎儿期缺碘可引起早产、死产及先天畸形；新生儿期缺碘可表现为甲状腺功能减退；胎儿期和婴儿期严重缺碘可造成克汀病；儿童和青春期缺碘则可引起甲状腺肿、甲状腺功能减退、智力低下。

【辅助检查】

血清三碘甲状腺原氨酸（T_3）、甲状腺素（T_4）或游离三碘甲状腺原氨酸（FT_3）、游离甲状腺素（FT_4）降低，而促甲状腺激素（TSH）增高。

【治疗要点】

给予富含碘丰富的食物；给予碘剂、甲状腺素治疗。

【常见护理诊断/问题】

1. 营养失调：低于机体需要量　与碘摄入不足有关。

2. 知识缺乏：患儿家长缺乏本病相关知识。

【护理措施】

（一）补充碘剂、甲状腺素制剂

多食用海带、紫菜、海产品等含碘丰富的食物，在缺碘地区可采用碘化食盐、碘化水等方法补充碘。遵医嘱给予复方碘溶液或碘化钾及甲状腺素制剂。

（二）健康教育

让家长了解导致患儿缺碘的原因，正确选择富含碘丰富的食物。

（韩　琼）

学习小结

本章儿童营养及营养障碍性疾病患儿的护理，首先介绍了儿童能量与营养的需求、儿童喂养与膳食安排，学生通过本部分的学习，能解释儿童营养需求和喂养方法；其次介绍了蛋白质–能量营养障碍、维生素营养障碍患儿的护理内容。通过此部分内容的学习，学生能够阐述营养性维生素D缺乏性佝偻病的概念，蛋白质–能量营养障碍和维生素营养障碍的病因、临床表现、护理问题，并能对该类患儿实施整体护理。因此，积极做好儿童营养及营养障碍性疾病健康指导，预防该类疾病的发生，是儿科护理工作的一项重要任务。

复习参考题

（一）选择题

1. 婴儿期总的能量需要量为
   A. 100kJ/（kg·d）
   B. 110kJ/（kg·d）
   C. 100kcal/（kg·d）
   D. 110kcal/（kg·d）
   E. 460kcal/（kg·d）

2. 小儿机体需要的总能量中，为儿童所特需的是
   A. 活动
   B. 基础代谢
   C. 生长发育
   D. 排泄消耗
   E. 食物的特殊动力作用

3. 关于牛乳的成分，下列说法正确的是
   A. 矿物质含量少
   B. 甲型乳糖含量多
   C. 富含各种免疫因子
   D. 含不饱和脂肪酸较多
   E. 蛋白质含量高，以清蛋白为主

（4~5题共用题干）

4个月小儿，人工喂养，未添加维生素D制剂，很少户外活动，平时易惊、多汗、睡眠少，近2日来咳嗽、低热，今晨突然双眼凝视，手足抽动。体格检查：枕后有乒乓球感。

4. 导致该患儿抽搐的直接原因是
   A. 钙剂过量
   B. 低血钙导致神经肌肉兴奋性增高
   C. 维生素D缺乏
   D. 维生素D过量
   E. 甲状旁腺功能低下

5. 最紧急的护理措施是
   A. 多晒太阳
   B. 按医嘱口服维生素D
   C. 按医嘱肌内注射维生素D
   D. 及时添加富含维生素D的食物
   E. 按医嘱用止惊剂迅速控制惊厥，同时补钙

   答案：1. D；2. C；3. B；4. B；5. E

（二）简答题

1. 为什么要提倡母乳喂养？如何添加辅食？

2. 简述佝偻病的分期和各期临床表现。

3. 请简述惊厥发作的急救处理。

第八章

呼吸系统疾病患儿的护理

第一节 儿童呼吸系统解剖生理特点

学习目标

知识目标	1. 掌握儿童呼吸频率、呼吸节律及呼吸类型的特点。 2. 熟悉儿童呼吸系统的解剖特点。 3. 了解儿童呼吸系统的免疫特点。
能力目标	能够解释儿童易患呼吸系统感染性疾病的原因。
素质目标	培养护生良好的人文关怀精神和儿科护士职业素养。

儿童时期易患呼吸道疾病与其呼吸系统的解剖、生理、免疫特点密切相关。呼吸系统以环状软骨下缘为界，分为上、下呼吸道。上呼吸道包括鼻、鼻窦、咽、咽鼓管、会厌及喉，下呼吸道包括气管、支气管、毛细支气管、呼吸性细支气管、肺泡管及肺泡。

一、解剖特点

（一）上呼吸道

1. 鼻 婴幼儿鼻腔相对短小，鼻道狭窄，无鼻毛。鼻黏膜柔嫩、血管丰富，感染时黏膜充血肿胀，易造成堵塞，引起呼吸困难或张口呼吸、吮吸困难等。由于黏膜下层缺乏海绵组织，故婴儿较少发生鼻出血，随年龄增长海绵组织逐渐发育，至青春期达高峰，因此，6~7岁后鼻出血较多见。

2. 鼻窦 由于鼻窦黏膜与鼻腔黏膜相连续，鼻窦口相对大，急性鼻炎时常累及鼻窦易致鼻窦炎，其中以上颌窦和筛窦最易感染。

3. 鼻泪管和咽鼓管 婴幼儿鼻泪管短，开口接近内眦，且瓣膜发育不全，故鼻腔感染常易侵入眼结膜引起炎症。婴儿咽鼓管较宽，且直而短，呈水平位，故鼻咽炎时易致中耳炎。

4. 咽部 咽部较狭窄且垂直。扁桃体包括腭扁桃体及咽扁桃体，腭扁桃体1岁末才逐渐增大，4~10岁发育达高峰，14~15岁时退化，故扁桃体炎常见于年长儿，婴儿则少见。咽扁桃体（又称腺样体）生后6个月已发育，位于鼻咽顶部与后壁交界处，严重的腺样体肥大是儿童阻塞性睡眠呼吸暂停综合征的重要原因。

5. 喉 以环状软骨下缘为标志。喉部呈漏斗形，喉腔较窄，声门狭小，软骨柔软，黏膜柔嫩且富含血管及淋巴组织，故轻微炎症即可引起喉头狭窄，引起声音嘶哑和吸气性呼吸困难。

（二）下呼吸道

1. 气管、支气管　婴幼儿的气管、支气管较成人短且狭窄，黏膜柔嫩，血管丰富，软骨柔软，缺乏弹力组织而支撑作用差，黏液腺分泌不足易致气道干燥，纤毛运动差，清除能力弱，因此，易发生感染导致呼吸道阻塞。由于右主支气管为气管的直接延伸、粗短且走向垂直，故异物较易进入右侧支气管。

2. 肺　肺泡小且数量少，弹力组织发育较差，血管丰富，间质发育旺盛，致肺含血量多而含气量少，易发生感染。感染时易致黏液阻塞，引起间质性炎症、肺气肿和肺不张等。

（三）胸廓和纵隔

婴幼儿胸廓上下径较短，前后径相对较长，呈桶状，肋骨呈水平位，膈肌位置较高，胸腔小而肺脏相对较大；呼吸肌发育差，因此在呼吸时，肺的扩张受限，不能充分进行气体交换，故当肺部病变时，容易出现呼吸困难，导致缺氧及二氧化碳潴留。儿童纵隔体积相对较大，周围组织松软，在胸腔积液或气胸时易发生纵隔移位。

二、生理特点

（一）呼吸频率及节律

儿童年龄越小，呼吸频率越快（表8-1-1）。婴幼儿由于呼吸中枢发育不成熟，呼吸调节功能不完善，易出现呼吸节律不整、间歇、暂停等现象，尤以早产儿、新生儿明显。

▼ 表8-1-1　各年龄阶段儿童呼吸和脉搏频率

年龄	呼吸/（次·min^{-1}）	脉搏/（次·min^{-1}）	呼吸∶脉搏
新生儿	40~44	120~140	1∶3
1个月~1岁	30~40	110~130	1∶3~1∶4
1~3岁	25~30	100~120	1∶3~1∶4
4~7岁	20~25	80~100	1∶4
8~14岁	18~20	70~90	1∶4

（二）呼吸类型

婴幼儿胸廓活动范围小，呼吸肌发育不全，膈肌相对肋间肌较发达，呼吸时膈肌上下移动明显而呈腹式呼吸。随年龄增长，呼吸肌渐发达，膈肌和腹腔脏器下降，肋骨由水平位变为斜位，胸廓体积增大，逐渐转化为胸腹式呼吸。7岁以后逐渐接近成人。

（三）呼吸功能

1. 肺活量（vital capacity）　小儿肺活量为50~70ml/kg。安静情况下，年长儿仅用肺活量的12.5%来呼吸，而婴幼儿则需用30%左右，说明婴幼儿呼吸储备量较小。小儿发生呼吸障碍时其代偿呼吸量最大不超过正常的2.5倍，而成人可达10倍，因此，儿童易发生呼吸衰竭。

2. 潮气量（tidal volume）　小儿潮气量为6~10ml/kg，年龄越小，潮气量越小；无效腔/潮气量比值大于成人。

3. 每分通气量和气体弥散量 前者按体表面积计算与成人相近；后者按单位肺容积计算与成人相近。

4. 气道阻力 由于气道管径细小，气道阻力大于成人，因此儿童发生喘息的机会较多。随年龄增大，气道管径逐渐增大，阻力逐渐降低。

三、免疫特点

儿童呼吸道的非特异性和特异性免疫功能均较差。如咳嗽反射及纤毛运动功能差，难以有效清除吸入的尘埃和异物颗粒。肺泡吞噬细胞功能不足，婴幼儿辅助性T细胞功能暂时低下，分泌型IgA、IgG，尤其是IgG亚类含量低微。此外，乳铁蛋白、溶菌酶、干扰素及补体等含量和活性不足，故易患呼吸道感染。

第二节　急性上呼吸道感染患儿的护理

学习目标

知识目标	1. 掌握急性上呼吸道感染患儿的临床表现、常见护理诊断/问题及护理措施。 2. 熟悉急性上呼吸道感染的概念、治疗原则以及两种特殊类型的急性上呼吸道感染。 3. 了解急性上呼吸道感染的病因、辅助检查等。
能力目标	能正确评估急性上呼吸道感染患儿，并用所学知识为患儿提供整体护理。
素质目标	培养护生尊重爱护儿童，关注儿童健康的职业精神。

急性上呼吸道感染（acute upper respiratory infection，AURI）简称"上感"，俗称"感冒"，系由各种病原引起的上呼吸道的急性感染，是儿科最为常见的急性呼吸道感染性疾病。一年四季均可发病，以冬春季及气温骤变时较多。该病主要侵犯鼻、鼻咽和咽部，根据感染部位的不同，可诊断为急性鼻炎、急性咽炎、急性扁桃体炎等。

【病因】

引起急性上呼吸道感染的病原体包括病毒、细菌、支原体、衣原体等。其中由病毒引起者占90%以上，主要包括鼻病毒（rhinovirus，RV）、呼吸道合胞病毒（respiratory syncytial virus，RSV）、流感病毒（influenza virus）、副流感病毒（parainfluenza virus）、腺病毒（adenovirus，ADV）、柯萨奇病毒（coxsackis virus，CV）、冠状病毒（coronal virus）等。病毒感染后可继发细菌感染，最常见的是溶血性链球菌，其次为肺炎链球菌、流感嗜血杆菌等。肺炎支原体（mycoplasma pneumoniae）不仅可引起肺炎，也可引起上呼吸道感染。

婴幼儿时期由于上呼吸道的解剖生理和免疫特点易患此病。此外，儿童患有营养障碍性疾病，如维生素D缺乏性佝偻病、锌或铁缺乏症等，或有免疫缺陷病、被动吸烟、护理不当、气候改变和环境不良等因素，易致反复感染或使病程迁延。

【临床表现】

因患儿年龄、病原体、感染部位及机体免疫力不同，临床表现轻重不一。

1. 一般类型急性上呼吸道感染

（1）症状：① 局部症状有鼻塞、流涕、喷嚏、干咳、咽部不适、咽痛等，多于3~4天自愈。② 全身症状有畏寒、发热、烦躁不安、头痛、全身不适、乏力等，可伴食欲减退、呕吐、腹泻、腹痛等消化道症状。腹痛多为脐周阵发性疼痛，无压痛，可能与发热致肠痉挛有关；若腹痛持续存在，多为并发急性肠系膜淋巴结炎。

婴幼儿一般起病急，以全身症状为主，常有明显消化道症状，局部症状较轻。多有发热，体温可高达39~40℃，热程2~3天至1周左右，部分患儿可因发热引起惊厥。

（2）体征：可见咽部充血、扁桃体肿大，有时下颌、颈淋巴结肿大且有触痛。肺部听诊呼吸音一般正常。肠道病毒感染者可见不同形态的皮疹。

2. 两种特殊类型的急性上呼吸道感染

（1）疱疹性咽峡炎（herpangina）：由柯萨奇病毒A组引起，好发于夏秋季。起病急骤，临床表现为高热、咽痛、流涎、厌食、呕吐等。体检可见咽充血，在腭咽弓、软腭、悬雍垂等黏膜可见多个直径为2~4mm的灰白色疱疹，周围有红晕，破溃后形成小溃疡，疱疹也可出现在口腔的其他部位。病程1周左右。

（2）咽结膜热（pharyngo-conjunctival fever）：由腺病毒感染引起。好发于春夏季，散发或在集体儿童机构中发生小流行。以发热、咽炎、结膜炎为特征，临床表现为高热、咽痛、眼部刺痛，有时伴消化道症状。体检可见咽充血及白色点块状分泌物，周边无红晕，易于剥离；一侧或双侧滤泡性眼结膜炎，可伴球结膜出血；颈及耳后淋巴结增大。病程1~2周。

3. 并发症　病变若向邻近器官组织蔓延可引起中耳炎、鼻窦炎、咽后壁脓肿、扁桃体周围脓肿、颈淋巴结炎、喉炎、支气管炎及肺炎等，以婴幼儿多见。年长儿若患A组乙型溶血性链球菌咽峡炎，以后可引起急性肾小球肾炎、风湿热等。

【辅助检查】

1. 血常规　病毒感染者外周血白细胞计数正常或偏低，中性粒细胞减少，淋巴细胞计数相对增高。细菌感染者外周血白细胞和中性粒细胞增高。

2. 病毒分离和血清学检查　可明确病原。免疫荧光、免疫酶及分子生物学技术有助于病原的早期诊断。

3. 咽拭子培养　在使用抗菌药物前行咽拭子培养可发现致病菌。

4. 其他　C反应蛋白（CRP）和降钙素原（PCT）有助于鉴别细菌感染。

【治疗要点】

1. 一般治疗 病毒性上呼吸道感染为自限性疾病,无须特殊治疗。注意休息、多饮水、居室通风;做好呼吸道隔离;预防交叉感染和并发症。

2. 抗感染治疗 病毒感染多采用中药治疗,细菌感染则用抗菌药物。

(1)抗病毒药物:急性上呼吸道感染以病毒感染多见,普通感冒目前尚无特异性抗病毒药物。可选用银翘散、板蓝根冲剂、大青叶等中药治疗。流感病毒感染,可用磷酸奥司他韦(仅可用于1岁及以上的患儿)口服,每次2mg/kg,每日两次。合并结膜炎者,可用0.1%阿昔洛韦滴眼液滴眼,每1~2小时一次。

(2)抗菌药物:细菌性上呼吸道感染或病毒性上呼吸道感染继发细菌感染者可选用抗生素治疗,常选用青霉素类、头孢菌素类或大环内酯类抗生素。如为链球菌感染或既往有肾炎或风湿热病史者,应用青霉素或红霉素10~14天。大多数急性上呼吸道感染为病毒感染所致,抗生素非但无效,亦可引起机体菌群失调,应避免滥用。

3. 对症治疗 高热者给予物理降温,如温水擦浴、头部冷敷等;口服降温药物,如对乙酰氨基酚或布洛芬。高热惊厥者予以镇静、止惊处理。咽痛者可含服咽喉片。

【常见护理诊断/问题】

1. 舒适度减弱:咽痛、鼻塞与上呼吸道炎症有关。

2. 体温过高 与上呼吸道感染有关。

3. 潜在并发症:热性惊厥、中耳炎等。

【护理措施】

(一)促进舒适

1. 注意休息 患儿应减少活动,高热者应卧床休息,勤换体位;各种治疗和护理操作集中进行。

2. 保持呼吸道通畅 及时清理呼吸道分泌物。① 鼻咽部护理:及时清除鼻腔及咽喉部分泌物,保持鼻孔周围清洁,用凡士林、液状石蜡等涂抹鼻翼部黏膜及鼻下皮肤,以减轻分泌物刺激;② 鼻塞严重者,于清除鼻腔分泌物后用0.5%麻黄碱液滴鼻,每次1~2滴,每天2~3次;如因鼻塞而妨碍吸吮,可在哺乳前10~15分钟滴鼻,使鼻腔通畅,保证吸吮;③ 预防并发症,嘱患儿及家长勿用力擤鼻,以免炎症经咽鼓管蔓延引起中耳炎。

3. 保持口腔清洁 婴幼儿饭后喂少量温开水以清洗口腔,年长儿饭后漱口,咽部不适时给予润喉含片或行雾化吸入。

(二)维持体温正常

1. 居室环境 每日定时通风,保证室内温湿度适宜、空气新鲜,注意避免对流风。

2. 保证入量 鼓励患儿多饮水,给予富含维生素、易消化的清淡饮食,注意少量多餐。必要时静脉补充营养和水分。

3. 密切监测体温变化 发热患儿每4小时测量体温一次并准确记录,如为超高热或有高热惊厥史者,每1~2小时测量一次;及时给予物理降温,如头部冷敷,温水擦浴等,或遵医嘱给予退热剂，防止高热惊厥的发生。及时更换汗湿的衣被并适度保暖。

4. 遵医嘱应用抗感染药物

（三）密切观察病情变化

注意体温变化，警惕高热惊厥的发生。备好急救物品和药品，如高热患儿出现烦躁不安等惊厥先兆，应立即通知医生，遵医嘱给予镇静剂并同时采取降温措施。注意患儿出现与疾病严重程度不相符的剧烈哭闹、抓耳等表现，应考虑并发中耳炎的可能。注意咳嗽的性质、神经系统症状、口腔黏膜变化及皮肤有无皮疹等，以便早期发现麻疹、猩红热、百日咳、流行性脑脊髓膜炎等急性传染病。注意观察咽部充血、水肿、化脓等情况，若疑有咽后壁脓肿时，应及时报告医生，防止脓肿破溃，脓液流入气管而引起窒息。

（四）健康教育

指导家长学习预防上感的知识。居室环境经常通风，保持室内空气新鲜，避免室内吸烟；科学喂养，及时引入转换食物，保证营养均衡；加强体育锻炼，多进行户外活动，多晒太阳；呼吸道感染高发季节，避免到人群拥挤的公共场所。季节交替，气温骤变，注意及时增减衣物。积极防治佝偻病、营养不良、贫血等慢性疾病。

第三节　急性感染性喉炎患儿的护理

学习目标

知识目标	1. 掌握急性感染性喉炎患儿的临床表现、常见护理诊断/问题及护理措施。 2. 熟悉急性感染性喉炎的概念、治疗原则；喉梗阻的分度标准。 3. 了解急性感染性喉炎的病因、发病机制。
能力目标	能正确评估急性感染性喉炎患儿，并用所学知识为患儿提供整体护理。
素质目标	培养护生严谨认真的工作态度和沉着冷静的工作作风。

急性感染性喉炎（acute infectious laryngitis）为喉部黏膜的急性弥漫性炎症，以犬吠样咳嗽、声嘶、喉鸣、吸气性呼吸困难为临床特征。冬春季发病较多，常见于婴幼儿。

【病因及发病机制】

由病毒（副流感病毒、流感病毒、腺病毒等）或细菌（金黄色葡萄球菌、链球菌和肺炎链球菌等）感染引起，或并发于麻疹、流感、百日咳等急性传染病。由于儿童喉部解剖特点，炎症时易充血、水肿导致喉梗阻。

【临床表现】

起病急、症状重，可有发热、犬吠样咳嗽、声音嘶哑、吸气性喉鸣和三凹征。哭闹等情况常使喉鸣及气道梗阻加重，出现发绀、烦躁不安、面色苍白、心率加快等缺氧症状。一般白天症状轻，夜间入睡后因喉部肌肉松弛而致症状加重。喉梗阻者若抢救不及时，可窒息死亡。体检咽部充血，喉镜检查可见喉部、声带有不同程度的充血、水肿。

按吸气性呼吸困难的轻重程度，将喉梗阻分为4度。

Ⅰ度：安静时无症状，仅于活动或哭闹后出现吸气性喉鸣和呼吸困难，肺部听诊呼吸音及心率均无改变。

Ⅱ度：安静时即出现喉鸣和吸气性呼吸困难，肺部听诊可闻及喉传导音或管状呼吸音，心率加快。

Ⅲ度：除上述喉梗阻症状外，患儿因缺氧而出现烦躁不安、口唇及指/趾发绀、双眼圆睁、惊恐万状、头面部出汗，肺部呼吸音明显降低，心率快，心音低钝。

Ⅳ度：患儿呈衰竭状态，昏睡状态或昏迷，面色苍白发灰，由于呼吸无力，三凹征可不明显，肺部听诊呼吸音几乎消失，仅有气管传导音，心律不齐，心音低钝、弱。

【治疗要点】

1. 保持呼吸道通畅　可用糖皮质激素雾化吸入，消除黏膜水肿。痰液多者给予祛痰剂，必要时直接经喉镜吸痰。

2. 控制感染　包括抗病毒药物和抗菌药物。若为细菌感染，选择敏感抗生素，常用青霉素、大环内酯类或头孢菌素类。

3. 糖皮质激素治疗　一般可口服泼尼松，Ⅱ度以上喉梗阻者应静脉滴注地塞米松、氢化可的松或甲泼尼龙。吸入型糖皮质激素，如布地奈德混悬液雾化吸入可促进黏膜水肿消退。

4. 对症治疗　缺氧者予以吸氧；烦躁不安者可给予镇静剂；不宜使用氯丙嗪和吗啡，以免加重呼吸困难。

5. 气管插管　经上述处理仍有严重缺氧或有Ⅲ度以上喉梗阻者，应及时行气管插管，呼吸机辅助通气治疗，必要时行气管切开术。

【常见护理诊断/问题】

1. 有窒息的危险　与喉梗阻有关。

2. 低效性呼吸型态　与喉头水肿有关。

3. 体温过高　与喉部感染有关。

4. 恐惧　与呼吸困难和窒息有关。

5. 知识缺乏：家长缺乏护理患儿的相关知识。

【护理措施】

（一）预防窒息的发生

室内空气宜清新，注意通风，温湿度适宜，以减少对喉部的刺激，减轻呼吸困难。置患儿于舒适体位，保持安静，合理安排各项操作，减少对患儿刺激。若出现急性喉梗阻症状，立即通知医生，给予喉头喷雾或雾化吸入糖皮质激素，必要时协助医生行气管切开术。

（二）维持有效呼吸

予雾化吸入以迅速消除喉头水肿，恢复气道通畅。有缺氧症状者给予氧气吸入。遵医嘱给予抗生素、糖皮质激素及镇静剂等。

（三）维持体温正常

保持安静，注意休息，尽量减少活动以减低氧的消耗。监测体温变化，高热时给予温水擦浴等物理降温，或遵医嘱用降温药物。补充水分和营养，给予流质或半流质易消化饮食。耐心喂养，避免呛咳。

（四）减轻恐惧

安抚患儿，避免烦躁、哭闹。护士可通过暗示、诱导等方法安抚患儿情绪；通过讲故事、做游戏等活动转移其注意力。条件准许时，可家长陪护。

（五）健康教育

向患儿家长介绍患儿病情，讲解疾病的相关知识和防护知识。护士应告知家长保持室内适宜的温度和湿度是避免喉部刺激的有效办法，由于空气干燥，患儿夜间或睡眠中病情突然加重时，可使患儿立即吸入温暖、湿润的空气；在患儿喉炎急性发作缓解后，可在室内使用加湿器。注意安抚患儿，避免因哭闹引起声带水肿而加重喉梗阻。

第四节　肺炎患儿的护理

学习目标

知识目标	1. 掌握支气管肺炎患儿的临床表现、常见护理诊断/问题及相应的护理措施。 2. 熟悉肺炎的概念、分类、支气管肺炎的病因及治疗原则。 3. 了解支气管肺炎的病理生理；不同病原体所致肺炎的临床特点。
能力目标	能够运用所学知识为支气管肺炎患儿及其家庭实施整体护理和健康教育。
素质目标	培养护生求真务实、严谨慎独的工作态度和规范的护理行为习惯。

案例导入与思考

患儿，女，1岁，因"发热、咳嗽4天，加重伴气促1天"入院。患儿5天前出现发热、咳嗽，体温38.5~39.5℃，咳嗽呈阵发性，有痰不易咳出，伴流涕、鼻塞。经当地医院以"上感"治疗，1天前咳嗽加重，伴气促，咳黏稠黄痰。

体格检查：T 39.2℃，P 128次/min，R 46次/min。精神差，咽部充血、口周发绀，鼻翼扇动，有轻度三凹征。听诊双肺可闻及较密集中、细湿啰音。律齐，腹软，肝肋下2cm。

辅助检查：WBC 15.0×10^9/L，N 0.80，L 0.20。胸片提示双肺下野片状阴影。

请思考：

1. 护士对患儿应如何评估与观察？

2. 该患儿目前主要的护理诊断/问题是什么？

3. 护士接诊后，针对患儿的病情应配合医生采取哪些护理措施？

4. 患儿从"上感"到肺部感染的病情变化，给护士临床工作带来哪些职业思考？

肺炎（pneumonia）是指不同病原体或其他因素（如吸入羊水、油类或过敏反应等）所引起的肺部炎症。以发热、咳嗽、气促、呼吸困难和肺部固定中、细湿啰音为主要临床表现，重症可累及循环、神经及消化等系统而出现相应的临床症状。肺炎是婴幼儿时期的常见病，占我国5岁以下儿童感染性疾病死亡的第一位，严重威胁儿童健康，被国家卫生健康委员会列为儿童重点防治的"四病"之一。

【分类】

目前尚无统一分类，常用方法如下：

1. **病理分类** 支气管肺炎、大叶性肺炎、间质性肺炎等。儿童以支气管肺炎最为多见。

2. **病因分类** ① 感染性肺炎：病毒性肺炎、细菌性肺炎、支原体肺炎、衣原体肺炎、原虫性肺炎、真菌性肺炎等。② 非感染因素引起的肺炎：吸入性肺炎、坠积性肺炎等。

3. **病程分类** ① 急性肺炎：病程<1个月。② 迁延性肺炎：病程在1~3个月。③ 慢性肺炎：病程>3个月。

4. **病情分类** ① 轻症肺炎：主要为呼吸系统表现，其他系统仅轻微受累，无全身中毒症状。② 重症肺炎：除呼吸系统出现呼吸衰竭外，其他系统亦严重受累，可有酸碱平衡失调，水、电解质紊乱，全身中毒症状明显，甚至危及生命。

5. **临床表现典型与否分类** ① 典型肺炎：肺炎链球菌、金黄色葡萄球菌、肺炎克雷伯菌、流感嗜血杆菌、大肠埃希菌等引起的肺炎。② 非典型病原体肺炎：肺炎支原体、衣原体、嗜肺军团菌、病毒等引起的肺炎。

6. **肺炎发生的地点分类** ① 社区获得性肺炎（community acquired pneumonia，CAP）指无明显免疫抑制的患儿在院外或入院48小时内发生的肺炎。② 医院获得性肺炎（hospital acquired pneumonia，HAP）指入院48小时后发生的感染性肺炎。

临床上如果病原体明确，则按病因分类，有助于指导治疗，否则按病理或其他方法分类。本节重点讨论支气管肺炎患儿的护理。

一、支气管肺炎患儿的护理

支气管肺炎（bronchopneumonia）是累及支气管壁和肺泡的炎症，是儿童时期最常见的肺炎，2岁以内儿童多发。四季均可发病，以冬春寒冷季节及气温骤变时多见。

【病因】

1. 病原体　最常见为病毒或细菌感染，也可"混合感染"。肺炎的病原体与发病年龄、地域、季节等有关，发达国家儿童肺炎病原体以病毒为主，最常见的是呼吸道合胞病毒，其次为腺病毒、流感和副流感病毒等。发展中国家则以细菌为主，以肺炎链球菌较为多见。近年来支原体、衣原体和流感嗜血杆菌感染有增多趋势。病原体常由呼吸道入侵，少数经血行入肺。

2. 易感因素　婴幼儿由于其呼吸系统解剖、生理和免疫功能特点易患支气管肺炎，人工喂养儿发病率高于母乳喂养儿。室内居住拥挤、通风不良、空气污浊，易发生肺炎。低出生体重儿、营养不良、营养性维生素D缺乏性佝偻病、先天性心脏病、贫血、免疫缺陷等不仅使肺炎易感性增加，且病情重，往往迁延不愈。

【病理生理】

病原体侵入肺部，引起支气管黏膜充血、水肿、炎性细胞浸润，气管狭窄，甚至闭塞；肺泡壁充血、水肿、肺泡腔内充满炎性渗出物，从而影响肺的通气和换气功能，引起缺氧和二氧化碳潴留，出现气促、呼吸困难、肺部固定湿啰音等一系列症状与体征；严重缺氧和二氧化碳潴留以及病原体毒素和炎性代谢产物的吸收，加重全身组织器官缺氧及中毒症状，引起循环系统、消化系统、神经系统的一系列病理生理改变，加重酸碱失衡和水电解质紊乱，甚至引起呼吸衰竭（图8-4-1）。

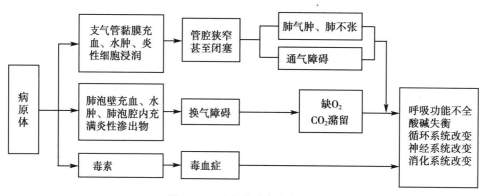

▲ 图8-4-1　支气管肺炎的病理生理

1. 循环系统　病原体和毒素侵袭心肌，引起中毒性心肌炎。缺氧和CO_2潴留导致肺小动脉反射性收缩，肺循环压力增高，形成肺动脉高压，使右心负荷增加。肺动脉高压和中毒性心肌炎可诱发心力衰竭。重症患儿可出现微循环障碍、休克甚至弥散性血管内凝血（DIC）。

2. 神经系统　缺氧和CO_2潴留使脑血管扩张、血流减慢，血管壁通透性增加，致使颅内压增高。严重缺氧使脑细胞无氧代谢增加，酸性代谢产物堆积，致ATP生成减少和Na^+-K^+离子泵转运功能障碍，引起脑细胞内钠、水潴留，形成弥漫性脑水肿。病原体毒素作用亦可直接损害脑组织引起脑水肿。

3. 消化系统　缺氧和病原体毒素可引起胃肠黏膜糜烂、出血、上皮细胞坏死脱落导致黏膜屏障功能破坏，使胃肠功能紊乱，出现厌食、呕吐、腹泻等症状。重者可引起中毒性肠麻痹和消化道出血。

4. 酸碱平衡失调及电解质紊乱 缺氧时无氧酵解使酸性代谢产物增加，加之高热、进食少、脂肪分解等因素常引起代谢性酸中毒；同时，由于CO_2潴留导致呼吸性酸中毒，因此，重症肺炎患儿常出现混合性酸中毒。此外，缺氧和CO_2潴留导致肾小动脉痉挛而引起水钠潴留，且缺氧致抗利尿激素（ADH）分泌增加，使细胞膜通透性改变、钠泵功能失调，Na^+向细胞内转移，引起低钠血症。

【临床表现】

1. 轻症肺炎 仅表现为呼吸系统的症状和相应的肺部体征。主要表现为发热、咳嗽、气促和肺部固定中、细湿啰音。

（1）发热：热型不定，多为不规则热，亦可为弛张热或稽留热，但新生儿、重度营养不良患儿体温可不升或低于正常。

（2）咳嗽：初期为刺激性干咳，较频繁，极期咳嗽反而减轻，恢复期咳嗽有痰，新生儿表现为呛奶、口吐白沫。

（3）气促：呼吸可达40~80次/min，可有鼻翼扇动、吸气性三凹征、点头呼吸，口周、鼻唇沟和指/趾端发绀。

（4）肺部啰音：早期不明显，仅呼吸音粗糙和减低，以后可闻及较固定的中、细湿啰音，以背部两侧下方及脊柱两旁较多，深吸气末更为明显；肺部叩诊多正常，病灶融合时可出现实变体征。除上述表现外，患儿常有精神不振、食欲减退、烦躁不安、轻度腹泻或呕吐等全身症状。

2. 重症肺炎 除呼吸系统的症状加重外，可出现全身中毒症状及循环、神经、消化系统的功能障碍。

（1）循环系统：可出现心肌炎、心包炎、心力衰竭及微循环障碍。肺炎合并心力衰竭时表现为：① 安静状态下，呼吸困难突然加重，呼吸频率加快>60次/min；② 安静状态下，心率突然加快>180次/min；③ 突然极度烦躁不安，明显发绀，面色苍白或发灰，指/趾甲微血管再充盈时间延长；以上3项不能用发热、肺炎和其他并发症解释；④ 肝脏迅速增大；⑤ 心音低钝，出现奔马律，婴幼儿颈短、局部脂肪丰厚，颈静脉怒张往往不明显；⑥ 尿少或无尿，眼睑或双下肢水肿。

（2）神经系统：轻者精神萎靡、烦躁不安或嗜睡；中毒性脑病时，可出现意识障碍、惊厥、前囟膨隆，可有脑膜刺激征、呼吸不规则，瞳孔对光反射迟钝或消失。

（3）消化系统：轻者食欲减退、呕吐、腹泻、腹胀等；重症可出现中毒性肠麻痹，表现为严重腹胀，膈肌升高，呼吸困难加重，肠鸣音消失；有消化道出血时，可呕吐咖啡渣样物，大便潜血试验阳性或柏油样便。

（4）弥散性血管内凝血（DIC）：可表现为血压下降、四肢凉、脉速而弱，皮肤黏膜及胃肠道出血。

3. 并发症 肺炎可引起脓胸、脓气胸、肺大疱等并发症，表现为在治疗过程中中毒症状持续存在，呼吸困难无明显改善或突然加重，体温持续不降或退而复升。多见于金黄色葡萄球菌肺炎和革兰氏阴性杆菌肺炎。

WHO推荐2月龄~5岁儿童出现胸壁吸气性凹陷或鼻翼扇动或呻吟之一表现者，提示有低氧血症，为重度肺炎；如果出现中心性发绀、严重呼吸窘迫、拒食或脱水征、意识障碍（嗜睡、昏迷、惊厥）之一表现者为极重度肺炎，这是重度肺炎的简易判断标准，适用于发展中国家及基层地区。对于住院患儿或条件较好地区，CAP严重程度评估还应依据肺部病变范围、有无低氧血症以及有无肺外并发症等表现判断。

【辅助检查】

1. 外周血检查

（1）白细胞检查：细菌性肺炎的白细胞计数升高，中性粒细胞增多，并有核左移现象，胞质可见中毒颗粒。病毒性肺炎的白细胞计数大多正常或偏低，时有淋巴细胞增高或出现异型淋巴细胞。

（2）C反应蛋白（CRP）：细菌感染时，血清CRP值多上升，非细菌感染时则上升不明显。

（3）降钙素原（PCT）：细菌感染时可升高，抗菌药物治疗有效时，可迅速下降。

2. 病原学检查

（1）病原体的培养与分离：① 细菌培养，取血液、气管吸取物、肺泡灌洗液等进行细菌培养和鉴定，可明确病原菌，同时进行药物敏感试验可指导治疗；② 病毒分离和鉴定，取气管吸取物、肺泡灌洗液、鼻咽分泌物接种于敏感的细胞株，进行病毒分离以明确病毒类型，但需时长，常作为回顾性诊断。

（2）快速病原学诊断技术：① 检测抗原，常用方法有免疫荧光技术、免疫酶法或放射免疫法等；② 检测抗体，经典的方法有免疫荧光实验（IFA）、酶联免疫吸附试验（ELISA）；③ 病毒特异性基因检测，采用核酸分子杂交技术或聚合酶链反应（PCR）、逆转录PCR（RT-PCR）等技术检测呼吸道分泌物中病毒基因片段。

（3）冷凝集试验：可作为肺炎支原体感染的过筛试验。

3. X线检查 早期肺纹理增强，透光度降低，逐渐出现双肺下野、中内带大小不等的点状或小斑片状阴影，可融合成片，甚至波及节段。可伴有肺气肿或肺不张。并发脓胸时可见患侧肋膈角变钝，积液较多时，可呈反抛物线状阴影，纵隔、心脏向健侧移位。并发脓气胸时患侧胸腔可见液平面。肺大疱时则可见完整薄壁，无液平面的大疱。

【治疗要点】

采用综合治疗，原则为控制炎症、改善通气、对症治疗和防治并发症。

1. 抗感染治疗

（1）抗菌药物：明确为细菌感染或病毒感染继发细菌感染者应使用抗菌药物。① 原则：敏感、组织浓度高、早期、足量、足疗程，重症肺炎宜经静脉、联合用药。② 根据不同病原体选择抗生素：肺炎链球菌感染首选青霉素或阿莫西林；支原体或衣原体感染选用大环内酯类，如阿奇霉素、红霉素、罗红霉素等；金黄色葡萄球菌感染，甲氧西林敏感者首选苯唑西林钠或氯唑西林，耐药者选用万古霉素或联用利福平。③ 疗程：一般用至体温热退且平稳、全身症状明显改善、呼吸道症状改善后3~5天。一般肺炎链球菌肺炎疗程7~10天；支原体肺炎、衣原体肺炎疗程平均10~14天，个别严重者可适当延长，以免复发。葡萄球菌肺炎，疗程宜长，体温正常后2~3周方可停药，一般总疗程≥6周。

（2）抗病毒：目前有肯定疗效的抗病毒药物很少，加之副作用大，使得抗病毒治疗受到很大制约。临床常用的有：① 利巴韦林，肌内注射或静脉滴注，也可滴鼻、雾化吸入；② α-干扰素，雾化吸入或肌内注射，5~7日为一疗程；③ 其他，如聚肌胞、乳清液、双黄连、鱼腥草等，若为流感病毒感染，可用磷酸奥司他韦口服。

2. 对症治疗　① 有缺氧表现者给予吸氧；② 止咳、祛痰、平喘，保持呼吸道通畅；③ 高热者行物理降温或药物降温；④ 烦躁不安者使用镇静剂；⑤ 腹胀的治疗：伴有低钾血症者应及时补钾，肛管排气等。

3. 重症肺炎的治疗　① 肺炎合并心力衰竭，给予吸氧、镇静、强心、利尿、应用血管活性药物；② 肺炎合并中毒性脑病，给予脱水、改善通气、扩血管、止痉、糖皮质激素、促进脑细胞恢复等药物；③ 脓胸和脓气胸，及时进行胸腔穿刺或胸腔闭式引流；④ 中毒性肠麻痹，应禁食和胃肠减压，可使用酚妥拉明；⑤ 糖皮质激素，严重喘憋或呼吸衰竭、全身中毒症状明显、合并感染中毒性休克、出现脑水肿、胸腔短期有较大量渗出者，可短期应用糖皮质激素，如地塞米松0.1~0.3mg/（kg·d），疗程3~5天。

4. 其他　纠正水、电解质与酸碱平衡紊乱；输注血浆和静脉注射用免疫球蛋白（IVIG）；有佝偻病、贫血、营养不良等基础疾病者应积极治疗原发病，予以保护性隔离。

【护理评估】

1. 健康史　新生儿应询问出生史，是否有缺氧、羊水及胎粪吸入史。婴幼儿应了解病前有无麻疹、百日咳等呼吸道传染病接触史、预防接种史及既往有无反复呼吸道感染史。了解有无营养不良、佝偻病、先天性心脏病及免疫缺陷等病史。询问发病时间、起病急缓、病情轻重及病程长短等，仔细询问有无发热、咳嗽、喘息、气促、呼吸困难、惊厥、食欲减退等，询问咳嗽的性质、痰液颜色。

2. 身体状况　评估患儿有无发热、咳嗽、咳痰的情况，体温增高的程度、热型，咳嗽、咳痰的性质；有无呼吸增快、心率增快、肺部啰音；有无气促，端坐呼吸、鼻翼扇动、三凹征及唇周、指/趾端发绀等症状和体征；有无循环、神经、消化系统受累的表现。有无胸腔积液、脓胸、脓气胸、肺大疱等并发症症状。评估血常规、病原学、胸部X线等辅助检查结果。

3. 心理-社会状况　评估患儿及家长对肺炎相关知识的了解程度、家庭环境、经济状况。了解病程中有无呼吸道疾病患儿接触史，有无近期社区、托幼机构呼吸道感染流行病史；了解患儿既往有无住院经历，是否有因环境陌生、与家长分离等因素而产生的焦虑和恐惧心理；同时了解家长有无因患儿住院时间长、知识缺乏等而产生焦虑不安、抱怨等心理反应。

【常见护理诊断/问题】

1. 气体交换受损　与肺部炎症致通气、换气功能障碍有关。

2. 清理呼吸道无效　与呼吸道分泌物黏稠、无力排痰有关。

3. 体温过高　与肺部感染有关。

4. 营养失调：低于机体需要量　与摄入不足、消耗增加有关。

5. 潜在并发症：心力衰竭、中毒性脑病、中毒性肠麻痹、脓胸、脓气胸等。

6. 焦虑　与呼吸困难、环境或治疗过程陌生有关。

【预期目标】

1. 患儿缺氧得到纠正，呼吸平稳。

2. 患儿能充分排出呼吸道分泌物，保持呼吸道通畅。

3. 患儿体温恢复和维持正常。

4. 患儿住院期间能得到充足的营养。

5. 患儿无并发症发生或发生时能够得到及时有效的处理。

6. 患儿能较好地表达自己的感受，保持安静，较少出现焦虑、恐惧等不良情绪。

【护理措施】

（一）维持最佳呼吸功能

1. 保持病室环境安静、舒适　定时通风（注意避免对流风），保持室内空气新鲜。室温维持在18~20℃左右，湿度60%左右。定期空气消毒，作好呼吸道隔离，避免交叉感染，不同病原引起的肺炎患儿应分病室收治。

2. 给氧　有呼吸困难、烦躁、发绀者应尽早给氧，一般采用鼻前庭导管给氧，氧流量为0.5~1L/min，氧浓度不超过40%，氧气应湿化，以免损伤呼吸道黏膜；缺氧明显者可用面罩给氧，氧流量为2~4L/min，氧浓度不超过50%~60%；有呼吸衰竭者，应用人工呼吸器或机械通气。新生儿尤其早产儿不宜持续吸入高浓度氧，以免引起肺发育不良及视网膜损伤。护士应经常巡视病房，检查鼻导管是否通畅，观察氧疗效果，发现异常及时处理。

3. 保证患儿休息　被褥要轻暖、内衣应宽松，宜半卧位，或床头抬高30°~40°，利于呼吸运动及呼吸道分泌物的排出；胸痛的患儿鼓励患侧卧位以减轻疼痛；各项护理操作应集中进行，减少刺激，避免哭闹。

4. 遵医嘱使用抗感染药物　注意观察药物的疗效及不良反应。

（二）保持呼吸道通畅

1. 及时清除口鼻腔内分泌物，保证足够的液体摄入量，预防呼吸道黏膜干燥。痰液黏稠者，可给予雾化吸入，稀释痰液，利于咳出；必要时吸痰，注意吸痰不宜在患儿进食后1小时内进行，负压<40.0kPa。

2. 定时翻身拍背，方法为五指并拢，稍向内合掌，呈空心状，由下向上、由外向内地轻拍背部；拍背的同时应指导和鼓励患儿有效咳嗽，促使呼吸道分泌物借助重力和震动排出，防止坠积性肺炎。拍背力量适度，以不引起患儿疼痛为宜。

3. 遵医嘱给予祛痰剂、平喘剂。

（三）维持体温正常

密切观察体温变化，低热可暂时不需特殊处理，体温超过38.5℃时给予物理降温，必要时给予药物降温，以防高热惊厥；穿衣不要过多，内衣不宜过紧，及时更换被汗液浸湿的衣被，保持皮肤的清洁干燥；如有虚脱，应予保暖、补液。

（四）维持营养均衡

宜给予高热量、高蛋白、高维生素、清淡易消化的流质或半流质饮食，少量多餐，避免过饱。喂哺时应耐心、细心，防止呛咳。重症不能进食者，给予静脉营养，严格控制输液量和滴速。鼓励患儿多饮水，保证液体摄入量，使呼吸道黏膜湿润，利于痰液咳出，并助于黏膜病变修复，同时防止发热导致脱水。

（五）密切观察病情变化

1. 若患儿突然出现烦躁不安、面色苍白、呼吸加快（＞60次/min）、心率＞180次/min、心音低钝、奔马律、肝脏短期内迅速增大时，是合并心力衰竭的表现，若患儿咳粉红色泡沫样痰为急性肺水肿的表现，均应及时报告医生，立即给予吸氧、半卧位，减慢输液速度；遵医嘱给予利尿、强心、血管活性药物。

2. 密切观察意识、瞳孔、囟门及肌张力等变化，若出现烦躁或嗜睡、惊厥、昏迷、呼吸不规则、肌张力增高颅内高压表现时，提示有脑水肿、中毒性脑病的可能，应立即报告医生，遵医嘱给予降颅内压、改善通气、扩血管、止痉、糖皮质激素等治疗。

3. 患儿若出现严重腹胀、呕吐、肠鸣音减弱或消失、呕吐咖啡样物或便血等情况，提示有中毒性肠麻痹及胃肠道出血的可能，应禁食、胃肠减压。

4. 若患儿病情突然加重，出现剧烈咳嗽、呼吸困难、烦躁不安、面色青紫、胸痛及一侧呼吸运动受限，吸氧后不能缓解；体温持续不降或退而复升，应考虑并发脓胸或脓气胸，立即报告医生并配合进行胸腔穿刺和胸腔闭式引流等处理。

（六）减轻焦虑

向患儿家长讲解疾病的相关知识和防护知识。向家长介绍患儿病情，解释治疗用药的作用和疗程。安抚患儿家长焦虑情绪，促使其协助配合治疗及护理。

（七）健康教育

指导家长合理喂养，提倡母乳喂养。及时增减衣服，避免着凉。加强体育锻炼，按时预防接种。有营养不良、佝偻病、贫血及先天性心脏病的患儿应积极治疗，增强抵抗力，减少呼吸道感染的发生。教会家长处理呼吸道感染的方法，使患儿在疾病早期能得到及时有效的干预。

【护理评价】

1. 患儿是否能维持正常的呼吸功能。

2. 患儿能否有效咳嗽，呼吸道是否能保持通畅。

3. 患儿体温是否能维持在正常范围。

4. 患儿营养状况是否能保持良好，体重逐渐恢复正常。

5. 患儿能否维持足够的心排血量，无其他并发症发生。

6. 患儿是否在住院过程中得到有效的照顾，焦虑、恐惧情绪减轻。

二、不同病原体所致肺炎的特点

不同病原体引起的肺炎在发病年龄、临床症状与体征、辅助检查等方面各不相同（表8-4-1）。

▼ 表8-4-1　不同病原体所致肺炎的特点

特点	呼吸道合胞病毒肺炎	腺病毒肺炎	金黄色葡萄球菌肺炎	肺炎支原体肺炎
病原体	呼吸道合胞病毒（A型最常见）	腺病毒（3、7型最常见）	金黄色葡萄球菌	肺炎支原体
好发年龄	婴幼儿（以1岁以内最多）	6个月~2岁	新生儿、婴幼儿	学龄儿童及青少年常见
临床特点	主要症状有咳嗽、喘憋、气促。轻症病例，发热、呼吸困难不重，中、重症有较明显的呼吸困难、喘憋、口唇发绀、鼻扇及三凹征，热度不一	冬春季节多发。起病急骤，高热持续时间长，呈稽留热或弛张热；咳嗽频繁，呈阵发性喘憋，呼吸困难和发绀轻重不等；啰音出现晚，X线改变较肺部体征出现早；中毒症状重；易累及消化系统，易发生心肌炎和心力衰竭、中毒性脑病等多器官功能障碍	起病急、病情重、进展快，全身中毒症状明显，多呈弛张高热，常见猩红热样皮疹。由于病变发展迅速，组织破坏严重，易形成肺脓肿、脓胸、脓气胸、肺大疱、纵隔气肿等，并引起败血症及其他器官的迁徙性化脓灶，如化脓性心包炎、脑膜炎、肝脓肿、皮肤脓肿、脊髓炎、关节炎	起病缓慢，热度不一，病初有全身不适、乏力、头痛。2~3天后出现发热，咳嗽，初为干咳，后转为顽固性剧咳，常有黏痰（偶带血丝），可伴咽痛和肌肉酸痛。肺部体征与剧咳及发热等临床症状不一致，体征轻而肺部X线改变明显是该病的主要特点
肺部特征	肺部听诊有喘鸣音、中、细湿啰音	肺部啰音出现较晚（多在高热3~7天后才出现），病变融合时可出现实变体征	肺部体征出现较早，双肺可闻及散在中、细湿啰音	肺部体征多不明显，甚至全无。少数可闻及干、湿啰音，但多很快消失
实验室检查	白细胞总数大多正常	白细胞总数正常或偏低，继发细菌感染时升高	白细胞总数明显增高，中性粒细胞增高伴核左移并有中毒颗粒	白细胞数正常或增多，血清冷凝集试验多阳性
胸部X线	可见小点片状阴影及不同程度的肺气肿	可见大小不等的片状阴影或融合成大病灶，甚至一个大叶	可见小片浸润阴影，病变发展迅速，数小时可出现肺脓肿、肺大疱或胸腔积液	可表现为支气管肺炎、间质性肺炎、肺门阴影增浓、均一实变影
治疗	抗病毒治疗	抗病毒治疗	敏感抗生素	大环内酯类抗生素

学习目标

知识目标	1. 掌握支气管哮喘患儿的临床表现、常见护理诊断/问题及相应的护理措施。 2. 熟悉支气管哮喘的概念、病因、分期及治疗原则。 3. 了解支气管哮喘的发病机制、诊断标准。
能力目标	能够运用所学知识为支气管哮喘患儿及其家庭实施整体护理和健康教育。
素质目标	培养护生评判性思维能力，探求合理的护理问题解决途径，指导护理实践。

案例导入与思考

患儿，男，3岁8个月，因"咳嗽，喘息"入院。患儿于3天前受凉后喘息咳嗽较剧烈，说话不能成句，于当地医院门诊对症治疗后效果不佳，据家长介绍患儿3岁以来曾发作过多次，都能自行缓解，为进一步治疗住院，诊断为支气管哮喘。

体格检查：T 36.8℃，P 122次/min，R 40次/min，患儿精神萎靡，鼻翼扇动，口唇发绀，三凹征明显，双肺呼吸音粗，可闻及满肺哮鸣音，伴呼气相延长。

辅助检查：WBC 10×10^9/L，N 0.73，E 0.06。抗肺炎支原体抗体（＋），X线检查双肺及心膈未见明显异常。

请思考：

1. 目前存在的护理诊断/问题有哪些？

2. 如何进行药物吸入疗法？

3. 指导呼吸运动的方法有哪些？

4. 患儿家长对于目前哮喘尚不能根治这一问题十分担忧，作为护士你应如何对患儿家长进行正确指导，同时此问题对护生又有什么启示呢？

支气管哮喘（bronchial asthma）简称"哮喘"，是儿童时期最常见的慢性呼吸道疾病。哮喘是由多种细胞（嗜酸性粒细胞、肥大细胞、T淋巴细胞、中性粒细胞、气道上皮细胞等）和细胞组分共同参与的气道慢性炎症性疾病，具有气道高反应性特征。当接触物理、化学、生物等刺激因素时，通常出现广泛多变的可逆性气流受限，引起反复发作性喘息、咳嗽、气促、胸闷等症状，以夜间和/或清晨发作或加剧，多数患儿可经治疗缓解或自行缓解。

【病因】

目前认为，哮喘病因与遗传和环境因素均有关，其相互关联，极其复杂。

1. 遗传因素 哮喘具有明显的遗传倾向，特应性（atopy）与其形成关系密切。哮喘患儿及其家庭成员患过敏性疾病及其特应性体质者明显高于正常人群。目前认为哮喘是一种多基因遗传病，已发现许多与哮喘发病有关的基因，如IgE、IL-4、IL-13、T细胞抗原受体（TCR）等基因多态性。

2. 环境因素　为哮喘诱发因素，主要包括：① 食入、接触或吸入变应原（牛奶、鸡蛋、鱼、虾、尘螨、蟑螂、花粉、动物毛屑及排泄物、真菌、职业粉尘及气体、强烈气味如被动吸烟等），对气道持续刺激是引起气道慢性炎症的主要原因；② 呼吸道感染，多见于病毒和支原体感染，尤其婴幼儿时期RSV感染是哮喘最重要的感染触发因素；③ 药物，阿司匹林与其他非甾体抗炎药等；④ 冷空气、干燥、运动与过度通气、强烈情绪变化等也与儿童哮喘发生有一定关系。

知识拓展　｜　　　　5岁以下儿童喘息特点评估

反复喘息在5岁以下儿童极为常见，非哮喘的学龄前儿童也会发生反复喘息。80%以上的哮喘起始于3岁前，其肺功能损害往往开始于学龄前期。因此，从喘息的学龄前儿童中识别出可能发展为持续性哮喘的患儿进行有效早期干预是必要的。

早期一过性喘息：多见于早产和父母吸烟者，喘息主要是由于环境因素导致肺的发育延迟所致，年龄的增长使肺的发育逐渐成熟，大多数患儿在生后3岁之内喘息逐渐消失。

早期起病的持续性喘息：3岁前起病，主要表现为与急性呼吸道病毒感染（以呼吸道合胞病毒和鼻病毒为主）相关的反复喘息，本人无特应性表现，也无家族过敏性疾病史。喘息症状一般持续至学龄期。

迟发性喘息：多起病于2~3岁后，这些儿童有典型的特应性背景，往往伴有湿疹，哮喘症状常迁延持续至成人期，气道有典型的哮喘病理特征。

【发病机制】

哮喘的发病机制极为复杂，目前尚未完全清楚，已知与免疫、神经、精神、内分泌因素、遗传学背景和神经信号通路密切相关。主要为慢性气道炎症、气道高反应性及气流受阻。气道对过敏原、理化因素、运动和药物等呈现高度敏感状态，气道上皮损伤，细胞因子和炎症介质的作用导致气道炎症。气道慢性炎症是哮喘发病的本质，而哮喘病理生理改变的核心是气流受阻，其原因与支气管痉挛、管壁炎症性肿胀、黏液栓形成及慢性炎症所致的气道重塑有关。

【临床表现】

婴幼儿哮喘起病较缓慢，多为呼吸道感染后诱发的喘息；年长儿则多呈急性过程，大多在接触变应原后发作。患儿在发作间歇期可无任何症状和体征。发作前常有流泪、鼻痒、流涕、打喷嚏和刺激性干咳、胸闷等症状。

1. 急性发作期典型表现　咳嗽、喘息、气促、咳大量白色黏痰，伴呼气性呼吸困难和喘鸣声，常在夜间和/或清晨发作或加剧。严重者出现强迫坐位或端坐呼吸、恐惧不安、大汗淋漓、面色青灰。体检可见桶状胸、三凹征，听诊肺部呼吸音减弱，两肺满布呼气相哮鸣音。

2. 哮喘持续状态 若哮喘急性发作经合理使用支气管舒张剂和糖皮质激素等哮喘缓解药物治疗后，仍有严重或进行性呼吸困难者，称为哮喘持续状态（哮喘危重状态）。重症患儿呼吸困难加剧时，呼吸音明显减弱，哮鸣音亦消失，称"闭锁肺（silent lung）"，是哮喘最危险的体征。

【辅助检查】

1. 肺通气功能检查 主要适用于5岁以上患儿，是确诊哮喘，亦是评估哮喘病情严重程度和控制水平的重要依据之一。第一秒用力呼气量（FEV_1）及呼气峰流速（PEF）值均降低。FEV_1 < 70%~75%提示气流受限，比值越低受限程度越重。若FEV_1测定有气流受限，吸入支气管扩张剂15~20min后FEV_1增加12%或更多，表明可逆性气流受限，是诊断支气管哮喘的有利依据。呼气峰值流速（PEF）的日间变异率是诊断哮喘和反应哮喘严重程度的重要指标，如PEF日间变异率≥13%有助于确诊为哮喘。

2. 过敏状态检测 吸入变应原致敏是儿童发展为持续性哮喘的主要危险因素，儿童早期食物致敏可增加吸入变应原致敏的危险性。对于反复喘息怀疑哮喘的儿童，推荐进行变应原皮肤点刺试验或血清特异性IgE测定以了解患儿的过敏状态，协助哮喘诊断。外周血嗜酸性粒细胞分类计数对过敏状态的评估有一定价值。

3. 胸部X线检查 急性发作时双肺透亮度增加，呈过度充气状态；合并感染时，肺纹理增加及小片状阴影。通过X线检查还可排除肺结核、气管支气管异物、先天性呼吸系统畸形等。

【诊断】

中华医学会儿科学分会呼吸学组修订了我国《儿童支气管哮喘诊断与防治指南》（2016版），提出了儿童哮喘、咳嗽变异性哮喘的最新诊断标准及临床分期的新方法，2020年又进行了部分修订，纳入了儿童哮喘行动计划在哮喘管理中的重要性。

（一）儿童哮喘诊断标准

1. 反复喘息、咳嗽、气促、胸闷，多与接触变应原、冷空气、物理、化学性刺激、呼吸道感染、运动以及过度通气（如大笑和哭闹）等有关，常在夜间和/或清晨发作或加剧。

2. 发作时双肺可闻及散在或弥漫性、以呼气相为主的哮鸣音，呼气相延长。

3. 上述症状和体征经抗哮喘治疗有效，或自行缓解。

4. 除外其他疾病所引起的喘息、咳嗽、气促和胸闷。

5. 临床表现不典型者（如无明显喘息或哮鸣音），应至少具备以下1项：

（1）证实存在可逆性气流受限：① 支气管舒张试验阳性：吸入速效β_2受体激动剂（如沙丁胺醇压力定量气雾剂200~400μg）15分钟后，第一秒用力呼气量（FEV_1）增加≥12%；② 抗炎治疗后肺通气功能改善，给予吸入糖皮质激素和/或白三烯药物治疗4~8周，FEV_1增加≥12%。

（2）支气管激发试验阳性。

（3）最大呼气峰流量（PEF）日间变异率（连续监测2周）≥13%。

符合第1~4条或第4、5条者，可以诊断为哮喘。

（二）咳嗽变异性哮喘的诊断标准

咳嗽变异性哮喘（CVA）是儿童慢性咳嗽的最常见原因之一，以咳嗽为唯一或主要表现，不伴有明显喘息。诊断依据：① 咳嗽持续>4周，常在夜间和/或清晨发作或加重，以干咳为主；② 临床上无感染征象，或经较长时间抗生素治疗无效；③ 抗哮喘药物诊断性治疗有效；④ 排除其他原因引起的慢性咳嗽；⑤ 支气管激发试验阳性和/或PEF每日变异率（连续监测1~2周）≥13%；⑥ 个人或一、二级亲属特应性疾病史，或变应原检测阳性。

以上1~4项为诊断基本条件。

（三）哮喘的分期

哮喘可分为三期：

1. 急性发作期 指突然发生喘息、咳嗽、气促、胸闷等症状，或原有症状急剧加重。

2. 慢性持续期 指近3个月内不同频度和/或不同程度地出现过喘息、咳嗽、气促、胸闷等症状。

3. 临床缓解期 指经过治疗或未经治疗症状、体征消失，肺功能（FEV_1/PEF）≥80%预测值，并维持3个月以上。

【治疗要点】

目前尚无法根治哮喘，但抑制气道炎症可控制临床症状。以去除诱因、控制发作为原则，根据病情轻重、病程阶段因人而异地选择治疗方案。

1. 治疗目标 ① 达到并维持症状的控制；② 维持正常活动，包括运动能力；③ 使肺功能水平尽量接近正常；④ 预防哮喘急性发作；⑤ 避免因哮喘药物治疗导致的不良反应；⑥ 预防哮喘导致的死亡。

2. 防治原则 全球支气管哮喘防治创议（GINA）强调，哮喘需要长期维持治疗，应根据哮喘的严重程度和控制水平采取相应的治疗，并进行适当的调整，即分级或升降级治疗。

3. 药物治疗 哮喘治疗药物可分为控制药物和缓解药物两大类。

（1）控制药物：通过抑制气道炎症达到控制哮喘的目的，需长期使用，用于哮喘慢性持续期。主要包括吸入型糖皮质激素（ICS）和全身性糖皮质激素，白三烯调节剂、长效β_2受体激动剂、缓释茶碱及抗IgE抗体等。

（2）缓解药物：按需使用，用于快速解除支气管痉挛、缓解症状，用于哮喘急性发作期。常用药物有吸入型速效β_2受体激动剂、全身型糖皮质激素、抗胆碱能药物、口服短效β_2受体激动剂、短效茶碱等。

4. 哮喘持续状态的处理 ① 氧疗、补液、纠正酸碱平衡紊乱；② 早期静脉给予糖皮质激素（如琥珀酸氢化可的松）；③ 应用支气管扩张剂：沙丁胺醇雾化吸入、氨茶碱静脉滴注，无效时给予沙丁胺醇静脉给药；④ 以上治疗无效时，肾上腺素皮下注射；⑤ 病情继续恶化者，及时给予辅助机械通气治疗。

5. 中医药治疗 中医学认为对哮喘的治疗关键在于调理气机，根据辨证选方：如射干麻黄汤合小青龙汤加减；麻杏石甘汤加减；苏子降气汤合三子养亲汤加减等。此外，对脾肾阳虚、夏轻冬重的慢性哮喘患儿，可采用冬病夏治的贴敷疗法，采取温补脾肾的治法，扶正固本，提高患儿的免疫能力，预防哮喘发作。

6. 其他治疗

（1）抗过敏：对具有明显特应性体质者可口服抗组胺类药物，如西替利嗪、氯雷他定、酮替芬等。

（2）变应原特异性免疫治疗（SIT）：可以预防对其他变应原的致敏，皮下注射或舌下含服尘螨变应原提取物等。

【常见护理诊断/问题】

1. 低效性呼吸型态　与支气管痉挛、气道阻力增加有关。

2. 清理呼吸道无效　与呼吸道分泌物多且黏稠有关。

3. 潜在并发症：呼吸衰竭。

4. 焦虑　与哮喘反复发作有关。

5. 知识缺乏：缺乏哮喘相关的防护知识。

【护理措施】

对急性发作期的哮喘儿童主要以改善通气、缓解症状为主。处于慢性持续期或临床缓解期的哮喘儿童主要以促进患儿家庭功能正常，提高家庭管理水平为主。

（一）维持有效呼吸

1. 遵医嘱正确使用糖皮质激素和支气管扩张剂　吸入治疗是首选的药物治疗方法。使用吸入型药物时应注意：① 根据患儿年龄选择合适的吸入装置，指导患儿正确掌握吸入技术，确保临床疗效；② 使用时嘱家长或患儿充分摇匀药物，在按压喷药于咽喉部的同时深吸气，闭口屏气10秒钟，然后用鼻呼气，使药物吸入细小支气管而发挥最佳疗效；③ 吸入型糖皮质激素（ICS）的局部不良反应包括声音嘶哑、咽部不适及口腔念珠菌感染。嘱患儿吸药后漱口，降低其发生率；④ 切忌盲目增加喷吸药物次数，如使用吸入型速效β_2受体激动剂，通常一天内不应超过3~4次。过量使用，可引起心律失常，甚至猝死；⑤ 糖皮质激素宜在饭后服用，用药后应注意观察其疗效及不良反应。

2. 氧疗　根据病情给予鼻导管或面罩吸氧，氧浓度以40%为宜，根据血气分析调整氧流量，使PaO_2保持在9.3~12.0kPa（70~90mmHg）。

3. 保证休息　急性发作期应绝对卧床，取坐位或半卧位。教会并鼓励患儿做深而慢的呼吸运动。

（二）保持呼吸道通畅

1. 保持病室空气清新，温湿度适宜　避免接触变应原，如有害气体、花草、地毯、毛屑、烟及尘土飞扬等。

2. 评估患儿咳嗽情况、痰液性状和量　对咳痰困难、痰液黏稠者，可遵医嘱用祛痰药及雾化吸入。指导患儿进行有效咳嗽、协助叩背，促进痰液的排出。对痰液过多而无力咳出者应及时吸痰。

3. 保证能量和水分供给　哮喘急性发作时，患儿常伴有脱水、痰液黏稠，形成痰栓阻塞小支气管而加重呼吸困难，应鼓励患儿多喝水，重症患儿应静脉补液，纠正水、电解质和酸碱平衡紊乱。

（三）密切观察病情变化

哮喘急性发作时应密切监测患儿的生命体征及呼吸型态的改变，同时给予患儿连续的心电监护，做好记录，防止并发症的发生。若出现呼吸困难加剧、呼气性呻吟、脉搏细数、血压下降，并伴有嗜睡、昏睡等意识障碍常提示呼吸衰竭的可能，应立即报告医生并协助医生进行抢救。若严重哮喘经药物治疗后仍不缓解者，应警惕有哮喘持续状态的可能。应做好抢救准备，遵医嘱用药，必要时行机械通气。

（四）减轻焦虑

支气管哮喘是一种与心理因素密切相关的疾病。哮喘患儿往往有烦躁不安、焦虑、恐惧等表现。应保证病室安静、舒适、清洁，避免刺激，尽可能集中进行护理操作，以利于患儿休息。哮喘发作时，陪伴并安慰患儿使其保持安静，尽量满足患儿一些合理要求，缓解其紧张、恐惧心理。采取不同的方式与患儿及其家长进行交流、沟通，了解其心理状态，并根据个体情况提供相应的心理护理，消除患儿及家长的焦虑情绪。

（五）健康教育

哮喘患儿的教育与管理是提高疗效、减少复发、提高患儿生活质量的重要措施。护士应通过多种途径对患儿及家长进行哮喘防治知识的宣传和教育，调动其对哮喘防治的主观能动性，提高依从性，避免各种危险因素，巩固治疗效果，提高生活质量。

（杨　莉）

学习小结

本章呼吸系统疾病患儿的护理首先介绍了儿童呼吸系统的解剖生理特点，学生通过本部分内容的学习能解释儿童呼吸系统解剖生理特点及其与本系统疾病的关系；其次介绍了上下呼吸道的急慢性感染、呼吸道变态反应性疾病患儿的护理等内容。上呼吸道感染中，以"上感"最常见，以急性喉炎最凶险；下呼吸道感染中以肺炎最常见，是5岁以下儿童死亡的首要原因，也是我国儿童重点防治的"四病"之一，支气管肺炎是儿童肺炎中最常见的类型。学习过程中，要在理解肺炎病理生理改变的基础上，学生能够阐述肺炎的概念、肺炎合并心力衰竭的临床特点；支气管哮喘为变态反应性疾病，是儿童最常见的慢性呼吸道疾病，学习中应重视对哮喘患儿的教育和管理与疾病的控制的密切相关。

复习参考题

（一）选择题

1. 按病理分类婴幼儿最常见的肺炎是
   - A. 大叶性肺炎
   - B. 支气管肺炎
   - C. 间质性肺炎
   - D. 干酪性肺炎
   - E. 原虫性肺炎

2. "三凹征"指的是
   - A. 胸骨上窝、锁骨上窝、肋间隙在呼气时明显下陷
   - B. 胸骨上窝、锁骨下窝、肋间隙在呼气时明显下陷
   - C. 胸骨上窝、锁骨上窝、肋间隙在吸气时明显下陷
   - D. 胸骨上窝、锁骨上窝、腹部在呼气时明显下陷
   - E. 胸骨上窝、锁骨下窝、腹部在吸气时明显下陷

（3~5题共用题干）

患儿，男，8个月，因"肺炎"入院。今日患儿突然烦躁不安、呼吸困难加重，口唇发绀，体温38.6℃，呼吸68次/min，心率180次/min，心音低钝，双肺布满细湿啰音，肝肋下3cm，心电图T波低平。

3. 该患儿可能出现的并发症是
   - A. 肺炎合并脓胸
   - B. 肺炎合并脓气胸
   - C. 中毒性脑病
   - D. 心力衰竭
   - E. 中毒性肠麻痹

4. 对该患儿采取的首先措施是
   - A. 立即通知医生，吸氧，减慢输液速度
   - B. 立即为患儿取平卧位以便抢救
   - C. 立即为患儿补充营养及水分
   - D. 立即配合医生进行胸穿或胸腔闭式引流
   - E. 立即指导患儿进行有效咳嗽

5. 经过及时抢救，患儿生命体征逐渐平稳，后续使用抗生素进行抗感染治疗时应注意
   - A. 选用抗菌谱最广的抗生素
   - B. 经验性使用抗生素时间越长越好
   - C. 予该患儿口服抗生素
   - D. 体温恢复正常即可停用抗生素
   - E. 依据病原菌选用抗生素

   答案：1. B；2. C；3. D；4. A；5. E

（二）简答题

1. 作为责任护士，在护理肺炎患儿时，如何发现心力衰竭的存在？

2. 哮喘患儿在用药护理方面应注意哪些问题？

第九章

循环系统疾病患儿的护理

第一节　儿童循环系统解剖生理特点

学习目标

知识目标	1. 掌握不同年龄儿童心脏位置、心率、血压的正常值范围。 2. 熟悉胎儿血液循环的特点和出生后的改变。 3. 了解心脏的胚胎发育。
能力目标	能够运用所学知识分析儿童循环系统解剖生理特点。
素质目标	培养护生关爱儿童，具备运用科学的临床思维分析处理问题的能力。

　　儿童循环系统疾病主要是指心脏和与其相连的大血管的病变，其病理生理改变要追溯到心脏的胚胎发育，胎儿出生后的循环与胎儿期有所不同，在生理和解剖上会发生很大的变化。

一、心脏的胚胎发育

　　原始心血管系统是胚胎最早形成的具有功能的系统，主要在胚胎的2~8周完成。原始心脏是一个纵直管道，由外表收缩环把它分为三部分，由头向尾依次为心球、心室、心房（图9-1-1）。在遗传基因的作用下，心管逐渐扭曲生长，从上到下构成静脉窦（逐步发育成上、下腔静脉及冠状窦）、共同心房、共同心室、心球（以后形成心室的流出道）和动脉总干（以后分隔为肺动脉和主动脉）。

　　心房和心室在胚胎第4周时是共腔的，其划分最早是在房室交界处的背、腹面各长出一心内膜垫，然后两垫相接将心脏分为心房和心室。心房的左右之分起始于胚胎第3周末，先后形成第一房间隔、第一房间孔、第二房间孔、第二房间隔和卵圆孔（图9-1-2）。胚胎发育过程中，若心内膜垫未能与第一房间隔完全接合，第一孔没有关闭，就形成房间隔第一孔缺损（原发孔缺损）；若第一房间隔上部吸收过多，或第二房间隔发育不良，就形成第二孔缺损（继发孔缺损）。

　　心室间隔由室间隔肌部和膜部构成。胚胎发育过程中，若肌部发育不良，形成室间隔的低位缺损，临床较少见；若膜部发育不完善，则形成室间隔的高位缺损。胚胎约在第8周形成房室间隔，成为四腔心脏。

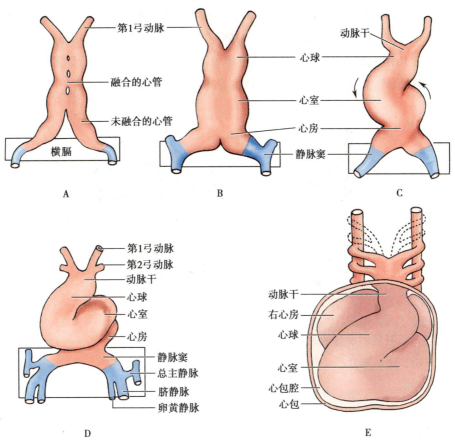

▲ 图9-1-1　心脏外形的演变

A. 约21天；B. 约22天；C. 约23天；D. 约24天；E. 约25天。

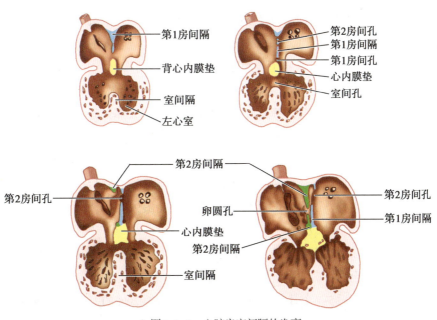

▲ 图9-1-2　心脏房室间隔的发育

原始心脏的出口是一根动脉总干，在动脉总干的内层对侧各长出一纵行内膜嵴，两者逐渐相连，将动脉总干分隔成主动脉与肺动脉，主动脉向左、向后旋转与左心室相连，肺动脉向右、向前旋转与右心室相连（图9-1-3）。胚胎发育过程中，若该纵隔发育障碍、分隔不均或扭转不全，则可造成主动脉骑跨、肺动脉狭窄或大血管错位等畸形。

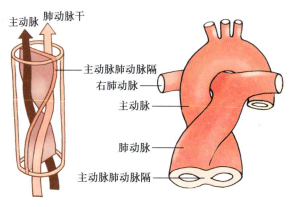

▲ 图9-1-3 动脉干的分隔

综上所述，心脏胚胎发育的关键时期是胚胎2~8周，在此期间如受到某些化学、物理和生物因素的不良影响，则易导致心血管发育畸形。

二、胎儿血液循环和出生后的改变
（一）正常胎儿血液循环

胎儿时期由于胎肺不存在有效的呼吸运动，胎儿所需的营养及代谢产物、气体的交换通过胎盘与母体进行交换。

来自胎盘富含氧和营养物质的血液经脐静脉进入胎儿体内，至肝脏下缘分两支：一支约50%的血流入肝与门静脉汇合后经肝脏入下腔静脉，另一支经静脉导管入下腔静脉，与来自下半身的静脉血混合，共同流入右心房。来自下腔静脉的混合血（以动脉血为主）流入右心房后，约1/3经卵圆孔流入左心房、左心室，入升主动脉，主要供应心脏、脑及上肢；其余2/3流入右心室。从上腔静脉回流的来自躯体上半身的静脉血，流入右心房后绝大部分流入右心室，和来自下腔静脉的血一起进入肺动脉。由于胎儿肺脏处于压缩状态，肺循环阻力高，故肺动脉的血只有少量流入肺脏，约80%的血液经动脉导管与来自升主动脉的血液汇合后入降主动脉（以静脉血为主），供应腹腔器官及下肢，最后经脐动脉回流至胎盘，进行物质交换。故胎儿期供应脑、心、肝及上肢的血氧含量远高于下半身。正常胎儿血液循环过程如下（图9-1-4）。

（二）出生后血液循环的改变

出生后脐带结扎，脐血管阻断，自主呼吸建立，肺泡扩张，肺循环阻力下降，流经肺脏的血液增多，使肺静脉回流至左心房的血量增多，左心房压力增高。当左心房压力超过右心房，卵圆孔发生功能上的关闭，生后5~7个月，解剖上大多闭合。15%~20%的人仍保留卵圆孔，但无左向右分流。

自主呼吸使动脉血氧含量增高，刺激动脉导管壁平滑肌收缩，加上出生后体内前列腺素E浓度降低，使动脉导管逐渐收缩、闭塞，形成功能性关闭。80%婴儿生后3~4个月、95%婴儿1岁时形成解剖上闭合，成为动脉韧带。

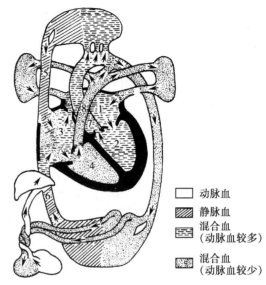

▲ 图9-1-4　胎儿血液循环过程

图例：
- □ 动脉血
- ▨ 静脉血
- ▤ 混合血（动脉血较多）
- ▦ 混合血（动脉血较少）

（三）正常儿童心脏、心率、血压的特点

1. 心脏大小和位置　儿童心脏体积较成人相对大。随着年龄的增长，心脏重量与体重的比值下降，并且左、右心室增长不平衡。出生时两心室壁厚度几乎相等，随着体循环量的增长，左心室负荷明显增加，加之肺循环阻力在生后明显下降，左心室壁较右心室壁增厚更快。儿童心脏在胸腔的位置随年龄增长而发生变化。新生儿和小于2岁的婴幼儿心脏多呈横位，心尖搏动位于左侧第4肋间、锁骨中线外侧，心尖部主要为右心室；以后心脏逐渐由横位转为斜位，3~7岁心尖搏动已位于胸腔左侧第5肋间锁骨中线处，左心室形成心尖部；7岁以后心尖位置逐渐移到锁骨中线以内0.5~1cm。

2. 心率　儿童心率较快，是由于儿童新陈代谢旺盛和交感神经兴奋性较高所致。随着年龄增长，心率逐渐减慢，接近正常成人（表9-1-1）。进食、活动、哭闹和发热可使儿童心率发生变化，因此，测量心率和脉搏应在儿童安静或睡眠时进行。一般体温每升高1℃，心率增加10~15次/min。凡脉搏显著增快，并且在睡眠时也不减慢者，应怀疑有器质性心脏病。

▼ 表9-1-1　不同年龄正常儿童的心率、血压参考值

年龄	心率/（次·min⁻¹）	收缩压/mmHg	舒张压/mmHg
新生儿	120~140	60~70	40左右
<1岁	110~130	70~80	50左右
2~3岁	100~120	80~90	50
4~7岁	80~100	85~95	50~60
8~14岁	80~100	90~130	60~90

3. 血压　由于心搏出量少，动脉壁弹性较好和血管口径相对较大，故儿童血压偏低，但随着年龄的增长而逐渐升高。2岁以后收缩压可按公式计算：收缩压（mmHg）＝年龄×2＋80mmHg。舒张压约为收缩压的2/3。收缩压高于此标准20mmHg为高血压，低于此标准20mmHg为低血压。正常情况下，下肢血压比上肢约高20mmHg。

第二节 先天性心脏病

学习目标

知识目标
1. 掌握先天性心脏病的分类，常见先天性心脏病（室间隔缺损、房间隔缺损、动脉导管未闭、法洛四联症、肺动脉瓣狭窄）的临床表现。
2. 熟悉常见先天性心脏病（室间隔缺损、房间隔缺损、动脉导管未闭、法洛四联症、肺动脉瓣狭窄）的治疗要点。
3. 了解先天性心脏病的病因、常见先天性心脏病的病理生理特点和辅助检查。

能力目标
能够运用所学知识正确评估先天性心脏病患儿病情变化，配合医生进行治疗和护理。

素质目标
培养护生关爱儿童，具备运用科学的临床思维对患儿进行评估、分析和处理问题的能力，增强专业责任感和人文关怀。

案例导入与思考

患儿，男，17个月，因"青紫逐渐加重，喂养困难3个月"入院。生后3个月出现口唇青紫，之后青紫逐渐加重，喂养困难，坐时喜欢屈膝，稍一活动即出现呼吸急促。临床诊断为"法洛四联症"。

体格检查：T 36.6℃，R 22次/min，P 110次/min，BP 80/60mmHg，生长发育明显落后，口唇、鼻尖、耳垂、指趾青紫明显，伴杵状指/趾，心前区稍隆起，双肺呼吸音清，胸骨左缘第3肋间闻及Ⅱ级收缩期杂音，肺动脉第二心音减弱。

辅助检查：血常规显示血红蛋白200g/L；心电图提示心电轴右偏，右心室肥大；胸部X线片显示心影呈"靴形"，双肺纹理减少。

请思考：

1. 该患儿的临床诊断依据有哪些？

2. 该患儿目前存在的护理诊断/问题有哪些？

3. 该患儿目前护理重点是什么？

先天性心脏病（congenital heart disease，CHD）简称"先心病"，是胎儿时期心脏及大血管发育异常导致的先天性畸形，是儿童最常见的心脏病。我国现存CHD患儿约400万，每年新增CHD患儿约16万，造成严重的社会和经济负担。先天性心脏病患儿症状轻重不一，轻者可无症状，重者可有乏力、活动后呼吸困难、发绀、晕厥等，甚至可因严重缺氧、心力衰竭、肺炎等严重并发症而死亡。

近年来随着科学技术的不断发展，先天性心脏病的介入治疗，如动脉导管、房间隔缺损和室间隔缺损封堵术，球囊扩张术、支架植入术等广泛应用于临床，2016年胎儿先心病宫内治疗的成功开展标志着我国先心病介入治疗技术已达到国际领先水平。在心脏外科手术方面，深低温麻醉和体外循环下心脏直视手术的发展，以及术后监护技术的提高，先天性心脏病的诊治已取得跨越式发展。多数患儿获得根治，先心病的预后已大为改观。

【病因】

先天性心脏病的病因尚未完全明确，目前认为其发病主要受遗传和环境因素的影响，是其相互作用的结果。

1. 遗传因素 主要由染色体异常、单基因突变、多基因病变引起。如40%的唐氏综合征患儿合并有心血管畸形，以室间隔缺损最为多见；性染色体异常如特纳综合征常合并有主动脉狭窄。5%的先天性心脏病患儿出生于同一家族，其病种相同或相近。

2. 环境因素 主要是怀孕早期宫内感染，如风疹、流行性腮腺炎、流行性感冒和柯萨奇病毒感染等，其他如孕妇缺乏叶酸，大剂量放射线接触，服用抗癌或抗癫痫等药物，患代谢紊乱性疾病（如糖尿病、高钙血症、苯丙酮尿症等）妊娠早期饮酒、吸食毒品、食用锂盐等均可能与发病有关。另外，氧气浓度也是影响先天性心脏病的一个因素，居住在高山等海拔高的地区，因氧气浓度低，易发生动脉导管未闭。

虽然引起先天性心脏病的病因尚未完全明确，但加强孕妇保健，特别是在妊娠早期积极预防病毒感染、避免与发病相关的高危因素，对预防CHD的发生具有重要意义。同时可以在孕早、中期通过胎儿超声心动图及染色体、基因诊断等对CHD进行早期诊断和早期干预。

【分类】

先天性心脏病的种类很多，且可以两种或两种以上的畸形并存，根据左、右心腔及大血管间有无直接分流和临床有无青紫，可分为三大类。

（1）左向右分流型（left-to-right shunt lesions）（潜伏青紫型）：在左、右心之间或主动脉与肺动脉之间存在异常通路。正常情况下，由于体循环压力高于肺循环，血液从左向右分流而不出现青紫。当屏气、剧烈哭闹或任何病理情况致肺动脉和右心压力增高并超过左心压力时，则可使含氧低的血液自右向左分流而出现暂时性青紫，故此型又称潜伏青紫型。常见的有室间隔缺损、房间隔缺损和动脉导管未闭等。

（2）右向左分流型（right-to-left shunt lesions）（青紫型）：为先天性心脏病中最严重的一组，由于某些畸形（如右心室流出道狭窄等）的存在，致右心压力增高并超过左心而使血液从右向左分流；或大动脉起源异常时，导致大量回心静脉血进入体循环，引起全身持续性青紫。常见的有法洛四联症、大动脉错位等。

（3）无分流型（non-shunt lesions）（无青紫型）：在心脏左、右两侧或动、静脉之间没有异常分流或通路存在，故无青紫现象，只有在心衰时才发生青紫，如主动脉缩窄、肺动脉狭窄等。

一、室间隔缺损

室间隔缺损（ventricular septal defect，VSD）是心脏胚胎发育异常形成的左、右心室间的异常通道，是儿童最常见的先天性心脏病，约占我国先天性心脏病的50%，约10%单独存在，其余合并其他畸形。本节只限于单纯性室间隔缺损的讲解。

【分型】

室间隔缺损按照缺损部位可分为3种类型：

1. 膜周型 最常见，占60%~70%，位于室上嵴下室间隔膜部，向与之接触的流入道、流出道或小梁肌部延伸。

2. 肌部型 占10%~20%，缺损位于室间隔肌部，而膜部完整。

3. 双动脉下型（嵴上型） 较少见，缺损位于流出道部，上缘为主动脉瓣环和肺动脉瓣环连接部。

根据缺损大小可分为小型室间隔缺损（Roger病）、中型室间隔缺损和大型室间隔缺损（表9-2-1）。小型缺损位置多较低，常见肌部缺损；中、大型缺损位置多较高，常见膜周部或双动脉下型缺损。

▼ 表9-2-1 室间隔缺损的分类

项目	小型室间隔缺损（Roger病）	中型室间隔缺损	大型室间隔缺损
缺损直径/mm	<5	5~10	>10
缺损面积/（cm²/m²体表面积）	<0.5	0.5~1.0	>1.0
分流量	少	中等	大
症状	无或轻微	有	明显
肺血管	可无影响	有影响	肺动脉高压、艾森门格综合征

【病理生理】

疾病早期由于左心室压力高于右心室压力，其分流为左向右分流，临床一般无青紫。缺损小，心室水平左向右分流量少，血流动力学变化不大，可无症状；大型缺损，血液在两心室间自由交通，大量左向右分流量使肺循环血流量增加，产生容量性肺动脉高压，肺小动脉持续出现反应性痉挛，晚期可导致肺小动脉肌层及内膜改变，管壁变厚，管腔变窄，逐渐演变为不可逆的阻力性肺动脉高压。右心压力增加超过左心室时，左向右分流逆转为双向分流或右向左分流，患儿出现持久性青紫，即艾森门格综合征（Eisenmenger syndrome）（图9-2-1）。这一阶段的患儿已失去手术的机会，还容易引起感染性心内膜炎。

【临床表现】

临床表现多取决于缺损大小及肺循环的阻力。小型缺损多无临床症状，生长发育正常，临床上多于体检时发现心脏杂音。缺损较大，左向右分流量多，体循环血量显著减少而肺循环内明显充血，患儿多生长迟缓，体重不增，喂养困难，活动后乏力、气短、多汗，易患反复呼吸道感染及心力衰竭等。疾病晚期分流量大的室间隔缺损患儿可出现艾森门格综合征。

体格检查症状明显患儿可表现为生长发育落后、心前区隆起、心界向左下扩大、心尖搏动增强并向左下移位等。胸骨左缘第3、4肋间闻及Ⅲ~Ⅴ级粗糙全收缩期杂音，向心前区广泛传导，可触及收缩期震颤，肺动脉第二心音增强。显著肺动脉高压时，肺动脉第二心音显著亢进而心脏杂音较轻。

室间隔缺损常见的并发症为支气管炎、支气管肺炎、充血性心力衰竭和感染性心内膜炎等。

【辅助检查】

1. 胸部X线检查　小型室间隔缺损心肺X线无明显改变，或肺动脉段延长或轻微突出，肺野轻度充血。中度以上缺损心影轻度至中度扩大，左右心室增大，以左室大为主，肺野充血，肺纹理增粗，肺动脉段突出，主动脉弓影缩小（图9-2-2）。出现艾森门格综合征时，心影可基本正常或轻度增大，肺动脉主支增粗，肺外周血管影很少，形似枯萎的秃枝。

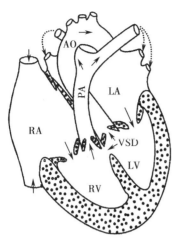

▲ 图9-2-1　室间隔缺损血液循环示意图

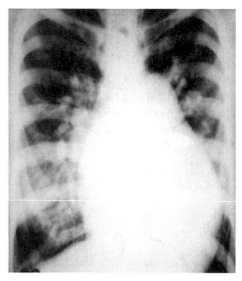

▲ 图9-2-2　室间隔缺损的X线片

2. 心电图检查　小型室间隔缺损者可正常或表现为轻度左心室肥大；中型缺损者以左心室肥大为主；大型缺损者为双心室或右心室肥厚。

3. 超声心动图检查　为诊断先天性心血管畸形的主要手段。二维超声可从多个切面显示缺损的直接征象；彩色多普勒超声可显示分流束的起源、部位、数目、大小及方向；频谱多普勒超声可测量分流速度，估测肺动脉压，还可间接测量肺循环血流量（Qp）和体循环血流量（Qs），正常时Qp/Qs≈1，此值增高≥1.5提示为中等量左向右分流，≥2.0为大量左向右分流。

4. 心导管检查　了解心脏及大血管不同部位的血氧含量和压力变化，明确有无分流及分流的部位。心导管检查示右心室血氧含量明显高于右心房，表示左心室的动脉血分流至右心室，右心室和肺动脉压力增高。

【治疗要点】

室间隔缺损有自然闭合可能。小型室间隔缺损预后良好，20%~50%的膜周部和肌部小梁部缺损随年龄增长而自动闭合，一般发生在5岁以下，尤其是1岁以内。中小型室间隔缺损可门诊随访至学龄前期，有反复呼吸道感染和充血性心力衰竭时进行抗感染、强心、利尿、扩血管等内科对症处理。大中型缺损和有难以控制的充血性心力衰竭者，肺动脉压力持续升高超过体循环压的1/2或肺循环/体循环量之比大于2:1时，或年长儿合并主动脉瓣脱垂或反流等应及时手术处理。随着介入医学的发展，可通过介入性心导管术封堵室间隔缺损，亦可通过体外循环心内直视手术进行矫治。

二、房间隔缺损

房间隔缺损（atrial septal defect，ASD）是由于原始心房间隔发育、融合、吸收等出现异常所致，是一种常见的先天性心脏病，占先天性心脏病发病总数的5%~10%。女性多见，男女比例1:2。儿童时期症状较轻，不少患儿到成年后才被发现。

【分型】

根据胚胎发育和解剖位置，房间隔缺损可分为以下四种类型（图9-2-3）：

1. 原发孔型 也称为Ⅰ孔型房间隔缺损，约占15%，缺损位于心内膜垫与房间隔交接处，常伴有二尖瓣或三尖瓣裂缺。

2. 继发孔型 最常见，约占75%，缺损位于房间隔中心卵圆窝部位，也称中央型。

3. 静脉窦型 约占5%，分上腔型和下腔型。

4. 冠状窦型 约占2%，缺损位于冠状窦上端与左心房之间，致左心房血流经冠状窦缺口分流入右心房。

【病理生理】

出生后随着肺循环血量的增加，左心房压力增高超过右心房，房间隔缺损时表现为左向右分流，分流量的大小取决于缺损的大小、左右心房的压差及右心室舒张期顺应性。随着年龄增长，体循环压力逐渐增高，左房压力超过右房压力，出现左向右分流，分流造成右心房和右心室负荷过重导致右心房和右心室增大（图9-2-4）。疾病晚期，随着肺动脉压力的升高，当右心房压力大于左心房时，则出现右向左分流，出现青紫。

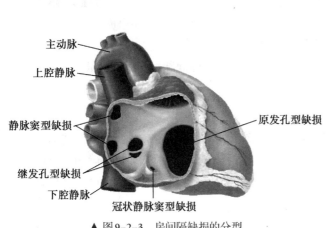

▲ 图9-2-3 房间隔缺损的分型

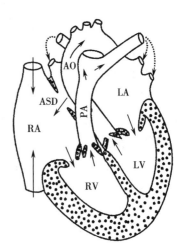

▲ 图9-2-4 房间隔缺损血液循环示意图

【临床表现】

临床表现取决于缺损大小。缺损小者可无症状。缺损大时左向右分流量大，体循环血量减少影响生长发育，表现为发育迟缓、易疲乏、活动后心悸、气短，肺循环充血易致反复呼吸道感染。当患儿哭闹，出现肺炎或心力衰竭时，右房压力超过左房，产生右向左分流，出现暂时性青紫。疾病晚期出现梗阻性肺动脉高压，可表现为持久性青紫。

多数患儿在婴幼儿期无明显体征。随着年龄增大，体检可表现为消瘦、体格发育落后，心前区隆起，心尖搏动弥散，心浊音界扩大。胸骨左缘第2、3肋间闻及Ⅱ~Ⅲ级收缩期喷射性杂音，肺动脉瓣区第二心音增强或亢进，并呈固定分裂。

房间隔缺损常见的并发症为支气管肺炎、充血性心力衰竭、心律失常和亚急性细菌性心内膜炎等。

【辅助检查】

1. 胸部X线检查　心影轻、中度增大，以右心房、右心室增大为主，肺动脉段突出，肺野充血，主动脉影缩小，透视下可见"肺门舞蹈"征（图9-2-5）。

2. 心电图检查　典型病例可见心电轴右偏，右心房、右心室肥大，不完全性或完全性右束支传导阻滞，1/4病例可有P波轻微增高。

3. 超声心动图检查　右心房和右心室内径增大。二维超声心动图可见房间隔回声中断，并可显示缺损的位置和大小。多普勒彩色血流显像可观察到分流的位置、方向，并能估测分流的大小。

4. 磁共振　年龄较大的患儿剑突下超声透声窗受限，图像不够清晰。磁共振可以清晰地显示缺损位置、大小及肺静脉回流情况而确立诊断。

5. 心导管检查　一般不需要做心导管检查，当合并肺动脉高压、肺动脉瓣狭窄或肺静脉异位引流时可行右心导管检查。右心导管检查时心导管可经缺损由右心房进入左心房，可发现右心房血氧含量高于上、下腔静脉平均血氧含量。合并肺静脉异位引流者应探查异位引流的肺静脉。

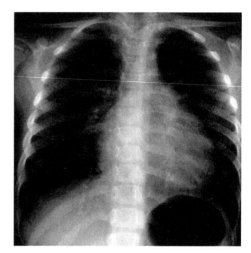

▲ 图9-2-5　房间隔缺损的X线片

【治疗要点】

小型继发孔型房间隔缺损在4岁以内有15%的自然闭合率。鉴于较大的缺损在成年后发生心力衰竭和肺动脉高压的潜在风险，宜在儿童时期进行修补。外科手术修补疗效确切，但创伤面大，恢复时间长。在排除其他合并畸形、严格掌握指征的情况下，房间隔缺损可通过导管介入封堵（如通过心导管植入扣式双盘堵塞装置、蚌状伞或蘑菇伞封堵继发孔型房间隔缺损）。年龄大于2岁，缺损边缘至上下腔静脉、冠状窦、右上肺静脉之间距离≥5mm，至房室瓣距离≥7mm，可选择介入治疗。

三、动脉导管未闭

动脉导管未闭（patent ductus arteriosus）是儿童时期常见的先天性心脏病之一，占先天性心脏病的10%，女多于男，比例为（2~3）:1。胎儿期动脉导管被动开放是血液循环的重要通道，生后大约15小时即发生功能性关闭，80%在生后3个月解剖性关闭，95%在生后1年解剖学上应完全关闭。若动脉导管异常持续开放导致病理生理改变，即称动脉导管未闭。动脉导管未闭一般单独存在，10%患儿可合并其他心脏畸形，如主动脉缩窄、室间隔缺损、肺动脉狭窄等。

【分型】

根据未闭的动脉导管的大小、长短和形态，分为三型（图9-2-6）：

1. **管型** 导管连接主、肺动脉两端，长度多在1cm左右，粗细不等。

2. **漏斗型** 长度与管型相似，近主动脉端粗大，向肺动脉端逐渐变窄。

3. **窗型** 主动脉与肺动脉紧贴，导管短，直径往往较大，分流量大。

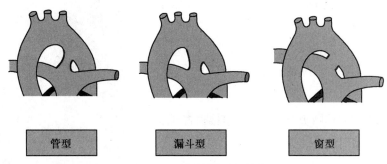

| 管型 | 漏斗型 | 窗型 |

▲ 图9-2-6 动脉导管未闭的分型

【病理生理】

分流量大小与导管的粗细和主、肺动脉之间的压差有关。由于主动脉压力高于肺动脉压力，主动脉血流持续分流入肺动脉，肺循环血量增加，回流到左心房、左心室血量也增加，左心负荷加重，左房、左室扩大，心室壁肥厚（图9-2-7）。长期大量分流，可使肺动脉收缩，压力增高，导致肺动脉高压。当肺动脉压力超过主动脉时，产生右向左分流，患儿出现下半身青紫，左上肢轻度青紫，而右上肢正常，称为差异性发绀。

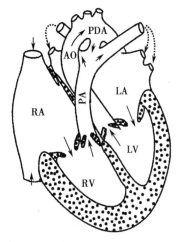

▲ 图9-2-7 动脉导管未闭血液循环示意图

【临床表现】

动脉导管未闭的症状取决于导管的粗细。导管细，分流量小，常无症状，仅在体检时发现心脏杂音。导管粗，分流量大，患儿表现为疲乏无力、多汗，易合并呼吸道感染出现咳嗽、气急等。偶尔因扩大的肺动脉压迫喉返神经而引起声嘶。患儿还可出现生长发育迟滞，晚期出现肺动脉高压者可出现差异性发绀，严重病例发展为艾森门格综合征。

体检患儿多消瘦，心前区隆起、心尖搏动增强并向左下移位，心浊音界向左下扩大。胸骨左缘第2肋间可闻及粗糙响亮连续性"机器样"杂音，常伴震颤，杂音向左锁骨下、颈部和背部传导。肺动脉瓣区第二心音增强。分流量大者，因相对二尖瓣狭窄可在心尖部闻及较短的舒张期杂音。合并肺动脉高压或心力衰竭患儿，婴幼儿期因肺动脉压力较高时，往往只闻及收缩期杂音。

由于主动脉分流使舒张压降低，收缩压多正常，导致脉压增大，大于40mmHg（5.3kPa），可表现为周围血管征，如水冲脉、毛细血管搏动征、血管枪击音和杜氏征等。

动脉导管未闭常见并发症为充血性心力衰竭、感染性心内膜炎和感染性动脉炎等。

【辅助检查】

1. 胸部X线检查 分流量小者，心血管影可正常。大分流量者，心胸比率增大，左心室增大，心尖向下扩张，左心房轻度增大。肺血增多，肺动脉段突出，肺门血管影增粗（图9-2-8）。肺动脉高压时，右心室有扩大肥厚征象。主动脉结正常或突出。

2. 心电图检查 分流量大者，可有不同程度的左心室肥大，偶有左心房肥大。显著肺动脉高压者，左、右心室肥厚。

3. 超声心动图 对诊断极有帮助。可直接探查到未闭合的动脉导管及收缩期和舒张期连续性湍流频谱。

4. 心导管检查 可发现肺动脉血氧含量高于右心室。有时心导管可以通过未闭导管从肺动脉进入降主动脉。

5. 心血管造影 对复杂病例的诊断有重要价值。

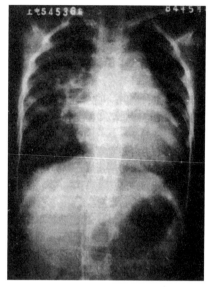

▲ 图9-2-8 动脉导管未闭的X线片

【治疗要点】

1. 早产儿可应用吲哚美辛等前列腺素合成酶抑制剂，诱导导管自然闭合。

2. 为防止心内膜炎、预防心衰和有效控制肺动脉高压，凡确诊动脉导管未闭的患儿应及时行介入治疗或外科手术关闭导管。目前大多首选介入治疗，可选择螺旋弹簧圈或蘑菇伞等封堵器关闭动脉导管。介入治疗可代替传统外科手术切断或结扎导管。但当动脉导管未闭合并严重肺动脉高压，出现右向左分流时，介入治疗或手术均属禁忌。

四、法洛四联症

法洛四联症（tetralogy of Fallot，TOF）是婴儿期最常见的青紫型先天性心脏病，约占先天性心脏病的12%。主要由四种畸形组成：① 肺动脉狭窄，以右心室漏斗部狭窄最为多见，其次为漏斗部和动脉瓣合并狭窄，也可有单独动脉瓣狭窄；② 室间隔缺损；③ 主动脉骑跨，主动脉骑跨在室间隔上；④ 右心室肥厚，由于肺动脉狭窄导致右心室负荷加重所致。其中，肺动脉狭窄是最主要的病理生理变化，它决定着病情严重程度及预后。

【病理生理】

由于右心室流出道狭窄，血液进入肺循环受阻，右心压力增大，导致右心室代偿性肥厚。当右心室压力超过左心室时，血液通过室间隔缺损自右向左分流，同时骑跨的主动脉接收来自左心室和右心室的血液，临床出现青紫。由于肺动脉狭窄，流经肺循环的血流量减少，导致气体交换减少，氧合血生成减少，进一步加重青紫的程度（图9-2-9）。

【临床表现】

1. 青紫 青紫的严重程度和出现早晚与肺动脉狭窄程度呈正相关。出生时青紫一般不明显，

3~6个月逐渐明显，并随着年龄的增长而加重。常见于唇、指/趾甲床、球结合膜等毛细血管丰富的部位。由于血氧含量下降，患儿活动耐力差，啼哭、活动、情绪激动、寒冷刺激等，可出现气急及青紫加重。

2. 蹲踞 法洛四联症患儿每于行走、游戏时，常主动下蹲片刻，即蹲踞（图9-2-10）。此时下肢屈曲，静脉回心血量减少，可减轻右心负荷，同时下肢动脉受压，体循环阻力增加，使右向左分流量减少，可以暂时缓解缺氧症状。

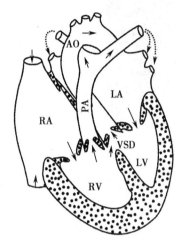

▲ 图9-2-9 法洛四联症血液循环示意图
AO. 升主动脉；LA. 左心房；PA. 主脉动脉；
RA. 右心房；VSD. 室间隔缺损；LV. 左心室；
RV. 右心室。

▲ 图9-2-10 法洛四联症的蹲踞姿势

3. 阵发性缺氧发作 法洛四联症的婴儿常在晨起吃奶、大便或哭闹后出现阵发性呼吸困难、烦躁、青紫加重，严重者突然昏厥、抽搐或发生脑血管意外等。这是由于在肺动脉漏斗部狭窄的基础上，该处肌肉突然发生痉挛，引起一过性肺动脉梗阻，导致脑缺氧加重，引起缺氧发作。每次发作持续数分钟至数小时，可自行缓解。年长儿常诉头痛、头晕。

4. 杵状指/趾 由于患儿长期缺氧，指/趾端毛细血管扩张增生，局部软组织和骨组织增生肥大，导致杵状指/趾。

体格检查可见患儿体格发育落后、青紫、杵状指/趾、心前区可稍隆起。胸骨左缘第2~4肋间可闻及Ⅱ~Ⅲ级喷射性收缩杂音，其响度取决于肺动脉狭窄程度。漏斗部痉挛时，杂音暂时消失。肺动脉第二心音减弱或消失。有时可闻及侧支循环的连续性杂音。

法洛四联症患儿由于长期缺氧引起红细胞代偿性增加、血黏稠度高，血流变慢，易引起脑血栓，若为细菌性血栓，则易形成脑脓肿。常见并发症还有亚急性细菌性心内膜炎。

【辅助检查】

1. 血液检查 周围血红细胞计数、血红蛋白浓度和血细胞比容增高；血小板降低；凝血酶原时间延长。

2. 胸部X线检查 典型者心影呈"靴形"，由于右心室肥大使心尖圆钝上翘、漏斗部狭窄使肺动脉段凹陷所致。肺门血管影缩小，肺纹理减少，透亮度增加（图9-2-11）。

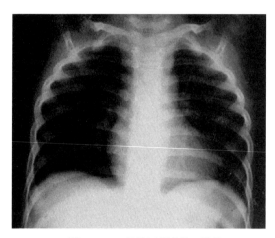

▲ 图9-2-11 法洛四联症的X线片

3. 心电图检查 典型病例显示心电轴右偏，右心室肥大。也可见右心房肥大。

4. 超声心动图检查 二维超声心动图显示主动脉内径增宽，骑跨于室间隔之上，室间隔中断。左心室内径缩小，右心室、右心房内径增大，流出道狭窄。彩色多普勒超声血流显像可见右心室将血液直接注入骑跨的主动脉内。

5. 心导管检查 导管容易从右心室进入主动脉，有时还能从右室进入左室。测量肺动脉和右心室之间的压力差，根据压力曲线可辨别肺动脉狭窄的类型。右向左分流的存在可通过股动脉血氧饱和度降低来证实。

6. 心血管造影 造影对制订手术方案有很大帮助。造影剂注入右心室，可见主动脉和肺动脉几乎同时显影。主动脉影增粗，位置偏前、稍偏右。还可显示肺动脉狭窄部位、程度和肺血管的情况。

【治疗要点】

1. 内科治疗 注意预防感染，摄入足够水分，防止脱水，避免血液浓缩引起脑血栓等并发症，注意防治感染性心内膜炎。

2. 缺氧发作的处理 ① 立即置于胸膝位，轻症者可立即缓解；② 及时吸氧；③ 给予去氧肾上腺素每次0.05mg/kg静脉注射，或β受体阻滞剂普萘洛尔每次0.1mg/kg；④ 必要时给予吗啡每次0.1~0.2mg/kg皮下注射；⑤ 纠正代谢性酸中毒，给予5%碳酸氢钠1.5~5.0ml/kg静脉注射；⑥ 以往有缺氧发作患儿，可口服普萘洛尔1~3mg/（kg·d）。经上述处理仍不能控制发作者，可考虑急诊外科手术修补。

3. 外科治疗 以根治手术治疗为主，手术年龄一般在2~3岁以上。对年龄过小的婴幼儿及重症患儿宜先行姑息手术，其基本原理是先建立体-肺循环分流，增加肺循环内血流，改善缺氧，待患儿年长后一般情况改善，再做根治术。近年来，介入治疗与外科手术镶嵌技术也应用于一些较为复杂的法洛四联症的治疗。

五、肺动脉瓣狭窄

肺动脉瓣狭窄（pulmonary stenosis，PS）是一种常见的先天性心脏病，是右心室流出道梗阻性先天性心脏病中最常见的畸形，单纯性肺动脉瓣狭窄约占先天性心脏病10%，约20%的先天性心脏病合并肺动脉瓣狭窄。

【分型】

正常肺动脉瓣叶为三个半月瓣，瓣叶交界处完全分离，瓣环与右心室漏斗部肌肉相连。根据病变累及部位不同，分为两种类型：

1. 典型肺动脉瓣狭窄　肺动脉瓣三个瓣叶交界处互相融合，瓣膜开放受限、瓣口狭窄；只有两个瓣叶交界处融合为肺动脉瓣二瓣化畸形；瓣叶无交界处，仅中心部留一小孔，为单瓣化畸形。瓣叶结构完整，瓣环正常，肺动脉干呈狭窄后扩张。

2. 发育不良型肺动脉瓣狭窄　肺动脉瓣叶不规则畸形，明显增厚或呈结节状，瓣叶启闭不灵活，瓣环发育不良，肺动脉干不扩张或发育不良，此病常有家族史。

【病理生理】

肺动脉瓣狭窄使右心室血液流出受阻，导致右心室压力增高，右心室后负荷增加，右心室肥厚。狭窄严重者，右室壁极度增厚可使心肌供血不足，最终发生右心衰竭。

【临床表现】

轻度肺动脉狭窄可无症状，活动亦不受限，仅在体检时发现心脏杂音；中度狭窄可有活动后气急、乏力、心悸；重度狭窄者活动后可出现呼吸困难，甚至晕厥、猝死。部分患儿活动时出现胸痛及上腹痛，提示预后不良。

患儿生长发育多正常，半数患儿面容硕圆，一般无青紫。严重狭窄者常由于卵圆孔出现右向左分流而出现青紫。

体检中度及重度狭窄时由于右心室增大，心前区隆起，胸骨左缘第2肋间可触及收缩期震颤，并可闻及Ⅱ~Ⅴ级粗糙的喷射性收缩期杂音，向颈部传导，肺动脉瓣区第二心音减轻并分裂。

【辅助检查】

1. 胸部X线检查　轻中度狭窄时心脏大小正常；重度狭窄时，心脏可轻度增大；心衰时右室和右房扩大，心脏明显增大。肺动脉段隆起，为狭窄后扩张所致，透视下可见较明显的搏动，肺野内肺纹理减少，两者间形成鲜明对比，为本病的特征。

2. 心电图检查 轻度PS患儿ECG基本正常，部分因右心室、右心房肥大表现为电轴右偏。严重狭窄时，T波倒置，ST段压低。

3. 超声心动图检查 超声心动图对PS具有诊断价值。二维超声心动图可显示瓣膜开放受限、右室壁增厚及狭窄后扩张的主肺动脉；连续波多普勒可估测跨肺动脉瓣压力阶差，判断狭窄程度。

4. 心导管检查 心导管和心血管造影是诊断PS的"金标准"，不但可以直接测量患儿的右心室压力和跨肺动脉瓣压力阶差，还可准确显示狭窄位置及严重程度。

5. 心血管造影 右室造影可见增厚的肺动脉瓣和收缩期喷射性血流束，表现为"射流征"（图9-2-12）和"圆顶征"。

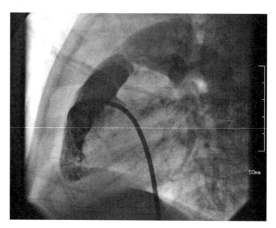

▲ 图9-2-12 肺动脉瓣狭窄造影图

【治疗要点】

PS治疗的目的是缓解右室流出道的梗阻，减轻右心室压力负荷，防治右心衰竭。早期的治疗是外科手术治疗，随着心脏介入诊疗技术的发展，经皮球囊肺动脉瓣成形术（percutaneous balloon pulmonary valvuloplasty，PBPV）逐步取代外科开胸手术，是各年龄段肺动脉瓣狭窄、跨瓣压>40mmHg患儿的首选治疗方案，经济、简便、安全、有效。如无该术适应证，则应接受外科瓣膜切开术。

知识拓展 | **肺动脉瓣狭窄程度分级**

超声心动图和心导管检查是PS诊断和评估的主要方式，通过超声心动图测量峰值流速、跨瓣压差等评估PS的程度：

肺动脉瓣狭窄程度分级

项目	轻度	中度	重度
心脏超声			
峰值流速/（m·s⁻¹）	<3	3~4	>4
峰值压差/mmHg	<36	36~64	>64
平均压力/mmHg	—	—	>40
心导管			
右室收缩压/左室收缩压	<50%	50%~<74%	≥75%
跨瓣压差mmHg	<40	40~60	>60

注：—表示无数据。

第三节 先天性心脏病患儿的护理

学习目标

知识目标	掌握先天性心脏病患儿常见的护理诊断/问题及相应的护理措施。
能力目标	能够运用所学知识为先天性心脏病患儿及其家庭实施整体护理和健康教育。
素质目标	培养护生关爱儿童，敬畏生命，同时具备良好的沟通能力和人文关怀素养。

先天性心脏病患儿的护理包括儿科一般护理和围手术期护理。本节着重阐述非手术先心病患儿的一般护理。

【护理评估】

1. 健康史 详细询问病史，了解母亲妊娠史，尤其是妊娠2~8周有无感染、用药、放射线接触史等，是否有糖尿病及引起子宫内缺氧的慢性疾病，是否有吸烟、酗酒、吸毒等；了解患儿生长发育情况，有无消瘦、生长发育迟缓、喂养困难、活动后心悸、气促、苍白多汗、声嘶、青紫等；是否喜欢蹲踞、有无阵发性呼吸困难或突然昏厥史；既往有无反复呼吸道感染史，家族中有无先天性心脏病病史。

2. 身体状况 评估患儿生长发育情况，皮肤黏膜有无发绀及程度，有无杵状指/趾，检查有无呼吸急促、心率加快以及肺部啰音、肝脏增大等心力衰竭表现。检查胸廓有无畸形，听诊心脏杂音位置、时间、性质和程度，有无震颤，肺动脉瓣区第二心音是否增强或减弱，有无分裂；检查有无水冲脉、毛细血管搏动征、血管枪击音等周围血管征。评估血液检查、胸部X线、心电图、超声心动图、心导管检查、心血管造影等辅助检查结果。

3. 心理-社会状况 评估患儿是否因疾病导致生长发育落后、影响正常活动、游戏、学习、社交而出现抑郁、焦虑、自卑、恐惧等心理。了解家长对疾病检查、治疗、护理知识的了解程度；了解患儿居住环境及家庭经济状况，患儿家长是否因疾病治疗风险大、预后难以预测、费用高而出现焦虑、恐惧等不良心理反应。

【常见护理诊断/问题】

1. 活动耐力下降 与体循环血量减少或血氧饱和度下降有关。

2. 营养失调：低于机体需要量 与喂养困难及体循环血量减少、组织缺氧有关。

3. 有感染的危险 与肺血流量增多及心内缺损易致心内膜损伤有关。

4. 潜在并发症：心力衰竭、脑血栓、缺氧发作。

5. 焦虑 与疾病的威胁和对手术担忧有关。

【预期目标】

1. 患儿合理安排活动和休息，维持正常的血氧饱和度及体循环血量。

2. 患儿及时得到正确的治疗方式和充足的营养，满足其生长发育的需要。

3. 患儿住院期间不发生感染。

4. 患儿不发生并发症或并发症能及时发现，及时处理。

5. 患儿及家长能获得相关疾病知识及心理支持，积极配合各项检查和治疗。

【护理措施】

（一）合理安排活动与休息

合理安排患儿作息时间，保证良好的睡眠、休息。根据病情安排适量的活动，若患儿出现面色苍白、发绀、眩晕、心悸等，要立即停止活动，卧床休息，抬高床头。护理操作相对集中，避免引起情绪激动和大哭大闹。病情严重的患儿应卧床休息。保持大便通畅，以免加重心脏负担。介入治疗患儿治疗当天术肢要制动，动脉穿刺患儿应卧床休息24小时以上，静脉穿刺患儿应至少卧床休息12小时，术后3天可进行适宜的床旁活动，术后3个月内应避免剧烈运动。

（二）维持营养均衡

注意营养搭配，供给高蛋白、高维生素、易消化的食物，保证营养需求；同时，尽量做到食物的色、香、味俱全，以增进患儿食欲、增强体质，提高对手术的耐受性。对喂养困难的儿童要耐心喂养，可少量多餐，避免呛咳和呼吸困难。缺氧和呼吸困难者，必要时喂奶前后吸氧，婴儿可给予斜抱位间歇喂乳。心功能不全者有水钠潴留时，应根据病情，给予无盐饮食或低盐饮食。保持大便通畅。

（三）预防感染

保证环境空气清新，温、湿度适宜。注意体温变化，穿着厚薄适中，按气温变化及时增减衣物，避免因受凉引起呼吸系统的感染。注意保护性隔离，病房应分室居住，不去公共场所，以免交叉感染。做各种小手术，如拔牙、摘除扁桃体等，应给予足量抗生素预防感染，防止感染性心内膜炎的发生，一旦发生感染应积极治疗。做好预防接种。

（四）密切观察病情变化

1. 预防心力衰竭的护理　协助患儿取半坐位，尽量使患儿安静。适当限制活动量并保持情绪稳定。严格控制输液速度和量。密切观察病情变化，若出现：① 呼吸困难突然加重，安静时呼吸达60次/min以上；② 安静时心率增快，婴儿>180次/min，幼儿>160次/min，不能用发热或缺氧解释；③ 肝脏短时间内迅速增大；④ 心音明显低钝并出现奔马律等情况，常提示发生了心力衰竭。应立即置患儿于半卧位，给予吸氧，及时与医生取得联系。

2. 预防脑血栓的护理　法洛四联症患儿血液黏稠度高，尤其在发热、出汗、吐泻时，随着体液量的减少，易加重血液浓缩而形成血栓，因此，要保证液体摄入量，注意供给充足的液体，必要时可给予静脉输液，观察患儿的尿量。

3. 预防缺氧发作的护理　观察病情变化，尤其在缺氧发作的好发时间注意观察患儿有无呼吸困难、烦躁、发绀加重，甚至晕厥、抽搐等。一旦发生应将患儿置于膝胸屈曲位（图9-3-1），此体位可增加体循环阻力，使右向左分流减少，同时给予吸氧，配合医生给予吗啡及普萘洛尔等进行抢救治疗。

（五）减轻焦虑

关心爱护患儿、态度和蔼，建立良好的护患关系，消除患儿的紧张感。对家长和患儿解释病情和检查、治疗经过，取得他们理解和配合。减轻患儿家长的心理困扰，尤其是母亲的焦虑、抑郁、沮丧和挫折感。

（六）健康教育

1. 日常护理指导 家长掌握先天性心脏病患儿的作息规律，建立合理的生活制度；指导家长及患儿勿到人多的公共场所，避免交叉感染；注意预防感冒；合理用药，预防其他并发症。调整心功能到最好状态，使患儿能安全生存到手术年龄，安全渡过手术关。

▲ 图9-3-1 膝胸屈曲姿势

2. 定期复查 已经手术治疗的患儿定期复查心电图、超声心动图等相关检查；按时服药，到门诊适时调整药物剂量。

【护理评价】

1. 患儿是否得到合理的休息和活动，维持心功能。

2. 患儿是否获得均衡充足的营养，满足生长发育的需求。

3. 患儿住院期间是否发生感染。

4. 患儿是否有效预防并发症或发生后是否能及时处理。

5. 患儿及家长是否能获得相关疾病知识及心理支持，积极配合各项检查和治疗。

第四节　病毒性心肌炎患儿的护理

学习目标	
知识目标	1. 掌握病毒性心肌炎的定义、临床表现、常见护理诊断/问题及相应的护理措施。 2. 熟悉病毒性心肌炎的治疗要点。 3. 了解病毒性心肌炎的病因、病理生理特点和辅助检查。
能力目标	能够运用所学知识正确评估病毒性心肌炎患儿病情变化，配合医生进行治疗和护理。
素质目标	培养护生关爱儿童，具备运用科学的临床思维对患儿进行评估、分析和处理问题的能力，增强专业责任感和人文关怀。

案例导入与思考

患儿，女，8岁，因"胸闷、乏力4天"入院。患儿半月前无明显诱因出现发热，体温最高38.5℃，伴有流涕、咽痛，无恶心、呕吐、咳嗽和腹泻等症状，口服退热药治疗后热退。4天前患儿用餐后突然出现胸闷、乏力、长出气，无头痛、头晕、水肿、少尿等。2天前再次出现面色苍白。患儿自发病以来，精神、食欲差，睡眠欠佳，二便正常，体重无明显改变。

体格检查：T 37.1℃，P 90次/min，R 20次/min。神清，精神佳，发育正常，营养中等。心前区无隆起，未触及震颤，心界叩诊向左扩大，心律齐，心音有力。心尖部可闻及2级收缩期杂音，范围局限无传导。

辅助检查：WBC正常，CRP正常，肾功能及电解质正常。血清CK：5 099U/L。胸片提示心影增大。超声心动图：左心室轻度增大。血清柯萨奇病毒IgM抗体阳性。

请思考：

1. 护士应如何评估和观察患儿？

2. 该患儿目前主要的护理诊断/问题是什么？

3. 护士接诊后，针对患儿的病情应配合医生采取哪些护理措施？

病毒性心肌炎（viral myocarditis）是由病毒感染引起的心肌间质炎症细胞浸润和邻近的心肌细胞坏死、变性，病变也可累及心包或心内膜。本病临床表现不一，多数患儿预后良好，少数重症患儿可发生心源性休克、急性心力衰竭、严重心律失常而猝死。该病儿童期的发病率尚不确切，国外资料显示本病为非常见病。

【病因】

引起儿童心肌炎的病毒主要是肠道和呼吸道病毒，如柯萨奇病毒（B组和A组）、埃可病毒、腺病毒、呼吸道合胞病毒、脊髓灰质炎病毒、流感和副流感病毒、单纯疱疹病毒、腮腺炎病毒、人类免疫缺陷病毒、细小病毒B_{19}等。本病发病机制尚不完全清楚，一般认为与病毒及其毒素早期经血液循环直接侵犯心肌细胞有关，另外病毒感染后的变态反应和自身免疫也与发病有关。

【病理生理】

病变多以心肌间质组织和附近血管周围单核细胞、淋巴细胞和中性粒细胞浸润为主，少数为心肌变性（肿胀、断裂、溶解和坏死等），病灶可呈局灶性、散在性或弥漫性。慢性病毒性心肌炎多有心脏扩大、心肌间质炎症浸润和瘢痕组织（心肌纤维化形成）。心包可有浆液渗出，个别会发生粘连。病变还可波及传导系统，甚至导致终身心律失常。

【临床表现】

本病临床表现轻重不一，取决于年龄和感染的急性或慢性过程。

1. 轻症　患儿可无自觉症状，仅表现为心电图的异常。

2. 重症　因暴发心源性休克、急性心力衰竭而在数小时或数天内死亡。

3. 典型病例　在起病前1~3周内多有前驱病毒感染史，如上呼吸道或肠道感染等。常伴有发热、周身不适、胸痛、咽痛、肌痛、腹泻和皮疹等症状；心肌受累时患儿常诉疲乏无力、气促、心悸和心前区不适或胸痛。会有烦躁不安、面色苍白、血压下降等体征。

体格检查发现心脏扩大、心搏异常，心尖区第一心音低钝，出现奔马律，心动过速，伴心包炎者还可听到心包摩擦音。

4. 并发症　重症患儿可并发急性心力衰竭、心源性休克、严重心律失常等。多数患儿预后良好，病死率不高。但发生在新生儿期的柯萨奇病毒B组感染可导致群体流行，病死率可高达50%以上。

【辅助检查】

1. 心电图检查　可见严重心律失常：包括各种期前收缩、室上性和室性心动过速、房颤和室颤、二度或三度房室传导阻滞。心肌受累明显时可见ST段下移和T波低平、倒置等。但是心电图缺乏特异性，强调动态观察的重要性。

2. 实验室检查

（1）血清心肌酶谱测定：病程早期血清肌酸激酶（CK）及其同工酶（CK-MB）、乳酸脱氢酶（LDH）及其同工酶（LDH1）、血清谷草转氨酶（SGOT）均增高。

（2）心肌肌钙蛋白测定：近年来通过随访发现，心肌肌钙蛋白（cTnI或cTnT）升高，对心肌炎的诊断具有高度的特异性，但敏感度不高。

3. 超声心动图检查　可显示心房、心室的扩大，室壁水肿增厚，有无心包积液及瓣膜功能。

4. 病原学诊断　咽拭子、粪便、血液、心包液或心肌中分离出病毒，对诊断具有辅助意义。

5. 心肌活体组织检查　目前认为是诊断心肌炎的金标准，但由于取样部位的局限性、心脏穿孔的风险性及患儿的依从性不高，应用有限。

【治疗要点】

病毒性心肌炎目前尚无特效治疗方法，一般多采取综合性治疗。

1. 休息　急性期需卧床休息，减轻心脏负荷。

2. 药物治疗

（1）抗病毒治疗：对于仍处于病毒血症阶段的早期患儿，可选用抗病毒治疗，但疗效不确定。

（2）改善心肌营养：① 大剂量维生素C和能量合剂。维生素C有清除氧自由基的作用，可改善心肌代谢及促进心肌恢复，对心肌炎有一定疗效；能量合剂有加强心肌营养、改善心肌功能的作用。② 辅酶Q_{10}。有保护心肌和清除自由基的作用。③ 1,6-二磷酸果糖（FDP）。可改善心肌细胞代谢。④ 中药。在常规治疗的基础上加用中药，如生脉饮、丹参或黄芪等。

3. 皮质激素　有改善心肌功能、减轻心肌炎性反应和抗休克作用，一般病程早期和轻症者不用，对重症患儿合并心源性休克、致死性心律失常应足量、早期应用。

4. 免疫球蛋白　大剂量免疫球蛋白通过免疫调节作用减轻心肌细胞损害。

5. 控制心力衰竭　可根据病情联合应用利尿剂、洋地黄和血管活性药物，应特别注意用洋地黄饱和量应较常规剂量减少，并注意补充氯化钾，以避免洋地黄中毒。常用的洋地黄制剂有地高辛、毛花苷C等。重症患儿加用利尿剂时，尤应注意电解质平衡，以免引起心律失常。

【护理评估】

1. 健康史　评估患儿起病前1~3周是否有病毒感染史，如有无发热、全身倦怠等感冒样症状或呕吐、腹泻等上呼吸道或消化道症状；有无剧烈运动、过度疲劳、缺氧等病史。

2. 身体状况 评估患儿有无发热、胸痛、咽痛、肌痛、腹泻和皮疹等症状；评估患儿有无心脏受累的症状，如心悸、胸闷、呼吸困难、心前区隐痛、乏力、气急等。评估有无心律失常、心力衰竭等并发症。体检有无心脏扩大、心音低钝、奔马律、心动过速、心律失常、心包摩擦音等。评估心电图、超声心动图、胸部X线、血清心肌酶谱、病原学检查等辅助检查结果。

3. 心理-社会状况 评估患儿及家长对该病的了解程度；患儿及家长对休息重要性的认识；患儿居住环境及社区医疗条件；家庭经济状况；患儿有无住院经历；家长对患儿的照顾能力；家长和患儿有无焦虑、恐惧等不良心理反应。

【常见护理诊断/问题】

1. 活动耐力下降 与心肌收缩力下降，组织供氧不足有关。

2. 潜在并发症：心律失常、心力衰竭、心源性休克等。

3. 焦虑 与病程长、活动受限制和学业受影响有关。

【预期目标】

1. 住院期间患儿乏力有所减轻，活动耐力逐渐增强。

2. 住院期间患儿不出现并发症，或出现并发症时及早被发现并及时得到处理。

3. 患儿及家长能获得疾病相关知识及心理支持，理解休息对疾病的重要性并积极配合各项检查和治疗。

【护理措施】

（一）合理安排活动与休息

急性期需卧床休息数周至3个月，直至症状消失，心电图、心肌酶谱恢复正常后逐渐增加活动量；心脏增大、心力衰竭患儿应延长卧床休息时间至少3~6个月，待心衰控制、心脏情况好转后再逐渐开始活动。

（二）密切观察病情变化

1. 密切观察和记录患儿精神状态、面色、心率、呼吸、体温、血压、尿量，注意有无呼吸困难、咳嗽、颈静脉怒张、水肿、肝脏肿大、奔马律、肺部湿啰音等心力衰竭的表现。有无头晕、乏力、晕厥等高度房室传导阻滞表现。

2. 有明显心律失常者应给予连续心电监护，严格卧床休息，严密病情观察，一旦发现多源性期前收缩、高度或完全性房室传导阻滞、频发室性期前收缩、心动过速、心动过缓等应立即报告医生，协助采取紧急处理措施。

3. 有胸闷、心悸、气促者应立即休息，必要时可给予吸氧。烦躁不安者可遵医嘱给予镇静剂。发生心力衰竭时应置患儿于半卧位，尽量保持其安静，严格控制输液量和输液速度。使用洋地黄时剂量应偏小，注意观察有无心率过慢，有无新的心律失常，或恶心、呕吐等消化系统症状，如有上述症状应暂停用药并与医生联系处理，避免洋地黄中毒。

4. 注意观察有无心源性休克症状，一旦发生立即给予血管活性药物，使用时要准确控制滴速，最好能使用输液泵，以避免血压波动过大。

（三）减轻焦虑

1. 向患儿及家长介绍本病的病因、治疗过程和预后，解释卧床休息的重要性，减少患儿和家长的焦虑、恐惧心理。

2. 理解患儿因病不舒适、环境陌生及治疗性痛苦而出现的哭闹，鼓励家长陪伴患儿，预防分离性焦虑。

3. 尽量用患儿能够理解的语言解释治疗和创伤性操作，鼓励患儿表达自己的感受。

（四）健康教育

1. 告知预防呼吸道感染、消化道感染的常识，疾病流行期间尽量避免去公共场所。

2. 带抗心律失常药物出院的患儿，应让患儿和家长了解药物的名称、剂量、用药方法及其副作用。

3. 指导患儿进食高蛋白、高维生素（尤其是维生素C）、清淡易消化的食物，忌食油炸食品，少量多餐。

4. 教会家长测量脉率、节律，发现异常要及时复诊。

5. 强调休息对心肌炎恢复的重要性，使其能自觉配合治疗和护理。

6. 嘱其出院后定期到门诊复查，复查时间分别在出院后1个月、3个月、6个月及1年。

【护理评价】

1. 经过治疗及护理，患儿的活动耐力是否得到提高。

2. 住院期间是否有并发症发生，出现并发症是否得到及时处理。

3. 患儿和家长是否及时获得心理支持和疾病的相关知识，理解休息对疾病的重要性并积极配合各项检查和治疗。

（陆旭亚）

学习小结

本章循环系统疾病患儿的护理首先介绍了儿童循环系统的解剖生理特点，其次介绍了儿童先天性心脏病的分类、常见先天性心脏病的病理生理、临床表现、辅助检查、治疗及护理等内容。中国每年新增先天性心脏病患儿约有15万，它是除了早产以外1岁以内儿童死亡的主要原因。先天性心脏病患儿症状轻重不一，轻者可无症状，重者可有乏力、活动后呼吸困难、发绀、晕厥等。学习过程中，要在理解病理生理改变的基础上，分析各种先天性心脏病的临床特点及相应的护理措施。先天性心脏病发病与遗传、母体和环境因素有关，因此，加强孕妇保健，保持健康的生活方式，降低其发病率、死亡率，是儿科护理工作的一项重要任务。病毒性心肌炎是病毒感染引起的心肌间质炎症和心肌细胞坏死、变性，治疗主要是保护心肌、抗病毒、防治各种并发症，休息是最主要的护理措施。

（一）选择题

1. 听诊肺动脉第二心音亢进，并呈固定分裂的先天性心脏病是
   A. 室间隔缺损
   B. 房间隔缺损
   C. 动脉导管未闭
   D. 法洛四联症
   E. 肺动脉瓣狭窄

2. 患儿，男，3岁6个月，因发现心脏杂音3年余入院。患儿自幼易感冒，生长发育尚可。近1年来活动后有乏力、心悸、气促，无青紫及杵状指/趾。体格检查：胸骨左缘3、4肋间闻及Ⅲ级收缩期杂音，P₂亢进。胸片示左右心室增大，以左室大为主，肺野充血，肺纹理增粗，肺动脉段突出，考虑该患儿可能的医疗诊断是
   A. 室间隔缺损
   B. 房间隔缺损
   C. 动脉导管未闭
   D. 法洛四联症
   E. 肺动脉瓣狭窄

（3~5题共用题干）

患儿，女，10个月，生后3个月开始出现口唇发绀，哭闹及吃奶时发绀加重。体格检查见轻度杵状指，胸骨左缘第3肋间闻及Ⅲ级喷射性收缩期杂音，肺动脉第二音减弱。胸片示心影呈"靴型心"，两肺野清晰透亮。

3. 该患儿可能的医疗诊断为
   A. 室间隔缺损
   B. 房间隔缺损
   C. 动脉导管未闭
   D. 法洛四联症
   E. 肺动脉瓣狭窄

4. 该患儿在门诊体检时因哭闹，突然出现阵发性呼吸困难、烦躁、严重发绀。心脏听诊无杂音。此时患儿可能发生了
   A. 急性心力衰竭
   B. 缺氧发作
   C. 脑血栓
   D. 脑栓塞
   E. 低钙惊厥

5. 此时应立即给患儿采取的体位是
   A. 去枕平卧，头偏一侧
   B. 膝胸卧位
   C. 左侧卧位
   D. 头低足高位
   E. 半坐卧位

   答案：1. B；2. A；3. D；4. B；5. B

（二）简答题

1. 作为责任护士，在护理先天性心脏病患儿时，如何观察病情以防止并发症的发生？

2. 如何对病毒性心肌炎患儿及家长进行健康教育？

第十章　　消化系统疾病患儿的护理

　　消化系统疾病是儿科常见疾病之一，此类疾病往往对营养物质的摄取、消化和吸收造成影响。由于儿童的消化功能尚不完善，极易发生消化功能紊乱、水电解质和酸碱平衡失调，从而造成慢性营养障碍甚至影响儿童的生长发育，同时也会造成儿童机体抵抗力下降而导致感染。因此，应全面评估消化系统疾病对消化系统功能以及儿童身心方面的影响。

第一节　儿童消化系统解剖生理特点

学习目标

知识目标	1. 掌握不同年龄阶段儿童的胃容量。 2. 熟悉儿童消化系统解剖生理特点与本系统疾病的关系。 3. 了解儿童消化系统的解剖生理特点。
能力目标	能解释婴幼儿易患消化系统疾病的原因。
素质目标	培养护生具备初步的评判性思维，并能应用于消化系统疾病患儿的临床护理决策。

　　（一）口腔

　　足月新生儿在出生时已具有较好的吸吮和吞咽功能；早产儿则较差。婴幼儿口腔黏膜薄嫩，血管丰富，唾液腺发育不完善，唾液分泌少，口腔黏膜干燥，因此，容易受损和发生局部感染；3个月以下婴儿因唾液中淀粉酶含量低，故不宜喂淀粉类食物；3~4个月婴儿唾液分泌开始增加，5~6个月时明显增多，但由于口底浅，不能及时吞咽所分泌的全部唾液，常发生生理性流涎。

　　（二）食管

　　食管长度在新生儿为8~10cm，1岁时为12cm，5岁时为16cm，学龄儿童为20~25cm，成人为25~30cm。婴儿的食管呈漏斗状，黏膜薄嫩，腺体缺乏，弹力组织和肌层不发达，食管下端贲门括约肌发育不成熟，控制能力差，常发生胃食管反流，绝大多数在8~10个月时此症状消失。婴儿吸奶时常因吞咽过多空气，而易发生溢奶。

　　（三）胃

　　胃容量在新生儿为30~60ml，1~3个月时为90~150ml，1岁时为250~300ml，5岁时为700~850ml，

成人约为2000ml。由于哺乳后不久幽门即开放，胃内容物逐渐流入十二指肠，故实际哺乳量常超过上述胃容量。胃排空时间因食物种类不同而异：一般水的排空时间为1.5~2小时；母乳2~3小时；牛乳3~4小时；早产儿胃排空慢，易发生胃潴留。

（四）肠

儿童肠管相对比成人长，一般为身长的5~7倍。小肠黏膜肌层发育差，肠系膜柔软而长，升结肠与后壁固定差，易发生肠扭转和肠套叠。肠壁薄，故通透性高，屏障功能差，肠内毒素、消化不全产物和过敏原等可经肠黏膜进入体内，引起全身感染和变态反应性疾病。由于儿童大脑皮质功能发育不完善，进食时常引起胃-结肠反射，产生便意，所以大便次数多于成人。

（五）肝

年龄愈小，肝相对愈大。婴幼儿肝在右肋下可触及，6~7岁后则不易触及。婴儿肝血管丰富，肝细胞再生能力旺盛，但肝功能不成熟，解毒能力差，故在感染、缺氧、中毒等情况下易发生肝大和变性。婴儿期胆汁分泌较少，故对脂肪的消化和吸收较差。

（六）胰腺

出生时胰液分泌量少，3~4个月时随着胰腺的发育而增多，但6个月以内胰淀粉酶活性较低，2~3岁后才接近成人。婴儿胰脂肪酶和胰蛋白酶的活性均较低，故对脂肪和蛋白质的消化和吸收不够完善，易发生消化不良。

（七）肠道细菌

在母亲体内，胎儿的肠道是无菌的，生后数小时细菌即从空气、乳头、用具等经口、鼻、肛门入侵至肠道，主要分布在结肠和直肠。肠道菌群受食物成分影响，单纯母乳喂养儿以双歧杆菌占绝对优势；部分母乳喂养儿和人工喂养儿肠内的大肠埃希菌、嗜酸杆菌、双歧杆菌及肠球菌所占比例几乎相等。正常肠道菌群对侵入肠道的致病菌有一定的拮抗作用。婴幼儿肠道正常菌群脆弱，易受许多内外界因素影响而致菌群失调，导致消化功能紊乱。

（八）健康儿童粪便

食物进入消化道至粪便排出时间因年龄及喂养方式而异：母乳喂养儿平均为13小时，人工喂养者平均为15小时，成人平均为18~24小时。

1. **母乳喂养儿童粪便**　粪便为黄色或金黄色，多为均匀糊状，偶有细小乳凝块，或较稀薄、绿色、不臭，呈酸性（pH 4.7~5.1）。每日排便2~4次，一般在添加换乳期食物后次数即减少。

2. **人工喂养儿童粪便**　粪便为淡黄色或灰黄色，较干稠，呈中性或碱性反应（pH 6~8），每日排便1~2次，易发生便秘。

3. **部分母乳喂养儿童粪便**　粪便与人工喂养儿粪便相似，但较软、黄。添加谷类、蛋、肉、蔬菜、水果等换乳期食物后，粪便性状逐渐接近成人，每日排便1次。

第二节 口炎患儿的护理

学习目标

知识目标	1. 掌握口炎患儿的临床表现、常见护理诊断/问题及相应的护理措施。 2. 熟悉鹅口疮、疱疹性口炎的病因及临床特点。 3. 了解溃疡性口炎的病因及临床特点。
能力目标	1. 能观察鹅口疮和疱疹性口炎的临床异同点。 2. 能够运用所学知识对口炎患儿及其家庭实施整体护理及健康教育。
素质目标	培养护生具备良好的人文关怀精神，以及主动为口炎患儿及家长提供健康服务的意识。

口炎（stomatitis）是指口腔黏膜的炎症，若病变仅限于局部如舌、齿龈、口角亦可称为舌炎、齿龈炎、口角炎。本病多见于婴幼儿，可单独发生，亦可继发于全身性疾病。

【病因】

真菌、病毒、细菌等均可引起口腔黏膜的炎症，其中真菌及病毒感染引起的口炎较常见，而细菌感染引起的口炎较为少见。

由于婴幼儿口腔黏膜柔嫩，血管丰富，唾液分泌少，口腔黏膜干燥，致使婴幼儿易患本病。患儿若患全身性疾病如急性感染、腹泻、营养不良和维生素B、维生素C缺乏等，或长期使用广谱抗生素及糖皮质激素、食具消毒不严及口腔卫生不良等均可诱发本病的发生。

【临床表现】

1. 鹅口疮　又称雪口病，为白念珠菌感染所致。多见于新生儿、营养不良、腹泻、长期使用广谱抗生素或激素的患儿。新生儿多由产道感染或因哺乳时乳头不洁及使用污染的奶具而感染。

轻症可见口腔黏膜表面覆盖白色乳凝块样小点或小片状物，可逐渐融合成大片，不易擦去，若强行剥离后局部黏膜潮红、粗糙，可有溢血，患处不痛，患儿不流涎，一般不影响吃奶，无全身症状；重症则全部口腔均被白色斑膜覆盖，甚至可蔓延到咽、喉头、食管、气管、肺等处，可伴低热、声音嘶哑、拒食、吞咽困难或呼吸困难等。

2. 疱疹性口炎　为单纯疱疹病毒Ⅰ型感染所致，多见于婴幼儿。全年均可发病，无明显季节性，传染性强，在卫生条件差的家庭和集体托幼机构中感染容易传播。

起病时发热，体温可达38~40℃，1~2天后，齿龈、唇内、舌、颊黏膜等部位出现单个或成簇的小疱疹，直径约2mm，周围有红晕，迅速破溃后形成浅表溃疡，其上覆盖白色膜样渗出物，多个溃疡可融合成不规则的较大溃疡，有时累及软腭、舌及咽部。口角及唇周皮肤亦常发生疱疹，疼痛剧烈，患儿可表现拒食、流涎、烦躁、颌下淋巴结肿大，常因拒食啼哭才被发现。体温在3~5天后恢复正常，病程1~2周；局部淋巴结肿大可持续2~3周。

本病应与疱疹性咽峡炎鉴别：后者由柯萨奇病毒引起，多发生于夏秋季；疱疹主要发生在咽部和软腭，有时见于舌但不累及齿龈和颊黏膜，颌下淋巴结不肿大。

3. 溃疡性口炎　主要由金黄色葡萄球菌、肺炎链球菌或大肠埃希菌等引起的。多见于婴幼儿，常发生于急性感染、长期腹泻等机体抵抗力降低时，口腔不洁更有利于细菌繁殖而致病。

口腔各部位均可发生，常见于唇、舌及颊黏膜等处，可蔓延到咽喉部。初起黏膜充血、水肿，可有疱疹，随后形成大小不等的糜烂或溃疡，创面覆盖较厚的纤维素性渗出物形成的灰白色或黄色假膜，边界清楚，易拭去，露出溢血的创面，不久又重新出现假膜。患儿局部疼痛、流涎、拒食、烦躁、发热 39~40℃，局部淋巴结肿大。全身症状轻者 1 周左右体温恢复正常，溃疡逐渐愈合，重者可出现脱水和酸中毒。

【辅助检查】

1. 显微镜检查　鹅口疮患儿取白膜化验检查，在显微镜下可见真菌的菌丝和孢子。

2. 血常规　溃疡性口炎者可见白细胞总数和中性粒细胞增多。

【治疗要点】

1. 保持口腔清洁　鹅口疮可用 2% 碳酸氢钠溶液清洁口腔；疱疹性口炎可用 3% 过氧化氢溶液清洁口腔；溃疡性口炎可用 3% 过氧化氢溶液或 0.1% 依沙吖啶溶液清洁口腔。

2. 局部用药　鹅口疮患儿局部可涂抹 10 万 ~20 万 U/ml 制霉菌素鱼肝油混悬溶液；疱疹性口炎患儿局部可涂碘苷抑制病毒，亦可喷西瓜霜、锡类散等；溃疡性口炎患儿局部可涂 5% 金霉素鱼肝油、锡类散等。

3. 对症处理　发热者给予物理或药物降温；拒食者补充足够的营养及水分。

4. 控制感染　溃疡性口炎患儿应选择有效的抗生素治疗。

【常见护理诊断/问题】

1. 口腔黏膜完整性受损　与口腔感染有关。

2. 急性疼痛　与口腔黏膜糜烂、溃疡有关。

3. 体温过高　与口腔炎症有关。

4. 营养失调：低于机体需要量　与疼痛引起拒食有关。

5. 知识缺乏：患儿家长缺乏本病的预防及护理知识。

【护理措施】

（一）口腔护理

根据病因选择恰当的溶液清洁口腔后涂药，年长儿可用含漱剂。鼓励患儿多饮水，进食后漱口，以保持口腔黏膜湿润和清洁。对流涎者，及时清除分泌物，保持皮肤干燥、清洁，避免引起皮肤湿疹及糜烂。

（二）减轻疼痛

为了确保局部用药疗效，涂药前应先将纱布或干棉球放在颊黏膜腮腺管口处或舌系带两侧，以隔断唾液；再用干棉球吸干病变表面的水分方能涂药。涂药后嘱患儿闭口 10 分钟，然后取出隔离唾液的纱布或棉球，并嘱患儿不可马上漱口、饮水或进食。对疼痛影响进食者，在进食前局部涂2%利多卡因。

（三）维持体温正常

密切监测体温，注意观察体温变化，根据患儿的具体情况选择物理降温或药物降温。

（四）合理营养

饮食以高热量、高蛋白（发热患儿不宜）、富含维生素的温凉流质或半流质食物为宜，避免摄入刺激性食物。对不能进食者，应给予肠外营养，以保证能量和水分的供给。

（五）健康教育

教育患儿养成良好的卫生习惯，纠正吮指、不刷牙等不良习惯；年长儿应教导其进食后漱口，避免用力或粗暴擦拭口腔黏膜。宣传均衡饮食对提高机体抵抗力的重要性，避免偏食、挑食，培养良好的饮食习惯。指导家长食具专用，患儿使用过的食具应煮沸消毒或高压灭菌消毒。

第三节　腹泻病患儿的护理

学习目标

知识目标	1. 掌握腹泻患儿的临床表现、常见护理诊断/问题及相应的护理措施。 2. 熟悉婴幼儿腹泻的病因及急性腹泻、迁延性腹泻、慢性腹泻、生理性腹泻等概念。 3. 了解婴幼儿腹泻的发病机制、不同病原体所致肠炎的临床特点。
能力目标	1. 能辨别轻型腹泻和重型腹泻的临床特点。 2. 能够运用所学知识对腹泻患儿及其家庭实施整体护理及健康教育。
素质目标	培养护生关心、爱护患儿，主动为腹泻患儿及家长提供健康服务，具备良好的人文关怀素养和慎独精神。

案例导入与思考

患儿，男，9个月，部分母乳喂养，因"腹泻伴发热2天"入院。患儿于入院前2天无明显诱因出现腹泻，大便每日10余次，呈黄色蛋花汤样便，量多；发热，体温波动于38~39℃之间，伴轻咳、流涕。进食易吐，吐出胃内容物，量少，每日3~4次。发病后患儿精神萎靡，食欲减退，尿量减少。

体格检查：T 38.5℃　P 120次/min　R 30次/min。体重8.5kg，身高72.2cm，精神萎靡，皮肤干、弹性差，前囟约1.5cm×2.0cm，明显凹陷，眼窝凹陷，口唇及口腔黏膜干燥，口唇呈樱桃红，咽红，双肺呼吸音清，HR 120次/min，律齐，无杂音，腹稍胀，肝脾肋下未及，肠鸣音3次/min，四肢稍凉，膝腱反射减弱，肛周皮肤发红。

辅助检查：血钠138mmol/L，血钾3.3mmol/L，血HCO$_3^-$12mmol/L。

请思考：

1. 护士应如何评估和观察患儿？

2. 该患儿目前主要的护理诊断/问题是什么？

3. 护士接诊后，针对患儿的病情应采取哪些护理措施？

4. 入院后在患儿输液过程中，发现家长擅自将输液滴速调快，作为护士应如何与家长沟通？

腹泻病（diarrhea）是一组多病原、多因素引起的疾病，以大便次数增多和大便性状改变为特点的消化道综合征，严重时可引起水、电解质和酸碱平衡紊乱。发病年龄以6个月~2岁多见，其中1岁以内者约占半数。一年四季均可发病，但夏秋季发病率最高，是我国婴幼儿最常见的疾病之一。

【病因】

（一）易感因素

1. 消化系统发育不成熟　胃酸和消化酶分泌不足，消化酶活性低，对食物质和量变化的耐受性差。

2. 生长发育快　对营养物质的需求相对较多，且婴儿食物以液体为主，入量较多，使得消化道负担加重。

3. 机体防御功能差　婴儿血液中免疫球蛋白、胃肠道SIgA及胃内酸度均较低，对感染的防御功能差。

4. 肠道菌群失调　新生儿出生后尚未建立正常肠道菌群，或因使用抗生素等导致肠道菌群失调，使正常菌群对入侵肠道致病微生物的拮抗作用丧失，而引起肠道感染。

5. 人工喂养　母乳中含有大量体液因子（如SIgA、乳铁蛋白）、巨噬细胞和粒细胞、溶菌酶、溶酶体等，有很强的抗肠道感染作用。人工喂养的代乳品中虽有某些上述成分，但在加热过程中被破坏，而且人工喂养的食物和食具易受污染，故人工喂养儿肠道感染发生率明显高于母乳喂养儿。

（二）感染因素

1. 肠道内感染　可由病毒、细菌、真菌、寄生虫引起，尤以病毒和细菌多见。

（1）病毒感染：寒冷季节的婴幼儿腹泻80%由病毒感染引起，以轮状病毒引起的秋冬季腹泻最为常见，其次有星状病毒、杯状病毒和肠道病毒等。

（2）细菌感染（不包括法定传染病）：以引起腹泻的大肠埃希菌为主，包括致病性大肠埃希菌（EPEC）、产毒性大肠埃希菌（ETEC）、侵袭性大肠埃希菌（EIEC）、出血性大肠埃希菌（EGEC）和黏附–集聚性大肠埃希菌（EAEC）五大组。其次是空肠弯曲菌和耶尔森菌等。

（3）真菌感染：以白念珠菌多见，其次是曲霉菌和毛霉菌等。

（4）寄生虫感染：常见有蓝氏贾第鞭毛虫、阿米巴原虫和隐孢子虫等。

2. 肠道外感染　如患中耳炎、上呼吸道感染、肺炎、泌尿道及皮肤感染时，也可引起腹泻，可能是由于发热及病原体毒素作用使消化功能紊乱，或肠道外感染的病原体（主要是病毒）同时感染肠道。

（三）非感染因素

1. 饮食因素

（1）喂养不当：如喂养不定时、食物的质和量不适宜、过早给予淀粉类或脂肪类食物等均可引起腹泻；给予含高果糖或山梨醇的果汁，可导致高渗性腹泻；给予肠道刺激物如调料或富含纤维素的食物等也可引起腹泻。

（2）过敏因素：如对牛奶、大豆（豆浆）及某些食物成分过敏而引起腹泻。

（3）其他因素：包括原发性或继发性双糖酶缺乏，乳糖酶的活性降低，肠道对糖的消化吸收不良而引起腹泻。

2. 气候因素 气候突然变冷、腹部受凉使肠蠕动增加；天气过热致消化液分泌减少或口渴饮奶过多，都可诱发消化功能紊乱而引起腹泻。

【发病机制】

导致腹泻的机制包括：肠腔内存在大量不能吸收的具有渗透活性的物质（"渗透性"腹泻）、肠腔内电解质分泌过多（"分泌性"腹泻）、炎症所致的液体大量渗出（"渗出性"腹泻）及肠道运动功能异常（"肠道功能异常性"腹泻）等。但临床上不少腹泻并非由某种单一机制引起，而是多种机制共同作用的结果。

（一）感染性腹泻

大多数病原微生物通过污染的食物、水，或通过污染的手、玩具及日用品，或带菌者传播进入消化道。当机体的防御功能下降、大量的微生物侵袭并产生毒力时可引起腹泻。

1. 病毒性肠炎 病毒侵入肠道后，在小肠绒毛顶端的柱状上皮细胞上复制，使小肠绒毛细胞受损，受累的肠黏膜上皮细胞脱落而遗留不规则的裸露病变，导致小肠黏膜重吸收水分和电解质得到能力下降，肠液在肠腔内大量集聚而引起腹泻。同时，发生病变的肠黏膜细胞分泌双糖酶不足且活性低，使肠腔内的糖类消化不完全并被肠道内细菌分解成小分子的短链有机酸，使肠腔的渗透压增高；微绒毛破坏亦造成载体减少，上皮细胞钠转运功能障碍，水和电解质进一步丧失，加重腹泻。

2. 细菌性肠炎

（1）肠毒素性肠炎：主要是产生肠毒素的细菌侵入肠道后黏附于肠上皮细胞刷状缘，进行繁殖和分泌肠毒素，使小肠液量增多，超过结肠吸收的限度而产生腹泻，排出大量水样便，导致患儿脱水和电解质紊乱。

（2）侵袭性肠炎：主要是侵袭性细菌侵入肠黏膜组织，引起充血、水肿、炎症细胞浸润、溃疡和渗出等病变，排出含有大量白细胞和红细胞的菌痢样粪便。

（二）非感染性腹泻

主要是由饮食不当引起。当摄入食物的质和量突然改变并超过消化道的承受能力时，食物不能被充分消化和吸收而积滞在小肠上部，使肠腔局部酸度减低，有利于肠道下部细菌上移和繁殖，使食物发酵和腐败而产生短链有机酸，致肠腔的渗透压增高，并协同腐败性毒性产物刺激肠壁致肠蠕动增加，引起腹泻，进而发生脱水和电解质紊乱。

【临床表现】

不同病因引起的腹泻常具有不同临床过程。病程在2周以内的腹泻为急性腹泻；病程在2周至2个月之间的腹泻为迁延性腹泻；病程超过2个月的腹泻为慢性腹泻。

（一）急性腹泻

不同病因引起的腹泻常具相似的临床表现，同时各有其特点。

1. 腹泻的共同临床表现

（1）轻型腹泻：多由饮食因素或肠道外感染引起。起病可急可缓，以胃肠道症状为主，表现为食欲缺乏，偶有溢奶或呕吐，大便次数增多，一般每天多在10次以内，每次量少，大便呈黄色或黄绿色，有酸味，粪质不多，常见白色或黄白色奶瓣和泡沫。一般无脱水及全身中毒症状，多在数日内痊愈。

（2）重型腹泻：多由肠道内感染所致，起病常较急；也可由轻型逐渐加重而致。除有较重的胃肠道症状外，还有明显的水电解质和酸碱平衡紊乱及全身中毒症状。① 胃肠道症状：腹泻频繁，每日大便从十余次到数十次；除了腹泻外，常伴有呕吐（严重者可吐咖啡样物）、腹胀、腹痛、食欲缺乏等。大便呈黄绿色水样或蛋花汤样、量多，含水分多，可有少量黏液，少数患儿也可有少量血便；② 水、电解质和酸碱平衡紊乱症状：有脱水、代谢性酸中毒、低钾及低钙、低镁血症等（参见本章第四节）；③ 全身中毒症：发热，体温可达40℃，烦躁不安或精神萎靡、嗜睡，进而意识模糊，甚至昏迷、休克等。

2. 几种不同病原所致肠炎的临床特点

（1）轮状病毒肠炎：好发于秋、冬季，以秋季流行为主，故又称秋季腹泻。多见于6个月~2岁的婴幼儿，潜伏期1~3天。起病急，常伴有发热和上呼吸道感染症状，病初1~2天常出现呕吐，随后出现腹泻。大便次数及水分多，呈黄色或淡黄色，水样或蛋花汤样，无腥臭味，大便镜检偶有少量白细胞。常并发脱水、酸中毒及电解质紊乱。本病为自限性疾病，自然病程约3~8天。近年报道，轮状病毒感染也可侵犯多个脏器，如神经系统、心脏等。

（2）诺如病毒肠炎：全年散发，暴发高峰多见于寒冷季节（11月至翌年2月）。在轮状病毒疫苗高普及的国家，该病毒甚至超过轮状病毒成为儿童急性胃肠炎的首要元凶。感染后潜伏期多为12~36小时，急性起病。首发症状多为阵发性腹痛、恶心、呕吐和腹泻，全身症状有畏寒、发热、头痛、乏力和肌痛等。可有呼吸道症状。吐泻频繁者可发生脱水、酸中毒及低钾血症。本病为自限性疾病，症状持续12~72小时。粪便及周围血常规检查一般无特殊发现。

（3）大肠埃希菌肠炎：多发生在5~8月气温较高的季节。① 产毒性大肠埃希菌肠炎：起病较急，轻症仅大便次数稍增，性状轻微改变。重症腹泻频繁，量多，呈蛋花汤样或水样，混有黏液，常伴呕吐，严重者伴有发热、脱水、电解质及酸碱平衡紊乱，大便镜检无白细胞。本病为自限性疾病，自然病程3~7天或更长。② 侵袭性大肠埃希菌肠炎：起病急，高热，腹泻频繁，大便呈黏液样，带脓血，有腥臭味，常伴恶心、呕吐、腹痛和里急后重，可出现严重的全身感染中毒症状甚至休克，大便镜检有大量白细胞及数量不等的红细胞，粪便细菌培养可找到相应的致病菌。③ 出血性大肠埃希菌肠炎：大便开始呈黄色水样便，后转为血水便，有特殊臭味，常伴腹痛，大便镜检有大量红细胞，一般无白细胞。

（4）抗生素诱发性肠炎：① 金黄色葡萄球菌肠炎。多继发于使用大量抗生素后，与菌群失调有关。常表现为发热、呕吐、腹泻，不同程度中毒症状、脱水和电解质紊乱，甚至发生休克。典型大便呈暗绿色，量多，带黏液，少数为血便。大便镜检有大量脓细胞和成簇的G^+球菌，培养有葡萄球菌生长。② 伪膜性小肠结肠炎。由难辨梭状芽孢杆菌引起，主要症状为腹泻，轻者每日数次，停用抗生素后很快痊愈；重者腹泻频繁，呈黄绿色水样便，可有毒素致肠黏膜坏死所形成的伪膜排出，大便厌氧菌培养可协助诊断。③ 真菌性肠炎。常见于营养不良或长期使用广谱抗生素的患儿，多为白念珠菌感染所致，常并发于其他感染如鹅口疮，大便次数增多，黄色稀便，泡沫较多且带黏液，有时可见豆腐渣样细块（菌落）。大便镜检有真菌孢子和菌丝。

（二）迁延性腹泻和慢性腹泻

多与营养不良和急性期未彻底治疗有关，以人工喂养儿多见，表现为腹泻迁延不愈，病情反复，大便次数和性质极不稳定，严重时可出现水、电解质紊乱。由于营养不良儿患腹泻时易迁延不愈，持续腹泻又加重了营养不良，最终引起免疫功能低下，继发感染，形成恶性循环，导致多脏器功能异常。

（三）生理性腹泻

多见于6个月以内的婴儿。患儿外观虚胖，常伴湿疹，生后不久即出现腹泻。一般无其他症状，食欲好，生长发育正常，添加辅食后，大便即逐渐转为正常。有研究发现，此类腹泻可能为乳糖不耐受的一种特殊类型。

知识拓展 | 乳糖不耐受腹泻

乳糖不耐受是由于乳糖酶分泌少，不能完全消化分解母乳或牛乳中的乳糖所引起的非感染性腹泻，又称乳糖酶缺乏症。婴幼儿腹泻后因肠道黏膜受损，会使小肠黏膜上的乳糖酶受到破坏，导致乳糖消化不良，引起乳糖不耐受腹泻。母乳和牛乳中的糖类主要是乳糖，小肠尤其是空肠黏膜表面绒毛的顶端乳糖酶的分泌量减少或活性不高就不能完全消化和分解乳汁中乳糖，部分乳糖被结肠菌群酵解成乳酸、氢气、甲烷和二氧化碳，乳酸刺激肠壁，增加肠蠕动而出现腹泻。二氧化碳在肠道内产生胀气和增加肠蠕动，使儿童表现不安，偶尔还可能诱发肠痉挛出现肠绞痛。乳糖不耐受患儿食用含双糖（包括乳糖、蔗糖、麦芽糖）的饮食可使腹泻加重，所以应采用无乳糖配方奶粉。

【辅助检查】

1. 血常规　细菌感染时白细胞总数及中性粒细胞增多；寄生虫感染和过敏性腹泻时嗜酸性粒细胞增多。

2. 大便常规　肉眼观察大便的性状如外观、颜色、是否有黏液脓血等；大便镜检有无脂肪球、白细胞、红细胞等。

3. 病原学检查 细菌性肠炎大便培养可检出致病菌；真菌性肠炎大便镜检可见真菌孢子和菌丝；病毒性肠炎可做病毒分离等检查。

4. 血液生化 血钠测定可了解脱水的性质；血钾测定可了解有无低钾血症；碳酸氢盐测定可了解体内酸碱平衡失调的性质及程度。

【治疗要点】

调整饮食，预防和纠正脱水；合理用药，控制感染，预防并发症的发生。

1. 调整饮食（见护理措施合理营养部分）。

2. 纠正水电解质及酸碱平衡紊乱（参见本章第四节）。

3. 药物治疗

（1）控制感染：病毒性肠炎以饮食疗法和支持疗法为主，一般不用抗生素。其他肠炎应对因选药，如大肠埃希菌肠炎可选用抗 G^- 杆菌抗生素；抗生素诱发性肠炎应停用原使用的抗生素，可选用万古霉素、新青霉素、抗真菌药物等；寄生虫性肠炎可选用甲硝唑、大蒜素等。

（2）肠道微生态疗法：有助于恢复肠道正常菌群的生态平衡，抵御病原菌侵袭，控制腹泻，常用双歧杆菌、嗜酸乳杆菌等制剂。

（3）肠黏膜保护剂：腹泻与肠黏膜屏障功能破坏有密切关系，因此，维护和修复肠黏膜屏障功能是治疗腹泻的方法之一，常用蒙脱石散。

（4）抗分泌治疗：脑啡肽酶抑制剂消旋卡多曲可以通过加强内源性脑啡肽来抑制肠道水电解质的分泌，可以用于治疗分泌性腹泻。

（5）补锌治疗：补锌能加速肠黏膜再生，提高肠道功能，缓解腹泻症状，缩短腹泻病程。对于急性腹泻患儿，年龄>6个月者，应每日给予元素锌20mg；年龄<6个月者，应每日给予元素锌10mg。疗程10~14天，可缩短病程。

（6）对症治疗：腹泻一般不宜用止泻剂，因止泻会增加毒素的吸收。腹胀明显者可肛管排气、或用新斯的明皮下或穴位注射；呕吐严重者可肌内注射氯丙嗪或针刺足三里、内关等；高热者给予物理降温或退热药。

4. 预防并发症 迁延性、慢性腹泻常伴营养不良或其他并发症，病情复杂，必须采取综合治疗措施。

【护理评估】

1. 健康史 评估喂养史，如喂养方式、喂何种乳品、冲调浓度、喂哺次数及每次量、添加换乳期食物及断奶情况；注意有无不洁饮食史、食物过敏、腹部受凉或过热致饮水过多；询问患儿粪便长时期的性状变化情况，腹泻开始时间、次数、颜色、性状、量、气味，有无呕吐、腹胀、腹痛、里急后重等不适，仔细观察粪便性状；了解是否有上呼吸道感染、肺炎等肠道外感染病史；既往有无腹泻史，有无其他疾病及长期使用抗生素病史。

2. 身体状况 评估患儿生命征如神志、体温、脉搏、呼吸、血压等；评估患儿体重、前囟、眼窝、皮肤黏膜、循环状况和尿量等；评估脱水程度和性质，有无低钾血症和代谢性酸中毒等症状；检查肛周皮肤有无发红、糜烂、破损；了解血常规、大便常规、致病菌培养、血液生化等检查结果及临床意义。

3. 心理–社会状况 评估家长对疾病的心理反应及认识程度、文化程度、喂养及护理知识等；评估患儿家庭的居住环境、经济状况、卫生习惯等。

【常见护理诊断/问题】

1. 腹泻 与喂养不当、感染导致胃肠道功能紊乱等因素有关。

2. 体液不足 与腹泻、呕吐致体液丢失过多和摄入量不足有关。

3. 体温过高 与肠道感染有关。

4. 营养失调：低于机体需要量 与腹泻、呕吐丢失过多和摄入不足有关。

5. 有皮肤完整性受损的危险 与大便次数增多刺激臀部皮肤有关。

6. 潜在并发症：水、电解质及酸碱平衡紊乱。

【预期目标】

1. 患儿腹泻次数减少，大便性状正常。

2. 脱水的症状和体征得到改善。

3. 患儿体温逐渐恢复正常。

4. 家长能对儿童进行合理喂养，体重恢复正常。

5. 患儿臀部皮肤保持完整、无破损。

6. 住院期间不发生水、电解质及酸碱平衡紊乱。

【护理措施】

（一）腹泻的护理

1. 评估患儿的大便次数、颜色、性状、量，并及时送检。

2. 严密消毒隔离，对患儿尿布、便盆、食具等及时分类消毒。

3. 开放静脉，遵医嘱补液及应用抗生素。

4. 调整饮食，增加口服液体量的摄入。

5. 及时清洁床单位。

（二）维持体液平衡

根据病情可选择口服补液和/或静脉补液。口服补液盐（ORS）补液时应指导家长让患儿多饮水，预防高钠血症发生；静脉补液时准确调整输液速度，并记录第一次排尿时间及24小时出入量，以此作为调整补液方案的依据。

（三）维持体温正常

遵医嘱使用抗生素。严格按肠道传染病消毒隔离，护理患儿前后需认真洗手，防止交叉感染。对患儿的衣物、尿布、用具及便盆分类消毒。

（四）合理营养

调整饮食，继续进食是必要的治疗与护理措施。根据患儿病情适当调整饮食，以减轻胃肠道负担，恢复消化功能。

1. 停止使用可能被污染的食物和饮料，以及可能引起消化不良的食物及富含脂肪类食物。禁食生、冷、硬、粗纤维含量高的食物。

2. 母乳喂养者可继续哺乳，减少哺乳次数，缩短每次哺乳时间，暂停辅食添加；人工喂养者，可喂等量米汤、稀释的牛奶或其他代乳品，随着病情的稳定和好转，逐渐过渡到正常饮食。

3. 疑为双糖酶缺乏者不宜用蔗糖，并暂停乳类喂养，改为豆制代用品或发酵奶喂养。

4. 呕吐严重者，可暂时禁食4~6小时（不禁水），待好转后继续喂食，由少到多，由稀到稠。

5. 腹泻停止后，继续给予营养丰富的饮食，并每日加餐1次，共2周，以满足生长的需求。恢复期应为患儿提供良好的进食环境和喜爱的食物，少量多餐，以保持营养的摄入。

（五）皮肤护理

1. 选用吸水性强、柔软布质或纸质尿布，勤更换，避免使用不透气塑料布或橡皮布。

2. 每次便后用温水清洗臀部并擦干，以保持皮肤清洁、干燥。

3. 评估并记录患儿皮肤状况，观察皮肤的颜色及表皮有无破溃。

4. 局部皮肤发红处涂以5%鞣酸软膏或40%氧化锌油并按摩片刻，促进局部血液循环。

5. 局部皮肤糜烂或溃疡者，可采用暴露法，臀下仅垫尿布，不加包扎，使臀部皮肤暴露于空气中或阳光下。

6. 女婴尿道口接近肛门，应注意会阴部的清洁，预防上行性尿路感染。

（六）密切观察病情变化

1. 监测生命体征　如神志、体温、脉搏、呼吸、血压等。体温过高时应给患儿多饮水、擦干汗液、及时更换汗湿的衣服，并予头部冰敷等物理降温。

2. 观察大便情况　观察并记录大便次数、颜色、气味、性状、量，作好动态比较，为输液方案提供可靠依据。

3. 观察水、电解质和酸碱平衡紊乱症状　如脱水情况及其程度、代谢性酸中毒表现、低钾血症表现。

4. 观察全身中毒症状　如发热、精神萎靡、嗜睡、烦躁等。

（七）健康教育

提倡母乳喂养，避免在夏季断奶，按时逐渐添加辅食，防止过食、偏食及饮食结构突然变动。注意食物新鲜，食具、奶具及玩具等定期消毒，避免肠道内感染。教育儿童饭前便后洗手，勤剪指甲。避免长期滥用广谱抗生素，指导患儿家长正确配制和使用ORS溶液。注意气候变化，防止受凉或过热，冬天注意保暖，夏天多喝水，居室要通风。加强体格锻炼，积极参加户外活动。

【护理评价】

1. 患儿大便次数是否减少。

2. 患儿脱水的症状和体征得到改善，尿量有无增加。

3. 患儿体温是否恢复正常。

4. 患儿体重是否恢复正常。

5. 患儿臀部皮肤是否保持正常。

6. 患儿住院期间是否发生了水、电解质及酸碱平衡紊乱。

第四节　儿童体液平衡及液体疗法

一、儿童体液平衡的特点

体液是人体的重要组成部分，体液平衡是维持生命的重要条件。体液平衡包括维持水、电解质、酸碱度和渗透压的正常，主要依赖于神经系统、内分泌系统、肺、肾等器官的正常调节功能。儿童由于这些器官系统发育不成熟，易受疾病和外界环境的影响而致体液平衡失调。

（一）体液的总量及分布

体液包括细胞内液和细胞外液两大部分，细胞外液由血浆和间质液组成。年龄愈小，体液总量相对愈多，主要增加的是间质液，血浆和细胞内液的比例基本稳定，与成人相近（表10-4-1）。

▼ 表10-4-1　不同年龄儿童的体液分布（占体重%）

| 年龄 | 细胞内液 | 细胞外液 | | 体液总量 |
		血浆	间质液	
新生儿	35	6	37	78
1岁以内	40	5	25	70
2~14岁	40	5	20	65
成人	40~45	5	10~15	55~60

（二）体液的电解质组成

儿童体液的电解质与成人相似，唯有生后数日的新生儿血中钾、氯、磷及乳酸偏高，血钠、钙和碳酸氢盐含量偏低。但细胞内液与细胞外液的电解质组成差别显著，细胞内液以K^+、Ca^{2+}、

Mg^{2+}、HPO_4^{2-}和蛋白质为主；细胞外液以Na^+、Cl^-和HCO_3^-为主，其中Na^+含量占该区阳离子总量的90%以上，对维持细胞外液的渗透压起主要作用，临床上常可通过测定血钠来估算血浆渗透压，即血浆渗透压（mmol/L）=（血钠+10）×2。

（三）水的代谢

1. 需要量大　年龄越小，需水量相对越多，人体每日的需水量和热量消耗成正比，儿童新陈代谢旺盛，需热量多，对水的需要量也相对较多。

2. 交换率快　婴儿每日水的交换量为细胞外液的1/2，而成人仅为1/7，水的交换率为成人的3~4倍。由于婴儿对缺水的耐受力差，若不能及时满足其对水的需求，极易出现脱水。

3. 不显性失水多　儿童体表面积相对较大，呼吸频率较快，所以不显性失水较多，约为成人的2倍。因此，对缺水的耐受能力差，在病理情况如呕吐、腹泻时则容易出现脱水。

4. 体液平衡调节功能不成熟　肾脏在维持机体水、电解质、酸碱平衡方面起重要作用。年龄越小，肾脏的浓缩、稀释功能、酸化尿液和保留碱基的能力越差，越容易发生水、电解质及酸碱平衡紊乱。

二、水、电解质和酸碱平衡紊乱

（一）脱水

脱水（dehydration）是指机体水分摄入不足和/或丢失过多，导致体液总量尤其是细胞外液量的减少，并伴有钠、钾和其他电解质的丢失。

1. 脱水程度　指患病后的累积体液损失量。不同性质脱水的临床表现不尽相同，等渗性脱水的临床表现及分度（表10-4-2）。

▼ 表10-4-2　不同程度脱水的临床表现

临床特点	轻度	中度	重度
意识	清楚	精神萎靡或烦躁	昏睡甚至昏迷
前囟和眼窝	稍凹陷	凹陷	深凹陷
皮肤和皮肤弹性	稍干燥、弹性可	明显干燥、弹性差	极度干燥、弹性极差
口腔黏膜	稍干燥	干燥	极干燥或干裂
眼泪	有	少	无
尿量	稍减少	明显减少	极少或无尿
休克症状	无	无	有
四肢	温	凉	厥冷
口渴	轻	明显	烦渴
失水占体重比例/（$ml \cdot kg^{-1}$）	<5%（30~50）	5%~10%（50~100）	>10%（100~120）

2. 脱水性质　根据脱水时与电解质丢失比例不同，使体液渗透压发生不同的改变，将脱水分为等渗性、低渗性和高渗性脱水三种类型（表10-4-3）。临床以等渗性脱水最常见，其次为低渗

性脱水，高渗性脱水少见。

（1）等渗性脱水（isotonic dehydration）：水和电解质成比例丢失，血清钠浓度130~150mmol/L，血浆渗透压正常。主要是循环血量和间质液减少，细胞内液量无明显变化，细胞内外无渗透压变化，临床表现为一般脱水症状。呕吐、腹泻所致的脱水属于此类。

（2）低渗性脱水（hypotonic dehydration）：电解质丢失比例大于水的丢失，血清钠浓度<130mmol/L，血浆渗透压低于正常。由于细胞外液渗透压低于正常，水从细胞外进入细胞内，细胞外液进一步减少，所以在失水量相同的情况下，其脱水症状较其他两种脱水严重。初期无口渴症状，除一般脱水体征如皮肤弹性降低、眼窝和前囟凹陷外，因循环血容量明显减少，多有四肢厥冷、皮肤发花、血压下降、尿量减少等休克症状；低钠严重者可发生脑水肿，出现嗜睡、惊厥和昏迷等。多见于营养不良伴慢性腹泻、腹泻时补充非电解质溶液过多。

（3）高渗性脱水（hypertonic dehydration）：水丢失比例大于电解质的丢失，血清钠浓度>150mmol/L，血浆渗透压高于正常。由于细胞外液渗透压高于正常，水从细胞内进入细胞外，使细胞内液减少，所以在失水量相同的情况下，其脱水症状较其他两种脱水轻。因细胞内缺水，表现为剧烈口渴、高热、烦躁不安、肌张力增高等，甚至发生惊厥。严重高渗性脱水可致神经细胞脱水、脑血管破裂出血等，引起脑部损伤。多见于腹泻伴高热，不显性失水增多而补水不足（如发热、呼吸增快、光疗或红外线辐射保暖等），口服或静脉输入含钠过多液体。

▼ 表10-4-3　不同性质脱水的临床特点

临床特点	等渗性	低渗性	高渗性
主要原因	呕吐、腹泻	营养不良伴腹泻	腹泻时补含钠液过多
水、电解质丢失比例	水、电解成比例丢失	电解质丢失多于水	水丢失多于电解质
血钠浓度	130~150mmol/L	<130mmol/L	>150mmol/L
渗透压	280~320mmol/L	<280mmol/L	>320mmol/L
主要丧失液区	细胞外液	细胞外液	细胞内脱水
临床表现	一般脱水征（表10-4-2）	脱水征和循环衰竭	口渴、烦躁、高热、惊厥

（二）低钾血症

低钾血症（hypokalemia）是指血清钾低于3.5mmol/L时称为低钾血症（儿童正常血清钾浓度为3.5~5.5mmol/L）。

1. 病因　低钾血症在临床上较为多见，由于钾的摄入不足、排出过多，钾在细胞内外异常分布引起。长期禁食或进食量小，消化道丢失，如呕吐、腹泻，长期应用脱水、利尿剂等，碱中毒、胰岛素治疗时钾向细胞内转移等，均可使血钾过低。

2. 临床表现

（1）神经、肌肉兴奋性降低：如精神萎靡、反应低下、全身无力、腱反射减弱或消失、腹胀、肠鸣音减弱或消失。

（2）心脏损害：如心率增快、心肌收缩无力、心音低钝、血压降低、心脏扩大、心律失常等，心电图显示ST段下降、T波低平、双向或倒置、出现U波等。

（3）肾脏损害：多尿、夜尿、口渴、多饮等。

3. 治疗要点 积极治疗原发病，控制钾的进一步丢失。轻症多食入含钾丰富的食物，必要时口服氯化钾，每日3~4mmol/kg（220~300mg/kg）；重症患儿需静脉补钾，每日剂量为4~6mmol/kg（300~450mg/kg）。补钾常以静脉输入，但如患儿情况许可，口服缓慢补钾更安全；静脉滴注时液体中钾的浓度不能超过0.3%，静滴时间不应短于8小时，切忌静脉推注，以免发生心肌抑制而导致死亡。原则为见尿补钾，一般补钾需持续4~6天，能经口进食时，应将静脉补钾改为口服补钾。

（三）代谢性酸中毒

代谢性酸中毒（metabolic acidosis）是儿童最常见的酸碱平衡紊乱，主要是由于细胞外液中H^+增加或HCO_3^-丢失所致。

1. 病因 ① 碱性物质大量丢失如呕吐、腹泻；② 摄入热量不足引起体内脂肪分解增加，产生大量酮体；③ 血容量减少，血液浓缩，血流缓慢，使组织灌注不良、缺氧和乳酸堆积；④ 肾血流量不足，尿量减少，引起酸性代谢产物堆积体内等；⑤ 酸性物质如氯化钙、氯化镁等摄入过多。

2. 临床表现 根据HCO_3^-测定结果不同，将酸中毒分为轻度（18~13mmol/L）、中度（13~9mmol/L）及重度（<9mmol/L）。轻度酸中毒症状、体征不明显；中度酸中毒即可出现精神萎靡、嗜睡或烦躁不安，呼吸深长，口唇呈樱桃红色等典型症状；重度酸中毒症状、体征进一步加重，表现为恶心呕吐，呼气有酮味，心率加快，昏睡或昏迷。新生儿及小婴儿因呼吸代偿功能差，常表现为面色苍白、拒食、精神萎靡等，而呼吸改变并不典型。

3. 治疗要点 主要治疗原发病。中、重度酸中毒或经补液后仍有酸中毒症状者，应补充碱性药物。一般主张pH<7.3时使用碱性药物，首选5%碳酸氢钠，临床应用时一般应加5%或10%葡萄糖液稀释3.5倍成等张液体（1.4%碳酸氢钠），在抢救重度酸中毒时可不稀释而直接静脉注射，但不宜过多使用。所需5%碳酸氢钠的量（ml）=（−BE）×0.5×体重（kg），或（22−HCO_3^-）×体重（kg），一般先给予计算量的1/2，复查血气后调整剂量。如病情危重先给予5%碳酸氢钠5ml/kg，可提高HCO_3^- 4.5mmol/L。纠正酸中毒后，钾离子进入细胞内而使血清钾降低，游离钙也减少，故应注意补充。

三、液体疗法

（一）常用溶液

1. 非电解质溶液 5%葡萄糖溶液和10%葡萄糖溶液。因葡萄糖输入体内被氧化成水和二氧化碳，供给机体水分和能量，不维持渗透压，属于无张力溶液。

2. 电解质溶液 主要用于补充损失的液体、电解质，纠正酸碱平衡紊乱。

（1）生理盐水（0.9%氯化钠）：为等渗液，含Na^+和Cl^-均为154mmol/L，Na^+接近于血浆浓度（142mmol/L），而Cl^-比血浆浓度（103mmol/L）高，故输入过多可使血氯过高，有造成高氯性酸中毒的危险。因此，临床常以2份生理盐水和1份1.4%碳酸氢钠混合，使其钠与氯之比为3:2，与血浆中钠氯之比相近。

（2）碱性溶液：用于纠正酸中毒。① 碳酸氢钠溶液：1.4%碳酸氢钠为等渗液；5%碳酸氢钠为高渗液，可用5%或10%葡萄糖稀释3.5倍即为等渗液。在抢救重度酸中毒时，可不稀释而直接静脉注射，但不宜多用。② 乳酸钠溶液：需在有氧条件下，经肝脏代谢产生HCO_3^-而起作用，显效缓慢，因此在肝功能不全、缺氧、休克、新生儿期以及乳酸潴留性酸中毒时，不宜使用。1.87%乳酸钠为等渗液；11.2%乳酸钠为高渗液，稀释6倍即为等渗液。

（3）氯化钾溶液：用于纠正低钾血症，常用10%氯化钾溶液，静脉滴注时需稀释成0.2%~0.3%浓度，不可直接静脉推注，以免发生心肌抑制而导致死亡。

3. 混合溶液 临床应用液体疗法时，常将几种溶液按一定比例配成不同的混合液，以满足患儿不同病情时液体疗法的需要（表10-4-4）。

▼ 表10-4-4 几种常用混合溶液的配制方法

溶液种类	含义			张力	加入溶液/ml		
	0.9%氯化钠	5%或10%葡萄糖	1.4%碳酸氢钠（或1.87%乳酸钠）		5%或10%葡萄糖	10%氯化钠	5%碳酸氢钠（11.2%乳酸钠）
2:1液	2份	—	1份	1张	加至100	6	10（6）
1:1液	1份	1份	—	1/2张	加至100	4	—
1:2液	1份	2份	—	1/3张	加至100	3	—
1:4液	1份	4份	—	1/5张	加至100	2	—
2:3:1液	2份	3份	1份	1/2张	加至100	3	5（3）
4:3:2液	4份	3份	2份	2/3张	加至100	4	6（4）

注：① 1:4液1 000ml+10%氯化钾15ml配成的液体，即生理维持液；② 为方便配制，加入液体量均为整数，配成的是近似的溶液。

4. 口服补液盐（oral rehydration salts，ORS） 是由世界卫生组织推荐用以治疗急性腹泻合并脱水的一种口服溶液，适用于轻、中度脱水的患儿。2002年WHO推荐的新配方是：氯化钠2.6g、枸橼酸钠2.9g、氯化钾1.5g、葡萄糖13.5g，加水至1 000ml制成，总渗透压为245mmol/L，总钾浓度为0.15%。

（二）液体疗法

液体疗法具体方案的制订要根据病情、体格检查及实验室资料综合分析确定，输液前要确定补液的量、性质、速度，输液中遵循"先快后慢、先浓后淡（指电解质浓度）、先盐后糖、见尿补钾、见惊补钙"的原则，以保证液体疗法的顺利实施。第1天补液总量包括累积损失量、继续损失量和生理需要量三部分（表10-4-5）。

1. 累积损失量 补充自发病以来水、电解质的损失量。

（1）补液量及种类：根据脱水程度及性质补充。轻度脱水 30~50ml/kg，中度脱水 50~100ml/kg，重度脱水 100~120ml/kg。通常低渗性脱水补 2/3 张含钠液，等渗性脱水补 1/2 张含钠液，高渗性脱水补 1/5~1/3 张含钠液。如临床判断脱水性质有困难，可先按等渗性脱水处理，待检验出来再行调整。

（2）补液速度取决于脱水程度：累积损失量常在 8~12 小时内完成，但对伴有循环不良和休克的重度脱水患儿，应迅速输入 2∶1 等渗含钠液，按 20ml/kg 于 30~60 分钟快速静脉输入，总量不超过 300ml，其余累积损失量在 8~12 小时内完成，约每小时 8~10ml/kg。低渗性脱水输液速度可稍快，高渗性脱水为防止发生脑细胞水肿，输液速度应适当减慢，严重酸中毒需补给碱性溶液。在循环改善出现排尿后应及时补钾。

2. 继续损失量 指进行液体治疗过程中，因呕吐、腹泻等继续丢失的液体量。此部分应按"丢多少补多少""随时丢随时补"的原则进行补充。但腹泻患儿的大便量较难准确计算，可按每日 10~40ml/kg 估计，常用 1/3~1/2 张含钠液。

3. 生理需要量 指补充基础代谢所需的量，有不同的估计方法，如按体重估计的 100/50/20 法（表 10-4-5）。这部分液体应尽量口服补充，口服有困难者，补给 1/4~1/5 张液体。继续损失量和生理需要量在累积损失量液体滴注完成后的 12~16 小时均匀输入，每小时需滴注约 5ml/kg。

综合以上三部分液体量，第 1 天的补液总量为：轻度脱水 90~120ml/kg，中度脱水 120~150ml/kg，重度脱水 150~180ml/kg。第 2 天以后的补液，一般只补继续损失量和生理需要量，于 12~24 小时内均匀输入，能口服者应尽量口服。

▼ 表 10-4-5 液体疗法的定量、定性与定时

		累积损失量	继续损失量	生理需要量
定量	轻度脱水 中度脱水 *重度脱水	30~50ml/kg 50~100ml/kg 100~120ml/kg	10~40ml/kg （30ml/kg）	0~10kg　100ml/（kg·d） 11~20kg　1 000ml+超过 10kg 体重数×50ml/（kg·d） >20kg　1 500ml+超过 20kg 体重数×20ml/（kg·d）
定性	低渗性脱水 等渗性脱水 高渗性脱水	2/3 张 1/2 张 1/3~1/5 张	1/3~1/2 张	1/4~1/5 张
定时		于 8~12 小时内输入 8~10ml/（kg·h）	在补完累积损失量后 12~16 小时内输入 5ml/（kg·h）	

*注：重度脱水应先扩容

（三）补液护理

1. 补液前的准备阶段 应全面了解患儿的病史、病情、补液目的及其临床意义；应以高度责任心、迅速认真地作好补液的各项准备工作。向家长解释补液目的，以取得配合；同时也要做好年长患儿的解释和鼓励工作，以消除其恐惧心理，不合作患儿加以适当约束或给予镇静剂。

2. 输液过程中的注意事项

（1）按医嘱要求全面安排 24 小时的液体总量，并遵循"补液原则"分期分批输入。

（2）严格掌握输液速度，明确每小时输入量，计算出每分钟输液滴数，防止输液速度过快或

过缓。有条件者最好使用输液泵，以便更精确地控制输液速度。

（3）密切观察病情变化：① 观察生命体征及一般情况，警惕心力衰竭和肺水肿的发生；② 注意有无输液反应，若发现应及时与医生联系，并寻找病因和采取措施；③ 观察静脉滴注是否通畅，有无堵塞、肿胀及漏出血管外等；④ 观察脱水是否改善及尿量情况，比较输液前后的变化，判断输液效果；⑤ 观察酸中度表现，注意酸中毒纠正后，有无出现低钙惊厥。补充碱性液体时勿漏出血管外，以免引起局部组织坏死；⑥ 观察低血钾表现，并按照"见尿补钾"的原则，严格掌握补钾的浓度和速度，绝不可直接静脉推注。

（4）记录24小时出入量：液体入量包括口服液体量、静脉输液量和食物中含水量。液体出量包括尿量、呕吐和大便丢失的水量、不显性失水量。婴幼儿大小便不易收集，可用"称尿布法"计算液体排出量。

第五节　胃食管反流患儿的护理

学习目标

知识目标	1. 掌握胃食管反流患儿的护理要点。 2. 熟悉胃食管反流患儿的临床表现。 3. 了解胃食管反流的病因和发病机制。
能力目标	能够运用所学知识对胃食管反流患儿及其家庭实施整体护理和健康教育。
素质目标	培养护生关心、爱护患儿，护理中体现细心、耐心和爱心，以及具备主动为胃食管反流患儿及家长提供健康服务的意识。

胃食管反流（gastroesophageal reflux，GER）是指胃内容物，包括从十二指肠流入胃的胆盐和胰酶等反流入食管甚至口咽部，分生理性和病理性两种。生理情况下，由于婴儿食管下端括约肌（lower esophageal sphincter，LES）发育不成熟或神经肌肉协调功能差，可出现反流，往往出现于日间餐时或餐后，又称"溢乳"。病理性反流即胃食管反流病（gastroesophageal reflux disease，GERD），是由于LES的功能障碍和/或与其功能有关的组织结构异常，以致LES压力低下而出现的反流，常常发生于睡眠、仰卧位及空腹时，引起一系列临床症状和并发症。随着直立体位时间和固体饮食的增多，约60%患儿到2岁时症状可自行缓解，部分患儿症状可持续到4岁以后。脑性瘫痪、21-三体综合征以及其他原因所致的发育迟缓患儿，GER发生率较高。

【病因和发病机制】

1. 抗反流屏障功能低下

（1）LES压力降低：是引起GER的主要原因。正常吞咽时LES反射性松弛，压力下降，通过食管蠕动推动食物进入胃内，然后压力又恢复到正常水平，并出现一个反应性的压力增高以防止食物反流。当胃内压和腹内压升高时，LES会发生反应性主动收缩使其压力超过增高的胃内压，起到抗反流作用。如因某种因素使上述正常功能发生紊乱时，LES短暂性松弛即可导致胃内容物反流入食管。

（2）LES周围组织薄弱或缺陷：例如缺少腹腔段食管，致使腹内压增高时不能将其传导至LES使之收缩达到抗反流的作用；小婴儿食管角（由食管和胃贲门形成的夹角，即His角，正常为30°~50°）较大；膈肌食管裂孔钳夹作用减弱；膈食管韧带和食管下端黏膜瓣解剖结构存在器质性或功能性病变；胃压低、腹内压增高等，均可破坏正常的抗反流作用。

2. 食管廓清能力降低　正常情况下，食管廓清能力是依靠食管的推动性蠕动、唾液的冲洗、对酸的中和作用、食丸的重力和食管黏膜细胞分泌的碳酸氢盐等多种因素完成对反流物的清除，以缩短反流物和食管黏膜的接触时间。当食管蠕动减弱、消失、或出现病理性蠕动时，食管清除反流物的能力下降，这样就延长了有害的反流物质在食管内停留时间，增加了对黏膜的损伤。

3. 食管黏膜的屏障功能破坏　屏障作用是由黏液层、细胞内的缓冲液、细胞代谢及血液供应共同构成。反流物中的某些物质，如胃酸、胃蛋白酶以及从十二指肠反流入胃的胆盐和胰酶使食管黏膜的屏障功能受损，引起食管黏膜炎症。

4. 胃、十二指肠功能失常　胃排空能力低下，使胃内容物及其压力增加，当胃内压增高超过LES压力时可使LES开放。胃容量增加又导致胃扩张，致贲门食管段缩短，使其抗反流屏障功能降低。十二指肠病变时，幽门括约肌关闭不全则导致十二指肠胃反流。

【临床表现】

食管上皮细胞暴露于反流的胃内容物中，是产生症状和体征的主要原因。临床症状轻重不一，与反流强度、持续时间、有无并发症以及患儿的年龄有关。

1. 呕吐　新生儿和婴幼儿以呕吐为主要表现。约85%患儿于生后第1周即出现呕吐，而约10%患儿于生后6周内出现呕吐。呕吐程度轻重不一，多数发生在进食后，有时在夜间或空腹时，可表现为溢乳、反刍或吐泡沫，严重者呈喷射状。呕吐物为胃内容物，有时含少量胆汁。年长儿以反胃、反酸、嗳气等症状多见。

2. 反流性食管炎　常见症状有：① 胃烧灼感，见于有表达能力的年长儿，位于胸骨下端，饮用酸性饮料可使症状加重，服用抗酸剂症状减轻；② 吞咽疼痛，婴幼儿表现为喂奶困难、烦躁、拒食，年长儿诉吞咽时疼痛，如并发食管狭窄则出现严重呕吐和持续性咽下困难；③ 呕血和便血，食管炎严重者可发生糜烂或溃疡，出现呕血或黑便症状。严重的反流性食管炎可发生缺铁性贫血。

3. Barrett食管　由于慢性GER，食管下端的鳞状上皮被增生的柱状上皮所替代，抗酸能力增强，但更易发生食管溃疡、狭窄和腺癌。溃疡较深者可发生食管气管瘘。

4. 食管外症状

（1）呼吸系统症状：① 呼吸道感染，反流物直接或间接引发反复呼吸道感染；② 哮喘，反流物刺激食管黏膜感受器反射性地引起支气管痉挛而出现哮喘。部分病例发病早、抗哮喘治疗无效，无特异体质家族史者更可能由GERD引起；③ 窒息和呼吸暂停，多见于小婴儿和早产儿，表现为面色青紫或苍白、心动过缓，甚至发生婴儿猝死综合征。

（2）营养不良：因呕吐和食管炎引起喂食困难导致营养摄取不足。见于约80%的患儿，主要表现为体重不增和生长发育迟缓、贫血。

（3）其他：如声音嘶哑、中耳炎、鼻窦炎、反复口腔溃疡、龋齿等。部分患儿可出现精神、神经症状，包括：① Sandifer综合征，是指病理性GER患儿出现类似斜颈样一种特殊"公鸡头样"的姿势，此为一种保护性机制，以期保持气道通畅或减轻胃酸反流所致的疼痛，同时伴有杵状指、蛋白丢失性肠病及贫血；② 婴儿哭吵综合征，表现为易激惹、夜惊、进食时哭闹等。

【辅助检查】

1. 食管钡餐造影　可对食管形态、运动状况、钡剂的反流、食管与胃连接部的组织结构作出判断，还可观察到是否存在食管裂孔疝等先天性疾病以及严重病例的食管黏膜炎症改变。

2. 食管pH动态监测　24小时连续监测食管下端pH，通过计算机软件进行分析，可区分生理性或病理性反流，是目前最可靠的诊断方法。

3. 其他检查　如食管胆汁反流动态监测、食管动力功能检查、食管内镜检查及黏膜活体组织检查等均有助于诊断。

【治疗要点】

包括体位治疗、饮食治疗、药物治疗和外科治疗，其中体位治疗和饮食治疗参见护理措施部分。

1. 药物治疗　主要作用是降低胃内容物酸度和促进上消化道动力。

（1）促胃肠动力药：疗程4周，如多巴胺受体拮抗剂多潘立酮（吗丁啉），每日3次，饭前半小时及睡前口服。

（2）抑酸和抗酸药：疗程8~12周。① 抑酸药有H_2受体拮抗剂如西咪替丁和质子泵抑制剂如奥美拉唑（格赛克）等；② 中和胃酸药有氢氧化铝凝胶，多用于年长儿。

（3）黏膜保护剂：疗程4~8周，可选用硫糖铝、硅酸铝盐、磷酸铝等。

2. 外科治疗　手术指征：① 经内科治疗6~8周无效，有严重并发症；② 严重食管炎伴溃疡、狭窄或发现有食管裂孔疝者；③ 有严重的呼吸道并发症，如呼吸道梗阻、反复发作吸入性肺炎或窒息、伴支气管肺发育不良者；④ 合并严重神经系统疾病。

【常见护理诊断/问题】

1. 有窒息的危险　与溢奶和呕吐有关。

2. 营养失调：低于机体需要量　与反复呕吐致能量和各种营养素摄入不足有关。

3. 疼痛　与胃内容物反流致反流性食管炎有关。

4. 知识缺乏：患儿家长缺乏本病护理的相关知识。

【护理措施】

（一）预防窒息的发生

将床头抬高30°，新生儿和小婴儿以前倾俯卧位为最佳，但为防止婴儿猝死综合征的发生，睡眠时宜采取左侧卧位；年长儿在清醒状态下以直立位和坐位为最佳，睡眠时宜采取左侧卧位，将床头抬高20~30cm，以促进胃排空，减少反流频率及反流物误吸。有研究显示左侧卧位能够显著降低短暂性的下食管括约肌松弛次数的发生，而右侧卧位增加松弛次数和液体反流。

（二）合理营养

以稠厚饮食为主，少量多餐。母乳喂养儿增加哺乳次数，人工喂养儿可在牛奶中加入米粉或进食谷类食品。年长儿以高蛋白低脂肪饮食为主，睡前2小时不予进食，保持胃处于非充盈状态，避免食用降低LES张力和增加胃酸分泌的食物，如碳酸饮料、高脂食品、巧克力和辛辣食品。此外，应控制肥胖，不吸烟及避免被动吸烟。

（三）用药护理

按医嘱给药并观察药物疗效和副作用，注意用法和剂量，不能吞服时应将药片研碎；吗丁啉应饭前半小时或睡前口服；服用西沙必利时，不能同时饮用橘子汁，同时加强观察心率和心律的变化，出现心率加快或心律不齐时应及时联系医生进行处理；西咪替丁应在进餐时或睡前服用效果好。

（四）手术护理

GER患儿术前术后护理与其他腹部手术相似。术前配合做好各项检查和支持疗法；术后根据手术方式做好术后护理，应保持胃肠减压，做好引流管护理，注意观察有无腹部切口裂开、穿孔、大出血等并发症。

（五）健康教育

对新生儿和小婴儿，告知家长体位及饮食护理的方法、重要性和长期性。指导家长观察患儿有无发绀，判断患儿反应状况和喂养是否耐受，新生儿每日监测体重。带药出院时，详细说明用药方法和注意事项，尤其是用药剂量和不良反应。

第六节 肠套叠患儿的护理

学习目标

知识目标	1. 掌握肠套叠患儿的临床表现和护理要点。 2. 熟悉肠套叠的定义和分型。 3. 了解肠套叠的病因及病理生理。
能力目标	能够运用所学知识对肠套叠患儿及其家庭实施整体护理和健康教育。
素质目标	培养护生关心、爱护患儿，护理中体现细心、耐心和爱心，以及具备主动为肠套叠患儿及家长提供健康服务的意识。

肠套叠（intussusception）是指肠管的一部分及其相应的肠系膜套入临近肠腔内的一种肠梗阻。此病是婴儿时期常见的急腹症之一。常见于2岁以下婴幼儿，尤其是4~10个月的婴儿最多见。男孩要比女孩多2~3倍。春秋季发病率较高，可能与此时期儿童上呼吸道炎症和腺病毒感染较多有关。

【病因】

病因至今尚未完全明了。一般将其分为原发性与继发性两种，约95%的儿童肠套叠属于原发性，多见于婴幼儿；5%属于继发性，多见于年长儿。

【病理生理】

肠套叠可发生于肠管的任何部位，多起于回肠末端套入结肠（回盲型），少数为小肠套入小肠（小肠型）、结肠套入结肠（结肠型）及回肠先套入远端回肠然后整个再套入结肠内形成复套（回回结型）。被套入的肠段进入鞘内后，其顶点可继续沿肠管推进，肠系膜也被嵌入，肠系膜血管受压迫，造成局部循环障碍，逐渐发生肠管水肿，肠腔阻塞，套入的肠段被绞窄而坏死，鞘部则扩张呈缺血性坏死，甚至穿孔而导致腹膜炎。

肠套叠依据套入部位不同可分为下列几种类型：① 回盲型，占总数的50%~60%；② 回结型，约占30%；③ 回回结型，占10%左右；④ 小肠型，即小肠套入小肠，比较少见；⑤ 结肠型，结肠套入结肠，也很少见；⑥ 多发性肠套叠，罕见。

【临床表现】

多突然起病，其主要临床表现如下：

1. 腹痛　是疾病早期出现的症状，表现为平素健康的婴幼儿，无任何诱因突发剧烈的有规律的阵发性腹痛。

2. 呕吐　因为肠系膜被牵拉，故起病不久即出现反射性呕吐，呕吐物多为奶块或食物。随后即有胆汁，甚至可为粪便样物，是肠梗阻严重的表现。

3. 血便　为重要症状，约85%病例在发病后6~12小时发生，呈果酱样黏液血便，或作直肠指检时发现血便。

4. 腹部肿块　多数病例在右上腹部触及腊肠样肿块，表面光滑，略有弹性，稍可移动。晚期发生肠坏死或腹膜炎时，可出现腹胀、腹水、腹肌紧张及压痛，不易扪及肿块。

5. 全身情况　早期患儿一般情况稳定，体温正常，仅有面色苍白，精神欠佳，食欲减退或拒食。随发病时间延长，一般情况逐渐严重，表现精神萎靡、嗜睡、严重脱水、高热、腹胀，甚至休克或腹膜炎征象。

【辅助检查】

1. X线检查　可见肠梗阻征象。

2. 腹部B超检查　在套叠部位横断面可见同心圆或靶环状肿块图像，纵断面扫描可见套筒征。

【治疗要点】

主要是非手术疗法，即行灌肠疗法；灌肠疗法不能复位的需手术治疗。

【常见护理诊断/问题】

1. 疼痛　与肠系膜受牵拉和肠管强烈收缩有关。

2. 知识缺乏：患儿家长缺乏有关疾病治疗及护理的知识。

【护理措施】

（一）非手术治疗护理

1. 密切观察病情变化　健康婴幼儿突然发生阵发性腹痛、呕吐、便血和腹部扪及腊肠样肿块时可确诊肠套叠，应密切观察腹痛的特点及部位，以助于诊断。

2. 灌肠复位效果观察及护理

（1）灌肠复位成功的表现：① 拔出肛管后排出大量带臭味的黏液血便或黄色粪水；② 患儿安静入睡，不再哭闹及呕吐；③ 腹部平软，触不到原有的包块；④ 复位后给予口服0.5~1g活性炭，6~8小时后可见大便内炭末排出。

（2）如患儿仍然烦躁不安，阵发性哭闹，腹部包块仍存在，应怀疑是否套叠未复位或又重新发生套叠，应立即通知医生作进一步处理。

（3）灌肠术后护理：遵医嘱禁食禁水，待肠蠕动恢复及排气后，大便颜色转为正常，可给患儿少量饮水；若无不适，可进食流质或半流质，以后渐渐过渡到普食。

（二）手术治疗护理

1. 术前护理　术前密切观察生命体征、意识状态，特别注意有无水电解质紊乱、出血及腹膜炎等征象，并做好术前常规检查；向家长说明选择治疗方法的目的，消除其心理负担，争取对治疗和护理的支持与配合。

2. 术后护理

（1）麻醉未清醒前，取平卧位，头偏向一侧。

（2）术后不能进食，一般禁食48小时，排气后可饮少量温开水，无恶心、呕吐症状后可进食母乳或流食，但禁食豆制品，以免引起腹胀。

（3）注意保持胃肠减压通畅，引流管勿折或拔出，观察引流液颜色及量，预防感染及吻合口瘘。患儿排气、排便后可拔除引流管，逐渐恢复由口进食。

（4）注意有无腹痛、腹胀、进食后呕吐等现象，以防肠粘连的发生。

（三）健康教育

1. 合理搭配患儿饮食，建立良好的饮食习惯。避免过冷食物及多种食物对肠道的刺激。

2. 避免感冒、腹泻及剧烈活动等，以防复发；若患儿出现腹痛、腹胀、呕吐、停止排便等状况及时就诊。

3. 定期复查，观察术后切口情况。

第七节　先天性巨结肠患儿的护理

学习目标

知识目标	1. 掌握先天性巨结肠患儿的临床表现及护理要点。 2. 熟悉先天性巨结肠的定义及治疗要点。 3. 了解先天性巨结肠的病因及病理生理。
能力目标	能够运用所学知识对先天性巨结肠患儿及其家庭实施整体护理和健康教育。
素质目标	培养护生关心、爱护患儿，具备主动为先天性巨结肠患儿及家长提供健康服务的意识。

先天性巨结肠（congenital megacolon）又称为先天性无神经节细胞症（aganglionosis），是儿童常见的先天性肠道畸形，它是由于直肠或结肠远端的肠管持续痉挛，粪便淤滞在近端结肠，使该肠管肥厚、扩张。该病发病率为1/2 000~1/5 000，男女比例为（3~4）：1，有遗传倾向。

【病因】

本病的病因和发病机制尚未完全明确，目前公认是一种多基因遗传和环境因素共同作用的结果。

【病理生理】

本病的基本病理变化是局部肠壁肌间和黏膜下的神经丛缺乏神经节细胞，使病变肠段失去推进式正常蠕动，经常处于痉挛状态，形成功能性肠梗阻，粪便通过困难，痉挛肠管的近端由于长期粪便淤积逐渐扩张、肥厚而形成巨结肠。实际上巨结肠的主要病变是在痉挛肠段，约90%病例无神经节细胞肠段位于直肠和乙状结肠远端，个别病例波及全结肠、末端回肠或仅在直肠末端。新生儿期常因病变段肠管痉挛而出现全部结肠甚至小肠极度扩张，反复出现完全性肠梗阻的症状，年龄越大结肠扩张越明显、越趋局限。

【临床表现】

1. 胎粪排出延迟、顽固性便秘和腹胀　患儿生后24~48小时内多无胎便或仅有少量胎便排出，生后2~3天出现腹胀、拒食、呕吐等急性低位性肠梗阻表现，以后逐渐出现顽固性便秘。患儿数日甚至1~2周以上排便一次，腹胀明显，可见肠型和蠕动波，肠鸣音增强，膈肌上抬可致呼吸困难。

2. 呕吐、营养不良、发育迟缓　由于功能性肠梗阻，可出现呕吐，量不多，呕吐物含少量胆汁，严重者可见粪液。由于腹胀、呕吐、便秘使患儿食欲下降，影响营养吸收致营养不良、发育迟缓。

3. 并发症　患儿常并发小肠结肠炎、肠穿孔及继发感染。

【辅助检查】

1. **X线检查** 腹部立位平片多显示低位结肠梗阻。钡剂灌肠检查可显示痉挛段及其上方的扩张肠管，排钡功能差。

2. **活体组织检查** 取直肠黏膜或直肠壁肌层组织检查，多提示无神经节细胞。

3. **肌电图检查** 可见低矮波形，频率低，不规则，峰波消失。

【治疗要点】

1. **保守治疗** 适用于痉挛肠段短、便秘症状轻者，包括定时用等渗盐水洗肠、扩肛、使用甘油栓或缓泻药等，并可用针灸或中药治疗，避免粪便在结肠内淤积。

2. **手术治疗** 若保守治疗无效应手术治疗，包括结肠造瘘术和根治术。

【常见护理诊断/问题】

1. **便秘** 与远端肠段痉挛、低位性肠梗阻有关。

2. **营养失调：低于机体需要量** 与便秘、腹胀引起食欲减退有关。

3. **生长发育迟缓** 与腹胀、呕吐、便秘使患儿食欲减退，影响营养物质吸收有关。

4. **知识缺乏：** 家长缺乏疾病治疗及护理的相关知识。

【护理措施】

（一）**术前护理**

1. **清洁肠道、解除便秘** 口服缓泻剂、润滑剂，帮助排便；使用开塞露、扩肛等刺激括约肌，诱发排便；部分患儿需用生理盐水进行清洁灌肠，每日1次，肛管插入深度要超过狭窄段肠管，忌用清水灌肠，以免发生水中毒。

2. **改善营养** 对存在营养不良、低蛋白血症者应加强支持疗法。

3. **观察病情** 特别注意有无小肠结肠炎的征象，如高热、腹泻、排出奇臭粪液，伴腹胀、脱水、电解质紊乱等，并做好术前准备。

4. **做好术前准备** 清洁肠道；术前2天按医嘱口服抗生素，检查脏器功能并作相应处理。

5. **健康教育** 向家长说明选择治疗方法的目的，消除其心理负担，争取对治疗和护理的支持与配合。

（二）**术后护理**

1. **常规护理** 禁食至肠蠕动功能恢复；胃肠减压防止腹胀；记尿量；更换伤口敷料以防感染；按医嘱应用抗生素。

2. **观察病情** 观察体温、大便情况，如体温升高、大便次数增多，肛门处有脓液流出，直肠指检可打得吻合口裂隙，表示盆腔感染；如术后仍有腹胀，并且无排气、排便，可能与病变肠段切除不彻底，或吻合口狭窄有关，均应及时报告医生进行处理。

3. **健康教育** 指导家长术后2周左右开始每天扩肛1次，坚持3~6个月，同时训练排便习惯，以改善排便功能，如不能奏效，应进一步检查和处理；定期随诊，确定是否有吻合口狭窄。

（林晓云）

学习小结

本章消化系统疾病患儿的护理首先介绍了儿童消化系统的解剖生理特点，学生通过本部分内容的学习，能够解释儿童消化系统解剖生理特点及其与本系统疾病的关系；其次介绍了口炎、腹泻、胃食管反流、肠套叠、先天性巨结肠等患儿的护理，其中腹泻病是本章的重点，婴幼儿发病率高，是我国儿童保健工作中重点防治的"四病"之一。关于腹泻病的病因，可通过临床案例的学习，理解并记忆腹泻病易感因素、感染因素与非感染因素，在理解腹泻病发病机制的基础上，学习各种不同病原所致肠炎的临床特点，以此为理论依据，能够为腹泻患儿制定综合护理措施。通过学习儿童体液平衡的特点，学会评估腹泻引起的水、电解质及酸碱平衡紊乱的类型和程度，掌握液体疗法的原则，熟悉液体疗法的实施。结合临床案例，运用评判性思维，分析腹泻患儿补液不当的相关因素。

复习参考题

（一）选择题

1. 下列**不能**引起婴儿溢乳的是
   A. 胃酸分泌少
   B. 胃呈水平位
   C. 贲门括约肌较松弛
   D. 幽门括约肌发育好
   E. 喂奶时吞咽较多空气

2. 患儿，女，出生3天，生后一直未排便，并出现呕吐和腹胀，患儿最可能是
   A. 正常现象
   B. 胆道梗阻
   C. 消化道出血
   D. 小肠结肠炎
   E. 先天性巨结肠

（3~5题共用题干）

患儿，男，10个月，发热、腹泻2天，大便呈蛋花汤样，伴精神萎靡，尿少。体格检查：体温38.7℃，脉搏120次/min，呼吸40次/min，前囟、眼窝凹陷，皮肤、黏膜干燥，四肢稍凉。

3. 患儿最可能的临床诊断是
   A. 食物中毒
   B. 急性胃炎
   C. 细菌性痢疾
   D. 婴幼儿腹泻
   E. 上呼吸道感染

4. 判断该患儿脱水程度是
   A. 无脱水
   B. 轻度脱水
   C. 中度脱水
   D. 重度脱水
   E. 极重度脱水

5. 估计该患儿丢失累积损失量为
   A. 30~50ml/kg
   B. 50~100ml/kg
   C. 100~120ml/kg
   D. 120~150ml/kg
   E. 150~180ml/kg

   答案：1. A；2. E；3. D；4. C；5. B

（二）简答题

1. 作为责任护士，在腹泻患儿输液过程中，应如何观察病情？

2. 比较鹅口疮与疱疹性口炎的临床特点的异同。

第十一章

血液系统疾病患儿的护理

第一节 儿童造血及血象特点

学习目标

知识目标	1. 掌握骨髓外造血、生理性贫血的概念。 2. 熟悉儿童血象的特点。 3. 了解儿童造血的特点。
能力目标	能够运用所学知识为患儿及其家庭实施整体护理和健康教育。
素质目标	培养护生尊重爱护儿童，关注儿童健康的职业精神。

一、造血特点

儿童造血分胚胎期造血及生后造血两个阶段。

（一）胚胎期造血

1. 中胚叶造血期 约自胚胎第3周出现卵黄囊造血，之后开始中胚叶造血，主要产生原始的有核红细胞。自胚胎第6~8周，中胚叶造血开始减退，原始有核红细胞逐渐减少，至第12~15周消失。

2. 肝脾造血期 胎儿中期以肝脏造血为主。肝脏造血自胚胎第6~8周开始，4~5个月达高峰，至胎儿期6个月后肝造血逐渐减退。胚胎第8周左右脾脏参与造血，至胚胎第5个月后停止造红细胞、粒细胞，仅保留造淋巴细胞功能。胸腺在胚胎第6~7周出现，并生成淋巴细胞。自胚胎第8~11周淋巴结开始生成淋巴细胞并持续终生。

3. 骨髓造血期 骨髓从胚胎第4个月开始造血，并成为胎儿后期主要的造血器官，出生2~5周后骨髓成为唯一的造血场所。

（二）生后造血

1. 骨髓造血 骨髓是出生后主要造血器官。婴幼儿期所有骨髓均为红骨髓，全部参与造血，以满足生长发育的需要。5~7岁后红骨髓逐渐被脂肪组织（黄骨髓）代替，至成人时红骨髓仅限于脊椎、胸骨、肋骨、颅骨、锁骨、肩胛骨、骨盆。

2. 骨髓外造血（extramedullary hematopoiesis） 在正常情况下，骨髓外造血极少，但出生后，尤其在婴儿期，当遇到感染性贫血或溶血等造血需要增加的情况下，肝、脾和淋巴结可随时恢复至胎儿时期的造血状态，因而出现肝、脾、淋巴结增大，同时外周血液中可出现有核红细胞和/或幼稚中性粒细胞。这是儿童造血器官的一种特殊反应现象，称"骨髓外造血"，当感染及贫血矫正后可恢复正常。

二、血象特点

不同年龄儿童的血象有所不同，各有特点。

（一）红细胞数及血红蛋白量

由于胎儿期处于相对缺氧状态，故红细胞数和血红蛋白量较高，出生时红细胞数为 $(5.0 \sim 7.0) \times 10^{12}/L$，血红蛋白量为 $150 \sim 220g/L$。胎儿红细胞寿命较短，随着自主呼吸的建立，血氧含量增加，过多的红细胞将自行破坏（生理性溶血），加之婴儿生长发育迅速，循环血量迅速增加，红细胞数和血红蛋白量逐渐降低，至 $2 \sim 3$ 个月时红细胞数降至 $3.0 \times 10^{12}/L$，血红蛋白量降至 $100g/L$ 左右，出现轻度贫血，称为"生理性贫血（physiological anemia）"。"生理性贫血"呈自限性，一般不需治疗，3个月后，红细胞数和血红蛋白量又逐渐增加，约12岁时达成人水平。

网织红细胞数在初生3天内为 $0.04 \sim 0.06$，于生后 $4 \sim 7$ 天内迅速下降至 0.02 以下，并维持在较低水平，约 0.003，之后随生理性贫血恢复而短暂上升，婴儿期以后约与成人相同，为 $0.005 \sim 0.015$。

（二）白细胞数与分类

初生时白细胞总数为 $(15 \sim 20) \times 10^9/L$，生后 $6 \sim 12$ 小时达 $(21 \sim 28) \times 10^9/L$，然后逐渐下降，1周时平均为 $12 \times 10^9/L$，婴儿期白细胞数维持在 $10 \times 10^9/L$，8岁后接近成人水平。

出生时中性粒细胞约占65%，淋巴细胞约占30%。随着白细胞总数下降，中性粒细胞比例也相应下降，生后 $4 \sim 6$ 天时两者比例约相等，形成交叉曲线，称为第一次交叉；随后淋巴细胞比例上升，婴幼儿期淋巴细胞占60%，中性粒细胞占35%，至 $4 \sim 6$ 岁时两者又相等，形成第二次交叉；6岁以后中性粒细胞比例增多，逐渐达成人水平。嗜酸性粒细胞、嗜碱性粒细胞及单核细胞各年龄期差异不大。

（三）血小板数

与成人差别不大，为 $(150 \sim 300) \times 10^9/L$。

（四）血红蛋白种类

正常成人红细胞内含有三种血红蛋白（简称Hb），即HbA（成人占90%以上）、HbA_2（成人占2%~3%）及胎儿血红蛋白（HbF，不超过2%）。胎儿6个月时HbF占90%，而HbA仅占5%~10%，以后HbA合成增加，至出生时HbA约占30%，HbF约占70%。出生后HbF迅速为HbA所代替，1岁时HbF不超过5%，2岁后不超过2%。

（五）血容量

儿童血容量相对较成人多，新生儿血容量平均300ml，约占体重的10%；儿童时占体重的8%~10%，成人时占体重的6%~8%。

第二节　营养性贫血患儿的护理

学习目标

知识目标	1. 掌握儿童贫血的诊断标准、缺铁性贫血、营养性巨幼细胞贫血患儿的临床表现。 2. 熟悉缺铁性贫血、营养性巨幼细胞贫血的病因及治疗原则。 3. 了解缺铁性贫血、营养性巨幼细胞贫血的发病机制。
能力目标	能够运用所学知识为贫血患儿及其家庭实施整体护理和健康教育。
素质目标	培养护生爱护儿童，具有人文关怀意识及同理心。

案例导入与思考

患儿，男，10个月。因面色苍白2个月，反复腹泻入院。家长2月前发现患儿面色发黄，伴腹泻，为黄绿色或黑褐色稀水样便，每天约4~6次。

体格检查：T 36.8℃，P 100次/min，R 35次/min。发育尚可，皮肤、黏膜苍白，心肺正常，肝肋下3cm，脾肋下1cm。

辅助检查：Hb 75g/L，RBC 2.9×10^{12}/L，WBC 3.5×10^9/L，PLT 290.0×10^9/L。血涂片：红细胞大小不等，以小细胞为主，中央淡染区扩大。

请思考：

1. 该患儿目前主要的护理诊断/问题是什么？
2. 护士接诊后，针对患儿的病情应配合医生采取哪些护理措施？
3. 入院后，护士发现患儿家长缺乏喂养知识，作为护士应如何指导家长正确喂养患儿？

贫血（anemia）是指外周血液中单位容积内血红蛋白（Hb）含量、红细胞（RBC）计数和血细胞比容（HCT）低于正常。其中血红蛋白的含量最为重要。

我国小儿血液病学会建议血红蛋白在新生儿期 Hb＜145g/L，1~4个月 Hb＜90g/L，4~6个月 Hb＜100g/L者为贫血。6个月以上则按世界卫生组织的标准：6~59个月 Hb＜110g/L，5~11岁 Hb＜115g/L，12~14岁 Hb＜120g/L。海拔每升高1 000m，血红蛋白上升4%。

根据外周血的血红蛋白含量可将贫血分为轻、中、重、极重四度（表11-2-1）。

▼ 表11-2-1　贫血的分度

		轻度	中度	重度	极重度
血红蛋白量/$(g \cdot L^{-1})$	儿童	120~90	90~60	60~30	＜30
	新生儿	144~120	120~90	90~60	＜60

一、缺铁性贫血患儿的护理

缺铁性贫血（iron deficiency anemia，IDA）是由于体内铁缺乏导致血红蛋白合成减少而引起的一种小细胞低色素性贫血。任何年龄均可发病，但以6个月至2岁的儿童最多见，是儿童贫血中最常见的一种，IDA是我国儿童重点防治的"四病"之一。

【病因】

任何引起体内铁缺乏的原因均可导致贫血。

1. 先天储铁不足　胎儿储存铁主要在胎儿期最后3个月从母体获得，故早产、双胎、孕母患缺铁性贫血等都可导致胎儿储存铁减少。

2. 铁摄入不足　食物铁供应不足是儿童IDA的主要原因。人乳、牛乳、谷物中含铁量均低，长期纯母乳喂养而未及时添加富含铁的食物，或未使用铁强化配方乳是儿童铁缺乏的重要原因。

3. 生长发育快　婴儿期生长发育较快，5个月和1岁时体重分别为出生时的2倍和3倍；随体重增加，血容量相应增加，1岁时Hb增加2倍，早产儿的体重及Hb增加倍数更高；如不及时添加含铁丰富的食物，则易致缺铁。

4. 丢失过多　正常婴儿每日排铁量较成人多，长期慢性失血亦可致铁缺乏，如肠息肉、梅克尔憩室、膈疝、钩虫病等可致慢性失血；用不经加热处理的鲜牛乳喂养的婴儿可因其对牛乳过敏而致肠出血。

5. 吸收障碍　饮食搭配不合理可影响铁的吸收，慢性腹泻（乳糜泻）、短肠综合征、反复感染可减少铁的吸收。

【发病机制】

铁缺乏对造血及多种组织器官的功能均有影响。

1. 对血液系统的影响　缺铁时血红素生成不足，血红蛋白合成也减少，导致新生的红细胞内血红蛋白含量不足，细胞质减少，细胞变小；而缺铁对细胞分裂、增殖影响较小，故红细胞数量减少程度较轻，从而形成小细胞低色素性贫血。

2. 对其他系统的影响　缺铁可影响肌红蛋白的合成，并可使多种含铁酶（如细胞色素C、单胺氧化酶）的活性减低，故铁缺乏时可造成细胞功能紊乱，尤其是单胺氧化酶的活性降低，造成重要的神经介质如5-羟色胺、去甲肾上腺素、肾上腺素及多巴胺发生明显变化，因而患儿表现为体力减弱、易疲劳、表情淡漠、注意力不集中、记忆力减退和智力减低等。缺铁还可引起组织器官的异常，如口腔黏膜异常角化、舌炎、胃酸分泌减少、脂肪吸收不良和反甲等。此外，缺铁还可引起细胞免疫功能降低，易患感染性疾病。

知识拓展 | 　　　　　　　　　　成分输血

　　　　　成分输血是将供血者血液的不同成分应用科学方法分离，依据患儿病情的
　　　　实际需要，分别输入有关血液成分，为治疗性制品。成分输血的产品有

1. 红细胞　包括浓缩红细胞、少白细胞红细胞、红细胞悬液、洗涤红细胞、冰冻红细胞。
2. 血小板　包括手工分离浓缩血小板、机器单采浓缩血小板，即用细胞分离机单采技术，从单

个供血者循环血液中采集。

3. 白细胞　机器单采浓缩白细胞悬液。

4. 血浆　包括新鲜冰冻血浆、普通冰冻血浆、病毒灭活血浆及冷沉淀。冷沉淀为从新鲜冰冻血浆中提取的不易融化的白色沉淀物，含有Ⅷ因子80~100单位、纤维蛋白原约250mg、血浆20ml。

【临床表现】

1. 一般表现　皮肤、黏膜苍白为突出表现，观察甲床、眼结膜及唇黏膜的颜色比较可靠。患儿易疲劳，不爱活动，年长儿可诉头晕、目眩、耳鸣、乏力等。

2. 髓外造血表现　肝、脾大，肿大程度与年龄、病程和贫血程度有关。

3. 非造血器官表现

（1）消化系统：可有食欲减退、呕吐、腹泻、口腔炎、舌炎或舌乳头萎缩。少数有异食癖，如喜食泥土、粉笔、煤渣等。

（2）神经系统：常有烦躁不安、精神萎靡，年长儿可出现注意力不易集中，记忆力减退，学习成绩下降，智力多低于同龄儿。

（3）心血管系统：心率增快，心脏扩大，心前区可闻及收缩期吹风样杂音，重者可发生心力衰竭。

4. 其他　由于患儿细胞免疫功能降低，常合并感染而发热；皮肤干燥，反甲。

【辅助检查】

1. 外周血常规　Hb减少比RBC减少明显，呈小细胞低色素性贫血。网织红细胞数正常或轻度减少。白细胞、血小板一般无改变，个别极严重者可有血小板减少。

2. 骨髓检查　骨髓幼红细胞增生活跃，以中、晚幼红细胞增生为主，各期红细胞均较小。粒细胞和巨核细胞系一般无明显异常。

3. 铁代谢检查

（1）血清铁蛋白（serum ferritin，SF）：一般情况下，5岁以下儿童血清铁蛋白浓度SF>12μg/L，5岁以上儿童SF<15μg/L，可诊断为铁缺乏症。同时有感染或炎症的患儿，5岁以下SF<30μg/L，5岁以上SF<70μg/L，可诊断为铁缺乏症。

（2）血清铁（serum iron，SI）、总铁结合力（total iron binding capacity，TIBC）和转铁蛋白饱和度（transferrin saturation，TS）：反映血浆中铁含量。SI正常值为12.8~31.3μmol/L，SI<9.0~10.7μmol/L、TIBC>62.7μmol/L有意义；TS<15%有诊断意义。

（3）红细胞游离原卟啉（free erythrocyte protoporphyrin，FEP）：缺铁时，红细胞大量原卟啉不能与铁结合成血红蛋白，以游离形式积聚在红细胞内。FEP>0.9μmol/L提示细胞内缺铁。

（4）骨髓穿刺涂片和铁染色：骨髓可染色铁显著减少甚至消失，骨髓细胞外铁明显减少（0~+）（正常值+~+++），铁粒幼细胞比例<15%。

【治疗要点】

主要是祛除病因及补充铁剂，重度贫血可以输血。

1. **祛除病因** 对饮食不当者应纠正不良的饮食习惯，合理喂养，6个月以上婴儿及时正确添加辅助食品，如强化铁的米粉、动物内脏等。如有慢性失血性疾病、钩虫病、消化道畸形等疾病应积极治疗。

2. **铁剂治疗**

（1）元素铁剂量：每日补充元素铁3~6mg/kg，每日2~3次，Hb正常后需继续补铁2个月，用以补充储存铁，必要时可同时补充叶酸和维生素B_{12}。

（2）口服铁剂选择：选择适合儿童的口服铁剂如口感良好、胃肠道刺激较小的有机铁、服用方便（婴幼儿推荐液体制剂）的补铁药物。口味清淡、无铁锈味的铁剂更易被接受。

（3）静脉注射铁剂：如右旋糖酐铁和蔗糖铁注射液，仅在不宜进行口服治疗的患儿中使用，如吸收不良综合征等。

（4）疗效评估：补铁治疗3~4天后，网织红细胞开始升高，7~10天达高峰，补铁2周后Hb开始上升，4周后Hb应上升>10g/L；每2~3个月复查1次血常规，直至Hb达到相应年龄的正常范围。补铁后如未出现预期效果，应寻找原因。

3. **输红细胞** 重症贫血并发心力衰竭或明显感染者可输注浓缩红细胞或压积红细胞。贫血越严重，每次输注量应越少。

【护理评估】

1. **健康史** 了解患儿出生后的喂养方法和饮食习惯，是否及时添加强化铁的辅食，儿童饮食结构是否合理，有无偏食、挑食等；评估婴儿母亲的孕产史，如孕期母亲是否有严重贫血，是否早产、多胎等；评估生长发育水平，有无慢性疾病可致铁吸收减少，消耗或丢失过多的因素。评估是否有化学性物质、放射性物质、有毒物质接触史及特殊药物服用史。

2. **身体状况** 评估患儿有无皮肤、黏膜苍白、唇周发绀等症状和体征；评估有无髓外造血表现如肝、脾大；有无消化系统的食欲减退、呕吐、腹泻、口腔炎、舌炎或舌乳头萎缩表现；评估有无注意力不易集中，记忆力减退等；评估有无心率增快，心脏扩大，心前区有无收缩期吹风样杂音；评估患儿是否容易感染；评估血常规、骨髓、铁代谢等辅助检查结果。

3. **心理-社会状况** 评估家长对合理安排儿童膳食、对培养良好饮食习惯重要性的认识程度；评估患儿及家长对本病的病因及防护知识是否清楚，是否焦虑；评估患儿的家庭经济状况；评估患儿是否因记忆力减退、成绩下降或智力低于同龄儿而产生自卑、焦虑或恐惧等心理。

【常见护理诊断/问题】

1. **活动耐力下降** 与贫血致组织器官缺氧有关。

2. **营养失调：低于机体的需要量** 与缺铁导致消化系统功能障碍有关。

3. **潜在并发症：心力衰竭**。

4. **知识缺乏**：家长及年长患儿缺乏贫血的防治知识。

【预期目标】

1. 患儿的活动耐力逐步增强。

2. 年长患儿消化功能恢复，能正确选择含铁丰富的食物，营养改善。

3. 住院期间不发生心力衰竭并发症。

4. 家长及年长患儿能掌握相关疾病护理及用药知识。

【护理措施】

（一）合理安排活动与休息

根据患儿贫血程度，结合活动耐受情况制订适合个体的运动方案，详细的休息方式、活动强度及持续时间。

1. 贫血程度较轻者 一般不需卧床休息，但生活要有规律，睡眠要充足，避免剧烈运动。

2. 重症患儿 应限制其活动量，并协助患儿的日常生活，减少机体耗氧量，防止发生心力衰竭。

（二）合理营养

补充含铁丰富且易吸收的食物，合理搭配膳食。婴儿6月龄后应及时添加辅助食品。建议首选含强化铁的婴儿米粉，以后逐渐添加肉类、肝脏等富含血红素铁的动物性食物、富含维生素C的新鲜蔬菜水果。1~5岁儿童每天摄入的牛乳量应不超过600ml，并进食至少2~3种富含铁的食物，如肉、鱼和家禽、动物肝脏等。

（三）指导正确应用铁剂，观察用药后反应

1. 指导家长掌握服用铁剂的正确剂量和疗程 血红蛋白正常后再用2~3个月，以补充铁的贮存量，不要过早擅自停药；但长期服用可致铁中毒。

2. 铁剂服用 口服铁剂宜从小剂量开始，逐渐加至足量，在两餐之间服用。6个月以上的婴儿可与果汁一起服用。铁剂不宜与牛乳同服，以免影响铁的吸收。每日单次服药可能有助于提高治疗依从性。液体铁剂可使牙齿染黑，可用吸管或滴管服之，服药后漱口。服药初期食欲可能受影响，一般2周后好转；患儿大便可变稀、变黑，停药后恢复，应向家长说明原因。

3. 静脉注射铁剂 注射铁剂时应精确计算剂量，应观察有无金属味、头痛、恶心、呕吐、胸闷、面颊潮红等不良反应。

（四）预防心力衰竭

1. 减少耗氧量 向家长讲解贫血造成的组织缺氧对机体的损伤。重症贫血患儿要注意休息，减轻心脏负担，必要时吸氧。

2. 控制输液速度及输液量 输液或输血时速度宜慢，以每分钟6~8滴为宜，必要时记录24小时出入液量。

（五）健康教育

1. 向家长及患儿讲解缺铁性贫血的预防

（1）早产儿和低出生体重儿：提倡母乳喂养。纯母乳喂养者应从2周龄开始补铁，直至12月龄。不能母乳喂养的婴儿应采用铁强化配方乳，一般无需额外补铁；1岁以内不宜采用单纯牛乳喂养。

（2）足月儿：母乳喂养足月儿自4个月开始补充铁剂，剂量为元素铁（最大量为15mg/d），至能够摄入足量富含铁的辅食。未采用母乳喂养、母乳喂养后改为混合部分母乳喂养或人工喂养婴儿应采用铁强化配方乳（铁含量6~12mg/L），并及时添加富含铁的食物。

（3）幼儿：纠正厌食和偏食等不良习惯；鼓励进食蔬菜和水果，促进肠道铁吸收；尽量少吃绿茶、未完全成熟的柿子和香蕉等含多酚较多的水果；食用铁强化食物，如铁强化配方乳、铁强化酱油及鱼露等。

2. 铁剂治疗及疗效观察　指导坚持正确用药，进行铁剂治疗后的疗效观察。帮助家长学会观察皮肤苍白、苍黄、感染等现象，使之认识到早期发现、早期治疗本病的重要性。

3. 定期筛查　3岁以内儿童于3、6、9和12个月，1岁半、2岁、2岁半、3岁定期筛查；3岁以上儿童（包括青春期）每年至少筛查1次。早产、低出生体重、双胎或多胎、母亲孕期贫血的新生儿可酌情增加筛查次数。

【护理评价】

1. 患儿乏力等症状是否改善，活动耐力是否逐步提高。

2. 患儿及家长能否选择含铁丰富的食物，并正确服用铁剂。

3. 患儿住院期间是否有心力衰竭并发症发生。

二、营养性巨幼细胞贫血患儿的护理

营养性巨幼细胞贫血（nutritional megaloblastic anemia，NMA），是由于缺乏维生素B_{12}和/或叶酸所引起的一种大细胞性贫血，临床特点为贫血、神经精神症状，红细胞体积变大，骨髓中出现巨幼红细胞，维生素B_{12}和/或叶酸治疗有效，多见于6个月~2岁儿童。

【病因】

引起维生素B_{12}和叶酸缺乏的常见原因：

1. 摄入不足　单纯母乳喂养而未及时添加辅食的婴儿，尤其是乳母长期素食或患有维生素吸收障碍疾病者，可致维生素B_{12}摄入不足。单纯以羊乳喂养者，容易致叶酸缺乏。饮食中缺乏动物性食物及新鲜绿叶蔬菜可导致维生素B_{12}缺乏和叶酸缺乏。

2. 需要量增加　未成熟儿、新生儿及婴儿期生长发育迅速，造血物质需要量相对增加。反复感染时，维生素B_{12}与叶酸消耗增加，需要量增多而易导致缺乏。

3. 吸收和利用障碍　慢性腹泻、小肠切除等肠道疾病皆可影响维生素B_{12}与叶酸的吸收，肝脏疾病、急性感染，胃酸减少或维生素C缺乏，应用某些药物如甲氨蝶呤、乙胺嘧啶、苯妥英钠、异烟肼等，皆可影响维生素B_{12}与叶酸的代谢或利用。

4. 代谢障碍　遗传性叶酸代谢障碍、某些参与叶酸代谢的酶缺陷也可致叶酸缺乏。

【发病机制】

体内叶酸经叶酸还原酶的还原作用和维生素B_{12}的催化作用后变成四氢叶酸，后者是DNA合成过程中必需的辅酶。维生素B_{12}或叶酸缺乏都可致四氢叶酸减少，进而引起DNA合成减少。幼稚红细胞内的DNA合成减少，分裂和增殖时间延长，导致细胞核的发育落后于胞质的发育，因而红细胞的胞体变大，形成巨幼红细胞。由于红细胞生成速度慢，加之巨幼红细胞在骨髓内易被破坏，进入血循环的成熟红细胞寿命也较短，从而造成贫血。维生素B_{12}与神经髓鞘中脂蛋白的形成有关，能保持中枢和外周有髓鞘的神经纤维的完整功能。维生素B_{12}缺乏时，上述神经纤维发生病变，因而出现神经精神症状。叶酸缺乏主要引起情感改变。

【临床表现】

以6个月~2岁儿童多见，起病缓慢。叶酸缺乏者，多在4~7个月发病，而维生素B_{12}缺乏者则在6个月以后发病。

1. **一般表现** 皮肤常呈现蜡黄色，睑结膜、口唇、指甲等处苍白，偶有轻度黄疸，疲乏无力；多呈虚胖或颜面轻度水肿，毛发纤细稀疏、黄色，严重者皮肤有出血点或瘀斑。

2. **髓外造血表现** 因贫血而引起骨髓外造血反应，故常伴有肝、脾大。

3. **神经精神症状** 可出现烦躁不安、易怒等神经症状。维生素B_{12}缺乏者表现为表情呆滞、目光发直、对周围反应迟钝、嗜睡、不认亲人，少哭不笑，智力、动作发育落后甚至退步。重症病例可出现不规则性震颤，手足无意识运动，甚至抽搐、感觉异常、共济失调、踝阵挛和Babinskin征阳性等。叶酸缺乏者不发生神经系统症状，但可出现情感淡漠。

4. **消化系统症状** 常出现较早，如厌食、恶心、呕吐、腹泻和舌炎等。舌面可光滑，舌乳头由舌尖沿两侧缘逐渐向中心萎缩，或舌乳头充血粗糙、舌下溃疡。

【辅助检查】

1. **血常规** 呈大细胞性贫血，红细胞胞体变大，中央淡染区不明显；网织红细胞正常或减少；白细胞计数常减少，以中性粒细胞计数减少明显，细胞体积大，核分叶过多（核右移）；血小板大多减少。

2. **骨髓象** 骨髓增生活跃，以红细胞系统增生为主，各期红细胞均出现巨幼变，胞体变大，核染色质粗松，细胞核的发育落后于胞质；粒细胞系也出现巨幼变，分叶过多；巨核细胞的核有过度分叶现象。

3. **血清维生素B_{12}和叶酸含量测定** 维生素B_{12}＜100ng/L（正常200~800ng/L）、叶酸＜3μg/L（正常5~6μg/L）。

【治疗要点】

祛除病因，加强营养，维生素B_{12}和叶酸治疗是本病治疗关键。

1. **一般治疗** 注意营养，及时添加辅食，防止感染。

2. **祛除病因** 祛除引起维生素B_{12}和叶酸缺乏的原因，如治疗肠道疾病等。

3. **维生素B_{12}和叶酸治疗** 有神经精神症状者，应以维生素B_{12}治疗为主，直至临床症状好转，血象恢复正常。叶酸缺乏者应口服叶酸和维生素C。因使用抗叶酸代谢药物而患病者，可用亚叶酸钙治疗。

【常见护理诊断/问题】

1. **活动耐力下降** 与贫血致组织缺氧有关。

2. **营养失调：低于机体的需要量** 与贫血致消化系统功能障碍有关。

3. **生长发育迟缓** 与营养不良、贫血及维生素B_{12}缺乏影响生长发育有关。

4. **口腔黏膜受损** 与舌炎、口腔溃疡有关。

5. 有受伤的危险　与肢体或全身震颤及抽搐有关。

6. 知识缺乏：家长缺乏相关知识。

【护理措施】

（一）合理安排活动与休息，做好安全护理

根据患儿的活动耐受情况安排休息与活动，一般不需卧床休息。严重贫血者应适当限制活动。神经精神症状明显者，应做好患儿的安全防护，防止患儿自伤。

（二）合理营养

婴儿提倡母乳喂养，乳母应平衡膳食，如不能进行母乳喂养，首选婴儿配方乳粉喂养。羊乳喂养的患儿，应及时添加叶酸，牛乳喂养者应按时添加含维生素 B_{12} 及叶酸丰富的食物；年长儿则应纠正偏食。

（三）监测生长发育，进行训练和干预

评估患儿的智力、体格、运动发育情况，对发育落后者加强训练和教育。

（四）加强口腔护理

震颤严重者可用牙垫，以防咬伤口唇或舌尖，加强口腔护理，用3%过氧化氢溶液清洁口腔，溃疡面涂5%金霉素鱼肝油、锡类散等。

（五）安全防护，避免受伤

专人陪护患儿，床旁设防护栏，预防外伤和坠床。震颤时可使用牙垫，保护舌和口唇不被咬伤。

（六）健康教育

1. 向家长讲解引起此疾病的原因、表现，做好喂养指导。纠正偏食，指导给予叶酸和维生素 B_{12} 含量高的食物。维生素 B_{12} 在动物性食物如肝、肾、肉类、贝壳类动物及家禽中含量丰富，蛋及乳中含量较少，植物类食物中几乎不含维生素 B_{12}。叶酸在肝、肾、坚果、新鲜绿叶与黄叶蔬菜、豆类、柠檬、柑橘中高，其中肝中含量最高，其他肉类食物、新鲜蔬菜、谷类含量也可，但是要注意食物烹调不要过度。

2. 坚持治疗，观察疗效，不要擅自停药，按时复查外周血常规。维生素 B_{12} 治疗后6~7小时骨髓内巨幼红细胞可转为正常幼红细胞，精神症状2~4天后好转。网织红细胞2~4天开始增加，6~7天达高峰，两周后降至正常。服用叶酸1~2天后食欲好转，骨髓中巨幼红细胞转为正常；2~4天网织红细胞增加，4~7天达高峰；2~6周红细胞和血红蛋白恢复正常。

第三节 出血性疾病患儿的护理

学习目标

知识目标	1. 掌握免疫性血小板减少症、血友病患儿的临床表现、常见护理诊断/问题及相应的护理措施。 2. 熟悉免疫性血小板减少症、血友病的定义、病因和治疗原则。 3. 了解免疫性血小板减少症、血友病的定义、病因和治疗原则。
能力目标	能够运用所学知识为免疫性血小板减少症、血友病及其家庭实施整体护理和健康教育。
素质目标	培养护生同理心，强化三级预防的职业精神。

案例导入与思考

患儿，女，5岁，主因"咳嗽10余天，全身皮肤瘀斑及出血点5天"入院。患儿10余天前无明显诱因出现咳嗽，自服"头孢类"抗生素咳嗽减轻不明显。5天前患儿无明显诱因出现全身皮肤瘀斑及出血点，仍咳嗽，伴有痰不易咳出。

体格检查：一般情况好，皮肤可见散在瘀点，无鼻出血及齿龈出血，肝、脾肋下未及。

辅助检查：血常规Hb 125g/L，RBC 3.60×10^{12}/L，WBC 8.0×10^9/L，N 50%，L 45%，PLT 7×10^9/L。

请思考：

1. 护士应如何评估和观察患儿？进一步应作什么检查明确诊断？
2. 该患儿目前主要的护理诊断/问题是什么？
3. 护士接诊后，针对患儿的病情应配合医生采取哪些护理措施？

一、免疫性血小板减少症患儿的护理

儿童原发性免疫性血小板减少症（immune thrombocytopenia，ITP）是指儿童期发生的一种获得性、免疫性、以无明确诱因的孤立性血小板计数减少为主要特点的出血性疾病，多为自限性。

按其病程可分为新诊断ITP（持续时间<3个月）、持续性ITP（持续时间3~12个月）、慢性ITP（持续时间>12个月）。

【病因及发病机制】

免疫因素的参与可能是ITP发病的重要原因。在儿童适应性免疫重建过程中，患儿自身免疫细胞针对外界刺激（如病毒感染或免疫接种）会产生免疫反应，随着病原和诱因清除，免疫状态将恢复正常，因而ITP表现为一过性。

病毒感染后机体产生相应的抗体——血小板相关性抗体（PAIgG）。抗体与血小板膜发生交叉反应，使血小板受到损伤而被单核巨噬细胞系统吞噬。此外，抗原–抗体复合物可附着于血小板表面，使血小板容易被单核巨噬细胞系统吞噬和破坏。抗血小板抗体同样作用于骨髓中的巨核细胞，导致巨核细胞成熟障碍。

此外，还可继发于疫苗接种、感染（CMV、Hp、HCV、HIV等）、抗磷脂综合征、SLE、免疫缺陷病、药物、骨髓移植的副作用等。

【临床表现】

本病分多见于1~5岁儿童，新诊断ITP患儿于起病前1~3周常有病毒感染史。

多数新诊断ITP病人发病前无任何症状，以自发性皮肤和黏膜出血为突出表现，多为针尖大小的皮内和皮下出血点，或为瘀斑和紫癜，四肢多见，尤其是在容易碰撞的部位。鼻出血、牙龈出血及舌出血常见，偶见便血、血尿和颅内出血。出血严重者可伴贫血。肝脾偶见轻度肿大。

新诊断ITP多在4~6周恢复，10%~20%病人病程超过半年转为慢性。国际多中心资料提示儿童ITP自发缓解率高，病程1年时，<1岁患儿缓解率为74%，1~6岁患儿为67%，10~20岁为62%；病程超过12个月仍未达缓解的慢性ITP仅占5%~10%。

【辅助检查】

1. 外周血常规　血小板计数<100×10^9/L，血小板平均体积增大；血小板功能一般正常。

2. 骨髓象　急性型骨髓巨核细胞数量轻度增多或正常，慢性型骨髓巨核细胞数显著增多；巨核细胞发育成熟障碍，产生血小板的巨核细胞显著减少，细胞质中有空泡形成、颗粒减少或量少。

3. 血小板抗体测定　血小板相关免疫球蛋白（PAIgG）增高。

4. 其他检查　出血时间延长，血块收缩不良，束臂试验阳性。

【治疗要点】

对ITP患儿进行分级诊疗，即对新诊断ITP、初次治疗ITP和复发ITP（已经达到缓解标准，再次发生ITP的患儿），建议选择常规一线治疗；当常规一线治疗无效时，应该开展二线治疗，此时可以单用、序贯或者联合用药，避免重复或长期应用糖皮质激素；而当二线治疗仍然无效，尤其达到难治性ITP时则需要探索更加精准的三线治疗。

1. 一般治疗　急性期出血明显者应卧床休息，减少活动，避免外伤。忌用抑制血小板功能的药物，如阿司匹林和非甾体抗炎药。

2. 常规治疗

（1）一线治疗：糖皮质激素常用泼尼松口服治疗。对新诊断ITP患儿，0~2级出血但生活受到疾病干扰时，选常规剂量短疗程中效糖皮质激素方案：① 泼尼松或甲泼尼龙3~4mg/（kg·d），4~7天，骤停；② 泼尼松或甲泼尼龙1~2mg/（kg·d），7~14天后酌情减量，总疗程<6周。

（2）二线治疗：可单用，也可联合使用，首选促血小板生成素类药物，次选利妥昔单抗，必要时开展脾切除术。

（3）三线治疗：有治疗前景的免疫靶向治疗，包括福坦替尼、利扎鲁替尼、奥司他韦、地西他滨。

3. 紧急治疗　3级出血时建议开展紧急治疗，优选丙种球蛋白治疗，次选大剂量、短疗程糖皮质激素冲击治疗。两种方案：① 地塞米松0.6mg/（kg·d），最大40mg/d，连用4天，骤停；② 甲泼尼龙最大30mg/（kg·d），总量每天不超过1g，3~7天后酌情减量，总疗程<6周也可联合治疗。

4. 抢救治疗　4级出血时建议抢救治疗，联合使用以下治疗如血小板输注，大剂量糖皮质激素冲击治疗，大剂量丙种球蛋白冲击治疗，可以考虑加用促血小板生成素类药物。

【常见护理诊断/问题】

1. 有出血的危险　与血小板减少有关。

2. 组织完整性受损　与血小板减少、皮肤瘀点/瘀斑有关。

3. 知识缺乏：家长及患儿缺乏相关的管理知识。

【护理措施】

（一）出血评估

出血评估与治疗决策密切相关，应对出血进行评估并进行分级，观察皮肤瘀点/瘀斑变化，观察有无其他出血情况发生，如便血、尿血等。

0级出血患儿皮肤无明显出血点；1级出血患儿面部有少许出血点、明显瘀斑（>3cm）1个；2级出血患儿面部皮肤有密集出血点（总数>100），无大瘀斑；3级为皮肤伴无致命的黏膜出血，如口腔血疱、鼻出血、血尿均属于常见的黏膜出血，需重点观察，应开始以稳定病情为目的的紧急治疗；4级则为危及生命出血，如颅内出血，观察有无头痛、呕吐、情绪反常改变。

（二）预防出血和止血

1. 避免外伤　避免造成身体损伤的一切因素，如剪短指甲，防止抓伤皮肤；禁用牙签剔牙或用硬毛牙刷刷牙；避免对抗性体育运动，如扑打、拳击、骑自行车或滑板、登山等；衣着应宽松。

2. 环境安全　床头、床栏及家具的尖角用软垫包裹，避免接触锐利器械和玩具。

3. 饮食　根据病情可选用含高蛋白、高维生素、少渣流食、半流食或普食。

4. 治疗注意　如采取肌内注射或深静脉穿刺抽血，应延长压迫时间，以免形成深部血肿。避免使用可能引起血小板减少或抑制其功能的药物，如阿司匹林、双嘧达莫、吲哚美辛、保泰松、右旋糖酐等。

5. 预防血压升高　便秘、剧烈咳嗽时会引起血压升高，诱发颅内出血，故便秘时要用泻药或开塞露，剧咳者可用抗生素及镇咳药积极治疗。

6. 止血　对口腔和鼻腔出血，采用1%的麻黄碱或0.1%的肾上腺素棉球、纱条或吸收性明胶海绵压迫止血，必要时遵医嘱输注血小板。

（三）皮肤护理

为患儿修剪指甲，避免抓伤皮肤，为患儿穿着宽松舒适的棉质衣物，避免衣物摩擦皮肤，及时更换尿布和床单等。

（四）用药护理

1. 肾上腺糖皮质激素　长期服用大剂量糖皮质激素易出现库欣综合征、高血压、感染、血糖增高等，用药期间向病人及家长解释药物副作用。还应定期为病人检查血糖、血压、白细胞计数，发现血糖增高、血压升高或感染迹象，应及时报告医生。

2. 输浓缩血小板　在输注过程中，加强观察患儿状态，一旦出现不良反应，立即停止输注，及时处理。

（五）健康教育

向患儿及家长介绍本病的知识，服用肾上腺糖皮质激素的副作用，注意保暖，预防感染的重要性。指导患儿适度活动，避免对抗性运动，预防各种外伤；血小板在$50×10^9$/L以下时，不做强体力活动。教育家长及患儿避免使用可能引起血小板减少或抑制其功能的药物。教会家长识别出血的征象和正确加压止血方法。强调复查的重要性，定期门诊复查血小板计数、血糖等。

二、血友病患儿的护理

血友病（hemophilia）是一组由于血液中某些凝血因子的缺乏而导致患儿产生严重凝血障碍的遗传性出血性疾病，包括：血友病A（第Ⅷ因子缺乏症）、血友病B（第Ⅸ因子缺乏症）。共同特征为患儿轻度外伤后出血不止。我国的血友病中，血友病A型最常见。

【病因及发病机制】

血友病A和B均属于性连锁隐性遗传性疾病，由女性传递。致病基因位于女性X染色体长臂末端，女性携带基因，导致下一代男性发病，而下一代女性均为正常人。常见的遗传模式是女性从上一代获得发病基因（携带者，不发病），然后遗传给下一代男性，也称"隔代遗传"。因子Ⅷ、Ⅸ缺乏均可使凝血过程第一阶段中的凝血活酶生成减少，引起血液凝固障碍，导致出血倾向。

关节滑膜囊毛细血管反复出血，导致滑膜肿胀、增生，关节软骨破坏，引起骨性关节炎、肌肉萎缩，最终导致关节功能障碍、致残。重症患儿可发生肌肉出血和血肿，深部肌肉出血可形成血肿，导致局部肿痛和活动受限，引起局部缺血性损伤和纤维变性。

【临床表现】

血友病A和B大多在2岁时发病。本组疾病的主要表现为出血症状，终生有轻微损伤或小手术后长时间出血倾向为其特征。

1. 皮肤、黏膜出血　皮下组织、口腔、齿龈黏膜出血常见。出血轻重程度与血友病类型及相关因子缺乏程度有关。血友病A出血较重，血友病B则较轻。血友病的出血多为自发性或轻度外伤、小手术后（如拔牙、扁桃体切除）出血不止，也可发生鼻出血、咯血、呕血、黑便、血便和血尿、颅内出血等。

2. 关节积血　关节积血是血友病最常见的临床表现，多见于膝关节，其次为肘关节，踝、肩、腕、髋关节也可受累，且在同一部位反复发生。

关节出血可分为3期：

（1）急性期：因关节腔及周围组织出血，导致局部红、肿、热、痛和功能障碍。关节多处于屈曲位。

（2）关节炎期：初发血肿可于数日或数周内完全吸收，疼痛消失，功能恢复。反复关节出血，血肿吸收不全，可致骨质和肌肉破坏，导致慢性关节炎、滑膜增厚。

（3）后期：关节纤维化，或关节强直畸形、功能丧失，肌肉萎缩。膝关节反复出血，导致膝屈曲、外翻、腓骨半脱位，患儿表现为特征性血友病步态。

3. 肌肉出血和血肿　重症患儿可发生肌肉出血和血肿，深部肌肉出血可形成血肿，导致局部肿痛和活动受限，引起局部缺血性损伤和纤维变性。

【辅助检查】

1. 筛选试验　包括血常规和血涂片（血小板计数和形态）、凝血酶原时间（prothrombin time，PT）、活化部分凝血活酶时间（activated partial thromboplastin time，APTT）、凝血酶时间（thrombin time，TT）和/或纤维蛋白原检测。患儿血小板计数PT、TT、纤维蛋白原正常，APTT延长，轻型患儿APTT可正常或轻度延长。

2. 确诊试验　因子Ⅷ、Ⅸ活性减少及程度，有助于判定血友病类型、病情轻重及指导治疗。因子活性<1%，肌肉或关节自发性出血为重型；活性1%~5%，小手术/外伤后可有严重出血，偶有自发出血为中型；活性>5%~40%，大的手术或外伤可致严重出血为轻型。

3. 基因诊断　基因诊断检测相应基因，多用于产前诊断或血友病携带者监测。

【治疗要点】

血友病患儿应该在血友病中心接受综合关怀团队的诊疗与随访。急性出血时应及早到附近的专业医疗机构接受治疗或者在家庭进行自我注射。早期治疗可以减少疼痛、功能障碍以及远期残疾，并显著减少并发症。

1. 出血的处理

（1）替代治疗：血友病A的替代治疗首选基因重组FⅧ制剂或病毒灭活的血源性FⅧ制剂，无上述条件时可选用冷沉淀或新鲜冰冻血浆等，每8~12小时输注1次。血友病B的替代治疗首选基因重组FⅨ制剂或病毒灭活的血源性凝血酶原复合物（prothrombin complex concentrate，PCC），无上述条件时可选用新鲜冰冻血浆等。要使体内FⅨ保持在一定水平需每天输注1次。

（2）局部辅助治疗：RICE原则，即休息（rest）、冷敷（ice）、压迫（compression）和抬高（elevation），用于关节和肌肉出血。

（3）辅助药物治疗：1-脱氧-8精氨酸加压素缓慢静脉注射，且需要与6-氨基己酸或氨甲环酸连用，可减轻血友病A的患儿的出血。

2. 预防治疗　出血前有规律地对血友病患儿定期输注凝血因子浓缩物或重组凝血因子，以保证血浆中凝血因子水平维持在一定水平，从而减少出血，降低致残率，改善患儿生活质量，是重型血友病和有关节病变损伤的中或轻型血友病患儿的标准治疗。血友病A患儿可给予因子Ⅷ制剂10U/kg，每周2次；血友病B患儿给予因子Ⅸ制剂10U/kg，每周1次。

艾美赛珠单抗现用于血友病A合并FⅧ抑制物患儿的常规预防治疗。前4周给予负荷剂3mg/kg，每周1次皮下注射，以快速达到目标血药浓度，第5周起给予维持剂量1.5mg/kg，每周1次。

3. 预防出血　对活动性出血的患儿，应限制其活动范围和活动强度。一般血友病患儿，应避免剧烈或易致损伤的活动，减少出血的危险。尽量避免肌内注射和手术，必须手术时应补充所缺乏的凝血因子。原则上禁服阿司匹林或其他非甾体类解热镇痛药以及所有可能影响血小板功能的药物。

4. 物理治疗和康复训练　在非出血期积极、适当的运动对维持身体肌肉功能正常并保持身体平衡至关重要。

知识拓展　｜　　　　　**血友病的家庭治疗**

血友病患儿在发生出血后自行或由家长输注凝血因子，可实现理想的早期治疗，达到缓解疼痛、减少功能障碍以及发生远期残疾的目的，并显著减少住院治疗天数。除病情不稳定和3岁以下婴幼儿外，其他患儿均可行家庭治疗。家庭治疗只有在患儿及其家长得到充分培训后才可进行，且必须处于严密的医疗监控之下。教育应着重于血友病的一般知识；出血及常见并发症的识别；急救措施；剂量计算；凝血因子药品的配制、存放和使用；无菌技术；静脉穿刺的实施；记录的保存；针头及锐器的正确贮存和处置；血液溢出的处理。

【常见护理诊断/问题】

1. 组织完整性受损　与凝血因子缺乏致出血有关。

2. 疼痛　与关节腔出（积）血及皮下、肌肉血肿有关。

3. 躯体活动障碍　与关节腔出血、肿痛、活动受限及关节畸形、功能丧失有关。

4. 潜在并发症：颅内出血。

5. 无望感　与疾病不能治愈有关。

【护理措施】

（一）防止出血

1. 预防出血

（1）急性期卧床休息，减少活动，避免损伤，不接触锐利物品。

（2）注意口腔卫生，用软毛刷刷牙，禁用牙签，防止牙龈出血；禁挖鼻孔，每日早晚各1次用液状石蜡或氯己定涂鼻。

（3）尽量避免肌内注射和深部组织穿刺。必须肌内注射时，应采用细小针头（25~27号），注射后延长按压时间，10~15分钟为宜。患儿因各种原因必须手术治疗时，应选择全身麻醉，不宜行局部或神经阻滞麻醉，禁采用深部阻滞麻醉。

2. 急性期止血

（1）局部压迫：如皮肤出血可行加压包扎止血；口腔、鼻黏膜出血可用棉球、明胶海绵浸肾上腺素或新鲜血浆填塞；云南白药、三七粉局部使用可达局部止血作用。关节和肌肉出血可采用

RICE原则，制动和休息是将出血肢体用枕头或吊带/绷带抬高置于舒适体位休息，限制出血关节活动；用毛巾包住冰块/冰袋，敷于出血部位，持续15分钟，中止20分钟，交替进行；用弹力绷带或弹力袜包扎出血部位，并将出血部位抬高至心脏高度以上以减缓出血，并抬高患肢保持在功能位。

（2）尽快输注所缺乏的凝血因子，密切观察生命体征变化，及早发现内脏及颅内出血，以便组织抢救。

（二）减轻疼痛

用冰袋冷敷出血部位，限制其活动。遵医嘱使用镇痛药，避免使用阿司匹林和非甾体抗炎药。

（三）关节锻炼和评估

关节出血停止、肿痛消失后，可作适当的关节活动。对因反复出血已致慢性关节损害者，需指导其进行康复锻炼，鼓励患儿在非出血期进行适当的、安全的有氧运动（游泳、功率车、慢跑、快走等），配合适宜负荷的抗阻力量训练和自我牵伸，以预防和减少出血的反复发生，以防长时间关节固定造成畸形和僵硬。

定期进行关节功能评估，可采用MRI和量表如血友病关节健康评分（Hemophilia Joint Health Score，HJHS评分）中文版、加拿大血友病儿童生活质量评估工具（the Canadian Hemophilia Outcomes-Kids Life Assessment Toll，CHO-KLAT）中文版评估关节功能和生活质量。

（四）密切观察病情变化

观察生命体征、神志、皮肤黏膜瘀斑瘀点增减及血肿消退情况，记录血压变化及出血量，及时发现内脏及颅内出血，并积极组织抢救。

（五）心理护理

鼓励年长儿参与自身的日常生活护理，告知如何积极配合治疗和预防出血，生活基本和正常人一样，增强自信心和自我控制感。提供适龄的游戏活动，安排同伴探望，减轻孤独感。与患儿讨论疾病，并支持孩子作出选择。

（六）健康教育

指导家长了解本病的预防知识，为患儿提供安全的活动环境，如较硬的平面放置软垫，并告知学校其病情，以配合限制活动。指导家长对患儿出血症状的观察，如黑色柏油样便提示消化道出血，睡眠时过多的吞咽动作可提示鼻腔出血。教会家长及年长儿必要的应急护理措施如局部止血法，降低不良后果，忌用抑制血小板的药物，如阿司匹林、吲哚美辛、双嘧达莫等。鼓励患儿规律、适度地运动，增强关节周围肌肉的力量和强度，延缓出血或使出血局限化。对家长进行遗传咨询。基因携带者孕妇应行产前基因分析检查。

第四节　急性白血病患儿的护理

学习目标

知识目标	1. 掌握急性白血病的临床表现、护理措施。 2. 熟悉急性白血病分类及分型、治疗原则。 3. 了解儿童急性白血病的病因和发病机制。
能力目标	能够运用所学知识为急性白血病患儿及其家庭实施整体护理和健康教育。
素质目标	培养护生尊重生命，关注儿健康的职业精神。

急性白血病（acute leukemia）是造血系统的恶性增生性疾病，造血组织中某一细胞系统过度增生，导致骨髓中异常原始细胞及幼稚细胞（白血病细胞）大量增殖并浸润肝、脾、淋巴结等脏器，使正常造血受抑制。15岁以下儿童发病率为3/10万~4/10万，占儿童各种恶性肿瘤的首位。随着新的治疗方式的不断涌现，急性白血病的预后明显改善。目前，儿童急性淋巴细胞白血病（acute lymphoblastic leukemia，ALL）缓解率可达95%以上，5年无病生存率达70%~85%。急性非淋巴细胞白血病（acute non-lymphocytic leukemia，ANLL）的5年无病生存率达60%~65%。

【病因】

目前病因尚不清楚，可能与下列因素有关。

1. 病毒感染　多年研究已证明属于RNA病毒的反转录病毒与人类T淋巴细胞白血病有关。

2. 物理与化学因素　电离辐射、放射、核辐射等可激活隐藏体内的白血病病毒，使癌基因畸变或抑制机体的免疫功能而致白血病。苯及其衍生物、重金属、氯霉素、保泰松和细胞毒药物等可诱发白血病。

3. 遗传因素　研究证明同卵双生中一个儿童发生白血病，另一个儿童患白血病的可能为20%~25%，表明与遗传因素有关。

【发病机制】

发病机制尚未完全明了，可能与原癌基因转化、抑癌基因畸变、细胞凋亡受抑有关。在各种不利因素下，骨髓中原始细胞和幼稚细胞恶变，发生分化障碍，导致正常成熟细胞产生过少，外周血常规中正常红细胞、白细胞、血小板过少，发生贫血、易感染和出血。骨髓中异常白细胞大量增生，并且浸润肝、脾、淋巴结等各种脏器，出现肝大、脾大和淋巴结肿大并压痛。

【分类和分型】

根据增生的细胞种类不同，白血病可分为急性淋巴细胞白血病（ALL）和急性非淋巴细胞白血病（ANLL）两大类，儿童以ALL多见。目前，常采用MICM综合分型，即形态学（M）、免疫学（I）、细胞遗传学（C）及分子生物学（M），有利于对白血病的治疗指导和预后判断。

1. ALL　按照形态学分型（FAB分型）将ALL分为三型。其中L_1型以原始和幼淋巴细胞以小细胞为主，占80%；L_2型以原始和幼淋巴细胞以大细胞为主，大小不一；L_3型以原始和幼淋巴细胞以大细胞为主，大小较一致，细胞内有明显空泡，胞质嗜碱性，染色深。按照临床分型标准，可分为标危型急性淋巴细胞白血病（SR-ALL）、中危型急性淋巴细胞白血病（IR-ALL）、高危型急性淋巴细胞白血病（HR-ALL）。

2. ANLL 根据形态学分型将ANLL分为共八个亚型。其中M_0型为原粒细胞微分化型；M_1为原粒细胞白血病未分化型；M_2为原粒细胞白血病部分分化型；M_3为颗粒增多的早幼粒细胞白血病；M_4为粒-单核细胞白血病；M_5为单核细胞白血病；M_6为红白血病；M_7为急性巨核细胞白血病。按照临床分型，分为非高危型和高危型。

【临床表现】

各型白血病的临床表现大致相同，主要表现为发热、贫血、出血、白血病细胞浸润所致的症状和体征。

1. 起病 大多较急，少数缓慢。早期症状有面色苍白，精神不振，乏力，鼻出血和/或齿龈出血等；少数以发热和类似风湿热的骨关节疼痛为首发症状。

2. 发热 为最常见症状。热型不定，一般不伴寒战，抗生素治疗无效。合并感染时，出现持续高热，常见呼吸道感染、齿龈炎、皮肤疖肿、肾盂肾炎、败血症等。

3. 贫血 出现较早，并随病情加重而加重。表现为苍白、头晕、虚弱无力、活动后气促。

4. 出血 以皮肤和黏膜出血多见，表现为紫癜、瘀斑、齿龈出血、消化道出血和血尿，偶有颅内出血，M_3白血病的出血最为显著。

5. 白血病细胞浸润的症状和体征

（1）肝、脾、淋巴结肿大：可有压痛，纵隔淋巴结肿大时可致压迫症状如呛咳、呼吸困难和静脉回流受阻。

（2）骨关节疼痛：多见于急性淋巴细胞白血病。25%以四肢长骨及肩、膝、腕、踝等关节疼痛为首发症状，常伴有胸骨压痛或叩击痛。

（3）中枢神经系统白血病（Central Nerve System Leukemia，CNSL）：白血病细胞侵犯脑实质、脑膜导致头痛、呕吐、嗜睡、视神经乳头水肿、惊厥、昏迷、脑膜刺激征等，脑脊液可发现白血病细胞。

（4）睾丸白血病：表现为睾丸肿大、触痛，阴囊皮肤可呈黑色。

（5）其他器官浸润：白血病细胞浸润眶骨、颅骨、胸骨、肋骨或肝、肾、肌肉等组织，在局部呈块状隆起而形成绿色瘤；皮肤、心脏、肾脏、口腔黏膜、齿龈等组织器官均可因白血病细胞浸润而出现相应的症状和体征。

【辅助检查】

1. 血象 多数病人白细胞计数增多，甚至可大于100×10^9/L，分类检查中可见原始细胞和/或幼稚细胞，一般为30%~90%，甚至高达95%以上，部分病人白细胞数正常或减少。红细胞及血红蛋白均减少，属正细胞正色素性贫血。早期血小板轻度减少或正常，晚期明显减少，可伴出血时间延长。

2. 骨髓象 骨髓有核细胞显著增生，多为明显活跃或极度活跃，主要为白血病原始细胞和幼稚细胞，占非红系细胞的30%以上。正常粒系、红系细胞及巨核细胞系统均显著减少。

3. 生化检查 白细胞负荷大的患儿可出现血尿酸及乳酸脱氢酶含量增高，0.5%患儿会出现血钙过多。

4. 凝血功能 包括PT、APTT、TT、FIB、DD二聚体、FDP。白血病发病时可造成凝血酶原和纤维蛋白原减少，从而导致凝血酶原时间延长和出血。

5. 脑脊液检查 怀疑CNSL时应作脑脊液检查，脑脊液色清或微浊，压力增高，细胞数增多，蛋白增多，将脑脊液涂片检查可发现白血病细胞。如果腰穿无损伤，WBC>5×10^6/L并见有幼稚细胞，便可诊断为CNSL。

6. 免疫分型 应用系列单克隆抗体对白血病细胞进行标记，确定白血病类型；主要分为T细胞系和B细胞系两大类，儿童ALL主要以B细胞型为主，占80%。

【治疗要点】

目前主要采用以化疗为主的综合治疗措施。

（一）原则

1. 早期诊断、早期治疗、严格分型、按型选方案、争取尽快完全缓解。

2. 早期预防中枢神经系统白血病和睾丸白血病。

3. 造血干细胞移植。

4. 重视支持疗法。

（二）联合化疗

1. 化疗原则 联合、足量、间歇、交替、长期、规律。

2. 化疗程序 通常按次序、分阶段进行。

（1）诱导治疗：联合数种化疗药物，最大限度杀灭白血病细胞，使达完全缓解。① ALL可使用长春新碱（VCR）、泼尼松（Pred）、环磷酰胺（CTX）、柔红霉素（DNR）等；② ANLL可应用阿糖胞苷（Ara-C）、DNR、依托泊苷（VP-16）等。

（2）巩固、强化治疗：在缓解状态下，最大限度杀灭微小残留白血病细胞，防止早期复发。① ALL常用方案为CAM方案，环磷酰胺（CTX）、Ara-C、6-巯基嘌呤（6-MP）等；② ANLL采用原来的方案治疗1~2疗程，根治性强化治疗为含有Ara-C的方案等。

（3）预防髓外白血病：防止骨髓复发和治疗失败，使患儿获得长期生存。常用药有Ara-C、甲氨蝶呤（MTX）、地塞米松（Dex）。

（4）维持及加强治疗：巩固疗效，达到长期缓解或治愈。常用药有6-MP或6-MP＋MTX等。

（5）CNSL预防性治疗的常用方法为：① 三联鞘内注射法（MTX＋Ara-C＋Dex）3种药物联合鞘内注射；② 大剂量甲氨蝶呤-四氢叶酸钙（HDMTX-CF）疗法；③ 颅脑放射治疗。

（三）造血干细胞移植

造血干细胞移植（hematopoietic stem cell transplantation，HSCT）指对病人进行全身照射化疗和免疫抑制预处理后，将正常供体或自体的造血细胞经血管输注给病人，使其重建正常的造血和免疫功能。由于儿童ALL和早幼粒细胞白血病治愈率高，故不作首选，如需移植，应严格掌握指征和时机。

按造血干细胞取自健康供体还是病人本身，HSCT可分为异体HSCT和自体HSCT（auto-HSCT）。异体HSCT又分为异基因移植（allo-HSCT）和同基因移植。后者指遗传基因完全相同的同卵孪生间的移植，供受者间不存在移植物被排斥和移植物抗宿主病（grat-versus-host disease，GVHD）等免疫学问题；按造血干细胞采集部位的不同可分为骨髓移植、外周血干细胞移植和脐血移植。

（四）放射治疗

1. CNSL治疗　初诊合并中枢神经系统白血病，如果治疗反应不好，可在完成延迟强化治疗后维持治疗前接受颅脑放疗，<2岁患儿不建议放疗。

2. 睾丸白血病治疗　若确定睾丸有白血病细胞残留者需进行放疗。

（五）分子靶向治疗

核苷类似物如氯法拉滨和奈拉滨，现在已经成为治疗白血病的化疗药物，白血病治疗的抗体如利妥昔单抗（抗CD20）、阿仑单抗（抗CD52）和依帕珠单抗（抗CD22）将逐步走向临床。基因工程技术表达靶向嵌合抗原受体（chimeric antigen receptor，CAR）T细胞的免疫治疗目前已经逐渐成为复发、难治性儿童白血病的首选治疗方案。

（六）并发症及辅助治疗

治疗过程中患儿可发现急性肿瘤溶解综合征，表现为高钾血症、低钙血症、高磷血症；此外，还可发生中性粒细胞缺乏、感染、发热等，应该进行预防和对症治疗。

【护理评估】

1. 健康史　评估患儿的年龄、营养状态及生长发育史，了解患儿既往住院病史，有无反复呼吸道感染史及反复出血史，了解患儿的预防接种史，家族中是否有人患血液病，生活环境中有无经常接触放射性物质、重金属等化学物质，家庭近期有无装修。

2. 身体状况　评估患儿有无面色苍白，精神不振，乏力，鼻出血和/或齿龈出血等；有无少数以发热和类似风湿热的骨关节疼痛为首发症状；有无呼吸道感染、齿龈炎、皮肤疖肿、肾盂肾炎、败血症等；有无白血病细胞浸润的症状和体征，如肝、脾、淋巴结肿大、骨关节疼痛、中枢神经系统白血病或其他器官浸润。

3. 心理-社会状况　评估患儿及家长对儿童白血病知识的了解程度，患儿家庭居住环境、家庭经济状况及有无住院经历；评估家长及患儿对儿童白血病的心理反应，有无绝望、悲观情绪。

【常见护理诊断/问题】

1. 体温过高　与大量白细胞浸润、坏死和/或感染有关。

2. 有感染的危险　与患儿免疫力低下、化疗抑制免疫有关。

3. 有出血的危险　与血小板减少有关。

4. 活动耐力下降　与贫血致组织缺氧有关。

5. 营养失调：低于机体需要量　与疾病过程中消耗增加，抗肿瘤治疗致恶心、呕吐、食欲下降，摄入不足有关。

6. 恐惧　与侵入性治疗、护理技术操作多，预后不良等有关。

7. 预感性悲哀　与白血病久治不愈有关。

8. 体像紊乱　与化疗所致形象改变有关。

【预期目标】

1. 患儿体温恢复正常。

2. 患儿住院期间不发生感染。

3. 患儿住院期间不发生危险性大出血。

4. 患儿缺氧改善，逐渐恢复日常活动

5. 患儿恶心呕吐减轻，食欲正常。

6. 患儿恐惧减轻。

7. 患儿情绪正常，预感性悲哀消失。

8. 患儿接受身体形象改变。

【护理措施】

（一）维持体温正常

监测体温，患儿高热时给予物理降温，或根据医嘱给予药物降温。忌用安乃近和酒精擦浴以免降低白细胞和增加出血倾向。有细菌或病毒感染者应及时给予抗生素或抗病毒药物。

（二）预防感染

1. 保护性隔离　采取保护性隔离措施。粒细胞及免疫功能明显低下者，有条件者置于空气层流室或单人无菌层流床，以免发生交叉感染。

2. 注意个人卫生　进食前后用温开水或漱口液漱口；每日清洁鼻前庭并涂氯己定油膏；勤换衣裤，每日沐浴有利于汗液排泄，减少发生毛囊炎和皮肤疖肿的风险；保持大便通畅，便后用温水或盐水清洁肛周，防止肛周脓肿。注意饮食卫生，食物应高温烹制，不吃凉拌菜，水果应清洗并削皮。

3. 严格执行无菌操作技术　进行任何穿刺前，必须严格消毒。各种管道或伤口敷料应定时更换，以免细菌生长。对粒细胞减少的患儿进行穿刺操作时，除常规消毒外，宜用浸过乙醇的无菌纱布覆盖局部皮肤5分钟再行穿刺。

4. 预防接种　白血病患儿化疗期间避免接种麻疹、风疹、水痘、流行性腮腺炎等减毒活疫苗和口服脊髓灰质炎糖丸，以防发病。

（三）防止出血

见本章第三节护理措施。

（四）合理安排活动与休息

在身体条件许可的情况下，鼓励患儿做一些家务或参加一些社会活动，但避免劳累。严重虚弱的患儿应卧床休息，并协助患儿日常生活护理，如洗漱、进食、大小便及个人卫生等，以满足患儿的生理需求。

（五）合理营养

给予高蛋白、高维生素、高热量易消化的饮食，以补充机体消耗，提高对化疗的耐受性。鼓励患儿进食，不能进食者，可鼻饲或静脉补充营养。

（六）用药护理

1. 熟悉常用化疗药的特点及给药途径，正确给药

（1）化疗药物多有较强的刺激性，应避免药液外渗而导致局部疼痛、红肿，甚至软组织坏死。出现外渗时，立即停止注射，局部用25%硫酸镁热敷或局部封闭。

（2）光照可使某些药物如依托泊苷、替尼泊苷等分解，在静脉滴注此类药物时应用黑纸包裹避光。

（3）鞘内注射时，药物浓度不宜过大，药液量不宜过多，应缓慢推入，术后需去枕平卧4~6小时，以减少不良反应。

（4）护士要注意自我保护，化疗药最好在中央药房集中配制，无中央药房者应在生物安全柜下配制，减少污染；配药时戴手套、口罩、面罩、护目镜，以免药液污染操作者。一旦溅在皮肤、黏膜上马上冲洗。

2. 观察及处理化疗药物副作用

（1）绝大多数化疗药物均可致骨髓抑制，应监测血象，观察有无出血倾向，防止感染；恶心、呕吐严重者，用药前半小时给予止吐药。

（2）环磷酰胺可致出血性膀胱炎，应保证液量摄入；可能致脱发者应先告知家长及年长儿，脱发后可戴假发、帽子或围巾。

（3）观察有无高尿酸血症、高磷酸盐血症、低钙血症和高钾血症（肿瘤溶解综合征）的表现，并给予对症处理。

（4）糖皮质激素长期应用可致高血压、免疫功能降低、库欣综合征、骨质疏松及情绪改变，要定期监测血压，补充钙剂，让患儿及家长了解可能出现的形象改变，并告知停药后可恢复正常。

（5）蒽环类药物可引起不可逆性心脏毒性，应注意观察有无心律失常、低血压、心肌收缩功能下降的表现；有些患儿长时间应用后甚至会发生慢性心力衰竭和扩张型心肌病。应联合使用其他保护心脏的药物，如右丙亚胺、β-受体阻滞剂、他汀类、维生素类、中药类。

（七）心理护理

热情帮助、关心患儿，向年长儿和家长提供病情好转的信息及其所关心的国内外的治疗进展。为患儿家长提供相互交流的机会，如定期召开家长座谈会或病友联谊会（自助组），让患儿、家长相互交流成功护理经验和教训，如何采取积极的应对措施以渡过难关等，从而提高自护和应对能力，增强治愈的信心。帮助患儿应对化疗引起的形象改变，如脱发患儿可以戴假发，发放统一的帽子等，告诉患儿这只是暂时的改变。

（八）健康教育

1. 向家长及年长患儿讲解白血病的有关知识　化疗药的作用和毒副作用，如有PICC管道，需向患儿及家长讲解PICC管道维护知识，如定时冲管，预防原发病并发症，定时换药，洗澡时保护好穿刺点上10cm，不能游泳、沐浴，敷料如浸湿应按无菌技术换药。教会患儿观察导管相关感染的表现，如穿刺点有分泌物、局部红肿疼痛、沿静脉走向出现条索状的红肿热痛现象。

2. 定期随访 停药后前两年内每3个月左右进行1次血常规检查，每年全面体格检查，重点检查淋巴结、肝、脾及睾丸。停药第3年以后，每6个月进行1次血常规检查，每年进行正常儿童体格检查。出现复发症状随时复诊。

【护理评价】

1. 住院期间患儿体温是否维持在正常范围。

2. 患儿住院期间是否发生感染。

3. 患儿住院期间是否发生危险性大出血。

4. 患儿缺氧是否改善，逐渐恢复日常活动。

5. 患儿恶心呕吐是否减轻，食欲是否正常。

6. 患儿恐惧是否减轻。

7. 患儿情绪是否正常，预感性悲哀消失。

8. 患儿是否接受身体形象改变。

（杨秀玲）

学习小结

本章血液系统疾病患儿的护理首先介绍了儿童造血和血液特点，儿童贫血的定义、分度；其次介绍了缺铁性贫血及营养性巨幼红细胞性贫血疾病患儿的护理等内容，其中缺铁性贫血最为多见，是我国儿童保健工作中重点防治的"四病"之一。免疫性血小板减少症、血友病、急性白血病也是本章学习的内容，护理此类病人应注意观察出血情况，以免发生危及生命的大出血，输注血液制品时应注意核对，保证用药安全。长期应用糖皮质激素和免疫抑制剂可使患儿免疫力低下，应积极预防感染。急性白血病患儿治疗采用化疗为主，联合免疫治疗的综合疗法，应加强患儿输注化疗药物的护理。通过此部分内容的学习，学生能够掌握血液系统疾病的临床表现、护理措施，根据护理诊断为患儿提供整体护理。

（一）选择题

1. 患儿，男，11个月，逐渐苍白1个月，单纯母乳喂养，肝肋下2.5cm，脾肋下0.5cm，Hb 80g/L，RBC 3×10^{12}/L，RBC中心浅染区扩大，网织红细胞、PLT、WBC正常，替代治疗应持续至
   A. 网织红细胞正常
   B. 血红蛋白正常
   C. 网织红细胞和血红蛋白都达到正常水平
   D. Hb达正常水平后再继续用药2个月
   E. 总疗程达2个月

2. 患儿，男性，3岁。2周前患急性上呼吸道感染，近2天全身出现针尖样出血点，以双下肢为多。血常规：血小板计数11×10^9/L，红细胞及白细胞正常。血涂片：血小板形态大而松散。最有可能的诊断是
   A. 血友病
   B. 免疫性血小板减少症
   C. 再生障碍性贫血
   D. 白血病
   E. G6PD缺乏症

3. 下列血友病关节出血的PRICE原则，**不包括**
   A. 预防（prevention）
   B. 休息（rest）
   C. 冰敷（ice）
   D. 压迫（compression）
   E. 抬高（elevation）

（4~5题共用题干）

患儿，男性，5岁，贫血貌，体格检查全身出血点浅表淋巴结不肿大，胸骨有压痛，肝脏轻度增大。外周血白细胞计数36×10^9/L，可见幼稚细胞；血红蛋白40g/L；血小板计数50×10^9/L。

4. 该患儿最有可能的诊断是
   A. 败血症
   B. 再生障碍性贫血
   C. 过敏性紫癜
   D. 急性白血病
   E. 淋巴瘤

5. 该患儿应用化疗药物治疗时，**不正确**的操作是
   A. 注射前确认静脉通畅
   B. 护士要做好自我保护和环境保护
   C. 渗漏后应立即停止，局部处理
   D. 鞘内注射时，应快速推入，减少污染
   E. 鞘内注射时术后需去枕平卧4~6小时

   答案：1. D；2. B；3. A；4. D；5. D

（二）简答题

1. 儿童患缺铁性贫血与营养性巨幼红细胞性贫血的临床表现有何不同？

2. 如何预防白血病患儿的肿瘤溶解综合征？

第十二章

泌尿系统疾病患儿的护理

第一节　儿童泌尿系统解剖生理特点

学习目标

知识目标	1. 掌握儿童正常尿量范围、少尿及无尿判断标准，儿童泌尿系统解剖特点。 2. 熟悉儿童排尿及尿液特点。 3. 了解儿童泌尿系统生理特点。
能力目标	能够运用所学知识为泌尿系统疾病患儿及家庭进行健康宣教。
素质目标	培养护生良好的人文关怀精神和儿科护士职业素养。

一、解剖特点

泌尿系统包括肾脏、输尿管、膀胱和尿道，其解剖和生理特点随着年龄的不同而发生变化。

1. **肾脏**　肾脏位于腹后壁，脊柱两侧。儿童年龄越小，肾脏相对越重，新生儿两肾重量约为体重的1/125，成人两肾重量约为体重的1/220。婴儿肾脏位置较低，下极可低至髂嵴以下第4腰椎水平，2岁以后始达髂嵴以上。右肾位置稍低于左肾。2岁以内健康儿童腹部触诊可扪及肾脏。婴儿肾脏表面呈分叶状，至2~4岁时分叶完全消失。

2. **输尿管**　婴幼儿输尿管长而弯曲，管壁肌肉及弹力纤维发育不全，容易受压及扭曲而导致梗阻，引起尿潴留而诱发感染。

3. **膀胱**　婴儿膀胱位置比年长儿高，尿液充盈时，膀胱顶部常在耻骨联合以上，腹部触诊时易扪及充盈的膀胱；随年龄增长逐渐下降至盆腔内。

4. **尿道**　新生女婴尿道长仅1cm（性成熟期3~5cm），外口暴露且接近肛门，易受细菌污染。男婴尿道虽较长，但常有包茎和包皮过长，尿垢积聚时也易引起上行性细菌感染。

二、生理特点

肾脏的生理功能主要包括排泄机体的代谢产物，调节机体水、电解质和酸碱平衡及内分泌功能。肾脏功能的发育经过未成熟逐渐趋向成熟的过程。新生儿出生时肾小球滤过率比较低，为成人的1/4，早产儿更低，故不能有效排出过多的水分和溶质，2岁时方达成人水平。新生儿和婴幼儿肾小管重吸收功能低，对水钠的负荷调节较差，容易发生钠潴留和水肿。新生儿及幼婴肾脏对尿的浓缩功能差，尿最高渗透压仅达700mmol/L（成人可达1 400mmol/L），至1~2岁时可达成人水平，故此期体液丢失或入量不足时易发生脱水，甚至诱发急性肾功能不全。

三、儿童排尿及尿液特点

1. 排尿次数 93%的新生儿在生后24小时内排尿，99%在48小时内排尿。出生后头几天因摄入量少，每日排尿仅4~5次；1周后因入量增加，代谢旺盛，而膀胱容量小，排尿次数增至每日20~25次；1岁时排尿每日15~16次；学龄前和学龄期每日6~7次。

2. 排尿控制 正常排尿机制在婴儿期由脊髓反射完成，以后由脑干-大脑皮质控制，一般至3岁已能控制排尿。在1.5~3岁，儿童主要通过控制尿道外括约肌和会阴肌控制排尿；若3岁后仍保持这种排尿机制，不能控制膀胱逼尿肌收缩，则出现不稳定膀胱，表现为白天尿频、尿急或尿失禁和夜间遗尿。

3. 每日尿量 新生儿生后2天内正常尿量一般为1~3ml/（kg·h），平均尿量为30~60ml/d；若新生儿尿量<1.0ml/（kg·h）为少尿，<0.5ml/（kg·h）为无尿。学龄期儿童每日尿量400ml，学龄前儿童每日尿量<300ml，婴幼儿每日尿量<200ml为少尿。每日尿量<50ml为无尿。不同年龄段儿童正常尿量标准如下（表12-1-1）。

▼ 表12-1-1 不同年龄段儿童正常尿量标准

年龄	正常尿量/（ml·d^{-1}）	年龄	正常尿量/（ml·d^{-1}）
3~10天	100~300	>3~5岁	600~700
>10天~2个月	250~400	>5~8岁	600~1 000
>2个月~1岁	400~500	>8~14岁	800~1 400
>1~3岁	500~600	>14岁	1 000~1 600

4. 尿的性质

（1）尿色：新生儿出生后2~3天尿色深，稍混浊，放置后有红褐色沉淀，此为尿酸盐结晶，数日后尿色变淡。正常婴幼儿尿液淡黄透明，但在寒冷季节放置后可有盐类结晶析出而变混浊。尿酸盐加热后，磷酸盐加酸后可溶解，尿液变清，可与脓尿、乳糜尿鉴别。

（2）酸碱度：生后头几日因尿内含尿酸盐多而呈酸性，以后接近中性或弱酸性，pH多为5~7。

（3）尿渗透压和尿比重：新生儿尿渗透压平均为240mmol/L，比重为1.006~1.008，随年龄增长逐渐增高；婴儿尿渗透压为50~600mmol/L，1岁后接近成人水平；儿童通常为500~800mmol/L，尿比重范围为1.003~1.030，通常为1.011~1.025。

（4）尿蛋白：正常儿童尿中仅含微量蛋白，通常≤100mg（m²·24h），定性为阴性，随意尿的尿蛋白（mg/dl）/尿肌酐（mg/dl）≤0.2。若尿蛋白含量>150mg/d或>4mg/（m²·h）或>100mg/L、定性检查阳性均为异常。

（5）尿细胞和管型：正常新鲜尿液离心后沉渣显微镜下检查，红细胞<3个/HP，白细胞

<5个/HP，偶见透明管型。12小时Addis计数正常为：红细胞<50万，白细胞<100万，管型<5 000个。

第二节　急性肾小球肾炎患儿的护理

学习目标

知识目标	1. 掌握急性肾小球肾炎患儿的临床表现、常见护理诊断/问题和护理措施。 2. 熟悉急性肾小球肾炎的定义、分类、病因及治疗要点。 3. 了解急性肾小球肾炎的发病机制、病理生理。
能力目标	能运用护理程序，对急性肾小球肾炎患儿及其家庭实施整体护理及健康教育。
素质目标	培养护生人文关怀精神和儿科护士职业素养。

案例导入与思考

患儿，男，6岁，以"水肿、少尿3天"入院。患儿三天前出现眼睑水肿，渐波及全身。晨起为重，尿量明显减少，尿色深，无尿频、尿急、尿痛，时感头晕，无呕吐。一周前有"感冒"史。

体格检查：T 37℃，P 96次/min，R 24次/min，BP 160/112mmHg。神志清，精神欠佳，营养中等，双眼睑、颜面及双下肢水肿，压之无凹陷。心肺未见异常，腹软，肝肋下未触及，移动性浊音（－）。

辅助检查：尿常规为红细胞满视野，尿蛋白（＋），可见管型。ASO：400U/ml，血尿素氮、肌酐正常。

请思考：

1. 护士应如何评估和观察患儿？
2. 该患儿目前主要的护理诊断/问题是什么？
3. 护士应给患儿制订的活动方案是什么？

　　急性肾小球肾炎（acute glomerulonephritis，AGN）简称急性肾炎，是一组病因不一的肾小球疾病，临床表现为急性起病，多有前驱感染，以血尿为主，伴有不同程度的蛋白尿，可有水肿、高血压或肾功能不全等特点。本病多数发生于A组β溶血性链球菌感染之后，被称为急性链球菌感染后肾炎（acute post-streptococcal glomerulonephritis，APSGN）；而由其他病原体感染后引起的急性肾炎，称为急性非链球菌感染后肾炎（non-post-streptococcal glomerulonephritis）。临床所谓急性肾炎通常指前者而言。本病多见于儿童和青少年，以5~14岁多见，特别是6~7岁，小于2岁者少见，男女比例2:1。

【病因和发病机制】

本病有多种病因，但临床上大多数病例属于链球菌中的"致肾炎菌株"感染后引起的免疫复合物性肾炎，呼吸道和皮肤感染为主要前期感染。除β溶血性链球菌外，其他细菌如金黄色葡萄球菌、肺炎链球菌和革兰氏阴性菌等也可致病。此外，流行性感冒病毒、腮腺炎病毒、乙型肝炎病毒、柯萨奇病毒B4型和埃柯病毒9型、肺炎支原体、真菌、钩端螺旋体、立克次体和疟原虫等也可导致急性肾炎。A组β溶血性链球菌感染后导致肾炎的发病机制（图12-2-1），系机体对链球菌的某些抗原成分产生抗体，抗原抗体结合形成循环免疫复合物，此种循环免疫复合物不易被吞噬清除，随血液循环到达肾脏，沉积于肾小球基底膜上并激活补体系统，引起免疫和炎症反应，使基底膜损伤，致血液成分漏出毛细血管，从而尿中出现蛋白、红细胞、白细胞和各种管型。与此同时，细胞因子等又能刺激肾小球内皮和系膜细胞肿胀、增生，严重时可有新月体形成，毛细血管管腔闭塞，使肾小球滤过率降低，出现少尿、无尿，严重者可发生急性肾衰竭。因肾小球滤过率降低，水钠潴留，细胞外液和血容量增多，临床上出现不同程度的水肿、循环充血和高血压，严重者可出现高血压脑病。

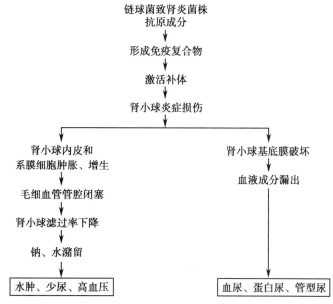

▲ 图12-2-1　链球菌感染后急性肾炎发病机制

【临床表现】

轻者可无临床症状，仅见镜下血尿；重者可呈急进性过程，短期内出现肾功能不全。

1. 前驱感染　90%的病例有链球菌的前驱感染，以呼吸道和皮肤感染为主。呼吸道感染至急性肾炎发病为6~12天，而皮肤感染则稍长，为14~28天。

2. 典型表现　急性期常有全身不适、低热、食欲减退、疲倦、乏力、头晕、腰部钝痛等非特异症状。部分患儿尚可见呼吸道或皮肤感染病灶。主要表现如下：

（1）水肿：为最常见和最早出现的症状。70%患儿有非凹陷性水肿，呈下行性分布，初期多为眼睑及颜面部水肿，渐波及躯干、四肢，重者2~3天遍及全身。一般多为轻、中度水肿。

（2）血尿：起病几乎都有血尿。轻者仅有镜下血尿，50%~70%患儿有肉眼血尿，呈茶褐色或烟蒂水样（酸性尿），也可呈洗肉水样（中性或弱碱性尿）。肉眼血尿多在1~2周即转为镜下血尿，而镜下血尿一般持续数月，运动后或并发感染时血尿可暂时加剧。

（3）蛋白尿：程度不等，约有20%病例蛋白尿可达肾病综合征水平。蛋白尿患儿病理上常呈严重系膜增生。

（4）高血压：30%~80%患儿可有高血压。一般学龄前儿童>120/80mmHg，学龄儿童>130/90mmHg，多为轻度或中度增高。一般在1~2周内随尿量增多而恢复正常。

（5）少尿：肉眼血尿严重者可伴有尿量减少。

3. 急性期严重并发症 少数患儿在疾病早期（2周内）可出现下列严重表现：

（1）严重循环充血：常发生在起病1周内。由于水钠潴留，血浆容量增加而出现循环充血，轻者仅有轻度呼吸增快和肺部湿啰音；严重者表现为明显气急、端坐呼吸、颈静脉怒张、频繁咳嗽、咳粉红色泡沫痰、两肺布满湿啰音、心脏扩大、心率增快，有时可出现奔马律等症状，水肿加重可出现胸腔积液和腹水等。少数可突然发生病情急剧恶化。

（2）高血压脑病：常发生在疾病早期，血压骤升（往往在150~160mmHg/100~110mmHg以上）。由于脑血管痉挛，导致缺血、缺氧、血管渗透性增高而发生脑水肿，也有人认为是由脑血管扩张所致。临床上出现头痛、烦躁不安、恶心呕吐、复视或一过性失明，严重者突然出现惊厥和昏迷。

（3）急性肾功能不全：常发生于疾病初期，出现少尿或无尿等症状，引起暂时性氮质血症、电解质紊乱和代谢性酸中毒。常持续3~5日，一般不超过10日，在尿量逐渐增多后，病情好转。若持续数周仍不恢复，则预后不良。

4. 非典型表现

（1）无症状性急性肾炎：为亚临床病例，有前驱感染病史，患儿仅有镜下血尿或仅有血清补体C3降低，无其他临床表现。

（2）肾外症状性急性肾炎：少数患儿有水肿和/或高血压，甚至出现高血压脑病或严重循环充血，而尿液的改变轻微或正常，可有链球菌前驱感染和血清C3水平明显降低。

（3）以肾病综合征为表现的急性肾炎：以急性肾炎起病，但水肿和蛋白尿突出，伴低蛋白血症和高胆固醇血症，呈肾病综合征表现。

【辅助检查】

1. 尿液检查 尿蛋白+~+++之间，与血尿程度相平行。镜下除见大量红细胞外，可见透明、颗粒或红细胞管型。疾病早期也可见较多的白细胞和上皮细胞，并非感染所致。

2. 血液检查

（1）外周血白细胞一般轻度升高或正常，轻度贫血，血沉增快。

（2）血清抗链球菌抗体（如抗链球菌溶血素O、抗透明质酸酶、抗脱氧核糖核酸酶）升高，提示有新近链球菌感染，是诊断链球菌感染后肾炎的依据。

（3）血清总补体（CH50）及C3在病程早期显著下降，多在6~8周恢复正常。

（4）少尿期有轻度氮质血症，尿素氮、肌酐暂时升高。

3. 肾穿刺活检　对可能为急进性肾炎或临床、实验室检查不典型或病情迁延者进行肾穿刺活体组织检查以确定诊断。

【治疗要点】

本病无特异疗法，主要是对症处理，清除残留感染灶，加强护理，注意观察和防治急性期合并症，保护肾功能。

1. 休息　急性期患儿应卧床休息2~3周，休息至水肿消退、血压降至正常、肉眼血尿消失。

2. 饮食　水肿、高血压者限制钠盐的摄入，有氮质血症者应限制蛋白的入量，有尿少、循环充血者须限制水的摄入。

3. 抗感染　仍有咽部、皮肤感染灶时应用青霉素治疗10~14天，青霉素过敏者改用红霉素，避免使用肾毒性药物。

4. 对症治疗

（1）利尿：经控制水、盐摄入量后仍有水肿、少尿或高血压者给予利尿剂，一般用氢氯噻嗪每天1~2mg/kg，分2~3次口服，口服效果差及重症者用呋塞米，口服剂量为2~5mg/（kg·d），注射剂量为每次1~2mg/kg，每日1~2次。静脉注射剂量过大时可有一过性耳聋。

（2）降血压：经上述处理血压仍高者均应给予降压药。① 硝苯地平：初始剂量0.25mg/（kg·d），最大剂量不超过1mg/（kg·d），分3次口服或舌下含服。② 卡托普利：初始剂量0.3~0.5mg/（kg·d），最大剂量5~6mg/（kg·d），分3次口服，与硝苯地平交替使用降压效果更佳。

5. 高血压脑病　首选硝普钠缓慢静脉滴注，5~20mg加入5%葡萄糖液100ml中，以1μg/（kg·min）速度静脉滴注。此药滴入后即起降压效果，应严密监测血压，随时调节滴速，但最快不得超过8μg/（kg·min）。滴注时应使用专用避光注射器、输液管等，以免药物遇光分解。

6. 严重循环充血　应严格限制水、钠摄入量和用强利尿剂（如呋塞米）促进液体排出，纠正水钠潴留，恢复正常血容量；如已发生肺水肿则可用硝普钠（剂量同前）扩张血管降压；对难治病例可采用透析治疗。

7. 急性肾衰竭　主要的治疗是使患儿能度过少尿期（肾衰期），使少尿引起的内环境紊乱减轻至最低程度。具体措施有维持水、电解质平衡，及时处理水过多、高钾血症和低钠血症等危及生命的水、电解质紊乱，必要时采用透析治疗。

【护理评估】

1. 健康史

（1）询问患儿血压情况及病前1~3周有无上呼吸道或皮肤感染史。

（2）了解患儿目前有无发热、乏力、头痛、呕吐及食欲下降等全身症状。

（3）了解患儿水肿开始时间、持续时间、发生部位、发展顺序及程度。

（4）了解患儿24小时排尿次数及尿量、尿色。

（5）询问目前药物治疗情况，用药的种类、剂量、疗效及副作用等。

2. 身体状况　评估患儿目前的体征，包括一般状态，如神志、呼吸、脉搏、血压、体位及体重等。检查水肿的部位、程度和性质，有无颈静脉怒张及肝大，肺部有无啰音，心率是否增快及有无奔马律等。

分析实验室检查结果，注意有无血尿、蛋白尿；有无低补体血症及抗链球菌溶血素O增高；有无血浆尿素氮、肌酐升高等。

3. 心理-社会状况　了解患儿及家长的心态，对本病的认识程度。患儿多为年长儿，心理压力来源较多，除因疾病和治疗对活动及饮食严格限制的压力外，还有来自家庭和社会的压力，如中断了与同伴的玩耍，或不能上学而担心学习成绩下降等，产生紧张、忧虑、抱怨等心理，表现为情绪低落、烦躁易怒等；学龄期患儿的老师及同学因缺乏本病的有关知识，会表现出过度关心和怜悯，使患儿产生自卑心理。了解家长是否知晓急性肾炎的相关知识，了解家庭结构、社会支持及应对方式、家庭经济状况等，评估家庭成员有无焦虑和失望等心理。

【常见护理诊断/问题】

1. 体液过多　与肾小球滤过率下降有关。

2. 活动耐力下降　与水钠潴留、血压升高有关。

3. 潜在并发症：高血压脑病、严重循环充血、急性肾衰竭。

4. 知识缺乏：患儿及家长缺乏本病的护理知识。

【预期目标】

1. 住院期间患儿尿量增加、水肿消退。

2. 住院期间患儿血压维持在正常范围，患儿乏力有所减轻，活动耐力逐渐增强。

3. 住院期间患儿无高血压脑病、严重循环充血及肾衰竭等情况发生或发生时得到及时发现与处理。

4. 患儿及家长了解急性肾炎的相关知识，积极配合治疗及护理。

【护理措施】

（一）维持体液平衡

凡经限制水、盐摄入量后水肿、少尿仍很明显或有高血压、全身循环充血者，遵医嘱给予利尿剂、降压药。应用利尿剂前后注意观察体重、尿量、水肿变化并做好记录，尤其是静脉注射呋塞米后要注意有无电解质紊乱和低血容量性休克等现象；应用硝普钠应现用现配，放置4小时后即不能再用，整个输液系统须用黑纸或铝箔包裹遮光。快速降压时必须严密监测血压、心率和药物的副作用。观察患儿有无恶心、呕吐、情绪不安、头痛和肌痉挛。

（二）休息与饮食管理

1. 休息　要向患儿及家长强调休息的重要性。休息可减轻心脏负担，增加心排血量，使肾血流量增加，提高肾小球滤过率，减少水钠潴留，减少潜在并发症的发生；同时能降低毛细血管血压，减轻水肿。急性期患儿应卧床休息2~3周，待水肿消退、肉眼血尿消失、血压降至正常后，可下床轻微活动并逐渐增加活动量，但3个月内仍应避免重体力活动；尿内红细胞减少、血沉降至正常可上学，但需避免体育活动和重体力活动；尿检完全正常后恢复体力活动。

2. 饮食管理　尿少、水肿、血压高的患儿，适当限制钠盐摄入，食盐以＜1g/d或60mg/（kg·d）为宜，严重水肿或高血压者需无盐饮食；有氮质血症时应限制蛋白质的入量，可给优质动物蛋白每日0.5g/kg，尿量增多、氮质血症消除后尽快恢复蛋白质供给；水分一般以不显性失水加尿量计算。在尿量增加、水肿消退、血压正常后，需恢复正常饮食，以保证儿童生长发育的需要。

（三）密切观察病情变化

1. 观察尿量、尿色　准确记录24小时出入量，应用利尿剂时每日测体重，每周留尿标本送尿常规检查2次。患儿尿量增加，肉眼血尿消失，提示病情好转。如尿量持续减少、尿素氮或肌酐升高，出现头痛、恶心、呕吐等，要警惕急性肾衰竭的发生，除限制钠、水入量外，应限制蛋白质及含钾食物的摄入，以免发生氮质血症及高钾血症；要绝对卧床休息以减轻心脏和肾脏的负担，并做好透析前的心理护理。

2. 观察水肿情况　注意水肿情况和部位，每日或隔日测体重一次。

3. 观察血压变化　若出现血压突然升高、剧烈头痛、头晕、呕吐、眼花等，提示高血压脑病，立即报告医生并配合抢救，除降压药物外，遵医嘱给予镇静剂，脑水肿时给予脱水剂。

4. 观察呼吸、心率、脉搏等变化　警惕严重循环充血的发生。如发生循环充血应将患儿安置于半卧位，吸氧，严格控制液体摄入，遵医嘱给予药物治疗。

知识拓展　|　　　　　　　　　肾穿刺活检的护理

　　　　　　　　　　肾穿刺前要解除患儿思想顾虑和恐惧心理，进行必要的体位和呼吸屏气动作训练，即训练患儿在腹部放置沙袋，俯卧位时能用腹式呼吸及听口令做屏气动作，以便术时能很好配合。

　　　　肾穿刺后患儿应平卧24小时，密切观察面色、尿色，监测呼吸、血压、脉搏；了解有无腹痛、腰痛等现象。不宜起床大小便，血尿明显时尽量不要翻身。遵医嘱给予补液、碱化尿液及止血药治疗。术后24小时可撤去腹带，可以起床，但若肉眼血尿明显，应待肉眼血尿消失后才能起床活动。术后观察3~7天方可出院。3个月内应避免剧烈活动。

（四）健康教育

向患儿及家长宣传本病是一种自限性疾病，预后良好，强调急性期休息和限制患儿活动是控制病情进展的重要措施，尤以前2周最为关键；同时告知患儿及家长，减少链球菌感染是预防本病的关键，一旦发生了上呼吸道或皮肤感染，应及早应用抗生素彻底治疗，溶血性链球菌感染后1~3周内定期检查尿常规。

【护理评价】

1. 住院期间患儿尿量是否增加，水肿是否消退。

2. 住院期间患儿血压是否能够维持在正常范围，患儿乏力是否有所减轻。

3. 住院期间患儿是否有高血压脑病、严重循环充血及肾衰竭等并发症发生或出现并发症是否得到及时处理。

4. 患儿及家长是否掌握休息、饮食的调控方法。

第三节　原发性肾病综合征患儿的护理

学习目标

知识目标	1. 掌握原发性肾病综合征患儿的临床表现、护理诊断/问题及护理措施。 2. 熟悉原发性肾病综合征的定义、分类、病因及治疗原则。 3. 了解原发性肾病综合征的发病机制及病理生理。
能力目标	能运用护理程序，对原发性肾病综合征患儿及其家庭实施整体护理及健康教育。
素质目标	尊重、爱护患儿，培养护生人文关怀能力及护理原发性肾病综合征患儿的临床思维能力。

案例导入与思考

患儿，男，3岁4个月。主因"眼睑及双下肢水肿5天，加重2天"入院。患儿5天前出现双眼睑水肿，逐渐出现颜面部及双下肢水肿并逐渐加重。近2日尿量减少，日尿量约200ml。起病前2周曾患"上呼吸道感染"。

体格检查：T 37.5℃，P 96次/min，R 26次/min，BP 95/60mmHg。咽部充血，全身水肿明显，呈凹陷性。腹软，移动性浊音（+）。

辅助检查：血浆总蛋白52g/L，白蛋白20g/L，球蛋白35g/L，胆固醇99mmol/L，甘油三酯270mmol/L。尿常规：蛋白（++++）。24小时尿蛋白定量366g/L。

请思考：

1. 护士应如何评估和观察患儿？

2. 该患儿目前主要的护理诊断/问题是什么？

3. 护士接诊后，针对患儿的病情应配合医生采取哪些护理措施？

肾病综合征（nephritic syndrome，NS）简称"肾病"，是一组多种原因所致肾小球基底膜通透性增高，导致血浆内大量蛋白质从尿液丢失引起的一组临床症候群。临床具有4大特点：① 大量蛋白尿；② 低蛋白血症；③ 高脂血症；④ 明显水肿。其中①②为必备条件。

肾病综合征在儿童肾脏疾病中发病率仅次于急性肾炎。2014年我国的调查结果显示肾病综合征占同期住院泌尿系统疾病患儿的20%。男女比例为3.7∶1。发病年龄多为学龄前儿童，3~5岁为发病高峰期。按病因可分为先天性、原发性和继发性3大类。儿童时期90%以上为原发性肾病，故本节重点介绍原发性肾病患儿的护理。

【病因和病理生理】

（一）病因

病因和发病机制尚不十分清楚。

1. 已证实肾小球毛细血管壁结构或电荷的变化可导致蛋白尿。

2. 非微小病变型常见免疫球蛋白和/或补体成分肾内沉积，局部免疫病理过程可损伤滤过膜的正常屏障作用而发生蛋白尿。

3. 微小病变型肾小球未见以上沉积，其滤过膜静电屏障损伤原因可能与细胞免疫失调有关。

4. 患儿外周血淋巴细胞培养上清液经尾静脉注射可导致小鼠发生大量蛋白尿和肾病综合征的病理改变，表明T淋巴细胞异常参与本病的发病。

（二）病理生理

基本病变是肾小球通透性增加，导致蛋白尿，而低蛋白血症、水肿和高胆固醇血症是蛋白尿继发的病理生理改变（图12-3-1）。

1. 低蛋白血症　是病理生理改变中的关键环节，大量血浆蛋白自尿中丢失是造成低蛋白血症的主要原因，蛋白质分解增加是次要原因，同时蛋白的丢失超过肝脏合成蛋白的速度也使血浆蛋白减少。血浆白蛋白下降影响机体内环境的稳定，低蛋白血症还影响脂类代谢。患儿胃肠道也可有少量蛋白丢失，但非低蛋白血症的主要原因。

2. 水肿　水肿的发生是由于：① 低蛋白血症使血浆胶体渗透压降低，水由血管内往外渗到组织间隙，当血浆白蛋白低于25g/L时，液体主要在间质区潴留，低于15g/L时可同时形成胸水和腹水。② 血浆胶体渗透压降低，有效循环血量减少，促进抗利尿激素和肾素–血管紧张素–醛固酮系统激活，使远端肾小管对水、钠的重吸收增多，造成水钠潴留，进一步加重水肿。③ 低血容量使交感神经兴奋性增高，近端肾小管对钠的重吸收增加。④ 某些肾内因子改变了肾小管管周平衡机制，使近曲小管对Na+吸收增加。

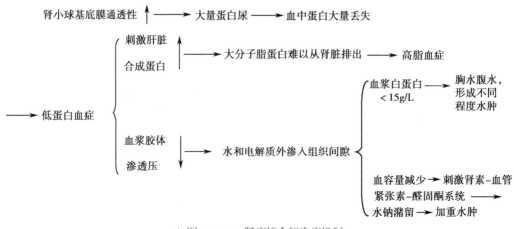

▲ 图12-3-1　肾病综合征发病机制

3. 高脂血症　低蛋白血症促进肝合成脂蛋白增加，其中的大分子脂蛋白难以从肾脏排出而蓄积体内，导致患儿血清总胆固醇和低密度脂蛋白增高，而高密度脂蛋白正常或降低，形成高脂血症。持续高脂血症，脂质从肾小球滤出，可促进肾小球硬化和肾间质纤维化。

4. 其他　患儿体液免疫功能降低与血清IgG和补体系统B、D因子从尿中大量丢失有关，也与T淋巴细胞抑制B淋巴细胞IgG合成转换有关。

【临床表现】

1. 水肿最常见　开始于眼睑、面部，渐及四肢全身，呈凹陷性（图12-3-2），男孩常有阴囊显著水肿。重者可出现腹腔积液或胸腔积液。常伴有尿量减少，颜色变深。

2. 血尿与血压　无并发症的患儿无肉眼血尿，短暂的镜下血尿可见于大约15%的患儿。大多数血压正常，但轻度高血压也见于约15%的患儿。

3. 其他　约30%的病例因血容量减少而出现短暂的肌酐清除率下降，一般肾功能正常，急性肾衰竭少见。部分病例晚期可有肾小管功能障碍，出现低血磷性佝偻病、肾性糖尿、氨基酸尿和酸中毒等。

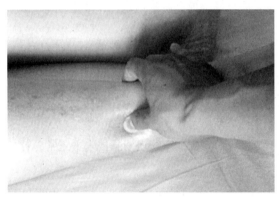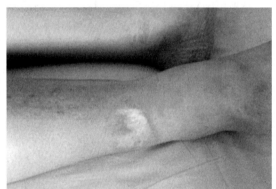

▲ 图12-3-2　肾病综合征水肿特点

4. 并发症

（1）感染（infection）：是本病最常见的并发症。由于肾病患儿免疫功能低下，蛋白质营养不良以及患儿多用肾上腺皮质激素或免疫抑制剂治疗等，使患儿易合并各种感染，常见的有呼吸道感染、皮肤感染、泌尿道感染和原发性腹膜炎等，其中以上呼吸道感染最多见，占50%以上。而感染又是病情反复和加重的诱因，影响激素的疗效。

（2）电解质紊乱（electrolyte disturbances）：常见的电解质紊乱有低钠、低钾、低钙血症。由于长期禁盐，过多应用利尿剂以及感染、腹泻、呕吐等均可导致低钠、低钾血症。

（3）低血容量性休克（hypovolemic shock）：由于低蛋白血症使血浆胶体渗透压降低，显著水肿而有效循环血容量不足，易出现低血容量性休克。

（4）血栓形成（thrombosis）和栓塞（embolism）：肾病综合征高凝状态易致各种动、静脉血栓形成，以肾静脉血栓形成常见，表现为突发腰痛、出现血尿或血尿加重、少尿，甚至发生肾衰竭。除肾静脉血栓形成外，其他部位血栓形成包括：① 两侧肢体水肿程度差别固定，不随体位改变而变化，多见下肢深静脉血栓形成；② 皮肤突发紫斑并迅速扩大；③ 阴囊水肿呈紫色；④ 顽固性腹腔积液；⑤ 下肢疼痛伴足背动脉搏动消失等症状及体征时，应考虑下肢动脉血栓形成；⑥ 股动脉血栓形成是儿童肾病综合征并发的急症之一，如不及时溶栓治疗，可导致肢端坏死而截肢；⑦ 不明原因的咳嗽、咯血或呼吸困难而无肺部阳性体征时要警惕肺栓塞，其半数可无临床症状；⑧ 突发的偏瘫、面瘫、失语或神志改变等神经系统症状，在排除高血压脑病、颅内感染性疾病时要考虑脑栓塞。血栓缓慢形成者其临床症状多不明显。

（5）急性肾衰竭（acute renal failure，ARF）：多数为起病或复发时低血容量所致的肾前性肾衰竭，部分与原因未明的滤过系数（kf）降低有关，少数为肾组织严重的增生性病变所致。

（6）生长延迟：主要见于频繁复发和长期接受大剂量皮质激素治疗的患儿。

（7）肾小管功能障碍：除原有肾小球的基础病变可引起肾小管功能损害外，由于大量尿蛋白的重吸收，可导致肾小管（主要是近曲小管）功能损害，出现肾性糖尿或氨基酸尿。

【辅助检查】

1. 尿液分析

（1）常规检查：尿蛋白定性多在+++，约15%有短暂显微镜下血尿，大多可见透明管型、颗粒管型和卵圆脂肪小体。肾炎型肾病患儿尿内红细胞可增多。

（2）蛋白定量：24小时尿蛋白定量≥50mg/（kg·d）为肾病范围的尿蛋白，随机或晨尿尿蛋白/肌酐（mg/mg）常≥2.0。

2. 血清蛋白、胆固醇和肾功能测定　血清白蛋白浓度低于25g/L，白、球比例（A/G）倒置；胆固醇明显增多>5.7mmol/L。肾炎性肾病者可有尿素氮和肌酐升高。

3. 血清补体测定　微小病变型肾病综合征或单纯性肾病综合征患儿血清补体水平正常，肾炎性肾病者可有血清补体水平降低。

4. 系统性疾病的血清学检查　对新诊断的肾病患儿需检测抗核抗体（ANA）、抗-dsDNA抗体、抗Smith抗体等。对具有血尿、补体减少并有临床表现的患儿尤其重要。

5. 高凝状态和血栓形成的检查　多数原发性肾病患儿都存在不同程度的高凝状态、血小板增多、血小板聚集率增加、血浆纤维蛋白原增加、尿纤维蛋白裂解产物（FDP）增高。对疑有血栓形成者可行多普勒B型超声检查以明确诊断，有条件者可行数字减影血管造影（DSA）。

6. 经皮肾穿刺组织病理学检查　多数儿童肾病综合征不需要进行诊断性肾活体组织检查。肾病综合征肾活体组织检查的指征：① 对糖皮质激素治疗耐药或频繁复发者；② 对临床或实验室证据支持肾炎性肾病或继发性肾病综合征者。

【治疗要点】

1. 一般治疗

（1）休息：除严重水肿、高血压、低血容量的患儿需卧床休息（应经常变换体位）外，一般无须严格限制活动。

（2）饮食：一般患儿不需要特别限制饮食。严重水肿、高血压时短期给予无盐饮食，活动期患儿要限制盐的摄入，一般为1~2g/d，适量优质蛋白1.5~2.0g/（kg·d），以高生物效价的动物蛋白（乳、鱼、蛋、禽、牛肉等）为宜。在应用糖皮质激素的过程中每日应给予维生素D 400U及钙800~1 200mg。

（3）防治感染：避免到人多的公共场所；抗生素不作为预防用药，一旦发生感染应及时治疗。

（4）利尿：对糖皮质激素耐药或未使用糖皮质激素而水肿较重伴尿少者可配合使用利尿剂，但需密切观察出入水量、体重变化及电解质紊乱。

（5）对家长的教育：应使父母及患儿了解肾病的相关知识，积极配合治疗和随访。

2. 糖皮质激素治疗 糖皮质激素为治疗肾病综合征的首选药物，初治病例诊断确定后应尽早使用泼尼松治疗，常用治疗方案有：短程疗法（全疗程8周）、中程疗法（全疗程6个月）和长程疗法（全疗程9个月）。复发和糖皮质激素依赖型肾病需要根据情况调整糖皮质激素的剂量和疗程或更换糖皮质激素制剂。

3. 免疫抑制剂治疗 适用于激素部分敏感、耐药、依赖及复发的病例，或对激素副作用不耐受的病例。在小剂量糖皮质激素隔日使用的同时可选用环磷酰胺、环孢素、苯丁酸氮芥、硫唑嘌呤、吗替麦考酚酯（霉酚酸酯）及雷公藤多苷片等免疫抑制剂。

4. 抗凝和纤溶药物疗法 由于肾病往往存在高凝状态和纤溶障碍，容易并发血栓形成，需加用抗凝和溶栓治疗。应用肝素、尿激酶、双嘧达莫等可防治血栓，减轻尿蛋白。

5. 其他 应用血管紧张素转换酶抑制剂（ACEI）、免疫调节剂、中药治疗等。

【护理评估】

1. 健康史

（1）询问患儿水肿开始的时间、发生的部位、发展的顺序及程度。

（2）了解患儿目前有无精神萎靡、疲惫、食欲下降、呕吐等症状。

（3）了解患儿24小时排尿次数及尿量、尿色。

（4）询问目前药物治疗情况，用药的种类、剂量、疗效及副作用等。

2. 身体状况 评估患儿目前的体征，包括一般状态，如神志、呼吸、脉搏、血压、体位及体重等。检查水肿的部位、程度和性质，观察有无厌食、乏力、懒言、嗜睡、血压下降等。分析实验室检查结果，注意有无血尿、蛋白尿、24小时尿蛋白定量结果；有无血液高凝状态。

3. 心理-社会状况 了解肾病患儿及家长的心态，对本病的认知程度。疾病和治疗对活动及饮食限制会对患儿产生压力，年长儿长期住院中断了与同伴相处或不能上学而担心学习成绩下降等，会产生紧张、忧虑、抱怨等心理，表现为情绪低落、烦躁易怒等。因本病激素治疗时间较长及应用免疫抑制剂，引起库欣面容及脱发，造成自我形象紊乱，产生自卑、焦虑心理。本病为慢性病且易复发，家长会担心患儿将来的健康，可产生抑郁、焦虑、失望等心理，渴求多种治疗方法，愿意接受健康指导与医务人员合作。

【常见护理诊断/问题】

1. 体液过多 与蛋白尿引起低蛋白血症导致血浆胶体渗透压下降有关。

2. 营养失调：低于机体需要量 与大量蛋白从尿液中丢失有关。

3. 有感染的危险 与免疫力低下有关。

4. 潜在并发症：电解质紊乱、血栓形成、药物副作用。

5. **焦虑** 与病情反复、病程长或担心预后有关。

6. **知识缺乏**：患儿和/或家长缺乏肾病综合征的相关知识。

【预期目标】

1. 患儿水肿逐渐消退，尿液恢复正常。

2. 患儿得到充足的营养。

3. 住院期间患儿保持皮肤完整，不发生感染。

4. 患儿无电解质紊乱、血栓形成、急性肾衰竭等情况发生或发生时得到及时发现与处理。

5. 患儿及家长焦虑情况得以缓解，并配合治疗及护理。

6. 患儿及家长能叙述疾病的主要表现、服药的剂量及疗程，了解限制活动的意义及饮食调整的方法。

【护理措施】

（一）适当休息

一般不需要严格地限制活动，严重水肿、高血压及低血容量患儿需卧床休息，并用利尿剂及降压药以减轻心脏和肾脏负担；卧床时应在床上经常变换体位，以防发生血栓或栓塞等并发症，病情缓解后可逐渐增加活动量，但不要过度劳累，以免病情加重。在校儿童肾病活动期应休学。

（二）维持营养均衡

1. 一般患儿不需要特别限制饮食，但因消化道黏膜水肿使消化能力减弱，应注意减轻消化道负担，给予易消化、优质蛋白（乳类、蛋、鱼、家禽等）、少量脂肪、足量碳水化合物及高维生素饮食。激素治疗过程中食欲增加者应适当控制食量。患儿长期用糖皮质激素易引起骨质疏松，并常有低钙血症倾向，每日应给予维生素D及适量钙剂。

2. 大量蛋白尿期间蛋白摄入量不宜过多，以控制在 1.5~2.0g/（kg·d）为宜，因摄入过量蛋白可造成肾小球高滤过，使肾小球硬化。尿蛋白消失后长期用糖皮质激素治疗期间应多补充蛋白质，因糖皮质激素可使机体蛋白质分解代谢增强，易出现负氮平衡。

3. 为减轻高脂血症应少食富含饱和脂肪酸的食物（如动物脂肪），以富含多聚不饱和脂肪酸的食物（如植物油、鱼油等）为宜，脂肪一般为 2~4g/（kg·d），以植物性脂肪为宜。同时增加富含可溶性纤维的饮食（如燕麦、米糠、豆类、马铃薯、南瓜、海带、橘子、苹果、香蕉等）。

4. 重度水肿、高血压、尿少时应限制钠、水的入量，给予无盐或低盐饮食（氯化钠 1~2g/d），严重水肿时则应 <1g/d。病情缓解后不必长期限盐。因本病患儿水肿的原因主要是血浆胶体渗透压下降，限制钠、水对减轻水肿无明显的作用，而过度限制易造成低钠血症及食欲下降等。

（三）预防感染

1. 首先向患儿及家长解释预防感染的重要性。肾病患儿由于免疫力低下易继发感染，而感染常使病情加重或复发，严重感染甚至可危及患儿生命。

2. 做好保护性隔离，肾病患儿与感染性疾病患儿分室收治，病房每日进行空气消毒，减少探视人数。避免到人多的公共场所，尤其在疾病流行期。

3. 加强皮肤护理。由于高度水肿皮肤张力增加，皮下血液循环不良，加之营养不良及使用激素等，皮肤容易受损继发感染，应注意保持皮肤清洁、干燥，及时更换内衣；保持床铺清洁、整齐，被褥松软，经常翻身；水肿严重时，臀部和四肢受压部位垫软垫，或用气垫床；水肿的阴囊可用棉垫或吊带托起；皮肤破损处可涂碘伏预防感染；做好会阴部清洁，每日用3%硼酸坐浴1~2次，以预防尿路感染。

4. 严重水肿者应尽量避免肌内注射，以防药液外渗，导致局部潮湿、糜烂或感染。

5. 注意监测体温、血常规等，及时发现感染灶并报告医生，遵医嘱给予抗生素治疗。

（四）用药护理

1. 激素治疗期间注意每日尿量、尿蛋白变化及血浆蛋白恢复等情况，注意观察激素的副作用，如库欣综合征、高血压、消化道溃疡、骨质疏松等。遵医嘱及时补充维生素D及钙质，以免发生手足搐搦症。

2. 应用利尿剂时注意观察尿量，定期查血钾、血钠，尿量过多时应及时与医生联系。因大量利尿可加重血容量不足，有出现低血容量性休克或静脉血栓形成的危险。

3. 使用免疫抑制剂治疗时，注意有无白细胞数下降、脱发、胃肠道反应及出血性膀胱炎等。用药期间要多饮水和定期查血常规。

4. 在使用抗凝药物（肝素等）过程中注意监测凝血时间及凝血酶原时间，预防出血。

（五）心理护理

关心、爱护患儿，多与患儿及其家长交谈，鼓励其说出内心的感受，如害怕、忧虑等，指导家长多给患儿心理支持，使其保持良好情绪；在恢复期可组织一些轻松的娱乐活动，适当安排学习，以增强患儿信心，积极配合治疗；活动时注意安全，避免奔跑、打闹，以防摔伤、骨折等。

（六）健康教育

1. 讲解激素治疗对本病的重要性，使患儿及家长主动配合与坚持按计划用药；指导家长做好出院后的家庭护理，尽可能达到好的预后。

2. 让患儿及家长了解感染是本病最常见的合并症及复发的诱因，使家长和患儿积极预防感染，尽可能减少复发，缩短病程，提高治疗效果。

3. 教会家长或较大儿童学会用试纸监测尿蛋白的变化。

4. 指导家长做好出院后的家庭护理，督促患儿合理膳食、适当休息。

5. 活动时注意安全，避免奔跑、打闹，以防摔伤、骨折。

【护理评价】

1. 患儿水肿是否消退，尿蛋白是否转阴。

2. 患儿是否得到充足的营养。

3. 住院期间患儿皮肤是否完整，有无感染的发生。

4. 患儿有无电解质紊乱、血栓形成、急性肾衰竭等情况发生，发生时是否得到及时发现与处理。

5. 患儿及家长焦虑是否缓解，是否配合治疗和护理。

6. 患儿及家长能叙述疾病的主要表现、服药的剂量及疗程，了解限制活动的意义及饮食调整的方法。

知识拓展 | **儿童肾移植**

儿童肾移植是指年龄未满18周岁受者实施的肾移植，是目前儿童终末期肾病（end-stage renal disease，ESRD）的首选肾脏替代治疗方式。与透析相比，肾移植不仅能提高患儿的远期存活率，更能为其带来良好的生长发育和接近健康儿童的生存质量，最大限度保障患儿的正常学习和生活。

患儿肾移植术前需要进行术前评估，内容包括：病史和一般状况、实验室检查、影像学检查、发育和营养状况、精神心理状态及治疗依从性等方面。术前护理主要包括心理护理、透析护理、术前准备以及免疫诱导用药等内容。

儿童肾移植术后除了实施生命体征的监测、预防感染、饮食护理和体位管理等护理常规外，还需关注疼痛管理、水电解质平衡，加强用药护理，密切观察是否有感染、出血或血肿、移植肾动脉或静脉血栓形成、移植物功能延迟恢复及急性排斥反应等并发症发生；加强心理护理和健康宣教。术后随访频次遵循由密到疏的原则，从术后1个月内每周随访1~2次，逐步过渡到术后5年以上每3~6个月至少随访1次，对于移植肾功能不稳定的患儿，需酌情增加随访频率。

第四节　泌尿道感染患儿的护理

学习目标

知识目标	1. 掌握儿童泌尿道感染的临床表现、护理诊断/问题及护理措施。 2. 熟悉儿童泌尿道感染的定义、分类、病因及治疗原则。 3. 了解儿童泌尿道感染的发病机制及辅助检查。
能力目标	能运用护理程序，对泌尿道感染患儿及其家庭实施整体护理及健康教育。
素质目标	培养护生良好的人文关怀精神和儿科护士职业素养。

泌尿道感染（urinary tract infection，UTI）是指病原体直接侵入尿路，在尿液中生长繁殖，并侵犯尿路黏膜或组织而引起损伤。按病原体侵袭部位不同，分为肾盂肾炎（pyelonephritis）、膀胱炎（cystitis）、尿道炎（urethritis）。肾盂肾炎又称上尿路感染，膀胱炎和尿道炎合称下尿路感染。由于儿童时期感染局限在尿路某一部位者较少，且临床上难以准确定位，故常统称为泌尿道感染。根据有无临床症状，可分为症状性泌尿道感染（symptomatic urinary tract infection）和无症状性菌尿（asymptomatic bacteriuria）。

泌尿道感染是儿童泌尿系统常见疾病之一。约占儿童泌尿系统疾病的12.5%。女孩发病率普遍高于男孩，但新生儿、婴幼儿早期，男孩发病率却高于女孩。新生儿、婴幼儿泌尿道感染的局部症状往往不明显，全身症状较重。易漏诊而延误治疗，使感染持续或反复发作从而影响儿童健康。

无症状性菌尿是儿童泌尿道感染的重要组成部分，见于各年龄、性别儿童，甚至3个月以下的小婴儿，但以学龄期女孩更常见。

【病因】

任何致病菌均可引起泌尿道感染，绝大多数为革兰氏阴性菌，如大肠埃希菌、变形杆菌、肺炎克雷伯菌、铜绿假单胞菌，少数为肠球菌和葡萄球菌。大肠埃希菌是泌尿道感染中最常见的致病菌，占60%~80%。初次患泌尿道感染的新生儿、所有年龄的女孩和1岁以下的男孩，主要的致病菌仍是大肠埃希菌；而1岁以上男孩主要致病菌多数为变形杆菌；对于10~16岁的女孩，白色葡萄球菌也常见；克雷伯菌和肠球菌多见于新生儿泌尿道感染。

【发病机制】

1. 感染途径

（1）上行性感染：致病菌从尿道口上行并进入膀胱，引起膀胱炎，膀胱内的致病菌再经输尿管移行至肾脏，引起肾盂肾炎，是儿童泌尿道感染的最主要途径。

（2）血源性感染：通常为全身性败血症的一部分，主要见于新生儿和小婴儿，经血源途径侵袭尿路致病菌主要是金黄色葡萄球菌。

（3）淋巴感染和直接蔓延：结肠内细菌和盆腔感染可通过淋巴管感染肾脏，肾脏周围邻近器官和组织的感染也可直接蔓延。

2. 易感因素

（1）尿道周围菌种的改变及尿液性状的变化，为致病菌入侵和繁殖创造了条件。

（2）细菌黏附于尿路上皮细胞（定植）是其在泌尿道增殖引起泌尿道感染的先决条件。

（3）泌尿道感染患儿分泌型IgA的产生存在缺陷，使尿中分泌型IgA浓度减低，发生泌尿道感染的机会增加。

（4）先天性或获得性尿路畸形，增加泌尿道感染的危险性。

（5）新生儿和小婴儿抗感染能力差，易患泌尿道感染。尿布、尿道口常受细菌污染，且局部防卫能力差，易致上行性感染。

（6）糖尿病、高钙血症、高血压、慢性肾脏疾病、镰状细胞贫血及长期使用糖皮质激素或免疫抑制剂的患儿，其泌尿道感染的发病率可增高。

3. 细胞毒力 除以上个体因素所起的作用外，对没有泌尿系结构异常的儿童，入侵微生物的毒力是决定细菌能否引起上行性感染的主要因素。

【临床表现】

1. 急性泌尿道感染 临床表现因患儿年龄不同存在较大差异。

（1）新生儿：临床症状极不典型，多以全身症状为主，如发热或体温不升、苍白、吃奶差、呕吐、腹泻等。许多患儿有生长发育停滞，体重增长缓慢或不增，伴有黄疸者较多见。部分患儿可有嗜睡、烦躁甚至惊厥等神经系统症状。新生儿泌尿道感染常伴有败血症，但其局部排尿刺激症状多不明显，30%的患儿血和尿培养出的致病菌一致。

（2）婴幼儿：临床症状也不典型，常以发热最突出。拒食、呕吐、腹泻等全身症状也较明显。局部排尿刺激症状可不明显，但细心观察可发现有排尿时哭闹不安、尿布有臭味和顽固性尿布疹等。

（3）年长儿：以发热、寒战、腹痛等全身症状突出，常伴有腰痛和肾区叩击痛、肋脊角压痛等。同时尿路刺激症状明显，患儿可出现尿频、尿急、尿痛、尿液混浊，偶见肉眼血尿。

2. 慢性泌尿道感染　病程迁延或反复发作，常伴有贫血、消瘦、生长迟缓、高血压或肾功能不全。

3. 无症状性菌尿　在常规的尿筛查中，可以发现健康儿童存在着有意义的菌尿，但无任何尿路感染症状。这种现象可见于各年龄组，在儿童中以学龄期女孩常见。无症状性菌尿患儿常同时伴有尿路畸形和既往有症状的尿路感染史。病原体多数是大肠埃希菌。

【辅助检查】

1. 尿常规　清洁中段尿离心沉渣中白细胞≥5个/HP，即可怀疑为尿路感染，血尿也常见。肾盂肾炎患儿有中等蛋白尿、白细胞管型尿及晨尿的比重和渗透压减低。

2. 尿培养细菌学检查　尿细菌培养及菌落计数是诊断泌尿道感染的主要依据。清洁中段尿细菌培养：菌落计数超过10^5/ml便可确诊，菌落计数在$10^4 \sim 10^5$/ml为可疑，菌落计数少于10^4/ml或多种杂菌生长时，则尿液污染的可能性大，应结合患儿性别、有无症状、细菌种类及繁殖力综合评价临床意义；通过耻骨上膀胱穿刺获取的尿培养，只要发现有细菌生长，即有诊断意义。

3. 影像学检查　影像学检查的目的主要是：① 检查泌尿系统有无先天性或获得性畸形；② 了解慢性肾损害或瘢痕进展情况；③ 辅助上尿路感染的诊断。反复感染或迁延不愈者应进行影像学检查，以观察有无泌尿系统畸形和膀胱输尿管反流。常用的有B型超声检查、静脉肾盂造影加断层摄片（检查肾瘢痕形成）、排泄性膀胱造影（检查膀胱输尿管反流）、肾核素造影和CT扫描等。

4. 亚硝酸盐试纸条试验（Griess试验）　大肠埃希菌、副大肠埃希菌和克雷伯菌呈阳性，粪链球菌、结核菌阴性。如采用晨尿，可提高其阳性率。

5. 其他　尿沉渣找闪光细胞（甲紫沙黄染色）2万~4万个/h可确诊。新生儿上尿路感染血培养可阳性。

【治疗要点】

1. 一般治疗　急性期应卧床休息，鼓励饮水，勤排尿；女童应注意清洁外阴。加强营养，以增强机体的抵抗力。

2. 对症治疗　对高热、头痛、腰痛的患儿应给予解热镇痛剂缓解症状。对尿路刺激症状明显者，可用阿托品等抗胆碱类药物治疗，也可以给予碳酸氢钠口服碱化尿液，减轻尿路刺激症状。

3. 抗菌治疗　留尿送尿细菌培养后尽早进行抗菌治疗。婴幼儿难以区分感染部位且有全身症状者均按上尿路感染用药。选用抗生素的原则：① 感染部位，对肾盂肾炎应选择血浓度高的药物，对膀胱炎应选择尿浓度高的药物。② 感染途径，对发热等全身症状明显或血源性感染者，多选用青霉素类或头孢菌素类药物。③ 根据尿培养及药物敏感试验结果，同时结合临床疗效选用抗生素。④ 选用对肾功能损害小的药物。

4. 其他治疗 对有尿路畸形的患儿，应积极矫治尿道畸形；对全身给药治疗无效的顽固性慢性膀胱炎患儿，常采用膀胱内药液灌注治疗。

【护理评估】

1. 健康史 了解患儿及家长的生活环境、卫生习惯；询问患儿及家长是否存在泌尿系畸形。

2. 身体状况 询问患儿尿路症状出现的时间、症状、排尿情况。

3. 心理-社会状况 了解患儿及家长的心态，对本病的认识程度，家长的重视程度，健康知识了解程度。

【常见护理诊断/问题】

1. 体温过高 与细菌感染有关。

2. 排尿障碍 与膀胱、尿道炎症有关。

3. 知识缺乏：家长及年长患儿缺乏本病的防护知识。

【预期目标】

1. 患儿感染逐渐消退，体温恢复正常。

2. 排尿异常的症状消失或得到改善。

3. 家长及年长患儿掌握本病的防护知识。

【护理措施】

（一）维持体温正常

1. 一般护理 调节环境温度和湿度，急性期卧床休息，鼓励患儿大量饮水，通过增加尿量起到冲洗尿道作用，减少细菌在尿道的停留时间，促进细菌和毒素排出；多饮水还可降低肾髓质及乳头部组织的渗透压，阻碍细菌生长繁殖。

2. 降温 监测体温变化，高热或伴不适者给予降温处理。

（二）减轻排尿异常

1. 保持会阴部清洁，便后冲洗外阴，小婴儿勤换尿布，尿布用开水烫洗晒干，或煮沸、高压消毒。

2. 婴幼儿哭闹、尿道刺激症状明显者，遵医嘱应用抗胆碱药或口服碳酸氢钠碱化尿液，减轻尿路刺激症状。

3. 遵医嘱应用抗菌药物，阻碍细菌生长繁殖，用药过程注意药物副作用。

（三）健康教育

1. 向患儿及家长解释本病的护理要点及预防知识，如幼儿不穿开裆裤，为婴儿勤换尿布，便后洗净臀部，保持清洁；女孩清洗外阴时从前向后擦洗，单独使用洁具，防止肠道细菌污染尿道，引起上行性感染；及时发现男孩包茎，女孩处女膜伞、蛲虫前行尿道等情况，并及时处理。

2. 指导按时服药，定期复查，防止复发与再感染。一般急性感染于疗程结束后每月随访一次，除尿常规外，还应做中段尿培养，连续3个月，如无复发可以认为治愈，反复发作者每3~6个月复查一次，共2年或更长时间。

【护理评价】

1. 患儿感染症状是否消退，体温是否恢复正常。

2. 排尿异常的症状是否消失或得到改善。

3. 经过治疗及护理，患儿及家长是否了解本病相关防护知识。

（张 红）

学习小结

　　本章泌尿系统疾病患儿的护理首先介绍了儿童泌尿系统的解剖生理特点，学生通过本部分内容的学习，能解释儿童泌尿系统解剖生理特点及其与本系统疾病的关系；其次介绍了急性肾小球肾炎、肾病综合征及泌尿道感染疾病患儿的护理等内容。通过以上内容的学习，学生能够指导患儿及家长急性肾小球肾炎的休息原则、饮食管理及病情观察；能够阐述肾病综合征的概念、分类，原发性肾病综合征的临床表现、并发症、常见的护理诊断/问题及护理措施，掌握如何指导原发性肾病综合征患儿的饮食调整，预防感染的护理措施；能够指导泌尿道感染患儿减少排尿异常的护理措施，做好患儿定期复查的健康教育。重视基础知识的学习，积极做好泌尿系统疾病的防治和护理工作，是儿科护理工作的一项重要任务。

复习参考题

（一）选择题

1. 婴儿期正常每日尿量为

　　A. 400~500ml

　　B. 500~600ml

　　C. 800~900ml

　　D. 1 000~1 200ml

　　E. 600~800ml

2. 急性肾小球肾炎最早出现的症状是

　　A. 发热

　　B. 血尿

　　C. 水肿

　　D. 高血压

　　E. 蛋白尿

3. 患儿，女，6岁，母亲代诉"患儿一周前有上呼吸道感染史，2天前出现肉眼血尿"，入院诊断"急性肾小球肾炎"，对于该患儿的治疗以下**不合理**的是

　　A. 起病2周内绝对卧床休息

　　B. 首选青霉素，肌内注射10~14天

　　C. 出现高血压脑病时，首选硝普钠治疗

　　D. 不需特别控制液体摄入量，给予高蛋白低盐饮食

　　E. 必要时采用透析治疗

4. 肾病综合征最常见的并发症是

　　A. 感染

B. 电解质紊乱

C. 低血容量性休克

D. 弥散性血管内凝血

E. 急性肾衰竭

5. 以下**不是**儿童急性泌尿道感染的症状是

A. 尿频

B. 尿急

C. 尿痛

D. 少尿

E. 发热

答案：1. A；2. C；3. D；4. A；5. D

（二）简答题

1. 作为责任护士，你护理的肾病综合征患儿出现水肿时，如何帮助其调整饮食、减轻水肿？

2. 在给予肾病综合征患儿心理支持与健康教育时应包含哪些内容？

第十三章　　**神经系统疾病患儿的护理**

神经系统疾病是儿童时期临床常见疾病，以感染引起的各种脑膜炎、脑炎多见，还有脑性瘫痪、癫痫、周围神经病、神经免疫性病、脱髓鞘疾病等。与成人相比，儿童神经系统具有较强的可塑性，积极有效的治疗和护理，能促进儿童神经系统疾病最大限度的治愈和康复。

第一节　儿童神经系统解剖生理特点

学习目标

知识目标	1. 掌握儿童神经反射的特点。 2. 熟悉儿童脑脊液的正常值。 3. 了解儿童神经系统解剖生理特点。
能力目标	1. 能够读懂脑脊液的检查报告并实施宣教。 2. 提升对神经系统疾病患儿的护理体格检查及评估能力。
素质目标	1. 培养护生人文关怀理念及爱伤观念。 2. 强调护理体格检查中需根据患儿年龄及心理特征，综合开展评估，体现护理的细心、耐心与爱心。

儿童神经系统发育尚未成熟，检查方法及对结果的判断也各具特点。因此，对儿童神经系统的检查与评价需结合其年龄阶段的生理特征进行，同时应注意儿童心理发展的特点，尽量取得儿童的配合，减少其恐惧和不安情绪。

（一）脑

神经系统的发育在胎儿期最早开始，在婴儿期，甚至整个儿童时期，神经系统发育一直十分活跃。脑是中枢神经系统的核心，头围能反映脑容量，成人脑容量是出生时的6倍，1岁时脑容量达到成人的一半，3岁时达到75%，6岁时达到90%。儿童出生时脑重量约390g，占体重的1/9~1/8，为成人脑重（约1 500g）的1/4左右，6个月婴儿脑重600~700g，1岁时达900g，2岁时达1 000g左右，4~6岁脑重达成人脑重的85%~90%。出生时大脑的外观已与成人的大脑外观十分相似，脑表面已有浅而宽的沟回，但脑发育不完善，皮质较薄，细胞分化较差，髓鞘形成不全，对外来刺激反应缓慢且易泛化，表现为肌张力较高，常出现无意识的手足徐动。婴幼儿遇到强刺激时易发生昏睡或惊厥。随着年龄的增长，脑发育逐渐成熟，1岁时完成脑发育的50%，3岁时完成75%，6岁时完成90%。在基础代谢状态下，儿童脑耗氧量占机体总耗氧量的50%，而成人为20%，所以儿童对缺氧的耐受性较成人差。

（二）神经元

脑的生长主要依赖于神经元的生长发育。胚胎期神经细胞的分化和繁殖以惊人的速度进行，每分钟250 000个；胚胎6个月时，神经细胞数目达到100亿个，之后不再有神经细胞数量的增加，出生后神经细胞的生长主要是神经细胞体积增大和树突的增多和加长，以及神经髓鞘的形成和发育，即细胞成熟度的增加。

神经细胞由细胞体和突起组成，比其他躯体细胞更易受损。虽然所有的脑细胞出生时已存在，并且存活终身，但其树突与轴突少而短。神经纤维髓鞘化在4岁左右完成，在此之前，尤其是婴儿期，各种刺激引起的神经冲动传导缓慢，且易于泛化，不易形成兴奋灶，易疲劳而进入睡眠状态。

（三）脊髓

儿童脊髓的发育，在出生时已较为成熟，重为2~6g，是成人脊髓的1/5~1/4。脊髓的髓鞘由上而下逐渐形成，约在3岁时完成髓鞘化。脊髓的结构发育与脊柱的发育相对不平衡，胎儿3个月时两者等长，新生儿时脊髓下端在第二腰椎下缘，4岁时上移至第一腰椎，所以婴幼儿腰椎穿刺的位置要低，一般以第4~5腰椎为宜，以免损伤脊髓；4岁以后以第3~4腰椎间隙为宜。

（四）脑脊液

儿童脑脊液成分与成人相同，为无色碱性透明液体，内含蛋白质、糖、淋巴细胞和盐类物质，其比重为1.004~1.008。脑脊液压力的正常值为：儿童0.690~1.969kPa（80~200mmH$_2$O），新生儿0.29~0.78kPa（30~80mmH$_2$O）；白细胞数的正常值为：儿童（0~10）×10^6/L，新生儿（0~34）×10^6/L；蛋白的正常值为：0.2~0.4g/L，新生儿0.2~1.2g/L；糖的正常值为：2.2~4.4mmol/L。

（五）神经反射

1. 生理反射

（1）出生时已存在且终身不消失的反射：如角膜反射、瞳孔对光反射、结膜反射、咽反射及吞咽反射等。当神经系统发生病理改变时，这些反射可减弱或消失。

（2）出生时存在、以后逐渐消失的反射：如觅食反射、拥抱反射、握持反射、吸吮反射及颈肢反射等。觅食反射、拥抱反射、握持反射于生后3~4个月消失，颈肢反射于生后5~6个月消失，吸吮反射于1岁左右完全消失。

（3）出生时不存在、以后出现并终身不消失的反射：如腹壁反射、提睾反射及腱反射，这些反射新生儿期不易引出，到1岁时才稳定。提睾反射正常时可有轻度不对称。

2. 病理反射　病理反射包括巴宾斯基（Babinski）征、戈登（Gordon）征、奥本海姆（Oppenheim）征等。2岁以内的婴幼儿巴宾斯基征双侧阳性为生理现象，若单侧阳性或2岁以后出现阳性为病理现象。

颅内压增高时可出现脑膜刺激征即颈项强直、克尼格征（Kernig征）、布鲁津斯基征（Brudzinski征）阳性反应。出生后3~4个月的婴儿，由于屈肌紧张，颈强直、克尼格征、布鲁津斯基征出现阳性结果，一般无意义。在病理状态下，由于婴儿颅缝和囟门对颅内压力的缓解作用，脑膜刺激征通常不明显或出现较晚。

第二节　病毒性脑炎患儿的护理

学习目标

知识目标	1. 掌握病毒性脑炎患儿常见的护理诊断/问题及护理措施。 2. 熟悉病毒性脑炎的临床表现和概述。 3. 了解病毒性脑炎的病因及发病机制。
能力目标	能运用护理程序为病毒性脑炎患儿及其家庭实施整体护理及健康教育。
素质目标	培养护生的责任心及职业价值感。

案例导入与思考

患儿，女，3岁11个月，因"发热5天，伴精神反应差2天"入院。入院前5天，患儿无明显诱因出现发热，发热3天后出现精神反应差，嗜睡，可唤醒，可简单对答。病程中无惊厥、皮疹。病后精神和食欲均欠佳。患儿为第一胎第一产，足月，剖宫产，生长发育正常。

体格检查：体温38.5℃，心率135次/min。呼吸32次/min，体重17kg。精神欠佳，双瞳孔等大等圆，对光反射灵敏。呼吸对称，呼吸节律规则。心音有力，节律整齐。双侧膝盖、腱反射正常对称，颈阻阴性，克氏征阴性，布鲁辛斯基征阴性，巴宾斯基征阴性。

辅助检查：血常规：WBC 6.94×10^6/L，N% 52.7%，L% 35.2%，RBC 4.46×10^6/L，Hb121g/L，CPR 9.31mg/L。脑脊液检查：外观清亮，压力150mmH$_2$O，白细胞计数102×10^6/L，单核细胞72%，蛋白质0.66g/L，葡萄糖2.62mmol/L，氯化物129.8mmol/L。

请思考：

1. 护士应重点评估的内容有哪些？
2. 该患儿目前主要的护理诊断/问题是什么？
3. 护士接诊后，针对患儿的病情，应采取哪些护理措施和健康教育？

病毒性脑炎（viral encephalitis）是由各种病毒感染引起的一组以精神和意识障碍为突出表现的中枢神经系统感染性疾病，是炎症过程累及大脑实质的颅内急性炎症。根据其流行情况的不同分为两大类，一类是虫媒性的急性流行性脑炎，主要包括流行性乙型脑炎、森林脑炎；另一类是不经虫媒传播的原发性病毒性脑炎，又称急性散发性病毒性脑炎。

【病因和发病机制】

80% 由肠道病毒引起（如柯萨奇病毒、埃可病毒），其次为虫媒病毒（如乙型脑炎病毒）、流行性腮腺炎病毒和疱疹病毒，此外还可为常见传染病病毒所致。

病毒经肠道（如肠道病毒）或呼吸道（如腺病毒）进入淋巴系统繁殖，然后经血流感染颅外某些脏器，此时患儿可出现发热等全身症状。若病毒在定居脏器内进一步繁殖，即可通过血-脑屏障入侵脑实质或脑膜组织，使其弥漫性充血、水肿，血管周围淋巴细胞浸润，胶质细胞增生，局部组织出血、坏死，从而导致中枢神经症状。

【病理生理】

病毒通过呼吸道、消化道、皮肤黏膜等途径侵入人体，先在淋巴细胞内繁殖后进入血流侵犯各脏器，导致患儿出现发热等全身症状。病毒进一步繁殖，当机体血-脑屏障功能异常时，病毒通过脉络丛或血管内膜侵入中枢神经系统，使脑组织和脑膜弥漫性充血、水肿，血管周围有淋巴细胞浸润，胶质细胞增生及局部组织出现出血和死灶。如果感染累及脑实质或脑膜，称为病毒性脑炎或病毒性脑膜炎；如果感染同时累及脑膜和脑实质，则称为病毒性脑膜脑炎。

知识拓展 | **森林脑炎的特点**

森林脑炎（forest encephalitis）简称"森脑"，是由森林脑炎病毒引起的中枢神经系统病变为主要特征的急性传染病。本病最初发现在俄罗斯远东地区的原始森林中，故称俄罗斯远东脑炎（Russian far-east encephalitis）；本病主要发生在春夏之交，又称俄罗斯春夏脑炎（Russian spring-summer encephalitis, RSSE）；本病是最早发现的由硬蜱传播的病毒性脑炎，故又称蜱媒脑炎（tick-born encephalitis, TBE）。硬蜱是脑炎的主要传播媒介。

森脑主要分布在俄罗斯和欧洲的一些国家。我国主要分布在东北长白山和小兴安岭地区。近年来云南西部、西南部和新疆等地也有森脑的报道。根据临床症状、传播媒介、流行病学和抗原性分为两个类型，即俄罗斯春夏脑炎远东型和中欧蜱媒脑炎。远东型传播媒介主要为金钩硬蜱；中欧型传播媒介主要为蓖籽硬蜱。远东型较中欧型的毒力强，临床症状较重，脑神经症状明显，常残留肩和臂的瘫痪，病死率高达 20%；中欧型临床症状较轻，患儿以脑膜炎为主，呈双峰热，预后较远东型好，较少病例出现后遗症，病死率较远东型低。

【临床表现】

病情轻重差异很大，取决于脑膜或脑实质受累的相对程度。一般来说，病毒性脑炎的临床症状较脑膜炎严重，重症脑炎更易发生急性期死亡或后遗症。病毒性脑膜炎急性起病，多先有上呼吸道感染或前驱传染性疾病，主要表现为发热、恶心、呕吐、精神差、嗜睡；病程大多在 1~2 周内。病毒性脑炎起病急，临床表现因脑实质受损部位的病理改变、范围和严重程度而不同。病程一般 2~3 周。

【辅助检查】

1. 脑脊液检查　外观清亮，压力正常或增高，白细胞数总数轻度增多，早期以中性粒细胞为主，后期以淋巴细胞为主，蛋白质多正常或轻度增高，糖和氯化物一般正常。颅内常见感染性疾病的脑脊液改变特点（表13-2-1）。

▼ 表13-2-1　颅内常见感染性疾病的脑脊液改变特点

		常规分析			生化分析			
	压力/kPa	外观	Pandy试验	白细胞/($\times 10^6 \cdot L^{-1}$)	蛋白/($g \cdot L^{-1}$)	糖/($mmol \cdot L^{-1}$)	氯化物/($mmol \cdot L^{-1}$)	其他
正常	0.69~1.96	清亮透明	—	0~10	0.2~0.4	2.8~4.5	117~127	
细菌性脑膜炎	不同程度增高	米汤样混浊	+~+++	数百~数千，多核为主	增高或明显增高	明显降低	多数降低	涂片 Gram 染色和培养可发现致病菌
病毒性脑炎	正常或不同程度增高	清亮，个别微浑	−~+	正常~数百，淋巴为主	正常或轻度增高	正常	正常	特异性抗体阳性，病毒培养可能阳性
结核性脑膜炎	不同程度增高	微浑，毛玻璃样	+~+++	数十~数百，淋巴为主	增高或明显增高	明显降低	多数降低	薄膜涂片抗酸染色及培养可发现抗酸杆菌
隐球菌性脑膜炎	高或很高	微浑，毛玻璃样	+~+++	数十~数百，淋巴为主	增高或明显增高	明显降低	多数降低	涂片墨汁染色和培养可发现致病菌

2. 病原学检查　疾病早期可收集大小便、咽分泌物和脑脊液做病毒学检测，但仅有1/4~1/3病例能确定致病病毒。

3. 血清学检查　双份血清特异性抗体滴度呈4倍增高有诊断价值。分别于病初和病程2~3周取血。

4. CT/MRI检查　患儿颅脑CT及MRI可正常或呈局灶性病变，有强化。不同的中枢神经系统感染性疾病的影像学检查，可提高其诊断价值。

5. 脑电图检查　可见中、重度异常脑电图。合并癫痫或癫痫发作者，表现为癫痫特有波形。

【治疗要点】

本病无特异性治疗，病程呈自限性，急性期的及时支持与对症治疗是保证病情恢复、降低病死率和致残率的关键。严格限制液体入量，静脉注射甘露醇降颅内压，以控制脑水肿和颅内高压。惊厥发作时，可给予地西泮、苯巴比妥等止惊剂；抗病毒治疗对单纯疱疹病毒脑炎可首选阿昔洛韦治疗，其他病毒感染可酌情选用干扰素、更昔洛韦、利巴韦林等。

【护理评估】

1. 健康史　评估患儿近1~3周有无呼吸道、消化道、皮肤感染史，有无动物接触史或蚊虫叮咬史，了解预防接种史及流行病学史。

2. 身体状况　本病多呈急性起病，主要表现为发热、惊厥、意识障碍以及颅内压增高症状等中枢神经系统症状。前驱症状为一般急性全身感染症状，如发热、头痛、呕吐、腹泻等。

3. 心理-社会状况 评估家长对病毒性脑炎的病因和防护知识的了解程度；患儿及其家长对病毒性脑炎的心理反应；患儿居住环境及家庭经济状况；患儿既往有无住院经历；家长对患儿的照顾能力等。

【常见护理诊断/问题】

1. 体温过高 与病毒血症有关。

2. 有受伤的危险 与惊厥有关。

3. 急性意识障碍 与脑实质炎症有关。

4. 躯体活动障碍 与昏迷、肢体瘫痪有关。

5. 潜在并发症：脑疝。

【护理目标】

1. 患儿体温恢复并维持正常。

2. 患儿无惊厥导致的意外伤害发生。

3. 患儿意识障碍程度减轻。

4. 促进肢体功能恢复。

5. 及时发现颅内高压并予以恰当处理。

【护理措施】

（一）维持体温正常

保持病室安静，空气新鲜，定时通风。保持舒适体位，监测患儿的体温、热型及伴随症状，给予物理降温，必要时遵医嘱药物降温。出汗后及时更换衣物，保证患儿摄入适合的液体量。

（二）安全防护，避免受伤

需专人看护，取侧卧位，可适当使用床挡或约束带，防止碰伤、坠床。

（三）昏迷的护理

加强皮肤护理，定时翻身，预防压力性损伤发生。定时拍背，及时吸痰，减少坠积性肺炎的发生。翻身拍背时应密切观察患儿病情变化，尤其瞳孔及呼吸，防止因移动体位致脑疝形成。对于颅内压增高者应将上半身抬高20°~30°，利于静脉回流，降低脑静脉窦压力，从而降低颅内压。观察有无颅内压增高或昏迷的征兆。

（四）促进机体功能恢复

1. 促进脑功能恢复 去除影响患儿情绪的不良因素，创造良好的环境；若患儿存在幻觉、定向力障碍应采取适当措施，提供保护性照护和日常生活的细致护理。

2. 促进肢体功能恢复 保持肢体呈功能位，病情稳定及早帮助患儿逐渐进行肢体的被动或主动功能锻炼，注意循序渐进，采取保护措施。在改变锻炼方式时加强指导，耐心帮助，给予鼓励。

（五）密切观察病情变化

1. 观察瞳孔及呼吸变化 如发现呼吸节律不规则、双侧瞳孔不等大、对光反射迟钝，多提示有脑疝及呼吸衰竭发生。

2. 观察意识变化 若患儿出现烦躁不安、意识障碍，应警惕是否存在脑水肿。

（六）健康教育

主动向患儿和家长介绍病情、用药指导及护理方法，做好患儿及家长的心理护理，向家长提供日常生活护理及保护患儿的一般知识，指导并鼓励家长坚持康复训练和瘫痪肢体的功能锻炼。

【护理评价】

1. 经过治疗及护理，患儿体温是否维持在正常范围。

2. 营养是否均衡，体重有无下降。

3. 是否发生颅内压增高或昏迷等躯体活动障碍。

4. 瘫痪肢体是否发生肌肉萎缩或功能障碍。

5. 并发症是否得到及时处理。

第三节　细菌性脑膜炎患儿的护理

学习目标

知识目标	1. 掌握细菌性脑膜炎患儿常见的护理诊断/问题及护理措施。 2. 熟悉细菌性脑膜炎的临床表现和概述。 3. 了解细菌性脑膜炎的病因及发病机制。
能力目标	能够按照护理程序为细菌性脑膜炎患儿及其家庭实施整体护理。
素质目标	培养护生的责任心及职业价值感。

细菌性脑膜炎（bacterial meningitis），也称化脓性脑膜炎（purulent meningitis，PM），临床简称"化脑"。PM是常见的严重的中枢神经系统感染性疾病，是由各种化脓性细菌感染引起的急性脑膜炎症。细菌性脑膜炎在小儿，尤其是婴幼儿中较常见。临床上以急性发热、惊厥、意识障碍、颅内压增高和脑膜刺激征及脑脊液脓性改变为特征，如不及时治疗可遗留各种神经系统后遗症。

【病因和发病机制】

化脑可由多种化脓性细菌引起，但致病菌类型与患儿年龄有密切关系。0~3个月婴儿以肠道革兰氏阴性杆菌和金黄色葡萄球菌多见；3个月~3岁婴幼儿以流感嗜血杆菌、肺炎链球菌和脑膜炎双球菌多见；学龄前和学龄期儿童以脑膜炎双球菌、肺炎链球菌、流感嗜血杆菌和金黄色葡萄球菌多见。不同患儿的感染程度与机体的免疫状态密切相关。儿童机体免疫能力较弱，血－脑屏障功能较差，致病菌容易侵入机体引起化脓性脑膜炎。

致病菌可通过多种途径侵入脑膜：最常见的途径是通过血流入侵，致病菌通过体内感染灶（上呼吸道、胃肠道黏膜、皮肤、脐部等）侵入，经过血流、血脑屏障后到达脑膜；还可通过邻近组织器官感染（鼻窦炎、中耳炎、乳突炎等），再扩散波及脑膜；也可通过与颅腔存在的直接通道（颅骨骨折、神经外科手术、皮肤窦道、脑脊液膨出），细菌直接进入蛛网膜下腔。

【病理生理】

早期和轻型病例，炎性渗出物多在大脑顶部表面。以后逐渐蔓延，使全部大脑表、基底部、脊髓被一层脓液覆盖。感染延及脑室内膜则形成脑室膜炎。感染波及周围脑神经，或因颅内压力增高使脑神经受压、坏死，则可引起相应的脑神经功能改变。

【临床表现】

各种细菌所致化脓性脑膜炎的临床表现大致相仿，可归纳为感染、颅内压增高及脑膜刺激症状，其临床表现在很大程度上取决于患儿的年龄。化脓性脑膜炎的主要临床表现为发热、颈项强直、意识改变和惊厥；其他临床表现为头痛、局部麻痹、脑神经麻痹、视神经乳头水肿。婴幼儿症状一般较隐匿或不典型，可仅有发热、激惹、嗜睡和喂养困难，出现呼吸暂停、皮疹、惊厥和前囟紧张。常见的并发症包括硬脑膜下积液、脑室管膜炎、脑积水；部分患儿出现听力丧失、视力损伤、智力障碍、癫痫、脑性瘫痪和行为异常等神经功能障碍的表现。

知识拓展	格拉斯哥预后评分（Glasgow Outcome Scale）	
1	死亡	
2	植物状态	无意识，有心跳和呼吸，偶有睁眼，吸吮、哈欠等局部运动反应
3	严重残疾	有意识，但认知、言语和躯体运动有严重残疾，24小时均需他人照料
4	中度残疾	有认知、行为、性格障碍；有轻度偏瘫、共济失调、言语困难等残疾，在日常生活、家庭与社会活动中尚能勉强独立（自理）
5	恢复良好	能重新进入正常社交生活，并能恢复工作、就学，但可有各种轻度后遗症

【辅助检查】

1. 脑脊液　脑脊液检查是确诊本病的重要依据。脑脊液典型的表现为压力增高，外观混浊似米汤样，白细胞总数明显增多≥$1\,000 \times 10^6/L$以上，分类以中性粒细胞为主，糖和氯化物含量显著下降，糖<1.1mmol/L，甚至难以测出，蛋白质明显增多，定量在>1.0g/L。对疑似严重颅内压增高的患儿，在未有效降低颅内压之前，腰椎穿刺有诱发脑疝的危险，应特别谨慎。

2. 血液　血常规中外周血白细胞计数明显增高，为（20~40）×$10^9/L$，分类以中性粒细胞增高为主。所有疑似病例均应做血培养，病程早期未使用抗生素，血培养阳性率较高，可帮助寻找致病菌。

3. 颅脑影像学检查　颅脑MRI较CT更能清晰地反映脑实质病变，可确定脑水肿、脑膜炎、脑室扩大、硬脑膜下积液等病理改变。

【治疗要点】

1. 抗菌治疗　治疗化脓性脑膜炎的关键是及时合理应用抗菌药物，而选择抗生素的关键是明确病原菌并根据药物敏感试验决定。选用对病原菌敏感、易透过血脑屏障、毒性低的抗生素，早期、联合、足量、足疗程静脉给药，力求用药24小时内杀灭脑脊液中的致病菌。庆大霉素、阿米卡星等药不易到达脑脊液，可采用鞘内或脑室注射给药。

2. 抗炎药物 当细菌被杀死或溶解后，释放出内毒素、肽聚糖等炎症因子，导致脑膜炎症一过性加重，易形成脑脊液循环通路的部分或完全梗阻及听力损伤等后遗症，而肾上腺皮质激素（adrenocortical hormone）可以抑制TNF-α和IL-1的合成及降低其活性，从而减轻脑水肿，降低颅内压，增加脑血流和改善脑代谢。糖皮质激素可降低患儿的听力损伤和神经系统后遗症，但不能降低整体病死率。

3. 对症处理 某些症状或并发症直接危及患儿生命，应及时处理，包括控制惊厥、降低颅内压、抢救休克及DIC、矫正脑性低钠血症和治疗硬膜下积液等。

【常见护理诊断/问题】

1. 体温过高 与细菌感染有关。

2. 潜在并发症：颅内压增高。

3. 有受伤的危险 与惊厥发作有关。

4. 潜在营养失调：低于机体需要量 与摄入不足、机体消耗增多有关。

5. 焦虑（家长） 与疾病预后不良有关。

【护理措施】

（一）维持体温正常

病室应空气流通，温湿度适宜。发热患儿需卧床休息，密切观察患儿体温和热型，遵医嘱给予退热药物，采取适当物理降温措施。退热出汗时应及时更换汗湿的衣裤，注意保暖，保持皮肤、床单、被套的干燥清洁，及时记录降温效果。

（二）密切观察病情变化

定期监测患儿呼吸、脉搏、血压，观察意识状态、面色、神志、瞳孔、囟门、尿量和呼吸状况等变化，以便及早发现休克与脑疝。若患儿出现进食困难及吞咽功能障碍，应警惕误吸或窒息的发生；若患儿出现意识障碍、囟门隆起或张力增高、瞳孔改变、躁动不安、频繁呕吐、四肢肌张力增强，应警惕惊厥发作先兆；若呼吸节律深而慢或不规则，瞳孔忽大忽小或两侧不等大，对光反应迟钝，血压升高，应警惕脑疝及呼吸衰竭的发生。

（三）安全防护，避免受伤

加强生活护理，护理操作集中进行并保持轻柔，修剪患儿指甲以防抓伤，保证专人陪护患儿。及时清理大小便，保持臀部干燥，必要时在肩胛、臀部使用气垫，预防压力性损伤的发生。对呕吐频繁患儿应使其头偏向一侧，及时清除呕吐物，保持呼吸道通畅，防止窒息。

（四）维持营养均衡

给予患儿高热量、高蛋白、高维生素、易消化的流质或半流质饮食，如蛋黄、牛奶、鱼类、水果、蔬菜等。根据病情调整补充营养的方式，必要时给予鼻饲或静脉输液，维持水电解质平衡；对意识障碍者，给予静脉高营养或鼻饲。定期测量患儿体重，了解营养状态。

（五）心理护理

针对不同年龄的患儿采取不同方式的心理支持，并给予家长心理疏导，消除焦虑、恐惧情绪。评估患儿及家长对疾病的接受程度，耐心介绍疾病和预后相关知识，增强战胜疾病的信心。

（六）健康教育

宣传化脓性脑膜炎的预防知识，积极防治上呼吸道、消化道等感染性疾病，预防皮肤外伤和脐部感染。对恢复期和有神经系统后遗症的患儿，应与家长一起根据患儿具体情况制订系统的康复训练方案，促进患儿机体康复。

第四节　脑性瘫痪患儿的护理

学习目标

知识目标	1. 掌握脑性瘫痪患儿的临床表现、常见护理诊断/问题和护理措施。 2. 熟悉脑性瘫痪的定义、病因及治疗原则。 3. 了解脑性瘫痪的病理生理。
能力目标	能够按照护理程序为脑性瘫痪的患儿及其家庭实施整体护理。
素质目标	培养护生良好的医患沟通能力，促进人文关怀精神的养成。

脑性瘫痪（cerebral palsy，CP），简称"脑瘫"，是指由于各种原因造成发育期胎儿或婴儿非进行性的脑损伤，导致持续存在的中枢性运动和姿势发育障碍、活动受限的综合征。我国脑性瘫痪的发病率为2‰，患儿常伴有智力、感觉、认知、行为等异常及癫痫发作。

【病因和发病机制】

脑性瘫痪可由多种原因引起，一般可分为出生前、出生时、出生后三类：① 出生前包括先天性脑发育异常，先天性感染如巨细胞病毒、弓形虫及风疹病毒感染，孕妇受到严重感染、中毒、射线等；② 出生时以新生儿窒息最为常见；③ 出生后包括早产、心肺功能异常（先天性心脏病、心力衰竭、休克、呼吸窘迫）引起的脑损伤、低血糖、高胆红素血症及颅内感染等。

目前认为胚胎早期发育异常很可能是导致婴儿早产及围生期缺氧缺血性事件的重要原因。受孕前后孕母的身体内外环境变化、遗传以及孕期疾病所致妊娠早期胎盘羊膜炎症等，均可影响胎儿早期阶段神经系统发育，以致围生期发生缺氧缺血等危险状况，导致脑性瘫痪。

【病理生理】

表现为不同程度的大脑皮质萎缩，脑回变窄，脑沟增宽。皮质下白质的神经纤维稀少，甚至脑积水。镜下可见各层神经细胞数目减少及退行性病变，胶质细胞增生。胆红素脑病时可见基底节对称性的异常髓鞘形成增多，呈大理石样变。

【临床表现】

1. **运动障碍** 运动障碍是脑瘫患儿最基本的表现，其特征是运动发育落后和瘫痪肢体主动运动减少，肌张力、姿势及神经反射异常。按照运动障碍的性质，临床上将脑瘫分为七种类型，其中以痉挛型为主，约占70%。

（1）痉挛型：痉挛型脑瘫的主要临床表现是肢体的肌张力增高（痉挛），伴腱反射和伸肌足跖反射亢进。婴儿可以首先出现肌张力低下，继而出现肌肉强直。痉挛型脑瘫进一步分为：① 偏瘫。是痉挛型脑瘫中最常见的一种类型，仅累及一侧肢体，例如同侧上肢和下肢，通常下肢受累较为严重。大部分患儿最终可以独立行走，但通常会延迟至18~24个月。行走时表现为典型的环形步态。由于肌张力高，患儿常常用脚尖走路，受累上肢在患儿跑步时表现为张力障碍的姿势。② 双侧瘫。此种类型的脑瘫可累及四肢，但以下肢受累较常见。最初即表现为双侧下肢受累，双足呈现马蹄内翻足，常常用脚尖走路，行走显著延迟。但双手功能的发育与同龄正常儿童相似。③ 四肢瘫。此种类型的脑瘫常累及四肢、躯干和颈部肌肉，通常上肢比下肢受累严重，常常伴有癫痫发作和智力损伤。四肢瘫的患儿无法独立行走。患儿中仅有四分之一属于轻度残障；二分之一属于中度残障；严重残障占四分之一。

（2）手足徐动型：较为少见。其静止期的典型表现为肌张力低下，面、颈、舌和四肢均受累，竖颈困难，头向后仰。运动期的临床表现为缓慢地扭动身体，患儿伸舌和流涎较明显，喂养困难。此类脑瘫常伴痉挛和共济失调，但癫痫发作和智力损害较少。

（3）共济失调型：为平衡和协调障碍的一种类型，较为罕见，它是小脑的一种疾病。患儿常出现步态蹒跚，稳定性和协调性差；患儿做快速、重复运动的能力受到损害；上肢意向性震颤。

（4）强直型：与锥体外系受损有关。全身肌张力显著增高，身体异常僵硬，运动减少。常伴有严重智力低下。

（5）震颤型：多为锥体外系相关的静止性震颤。

（6）肌张力低下型：可能因锥体系和锥体外系同时受累，表现为肌张力低下，四肢呈软瘫状，自主运动很少，但可引出腱反射。仰卧位时四肢呈外展外旋位。俯卧位时，头不能抬起。

（7）混合型：混合型脑瘫，指的是痉挛型和手足徐动型，或共济失调型和手足徐动型混合存在。此种类型的脑瘫常常是脑严重损伤的结果。

2. **伴随症状** 脑性瘫痪患儿约半数以上伴有智力低下，听力、语言、视力障碍，认知和心理行为异常以及癫痫等一系列发育异常的症状。其他如流涎、关节脱位则与脑性瘫痪自身的运动功能障碍相关。

【辅助检查】

1. **影像学检查** 1/2~2/3的患儿可有颅脑CT、MRI异常，CT和MRI能了解颅脑结构有无异常，有助于探讨脑瘫病因及判断预后。

2. **脑电图（EEG）** 可协助诊断是否合并癫痫，对指导治疗有参考价值。

3. **视觉、听觉功能检查**

【治疗要点】

1. 治疗原则

（1）早期发现，早期治疗：脑瘫患儿的"黄金治疗期"为0~6个月，该阶段脑的可塑性最强，越早开始干预，越能促进脑功能得到良好代偿。

（2）促进正常运动发育，纠正异常运动和姿势。

（3）综合治疗：采取多种手段对患儿进行全面多样化的综合治疗，针对运动障碍、语言障碍、智力低下、癫痫、行为异常进行干预。

（4）家庭训练和医生指导相结合。

2. 物理治疗（PT） 是目前治疗脑瘫的主要手段。

（1）功能训练：包括体能运动训练（physical therapy，PT）、技能训练（occupational therapy，OT）和语言训练（speech therapy，ST）等。

（2）矫形器的应用：功能训练中应配合使用辅助器械，纠正异常姿势，调整肌肉紧张度，抑制异常反射。

3. 手术治疗 若患儿双下肢痉挛状态严重或髋关节脱臼，应首选手术治疗。

4. 中医治疗 对瘫痪及挛缩的肌肉可进行理疗、针灸、推拿等。

5. 其他 如高压氧舱、水疗、电疗等，对功能训练起辅助作用。

【常见护理诊断/问题】

1. 生长发育迟缓 与脑损伤有关。

2. 有废用综合征的危险 与肢体长期痉挛性瘫痪有关。

3. 躯体活动障碍 与中枢性瘫痪有关。

4. 营养失调：低于机体需要量 与脑性瘫痪致进食和喂养困难有关。

【护理措施】

（一）促进生长发育

脑瘫患儿显著的行为问题在很大程度上影响其生长发育。医护工作者需要对患儿的学习困难、注意力不集中及智力发育迟滞等进行评估和治疗；为患儿选择适合其智力、发育、活动能力的玩具和游戏，例如运用发光的卡片、图板、语言打字机和电脑，帮助提高运动和语言功能。父母学会如何在不影响异常肌张力情况下，协助患儿处理穿衣、洗澡、吃饭、刷牙、大小便和游戏等日常生活，例如吃饭时在餐具上拴上带子，可以帮患儿把餐具拿稳。

（二）促进机体功能恢复

功能训练为从简单到复杂、从被动到主动的肢体锻炼，以促进肌肉、关节活动和改善肌张力。同时配合针刺、理疗、按摩、推拿和必要的矫形器等，纠正异常姿势，抑制异常反射。

1. 体能运动训练 针对运动障碍和异常姿势进行物理学手段训练。

2. 技能训练 根据患儿年龄制定各种技能训练计划，重点训练患儿上肢和手的精细运动（如用手抓玩具和餐具、翻滚物品、穿脱衣服），逐步形成与患儿年龄相适应的肢体动作和独立生活能力。选择正确抱患儿的姿势（图13-4-1），既要使患儿舒服，又要防止肢体畸形和挛缩的发生，逐步达到与患儿年龄适当的肢体动作和独立生活能力。

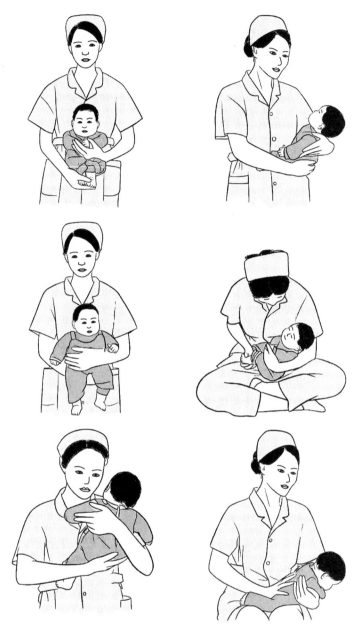

▲ 图13-4-1 对脑瘫患儿正确的抱姿

3.语言训练 主要是听力、发音、语言表达等功能的矫正。

4.进食训练 鼓励患儿自行进食，选择有把手、勺表面浅平、勺柄长的餐具。保证正确的进食姿势，使患儿脊柱伸直，头颈稍前倾，收下颌使其贴近胸部；桌椅高度要合适，使患儿双足能够着地，增加稳定性，尽量抑制异常姿势。饭前用手在患儿面部两侧咬肌处轻轻按摩或热敷，帮助咀嚼肌松弛便于进食。饭后清洁口腔。用冰块冷刺激口、唇、舌，进行口唇闭合训练，提高下颌随意运动，减少流涎的发生；定时做舌的上、下、左、右运动，促进闭合动作，以减少不随意运动，逐渐形成自我控制。

（三）维持营养均衡

根据患儿年龄及进食困难程度实施饮食护理，为患儿制定高热量、高蛋白、高维生素、易消化的饮食，鼓励多活动，以使其适应高代谢的需求。

（四）健康教育

1. 提升家长照顾技能　包括用药管理、身体康复及癫痫发作的处理等。针对患儿所处的年龄阶段进行有重点的训练：婴儿期主要促进正常发育；幼儿期防治各种畸形，随年龄增长可结合功能训练配备支架、夹板和特殊的装置。

2. 培养自理能力　培养患儿日常生活和自我管理能力，促进社会交往及未来从事某些力所能及职业的能力。

3. 患儿和家庭成员的心理健康指导　家庭应给患儿更多的关爱与照顾，积极发挥家庭的优势，鼓励和支持患儿，使患儿有成就感并不断进步。切不可歧视或过于偏爱，以免造成患儿性格缺陷。对家长进行心理疏导，耐心讲解脑瘫是可以通过康复治疗、药物治疗和手术治疗等方式达到康复目的，以减轻疾病所带来的焦虑。

第五节　癫痫患儿的护理

学习目标

知识目标	1. 掌握癫痫患儿的临床表现、常见护理诊断/问题及护理措施。 2. 熟悉癫痫的概念和治疗原则。 3. 了解癫痫的病因。
能力目标	1. 能对癫痫发作患儿做出正确的急救处理。 2. 能为癫痫患儿提供针对性的健康教育。
素质目标	培养护生关爱生命的社会责任感。

癫痫（epilepsy）是多种原因引起的脑部慢性疾病，是脑内神经元反复发作性异常放电导致突发性、暂时性脑功能紊乱，临床出现意识、运动、感觉、精神或自主神经功能障碍。多数癫痫在儿童期发病。癫痫发作（epilepsy seizures）是指脑神经元异常放电活动引起的一过性临床症状和/或体征，表现为意识障碍、抽搐、精神行为异常等，多数癫痫发作持续时间短暂呈自限性。

【病因和发病机制】

1. 遗传因素　多数为单基因遗传，病理基因影响到神经细胞膜的离子通道，使癫痫发作阈值降低而发病。

2. 脑内结构异常 多种先天性、后天性脑损伤产生异常放电的致病灶或降低了癫痫发作阈值。如脑发育畸形、宫内感染、脑外伤后遗症等。

3. 诱发因素 如年龄、内分泌、睡眠等均与癫痫发作有关。饥饿、过饱、饮酒、劳累、感情冲动等均可诱发癫痫发作。

4. 发病机制 与发育期大脑特性、组织器官功能特点和末梢神经肌肉的刺激阈值较低相关。包括大脑皮质功能发育未完全，较弱刺激也能在大脑引起强烈兴奋与扩散，导致神经细胞突然大量异常放电；血脑屏障功能较差，多种毒性物质包括药物易透入脑组织，水电解质代谢不稳定，可因多种原因造成失衡等。

【病理生理】

不同类型的癫痫可能存在不同的病理生理特征。涉及多种复杂的神经元活动异常，包括异常神经元放电、神经元网络连接异常和神经递质失衡等。

【临床表现】

（一）癫痫发作

癫痫发作的临床表现取决于同步化放电的癫痫灶神经元所在脑部位和痫样放电的扩散途径，分为局灶性发作与全面性发作两大类型。

1. 局灶性发作 神经元过度放电起源于脑的某一部位，临床症状和脑电图异常均以局部开始。局部的神经元异常放电可向脑的其他部位扩散，甚至波及全脑而继发全身性发作。局灶性发作伴或不伴意识障碍。

（1）单纯局灶性发作：临床以局灶性运动性发作最常见，表现为面、颈、四肢某部分的强直或阵挛性抽动，头、眼持续同向偏斜，无意识丧失，发作时间平均为10~20秒。

（2）复杂局灶性发作：意识部分丧失，精神行为异常，如吞咽、咀嚼等。

2. 全面性发作 神经元过度放电起源于两侧大脑半球，临床症状和脑电图异常均呈双侧异常，发作时常伴意识障碍。

（1）强直-阵挛性发作：临床最常见，发作包括强直期、阵挛期及发作后状态。发作时突然意识丧失，全部骨骼肌出现剧烈的强直性收缩，伴随呼吸暂停，发绀，常有舌咬伤、尿失禁发生。强直症状持续数秒至数十秒后，出现反复和短促的猛烈屈曲性抽动，即阵挛期，持续约1~5分钟逐渐停止；发作后昏睡，醒来的过程中可出现头痛、嗜睡、乏力、烦躁等现象。

（2）失神发作：以意识丧失为主要症状，双眼凝视，正在进行的活动突然停止，持续数秒后即恢复，对所发生的情况并无记忆。

（3）肌阵挛发作：广泛性脑损伤的患儿多见。表现为全身或局部骨骼肌突然短暂收缩，如突然点头、身体前倾、两臂抬起等，严重者可致跌倒。

（4）失张力发作：发作时肌肉张力突然短暂性丧失，若累及全身肌肉，则患儿可突然跌倒。

（5）强直发作：发作时全身肌肉强烈收缩伴意识丧失，患儿固定于某种姿势，如头眼偏斜、双上肢屈曲或伸直、呼吸暂停、角弓反张等。

（6）阵挛发作：仅有肢体、躯干或面部肌肉节律性抽动而无强直成分。

（二）癫痫综合征

部分患儿具有一组相同的症状与体征，属于同一种特殊癫痫综合征。

1. 良性癫痫 2~14岁多见，其中9~10岁为发病高峰。多数患儿于入睡后或觉醒前呈局灶性发作，从口面部开始，如喉头发声、唾液增多、面部抽搐等，很快发展至全身强直-阵挛性发作，意识丧失。患儿智力发育正常，体格检查无异常发现。

2. 失神癫痫 起病年龄多见于3~13岁，6~7岁为高峰，女孩多于男孩。经常因为过度换气、情绪及注意力改变而诱发。临床特点为频繁而短暂的失神发作，每日数次甚至数十次，每次发作数秒，意识障碍突然发生。发作后患儿不能回忆发作情况，并无头痛嗜睡等症状。体格检查无异常。

3. 婴儿痉挛 又称West综合征，多在婴儿期起病，生后4~7个月为发病高峰，男孩多于女孩。频繁的痉挛发作，表现为屈曲性、伸展性及混合性三种。屈曲性发作时婴儿呈点头、屈腿状；伸展性发作表现为角弓反张，肢体频繁颤动，在入睡不久和刚睡醒时加重。若患儿病前已有脑损伤，精神运动发育异常，则治疗效果差，多数患儿可能遗留智力障碍；患儿病前无明显脑损伤者，早期接受治疗后，约40%患儿的智力与运动发育可基本正常。

（三）癫痫持续状态

癫痫一次发作持续30分钟以上，或反复发作间歇期意识不能完全恢复达30分钟以上者，称为癫痫持续状态（status epilepticus，SE）。近年来国际抗癫痫联盟提出，癫痫持续状态是指发作持续时间超过大多数同种发作类型患儿绝大部分发作的时长而无停止征象或反复发作、其间意识状态不能恢复至基线者。临床多见强直-阵挛持续状态，颅内、外急性疾病均可引起，为儿科急症。

（四）睡眠障碍

癫痫患儿发生睡眠障碍的可能性大。睡眠障碍可导致睡眠效率减低，影响癫痫控制及患儿行为、神经心理发育，诊断和解决睡眠问题可促进癫痫发作的控制。

【辅助检查】

1. 脑电图 是确诊癫痫发作与癫痫最重要的检查手段。典型脑电图可显示棘波、尖波、棘-慢复合波等癫痫波。因癫痫波多数为间歇发放，单凭一次常规脑电图检查很难作出正确的判断，故需较长时间的描记，才可能获得准确的结果。

2. 影像学检查 对脑电图提示为局灶性发作或局灶-继发全面性的患儿，应进行CT、MRI等颅脑影像学检查。

【治疗要点】

1. 抗癫痫药物 先选择单种药物，从小剂量开始直至完全控制发作。如单种药物不能控制癫痫，可选用多种药物联合治疗。一般在服药后2年完全不发作，而且脑电图癫痫样放电完全或基本消失，再经过3~6个月的逐渐减量过程后方可停药。常用的抗癫痫药物为丙戊酸钠（VPA）、氯硝西泮（CZP）等。新型抗癫痫药左乙拉西坦（LEV）作为添加治疗对4岁以上儿童部分性发作和难治性癫痫安全有效。癫痫持续状态时，可静脉缓慢注射地西泮（安定），必要时0.5~1小时后重复使用，24小时内可重复2~4次。用药同时采取支持疗法，维持正常生命体征，防止意外伤害发生。

2. 手术治疗　被诊断为抗癫痫药物治疗无效的难治性癫痫，可以明确定位的患儿在充分进行术前评估的前提下实施手术治疗，如颞叶病灶切除等。

知识拓展　｜　**急性癫痫发作行动计划（Acute Seizure Action Plans，ASAP）**

ASAP是神经专科医务人员为患儿、家庭成员、学校医务人员等提供的院外癫痫管理的行动指引和教育工具，ASAP强调需要结合人群、文化、法律和监管环境进行持续开发和应用，该工具旨在促进照护者在家庭、社区、学校院前急救中开展适时的紧急处理和管理。ASAP能指引使用者根据具体情境快速启动可遵循的惊厥急救步骤，根据具体情境和环境开展癫痫急性发作院外急救的行动，并充分结合患儿和家庭具体需求进行优化。

ASAP主体框架内容包括4个部分。第1部分为患儿和家庭基本情况；第2部分为不同风险级别急性发作症状的识别；第3部分为急性发作的处置指引；第4部分为其他事项。在此框架下，儿童ASAP内容设置需要考虑院外环境应用的相对独立性，提醒随着患儿年龄增长和环境变化的适时优化，尤其重视基于体质量的急救药物剂量调整，使癫痫儿童急性发作管理呈现动态性。

【护理评估】

1. 健康史　询问患儿癫痫发作的详细描述、治疗情况、围生期病史、既往史、家族史及相关问题，做相应的体格检查、神经系统检查，评估患儿的智力发育水平、社会适应能力等。

2. 身体状况　评估癫痫发病年龄、发作的类型、频率、持续时间、诱因等；评估患儿头面部、皮肤和神经系统的情况；分析脑电图、颅脑影像学的检查结果。

3. 心理-社会状况　了解患儿和家长的心态及对本病的认识程度，患儿生活质量是否受疾病影响，患儿和家庭是否存在因疾病影响导致的心理压力。

【常见护理诊断/问题】

1. 有窒息的危险　与喉痉挛、呼吸道分泌物增多有关。

2. 有受伤的危险　与癫痫发作时抽搐有关。

3. 潜在并发症：脑水肿、酸中毒、呼吸衰竭、循环衰竭。

4. 知识缺乏：家长缺乏癫痫发作的急救知识或正确服用抗癫痫药物知识。

【预期目标】

1. 患儿住院期间不发生窒息。

2. 癫痫发作能得到及时有效的控制，未发生意外伤害。

3. 并发症能得到及时有效的防治。

4. 患儿家长能掌握癫痫发作急救方法及正确的服药知识。

【护理措施】

（一）预防窒息的发生

发作时应立即使患儿平卧，头偏向一侧，松解衣领，有舌后坠者用舌钳将舌拉出，防止窒息；保持呼吸道通畅，必要时用吸引器吸痰，给予低流量持续吸氧，备好开口器和气管插管物品。

（二）安全防护，避免受伤

护理操作时勿强行按压肢体，以免引起骨折。患儿癫痫发作时要保护患儿肢体，防止抽搐时碰撞造成皮肤破损、骨折或脱臼、坠床。移开患儿周围可能导致受伤的物品。拉紧床档，专人守护。意识恢复后仍要加强保护措施，以防因身体衰弱或精神恍惚发生意外事故。平时安排好患儿日常生活，适当活动与休息。避免各种危险活动，注意安全。

（三）密切观察病情变化

1. 观察癫痫发作状态　发作时伴随症状、持续时间、患儿的生命体征、瞳孔大小、对光发射及神志改变。

2. 观察呼吸变化　有无呼吸急促、发绀，监测动脉血气分析结果，及时发现酸中毒表现并予以纠正。

3. 观察循环衰竭的征象　监测患儿心率、血压，备好抢救物品、药品。

4. 观察转归　观察抗癫痫药物治疗后，患儿的癫痫发作、智力和运动发育等状况的转归。

（四）健康教育

1. 加强围生期保健　祛除导致癫痫发作及癫痫发生的各种因素。积极治疗、预防颅内感染等与癫痫发作及癫痫有关的原发疾病。

2. 指导家长合理安排患儿的生活　保证患儿充足的睡眠。由于癫痫发作的突发性以及患儿可能失去意识，在体育锻炼和旅游时应有人陪同，其间不要漏服药，避免过度劳累。

3. 指导用药　应指导其遵循医嘱使用抗癫痫发作药物，以长期、规范服药为原则，患儿和家庭不应过分担心药物副作用而随意停药、减量或换药。遇到可能的不良反应要及时咨询专科医生，遵医嘱调整用药方案。

4. 指导癫痫患儿的饮食　癫痫患儿需做到不喝咖啡、浓茶，尽量少喝可乐等碳酸类饮料。如果发现某种或某类饮食多次与诱发癫痫发作相关，可酌情不再摄入。在医生和营养师的指导下开展生酮饮食。

5. 解除患儿的精神负担　结合不同年龄患儿的心理状态，有针对性地进行心理支持，给予关怀、爱护，鼓励与同伴交流，帮助他们树立战胜疾病信心。

【护理评价】

1. 经过治疗及护理，住院期间患儿有无窒息发生。

2. 癫痫发作是否得到及时有效的控制，是否发生意外。

3. 癫痫持续发作的并发症是否及时防治。

4. 家长是否掌握癫痫发作急救方法及正确的服药知识。

（崔 璀）

学习小结

本章神经系统疾病患儿的护理首先介绍了儿童神经系统的解剖生理特点，学生通过本部分内容的学习能解释儿童神经系统解剖生理特点。病毒性脑炎是病毒感染引起的急性颅内炎症，病程呈自限性，多数患儿可完全恢复；细菌性脑膜炎是各种化脓性细菌感染引起的中枢神经系统感染性疾病，临床表现可归纳为感染、颅内压增高及脑膜刺激症状；脑瘫患儿是由各种原因引起的非进行性脑损伤，治疗和照护原则强调早期发现、早期干预，按照小儿运动发育规律，循序渐进促进正常发育，抑制异常运动和姿势，利用各种有益手段对患儿进行全面综合干预；癫痫是一种以具有持久性的产生癫痫病发作倾向为特征的慢性脑部疾病，以脑神经元过度放电导致反复性、发作性和短暂性的中枢神经系统功能失常为特征，给患儿、家庭和社会带来严重的疾病负担，需要聚合全社会的力量，关爱癫痫患儿和家庭，使患儿接受及时正规的治疗和护理，提高生活质量。

复习参考题

（一）选择题

1. 有关小儿脑和脊髓的发育特点，下面说法正确的是
   A. 初生婴儿的活动主要由大脑皮质中枢调节
   B. 婴儿期髓鞘发育较成熟，神经冲动传导迅速
   C. 脊髓下端在1岁时上移至第1腰椎
   D. 脊髓下端在新生儿时位于第2腰椎下缘
   E. 儿童对缺氧的耐受性较成人差

2. 出生时存在、以后逐渐消失的反射，不包括的是
   A. 觅食反射
   B. 抓握反射
   C. 拥抱反射
   D. 吸吮反射
   E. 角膜反射

3. 脑性瘫痪运动障碍的特征是

   A. 进行性周围性运动障碍
   B. 非进行性周围性运动障碍
   C. 进行性中枢性运动障碍
   D. 非进行性中枢性运动障碍
   E. 以上均不正确

4. 病毒性脑炎的脑脊液改变特点，不包括的是
   A. 压力正常或增高
   B. 白细胞数总数轻度增多
   C. 蛋白质多正常或轻度增高
   D. 糖和氯化物常正常
   E. 出现米汤样浑浊

5. 关于服用抗癫痫药物，描述不正确的是
   A. 从单种药物开始
   B. 从小剂量开始
   C. 服药2年后即可停药
   D. 不可随意增减药量
   E. 不可随意改变药物种类

   答案：1. D；2. E；3. D；4. E；5. C

（二）简答题

1. 作为责任护士，在护理急性病毒性脑炎患儿时，应重点观察哪些内容？

2. 护士应如何指导脑性瘫痪患儿家长对患儿进行功能训练？

第十四章

内分泌系统疾病患儿的护理

人体内分泌系统功能广泛，可以促进和协调人体生长、发育、性成熟、生殖与衰老等多种生理活动和生命过程。儿童内分泌疾病按功能主要分为功能低下和功能亢进。原发性功能低下是内分泌腺体发育不全、异位、激素合成酶缺陷或腺体破坏（如自身免疫性疾病）等引起的激素不足导致的相关疾病，如先天性甲状腺功能减退；继发性功能低下是由于垂体或下丘脑疾病使之分泌的促激素释放激素分泌不足所致，本章主要学习儿童常见的内分泌系统疾病。

第一节 先天性甲状腺功能减退症患儿的护理

学习目标

知识目标	1. 掌握先天性甲状腺功能减退症患儿的临床表现、常见护理诊断/问题及相应的护理措施。 2. 熟悉先天性甲状腺功能减退症的定义及治疗原则。 3. 了解先天性甲状腺功能减退症的病因和发病机制。
能力目标	能够运用所学知识为先天性甲状腺功能减退症患儿家庭实施整体护理和健康教育。
素质目标	培养护生尊重生命，注重预防的大健康观。

案例导入与思考

患儿，女，20天，因喂养困难、黄疸就诊。患儿系第一胎第一产，为过期产，出生体重4 300g，生后即有腹胀、便秘，常处于睡眠状态，喂养困难，声音嘶哑，末梢循环差，皮肤黄染。

体格检查：T 35.6℃，P 80次/min，R 22次/min。患儿表情呆滞，眼距较宽，毛发稀疏，面部水肿；听诊两双肺无异常，心音低钝；腹部膨隆，脐疝。食欲不佳，大便干结。

辅助检查：TSH 42mU/L，T_3 2pmol/L，T_4 8pmol/L。血常规正常，血培养阴性。

请思考：
1. 该患儿目前主要的护理诊断/问题是什么？
2. 对家长进行健康教育时的重点内容？

先天性甲状腺功能减退症（congenital hypothyroidism）简称"先天性甲低"，是由于甲状腺激素合成不足或受体缺陷所引起的疾病，是儿童最常见的内分泌疾病。根据病因不同分为两类：① 散发性，因先天性甲状腺发育不良、异位或甲状腺激素合成途径中酶缺陷所致，发生率约为1/2 050；② 地方性，多见于甲状腺肿流行的山区，由于该地区水、土和饮食中缺碘所致。

【病因】

1. 散发性先天性甲低

（1）甲状腺不发育、发育不全或异位：是造成先天性甲状腺功能减退的最主要原因，约占90%。多见于女孩，女：男为2∶1。其中1/3病例为甲状腺完全缺如，其余为发育不全或下移过程中停留在异常部位形成异位甲状腺。

（2）甲状腺激素合成障碍：是引起先天性甲状腺功能减退的第二位原因。多由于甲状腺激素合成途径中酶缺陷造成。

（3）促甲状腺素（TSH）缺乏：因垂体分泌TSH障碍而造成甲状腺功能减退，TSH缺乏常与其他垂体激素缺乏并存。

（4）甲状腺或靶器官反应低下：较罕见，前者是由于甲状腺细胞质膜上的GS_α蛋白缺陷，后者是由于甲状腺激素靶器官对T_4、T_3不敏感所致，与β–甲状腺受体基因缺陷有关。

（5）母亲因素：也称暂时性甲低，母亲在妊娠期服用抗甲状腺药物或母体存在抗甲状腺抗体，均可通过胎盘，影响胎儿，造成暂时性甲低。

2. 地方性先天性甲低　多因孕妇饮食中缺碘，使胎儿在胚胎期碘缺乏而导致甲状腺功能减退，从而造成神经系统损害，多见于甲状腺肿流行地区。

【发病机制】

甲状腺的主要功能是合成甲状腺素（thyroxine，T_4）和三碘甲腺原氨酸（triiodothyronine，T_3）。若甲状腺素合成不足或不能发挥作用时，人体的新陈代谢下降，患儿表现为体温降低；消化系统生理功能下降，患儿食欲缺乏，腹胀和便秘；糖、脂肪和蛋白质代谢障碍，蛋白质合成降低，出现水肿；钙磷代谢异常，导致骨和软骨生长缓慢，肌肉无力，出现生长发育迟缓和肌张力低下的表现；中枢神经系统发育受到影响，引起智能落后。

【临床表现】

多数先天性甲低患儿出生时无特异性临床症状或症状轻微，症状出现早晚及轻重程度与患儿甲状腺功能有关，主要特征为生长发育落后、智能低下、基础代谢率降低。

1. 新生儿甲低　生理性黄疸时间延长达2周以上，同时伴有反应迟钝、哭声小或少哭、声音嘶哑、喂养困难、胎粪排出延迟、腹胀、便秘、脐疝、低体温、前囟较大、末梢循环差、四肢凉、皮肤出现斑纹或硬肿现象等。

2. 婴幼儿甲低 多数先天性甲低患儿常在出生半年后出现典型症状。

（1）特殊面容：头大，颈短，皮肤黄，干燥，毛发稀少，面部黏液水肿，眼睑水肿，眼距宽，眼裂小，鼻梁宽平，唇厚舌大，舌常伸出口外。

（2）生长发育落后：身材矮小，躯干长而四肢短，上部量/下部量>1.5，囟门闭合迟，出牙迟。

（3）生理功能低下：精神、食欲差，不善活动，安静少哭，嗜睡，低体温，怕冷，脉搏及呼吸均缓慢，心音低钝，腹胀、便秘，第二性征出现晚。

（4）智力低下：动作发育迟缓，记忆力和注意力低下，表情呆板、淡漠等。

3. 地方性甲低 因胎儿期缺碘而不能合成足量的甲状腺激素，影响神经系统的发育。临床表现为两组不同的症候群，有时会交叉重叠。

（1）"神经性"综合征：以共济失调、痉挛性瘫痪、聋哑和智力低下为特征，但身材正常，甲状腺功能正常或仅轻度减低。

（2）"黏液水肿性"综合征：以显著的生长发育和性发育落后、黏液水肿、智能低下为特征，多无神经系统症状。血清T_4降低、TSH增高，约1/4伴有甲状腺肿大。

【辅助检查】

1. 新生儿筛查 筛查先天性甲低的最敏感指标是TSH，临床采用出生后2~3天的新生儿干血滤纸片法作为初筛方法检查TSH浓度，以TSH>15~20mU/L为阳性结果。

2. 血清T_3、T_4、TSH测定 T_3正常或下降，T_4下降，TSH增高。

3. TRH刺激试验 用于鉴别下丘脑或垂体性甲低。若试验前TSH值正常或偏低，在TRH刺激后引起血TSH明显升高，表明病变在下丘脑；若TRH刺激后血TSH不升高，表明病变在垂体。

4. X线检查 患儿骨龄明显落后于实际年龄。对婴儿和新生儿行膝关节X线检查，明确股骨骺和胫骨骺是否存在来评估宫内甲低的严重程度。

5. 放射性核素检查 可检查甲状腺发育情况、大小、性质和位置，明确有无甲状腺先天缺如或异位。

6. 基础代谢率测定 基础代谢率低下。

【治疗要点】

治疗原则为早诊断、早治疗，终身服用甲状腺激素。常用甲状腺制剂有两种：① *L*-甲状腺素钠，推荐作为先天性甲低的治疗首选药物，一般起始剂量为8~9μg/（kg·d）；② 甲状腺片，含T_3、T_4，长期服用可使血清T_3升高，临床已基本不用。

【护理评估】

1. 健康史 了解家族中是否有类似疾病；询问母亲孕期饮食习惯，是否服用过抗甲状腺药物；是否居住在高氟、低碘区；是否接触过放射性物质。患儿动作及语言发育，如抬头、坐和爬的月龄；患儿精神、食欲、活动情况；是否有喂养困难。

2. 身体状况 评估患儿有无生长发育落后、智能低下、基础代谢率降低等情况。新生儿有无生理性黄疸时间延长、喂养困难、胎粪排出延迟、腹胀、便秘、脐疝、低体温、前囟较大、末梢循环差、四肢凉、皮肤出现斑纹或硬肿现象等；婴儿有无特殊面容、生长发育落后、上部量/下部量>1.5，囟门闭合迟，出牙迟。

知识拓展 | **正确进行新生儿遗传代谢病筛查血片采集**

新生儿筛查是指在新生儿群体中，用快速、敏感的实验室方法对新生儿的遗传代谢病、先天性内分泌异常以及某些危害严重的遗传性疾病进行筛查的总称。除听力筛查外，一般采取脐血或足跟血的滤纸片进行。正常采血时间为出生72小时后，7天之内，并充分哺乳；对于各种原因（早产儿、低体重儿、正在治疗疾病的新生儿、提前出院者等）未采血者，采血时间一般不超过出生后20天。使用一次性采血针刺足跟内侧或外侧，深度小于3mm，用干棉球拭去第1滴血，从第2滴血开始取样。将滤纸片接触血滴，切勿触及足跟皮肤，使血液自然渗透至滤纸背面，并充满滤纸上的圆圈，避免重复滴血，至少采集3个血斑。

---

3. 心理-社会状况 评估家长是否掌握与本病有关的知识，特别是服药方法和副作用观察，家庭经济及环境状况、父母的文化水平；评估父母对此病的心理反应，是否有内疚、焦虑情绪等。

【常见护理诊断/问题】

1. 体温过低 与代谢率低有关。

2. 营养失调：低于机体需要量 与喂养困难、食欲差有关。

3. 便秘 与肌张力低下、活动量少有关。

4. 生长发育迟缓 与甲状腺素合成不足有关。

5. 知识缺乏： 患儿父母缺乏本病相关知识。

【预期目标】

1. 患儿体温保持正常。

2. 患儿进食正常，水肿消失。

3. 患儿大便通畅。

4. 患儿生长发育逐步恢复正常。

5. 患儿及其父母掌握正确服药方法及药效观察，了解终身服药的重要性。

【护理措施】

（一）维持体温正常

注意室内温度，适时增减衣服，避免受凉，加强皮肤护理，遵医嘱给予甲状腺激素制剂。

（二）维持营养均衡

指导喂养方法，婴儿提倡母乳喂养并添加维生素D。年龄较大患儿应供给高蛋白、高维生素、富含钙及铁剂的易消化食物。对吸吮困难、吞咽缓慢者必要时用滴管或管饲，以保证生长发育。

（三）保持大便通畅

提供充足液体入量；多吃水果、蔬菜，食用富含纤维素食物；适当增加活动量；每日沿肠蠕动方向按摩数次；养成定时排便的习惯；必要时采用大便缓泻剂、软化剂或进行灌肠。

（四）合理营养，促进生长发育

1. L–甲状腺素钠应每日口服，服药时间是早晨或者晚上，饭前、饭后均可，但建议每天在同一时间服药。L–甲状腺素钠应避免与豆类、铁剂、钙剂同时服用。对于婴儿，L–甲状腺素钠片剂应压碎后在勺内加入少许水或奶服用。

2. 与家长共同制订患儿的合理饮食、行为及智力训练方案，促进体格和智力恢复。

（五）健康教育

1. 强调终身服药的重要性　嘱患儿家长坚持长期服药治疗，不可随意停药或变更剂量，剂量适当的临床表现如下：血清TSH浓度正常，血清T_4正常或稍高；儿童食欲好转，大便正常，腹胀消失；心率维持在儿童110次/min，婴儿140次/min；反应好，智力发育逐渐追赶。药量过小，可影响智力及体格发育；药量过大则可引起烦躁、多汗、消瘦、腹痛和腹泻等症状。

2. 随访　在初始治疗后的1~2周予第一次随访检查，而后每2周评估检查，直到TSH维持在正常范围。然后每1~3个月随访1次，直到1周岁。

【护理评价】

1. 患儿体温是否正常。

2. 患儿进食是否正常，水肿是否消失，体重是否正常。

3. 患儿大便是否通畅。

4. 患儿生长发育速度是否改善。

5. 年长患儿及其父母是否能掌握正确服药及药效观察方法，定期随访。

第二节　生长激素缺乏症患儿的护理

学习目标

知识目标	1. 掌握生长激素缺乏症患儿的临床表现、常见护理诊断/问题及相应的护理措施。 2. 熟悉生长激素缺乏症的概念、分类、治疗原则。 3. 了解生长激素缺乏症的病因及发病机制。
能力目标	能够运用所学知识为生长激素缺乏症患儿及其家庭实施整体护理。
素质目标	培养护生尊重爱护儿童，关注儿童心理健康的整体护理观。

生长激素缺乏症（growth hormone deficiency，GHD）是由于生长激素合成或分泌不足，或生长激素（GH）分子结构异常导致的以身材矮小为表现的临床疾病，儿童身高低于同年龄、同性别、同地区正常身高均数减2个标准差或第3百分位数。发生率为20/10万~25/10万。

【病因】

生长激素缺乏症根据病因可分为原发性、继发性和暂时性三种。

1. 原发性　包括遗传性生长激素缺乏和下丘脑–垂体功能障碍。遗传性生长激素缺乏常由 GH_1 基因缺陷、垂体Pit–1转录因子缺陷所致。有少数是GH分子结构异常、GH受体缺陷或IGF-1受体缺陷所致。下丘脑–垂体功能障碍包括垂体发育异常和下丘脑功能缺陷，其中下丘脑功能缺陷多见。

2. 继发性　常继发于器质性病变，如下丘脑、垂体或其他颅内肿瘤、感染、头颅创伤、放射性治疗后等。

3. 暂时性　某些社会心理因素，如压力过大、原发性甲状腺功能减退等可引起暂时性GH分泌低下，消除外界不良因素或治疗原发病后即可恢复正常。

【发病机制】

GH是由腺垂体前叶细胞合成与分泌的由191个氨基酸组成的肽类激素。GH可直接发挥作用，但大部分通过胰岛素样生长因子（insulin–like growth factors，IGF）发挥作用。生长激素的释放受到下丘脑分泌的生长激素释放激素和生长激素释放抑制激素的调节。当下丘脑、垂体功能障碍或靶细胞对生长激素无反应时，促生长效应下降，人体组织细胞增大和增殖减缓，身高增长缓慢，可造成生长落后。蛋白质合成减少，脂肪降解减少，患儿脂肪较多，脸多圆胖。

【临床表现】

1. 身高增长缓慢　出生时身高、体重正常。一般1岁以后生长速度减慢，每年增长速度小于5cm，身高低于同年龄、同性别正常健康儿童身高平均数减2个标准差或生长曲线第3百分位数。

2. 体型　身体上下部量正常，体型匀称，面容幼稚，脸圆胖，皮肤细腻，头发纤细。

3. 牙齿和颅骨发育延迟　出牙及囟门闭合延迟，牙齿排列不齐。

4. 合并症状　如同时伴有一种或多种其他垂体激素缺乏，则有相应的激素缺乏症状，如促性腺激素缺乏者在青春期性器官和第二性征不发育。

5. 继发性生长激素缺乏症　身高增长缓慢可发生于任何年龄，且伴有原发疾病的相应症状。

【辅助检查】

1. 骨龄检查　常用左手腕、掌、指骨正位片评定骨龄，患儿骨龄落后于实际年龄2岁或2岁以上。

2. 生长激素刺激试验　刺激试验分为生理性和药物性，因生理性刺激试验在儿童中难以获得可靠的资料，因而临床上多采用药物刺激试验。药物刺激试验常用的药物有胰岛素、可乐定、左旋多巴、精氨酸等。常用两种作用不同的药物进行刺激试验以辅助判断结果。GH峰值<10μg/L为分泌功能不正常。GH峰值<5μg/L为GH完全缺乏，5~10μg/L为GH部分缺乏。

3. 胰岛素样生长因子（IGF–1）和IGFBP–3的测定　IGF–1和IGFBP–3呈非脉冲式分泌，目前一般可作为5岁到青春发育期前儿童GHD筛查检测。

4. MRI检查 了解有无先天发育异常和占位性病变。

5. 其他内分泌检查 如TSH、T_4以及促甲状腺素释放激素（TRH）刺激试验和促性腺激素释放激素（LHRH）刺激试验以判断下丘脑–垂体–甲状腺轴和性腺轴的功能。

6. 染色体检查 对身材矮小的患儿具有体态发育异常者应进行核型分析，排除常见的染色体疾病如特纳综合征、努南综合征等。

【治疗要点】

治疗原则为替代治疗，使儿童终身高达到正常。

1. 基因重组人生长激素（recombinant human growth hormone，rhGH） 已广泛用于临床，初始治疗时身高受损越严重者获益越大。现在有长效制剂和短效制剂。长效制剂量为0.2mg/kg，每周皮下注射1次，短效为每日临睡前皮下注射1次。

2. 其他激素治疗 患儿如有垂体前叶多种激素不足，应同时给予相应激素治疗。

【常见护理诊断/问题】

1. 生长发育迟缓 与生长激素缺乏有关。

2. 体像紊乱 与生长发育迟缓有关。

3. 知识缺乏： 父母缺乏儿童生长发育及相关知识。

【护理措施】

（一）用药护理

1. 生长激素替代治疗 正确皮下注射生长激素，临睡前注射，注射部位一般在腹壁，每次注射更换部位，以免发生局部皮下脂肪萎缩硬化。

2. 观察生长激素注射的副作用 如注射部位红肿、暂时性视乳头水肿、颅内高压、股骨头骨骺部滑脱和坏死、血糖升高、甲状腺功能减退等。

（二）合理安排饮食与休息

给予患儿高热量、高蛋白、维生素丰富饮食，可补充维生素D与钙剂，每日运动1小时以上，保证充足睡眠，促进生长激素分泌。

（三）心理护理

帮助儿童正确看待自我形象的改变，树立正向的自我概念，正确看待每日注射，鼓励患儿表达自己的情感。

（四）健康教育

教会家长或儿童生长激素皮下注射的技术，每日更换注射部位，告知注射rhGH的副作用。告知定期随诊的重要性，每3个月随诊1次，复查血糖、IGF-1、IGFBP-3及甲状腺功能等。

第三节　性早熟患儿的护理

性早熟（precocious puberty）是指女孩在8岁以前、男孩在9岁以前出现第二性征。本病女孩多见，男女发病之比为1:4。

【病因与分类】

根据下丘脑-垂体-性腺轴是否提前发动，性早熟分中枢性性早熟、外周性性早熟和不完全性性早熟（部分性性早熟）。

1. 中枢性性早熟（central precocious puperty，CPP） 患儿性发育提前，不仅有第二性征的发育，还有卵巢或睾丸的发育。性发育的过程与正常青春期发育的顺序一致，生殖功能提前出现。中枢性性早熟又可分为特发性性早熟、继发性性早熟。① 特发性性早熟多见于女孩：是由于下丘脑对性激素负反馈作用的敏感度下降，使促性腺激素分泌过早增多，黄体生成素（LH）、促卵泡激素（FSH）分泌增加，性腺和性器官发育是CPP的主要病因。② 继发性性早熟：常继发于中枢神经系统的器质性病变，如颅内肿瘤、中枢神经系统感染、外伤、术后以及先天发育异常。

2. 外周性性早熟（peripheral precocious puperty，PPP） 亦称假性性早熟，有性激素水平升高，但无性腺的发育，无生殖功能提前出现。多由于性腺肿瘤、肾上腺疾病、McCune-Albright综合征或接触外源性含雌激素的药物、食物、化妆品所致。根据是否出现异性性征（女孩出现阴蒂肥大、多毛、胡须、喉结、声音低沉等男性性征，男孩出现乳房发育等女性性征）又分为同性性早熟和异性性早熟。

3. 不完全性性早熟 包括单纯性乳房早发育、肾上腺功能早现、单纯性阴毛早现和单纯性早初潮，不伴有其他性征发育及生长加速。

【发病机制】

人体生殖系统的发育受到下丘脑-垂体-性腺轴的控制。下丘脑以脉冲形式分泌促性腺激素释放激素（gonadotropin releasing hormone，GnRH），其刺激垂体前叶分泌促性腺激素（gonadotropin，Gn），即黄体生成素（luteinizing hormone，LH）和卵泡刺激素（follicle stimulating hormone，FSH）作用于卵巢和睾丸，促进其发育并分泌雌二醇和睾酮。正常情况下，青春期前儿童下丘脑-垂体–性腺轴处于较低水平。某些原因可使下丘脑神经抑制因子与兴奋因子的平衡失调，导致下丘脑–垂体–性腺轴过早发动，出现CPP。早期患儿身高比同龄儿童高，但由于骨骺融合过早，成年后身材矮小。

【临床表现】

1. 中枢性性早熟 临床表现与正常儿童的青春期发育程序相似，女孩8岁以前出现乳房发育，随后出现阴毛、腋毛、初潮等。男孩在9岁以前出现睾丸增大（≥4ml容积）。性发育的过程中，男孩和女孩皆有身高和体重过快增长和骨骼成熟加速，患儿早期身高较高，但最终身材矮小，低于一般群体。

2. 外周性性早熟 临床表现与正常儿童的青春期发育程序不一致，患儿有第二性征出现，但无性腺发育。男孩表现为无睾丸发育，但男性化进行性发展，女孩无卵巢发育，但出现乳房发育等第二性征表现。

3. 不完全性性早熟 包括单纯性乳房早发育、肾上腺功能早现、单纯性阴毛早现和单纯性早初潮。

【辅助检查】

1. 骨龄测定 左手正位片。骨龄多数超前，单纯性乳房早发育、青春发育呈慢进展型者骨龄可不提前。

2. 性腺发育评估 判断子宫、卵巢、睾丸的发育情况，应关注有无卵泡发育：女孩盆腔B超检测结果子宫长度3.4~4.0cm，卵巢容积1~3ml，并可见多个直径≥4.0mm的卵泡，提示青春期启动。男孩睾丸容积≥4ml或睾丸长径>2.5cm，提示青春期发育。

3. HPGA活性评估

（1）黄体生成素（LH）：LH升高是HPGA启动的重要生化标志，当基础LH值>0.2U/L可作为判断HPGA是否启动的筛选性指标，但当基础LH值<0.2U/L并不能完全排除CPP，必要时需进行激发试验。

（2）GnRH刺激试验：GnRH/GnRH类似物（GnRHa）刺激试验目前是诊断CPP的金标准，也是鉴别CPP和PPP的重要依据。刺激后LH峰值>5.0U/L（免疫化学发光法）且LH峰值/FSH峰值>0.6提示HPGA启动，常规用GnRH（戈那瑞林）25μg/kg静脉注射，于0分钟、30分钟、60分钟、90分钟、120分钟采血样。

4. 影像学检查 建议所有男童及6岁以下女童诊断CPP时、6岁以上的CPP女童如出现性发育快速进展征象或神经精神异常表现时应进行颅脑磁共振成像等以排除颅内病变；对PPP的患儿应进行肾上腺、性腺B超检查。

【治疗要点】

本病的治疗目标为抑制或减慢第二性征发育，特别是阻止女孩月经来潮；抑制骨骼过早闭合，改善最终身高；预防性早熟带来的社会心理问题。

1. 病因治疗 有明确病因者应针对病因治疗，如患肿瘤应予手术切除或进行放疗、化疗，先天性肾上腺皮质增生者采用肾上腺皮质激素治疗，接触外源性雌激素者应中止接触。

2. 药物治疗

（1）促性腺激素释放激素类似物（GnRHa）：可竞争性抑制自身分泌的GnRH，减少腺垂体分泌促性腺激素，使性激素分泌减少。制剂有3.75mg的缓释剂（每4周肌内注射或皮下注射）、11.25mg的长效缓释剂（12周注射1次）等。国内常用曲普瑞林和亮丙瑞林缓释制剂，常规初始剂量是3.75mg，此后剂量80~100μg/（kg）或采用通用剂量3.75mg，每4周1次，根据性腺轴抑制情况调整用量。

（2）重组人生长激素（recombinanthuman growth hormone，rhGH）：并非对所有患儿均有身高获益，初始治疗时身高受损越严重者获益越大，应该在反复评估CPP对身高的影响、遗传身高、患儿及家长对身高的接受程度以及药物经济学因素等，并且与患儿及家长充分沟通和解释后，再决定是否用药。

【护理评估】

1. 健康史　询问性征出现时间，了解近期生长发育是否呈进行性，发育顺序是否符合正常青春期发育规律，青春期发育进程是否特别快、有无身高生长加速。有无中枢神经系统症状、外伤或手术、头部放疗史、以往生长和智力状况、是否接触外源性性激素如避孕药、食品、化妆品，家庭成员是否有性早熟病史。

2. 身体状况　测量身高、体重，评估女孩乳房发育分期、阴毛有无出现，测量男孩睾丸容量，注意阴茎长度，性激素测定是否升高，评估影像学检查结果，骨龄检查是否大于生理年龄，女孩卵巢是否发育，有无滤泡，有无颅内肿瘤、肾上腺肿瘤、肾上腺皮质增生情况。

3. 心理-社会状况　询问家庭中有无重大事件发生，评估儿童的心理状况，有无性早熟带来的社交障碍；与周围人的关系如何，父母对性早熟的态度等。

【常见护理诊断/问题】

1. 体像紊乱　与性早熟致体格发育有关。

2. 知识缺乏：患儿家长缺乏性早熟相关知识。

【护理措施】

（一）心理护理

由于本病常导致患儿外貌特征与年龄不相符，会增大患儿的心理压力，造成孤独、抑郁、自责、焦虑甚至产生攻击性和破坏性的行为，因此，对患儿和家长做好心理护理尤为重要。注意倾听患儿及家长的感受，并在治疗过程中多给予鼓励，帮助其处理好心理矛盾，增强信心，解除思想顾虑，积极配合治疗。

（二）健康教育

1. 用药指导　告知药物的作用、副作用以及药物的使用方法，避免患儿随意停药。GnRHa治疗过程中偶尔出现皮疹、潮红、头痛，但通常短暂轻微，不影响治疗，部分患儿首次应用GnRHa治疗3~7天后可出现"点火"效应，表现为少量阴道出血，与GnRHa应用后导致短暂雌激素水平增高、滤泡生长、囊泡形成有关，一般会持续1~2周可自发缓解，无需进一步治疗。

2. 饮食　不要服用保健品和补药，减少反季节水果的摄入，少吃油炸类食物；教会家长及儿童学会注射 GnRHa，并观察有无并发症的出现。

3. 按时随诊 GnRHa治疗过程中，建议每3个月监测性发育情况、生长速率等，每6个月监测1次骨龄。治疗过程中需监测促性腺激素和性激素水平。治疗有效的指标包括生长速率正常或下降、女孩乳腺组织回缩或未继续增大、男孩睾丸容积减小或未继续增大、骨龄进展延缓、HPGA处于受抑制状态。

第四节　糖尿病患儿的护理

学习目标

知识目标	1. 掌握糖尿病患儿的临床表现、常见护理诊断/问题及相应的护理措施。 2. 熟悉糖尿病的定义、治疗原则。 3. 了解糖尿病病因、发病机制。
能力目标	能够运用所学知识为糖尿病患儿及其家庭实施整体护理和健康教育。
素质目标	培养护生同理心，关注慢性病儿童身心健康的职业精神。

案例导入与思考

患儿，男，11岁，因"多饮多尿、体重下降3个月"入院。3个月前患儿无明显诱因出现多饮、多尿、多食，平均每日饮水约3 500ml，夜尿次数明显增多，每晚2~3次。患儿自发病以来，体重减轻约5kg。

体格检查：T 36.6℃，P 80次/min，R 20次/min。神志清，精神尚可。双下肢无水肿。病理征未引出。

辅助检查：空腹血糖13.0mmol/L；抗谷氨酸抗体阴性；尿常规葡萄糖++++，酮体+++；糖化血红蛋白15.1%。

请思考：

1. 该患儿目前主要的护理诊断/问题是什么？

2. 护士接诊后，针对患儿的病情应配合医生采取哪些护理措施？

糖尿病（diabetes mellitus，DM）是由于胰岛素分泌绝对缺乏或相对不足引起的糖、脂肪、蛋白质代谢紊乱症，分原发性与继发性两类。世界卫生组织2019年将糖尿病分为6个亚型，与儿童关系密切的主要为1型糖尿病（T1DM）、2型糖尿病（T2DM）、混合型糖尿病和其他特殊类型糖尿病共4个亚型。随着我国社会经济发展和生活方式的改变，儿童糖尿病亦逐年增高，且发病呈现低龄化趋势，其中T1DM占89.6%，T2DM约占7.4%，本章重点介绍1型糖尿病。

【病因】

T1DM的发病机制迄今尚未完全阐明，目前认为与遗传易感性、自身免疫及环境因素等密切相关。

1. 遗传易感 1型糖尿病存在遗传易感性。研究发现人类白细胞抗原（HLA）D区Ⅱ类抗原基因与本病发生有关，其中与HLA-DR3和DR4的关联显著。

2. 自身免疫 近些年的研究发现，1型糖尿病患儿的胰腺有胰岛炎的病理改变，同时检测到多种自身抗体，并已证实这类抗体在补体和T淋巴细胞的协同下具有胰岛细胞的毒性作用。免疫系统对自身组织的攻击可认为是发生1型糖尿病的病理生理基础。

3. 环境因素 包括病毒感染（风疹病毒、腮腺炎病毒等）、化学因素（如亚硝胺等）、饮食中某些成分（如牛奶蛋白）、胰腺遭到缺血损伤等因素的触发。

【发病机制】

胰岛素是促进能量储存的激素。1型糖尿病患儿胰岛β细胞被破坏，而分泌胰高血糖素的α细胞和其他细胞相对增生，致使胰岛素分泌不足或完全丧失是造成代谢紊乱的主要原因，同时由于胰岛素不足而使反调节激素分泌增加造成严重的代谢紊乱。

1. 糖代谢紊乱 胰岛素分泌减少使葡萄糖利用减少，同时反调节激素（胰高血糖素、生长激素、皮质醇）作用增强，致肝糖原分解和糖原异生增加，导致血糖升高。当血糖超过肾糖阈10mmol/L（180mg/dl）时出现糖尿，临床表现为多尿症状，每日约丢失水分3~5L、钠和钾200~400mmol，从而造成严重的电解质失衡（低钠、低钾）和慢性脱水。由于机体的代偿，患儿渴感增强、饮水增多；组织不能利用葡萄糖，能量不足而产生饥饿感，引起多食。

2. 脂肪代谢紊乱 胰岛素不足，使脂肪合成减少，分解增加，血液中脂肪酸增高，临床上表现为消瘦。肌肉和胰岛素依赖性组织利用这类游离脂肪酸供能以补充细胞内葡萄糖不足，从而产生大量脂肪酸进入肝，生成乙酰辅酶A，超过三羧酸循环的氧化代谢能力，致使中间代谢产物堆积，包括乙酰乙酸、丙酮、β-羟丁酸，导致酮症酸中毒。酸中毒时CO_2严重潴留，兴奋呼吸中枢，产生深快呼吸，呼气中丙酮产生烂苹果味。

3. 蛋白质代谢紊乱 胰岛素分泌减少，可使蛋白质合成减少，分解增加，出现负氮平衡。患儿消瘦、乏力、体重下降，生长发育减缓，抵抗力下降，易发感染。

【临床表现】

1型糖尿病起病较急，发病前常有诱发因素，如感染、饮食不当、情绪激动等。

1. 症状 多数患儿有典型的多饮、多尿、多食和体重下降（三多一少），但婴儿多饮、多尿不容易发现。少数患儿无多食，表现为消瘦伴乏力、精神萎靡等。学龄儿童亦可因夜间遗尿就诊。部分患儿以酮症酸中毒为首发症状，表现为精神萎靡、意识模糊甚至昏迷，厌食、恶心、呕吐、腹痛、关节或肌肉疼痛、呼吸深快、呼气有烂苹果味、脱水甚至脉搏细速、血压下降等休克症状。少数患儿起病缓慢，临床表现以精神呆滞、软弱、体重下降等为主。

2. 体格检查 体重减轻、消瘦。酮症酸中毒时可出现呼吸深长，有脱水征和意识障碍。

3. 长期并发症 血糖长期控制不良的糖尿病患儿有生长落后、智能发育迟缓、肝大，称为

Mauriac综合征。晚期可出现蛋白尿、高血压等糖尿病肾病表现，最后可发生肾衰竭，还可导致白内障和视网膜病变，甚至失明。

4. 儿童糖尿病特殊的自然病程

（1）急性代谢紊乱期：严重者表现为糖尿病酮症酸中毒，一般出现高血糖、糖尿和酮尿。

（2）暂时缓解期：表现为临床症状消失，血糖下降，尿糖减少或转阴。一般持续数周，最长可达半年以上，此期患儿胰岛素用量较少，甚至可以不用。

（3）强化期：患儿的血糖增高，尿糖不易控制，胰岛素用量增多，青春期更明显。

（4）永久糖尿病期：青春期后，病情稳定，胰岛素用量恒定。

【辅助检查】

1. 尿液检查

（1）尿糖（定性和定量）：可间接反映血糖控制情况，尿糖定性一般阳性。糖尿病治疗期间，可收集一定时间内的尿液，监测24小时内的尿糖动态变化。单次尿的尿糖测定有助于胰岛素剂量的调整。

（2）尿酮体：阳性提示有酮症酸中毒。

（3）尿蛋白：阳性提示可能有肾脏的继发损害，定期检测，可以及时发现肾脏病变。

2. 血液检查

（1）血糖：① 空腹血糖≥7.0mmol/L；② 随机（非空腹）血糖≥11.1mmol/L且伴有糖尿病症状体征。

（2）糖化血红蛋白（HbA_1c）：理想的控制目标为7.5%或更低，每3个月监测一次。

（3）2小时口服葡萄糖耐量试验（OGTT）：对临床无症状、尿糖阳性，但空腹血糖和任意血浆葡萄糖浓度<11.1mmol/L，不能确诊为糖尿病者，才作此项检查。

（4）血脂：胆固醇、甘油三酯及游离脂肪酸均增高。

（5）激素基础水平和胰岛β细胞功能试验：如血胰岛素释放实验和C肽释放实验可用来鉴别1型和2型糖尿病。T1DM的C肽分泌曲线偏低，而T2DM常分泌正常或升高。

（6）血清胰岛细胞自身抗体测定、GAD抗体测定：糖尿病相关自身抗体阳性有助于T1DM的诊断。

（7）血气分析：酮症酸中毒时，pH<7.30，HCO_3^-<15mmol/L。

3. 诊断标准　符合下列任意一项标准就可诊断为糖尿病。

（1）有典型糖尿病症状并且餐后任意时刻血糖水平≥11.1mmol/L。

（2）空腹血糖≥7.0mmol/L。

（3）2小时口服葡萄糖糖耐量试验≥11.1mmol/L。

（4）糖化血红蛋白（HbA_1c）≥7.5%。

【治疗要点】

对于T1DM应采取综合和个性化治疗措施，包括胰岛素治疗、饮食治疗、运动疗法、血糖监测、健康教育、心理治疗和其他治疗。

1. 胰岛素治疗 初发T1DM患儿应尽快开始胰岛素治疗，尿酮体阳性者应在6小时内使用胰岛素；当糖尿病分型不清时，如患有DKA、随机血糖浓度为13.9mmol/L和/或HbA₁c为8.5%以上患儿，初始治疗也应使用胰岛素。

（1）剂量：新发T1DM每日胰岛素总量一般为0.5~1.0U/（kg·d），但3岁以下建议0.5U/（kg·d）起始；蜜月期通常<0.5U/（kg·d），青春期前（部分缓解期外）为0.7~1.0U/（kg·d），青春期为1.0~1.5U/（kg·d）。儿童不建议使用动物源性胰岛素和预混胰岛素，应采用基因重组胰岛素。

（2）治疗方案：胰岛素治疗方案目前推荐使用"基础+餐时"胰岛素强化治疗方式，可每日多次注射胰岛素（multiple daily injections，MDI）和持续胰岛素皮下注射（continuous subcutaneous insulin infusion，CSII），即胰岛素泵。

1）MDI：三餐前短效+睡前中效胰岛素或三餐前速效+睡前长效胰岛素，中效或长效胰岛素可酌情互换，青春发育期可能需要将基础胰岛素分成早餐前和睡前2次用药。夜间中长效胰岛素约占全日总量的30%~50%（一般先按30%计算，余量以速效或短效胰岛素分成3次于每餐前注射）。但若以速效胰岛素类似物做餐前注射，则夜间使用基础胰岛素的比例要高一些。

2）胰岛素泵：可选用短效胰岛素或速效胰岛素类似物。将全日的总量分为基础量和餐前追加量两部分，两者的用量按1:1的比例分配。将24小时划分为日间（07:00—21:00）和夜间（21:00—次日07:00）两个阶段，夜间基础量之比为2:1。餐前追加量按3餐平均分配，于每次餐前输注。在治疗过程中根据血糖或动态血糖监测结果进行基础率或餐前胰岛素剂量的动态调整。

2. 饮食治疗

（1）能量摄入推荐：糖尿病儿童能量全日摄入能量可参照计算公式拟订：总能量（kcal）=1 000+年龄×系数（公式系数：70~100）（1kcal=4.18kJ）。公式中系数可结合年龄选择，<3岁为100，3~6岁为90，7~10岁为80，大于10岁为70。再根据糖尿病儿童的营养情况、体力活动量及应激状况等因素调整个体化的能量推荐值。

热量成分分配为糖类（碳水化合物）占总热量50%~55%，脂肪占能量的25%~35%（<10%饱和脂肪+反式脂肪酸），蛋白质占能量的15%~20%。

（2）个性化实施："基础+餐时"胰岛素强化治疗方式使得T1DM患儿的饮食个性化，可根据实际碳水化合物摄入量调整胰岛素使用剂量，减少血糖波动，使得患儿的饮食灵活调整。使用胰岛素与摄入碳水化合物的比值（I/Car）受患儿年龄、活动水平、青春期状态和最初诊断的时间长度影响，一般将I/Car起始值设为成人1:15，儿童1:（20~25）。

3. 运动疗法 建议每天在固定时间做1小时中等至剧烈强度的有氧运动，每周至少3天做锻炼肌肉的运动。运动前减少胰岛素用量，运动前后适当加餐、以防发生低血糖。

4. 血糖监测

（1）指尖血糖监测：初发患儿建议每日3餐前、餐后2~3小时、睡前和夜间2:00—3:00、加餐前后共测血糖6~10次，剧烈运动前、中、后需加测，以确定是否需要加餐。<3.9mmol/L（65mg/dl）作为低血糖处理的临界值，<3.0mmol/L可出现中枢神经系统及认知功能障碍。

（2）HbA1c及糖化血清蛋白监测：HbA1c建议每3个月随访1次；糖化血清蛋白反映2~3周前

平均血糖浓度，用于短期血糖控制水平评价。

（3）动态血糖系统（continuous glucose monitoring system，CGMS）监测：可较全面反映全天血糖波动情况，提供血糖波动信息，指导临床治疗。

（4）血糖控制目标：血糖控制目标需差异化个体化；对使用CSII、可进行规律血糖监测或使用CGMS的患儿以及具有部分残存B细胞功能的新发T1DM患儿，建议HbA$_1$c控制目标值<7%；对于不能准确识别低血糖及低血糖发生较频繁、既往有严重低血糖或医疗资源落后地区的T1DM患儿，建议HbA$_1$c控制目标值<7.5%。

知识拓展 | **低血糖的识别与管理**

糖尿病患儿血糖<3.9mmol/L即诊断低血糖，需临床干预的阈值。发生低血糖的主要原因有胰岛素注射过多、进食偏少、运动过多等。处理方法为当患儿血糖<3.9mmol/L且意识清醒，给予葡萄糖10~15g或其他含等量葡萄糖碳水化合物，如15分钟后仍低血糖则需重复上述剂量；使用胰岛素泵治疗时如血糖<2mmol/L则需暂停胰岛素泵。严重低血糖不伴昏迷予10%葡萄糖注射液2ml/kg静脉推注；伴抽搐昏迷给予10%葡萄糖注射液4ml/kg静脉推注；如有胰高血糖素，可予静脉推注、肌内注射或皮下注射（体重≥25kg为1.0mg，<25kg为0.5mg）纠正严重低血糖。反复低血糖给予10%葡萄糖注射液2~5mg/（kg·min）维持，治疗过程中需密切监测患儿血糖以及有无其他症状。

---

5. 糖尿病健康教育及心理治疗 见本节护理措施的健康教育。

6. 其他治疗 胰腺移植和胰岛移植是目前从根本上恢复T1DM患儿生理性胰岛素分泌的唯一手段，但仍存在一些问题有待进一步研究和解决。

7. 糖尿病酮症酸中毒的处理 治疗要点是补液和应用小剂量胰岛素等降低血糖、纠正酮症酸中毒。

（1）补液：是关键和首要措施。补液量包括维持量和累积损失量，累积损失补液总时间一般为48小时，最初4~6小时液体需为生理盐水，后改为0.45% NaCl液体。如有休克迅速建立二路静脉输液通路，给予NS 10~20ml/kg在10~60分钟内输入，必要时重复，最大量30ml/kg；一般酮症酸中毒12小时内输入。pH<7.2时，可用碱性液体纠正酸中毒。

（2）小剂量胰岛素：补液治疗开始，休克逐渐恢复后才可用胰岛素，自另外一条静脉持续输入或使用胰岛素泵，血糖降低速度以每小时2~5mmol/L为宜。当能进食、pH>7.3、HCO$_3^-$>15mmol/L可皮下注射胰岛素，在首次皮下注射短效胰岛素（0.25U/kg）1~2小时后或速效胰岛素5~30分钟后停止输液和静脉滴注胰岛素。

（3）控制感染：对有感染的患儿在急救同时采用有效抗生素治疗。

【常见护理诊断/问题】

1. 有血糖不稳定的危险 与胰岛素缺乏，饮食控制不良有关。

2. 营养失调：低于机体需要量 与胰岛素缺乏致体内物质代谢紊乱有关。

3. 有感染的危险 与蛋白质代谢紊乱、免疫功能减低有关。

4. 焦虑 与病程漫长，需长期用药和控制饮食有关。

5. 知识缺乏：患儿及家长缺乏糖尿病控制的有关知识和技能。

【护理措施】

糖尿病是终身的内分泌代谢性疾病。护士应帮助患儿及家长熟悉各项治疗及护理措施，并提供有效的心理支持。

（一）合理使用胰岛素并监测血糖

1. 胰岛素的注射 每次注射时尽量用同一型号的1ml注射器以保证剂量的绝对准确。注射部位可选用股前部、腹壁、上臂，每次注射需更换部位，一个月内不要在同一部位注射2次，两针间距2.0cm左右，以免局部皮下脂肪萎缩和影响吸收。抽取胰岛素时，先抽取短效后抽吸中、长效制剂。

2. 监测 根据血糖监测结果，调整胰岛素剂量，及时识别是否发生胰岛素过量的Somogyi现象、胰岛素不足及胰岛素耐药情况。

（二）改变生活方式

1. 饮食管理 食物的能量要适合患儿的年龄、生长发育和日常活动的需要，饮食控制以能保持正常体重，减少血糖波动，维持血脂正常为原则。可采用碳水化合物计数法、碳水化合物交换法、进阶碳水化合物计数法选择食物，制定食谱。糖类避免精制白米、面粉或土豆，因为容易引起血糖波动，多吃纤维素多的粗粮。

2. 合理运动 糖尿病患儿应每天做适当有氧运动，运动前后调整饮食和胰岛素用量，注意运动时间以进餐1小时后、2~3小时以内为宜，不在空腹时运动，运动后有低血糖症状时可加餐。

（三）预防感染

养成良好的卫生习惯，避免皮肤破损，定期进行身体检查，特别是口腔、牙齿的检查等；长期佩戴胰岛素泵的患儿，应注意局部的消毒和保持清洁，定期更换部位。

（四）密切观察病情变化

对有酮症酸中毒的患儿及时监测血气、电解质、血糖和酮体的变化，纠正水、电解质、酸碱平衡紊乱，保证出入量平衡。

（五）心理护理

本病需终身饮食控制和胰岛素注射，给家长带来困扰。建议在初次诊断时评估患儿心理状态及家庭对应激的适应情况，评估儿童在学校与同伴的关系，在7~8岁时评估糖尿病给儿童带来的心理困扰，发现问题给予干预。对青春发育的女童，进行生育相关的评估。医务人员协助患儿建立良好的社会支持，如成立"糖友会"，有利于患儿融入社会。

（六）健康教育

教育要个体化，不同年龄的儿童可给予相应的健康教育内容。低血糖的预防、识别和处理非常重要。此外，学龄期儿童应学会根据学校的课程、饮食和锻炼调整胰岛素的使用，青春期儿童教育的重点是解决随意饮食、疾病、运动和低血糖问题。

1. 个性化饮食　向家长及患儿讲解个性化饮食治疗方案，教会家长及年长患儿碳水化合物计数法（基本、进阶），根据患儿进食碳水化合物的量调节餐时胰岛素用量。

2. 运动　教会家长及年长患儿运动前、后胰岛素剂量调整，并且指导其进行运动前、中、后营养补充；警惕容易引起血糖波动的运动，如开放水域中的游泳、冲浪、帆船类项目，冬季冰雪运动、高海拔运动及高温下运动。

3. 胰岛素注射　教会10岁以上儿童进行自我注射，有计划地选择注射部位，抽取胰岛素并注射；根据血糖监测结果调节胰岛素的用量，教会使用胰岛素泵的患儿及家长做好胰岛素泵的日常护理，预防感染。

4. 血糖或尿糖监测　鼓励和指导患儿及家长掌握血糖或尿糖的自我监测，正确使用血糖测量仪，血糖达标者每天监测4次血糖（早餐前、午餐前、晚餐前、睡前）。治疗开始阶段或血糖控制不达标可增加频率至每天7次或以上（包括进餐前后、睡前、运动前后、发生低血糖时），操作时应严格消毒，预防感染，并正确记录。教会患儿及家长识别低血糖反应并及时处理。

5. 指导其定期复诊　监控血糖或尿糖、尿酮体、糖化血红蛋白、尿微量白蛋白、血脂；进行体格检查，每次复诊均应测量血压、身高、体重和青春期发育状况；病程5年以上或12岁以上患儿每年检查眼底1次。积极预防微血管继发损害所造成的肾功能不全、视网膜病变和心肌损害等。

（杨秀玲）

学习小结

本章内分泌系统疾病患儿的护理介绍了先天性甲状腺功能减退症、生长激素缺乏症、性早熟、糖尿病的护理等内容。先天性甲低患儿表现为智能落后、生长发育迟缓、生理功能低下；治疗要点为早治疗，终身服用甲状腺素，护理应强调保证营养供给、服用甲状腺素的重要性和疗效观察，注重对家长和患儿的健康教育。生长激素缺乏症的主要表现是身高增长缓慢，患儿一般无智能障碍，采用基因重组人生长激素替代治疗；护理措施包括教会患儿自我皮下注射技术、强调定期随诊等。性早熟的主要表现是女孩在8岁以前、男孩在9岁以前出现第二性征和/或性腺发育；采用GnRHa治疗，护理措施包括用药指导、按时随诊和健康教育等。患有1型糖尿病的多数患儿有典型的多饮、多尿、多食和体重下降症状；护理措施包括生活方式改变、预防感染、密切观察病情、自我血糖监测的方法、运动锻炼、教会患儿及家长识别低血糖反应并及时处理。

复习参考题

（一）选择题

1. 新生儿甲状腺功能减退的筛查时间是出生后
   A. 1个月以后
   B. 2~3天
   C. 2小时
   D. 3个月左右
   E. 1周左右

2. 患儿，女，7岁，因"乳房发育6个月"来诊。性征发育顺序与正常青春期发育顺序相似，骨龄提前。最可能的诊断是
   A. 儿童糖尿病
   B. 甲状腺功能减退症
   C. 甲状腺功能亢进症
   D. 中枢性性早熟
   E. 外周性性早熟

3. 患儿，女，6岁3个月，生长缓慢，目前身高110cm，智力正常，骨龄测定为4岁，精氨酸刺激试验0.95、0.35、2.55、3.82、3.60μg/L，MRI无异常，考虑为
   A. 生长激素缺乏，部分性
   B. 生长激素缺乏，完全性
   C. 如甲状腺功能减退症
   D. 中枢性性早熟
   E. 外周性性早熟

（4~5题共用题干）

患儿，男，9岁，有1型糖尿病史，突然心慌，软弱脉速，多汗，继而神志不清入院。在家中自行注射胰岛素治疗。

4. 首先考虑的是
   A. 低血糖昏迷
   B. 中毒性休克
   C. 酮症酸中毒
   D. 肺炎合并心衰
   E. 中枢神经系统感染

5. 护士应立即采取的措施是
   A. 马上化验血常规
   B. 立即平卧，静脉注射50%的葡萄糖40ml
   C. 静脉注射生理盐水
   D. 皮下注射胰岛素
   E. 马上做心电图

   答案：1. B；2. D；3. B；4. A；5. B

（二）简答题

1. 作为责任护士，如何对先天性甲状腺功能减退症患儿家长进行健康指导。

2. 简述如何对儿童糖尿病的患儿及家长进行健康指导。

第十五章 免疫缺陷病和风湿免疫性疾病患儿的护理

免疫（immunity）是机体的一种生理性保护机制，其本质为识别自身、排除异己，以维持机体的内在稳定，其功能包括防御感染，清除衰老、损伤或死亡的细胞，识别和清除突变细胞。免疫功能失调可导致异常免疫反应，不仅可出现易感染、易感性增高为主的免疫缺陷表现和免疫监视功能受损而发生恶性肿瘤，还可出现过度炎症、过敏和自身免疫反应。风湿性疾病是一组原因不明的自身免疫性疾病，主要累及不同脏器的结缔组织和胶原纤维。一般认为所有风湿性疾病的发病机制有其共同规律，即感染源刺激具有遗传学背景的个体，发生异常的自身免疫反应。

第一节 儿童免疫系统发育特点

学习目标

知识目标	1. 掌握人类免疫反应的分类。 2. 熟悉非特异性免疫和特异性免疫的概念。 3. 了解儿童免疫系统的发育特点。
能力目标	能够阐述儿童非特异性免疫和特异性免疫的特点。
素质目标	培养护生良好的人文关怀精神和儿科护士职业素养。

人类免疫分为非特异性免疫和特异性免疫两类，后者又分为特异性细胞免疫和特异性体液免疫。儿童处于生长发育过程中，其免疫状况与成人显著不同，且不同年龄段也有差异。

一、非特异性免疫

非特异性免疫是机体在长期种族进化中不断与病原体相互斗争而建立起来的一系列防御功能，是一种天然免疫力，对各种有害异物无选择性地起防御作用。其作为机体的第一道防线，当病原体入侵时首先发挥作用。非特异性免疫主要包括：屏障防御机制、细胞吞噬系统、补体系统和其他免疫分子作用。

（一）屏障防御机制

主要包括由皮肤-黏膜屏障、血-脑脊液屏障、血-胎盘屏障、淋巴结过滤作用等构成的解剖（物理）屏障和由溶菌酶、乳铁蛋白、胃酸等构成的生化屏障。新生儿和婴幼儿皮肤角质层薄嫩，容易破损，故屏障作用差，对外界刺激的抵抗力弱，易受机械或物理损伤而继发感染；肠道通透性高，胃酸较少，杀菌力弱；血-脑脊液屏障、淋巴结功能未发育成熟以及呼吸道纤毛细胞发育不完善等，均导致新生儿和婴幼儿的非特异性免疫功能较差，随年龄增长而逐步发育完善。

（二）细胞吞噬系统

血液中具有吞噬功能的细胞主要是单核/巨噬细胞和中性粒细胞。在胎龄第9周前后，末梢血中开始出现中性粒细胞，在胎龄第34周，中性粒细胞的趋化、吞噬和细胞内杀菌功能已趋成熟。但新生儿的各种吞噬细胞功能可呈暂时性低下状态，这与新生儿时期缺乏血清补体、调理素、趋化因子等有关。

（三）补体系统

早在胎龄6~14周时胎儿便能合成补体成分，但母体的补体不能传输给胎儿，故新生儿血清补体含量低，补体经典途径（CH50、C3、C4和C5）活性是其母亲的50%~60%，补体浓度或活性随胎龄增长而升高，一般在生后3~6个月达到成人水平。补体旁路活化途径和旁路途径的各种成分发育更为落后。未成熟儿补体经典和旁路途径均低于成熟儿。

二、特异性免疫

特异性免疫是机体在后天生活过程中与抗原物质接触后产生的，是一种后天获得性免疫，包括细胞免疫和体液免疫。特异性免疫是在非特异性免疫的基础上，由免疫器官和免疫活性细胞完成的。免疫器官包括骨髓、胸腺、脾、淋巴结，免疫活性细胞主要是T淋巴细胞和B淋巴细胞，T淋巴细胞主要参与细胞免疫，B淋巴细胞主要参与体液免疫。

（一）细胞免疫（T淋巴细胞免疫）

细胞免疫是由T淋巴细胞（T细胞）介导产生的一种特异性免疫反应，其主要功能是抵御细胞内的病原微生物（病毒、真菌、寄生虫等）感染和免疫监视。机体在抗原刺激后产生致敏的T细胞，再与相应抗原作用产生各种淋巴因子（转移因子、移动抑制因子、淋巴毒素、趋化因子、干扰素等），发挥免疫防御、免疫监视作用。胎儿期淋巴样干细胞在胸腺中发育形成成熟的T细胞，在T细胞成熟的过程中形成了对自身组织的耐受性和对异体物质的反应性。足月新生儿外周血中T细胞绝对计数已达成人水平，但T淋巴细胞分类比例和功能与成人不同。出生时T细胞自身发育已完善，故新生儿的皮肤迟发型超敏反应在出生后不久即已形成，新生儿接种卡介苗后数周结核菌素试验即呈阳性反应。但新生儿T细胞辅助B细胞产生免疫球蛋白的能力受限，活化吞噬细胞和产生细胞毒性T细胞（CTL）的能力下降；T细胞产生的γ-干扰素（INF-γ）和白细胞介素-4（IL-4）为成人的10%~20%，3岁达成人水平。随着抗原反复刺激，各种细胞因子水平逐渐升高，如INF-γ于生后175天即达成人水平。具有辅助/诱导作用的CD4$^+$ T细胞数比具有抑制/细胞毒性作用的CD8⁺T细胞数多，使CD4/CD8的比值高达3~4，约2岁时比值为2，达成人水平。

（二）体液免疫（B淋巴细胞免疫）

体液免疫是指B淋巴细胞在抗原刺激下转化成浆细胞并产生抗体（免疫球蛋白），特异性地与相应抗原在体内结合而产生免疫反应。其主要功能是抵御细胞外的细菌和病毒感染。

1. B细胞　B细胞功能在胚胎早期即已成熟，但因缺乏抗体及T细胞多种信号的辅助刺激，新生儿B细胞产生抗体的能力低下，出生后随着年龄增长特异性体液免疫才逐步完善。胎儿和新生儿B细胞对抗原刺激可产生相应的IgM类抗体，而有效的IgG类抗体应答需在生后3个月才出现，直到2岁时分泌IgG的B细胞才发育达成人水平，而分泌IgA的B细胞到5岁时才达成人水平。

2. 免疫球蛋白（immunoglobulin，Ig）　具有抗体活性的球蛋白称为免疫球蛋白，是B细胞最终分化为浆细胞的产物，存在于血液、体液、分泌液和B细胞的膜上，发挥特异性体液免疫作用，根据理化和免疫性能不同分为IgG、IgM、IgA、IgD及IgE五类。

（1）IgG：是唯一可以通过胎盘的免疫球蛋白。在胚胎12周末时开始合成，大量IgG通过胎盘发生在妊娠后期，这对婴儿出生后数月内防御麻疹、白喉、脊髓灰质炎等细菌和病毒感染起重要作用。来自母体的IgG于儿童出生后因代谢分解而逐渐下降，至6个月时几乎全部消失，故6个月后，儿童易患感染性疾病。而儿童自身合成的IgG量从3个月后才逐渐增加，6~7岁时血清中的IgG才达到成人水平。

（2）IgM：是个体发育过程中最早合成和分泌的抗体，但因无抗原刺激，胎儿自身合成的IgM极少，且母亲的IgM不能通过胎盘，故新生儿血液中含量较低，若出生时脐血IgM增高，提示有宫内感染可能。因IgM是抗革兰氏阴性菌的主要抗体，故新生儿易患革兰氏阴性菌尤其是大肠埃希菌感染。出生后3~4个月时IgM在血清中的含量为成人的50%，1岁时达成人的75%，男孩于3岁、女孩于6岁时达成人水平。

（3）IgA：胎儿期不产生IgA，且IgA不能通过胎盘，所以新生儿血清IgA含量很低，若脐血IgA含量升高也提示宫内感染。IgA分为血清型和分泌型两种。血清型IgA于出生后第3周逐渐合成，1岁时仅为成人的20%，12岁时达成人水平。分泌型IgA（SIgA）存在于唾液、泪水、乳汁等外分泌液中，是黏膜局部抗感染的重要因素，新生儿和婴幼儿SIgA水平很低，是其易患呼吸道和胃肠道感染的重要原因，2~4岁时达成人水平。

（4）IgD：不能通过胎盘，故IgD在新生儿血中含量甚微，5岁时才达成人水平的20%，其功能目前尚不清楚。

（5）IgE：母亲的IgE不能通过胎盘传给胎儿，新生儿体内IgE含量极少，出生后可从母乳中获取部分IgE，约7岁左右达成人水平。IgE主要参与Ⅰ型变态反应，IgE的应答对T细胞有高度的依赖性。婴幼儿合成IgE能力不弱，患过敏性疾病时血清IgE水平可显著升高。

第二节 原发性免疫缺陷病患儿的护理

学习目标	
知识目标	1. 掌握原发性免疫缺陷病患儿的临床表现。 2. 熟悉原发性免疫缺陷病的病因及治疗要点。 3. 了解原发性免疫缺陷病的分类及辅助检查。
能力目标	能够运用所学知识为原发性免疫缺陷病患儿及其家庭实施整体护理和健康教育。
素质目标	培养学生高度的责任心和慎独精神；具有爱伤观念，体现细心、爱心、同理心。

原发性免疫缺陷病（primary immunodeficiency diseases，PID）是由不同基因缺陷导致机体免疫功能损害的疾病。临床以抗感染功能低下，反复发生严重感染为主要特征，同时可伴有免疫监视和免疫稳定功能异常，易发生自身免疫性疾病、过敏性疾病和恶性肿瘤。PID主要于婴幼儿和儿童期发病，大约40%的PID起病于1岁以内，1~5岁占40%，6~16岁占15%，仅5%发病于成人期。

【病因】

PID的病因目前尚未清楚，可能与以下因素有关：① 遗传因素：大多数PID的遗传形式已明确，几乎均为单基因遗传，多数为常染色体隐性遗传；其次为X连锁隐性和常染色体显性遗传。② 宫内因素：有报道胎儿受风疹病毒、巨细胞病毒、疱疹病毒等感染后可引起免疫系统发育障碍。

【分类】

1970年，WHO主持成立PID专家委员会对PID进行分类，每2~3年召开1次会议以修订和补充PID的命名和分类。2017年版PID分类首次提出建议使用免疫出生错误（inborn error of immunity，IEI）这一概念来代替PID，但目前PID尚未弃用。2019年3月，国际免疫学会联盟（International Union of Immunological Societies，IUIS）专家委员会在美国纽约举行会议，对PID分类进行了更新。目前将PID分为10大类：同时影响细胞和体液免疫的缺陷、具有相关或综合征特征的联合免疫缺陷、抗体为主的免疫缺陷、免疫失调性疾病、先天性吞噬细胞数量和/或功能缺陷、固有免疫和先天免疫缺陷、自身炎症性疾病、补体缺陷、骨髓衰竭和IEI的拟表型。

【临床表现】

1. 共同表现 PID的临床表现由于病因不同而极为复杂，但其共同的临床表现却非常相似，即反复感染、易患肿瘤、自身免疫性疾病、过敏和过度炎症性疾病。部分患儿有明确家族史。

（1）反复和慢性感染：感染是免疫缺陷最常见的表现，为反复、严重、持久的感染。感染源是不常见和致病力低的细菌。大多数患儿常需持续使用抗菌药物预防感染的发生。① 感染的部位：以呼吸道最常见，如复发性或慢性中耳炎、鼻窦炎、结膜炎、支气管炎或肺炎；其次为胃肠道，如慢性肠炎；其他可见皮肤感染和全身性感染。② 感染的病原体：以抗体缺陷时易发生化脓性细菌感染；T细胞缺陷时则易发生病毒、结核分枝杆菌和沙门菌属等细胞内病原体感染，也易发生真菌和原虫感染；补体成分缺陷易发生奈瑟菌属感染；中性粒细胞功能缺陷时的病原体常为金黄色葡萄球菌。病原体的毒力可能并不很强，常呈机会感染。③ 感染的过程：常反复发作或迁延不愈，治疗效果欠佳，尤其是抑菌剂疗效更差，必须使用杀菌剂，剂量偏大，疗程较长才有一定疗效。

（2）自身免疫性疾病：长期存活的PID患儿随年龄增长易发生自身免疫性疾病。

（3）肿瘤：尤其容易发生淋巴系统肿瘤。

（4）过敏性疾病：PID患儿表现出比普通人更常见或更严重的过敏症状，同时也有部分患儿以过敏为唯一或主要表现。

（5）炎症性疾病：单基因突变导致的自身炎症综合征为最典型代表。临床表现为周期热、皮疹、关节痛、关节炎、血管炎和炎症性肠病等。

（6）其他临床表现：生长发育迟缓甚至停滞；卡介苗接种后致疫苗区域性或播散性感染；WAS的湿疹和出血倾向；胸腺发育不全的特殊面容、淋巴结肿大及淋巴增生表现、先天性心脏病和难以控制的低钙惊厥等。

2. 我国常见的几种原发性免疫缺陷病

（1）X连锁无丙种球蛋白血症（X-linked agammaglobulinemia，XLA）：又称为Bruton病，是最主要的抗体缺陷病。B细胞质内Bruton酪氨酸激酶（Bruton tyrosine kinase，BTK）基因突变是其致病原因。XLA一般发生于男性，近半数患儿可询问到家族史。主要的临床表现是呼吸道和消化道的反复感染，通常在生后6个月开始出现，感染症状轻重不一。其他表现有过敏性疾病、自身免疫性疾病、肿瘤等。体格检查见扁桃体缺如、颈部和腹股沟等处的淋巴结多不能触及。慢性肺病并发症、肿瘤是患儿死亡的重要原因之一。

（2）普通变异型免疫缺陷病（common variable immunodeficiency，CVID）：为一组病因不明，遗传方式不定，表现为不同程度Ig缺乏的综合征，临床表现为年长儿或青年人反复呼吸道感染，包括鼻窦炎、肺炎和支气管扩张。也易患胃肠道感染和肠病毒性脑膜炎。外周淋巴结肿大和脾大，淋巴系统、胃肠道恶性肿瘤和自身免疫性疾病的发生率很高。血清IgG和IgA低下，IgM正常或降低，诊断依赖于排除其他原发性免疫缺陷病。B细胞数量可能减少，T细胞功能异常可能是致病的关键，如$CD4^+/CD8^+$细胞比率、IL-2、IL-5和$IFN\gamma$活性下降。

（3）选择性IgA缺乏症（selective IgA deficiency，sIgAD）：为最常见的原发性抗体缺陷病，可为常染色体隐性遗传或常染色体显性遗传，也可散发。主要免疫学异常为IgA水平低，SIgA含量极低，其他各类Ig水平正常，细胞免疫功能正常。本症的临床表现多种多样，多无明显症状，或仅表现为呼吸道反复感染，部分病例存在消化道症状，约50%病例伴有自身免疫性疾病。

（4）胸腺发育不良（DiGeorge anomaly，DA）：本病多为散发，亦可呈常染色体显性遗传。因头部神经嵴细胞迁徙、分化及胚胎发育第4周时第三和第四对腭咽弓发育异常所致，导致胸腺、甲状旁腺、部分颜面及大血管等多脏器发育不全。临床表现为心脏异常、低钙血症、特殊面容、反复感染、神经精神问题和自身免疫性疾病。

（5）重度联合免疫缺陷病（severe combined immunodeficiency disease，SCID）：是一组胸腺、淋巴组织发育不全及Ig缺乏的遗传性疾病，机体体液免疫和细胞免疫功能缺陷。

1）T细胞缺陷，B细胞正常（T⁻B⁺SCID）：以X连锁遗传最常见，其病因为IL-2、IL-4、IL-7、IL-9和IL-15的共有受体γ链（γc）基因突变所致。生后不久即发生严重细菌或病毒感染，多数病例于婴儿期死亡。

2）T和B细胞均缺如（T⁻B⁻SCID）：均为常染色体隐性遗传。① *RAG-1/-2*缺陷：*RAG-1*或*RAG-2*基因突变，外周血T和B细胞计数均明显下降，于婴儿期发病。② 腺苷脱氨酶（adenosine deaminase，ADA）缺陷：ADA基因突变使ADA毒性中间代谢产物累积，抑制T、B细胞增殖和分化。多数病例早年发生感染，极少数轻症人在年长儿或成人发病。③ 网状发育不良（reticular dysgenesis）：为淋巴干细胞和髓前体细胞发育成熟障碍，外周血淋巴细胞、中性粒细胞和血小板均严重减少，常死于婴儿期。

【辅助检查】

1. 实验室检查　为明确诊断可分三个层次：初筛试验、进一步检查、特殊或研究性试验。其中初筛试验在疾病的初期筛查过程中尤其重要，如血清免疫球蛋白含量、嗜异凝集素、同族凝集素等测定可筛查B细胞功能缺陷；外周血淋巴细胞绝对计数及形态、迟发皮肤过敏试验等可筛查T细胞功能缺陷病；白细胞计数及形态学检查、IgE水平、CH50活性、C3、C4水平等可筛查吞噬细胞、补体功能缺陷。另外，基因突变分析能提高诊断准确率，也是进行产前诊断的最好手段。

2. 影像学检查　婴幼儿期胸部X线片缺乏胸腺影提示T细胞功能缺陷。

【治疗要点】

1. 一般治疗　对患儿进行保护性隔离，预防和控制感染；T细胞缺陷患儿不宜输血或新鲜血制品，以防发生移植物抗宿主反应。患儿可以接种灭活疫苗，原则上不予接种减毒活疫苗（补体缺陷患儿除外）。

2. 替代治疗　可暂时性缓解临床症状。包括静脉注射免疫球蛋白、高效价免疫血清球蛋白、血浆、新鲜白细胞、细胞因子和酶替代治疗。

3. 免疫重建　包括胸腺组织移植、造血干细胞移植。

4. 基因治疗

【常见护理诊断/问题】

1. 有感染的危险　与免疫功能缺陷有关。

2. 焦虑　与反复感染、预后较差有关。

【护理措施】

（一）预防感染

1. 隔离患儿　给予患儿保护性隔离，避免与感染性疾病患儿接触；保持室内空气新鲜，定时消毒、通风换气，但应避免受凉，防止发生呼吸道感染；患儿的食具、用具等应做好消毒处理，衣物应整洁，地面应湿式打扫；医务人员做各种操作前要洗手、戴口罩，严格执行消毒隔离制度，禁止呼吸道、皮肤感染的人员进入隔离区，避免医源性感染。

2. 生活护理　提倡母乳喂养，及时添加辅食，给患儿提供营养丰富、易消化的饮食，保证患儿营养的摄入，增强其机体抗病能力。保持患儿皮肤清洁及口腔卫生，做好皮肤和口腔护理。

3. 监测病情　密切观察患儿的病情变化，监测体温，及时发现感染迹象。用药过程中应密切观察用药反应，如观察患儿有无过敏反应，以免发生意外。

（二）心理护理

年长儿由于可因患病时间长、反复发生感染，容易产生孤独、焦虑、沮丧、恐惧等心理，应经常与患儿及家长沟通，倾听患儿和家长的心声，及时给予心理支持。同时评估患儿及家长对疾病的认识程度，向他们介绍疾病的相关知识及治疗进展情况，减轻其负性情绪，利于患儿的恢复。

（三）健康教育

1. 向患儿及家长介绍本病的病因、预防感染的知识、疫苗接种的注意事项、主要的治疗方法及护理措施，增强患儿及家长对抗疾病的信心。

2. 鼓励患儿尽量按相对正常的方式生活，正常上学，与其他健康儿童一起玩耍等。

3. 对于有阳性家族史的家庭做好遗传咨询，指导曾生育过免疫缺陷病患儿的孕妇做产前筛查，以确定是否需要终止妊娠。

第三节　过敏性紫癜患儿的护理

学习目标

知识目标	1. 掌握过敏性紫癜的临床表现、常见护理诊断/问题及相应的护理措施。 2. 熟悉过敏性紫癜的概念、病因及治疗要点。 3. 了解过敏性紫癜的发病机制及辅助检查。
能力目标	能够运用所学知识为过敏性紫癜患儿及其家庭实施整体护理和健康教育。
素质目标	培养护生关爱儿童，具有为儿童健康服务的奉献精神。

案例导入与思考

患儿，女，7岁，因"双下肢皮疹5天，腹痛1天"入院。患儿于入院前5天无明显诱因出现双下肢散在皮疹，呈鲜红色，无明显瘙痒，未重视，入院前1天诉腹痛，呈阵发性。

体格检查：T 37.0℃，P 80次/min，R 24次/min，BP 98/68mmHg。双下肢散在大小不等的

暗红色皮疹，小腿伸侧较多，对称分布，部分高出皮面，压之不褪色，其余皮肤未见皮疹及出血点。口唇红润，咽稍红，双侧扁桃体I度肿大。双肺呼吸音粗，无干湿啰音，心音有力，律齐，未闻及杂音，腹平软，脐周有压痛，无反跳痛，肝脾肋下未及。

辅助检查：HGB 125g/L，RBC $4.0×10^{12}$/L，WBC $12.0×10^9$/L，N 0.65，L 0.35，PLT $322×10^9$/L。

请思考：

1. 护士应如何评估和观察患儿？

2. 该患儿目前主要的护理诊断/问题是什么？

3. 护士接诊后，针对患儿的病情应配合医生采取哪些护理措施？

4. 入院后，患儿腹痛未能很快缓解，家长情绪激动。作为护士应如何与家长沟通？

过敏性紫癜（anaphylactoid purpura）又称亨-舒综合征（Henoch-Schonlein syndrome，Henoch-Schonlein purpura，HSP），是以全身小血管炎为主要病变的系统性血管炎。临床特点除非血小板减少性皮肤紫癜外，常伴有关节炎或关节痛、腹痛、胃肠道出血及肾脏损害。多见于2~8岁儿童，男孩多于女孩，一年四季均有发病，但以春秋两季多见。

【病因及发病机制】

病因尚不完全清楚，可能与感染、过敏、遗传等多种因素有关。微生物（细菌、病毒、寄生虫等）感染、药物（抗生素、磺胺药、解热镇痛剂等）、食物（蛋类、乳类、豆类、鱼虾等）、花粉、虫咬、疫苗接种等均可作为致敏因素，使具有敏感性体质的机体发生变态反应，主要是速发型变态反应和抗原-抗体复合物反应，从而造成一系列损伤。HSP的发病机制可能为各种刺激因子作用于具有遗传背景的个体，激发B细胞克隆扩增而导致IgA介导的系统性血管炎。本病有一定的遗传倾向，家族中同胞可同时或先后发病。

【临床表现】

多为急性起病，各种表现可以不同组合出现，出现顺序先后不一。发病前1~3周常有上呼吸道感染史。首发症状以皮肤紫癜为主，少数病例以腹痛、关节炎或肾脏症状首先出现。约半数患儿伴有低热、乏力、精神萎靡、食欲缺乏等全身症状。

1. **皮肤紫癜** 反复出现皮肤紫癜为本病特征，常为首发症状，多见于四肢和臀部，伸侧较多，对称分布，分批出现，面部和躯干较少见。初起为鲜红色或紫红色斑丘疹，高出皮面，压之不褪色，此后颜色加深呈暗紫色，最后呈棕褐色而消退。少数重症患儿紫癜可大片融合形成大疱伴出血性坏死。部分病例可伴有荨麻疹和血管神经性水肿。皮肤紫癜一般持续4~6周消退，部分患儿间隔数周或数月后又复发。

2. **消化道症状** 约见2/3病例。一般以阵发性剧烈腹痛为主，常位于脐周或下腹部，可伴有呕吐，但呕血少见。部分患儿有黑便或便血，偶可发生肠套叠、肠梗阻或肠穿孔。

3. **关节症状** 大多数患儿仅有关节疼痛，少数可表现为关节及关节周围肿胀、疼痛及触痛，可同时伴有活动受限。大关节如膝关节、踝关节为最常受累部位，其他关节如腕关节、肘关节及手指也可受累。关节腔有浆液性积液，但一般无出血，可在数日内消失，不遗留关节畸形。

4. 肾脏症状 30%~60%患儿有肾脏受损的临床表现。多于紫癜后2~4周出现，亦可在病程更晚期，于其他症状消失后发生，少数则以肾炎作为首发症状。症状轻重不一，与肾外症状的严重度无一致性关系。多数患儿出现血尿、蛋白尿及管型尿，伴血压增高及水肿，称为紫癜性肾炎。少数呈肾病综合征表现。大多数患儿都能完全恢复，少数发展为慢性肾炎而死于慢性肾衰竭。

5. 其他表现 偶可发生颅内出血，导致失语、瘫痪、昏迷、惊厥；还可有鼻出血、牙龈出血、咯血等出血表现。偶尔累及循环系统发生心肌炎和心包炎，累及呼吸系统发生喉头水肿、哮喘、肺出血等。

【辅助检查】

本病无特异性实验室检查，以下检查有助于了解病程和并发症。

1. 外周血常规 白细胞正常或轻度增高，中性和嗜酸性粒细胞可增高；除非严重出血，一般无贫血；血小板计数正常甚至升高；出血和凝血时间正常，血块退缩试验正常，部分患儿毛细血管脆性试验阳性。

2. 尿常规 可见红细胞、蛋白、管型，重症有肉眼血尿。

3. 大便潜血试验 有消化道症状者多阳性。

4. 其他 血沉轻度增快，血清IgA升高，IgM、IgG正常或轻度升高。

5. 影像学检查 腹部超声检查有利于早期诊断肠套叠。

【治疗要点】

本病尚无特效疗法，主要采取支持或对症治疗。

1. 一般治疗 卧床休息，积极寻找和祛除致病因素；控制感染；避免接触可疑过敏原；补充维生素C和芦丁片；维持水电解质平衡，供给充足营养。

2. 对症治疗 有荨麻疹或血管神经性水肿时，应用抗组胺药和钙剂；腹痛时应用解痉剂；消化道出血时应禁食，并可静脉滴注西咪替丁每日20~40mg/kg，必要时输血。

3. 糖皮质激素和免疫抑制剂 常用泼尼松每日1~2mg/kg，分次口服，症状缓解后即可停用；重症紫癜性肾炎患儿可加用环磷酰胺等免疫抑制剂。

4. 抗凝治疗 应用阻止血小板聚集和血栓形成的药物，如阿司匹林每日3~5mg/kg，双嘧达莫每日3~5mg/kg，分次服用；如伴有明显高凝状态，可使用肝素。

5. 其他治疗 钙通道拮抗剂如硝苯地平、非甾体抗炎药如萘普生均有利于关节炎的恢复。

【护理评估】

1. 健康史 询问本次发病的诱因及首发症状。了解病前有无感染史、特殊食物（尤其动物蛋白类）和药物服用史、花粉接触史、疫苗接种史等。了解患儿是否属于过敏体质，既往有无类似发作，变应原是否明确，是否有家族史。了解皮疹出现的时间及分布，有无腹痛、便血、关节痛等。

2. 身体状况 监测患儿的生命体征等。观察意识、精神、营养等全身状态。评估患儿皮肤情况，有无紫癜，紫癜的部位、颜色等；有无腹痛，呕吐，腹痛的部位、程度等；有无关节炎、关节肿痛，累及的关节等；有无血尿、蛋白尿、高血压及水肿等肾脏症状。评估血常规、尿常规、腹部 B 超等辅助检查结果。

3. 心理-社会状况 评估患儿及家长对本病的认识程度，是否掌握对一般症状的处理，是否具备应对能力，有无焦虑等心理问题。

【常见护理诊断/问题】

1. 皮肤完整性受损 与变态反应性血管炎有关。

2. 疼痛 与关节肿痛、肠道变态反应性炎症有关。

3. 潜在并发症： 消化道出血、紫癜性肾炎等。

【预期目标】

1. 患儿的皮肤逐渐恢复正常。

2. 患儿疼痛减轻或消失。

3. 患儿住院期间不发生并发症或并发症能被及时发现并处理。

【护理措施】

（一）恢复皮肤正常形态和功能

1. 观察皮疹的形态、颜色、数量、分布，皮疹有无反复出现等，每日详细记录皮疹变化情况。

2. 保持皮肤清洁，剪短指甲，防止患儿摩擦和搔抓皮肤，如有破溃及时处理，防止出血和感染。

3. 患儿衣着应宽松、柔软，内衣以棉质为宜，保持清洁、干燥。

4. 避免接触可能的各种致敏原，同时遵医嘱使用止血药、脱敏药等。

（二）减轻疼痛

观察患儿关节肿胀及疼痛情况，协助患儿保持关节的功能位置。根据病情选择合适的理疗方法，教会患儿利用放松、娱乐等方法减轻疼痛。患儿腹痛时应卧床休息，尽量在床边守护，并做好日常生活护理。遵医嘱使用肾上腺皮质激素，以缓解关节和腹部疼痛。

（三）密切观察病情变化

1. 观察消化道症状和腹部体征，并及时报告和处理。有消化道出血时，应卧床休息，限制饮食，给予无渣流食；出血量多时禁食，经静脉补充营养，病情好转可给予少渣饮食，逐步过渡到正常饮食，并观察进食后有无腹痛、呕吐及便血。

2. 观察尿色、尿量，尿常规检查若有血尿和蛋白尿，提示紫癜性肾炎，按肾炎护理。

（四）健康教育

向患儿和家长讲解本病的诱发因素和预防感染的相关知识；指导其尽量避免接触各种可能的过敏原；教会家长和患儿如何观察病情，合理调配膳食；指导患儿规律门诊随访。

【护理评价】

1. 经过治疗及护理，患儿皮肤是否恢复正常。

2. 患儿疼痛是否减轻或消失。

3. 患儿是否发生消化道出血、紫癜性肾炎等并发症。

第四节　幼年特发性关节炎患儿的护理

学习目标

知识目标	1. 掌握幼年特发性关节炎的临床表现、常见护理诊断/问题及相应的护理措施。 2. 熟悉幼年特发性关节炎的概念及治疗要点。 3. 了解幼年特发性关节炎病因、发病机制及辅助检查。
能力目标	能够运用所学知识为幼年特发性关节炎患儿及其家庭实施整体护理和健康教育。
素质目标	培养护生具有人文关怀素质、理解患儿及其家长的共情能力。

幼年特发性关节炎（juvenile idiopathic arthritis，JIA）是儿童时期常见的风湿性疾病，以慢性关节滑膜炎为主要特征，伴全身多脏器功能损害。除关节炎症和畸形外，常有不规则发热、皮疹、肝脾及淋巴结肿大、胸膜炎及心包炎等全身症状和内脏损害。多数预后良好，少数可导致关节永久性损害和慢性虹膜睫状体炎，是儿童时期残疾和/或失明的重要原因。

> **知识拓展** | **幼年特发性关节炎的命名**
>
> 　　因幼年特发性关节炎的临床表现差异大，可分为不同类型，故命名繁多，如幼年类风湿性关节炎（juvenile rheumatoid arthritis，JRA）、Still's病、幼年慢性关节炎（juvenile chronic arthritis，CA）、幼年型关节炎（juvenile arthritis，JA）等，2001年国际风湿病学会联盟儿科常委专家会议将"儿童时期（16岁以下）不明原因关节肿胀、疼痛，持续6周以上者"，命名为幼年特发性关节炎。

【病因及发病机制】

病因不明，可能与多种因素有关，如感染、免疫、遗传。① 感染：虽有许多细菌、病毒、支原体和衣原体的感染与本病有关的报道，但都不能证实是引起本病的直接诱因。② 免疫：有许多证据提示JIA与免疫功能异常密切相关，是一种自身免疫性疾病。③ 遗传：很多资料证明JIA具有遗传学背景，研究最多的是人类白细胞抗原（HLA），发现具有HLA–DR4、DR8和DR5位点者是JIA的易发病人群。其他如HLA–DR6、HLA–A2等也和本病发病有关。此外，某些原发性免疫缺陷病如低丙种球蛋白血症、选择性IgA缺乏症及先天性低补体血症患儿易罹患本病。

JIA发病机制可能为各种感染性微生物的特殊成分作为外来抗原，作用于具有遗传学背景的人群，激活免疫细胞，通过直接损伤或分泌细胞因子、自身抗体触发异常免疫反应，引起自身组织的损害和变性。尤其是某些细菌、病毒的特殊成分可作为超抗原，直接与具有特殊可变区β链

（Vβ）结构的T细胞受体（TCR）结合而激活T细胞，激发免疫损伤。自身组织变性成分（内源性抗原）如变性IgG或变性的胶原蛋白，也可作为抗原引发针对自身组织成分的免疫反应，进一步加重免疫损伤。

【临床表现】

本病可发生于任何年龄，以1~3岁和8~10岁两个年龄组为发病高峰。根据临床表现可分为不同类型，各类型表现极为不同。

1. 全身型　可发生于任何年龄，但大部分起病于5岁以前，无明显性别差异。以全身症状起病，发热和皮疹为典型症状。发热呈弛张高热，每天体温波动在37~40℃，伴一过性红斑样皮疹，多见于胸部和四肢，随体温升降时隐时现。关节症状主要是关节痛或关节炎，伴四肢肌肉疼痛，常在发热时加剧，热退后减轻或缓解。关节症状既可首发，又可在急性发病数月或数年后出现。胸膜、心包或心肌也可受累。肝、脾、淋巴结常有不同程度肿大。

2. 多关节型　发病最初6个月受累关节在5个及以上，女孩多见。典型的关节症状表现为渐进性、对称性的多关节受累。大小关节均可受累。颞颌关节受累时导致张口困难、小颌畸形；颈椎受累时导致颈部活动受限。病初可能伴有低热。本型关节症状较重，最终约半数以上发生强直变形而影响关节功能。

3. 少关节型　是JIA最常见亚型，女孩多见，发病高峰在6岁之前。发病最初6个月内有1~4个关节受累。如果病程大于6个月关节受累数大于4个，定义为扩展型少关节型；病程中受累关节少于或等于4个，定义为持续型少关节型。膝、踝、肘或腕部大关节为好发部位，常为非对称性。多数患儿以关节疼痛和晨僵为主诉。虽然关节炎反复发作，但很少致残。约20%~30%患儿发生慢性虹膜睫状体炎而造成视力障碍，甚至失明。

4. 与附着点炎症相关的关节炎　男孩多见，多于6岁以上起病，常有家族史。以骶髂关节、脊柱和四肢大关节的慢性炎症为主。此型一个显著特点是附着点炎（肌腱或韧带与骨骼的连接点），关节炎以下肢大关节如髋、膝、踝关节受累多见，表现为肿痛和活动受限。患儿还可有反复发作的急性虹膜睫状体炎和足跟疼痛。

5. 银屑病性关节炎　是指兼有关节炎和银屑病，或关节炎合并以下任意2项者：① 指/趾炎；② 指甲凹陷或指甲脱离；③ 家族史中一级亲属有银屑病。本型儿童时期罕见，以女性占多数，40%有银屑病家族史。表现为1个或几个关节受累，常为不对称性。大约半数以上患儿有远端指间关节受累及指甲凹陷。关节炎可发生于银屑病发病之前或数月、数年之后。

【辅助检查】

1. 实验室检查

（1）血液检查：常见轻度或中度贫血，外周白细胞总数和中性粒细胞增高，血沉明显增快，C反应蛋白、黏蛋白大多增高。

（2）免疫学检测：免疫球蛋白IgG、IgM、IgA均增高，严重病例可见明显的高丙种球蛋白血症。部分病例类风湿因子和抗核抗体可为阳性。

（3）关节液分析和滑膜组织学检查：可用于鉴别不同病因引起的关节病变。

2.影像学检查　早期X线检查仅显示关节附近软组织肿胀、骨质疏松、骨膜炎改变。随病情进展，可见关节面破坏、软骨间隙变窄、关节面融合强直、骨膜反应和关节半脱位。

【治疗要点】

治疗原则：控制病变的活动度，减轻或消除关节疼痛和肿胀；预防感染和关节炎症的加重；预防关节功能不全和残疾；恢复关节功能及生活、劳动能力。

1.药物治疗　常应用非甾体抗炎药（萘普生、布洛芬等）及缓解病情抗风湿药（甲氨蝶呤、羟氯喹、柳氮磺吡啶、青霉胺、金制剂等）；根据情况还可使用糖皮质激素、免疫抑制剂、中药制剂和生物制剂进行治疗。

2.物理治疗　对保持关节活动、肌力强度极为重要。应尽早开始保护关节活动及维持肌肉强度的锻炼，可根据具体情况选择锻炼方式，或夹板固定等手段，有利于防止发生或纠正关节残疾。清晨热浴、中药热浴都可能减轻病情及晨僵。

3.眼科治疗　JIA患儿尤其是少关节型应行裂隙灯检查，发现虹膜睫状体炎应及时治疗，轻者可用扩瞳剂及激素类眼药水滴眼。对严重影响视力患儿，除局部使用皮质激素外，须加用泼尼松口服。

【常见护理诊断/问题】

1.体温过高　与非化脓性炎症有关。

2.疼痛　与关节肿胀和炎症有关。

3.躯体活动障碍　与关节疼痛、畸形有关。

4.潜在并发症：药物副作用。

5.焦虑　与病程较长、预后不良有关。

【护理措施】

（一）维持体温正常

监测体温变化，观察热型。高热时采用物理或遵医嘱给予药物降温，及时擦干汗液，更换衣服，保持皮肤清洁舒适，防止受凉。保证充足的水分和热量摄入，给予富含高蛋白、高维生素、高热量、易消化的饮食。观察有无皮疹、眼部受累及心功能不全的表现。

（二）减轻关节疼痛

1.急性期时卧床休息，观察关节症状，如有无晨僵、肿胀、疼痛、热感、运动障碍及畸形。经常帮助患儿变换体位。

2.可用夹板、沙袋将患肢固定于舒适的位置，或用支被架保护患肢不受压以减轻关节疼痛。教给患儿用放松、分散注意力的方法控制疼痛或局部湿热敷止痛。

（三）维持关节正常功能

除急性发热外，不主张过多卧床休息。急性期过后及早开始关节的康复治疗，指导家长帮助患儿做关节的被动活动和按摩，同时为增加治疗性运动的趣味性，可融入游戏，如游泳、接抛球、骑脚踏车、踢球等，以恢复关节功能，防止关节强直和软组织挛缩。鼓励患儿在日常生活中尽量独立，并提供帮助独立的设备，使其尽量像正常儿童一样生活。对关节畸形的患儿应注意防止外伤。

（四）用药护理

非甾体抗炎药常见的副作用有胃肠道反应，对凝血功能、肝、肾和中枢神经系统也有影响。故长期用药应每2~3个月检查血常规及肝、肾功能等。使用糖皮质激素、免疫抑制剂应注意观察相应的副作用。

（五）心理护理

多与患儿及家长沟通，了解患儿及家长的心理感受，倾听患儿及家长的情感表达，及时给予心理支持。提供本病的相关治疗、康复信息，鼓励患儿克服因慢性疾病或残疾造成的自卑心理，增强自信心，树立战胜疾病的信心。鼓励患儿适当参加运动，使其身心健康成长。

（六）健康教育

1. 向患儿及家长介绍本病的诱因、疾病观察及防治知识，指导患儿及家长做好受损关节的功能锻炼。

2. 指导家长不要过度保护患儿，应多让患儿接触社会，多尝试新的活动，鼓励其独立性。鼓励患儿参加正常的活动和学习，以促进其身心健康发展。

第五节　川崎病患儿的护理

学习目标

知识目标	1. 掌握川崎病的临床表现、常见护理诊断/问题及相应的护理措施。 2. 熟悉川崎病的概念及治疗要点。 3. 了解川崎病的病因、发病机制及辅助检查。
能力目标	能够运用所学知识为川崎病患儿及其家庭实施整体护理和健康教育。
素质目标	培养护生敬畏生命、关爱生命的职业精神。

川崎病（kawasaki disease，KD）又称黏膜皮肤淋巴结综合征（mucocutaneous lymphnode syndrome，MCLS），于1967年由日本川崎富首次报道并命名，是一种以全身性中、小动脉炎性病变为主要病理改变的急性发热出疹性疾病，临床主要表现为发热、皮肤黏膜病损和淋巴结肿大。最严重的危害是冠状动脉损伤所致的冠状动脉扩张和冠状动脉瘤的形成，是儿童期后天性心脏病的主要病因之一。病例逐年增多，发病年龄以5岁以内尤其是婴幼儿为主，男孩多见。

【病因和发病机制】

病因与发病机制不明，可能与感染、免疫反应及遗传易感性等三方面有关。流行病学资料提示可能反转录病毒、葡萄球菌、链球菌、丙酸杆菌、支原体、立克次体等多种病原感染有关，但均未得到证实。目前认为川崎病是一定遗传易感基础上对多种感染病原触发的一种免疫介导的全身性血管炎，好发于冠状动脉。

【临床表现】

1. 主要表现

（1）发热：体温可达39~40℃，呈稽留热或弛张热，持续1~2周或更长，抗生素治疗无效。高热时可有全身不适，食欲差，烦躁不安或嗜睡。

（2）皮肤表现：常在第1周出现于躯干和四肢，为多形性皮疹或猩红热样皮疹，偶有瘙痒，无疱疹及结痂。肛周皮肤发红、脱皮。有的婴幼儿卡介苗接种处重新出现红斑、硬肿、疱疹或结痂，对不典型川崎病的诊断有重要价值。

（3）手足症状：急性期手足硬性水肿及掌跖红斑，恢复期指/趾端出现膜状脱皮，见于指/趾甲和皮肤交界处，指/趾甲有横沟（Beau线），重者指/趾甲亦可脱落。

（4）黏膜表现：多于起病3~4天出现双眼球结膜充血，但无脓性分泌物，热退后消散；口唇充血、皲裂，口腔及咽黏膜弥漫性充血，舌乳头突起、充血呈草莓舌。

（5）颈部淋巴结肿大：单侧或双侧，质硬，有触痛，表面不红，无化脓，病初出现，热退时消散。

2. 心脏表现 于发病后1~6周可出现心肌炎、心包炎、心内膜炎、心律失常等。冠状动脉损害多发生于病程第2~4周，也可发生于疾病恢复期。发生冠状动脉瘤或狭窄者，可无临床表现，少数可有心肌梗死的症状。心肌梗死和冠状动脉瘤破裂可导致心源性休克甚至猝死。

3. 其他 可有无菌性脑膜炎、间质性肺炎、消化系统症状（呕吐、腹痛、腹泻、肝大、黄疸等）、关节痛和关节炎。

知识拓展 | **川崎病发生冠状动脉瘤的危险因素**

延误诊断或未应用IVIG是高危因素，其他危险因素包括：男孩，发病年龄<1岁，持续发热超过10天，首次IVIG无反应，贫血，白细胞总数、血沉、C反应蛋白及丙氨酸转氨酶（ALT）明显升高，血浆白蛋白及血钠减低，血清IL-6、IL-8显著升高及携带易感基因。

【辅助检查】

1. 实验室检查

（1）血液检查：轻度贫血，白细胞计数升高，以中性粒细胞升高为主，有核左移，血小板第2~3周开始增高。血沉增快，C反应蛋白（CRP）增高。

（2）免疫学检查：血清免疫球蛋白IgG、IgM、IgA、IgE增高，循环免疫复合物升高，总补体和C3正常或增高。

2. 影像学检查

（1）X线检查：肺纹理增多、模糊或有片状阴影，心影可扩大。

（2）超声心动图：是本病最重要的辅助检查手段。急性期可见心包积液，左室增大，可有冠状动脉异常，如冠状动脉扩张或冠状动脉瘤形成。

（3）冠状动脉造影：是诊断冠状动脉病变的最精确方法。如超声检查有多发性冠状动脉瘤或心电图有心肌缺血表现者，应进行冠状动脉造影，以观察冠状动脉病变程度，指导治疗。

3. 心电图　早期示非特异性ST-T改变；心包炎时可有广泛ST段抬高和低电压；心肌梗死时ST段明显抬高、T波倒置及异常Q波。

【治疗要点】

1. 控制炎症

（1）阿司匹林：30~50mg/（kg·d），分2~3次服用，热退后3日逐步减量，约2周左右减至3~5mg/（kg·d），维持6~8周。如有冠状动脉病变时，应延长用药时间，直至冠状动脉恢复正常。

（2）静脉注射丙种球蛋白（IVIG）：剂量为1~2g/kg，于8~12小时静脉缓慢输入，宜于发病早期（10天以内）应用，可迅速退热，预防冠状动脉病变发生。

（3）糖皮质激素：针对IVIG治疗无效或存在IVIG耐药风险的患儿，可考虑早期使用糖皮质激素，可与阿司匹林和双嘧达莫联合使用，用药2~4周。

2. 其他治疗　根据病情给予对症及支持治疗，如补充液体、保护肝脏、控制心力衰竭、纠正心律失常等，有心肌梗死时应及时进行溶栓治疗。

【常见护理诊断/问题】

1. 体温过高　与感染、免疫反应等因素有关。

2. 皮肤完整性受损　与小血管炎有关。

3. 口腔黏膜完整性受损　与小血管炎有关。

4. 潜在并发症：心脏受损。

【护理措施】

（一）维持体温正常

1. 急性期患儿应绝对卧床休息，保持病室适宜的温、湿度。

2. 监测体温变化、观察热型及伴随症状，高热时给予物理降温或遵医嘱给予药物降温，警惕高热惊厥的发生。

3. 评估患儿体液状态，给予营养丰富、清淡易消化的流质或半流质饮食，鼓励患儿多喝水，必要时静脉补液。

（二）保持皮肤完整性

保持皮肤清洁，衣被质地柔软而清洁，以减少对皮肤的刺激；剪短指甲，以免抓伤和擦伤；每次便后清洁臀部；对半脱的痂皮用干净剪刀剪除，切忌强行撕脱，防止出血和继发感染。

（三）加强口腔护理

评估患儿口腔卫生习惯，每日口腔护理2~3次，并于晨起、睡前、餐前、餐后漱口，以保持口腔清洁，防止继发感染；口唇干裂者可涂护唇油，禁食生、硬、刺激性的食物，必要时遵医嘱给予药物涂擦口腔创面；每日用生理盐水洗眼1~2次，也可涂眼膏，以保持眼的清洁，预防感染。

（四）密切观察病情变化

1. 密切监测患儿有无心血管损害的表现，如面色、精神状态、心率、心律、心音、心电图等，根据心血管损害程度采取相应的护理措施。

2. 按医嘱用药并注意观察应用阿司匹林有无出血倾向和静脉注射丙种球蛋白有无过敏反应，一旦发生及时处理。

（五）健康教育

家长因患儿心血管受损及可能发生猝死而产生焦虑、恐惧心理，应及时向家长交代病情，并给予心理支持。指导家长观察病情，定期带患儿复查，对于无冠状动脉病变的患儿，于出院后1个月、3个月、6个月及1年全面检查1次。有冠状动脉损害者密切随访。

（万峰静）

学习小结

本章免疫缺陷病和风湿免疫性疾病患儿的护理首先介绍了儿童免疫系统发育特点，学生通过本部分内容的学习能了解儿童免疫系统发育特点；其次介绍了原发性免疫缺陷病患儿的护理、风湿免疫性疾病（过敏性紫癜、幼年特发性关节炎、川崎病）患儿的护理。其中风湿免疫性疾病患儿的护理属于重点学习内容。风湿免疫性疾病是一组病因不明的自身免疫性疾病，一般认为几乎所有风湿性疾病的发病机制均有其共同规律，即感染原刺激具有遗传学背景的个体，发生异常的自身免疫反应；其临床特点有别于成人，全身症状较成人明显，起病急但较少复发。通过此部分内容的学习，学生能够熟悉风湿免疫性疾病的概念及临床特点，知晓风湿免疫性疾病的临床诊断标准并能根据护理诊断/问题为风湿免疫性疾病患儿提供相应的护理措施。

复习参考题

（一）选择题

1. 引起儿科最常见的后天心脏病的是
   - A. 水痘
   - B. 川崎病
   - C. 过敏性紫癜
   - D. 幼年特发性关节炎
   - E. 原发性免疫缺陷病

2. 患儿，男，12个月。因8个月起多次患中耳炎、肺炎和腹泻而入院。体格检查：扁桃体缺如，颈部和腹股沟等处的淋巴结不能触及。最可能的疾病是
   - A. 胸腺发育不全症
   - B. 选择性IgA缺乏症
   - C. 选择性IgM缺乏症
   - D. 重度联合免疫缺陷病
   - E. X连锁无丙种球蛋白血症

（3~5题共用题干）

患儿，男，9岁。因发热10天，双踝关节肿胀、活动障碍，伴虹膜睫状体炎，白细胞16×10^9/L，C反应蛋白阳性。

3. 该患儿最可能的疾病是

    A. 败血症

    B. 川崎病

    C. 风湿热

    D. 幼年特发性关节炎

    E. 胸腺发育不全症

4. 对幼年特发性关节炎的描述，以下**不正确**的是

A. 多见于16岁以下儿童

B. 男孩多于女孩

C. 不会导致关节畸形

D. 年龄越小，全身症状越重

E. 年长儿则以关节症状为主

5. 以下关于幼年特发性关节炎的治疗原则，以下**不正确**的是

    A. 增加病变的活动度

    B. 恢复关节功能

    C. 减轻或消除关节疼痛和肿胀

    D. 预防感染和关节炎症的加重

    E. 预防关节功能不全和残疾

    答案：1. B；2. E；3. D；4. C；5. A

（二）简答题

1. 叙述过敏性紫癜的临床特点。

2. 叙述川崎病皮肤黏膜病变的特点及护理。

第十六章　遗传代谢性疾病患儿的护理

第一节　概述

学习目标

知识目标	1. 掌握遗传代谢性疾病的预防。 2. 熟悉遗传性疾病的概念及诊断。 3. 了解遗传的物质基础及遗传性疾病的分类。
能力目标	能够运用三级预防对育龄妇女进行遗传性疾病的健康指导。
素质目标	培养护生良好的人文关怀精神和科学的临床思维。

遗传代谢性疾病（genetic disease）是由于遗传物质发生改变所致的疾病或致病基因所控制的疾病，简称遗传病，具有先天性、终身性和家族性的特征。虽然每种遗传病的发病率都较低，但是由于其种类繁多，因此，总的发病率不低，病死率和残疾率均较高，且多数遗传病目前仍然缺乏有效的治疗方法，早期预防、筛查和诊断，具有非常重要的意义。护士在协助诊疗、疾病护理和健康指导中为患儿及其家庭提供的专业照护，有助于改善患儿预后，提高其生存质量。

【遗传的物质基础】

遗传是指子代与亲代之间在形态结构、生理、生化等功能方面的相似而言。

遗传是研究遗传物质的复制、传递和遗传信息的表达过程。

遗传物质包括细胞中的染色体（chromosome）及其基因（gene）或DNA，染色体是遗传信息的载体，每一种生物都具有一定数目和形态稳定的染色体，存在于细胞核内。人类细胞的染色体有23对，22对为常染色体，1对为性染色体，其中男性为XY，女性为XX。男性的正常核型为46, XY；女性的正常核型为46, XX。正常人每一个配子含有22条常染色体和1条性染色体，即22＋X或22＋Y的一个染色体组称为单倍体，人类体细胞为双倍体，即2n＝46。人体细胞的遗传物质信息几乎全部编码在组成染色体的DNA分子长链上，DNA分子是由两条多核苷酸链依靠核苷酸碱基之间的氢键相连接而成的双螺旋结构。其中一条核苷酸链的腺嘌呤（A）、鸟嘌呤（G）必定分别与另一条上的胸腺嘧啶（T）、胞嘧啶（C）连接，互补成对的A和T、G和C即称为互补碱基对。在DNA长链上，每三个相邻的核苷酸碱基组成的特定顺序（密码子）即代表一种氨基酸，即DNA分子贮存的遗传信息。单倍体染色体所具有的遗传信息即全部DNA分子称为基因组（genome），人的基因组DNA大约有30亿个碱基对（bp），组成约10万个左右结构基因。每个基因在染色体上都有特定的座位（locus）。人类基因研究计划是在整个基因组层次上，总体研究人类所有基因的结构功能，建立人类基因组的遗传图、物理图、DNA序列测定、基因确定和分析等。

基因是遗传的基本功能单位，是DNA双螺旋链上的一段带有遗传信息DNA片段，有三个基本特性：一是基因可自体复制，即DNA的复制，使遗传的连续性得到保持；二是基因决定性状，即基因通过转录和翻译决定多肽链氨基酸的顺序，从而决定某种酶或蛋白质的性质，而表达某一性状；三是基因突变（gene mutation），即DNA分子中的碱基序列发生变异，导致组成蛋白质的氨基酸发生改变，并可进行自体复制，其遗传性状亦因此不同，临床上就有可能出现遗传性疾病。

【遗传病的分类】

根据遗传物质的结构和功能改变的不同，可将遗传病分为5大类：

1. 染色体病（chromosomal disorders） 是由于人类染色体数目异常和/或结构异常所引起的疾病，可分为常染色体病和性染色体病两大类。常见如21-三体综合征、Turner综合征和Klinefelter综合征等。

2. 单基因遗传病（single gene diseases） 是指由单个基因突变所致的遗传性疾病。如果致病基因位于常染色体上，杂合状态下发病的称为常染色体显性（AD）遗传病；杂合状态下不发病，纯合状态下才发病的称常染色体隐性（AR）遗传病。如果致病基因位于X染色体上，依传递方式不同，可分为X连锁显性或隐性遗传病。Y连锁遗传病是致病基因位于Y染色体上，只有男性发病，由父传子。

3. 多基因遗传病（polygenic diseases） 由多对基因的累积效应协同环境因素的共同作用所致的遗传病。这些基因单独对遗传性状的作用小，称为微效基因（minor gene），几种微效基因累加起来，就产生明显的表型效应，如高血压、糖尿病等。

4. 线粒体病（mitochondrial diseases） 由于线粒体DNA发生突变所致的疾病，以母系遗传为特征。已发现60余种疾病与线粒体基因突变或线粒体结构异常有关，如线粒体肌病、线粒体脑病视神经疾病等。疾病表现复杂，累及多系统器官，且相同突变在不同个体的临床表现具有差异性；环境因素和遗传背景对疾病的发生发展有复杂影响。

5. 基因组印记（genomic imprinting） 基因组印记（又称遗传印记）是指基因根据亲代的不同而有不同的表达，印记基因指仅一方亲本来源的同源基因表达，而来自另一亲本的不表达，即基因根据来源亲代的不同而有不同的表达。临床上，控制某一表型的一对等位基因因亲缘不同而呈差异性表达，即等位基因的表达如来自父源或母源有不同的表现形式。如Prader-Willi综合征和Angelman综合征都是15q11-13缺失，Prader-Willi综合征是父源性15q11-13缺失，Angelman综合征是母源性15q11-13缺失。基因组印记还影响某些遗传性疾病的表现度、外显率等。

【遗传病的诊断】

遗传病的诊断基于特殊的临床综合征和/或疾病特有的体征，或实验证据证实与疾病有关的基因或基因产物的改变。遗传病的诊断需要注意以下资料的收集。

1. 病史　对有先天性畸形、特殊面容、生长发育落后、智力发育落后或有遗传病家族史者，应做详细的家系调查和家谱分析；详细询问母亲妊娠史、孕期用药史及病史，如母亲有无糖尿病、孕期有无感染等；有无不良物理、化学或环境因素暴露史。

2. 体格检查　头面部注意头围大小，有无小头畸形、小下颌畸形，耳的大小、耳位高低、眼距、眼裂、鼻翼发育，有无唇裂、腭裂和高腭弓，有无毛发稀疏和颜色异常。注意上部量和下部量比例、指距、手纹、外生殖器等。注意黄疸、肝脾大和神经系统症状。嗅到一些不正常的汗味或尿味等，提示某些遗传代谢病的可能。

3. 实验室检查

（1）染色体核型分析（karyotype）：是将一个处于有丝分裂中期的细胞中全部染色体按大小及形态特征，有序地配对排列，观察有无染色体数目或结构异常，是习惯性流产、不孕不育、性发育落后以及智力低下等患儿寻找遗传学病因的常规检测方法。染色体核型分析只能检出染色体数目异常和大片段结构异常，染色体的缺失、微重复与各类基因突变均无法通过染色体核型分析检出。

（2）荧光原位杂交（fluorescence in situ hybridization，FISH）技术：是以荧光素标记的特定DNA作为探针进行原位杂交用来检测患儿样本中的目的DNA序列。FISH具有安全、快速、灵敏度高、探针能长期保存、能同时显示多种颜色等优点。FISH技术主要用于检测染色体上的微小缺失，如Prader-Willi综合征、Angelman综合征和Williams综合征。

（3）微阵列比较基因组杂交技术（array-based comparative genomic hybridization，aCGH）：将DNA克隆、cDNA及寡核苷酸做成微阵列，通过一次杂交实验就能够对全基因组DNA拷贝数变异进行高通量、高分辨率分析，又称为"分子核型分析"。在染色体微缺失、微重复检测上具有突出优势，常用于智力障碍、发育迟缓、孤独症和多发畸形的临床诊断，检测率达15%~20%，美国医学遗传学会（ACMG）推荐aCGH技术作为检测这些疾病的首选方法。

（4）DNA测序（DNA sequencing）：基因诊断在临床诊断和产前诊断中占有重要地位，能够在基因水平诊断遗传病，也可检测出携带者，是一种快速、灵敏和准确的检测手段。DNA扩增技术，如聚合酶链反应（polymerase chain reaction，PCR）现已广泛用于目的基因的扩增、基因的体外突变、DNA的微量分析及mRNA含量分析。新一代测序技术能够检测包括点突变、基因拷贝数改变和基因重组（染色体移位）等在内的多种基因改变。

（5）生化学测定：测定血、尿等体液中的生化代谢物质例如血糖、血氨、电解质、酮体、乳酸/丙酮酸、尿酸等。近年开展的遗传代谢病串联质谱检测技术（MS/MS）、气相色谱-质谱技术（GC/MS）已逐步成为遗传代谢病的常规检测工具，特别是串联质谱技术能对微量血一次进行几十种氨基酸、有机酸、脂肪酸代谢性疾病的检测，在临床检验中发挥着重要作用。测定红细胞、白细胞、皮肤成纤维细胞中酶活性是诊断某些遗传代谢病的重要依据。

（6）其他诊断技术：遗传性疾病涉及多个器官、系统功能或结构异常，因此，病理、电生理、影像学检查也非常重要，如进行性肌营养不良症的肌肉活检；癫痫性脑病的脑电图、肌电图和神经影像学检查等。

【遗传性疾病的预防】

遗传病是一类严重危害人类身心健康的难治疾患，不仅给家庭及社会带来沉重负担，而且危及子孙后代，直接影响人口素质的提高。多数遗传病的治疗仍颇为艰难或昂贵，难以普遍实施，故广泛开展预防工作格外重要。建立遗传性疾病三级预防体系，综合开展孕前、孕产期和婴幼儿期的危险因素识别、风险评估、检测预警以及早期干预等，是减少遗传性疾病危害的核心。

1. 一级预防（携带者筛查） 在人群或者高危家庭及时检出携带者，并在检出后积极进行婚育指导，对预防和减少遗传病患儿的出生具有现实意义。凡本人或家族成员有遗传病或先天畸形史、家族中多次出现或生育过智力低下儿或反复自然流产者，应进行遗传咨询，找出病因，明确诊断。

2. 二级预防（产前诊断） 根据特定的遗传性疾病或者先天缺陷，可用不同的产前诊断方法进行诊断。例如通过观察胎儿表型的形态特征（超声、胎儿镜检查）、染色体检查（细胞遗传学技术）及基因分析或其表达产物测定（酶和生化测定）来诊断。所用标本的采集可由羊膜腔穿刺术、绒毛膜绒毛吸取术、脐带穿刺术和从母血中分离胎儿细胞等方法来完成。在遗传咨询的基础上，通过直接或间接地对孕期胚胎或胎儿进行生长和生物标记物的检测，有目的地进行产前诊断，可减少遗传病患儿出生。

3. 三级预防（新生儿筛查） 通过快速、敏感的检验方法，对一些先天性和遗传性疾病在新生儿期进行群体筛检，从而使患儿在临床尚未出现疾病表现，而其体内生化、代谢或者功能已有变化时就作出早期诊断，并且结合有效治疗，避免患儿重要脏器出现不可逆性的损害，保障儿童正常的体格发育和智能发育。目前我国主要筛查的病种是先天性甲状腺功能减退症和苯丙酮尿症，有的地区还开展了葡萄糖-6-磷酸脱氢酶缺乏症、先天性肾上腺皮质增生症的筛查。

知识拓展 | **遗传咨询**

遗传咨询是由咨询医生和咨询者即遗传病患者本人、携带者或其家属，就某种遗传病在一个家庭的发生、再发的风险上面临的问题进行一系列的交谈和讨论，是家庭预防遗传病患儿出生的最有效方法。遗传咨询是帮助患者理解和适应遗传疾病对医学、心理和家庭影响的过程。

遗传咨询的过程包括收集患儿详细的病史和家族史，以评估疾病发生或复发的可能性；为患儿及家长提供遗传、检测、家庭管理、风险降低、可用资源的教育；促进知情选择和适当干预的咨询等方面的内容。临床上还可利用患儿个人病史和家族史制订遗传性疾病的诊断和风险评估，提供降低疾病风险的策略信息，并纳入医疗管理之中。

第二节　唐氏综合征患儿的护理

学习目标

知识目标	1. 掌握唐氏综合征的临床表现、常见护理诊断/问题及相应的护理措施。 2. 熟悉唐氏综合征的病因、治疗要点。 3. 了解唐氏综合征的发病机制、辅助检查。
能力目标	能够指导唐氏综合征患儿及其家长进行居家护理。
素质目标	培养护生尊重、关爱患儿及其家长，保护患儿隐私的职业素养。

案例导入与思考

患儿，男，2个月。因"生后反应差、吃奶少，加重半月"入院。患儿生后家长发现该患儿反应差，睡眠多，吃奶少，哭声弱，哭闹时口周青紫。未行诊治，近半月来，精神不振、嗜睡、流涎，较出生时加重，遂来就诊。其母年龄40岁，孕早期接受X线透视多次，有农药接触史。

体格检查：T 36.2℃，P 132次/min，R 44次/min。发育营养欠佳，神志清，反应差，呼吸略急促，口周略发绀。眼距宽，两眼外眦上斜，鼻梁低平，张口伸舌，肌张力低下，指趾粗短，通贯手，小指仅一条指褶纹。胸骨左缘3~4肋间可及3~4级收缩期杂音，向心前区广泛传导，有震颤。

辅助检查：血常规，RBC 12×10^{12}/L，Hb 105g/L，WBC 11×10^9/L，N% 67%，L% 33%。心脏彩色多普勒，室间隔缺损（膜周部），约4mm。

请思考：

1. 护士应如何评估和观察患儿？
2. 该患儿目前主要的护理诊断/问题是什么？
3. 护士接诊后，针对患儿的病情应配合医生采取哪些护理措施？
4. 患儿父母现情绪低落，担忧患儿的目前的健康问题及后续的成长，作为护士该如何与家长沟通？

　　唐氏综合征（Down syndrome，DS）又称21-三体综合征（trisomy21 syndrome），是人类最早被确定的常染色体畸变疾病，也是儿童染色体病中最常见的一种。主要表现为特殊面容、智能落后和生长发育迟缓，并可伴有多种畸形。活婴中发生率为1:1 000~1:600，发生率随母亲年龄增高而增加。

　　【病因及发病机制】

　　1. 孕母高龄　发病率与母体的生育年龄有明显关系，孕母年龄越大，子代发生染色体病的风险越高。孕母年龄在35岁以上时，发病率明显增加，可能与卵子老化有关。

　　2. 环境因素　孕期发生病毒感染（如EB病毒、流行性腮腺炎病毒、风疹病毒及肝炎病毒等），接触放射线、化学因素（如抗癫痫药物、抗代谢药物、苯、毒物等），可使胎儿染色体发生畸变。

3. 其他因素 如遗传因素、自身免疫性疾病，也与疾病的发生有关。

本病为常染色体畸变引起，第21号染色体呈三体征。其发生主要由于亲代生殖细胞在减数分裂或受精卵在有丝分裂时21号染色体发生不分离，致使细胞内存在一条额外的21号染色体。

【临床表现】

本病的主要特征为特殊面容、智能落后和生长发育迟缓，并可伴有多种畸形。临床表现的严重程度与异常细胞核型所占百分比有关。

1. 特殊面容 出生时即有明显的特殊面容（图16-2-1），表现为眼裂小、眼距宽、眼外眦上斜，可有内眦赘皮，鼻梁低平，外耳小，硬腭小，舌常伸出口外，流涎多，头小而圆，前囟大且关闭延迟。颈短而宽，表情呆滞，常呈嗜睡状，可伴有喂养困难。

2. 智能落后 是本综合征最突出、最严重的表现，绝大多数患儿有不同程度的智能发育障碍，随年龄增长而逐渐明显。

3. 生长发育迟缓 身材矮小，四肢短，骨龄落后，出牙延迟且常错位；肌张力低下，韧带松弛，关节可过度弯曲，腹部膨隆，常有脐疝，手指粗短，小指尤短，末端内弯。运动以及性发育延迟。

4. 皮纹特点 可有通贯手和轴三角atd角度增大，第四、五指桡箕增多，脚拇指球胫侧弓形纹和第五指只有一条指褶纹（图16-2-2）。

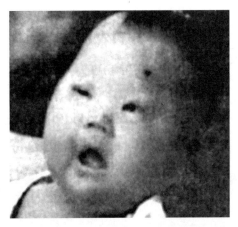

▲ 图16-2-1 唐氏综合征患儿的面容

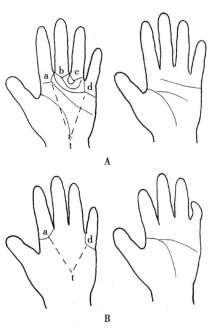

▲ 图16-2-2 正常人和唐氏综合征患儿的皮纹比较
A. 正常人皮纹；B. 唐氏综合征患儿的皮纹。

5. 伴发畸形 约50%患儿伴有先天性心脏病，其次是消化道畸形。免疫功能低下，易患感染性疾病，先天性甲状腺功能减退症和急性淋巴细胞白血病的发生率明显高于正常人群。

【辅助检查】

1. 细胞遗传学检查 根据核型分析可分为三种类型：

（1）标准型：约占本病的95%，患儿体细胞染色体为47条，有一条额外的21号染色体，核型为47, XY（或XX），+21。

（2）易位型：约占2.5%~5%，染色体总数为46条，其中一条是额外的21号染色体的长臂与一条近端着丝粒染色体长臂形成的易位染色体，即发生于近着丝粒染色体的相互易位，称罗伯逊易位（Robertsonian translocation）。易位染色体以13号与14号染色体最为多见。如14号染色体与21号染色体罗伯逊易位导致21-三体，例如46, XY, der（14; 21）（q10; q10），+21。

（3）嵌合体型：约占2%~4%，其发生是因受精卵在早期分裂过程中21号染色体不分离所致。患儿体内有两种细胞系，一种为正常细胞，另一种为21-三体细胞，形成嵌合体，核型为46, XY（或XX）/47, XY（或XX），+21。

2. 荧光原位杂交 以21号染色体的相应部位序列作为探针，与外周血中的淋巴细胞或羊水细胞进行杂交，可快速、准确地进行诊断。在本病患儿的细胞中呈现3个21号染色体的荧光信号。

【治疗要点】

尚无有效治疗方法。采用综合措施，包括医疗和社会服务，对患儿进行长期耐心的教育及培训，使其掌握一定的工作技能，提高其生活自理的能力。注意预防感染，若伴有其他畸形，必要时可手术治疗。

【护理评估】

1. 健康史 了解家族中是否有类似病人；询问父母是否近亲结婚，母亲妊娠年龄，母孕期是否接触放射线、化学药物及患病毒感染性疾病等。

2. 身体状况 评估患儿有无特殊面容及伴发畸形，其智能、生长发育及营养状况。了解辅助检查结果如染色体核型分析及临床意义。

3. 心理-社会状况 了解患儿及家长的心理状态，对病情、护理方法、遗传病相关知识的了解程度。家长对患儿的关心程度、父母角色是否称职，家庭的经济承受能力及社会支持系统。

【常见护理诊断/问题】

1. 自理缺陷 与智能低下有关。

2. 有感染的危险 与患儿免疫功能低下有关。

3. 焦虑（家长） 与儿童患严重疾病有关。

4. 有社交隔离的危险 与患儿疾病引起的病耻感有关。

5. 知识缺乏：家长缺乏本病的相关护理知识。

【预期目标】

1. 患儿能逐步自理生活，从事简单劳动。

2. 住院期间患儿不发生感染。

3. 患儿家长能接受患儿的状况，做好心理调适。

4. 患儿及家长能逐渐消除病耻感，恢复并维持正常社会交往。

5. 患儿家长能掌握有关疾病知识以及帮助患儿进行训练的技巧。

【护理措施】

（一）培养自理能力，加强生活护理

1. 帮助患儿母亲制定详细的教育和训练方案，让患儿通过训练能逐渐生活自理，参加力所能及的活动或从事简单的劳动。

2. 保持皮肤清洁干燥，并防止意外事故。患儿长期流涎，应及时擦干，保持下颌及颈部清洁，用面霜保持皮肤的润滑，以免皮肤溃烂。

3. 细心照顾患儿，帮助患儿吃饭、穿衣。防止便秘，应多食用纤维素高的食物并增加水的摄入，可促进胃肠的排空；同时注意营养过剩，预防肥胖。预防意外事故的发生。

（二）预防感染

保持空气清新，避免接触感染者，注意个人卫生，保持口腔、鼻腔清洁，勤洗手，呼吸道感染者接触患儿须戴口罩。

（三）心理护理

针对家长的自责、担心、忧伤，护士应及时评估其心理状态，给予情感支持、心理疏导，缓解其负性情绪，必要时转介心理专业人员进行咨询与干预。

（四）社会支持与发展性照顾

向家长提供情感支持和信息支持，提供诸如同伴支持、病友会、微信公众号等社会资源消除病耻感。协助家庭建立与患儿发展水平相一致的个性化养育计划，经常带患儿接触社会和自然环境，让其接收信息、开阔眼界、增长知识、了解社会，帮助患儿建立和维持正常的社会交往，使他们能适应疾病带来的影响，促进其生理、心理社会的发展。

（五）健康教育

向家长讲述疾病相关知识及护理要点，使家长掌握居家护理要点。对于生育过唐氏综合征患儿的孕妇以及其他高危孕妇（如高龄孕妇），应在怀孕期间行羊水染色体检查，进行产前诊断。孕期避免接受X线照射，勿滥用药物，预防病毒感染。

【护理评价】

1. 经过治疗及护理，患儿是否能自理生活，能从事简单的劳动。

2. 住院期间是否发生感染。

3. 家长的焦虑是否能逐渐减轻。

4. 患儿及家长是否能逐步接受疾病带来的影响，保持正常的社会交往。

5. 家长是否掌握了有关疾病知识以及训练教育患儿的技巧。

第三节　苯丙酮尿症患儿的护理

学习目标

知识目标	1. 掌握苯丙酮尿症的临床表现、常见护理诊断/问题及相应的护理措施。 2. 熟悉苯丙酮尿症的病因、治疗要点。 3. 了解苯丙酮尿症的发病机制、辅助检查。
能力目标	能够指导苯丙酮尿症患儿及其家长进行正确的饮食管理。
素质目标	培养护生尊重、爱护患儿，敬畏生命的职业素养。

苯丙酮尿症（phenylketonuria，PKU）是一种常染色体隐性遗传疾病，是由于苯丙氨酸羟化酶（phenylalanine hydroxylase，PAH）缺乏或其辅酶四氢生物蝶呤（tetrahydrobiopterin，BH4）缺乏，导致血苯丙氨酸（phenylalanine，Phe）增高的一组最常见的氨基酸代谢病，也称高苯丙氨酸血症（hyperphenylalaninemia，HPA）。PKU是先天性氨基酸代谢障碍中最为常见的一种，临床有智力发育落后，皮肤、毛发色素浅淡和鼠尿臭味。本病发病率具有种族和地域差异，我国约为1/11 000。

【病因及发病机制】

本病分为PAH缺乏症与BH4缺乏症两种。

1. PAH缺乏症　是由于患儿肝细胞缺乏苯丙氨酸羟化酶（phenylalanine hydroxylase，PAH），故不能将苯丙氨酸转化为酪氨酸，而使苯丙氨酸在体内蓄积。大量苯丙氨酸在血液、脑脊液、各种组织液及尿液中浓度极高，并产生大量的苯丙酮酸、苯乙酸、对羟基苯酸等旁路代谢产物并从尿液中排出。高浓度的苯丙氨酸及旁路代谢产物可导致脑损伤。同时，由于酪氨酸生成减少，致黑色素生成不足，出现患儿毛发、皮肤色素减少。绝大多数患儿为典型病例，约占本病的99%。

2. BH4缺乏症　是由于缺乏四氢生物蝶呤（tetrahydrobiopterin，BH4）所致。四氢生物蝶呤是苯丙氨酸、色氨酸和酪氨酸在羟化过程中必需的辅酶，缺乏该酶使苯丙氨酸不能氧化成酪氨酸，酪氨酸不能变成多巴胺，色氨酸不能转变为5-羟色胺等重要神经递质，加重神经系统的功能损害。

【临床表现】

患儿在新生儿时期发育基本正常，一般生后3~6个月可出现症状，1岁左右症状明显。

1. 神经系统表现　以智力发育落后为最突出表现，可有行为异常（如兴奋不安、多动、攻击性行为等）、肌痉挛或癫痫发作，少数呈肌张力增高和腱反射亢进，80%有脑电图异常。BH4缺乏型PKU患儿的神经系统症状出现较早且较重，肌张力明显减低，如不及时治疗，常在幼儿期死亡。

2. 外貌　生后数月因黑色素合成不足毛发变枯黄，皮肤和虹膜色泽变浅。皮肤干燥，常有湿疹。

3. 体味 由于尿及汗液中排出较多苯乙酸，有明显的鼠尿样臭味。

4. 其他 可有呕吐、喂养困难。

【辅助检查】

1. 新生儿期筛查 新生儿哺乳2~3天后，针刺足跟采集外周血，滴于专用采血滤纸上，晾干后寄送至筛查实验室，进行苯丙氨酸浓度测定。如苯丙氨酸浓度大于切割值，应复查或者采静脉血进行苯丙氨酸定量测定。

2. 苯丙氨酸浓度的测定 正常浓度＜120μmol/L，经典型PKU＞1 200μmol/L，中度PKU为360~1 200μmol/L，轻度PKU为120~360μmol/L。

3. 尿蝶呤图谱分析和DHPR活性测定 主要用于BH4缺乏症的鉴别诊断。

4. DNA分析 有助于病因分析和产前诊断。

【治疗要点】

本病是少数可治性遗传代谢病之一，年龄越小，治疗效果越好，故疾病一旦确诊，应立即治疗。主要以饮食疗法为主。

1. 低苯丙氨酸饮食 是治疗PKU的主要方法。限制天然蛋白质摄入，补充无或低苯丙氨酸配方奶粉，血中苯丙氨酸浓度应控制在理想范围（120~600μmol/L），苯丙氨酸浓度过高或过低都将影响生长发育。待血苯丙氨酸浓度降至理想浓度时，可逐渐少量添加天然饮食，首选母乳，因母乳中血苯丙氨酸含量仅为牛奶的1/3。较大婴儿及儿童可加入牛奶、粥、面、蛋等，添加食品应以低蛋白、低苯丙氨酸为原则，其量和浓度依据血苯丙氨酸浓度而定。

2. 由于每个患儿对苯丙氨酸的耐受量不同，故在饮食治疗中，仍需定期监测苯丙氨酸浓度，根据患儿具体情况调整食谱，避免苯丙氨酸增高或者缺乏。低苯丙氨酸饮食治疗至少持续到青春期。终生治疗对患儿更有益。

3. 成年女性患者在怀孕前应重新开始饮食控制，血苯丙氨酸应控制在120~360μmol/L，直至分娩，避免母亲高苯丙氨酸血症影响胎儿。

4. 对有本病家族史的夫妇及先证者可进行DNA分析，在生育时进行遗传咨询和产前基因诊断。

5. 对诊断为BH4缺乏症的患儿，需补充BH4、5-羟色氨酸和L-DOPA。

【常见护理诊断/问题】

1. 生长发育改变 与高浓度的苯丙氨酸导致脑细胞受损有关。

2. 有皮肤完整性受损的危险 与皮肤异常分泌物的刺激有关。

3. 焦虑（家长） 与患儿疾病有关。

4. 有社交隔离的危险 与患儿的外观、气味引起的恐惧或窘迫感有关。

5. 知识缺乏： 家长缺乏本病的预防及护理知识。

【护理措施】

（一）饮食管理

给予低苯丙氨酸饮食，其原则是使摄入苯丙氨酸的量既能保证生长发育和体内代谢的最低需要，又能使血中苯丙氨酸维持在理想范围。各年龄段血苯丙氨酸浓度控制的理想范围（1岁以下

120~240μmol/L，1~12岁120~360μmol/L，12岁以上患儿控制在120~600μmol/L）。

婴儿可喂给特制的低苯丙氨酸奶粉，幼儿添加辅食时应以淀粉类、蔬菜和水果等低蛋白质食物为主，忌用肉、蛋、豆类等含蛋白质高的食物。治疗时应根据年龄定期随访血中苯丙氨酸浓度，同时注意生长发育情况。国际上主张饮食控制至少应到患儿青春期发育成熟，最好是终生治疗，成年后可以适当放宽饮食限制。

（二）保持皮肤完整性

勤换尿布，保持皮肤干燥，对皮肤皱褶处特别是腋下、腹股沟应保持清洁，有湿疹时应及时处理。

（三）心理护理

护士应评估家长的心理反应，及时给予情感支持、心理疏导，向患儿家长讲解本病的相关知识，告知家长饮食控制与患儿智力、体格发育的关系，并提供遗传咨询，减轻家长的心理压力。

（四）社会支持

向家长提供情感支持和信息支持，提供诸如同伴支持、病友会、微信公众号等社会资源。协助家庭建立个性化养育计划，经常带患儿接触社会和自然环境，帮助患儿建立和维持正常的社会交往，使他们能适应疾病带来的影响，促进其心理社会的发展。

（五）健康教育

宣传优生优育的知识，防止近亲结婚。对有阳性家族史或父母一方为杂合子者，母亲怀孕时应做产前检查，及早诊断。如母亲为PKU患者，需注意在怀孕期间，低苯丙氨酸饮食控制血苯丙氨酸浓度。学龄前期，应严格控制患儿饮食，防止过多摄入苯丙氨酸的食物；对患儿做好知识宣传，使之能自觉地遵守饮食要求，防止脑损害的发生。

（万峰静）

学习小结

本章遗传代谢性疾病患儿的护理首先介绍了遗传性疾病的相关知识，学生通过本部分内容的学习能对遗传性疾病的分类、诊断及预防有一定的了解；其次重点讲述了唐氏综合征及苯丙酮尿症患儿的护理内容。唐氏综合征是最常见的染色体病，有其独特的症状及体征，但目前尚无有效的治疗方法，仅能给予对症治疗及康复训练。苯丙酮尿症是可治疗的遗传代谢性疾病，终身给予低苯丙氨酸饮食，越早治疗效果越好。由于多数遗传病尚无有效的治疗方法，因此，积极开展预防工作，是减少遗传病患儿的有效措施。

复习参考题

（一）选择题

1. 苯丙酮尿症属于
   - A. X连锁显性遗传
   - B. X连锁隐性遗传
   - C. 常染色体显性遗传
   - D. 常染色体隐性遗传
   - E. X连锁不完全显性遗传

2. 苯丙酮尿症患儿尿中有特殊气味是由于尿中含有
   - A. 苯丙酮酸
   - B. 苯丙氨酸
   - C. 苯乙酸
   - D. 苯乳酸
   - E. 巴苯乙酰谷氨酸胺

（3~5题共用题干）

患儿，男，3岁，身高85cm，体重10kg，刚会站立，不会说话，表情呆滞，眼外眦上斜，鼻梁低，伸舌流涎，腹膨隆，皮肤弹性差。

3. 该患儿最可能的疾病是
   - A. 维生素D缺乏性佝偻病
   - B. 蛋白质-能量营养不良
   - C. 苯丙酮尿症
   - D. 唐氏综合征
   - E. 先天性甲状腺功能减退症

4. 确诊21-三体综合征的主要依据是
   - A. 通贯手
   - B. 特殊面容
   - C. 智能落后
   - D. 身材矮小
   - E. 染色体检查

5. 本病最常伴的畸形是
   - A. 兔唇
   - B. 腭裂
   - C. 多指
   - D. 肛门闭锁
   - E. 先天性心脏病

   答案：1. D；2. C；3. D；4. E；5. E

（二）简答题

1. 唐氏综合征的临床表现是什么？

2. 如何指导苯丙酮尿症的家长进行合理喂养？

感染性疾病患儿的护理

第一节 概述

一、概念

感染性疾病（infectious disease）是由细菌、病毒、真菌、支原体、衣原体、寄生虫等病原微生物（病原体）侵入机体所致的疾病，包括传染性疾病（communicable disease）和非传染性疾病（noncommunicable disease）。

传染性疾病是由各种病原体引起的能够在人与人、人与动物、动物与动物之间互相传播的一类疾病。具有传染性、流行性、地方性、季节性、病后免疫性和可预防性等特征，其存在需具备三个要素：传染源、传播途径和易感人群。《中华人民共和国传染病防治法》规定的传染病分为甲、乙和丙三类。儿童时期传染病的疾病谱和临床特点与成人不同。

本章仅涉及儿童传染性疾病。

二、儿童传染病的临床特点

1. 病程发展的阶段性 传染病的临床经过一般分为4个阶段。① 潜伏期：指病原体侵入机体至出现临床症状的这一阶段。每种传染病的潜伏期长短不一，短则数小时，长则可达数年甚至数十年。潜伏期有助于追踪传染源，判断播散范围，确定需要检疫的人群和检疫期。② 前驱期：指起病至开始出现特异性症状的这一阶段。部分起病急或存在部分特异性免疫力的患儿，其前驱期可缩短或缺如。此期症状不明显，易被忽略而导致疾病传播，故本期患儿更具有传染性。③ 症状明显期/疾病期：出现疾病明显的特异性表现，包括局部和全身症状。本期往往病情最为严重，同时，由于病原体被大量排出，具有较强的传染性。并发症也常出现于此期。④ 恢复期及后遗症期：患儿主要临床症状、体征开始消退至完全恢复正常的这一阶段。有些传染病会遗留后遗症，则还有后遗症期，多见于神经系统传染病。

2. 常见临床类型　根据临床特征，可以分为典型和非典型两类；根据疾病病情进展，可分为急性、亚急性和慢性；根据病情严重程度，可分为轻型、普通型、重型、极重型或暴发型。

3. 转归　年龄越小、所患病类型凶险、病情严重或有严重并发症则预后不佳。患儿在进入恢复期后，体内病原体再次繁殖致出现急性期症状，则为复发。疾病趋于平稳后，病情再次出现反复，则为再燃。很多急性传染病由于其病原体抗原性强，患儿可在病后获得持久的特异性免疫力，使其在一定时间内或终身不再感染同一病原体，例如麻疹、水痘、流行性腮腺炎等。而有些病原体由于抗原型别众多，产生的病后免疫力具有型别特异性，日后还会再次感染其他型别病原体而发病，如手足口病、流感等。

4. 可以预防　每一种传染病的流行必须同时具备三个要素：传染源、传播途径和易感人群。每一种传染病都有其特定的感染链，即病原体播散并侵入一个新的宿主而导致发病。感染链由病原体、贮主、出口、传播途径、侵入门户和易感宿主组成。因此，通过控制传染源、切断传播途径、保护易感者等措施可预防传染病的发生和传播。

三、传染病患儿的护理

1. **体温过高的护理**　监测患儿体温，观察热度和热型。高热者遵医嘱采用物理或药物降温，防止受凉或过热。多饮水，必要时遵医嘱补液。

2. **皮肤黏膜护理**　儿童急性传染病多有皮肤黏膜出疹，伴痒感。应保持皮肤黏膜清洁，勤剪指甲防止抓挠皮肤导致破溃而引起继发感染。保持呼吸道通畅。

3. **密切观察病情变化**　注意观察患儿的生命体征，尤其是体温变化及热型、出疹情况、服药反应、治疗效果、特殊检查后的情况以及有无并发症表现等。重症患儿如中枢神经系统感染、昏迷和呼吸窘迫时病情变化快，护士应密切观察病情变化并详细记录，备好各种急救药物和器械。

4. **促进休息与营养**　保持病室清洁、安静、舒适，以利患儿休息。急性期应卧床休息，给予低脂肪、低蛋白、易于消化的流质或半流质饮食。恢复期逐渐过渡到普食并加强营养。注意多补充多种维生素，根据需要补充微量元素，鼓励患儿多饮水，维持水、电解质平衡和促进体内毒素的排泄。呕吐显著或者不能进食的患儿可鼻饲，必要时辅以肠外营养。

5. **预防感染的传播**　按照传染病防护级别和消毒隔离要求进行日常工作。隔离与消毒是防止传染病播散和院内感染的重要措施。病房和诊室内均应有防护设备，应有指定的专用通道。传染病门诊应有单独的治疗室、药房、化验室、留观室、厕所等；患儿预检后，按不同传染病的病种在指定的诊室进行诊治。住院患儿按照传染病的传染性和传播途径分别安置于指定的病房进行照护。严格执行消毒隔离措施。

（1）隔离传染源：采取特定的隔离措施（如空气隔离、飞沫隔离和接触隔离），并保证隔离时间；密切接触者应进行检疫观察。限制探视。

（2）切断传播途径：保持房间空气清新，定时通风换气，必要时空气消毒；患儿的分泌物、排泄物和用物等需经消毒处理；接触患儿前后洗手或进行手消毒。接触血液、体液、分泌物或排泄物时，应戴手套或其他防护用品以免受污染。传染病病区床单和废弃物、污染物应与其他物品分开，专门严格消毒。粪便和污水经消毒处理达到无害化后排放。流行季节易感者勿到人多拥挤场所，外出戴口罩，托幼机构应做好晨检。

（3）保护易感者：预防接种是预防儿童传染病的有效措施，应按计划免疫要求及时接种各种疫苗；对年幼、体弱、密切接触者等在接触后可给予免疫球蛋白或抗毒血清，以减少/免于发病或减轻症状。

知识拓展 | **新中国成立后不同时期的疫苗接种**

1. 计划免疫前期（1950—1977年） 普种牛痘苗，推行卡介苗接种，重点地区接种霍乱、鼠疫、斑疹伤寒和百日咳疫苗。

2. 计划免疫时期（1978—2000年） 普种卡介苗（BCG）、口服脊灰减毒活疫苗（OPV）、吸附百日咳白喉破伤风（百白破）联合疫苗（DTP）及麻疹减毒活疫苗（MV）；引入接种乙型肝炎疫苗，流行性乙型脑炎（乙脑）疫苗（JEV）、A群脑膜炎球菌多糖疫苗（MPV-A）、麻疹-腮腺炎-风疹（麻腮风）三联疫苗（MMR）、甲肝疫苗。

3. 免疫规划时期（2001年至今） 2000年12月乙肝疫苗纳入儿童计划免疫；2007年，国务院决定实施扩大国家免疫规划：BCG、乙肝疫苗、DTP、白破疫苗、麻风疫苗、MMR、OPV、JEV、MPV-A、A+C流脑疫苗、甲肝减毒活疫苗；在重点地区接种出血热、炭疽和钩端螺旋体疫苗。

---

6. 健康教育 针对传染病的特点，采用个别交谈、信息园地及宣传手册等形式向患儿及家长讲解传染病消毒隔离的意义及方法，不同类别传染病发生的原因、护理措施、自我照护的注意事项，使其能配合医院的消毒隔离及治疗护理，控制院内交叉感染。正确指导用药并观察毒副作用。指导随访和复诊，有后遗症者加强康复训练。讲解预防接种的重要性，及时接种疫苗并保留好接种记录。

第二节　麻疹患儿的护理

学习目标

知识目标	1. 掌握麻疹的流行病学特征、典型麻疹的临床表现及常见的护理诊断/问题。 2. 熟悉麻疹的病因及治疗原则。 3. 了解麻疹的发病机制、病理改变及常用辅助检查结果。
能力目标	具有评判性思维能力，能运用护理程序为麻疹患儿实施整体护理。
素质目标	培养护生根据麻疹的特点，宣传预防接种，积极防控感染传播的综合素质。

麻疹（measles）是由麻疹病毒引起的一种急性出疹性呼吸道传染病。临床上以发热、结膜炎、上呼吸道炎、口腔麻疹黏膜斑及全身斑丘疹，疹退后糠麸样脱屑并留有色素沉着为主要表现。本病传染性极强，易并发肺炎等并发症。病后大多可获得终身免疫。

【病因和病理生理】

病原体为麻疹病毒，该病毒属于副黏液病毒科麻疹病毒属。已发现8个不同基因组共15个基因型，但仅有一个血清型。麻疹病毒体外生存力弱，对热（56℃、30分钟）、酸（pH<4.5）、紫外线和消毒剂均敏感，在流通空气中很快失去活性，但在低温下能长期存活，在空气飞沫中可存活数小时。

病毒经鼻咽部侵入，在局部上皮细胞内繁殖，而后播散到局部淋巴组织，在感染后第2~3天形成第一次病毒血症；此后病毒在局部和远处器官的单核巨噬细胞系统内繁殖，大量病毒再次侵入血流，造成第二次病毒血症（感染后第5~7天），随后病毒到达皮肤和内脏，引起全身广泛性损害而出现一系列临床表现，如高热和出疹。至感染后第15~17天，病毒血症逐渐消失，器官内病毒快速减少至消除。

病毒侵袭任何组织时均出现多核巨细胞（Warthin-Finkeldey giant cells）是其病理特征。皮疹处见典型上皮合胞体巨大细胞，并见角化不全和角化不良，海绵层细胞间水肿和细胞内水肿；表面血管扩张伴周围少量淋巴细胞与组织细胞浸润。颊黏膜下层的微小分泌腺炎症致浆液性渗出和内皮细胞增生而形成麻疹黏膜斑。

【流行病学】

患儿是唯一的传染源，在潜伏期末和出疹前后5天内从眼结膜及鼻咽分泌物、血和尿中排出病毒。主要通过直接接触和呼吸道分泌物飞沫传播。有并发症者传染性可延长至出疹后10天。人群普遍易感，多见于6个月~5岁儿童。四季均可发病，以冬春季节多见。

麻疹疫苗计划免疫实施后，麻疹发病的周期性和年龄特点有一定程度改变，近年来，流行形式主要为散发，8月龄以下和15岁以上年龄组发病明显增加。

【临床表现】

1. **典型麻疹**

（1）潜伏期：为6~18天，一般为10天，免疫者可延长至28天。

（2）前驱期：发热开始至出疹，持续3~4天。主要症状有：① 发热，常为首发症状，热型不定，多为中度以上发热；② 结膜炎，睑结膜充血、流泪、畏光等；③ 上呼吸道感染症状，在发热的同时出现喷嚏、流涕、干咳、咽部充血等；④ 麻疹黏膜斑，又称柯氏斑（Koplik's spots），为麻疹早期的特征性体征。在发疹前1~2天，开始于下臼齿对应的两侧颊黏膜上出现灰白色斑点（直径0.5~1mm），周围有红晕，并迅速增多可累及整个颊黏膜，部分可融合，出疹后1~2天内消失。

（3）出疹期：持续3~5天。皮疹先见于耳后、发际、颈部到颜面部，然后从上而下延至躯干、四肢，最后到手掌、足底。皮疹初为淡红色斑丘疹，疹间可见正常皮肤，逐渐融合成片，转为暗红。出疹时，全身和呼吸道症状加重，体温可高达40℃及以上；咳嗽加剧，肺部可闻干、湿性啰音；伴嗜睡或烦躁。并发症常于本期出现。

（4）恢复期：一般为3~5天。皮疹按出疹先后顺序消退，消退处可有糠麸样脱屑及淡褐色色素沉着，1~2周后完全消失。体温随之下降，全身情况好转，呼吸道症状也逐渐消失。

2. **其他类型麻疹**

（1）轻型麻疹：见于体内尚有一定免疫力者。潜伏期延长，前驱期症状轻，麻疹黏膜斑不典型或不出现，皮疹稀疏、色淡，疹退后可见脱屑，但可不遗留色素沉着，无并发症。

（2）重型麻疹：见于体弱、有严重继发感染者。表现为起病即高热持续40℃或体温不升。中毒症状重，皮疹密集融合，或疹出不透、或皮疹骤退、或皮疹呈出血性，并伴有黏膜和消化道出血。

（3）异型麻疹（非典型麻疹综合征）：见于注射过麻疹减毒活疫苗而再感染的患儿，前驱期短或无，常无典型的黏膜斑，皮疹不典型，患儿持续高热、肌痛、乏力、头痛或伴有四肢水肿。

3. **常见并发症**

（1）肺炎：是最常见的并发症。可为麻疹病毒所致的间质性肺炎，也可为继发细菌感染，患儿表现为咳嗽、气促，肺部呼吸音增粗，有湿啰音，可有发绀。

（2）喉炎：原发于麻疹病毒，或继发细菌感染所致，可有声音嘶哑、犬吠样咳嗽，吸气性呼吸困难伴喘鸣；可致气道阻塞，严重者可窒息死亡。

（3）麻疹脑炎：大多发生在出疹后2~6天或前驱期或恢复期，其临床表现和脑脊液检查同一般病毒性脑炎。脑炎的轻重与麻疹轻重无关，但病死率高，后遗症多。

麻疹患儿应注意与其他出疹性疾病相鉴别（表17-2-1）。

▼ 表17-2-1　儿童出疹性疾病的鉴别要点

病名	病原体	前驱症状	皮疹特点	发热与出疹关系
麻疹	麻疹病毒	卡他性症状，结膜炎，高热，口腔麻疹黏膜斑	红色斑丘疹，自头面部→颈→躯干→四肢，退疹后有色素沉着及细小脱屑	发热3~4天，出疹期热度更高，热退疹渐退
风疹	风疹病毒	全身症状轻，低热或不发热	斑丘疹，自面部→躯干→四肢，退疹后无色素沉着及脱屑	发热后半天至1天出疹
水痘	水痘-带状疱疹病毒	全身症状较轻，发热、不适、厌食等	分批出现，向心性分布，斑疹、丘疹、疱疹和结痂同时存在，一般不遗留瘢痕	发热后1~2天出疹
手足口病	肠道病毒（EV-71、CV-A6）	发热、咳嗽、流涕	口腔黏膜散在疱疹，易破溃；手、足、臀部散在斑丘疹、疱疹，躯干偶见；疹退不留瘢痕	急性发热后出疹
幼儿急疹	人疱疹病毒6型	可有高热、惊厥	先躯干，迅速波及颈面部和近端肢体。细小密集斑丘疹	热退疹出
猩红热	乙型溶血性链球菌	高热、中毒症状重、杨梅舌、咽痛明显	皮肤弥漫充血，上有密集针尖大小丘疹，持续3~5天退疹，1周后全身大片脱皮	发热1~2天出疹，出疹时高热
药物疹	药物	原发病症状，有近期服药史	皮疹痒感，摩擦及受压部位多，与用药有关，斑丘疹、疱疹、猩红热样皮疹、荨麻疹	发热、服药史

【辅助检查】

1. 一般检查　血白细胞总数减少，出疹期间淋巴细胞相对增多。

2. 病原学检查　发热期间从患儿呼吸道分泌物中分离出麻疹病毒，或用免疫荧光法从呼吸道分泌物或尿沉渣脱落细胞检测到麻疹病毒抗原。

3. 血清学检查　多采用酶联免疫吸附试验（ELISA法）进行麻疹病毒特异性IgM抗体检测，可诊断急性期感染。

【治疗要点】

1. 一般治疗　无特效抗病毒药物，主要为加强护理，防治并发症，注意消毒隔离等。

2. 对症治疗　高热者酌情给予小剂量（常用量的1/3~1/2）退热剂，咳嗽剧烈时可服镇咳祛痰剂或雾化吸入，伴有烦躁不安或惊厥者给予镇静剂。注意补充维生素，尤其是维生素A和D。保持水、电解质及酸碱平衡，必要时静脉补液。

3. 并发症治疗　针对各种并发症，给予相应治疗。

知识拓展　|　**维生素A与麻疹的关系**

　　美国学者研究发现，麻疹尤其是合并严重并发症的患儿血清维生素A（视黄醇）水平较低。在发展中国家也调查发现，麻疹患儿补充维生素A可有效降低重型麻疹的发生率和病死率。所以WHO建议所有麻疹患儿补充维生素A。

【护理评估】

1. 健康史 评估患儿的年龄、营养状况及既往疾病病史。了解既往有无麻疹患儿的接触史;是否接种过麻疹疫苗及接种时间。近期有无接受过主动免疫或被动免疫如注射丙种球蛋白,有无服用易致皮疹的药物等。

2. 身体状况 评估有无发热、喷嚏、流涕、咳嗽等上呼吸道感染症状,有无流泪、畏光,口腔有无麻疹黏膜斑。注意有无皮疹,皮疹的性质、分布、颜色,疹间皮肤是否正常,以及出疹的顺序。有无肺炎、喉炎、脑炎等并发症表现。

3. 心理-社会状况 评估患儿及其家长的心理状况、对疾病的应对方式;了解家庭对疾病相关知识的了解程度、防治态度。

【常见护理诊断/问题】

1. 体温过高 与麻疹病毒感染和/或继发感染有关。

2. 皮肤黏膜完整性受损 与麻疹皮疹有关。

3. 营养失调:低于机体需要量 与食欲下降、高热消耗增加有关。

4. 潜在并发症:肺炎、脑炎、喉炎。

5. 有感染传播的危险 与患儿排出病毒导致疾病传播有关。

【预期目标】

1. 患儿体温降至正常范围。

2. 患儿皮疹消退,皮肤完整。

3. 患儿住院期间体重无明显下降。

4. 患儿未发生并发症或并发症得到及时发现和处理。

5. 未发生感染的传播。

【护理措施】

(一)维持体温正常

1. 卧床休息 卧床休息至皮疹消退、体温正常为止。

2. 环境舒适 保持室内空气新鲜,每日至少开窗通风2次;温湿度适宜。

3. 衣被合适 保持衣被清洁、干燥,勿捂汗,防止受凉。

4. 监测体温 观察热度和热型。高热时,可温水浴或温盐水灌肠,也可给予小剂量退热剂,禁用酒精擦浴和冷敷,切忌退热幅度过大引起虚脱;观察降温效果,注意摄入足够的液体量。

(二)皮肤黏膜护理

1. 保持皮肤清洁 每日沐浴更衣(忌用肥皂),勤换内衣,及时评估出疹情况,勤剪指甲,避免患儿抓伤皮肤引起继发感染。

2. 保持口腔清洁和呼吸道通畅 多饮温热水,常用生理盐水漱口。及时清除鼻痂,保持鼻腔通畅。及时去除分泌物和呕吐物,防止误吸。

3. 眼部护理 室内应保持光线柔和,可用生理盐水清洁双眼,去除分泌物,再滴入抗生素眼药水或涂眼膏,同时加服鱼肝油预防干眼症。

4. 预防中耳炎　防止眼泪或呕吐物流入耳道引起中耳炎。

（三）维持营养均衡

给予清淡、易消化、营养丰富的流食、半流食饮食，如牛奶、豆浆等，少量多餐。鼓励多饮水，利于退热和加速代谢。恢复期应添加高蛋白、高能量及多种维生素的食物，无需忌口。

（四）密切观察病情变化

1. 观察患儿皮疹情况　出疹的时间、顺序和部位，皮疹的性质及消退的情况。

2. 监测患儿生命体征　观察神志、肺部体征，及时发现并发症表现并通知医生处理。出现抽搐、嗜睡、脑膜刺激征等为脑炎的表现；出现声嘶、气促、吸气性呼吸困难、三凹征等为并发喉炎的表现；出现高热不退、咳嗽加剧、呼吸困难及肺部细湿啰音等为并发肺炎的表现。

（五）控制感染传播

1. 控制传染源　采取飞沫和接触隔离患儿至出疹后5天，有并发症者延长至出疹后10天。密切接触的易感儿，应隔离观察3周，若接触后接受过免疫抑制剂者则延至4周。

2. 切断传播途径　病室每日通风换气，保持空气清新，并消毒患儿房间。患儿衣物在阳光下曝晒2小时，医务人员接触患儿前后应洗手、更换隔离衣或在空气流动处停留半小时。

3. 保护易感儿　8个月以上未患过麻疹者均应接种麻疹减毒活疫苗，按免疫规划进行复种。限制易感儿探视。流行期间可应急接种，体弱易感儿接触麻疹5天内注射丙种球蛋白可预防患病，接触5天后注射只能减轻症状。流行期易感儿应尽量避免去公共场所，托幼机构应加强晨间检查。

（六）健康教育

应向家长讲解麻疹的流行特点、临床表现、并发症和预后，使其有充分的心理准备，积极配合治疗。无并发症的患儿可在家中护理，指导家长做好消毒隔离、皮肤护理以及病情观察等，防止继发感染；出现异常及时就诊。

【护理评价】

1. 患儿的高热是否得到正确控制，体温降至正常。

2. 皮肤黏膜是否完整，无继发感染。

3. 患儿营养摄入是否足够。

4. 患儿有无并发症及并发症是否得到及时处理。

5. 患儿家长是否了解麻疹的有关知识，能否配合做好消毒隔离，有无导致感染的传播。

第三节　水痘患儿的护理

学习目标

知识目标	1. 掌握水痘的流行病学特征、典型水痘的临床表现及常见护理诊断/问题。 2. 熟悉水痘的病因及治疗原则。 3. 了解水痘的发病机制及病理改变。
能力目标	能正确评估患儿，并按护理程序为患儿实施整体护理。
素质目标	培养护生的防控意识，积极开展健康和科普教育。

水痘（varicella，chickenpox）是由水痘–带状疱疹病毒（varicella–zoster virus，VZV）引起的具有高度传染性的急性出疹性疾病。临床特点为皮肤和黏膜相继出现并同时存在斑疹、丘疹、疱疹及结痂，全身症状轻微。感染后可获得持久免疫力。

【病因及发病机制】

1. 病因　水痘–带状疱疹病毒属疱疹病毒科α亚科，是一种双链DNA病毒，人是其唯一宿主。该病毒在体外抵抗力弱，对热、酸和各种有机溶剂敏感，在痂皮中不能存活。该病毒具有潜伏–活化特性，原发感染后可潜伏在脊髓感觉神经节或三叉神经节内，因各种诱因被激活后将导致带状疱疹。

2. 发病机制　病毒经口、鼻黏膜进入人体，在局部淋巴结内繁殖进入血液，感染后5天出现第一次病毒血症，可在肝脾和其他脏器内繁殖后再次入血，引起第二次病毒血症而发病。病变主要损害皮肤，也可累及其他脏器，免疫低下或缺陷者更容易出现器官受损。由于病毒侵入血液往往是间歇性的，故临床表现为皮疹分批出现。

【病理生理】

多核巨细胞和细胞核内包涵体形成是特征性病理表现。皮肤病变仅限于表皮棘状细胞层，呈退行性变和水肿，由于细胞裂解、液化和组织液的渗入，形成水疱，疱液内含大量病毒，以后疱液吸收、结痂，若破溃可形成浅表溃疡。病变表浅，愈后不留瘢痕。黏膜病变同皮肤病变情况。

【流行病学】

水痘患者是唯一的传染源。主要通过呼吸道飞沫或直接接触疱疹液传播。发病前1~2天至疱疹全部结痂为止均有很强的传染性。人群普遍易感，多见于儿童，以2~6岁为高峰。四季均可发病，以冬春季最多。病后可获得持久免疫力，但在青少年期及成人期可因各种诱因而发生带状疱疹。

【临床表现】

1. 典型水痘　潜伏期多为10~21天，平均2周。前驱期仅1天左右，婴幼儿多无明显前驱症状，年长儿可表现为低热、不适、厌食、流涕、咳嗽等。出疹期：皮疹初见于发际处，其特点为：① 皮疹呈向心性分布，躯干头面部多，四肢少。② 皮疹开始为红色斑疹或斑丘疹，迅速发展为水痘疱疹，周围伴有红晕。疱液先透明而后混浊，2~3天后开始干燥结痂。各期皮疹可同时存在是水痘的特征性表现。疱疹脱痂后一般不留瘢痕。③ 皮疹伴有瘙痒，也可出现在口腔、咽、眼结膜、生殖器等处，易破溃形成溃疡，疼痛明显。水痘多为自限性疾病，10天左右自愈。

2. **重型水痘** 发生于免疫功能低下的患儿，特别是在潜伏期接受化疗后淋巴细胞绝对计数低的患儿。表现为全身中毒症状，持续高热，弥漫性水痘疹，皮疹呈离心性分布，为有脐状凹陷的大疱型疱疹或出血性皮疹，可继发感染甚至引起败血症，病死率高。

3. **先天性水痘综合征** 孕妇在妊娠20周前患水痘，可致胎儿先天性水痘综合征，导致多发性先天性畸形，如锯齿状皮肤瘢痕、肢体发育不良、白内障、大脑广泛发育不全等。生后多于1岁内死亡，存活者遗留神经系统伤残。若孕妇在分娩前后数天感染水痘可致新生儿水痘，病情重，病死率较高。

4. **并发症** 常见为皮肤继发性细菌感染。水痘脑炎多于出疹后第2~6天，也可发于出疹前，临床表现与一般脑炎相似。轻度水痘肝炎也较为常见，水痘肺炎多见于免疫缺陷儿童和新生儿。

【实验室检查】

1. **血常规** 外周血白细胞总数正常或稍低，合并感染时增高。

2. **疱疹刮片** 刮取新鲜疱疹基底组织和疱疹液涂片，瑞氏染色见多核巨细胞；苏木素–伊红染色可查到细胞核内包涵体。

3. **血清学检查** 特异性IgM抗体检测可协助早期诊断；双份血清特异性IgG抗体滴度升高4倍以上提示近期感染。

4. **病毒检测** 患儿疱液、咽部分泌物或血液可进行病毒检测。

【治疗要点】

1. **一般治疗** 高热患儿卧床休息，防止过热或受凉。

2. **对症治疗** 皮肤瘙痒时可局部应用炉甘石洗剂或口服抗组胺药。高热时给予退热剂，避免使用水杨酸类药物如阿司匹林。有并发症时进行相应对症治疗。不宜使用糖皮质激素。

3. **抗病毒治疗** 尽早应用抗病毒药物，首选阿昔洛韦（acyclovir）口服或静脉给药。在水痘症状出现72小时内开始治疗可缩短病毒传染期和疱疹神经痛。继发细菌感染者遵医嘱应用抗生素。

【常见护理诊断/问题】

1. **体温过高** 与病毒血症有关。

2. **皮肤黏膜完整性受损** 与水痘带状疱疹病毒感染致皮肤黏膜损伤及继发感染有关。

3. **潜在并发症**：肺炎、脑炎、败血症等。

4. **有传播感染的危险** 与病毒自呼吸道排出和疱液污染导致传播有关。

【护理措施】

（一）**维持体温正常**

卧床休息至热退、症状减轻。室温适宜，衣被穿盖合适。高热可用物理降温或适量退热剂，但忌用阿司匹林，以免增加Reye综合征的风险。保证足够水分摄入，提供易消化的食物。

（二）皮肤黏膜护理

1. 保持皮肤黏膜清洁 保持床单元整洁、舒适。勤换内衣；剪短指甲，可给小婴儿戴连指手套，避免搔破皮肤，继发感染或留下瘢痕。

2. 减少皮疹瘙痒 疱疹无破溃者，可温水洗浴，局部涂炉甘石洗剂或5%碳酸氢钠溶液，也可遵医嘱口服抗组胺药物；疱疹已破溃者、有继发感染者，局部用抗生素软膏，或遵医嘱口服抗生素控制感染。

3. 加强口腔护理 黏膜有疱疹或破溃者，应选择清淡、营养丰富的温热流质、半流质或软食。多饮温开水和汤。疼痛明显者可用止痛剂或溃疡糊剂。

（三）密切观察病情变化

观察患儿精神状态、体温、食欲和有无呕吐。观察皮肤有无感染征象。水痘临床过程一般顺利，偶可发生播散性水痘，注意观察患儿有无嗜睡、烦躁、脑膜刺激征和呼吸困难等并发症表现。

（四）控制感染传播

1. 隔离传染源 大多数无并发症患儿多在家中隔离治疗，应隔离至疱疹全部结痂为止。易感儿接触后应隔离观察3周。

2. 切断传播途径 保持室内空气流通，做好环境和物品的消毒工作。托幼机构应做好晨检，及时检出患儿。

3. 保护易感人群 水痘减毒活疫苗接种能有效预防各型水痘。避免易感儿接触水痘患儿；对孕妇和使用大剂量激素、接受放化疗及免疫功能受损的患儿，在接触水痘后72小时内肌内注射水痘-带状疱疹免疫球蛋白（varicella-zoster immune globulin，VZIG），可起到预防或减轻症状的作用。

（五）健康教育

向患儿及其家长介绍水痘相关知识，指导护理患儿和消毒隔离的方法。告知常见并发症的表现，出现异常及时诊治。对社区人群进行科普宣传教育，增强防控意识和能力。

第四节 流行性腮腺炎患儿的护理

学习目标

知识目标	1. 掌握流行性腮腺炎的流行病学特点、临床表现及常见护理诊断/问题。 2. 熟悉流行性腮腺炎的病因及实验室检查。 3. 了解流行性腮腺炎的发病机制、病理改变及治疗要点。
能力目标	具备评判性思维能力，能按护理程序为腮腺炎患儿实施整体护理。
素质目标	培养护生关爱患儿，积极实施以儿童家庭为中心护理的职业素质。

流行性腮腺炎（mumps，epidemic parotitis）是由腮腺炎病毒引起的以腮腺非化脓性肿大、疼痛为特征的急性呼吸道传染病。腮腺炎病毒减毒活疫苗已被列入国家免疫规划，通常以麻疹、腮腺炎和风疹三联疫苗，即 Measles-Mumps-Rubella（MMR）Vaccine，实施接种。自2020年6月起，我国实施2剂MMR免疫程序，即8月龄和18月龄各接种1剂。我国自2004年开始实行流行性腮腺炎突发公共卫生事件网络直报，报告数总体呈波动性下降，2020年报告数量达到报告以来的最低。

【病因和发病机制】

1. 病因　腮腺炎病毒为RNA病毒，属副黏病毒科副黏病毒属，仅一个血清型，有A~L共12个基因型，我国流行的主要是F型。病毒存在于患儿唾液、血液、脑脊液及尿中。人是其唯一宿主。病毒在外界抵抗力弱，甲醛溶液、紫外线照射和加热至56℃，20分钟均可使其灭活。

2. 发病机制　腮腺炎病毒侵入后先在上呼吸道黏膜上皮细胞中增殖，引起局部炎症和免疫反应，之后播散至淋巴结，而后入血液产生病毒血症。病毒经血液播散至腮腺和全身各器官，引起炎症性病变；也可经腮腺管播散至腮腺。病毒对腺体组织（如颌下腺、舌下腺、胰腺、性腺等）和神经组织有高度亲和性，使多种腺体发生炎症改变。如再次侵入血循环，散布至第一次未曾侵入的其他器官，呈现不同器官相继出现病变的症状。

【病理生理】

病变腺体呈非化脓性炎症，包括间质水肿、点状出血、淋巴细胞浸润和腺泡坏死等。炎性渗出物阻塞，唾液淀粉酶排出受阻，经淋巴系统进入血液，而使血、尿淀粉酶均增高。其他器官如胰腺、睾丸等亦可发生类似的病理改变。

【流行病学】

患者和隐性感染者为本病的传染源。自腮腺肿大前7天到发病后9天均有传染性。主要通过空气飞沫传播，也可经唾液污染食具和玩具等接触传播，孕早期可经胎盘感染胎儿。人群普遍易感，5~15岁儿童多见，感染后可获持久免疫。全年散发，多见于冬春两季。

【临床表现】

潜伏期12~25天，平均18天。前驱期无或很短，可有发热、头痛、厌食、不适和呕吐。典型病例临床以腮腺炎为主要表现。

1. 腮腺肿大和疼痛　常为首发表现。通常先起于一侧，数日内累及对侧，腮腺肿大以耳垂为中心呈马鞍形，向前、后、下发展，伴局部过敏、胀痛和轻压痛，灼热但不发红，张口、咀嚼或进酸性食物时疼痛加重。腮腺管口红肿。4~5天后肿大的腮腺逐渐缩小至消退，全程6~10天。

2. 其他唾液腺体肿胀　如颌下腺和舌下腺肿大，舌下腺明显肿大时可出现吞咽困难。

3. 发热　可有不同程度发热，持续时间不一，亦有体温始终正常者。

4. 并发症

（1）神经系统并发症：常见脑膜炎和轻度脑膜脑炎，其次为脑炎。可在腮腺炎后3~10天出现。表现为发热、头痛、呕吐、颈项强直，少见惊厥和昏迷，脑脊液呈无菌性脑膜炎样改变。大多预后良好，少数留有神经系统后遗症。

（2）睾丸炎：10岁以上男童多见，常为单侧，多发生于腮腺肿大开始消退时。表现为突起发热、寒战、下腹痛，睾丸肿胀疼痛和变硬，触痛明显，一般10天左右消退。部分病例可发生萎缩，双侧受累者可导致不育症。

（3）急性胰腺炎：常见轻度或亚临床型胰腺受累，严重胰腺炎较少见。常发生于腮腺肿大后3~7天。出现上腹部剧痛，有压痛，伴发热、寒战、呕吐、腹胀、腹泻或便秘等。血清脂肪酶升高。

（4）卵巢炎：青春期女孩可发生，表现为下腹痛和压痛，腰部酸痛。

（5）其他：如耳聋、肾炎、心肌炎和其他组织炎症。

【实验室检查】

1. 血常规　白细胞正常或稍增高，淋巴细胞相对增多。

2. 病原学检测　血清中特异性IgM抗体阳性提示近期感染。双份血清特异性IgG滴度增高4倍以上可诊断。早期可从患儿唾液、脑脊液、尿或血中分离出病毒。

3. 淀粉酶　90%的患儿血、尿淀粉酶增高。

【治疗要点】

本病为自限性疾病，主要为对症处理及支持治疗。对高热者给予退热剂或物理降温。腮腺肿痛严重时可给予镇痛剂。睾丸炎者局部冷敷并用阴囊托将睾丸抬高以减轻疼痛，重症患儿必要时可短期使用肾上腺激素治疗。

【常见护理诊断/问题】

1. 疼痛　与腮腺和/或其他组织非化脓性炎症有关。

2. 体温过高　与病毒感染有关。

3. 潜在并发症：脑膜脑炎、睾丸炎、腮腺炎。

4. 有感染传播的危险　与病毒经呼吸道和直接接触传播有关。

【护理措施】

（一）减轻疼痛

1. 常用温盐水或温开水漱口，保持口腔清洁，防止继发感染。

2. 补充水分和营养，给予半流质饮食或软食，忌酸、辣和干硬食物，以免因唾液分泌及咀嚼使疼痛加剧。

3. 腮腺局部可冷敷或中药湿敷，以减轻炎症充血及疼痛。以丁字带托起肿大的阴囊，局部可间歇冷敷。剧烈疼痛者可遵医嘱应用镇痛剂。

（二）维持体温正常

监测体温变化，急性期注意休息至热退。高热时给予物理或药物降温，鼓励患儿多饮水。

（三）密切观察病情变化

注意观察病情，及时发现并发症，如：有无脑膜脑炎、睾丸炎、急性胰腺炎等临床征象，并予以相应治疗和护理。

（四）控制感染传播

隔离患儿至腮腺肿大完全消退为止，有接触史的易感儿应观察3周。房间内应开窗通风，对患儿口、鼻分泌物及污染物应进行消毒。流行期间应加强托幼机构的晨检，及时检出患儿。推荐1岁以上儿童普遍接种减毒腮腺炎活疫苗。

（五）健康教育

无并发症的患儿可在家中隔离治疗，指导家长做好隔离、用药等护理，学会病情观察，必要时应及时送医院就诊。做好患儿和家长的心理护理，使患儿配合治疗。

第五节　手足口病患儿的护理

学习目标

知识目标	1. 掌握手足口病患儿的临床表现和流行病学特征。 2. 熟悉手足口病的病因、辅助检查及治疗原则。 3. 了解手足口病的发病机制及病理改变。
能力目标	能够运用所学知识为手足口病患儿及其家庭实施整体护理和健康教育。
素质目标	培养护生尊重爱护患儿，关注患儿健康的职业精神。

手足口病（hand-foot-mouth disease，HFMD）是由肠道病毒（enterovirus，EV）引起的急性出疹性疾病，临床主要表现是手、足、口腔等部位出现斑丘疹、疱疹。少数病例进展迅速，可出现脑膜炎、脑炎、脑脊髓炎、神经源性肺水肿或肺出血和呼吸循环衰竭等。

新西兰于1957年首次报道该病，1959年被命名为手足口病。中国大陆首例HFMD于1981年在上海报道，2008年发生全国性大暴发，当年该病被纳入法定报告的丙类传染病管理，目前HFMD已位列全国法定报告传染病发病数和死亡数的前五位。

【病因和发病机制】

1. 病因　我国主要以肠道病毒71型（EV71）和柯萨奇病毒A组16型（CV-A16）最为常见。该类病毒属于小RNA病毒科，有多个血清型，各型间一般无交叉免疫；对外界抵抗力较强，耐低温，适合湿热环境生存，不易被胃酸和胆汁杀灭，能抵抗乙醚和乙醇；不耐强碱，对干燥和紫外线敏感，于56℃环境30分钟可灭活，煮沸立即死亡。高锰酸钾、漂白粉、甲醛和碘能使其灭活。

2. 发病机制　经上呼吸道侵入人体后，主要在局部黏膜上皮细胞内增殖，在局部淋巴组织中繁殖，释放入血产生第一次病毒血症。大部分为隐性感染，产生特异性抗体。少数人因机体免疫力低下，病毒可进入血液产生病毒血症，进而侵犯不同靶器官造成感染的播散。

【流行病学】

患者和隐性感染者均为传染源。疾病早期经唾液或口鼻分泌物排出病毒，急性期大量病毒从粪便中排出。粪便中排出病毒的时间可长达3~5周。所以传播途径主要为粪-口传播、飞沫传播或密切接触传播。人群普遍易感，临床以学龄前儿童，尤其3岁以下发病率最高，感染后可获得持久免疫力。全球性流行，夏秋季为高峰季节。

【临床表现】

潜伏期多为2~14天，平均3~5天。多数无前驱期症状。根据病情分为普通病例和重型病例。

1. 普通病例　急性起病，主要表现为不同程度发热，伴有咳嗽、流涕、食欲缺乏等。手、足、口、臀部出现红色斑丘疹，很快转为疱疹，疱疹周围有炎性红晕，疱内液体较少。口腔内见散发疱疹或溃疡，多位于咽喉部、舌部、硬腭、唇和颊黏膜处，疼痛明显致拒食、流涎。部分患儿仅表现为皮疹或疱疹性咽峡炎，个别患儿可无皮疹。预后良好，绝大多数在1周内痊愈。

2. 重型病例　少数病例进展迅速，除手、足、口部表现外，伴有下列任一系统表现即为重症。

（1）神经系统表现：多在病程第1~5天内出现，表现为持续反复高热、精神差、嗜睡、易惊、头痛、呕吐、谵妄甚至昏迷；肢体抖动、眼球震颤、共济失调；颈项强直、腱反射减弱或消失，病理征阳性等。

（2）呼吸系统表现：可发生肺水肿、肺出血和/或肺衰竭。表现为呼吸急促或窘迫、口唇发绀、咳粉红色泡沫样痰或血性液体、肺部湿啰音。可有酸中毒表现。

（3）循环系统表现：心率增快或减弱、脉搏浅速或减弱甚至消失。面色苍灰、皮肤花纹、出冷汗、四肢发凉、毛细血管再充盈时间延长、血压持续下降或休克，可有心力衰竭表现。

3. 恢复期　心肺衰竭纠正，病情逐步好转，神经系统受累症状和心肺功能逐渐恢复，少数可遗留神经系统后遗症状。

【辅助检查】

1. 血常规　白细胞正常或降低，重症者白细胞计数可明显增高。

2. 病原学检查　鼻咽拭子、呼吸道分泌物、粪便或疱疹液中病毒特异性抗体阳性或分离出肠道病毒可确诊。血清特异性病毒中和抗体滴度升高4倍以上也可确诊。

3. 血生化检查　部分病例可有轻度丙氨酸转氨酶（ALT）、天冬氨酸转氨酶（AST）、肌酸激酶同工酶（CK-MB）升高，危重者可有肌钙蛋白（cTnI）和血糖升高。C反应蛋白（CRP）一般不升高。

4. 血气分析　呼吸系统受累时动脉血氧分压降低、血氧饱和度下降、二氧化碳分压增高。

5. 脑脊液检查　神经系统受累时，脑脊液检查似病毒性脑炎改变。

6. 其他　如胸部X线、脑电图、心电图、磁共振等检查的异常改变。

【治疗要点】

1. 普通病例　注意隔离，避免交叉感染。适当休息，保证营养和水分摄入。高热者可用退热剂。并发细菌感染可用抗生素。

2. 重症病例　降低颅内压，限制入量，使用甘露醇等脱水治疗，必要时使用利尿剂；酌情应用丙种球蛋白、糖皮质激素；及时应用血管活性药，同时给予氧疗和呼吸支持；根据病情使用呼吸机辅助呼吸；予以降温、镇静、止惊等对症治疗，加强支持治疗，维持内环境稳定。

3. 恢复期治疗 促进各脏器功能恢复；肢体功能障碍者予康复治疗等。

【常见护理诊断/问题】

1. 皮肤黏膜完整性受损 与病毒引起的皮疹及继发感染有关。

2. 体温过高 与病毒血症有关。

3. 潜在并发症：脑膜炎、肺水肿、心肌炎、呼吸衰竭、心力衰竭。

4. 有传播感染的危险 与病毒可经呼吸道、消化道和直接接触传播有关。

【护理措施】

（一）皮肤黏膜护理

1. 皮肤护理 保持患儿贴身衣物清洁、舒适，床单元整洁干燥。剪短指甲，避免搔破皮疹。勤换尿布，保持臀部清洁干燥。疱疹无破溃者，可涂炉甘石洗剂或5%碳酸氢钠溶液；疱疹已破溃者或继发感染者，局部用抗生素软膏。

2. 黏膜护理 鼓励患儿多饮水，避免酸辣和刺激性食物，勤漱口。口腔有溃疡者可用溃疡糊剂及促进黏膜修复的药物。

（二）维持体温正常

注意休息。室内温度适宜，空气新鲜。监测体温，高热者遵医嘱用物理或药物降温，中枢性高热者可用冰帽或遵医嘱使用亚冬眠疗法，注意保持呼吸道通畅，给予高热量、高维生素、清淡、易消化、无刺激性的温凉流质或半流质食物，严重吐泻时可暂停进食。

（三）密切观察病情变化

观察生命体征、意识、瞳孔等变化和出疹情况，及早发现重症表现，发现异常及时通知医生处理。

（四）控制感染传播

隔离患儿。病室开窗通风，注意清洁消毒。医务人员接触患儿前后均要消毒双手。患儿的用物均应消毒处理。尽量减少陪护及探视人员，并做好陪护宣教，戴口罩、勤洗手及正确粪便处理等。患儿应勤洗手。目前已有EV71手足口病灭活疫苗接种。

（五）健康教育

向家长讲解疾病的流行特点、临床表现及预防措施。不需住院治疗的患儿可在家中隔离，教会家长作好口腔、皮肤护理及病情观察，如有病情变化应及时就诊。教会孩子养成良好的卫生习惯，加强锻炼，增强机体抵抗力。

第六节 猩红热患儿的护理

学习目标

知识目标	1. 掌握猩红热患儿的临床表现及常见护理诊断/问题。 2. 熟悉猩红热的病因、流行病学特征及治疗要点。 3. 了解猩红热的发病机制及病理改变。
能力目标	能按护理程序为猩红热患儿实施整体护理。
素质目标	培养护生积极实施健康教育，有意识地观察和指导预防链球菌感染后变态反应性疾病的职业素质。

猩红热（scarlet fever）是由A组乙型溶血性链球菌引起的急性呼吸道传染病。临床特征是突起发热、咽峡炎、全身弥漫性红色皮疹和疹退后明显的脱屑，少数患儿病后可引起心、肾和关节损害。

【病因和发病机制】

1. **病因** A组乙型溶血性链球菌为革兰氏阳性菌，无动力，无芽孢和鞭毛，球形或卵圆形，菌壁具有多种蛋白抗原；链球菌可释放多种毒素和蛋白酶类；在血培养基中生长良好，并产生完全溶血。在环境中生存力强，可寄存在人体口咽部，在痰及脓液中可生存数周，0℃环境中可存活数月；但对热及干燥环境敏感，加热至56℃需30分钟可灭活，一般消毒剂均可杀灭。

2. **发病机制与病理** 溶血性链球菌从呼吸道侵入咽、扁桃体，引起局部炎症，并可向邻近组织扩散，亦可通过血行播散。主要病理改变有三种：

（1）炎症性病变：主要表现为局部炎症、组织坏死和炎症扩散。主要有扁桃体周围脓肿、中耳炎、淋巴结炎、蜂窝织炎，舌乳头红肿突起，形成杨梅舌。

（2）中毒性病变：各种毒素进入血液循环引起全身毒血症状。红斑毒素可引起真皮层毛细血管充血、水肿、炎症细胞浸润等，形成猩红热样皮疹。恢复期表皮细胞角化过度，并逐渐脱落致脱屑。肝、脾、淋巴结均可见不同程度的充血和脂肪变性。心肌变性甚至坏死，肾脏呈间质性炎症改变。

（3）变态反应病变：感染后2~3周，个别患儿可出现心、肾或关节滑膜组织等处非化脓性病变。

【流行病学】

患者和带菌者是主要传染源。发病前24小时至疾病高峰时期的传染性最强，口咽部、鼻腔和唾液中含有大量细菌，至恢复期1~3周内仍具有传染性。主要经空气飞沫传播或直接密切接触传播。人群普遍易感，任何年龄均可发病，多见于学龄前和学龄儿童。全年均可发病，但以冬春季多见。

【临床表现】

潜伏期为1~7天，通常2~4天。临床常见类型有：

1. 普通型　流行期间大多数为此型。

（1）前驱期：一般不超过24小时。骤起高热，体温可高达39~40℃，伴畏寒、头痛、全身不适、恶心、呕吐及食欲缺乏等中毒症状。咽及扁桃体明显充血水肿，可伴黄白色渗出物；咽及软腭可见点状红色斑疹或出血点（黏膜内疹）；患儿可诉咽痛及吞咽痛。颈及颌下淋巴结肿大、压痛。

（2）出疹期：皮疹是最重要的症状之一，多在发病后第1~2天出现，48小时内达到高峰。从耳后、颈底及上胸部开始，迅速由上向下蔓及全身。典型皮疹：全身皮肤弥漫性充血发红，其上广泛分布着针尖大小、密集而均匀的充血性红疹，呈鸡皮样，扪之有砂纸样感觉，手压之变白，去压后数秒钟复现，有痒感，可融合成片，疹间无正常皮肤。在颈部、腋窝、肘窝及腹股沟等皮肤皱褶处，皮疹密集成线，色深红或呈紫色，压之不退，称为帕氏线（Pastia线）。病初患儿舌部白苔样覆盖物，舌乳头红肿凸出于白苔上，称为"草莓舌"，2~3天后，白苔脱落，舌面光滑呈肉红色，舌乳头仍凸出，形似杨梅，称"杨梅舌"。部分病例因面部皮肤充血潮红，口鼻周围相对苍白，形成"口周苍白圈"。

（3）恢复期：皮疹高峰后逐渐按出疹顺序消退，一般2~3天退尽，个别达1周左右。疹退出现脱屑或脱皮，皮疹愈多愈密，脱屑愈明显；轻者呈细屑状或片状，重者手掌和足底可呈套状脱皮，以指/趾部明显；面部和躯干呈糠屑样。全身中毒症状及局部炎症逐渐消退至痊愈，此期1周左右。

2. 轻型　近年较多见，患儿仅低热或不发热；咽部轻度充血和微痛；皮疹少而色淡，消退较快，脱屑少。病程2~3天。

3. 脓毒型　已罕见。呈化脓性咽峡炎，多形成脓性假膜，局部可有坏死溃疡。细菌扩散导致化脓性中耳炎、鼻窦炎、颈淋巴结炎，甚至败血症。

4. 中毒型　已罕见，但病死率高。表现为明显毒血症，如高热、头痛、剧烈呕吐、意识改变，甚至感染性休克；皮疹可为片状或出血性瘀斑。

5. 外科型　病原菌从创口侵入机体，先出现局部皮疹，由此延及全身。全身症状多较轻，无咽峡炎。

【辅助检查】

1. 血常规　白细胞计数明显增加，中性粒细胞可达80%以上，严重者可见核左移及中毒颗粒。

2. 快速抗原测定　可快速检测咽拭子和/或伤口分泌物中链球菌抗原。

3. 细菌培养　使用抗生素前，取咽拭子或病灶处分泌物做细菌培养，可分离出化脓性链球菌。

【治疗要点】

1. 一般治疗　休息；发热、咽痛期间可给予流质或半流质饮食，注意补充能量和各种营养素；保持口腔清洁。

2. 抗菌治疗　首选青霉素，治疗开始愈早，效果愈好。青霉素5万~20万U/（kg·d）静脉滴注，每4~6小时一次，疗程10~14天。对青霉素过敏者可选用头孢菌素、红霉素或其他抗生素。

3. 对症和并发症治疗 高热者给予物理或药物降温，感染性休克者予以抗休克治疗，局部化脓性病灶可切开引流或手术治疗。

【常见护理诊断/问题】

1. 体温过高 与细菌感染及毒血症有关。

2. 皮肤黏膜完整性受损 与细菌毒素致皮疹及口咽部病变有关。

3. 潜在并发症： 败血症、感染性休克、风湿热、肾小球肾炎等。

4. 有传播感染的风险 与细菌经飞沫或直接接触传播有关。

【护理措施】

（一）维持体温正常

1. 卧床休息，恢复期可逐渐增加活动量。衣被合适，保持清洁干燥。

2. 室内定时通风换气，保持温湿度适宜。

3. 监测体温，观察热型。高热者可用物理降温，必要时遵医嘱使用药物退热。

（二）皮肤黏膜护理

1. 皮肤护理 保持皮肤清洁，勤换衣被。剪短患儿指甲，避免抓伤皮肤引起继发感染；温水洗浴，不用刺激性强的肥皂或沐浴液；瘙痒明显者可外涂炉甘石洗剂。有脱屑时任其自然脱落，切忌强行撕脱，以免撕伤导致出血和继发感染。

2. 口腔护理 鼓励患儿多饮水或以温生理盐水漱口。给予营养丰富、含维生素且易消化的流质、半流质或软食，避免生、酸、辛、硬等刺激性的食物，及时评估咽痛的程度。疼痛明显者可根据疼痛评分结果采取必要的干预措施。

（三）密切观察病情变化

观察患儿生命体征变化，特别注意血压和尿量，有无颜面、眼睑水肿，关节肿痛，必要时检查心电图，及时发现并发症表现，并遵医嘱予以及时处理。

（四）控制感染传播

隔离患儿至咽峡炎治愈，或咽拭子培养3次阴性，或从治疗开始起至少1周；密切接触的易感儿应检疫1周，可做咽拭子培养，必要时遵医嘱应用青霉素；疑似病例应及时隔离。患儿的分泌物及污染物应及时消毒。接触患儿应戴好口罩。流行期间易感儿避免去公共场所。

（五）健康教育

应向家长及患儿介绍疾病特点，做好卫生宣教，平时注意个人卫生，勤晒被褥。保持室内空气流通。

第七节　结核病患儿的护理

学习目标

知识目标	1. 掌握结核病患儿的临床表现、常见护理诊断/问题及结合菌素试验的结果判断方法。 2. 熟悉结核病的病因、流行病学特征及治疗要点。 3. 了解结核病的发病机制及病理改变。
能力目标	根据患儿的情况判断其结核菌素试验的临床意义，应用护理程序为患儿提供整体护理。
素质目标	培养护生主动宣传结核病的防控策略，爱护患儿，指导用药与康复，提升防治效果的职业素质。

一、概述

结核病（tuberculosis）是由结核分枝杆菌引起的一种慢性感染性疾病。全身各脏器均可累及，以肺结核最常见。世界卫生组织《2022年全球结核病报告》显示：2021年全球估计有1 060万人感染结核病，新诊断和报告结核病人数为640万例，死亡人数160万。我国是全球30个结核病高负担国家之一，估计2021年的结核病新发患者数为78万，发病数居世界第三位，占全球结核病的7.4%。目前，耐药结核病、多耐药或耐多药结核病已成为结核病防治的严重问题。

【病因和发病机制】

1. 病因　结核分枝杆菌于1882年由Koch在患者痰中发现，形如杆状，属于分枝杆菌属，又称结核分枝杆菌。革兰氏染色阳性，具抗酸性，分裂增殖慢；分为4型：人型、牛型、鸟型和鼠型，对人致病的主要是人型，其次是牛型。结核分枝杆菌属需氧菌，外界环境中可长期存活并保持致病力，在阳光直射或紫外线照射下可死亡，湿热68℃或干热100℃需20分钟以上才可灭活，痰液中的结核分枝杆菌用5%苯酚或20%漂白粉须经24小时处理才被杀灭。

2. 发病机制　机体感染结核分枝杆菌后是否发病取决于细菌的毒力和数量，更主要是机体免疫反应，尤其是细胞免疫力。一般将以抗菌为核心的免疫反应称为保护性免疫反应，将组织坏死为特征的病原性免疫反应称为变态反应。保护性反应以T细胞免疫为主，通过细胞免疫应答使T淋巴细胞致敏，致敏的淋巴细胞释放一系列细胞因子，激活并汇集巨噬细胞于病灶处，产生足够的水解酶和杀菌素，吞噬和杀灭大部分结核分枝杆菌。近年研究表明，保护性免疫反应和变态反应在感染后4~8周形成，是两种不同的免疫学反应。当细菌量多、毒力强或感染后期，以变态反应为主。当细菌量少，毒力低或感染早期，以保护性反应为主。机体感染结核分枝杆菌后可获得免疫力，90%可终生不发病，5%因免疫力低当即发病（原发性肺结核），另5%仅于日后免疫力降低时发病，称继发性肺结核。

【病例生理】

结核病具有增殖、渗出和干酪性坏死三种基本病理变化。当细菌量少而组织敏感性高时，就形成由淋巴细胞、巨噬细胞和成纤维细胞组成的肉芽肿；当细菌量多而组织敏感性高时，则组织坏死不完全而产生干酪样物质；当细菌量多而组织敏感性低时，可引起感染播散和局部组织破坏。

【流行病学】

开放性肺结核患者是主要的传染源。传播途径主要是通过呼吸道，少数经消化道传染，经皮肤或胎盘传染者少见。儿童结核病的感染率随着年龄增长而升高，患病率则年龄越小越高。人群普遍易感，尤其是儿童，新生儿对结核菌非常敏感；儿童发病与否主要取决于：① 结核菌的毒力及数量；② 机体抵抗力的强弱；③ 遗传因素与本病的发生亦有一定关系。由于卡介苗的广泛接种，大大降低了儿童结核的发病率和死亡率。

【辅助检查】

（一）结核菌素试验

结核菌素试验（tuberculin skin test，TST）是我国儿童结核病诊断的重要依据，可测定受试者是否感染过结核分枝杆菌。

1. 试验方法　常用含结核菌素5个单位的纯蛋白衍生物（PPD）0.1ml，在左前臂掌侧面中下1/3交界处行皮内注射，使之形成直径6~10mm的皮丘。

2. 结果判断　48~72小时后，一般以72小时为准观察反应结果。测定局部硬结的直径，取横、纵两径的平均值。如硬结平均直径<5mm为阴性（−），5~9mm为阳性（＋），10~19mm为中度阳性（＋＋），≥20mm为强阳性（＋＋＋），如有水疱、溃疡，或出现淋巴管炎或双圈反应，为极强阳性反应（＋＋＋＋）。

3. 临床意义

（1）阳性反应：见于① 接种过卡介苗；② 年长儿无明显临床症状仅呈阳性反应，表示曾感染过结核；③ 3岁以下（尤其1岁内）未接种过卡介苗者，中度阳性反应多表示体内有新的结核病灶；年龄愈小，活动性结核可能性愈大；④ 强阳性和极强阳性反应者表示体内有活动性结核病；⑤ 由阴性转为阳性，或反应强度由原来<10mm增至>10mm，且增幅>6mm者，表示有新近感染。

自然感染和卡介苗接种后TST阳性反应有所不同：卡介苗接种反应的硬结多小于10mm，质软、浅红、边缘不整、持续2~3天即消失，且有较明显的逐年减弱倾向，一般3~5年内逐渐消失。而自然感染者常为中度以上阳性，硬结较硬、深红、边缘清晰，持续时间可长达7~10天以上，短时间内反应无减弱倾向，甚至维持终身。

（2）阴性反应：见于① 未感染过结核分枝杆菌；② 初次感染后4~8周内；③ 假阴性反应，因机体的免疫功能低下或受抑制，如急性传染病（麻疹、腮腺炎、水痘），部分重症结核病，重度营养不良，原发或继发免疫缺陷病，糖皮质激素或免疫抑制剂治疗期间等；④ 技术误差或结核菌素失效。

（二）实验室检查

1. 结核菌检测 可取痰液、胃液、脑脊液、浆膜腔液涂片或培养结核分枝杆菌的阳性率较高。儿童一般需取清晨空腹胃液或痰液，连续检查3次以上。

2. 免疫学诊断或分子生物学诊断 可用酶联免疫吸附试验、酶联免疫电泳技术、聚合酶链反应（PCR）等检测抗结核抗体；DNA探针和PCR检测结核菌抗原。

3. 血沉 活动期多增快。

（三）影像学检查

1. 胸部X线检查 是筛查儿童结核病的重要手段之一，能确定病变部位、范围、性质及进展情况，定期复查可观察治疗效果。

2. CT检查 有利于发现隐蔽病灶。

（四）其他检查

如纤维支气管镜检查、周围淋巴结穿刺检查、肺穿刺活检等。

【治疗要点】

主要是抗结核治疗，其治疗原则是早期、联合、规律、适量、全程和分段治疗。

（一）常用的抗结核药物

1. 杀菌药物 ① 全杀菌药物：对细胞内、外处于生长繁殖期的细菌和干酪病灶内代谢缓慢的细菌均有杀灭作用，如异烟肼（INH）和利福平（RFP）；② 半杀菌药物：杀灭在不同环境中生长、分裂、繁殖活跃的结核菌，如链霉素（SM）适于碱性环境，吡嗪酰胺（PZA）适于酸性环境。

2. 抑菌药物 如乙胺丁醇（EMB）和乙硫异烟胺（ETH）。WHO已将EMB列为一线药物，在短程化疗中取代了链霉素。常用抗结核药物的用法及主要副作用见下表（表17-7-1）。

▼ 表17-7-1　常用儿童抗结核药物

药物	每日剂量/(mg·kg^{-1})	给药途径	主要副作用
异烟肼（INH/H）	10（≤300mg/d）	口服（可肌内注射、静脉滴注）	肝毒性、末梢神经炎、过敏、皮疹和发热
利福平（RFP/R）	10（≤450mg/d）	口服	肝毒性、恶心、呕吐和流感样症状
链霉素（SM/S）	20~30（≤0.75g/d）	肌内注射	听力损害和耳聋
吡嗪酰胺（PZA/Z）	20~30（≤0.75g/d）	口服	肝毒性、高尿酸血症、关节痛、过敏和发热
乙胺丁醇（EMB/E）	15~25	口服	球后视神经炎、视力减退、中心盲点
乙硫异烟胺（ETH）	10~15	口服	胃肠道反应、肝毒性
卡那霉素	15~20	口服	肾毒性、听力损害

3. 针对耐药菌株的几种新型抗结核药 ① 复合剂型：如rifamate（内含INH 150mg和RFP 300mg）；rifater（内含INH、RFP和PZA）。② 衍生物：如利福喷丁（rifapentine），是一种长效

利福霉素的衍生物，对利福霉素以外的耐药结核分枝杆菌有较强的杀菌作用。③ 新的化学制剂：如力排肺疾（dipasic），是一种合成的新抗结核药物，可延迟INH的抗药性。

知识拓展 | 儿童耐药结核病的治疗方案

1. 利福平敏感结核病　① 异烟肼耐药：利福平、乙胺丁醇、吡嗪酰胺和左氧氟沙星（Lfx）治疗6个月；对氟喹诺酮类药物不敏感或耐药，可仅用6REZ。② 多耐药结核病：结合药物敏感试验，强化阶段至少包括4种敏感药物，巩固期至少3种药物，优选一线口服药，疗程9~12个月。

2. 利福平耐药结核病　包括利福平耐药结核病（RR-TB）、多耐药结核病（MDR-TB）、准广泛耐药结核病（Pre-XDR-TB）和广泛耐药结核病（XDR-TB）。根据情况选择短程或长程治疗方案，根据患儿的药物敏感试验、治疗史及药物耐受性等选择合适的药物。

（二）抗结核治疗方案

1. 标准疗法　一般用于无明显自觉症状的原发性肺结核。每日服用INH，RFP和/或EMB，疗程9~12个月。

2. 两阶段疗法　用于活动性原发型肺结核、急性粟粒性结核病及结核性脑膜炎。① 强化阶段：联用3~4种杀菌药物，目的在于迅速消灭生长分裂活跃的细菌，为化疗的关键阶段。② 巩固治疗阶段：联用2种抗结核药物，目的在于消灭持续存在的细菌，巩固治疗效果，防止复发。

3. 短程疗法　为结核病现代疗法的重大进展，可选用以下几种6个月短程化疗方案。① 2HRZ/4HR；② 2SHRZ/4HR；③ 2EHRZ/4HR（数字为月数）。若无PZA则疗程为9个月。

【预防】

1. 一般预防　平衡饮食，加强体育锻炼，增强体质；不随地吐痰；具有传染性的患儿在隔离期不要到公共场所去活动，也不要近距离对别人咳嗽和高声谈笑；打喷嚏时要用手帕或毛巾掩住口鼻，以免传染给他人；如果家中出现传染性强的排菌肺结核患者时，家中其他成员应及时到结核病防治机构检查，以便早发现和早治疗。

2. 卡介苗接种　是预防儿童结核病的有效措施，我国要求在全国城乡普及新生儿卡介苗接种。卡介苗接种的禁忌证包括：① 先天性胸腺发育不全或重度联合免疫缺陷病患儿；② 急性传染病恢复期；③ 注射局部有湿疹或患全身性皮肤病者；④ 结核菌素试验阳性者。

3. 预防性化疗　需结合TST反应的大小及临床资料综合考虑。

（1）指征：① 密切接触家庭内开放性肺结核者；② TST阳性伴有以下情况者，新近由阴性转为阳性；3岁以内未接种过卡介苗者；有结核中毒症状者；新近患麻疹、百日咳等急性传染病；需较长期使用糖皮质激素或其他免疫抑制剂治疗者。

（2）方法：异烟肼为首选方案，每日10mg/kg，最大剂量每日不超过300mg，晨起顿服，疗程6~9个月。

二、原发型肺结核

原发型肺结核（primary pulmonary tuberculosis）是结核分枝杆菌初次侵入人体后发生的原发感染，是儿童时期肺结核的主要类型，包括原发复合征（primary complex）和支气管淋巴结结核（tuberculosis of trachebronchial lymph nodes）。

【发病机制与病理改变】

结核分枝杆菌由呼吸道进入肺部后，在局部引起炎症即原发灶，再由淋巴管引流到局部气管或支气管旁淋巴结形成原发复合征。原发灶常位于胸膜下、肺上叶底部和下叶上部，右侧多见。胸膜也常受累致胸膜反应或胸膜炎，也是原发复合征的组成部分。基本病变为渗出、增殖、坏死。渗出性病变以炎性细胞、单核细胞和纤维蛋白为主要成分；增殖性改变以结核结节和结核性肉芽肿为主；坏死则为干酪样病变，常出现于渗出性病变中。

若肺原发灶很小或已经吸收消散，使得X线检查无法检出，则表现为支气管淋巴结结核。淋巴结结核侵袭支气管壁，可形成支气管内膜结核，继而阻塞或部分阻塞气道引起肺炎、肺气肿或肺不张。若结核分枝杆菌经血行播散，可引起粟粒性肺结核或全身性粟粒性结核病。

【临床表现】

1. 全身症状　轻者可无症状。起病缓慢，可有不规则低热、盗汗、食欲缺乏和疲乏等结核中毒症状。婴幼儿多急性起病，高热39~40℃，2~3周后转为低热，可持续很久，患儿一般情况较好，与发热不相称。婴儿可表现为体重不增或生长发育障碍。

2. 呼吸道表现　干咳和轻度呼吸困难最常见。胸内淋巴结高度肿大时，可出现类似百日咳样痉挛性咳嗽、喘息、声音嘶哑或呼吸困难。肺部体征不明显，如果原发灶范围较大，可叩诊呈浊音，听诊呼吸音减低或有管状呼吸音。

3. 其他表现　部分患儿可有疱疹性结膜炎、皮肤结节性红斑和/或多发性一过性关节炎等。

【辅助检查】

1. 胸部X线或CT检查　是诊断儿童肺结核的重要方法之一。原发复合征在X线胸片上呈现典型哑铃状双极影（即肺原发病灶、局部淋巴结病变和两者相连的淋巴管炎）已少见。局部炎性淋巴结相对较大而肺部的初染灶相对较小或被纵隔掩盖不能查出或已吸收，临床诊断为支气管淋巴结结核多见。

2. 支气管镜检查　可以观察支气管受压情况和内膜病变如红肿、溃疡、肉芽组织、干酪坏死穿孔或瘢痕，也可取组织、分泌物或坏死物做检查。

3. 结核菌素试验　呈强阳性或由阴性转为阳性，是临床诊断的重要依据。

4. 实验室检查　见本节概述中。

【治疗要点】

1. 无明显症状的原发型肺结核　选用标准疗法，每日服用INH、RFP和/或EMB，疗程9~12个月。

2. 活动性原发型肺结核　宜采用直接督导下短程疗法（DOTS），常用方案为2HRZ/4HR（数字2、4代表月数）。

【常见护理诊断/问题】

1. 气体交换受损　与肺结核导致的肺部感染有关。

2. 营养失调：低于机体需要量　与食欲缺乏及疾病消耗过多有关。

3. 活动耐力下降　与结核分枝杆菌感染有关。

4. 知识缺乏：患儿家长缺乏隔离、服药的知识。

【护理措施】

（一）维持最佳呼吸功能

1. 保持呼吸道通畅　指导患儿有效咳嗽、咳痰，指导家长给予患儿拍背排痰，必要时可机械辅助排痰，及时清除呼吸道分泌物。

2. 合理正确用药　遵医嘱应用抗结核药物，观察药物治疗的疗效及副作用。

3. 病情观察　观察咳嗽的性质、时间，有无痰液及痰液的性质和量。监测体温、观察呼吸。

（二）合理营养

应给予高能量、高蛋白、高维生素、富含钙质的饮食，如牛奶、鸡蛋、瘦肉、鱼、豆腐、新鲜水果、蔬菜等以增强抵抗力，促进机体修复能力和病灶愈合。为患儿提供可选择的食物种类和量，注意食物的调味，以增加食欲。注意水、电解质的补充。

（三）合理安排活动与休息

保持居室空气流通，阳光充足。保证患儿充足的睡眠，适当的户外活动，既避免过度体力消耗，又保持肌肉关节的适度运动。

（四）控制感染传播

结核病患儿活动期应实行隔离，对患儿的呼吸道分泌物、痰杯、餐具等进行消毒处理。避免与其他急性传染病如麻疹、百日咳等患者接触，以免加重病情。

（五）健康教育

1. 介绍疾病相关知识　向家长和患儿介绍肺结核的病因、传播途径、护理及消毒隔离措施。积极防治各种急性传染病、营养不良、佝偻病等，以免加重病情。

2. 坚持规律治疗　向家长讲解抗结核治疗的原则和重要性，指导坚持全程正规服药，以保证疗效和减少耐药性；告知抗结核药物常见的毒副作用表现，注意观察，及时处理异常情况。

3. 增强体质并定期随访　指导家长做好患儿的日常生活护理和饮食护理，注意定期复查，以了解治疗效果和药物使用情况，便于根据病情调整治疗方案。

三、结核性脑膜炎

结核性脑膜炎（tuberculous meningitis），简称结脑，是结核菌侵犯脑膜所引起的炎症，是儿童结核病中最严重的类型。常在结核原发感染后1年内尤其是3~6个月内发生。多见于3岁以下的婴幼儿。病情危重，病死率和后遗症率均较高。

【发病机制】

结脑常是全身性粟粒性结核的一部分，通常由以下三种途径侵入脑膜：

1. 血行播散 最常见。多见于婴幼儿，结核分枝杆菌侵入血液经血循环直接播散到脑膜，也可播散到脉络丛，形成结核病灶，病灶破入脑室引起脑室管膜炎和脉络丛炎，后到达脑基底部引起脑膜炎。

2. 结核病灶破溃 见于年长儿，结核分枝杆菌感染后发生隐匿的血行播散，在脑实质和脑膜等处，先形成结核病灶，当机体抵抗力降低时，结核病灶破溃，干酪性物质和结核分枝杆菌进入蛛网膜下腔，引起脑膜炎。

3. 病灶蔓延 指靠近脑表面的结核病灶或微小结核结节直接蔓延，极少数亦可由脊柱、中耳或乳突结核病灶侵犯脑膜所致。

【病理】

以颅底脑膜病变最为突出，常同时侵犯脑实质和/或脑血管等，亦可侵犯脊髓引起脊髓蛛网膜炎。软脑膜呈弥漫性充血、水肿、炎性渗出，并形成许多结核结节。大量炎性渗出物积聚于脑底部，包围挤压脑神经引起脑神经损害。脑部血管病变早期为急性动脉炎，后期可见栓塞性动脉内膜炎，严重者可引起脑组织梗死、缺血、软化而致偏瘫。脉络丛及室管膜的结核病灶可使脑积液分泌增加，蛛网膜颗粒吸收障碍，导致交通性脑水肿，随着病情发展，积聚在脑底部，渗出物发生干酪性坏死及增生机化，造成梗阻性脑积水。炎症亦可蔓延至脑实质、脊膜或脊髓等出现相应炎症症状。

【临床表现】

典型结脑起病较缓慢，临床上大致可分为3期。

1. 早期（前驱期） 为1~2周。主要表现为性格改变，精神呆滞，对周围事物不感兴趣，易疲倦，嗜睡或烦躁不安、易激惹。可有低热、厌食、盗汗、消瘦、便秘及不明原因的呕吐等结核中毒症状。年长儿可诉头痛。

2. 中期（脑膜刺激期） 为1~2周。患儿出现持续剧烈头痛并逐渐加重、伴有喷射性呕吐，感觉过敏、易激惹、烦躁或嗜睡交替出现，并可有惊厥发作。可见明显脑膜刺激征（颈项强直、Kernig征和Brudzinski征阳性），脑神经麻痹表现如面瘫、凝视等，脑积水以及脑炎等症状和体征如定向力障碍、偏瘫和失语等。

3. 晚期（昏迷期） 为1~3周。症状逐渐加重，由意识模糊进入昏迷，痉挛性或强直性惊厥频繁发作，甚至角弓反张或去大脑强直。患儿极度消瘦，最终可因脑疝、呼吸或血管运动中枢麻痹而死亡。

【辅助检查】

1. 脑脊液检查 压力增高，外观透明或呈毛玻璃状；静置12~24小时后，可有薄膜形成，取之涂片可查到结核分枝杆菌。白细胞总数（50~500）×10^6/L，以淋巴细胞为主；蛋白含量明显增加（1.0~3.0g/L）；糖和氯化物均降低是结核性脑膜炎的典型改变；结核分枝杆菌培养阳性、抗原检测和抗结核抗体测定可确诊。

2. X线检查 约85%的结脑患儿X线胸片可见结核病变，其中90%为活动性肺结核，胸片证实有血行播散对确诊结脑很有意义。

3. 脑CT或MRI 早期可正常，随病情进展，可见结核瘤、实质粟粒状结核灶、基底池密度增高、模糊、钙化、脑室扩大、脑水肿、脑积水和脑梗死等。

4. 结核菌素试验 阳性有助诊断，但约50%可呈阴性反应。

5. 其他 血沉增快，CRP升高等。

【治疗要点】

重点是抗结核治疗和降低颅内高压，同时予以对症支持和防治并发症。

1. 抗结核治疗

（1）强化治疗阶段：联合使用INH、RFP、PZA及SM，疗程3~4个月，病情重或恢复较慢者，可延长到6个月。病情较重者，可加用乙胺丁醇。

（2）巩固治疗阶段：继续应用INH、RFP或EMB。抗结核药物总疗程不少于12个月，需治疗到脑脊液恢复正常后继续治疗6个月。

2. 降低颅内压

（1）脱水剂：常用20%甘露醇，一般剂量每次0.5~1g/kg，于30分钟内快速静脉注入，4~6小时一次。脑疝时可增至每次2g/kg。

（2）减少脑脊液分泌：乙酰唑胺每日20~40mg/kg，分2~3次口服，较小婴儿可发生代谢性酸中毒，必要时可同时服用碳酸氢钠预防。

（3）其他：视病情可考虑做侧脑室穿刺引流、腰穿减压、分流手术等。

3. 肾上腺皮质激素 可迅速减轻中毒症状及脑膜刺激症状，降低颅内压，减轻脑积水，早期使用效果好。一般使用泼尼松，每日1.5~2mg/kg（<45mg/d），4~6周后逐渐减量，根据病情在2~3个月内减完。

4. 对症支持治疗 控制惊厥，纠正水和电解质紊乱。高热者予以降温处理。

【常见护理诊断/问题】

1. 潜在并发症：颅内高压、脑疝等。

2. 营养失调：低于机体需要量 与摄入不足及消耗增多有关。

3. 有皮肤完整性受损的危险 与长期卧床、排泄物刺激有关。

4. 焦虑 与病程长、病情重、预后差有关。

【护理措施】

（一）密切观察病情变化

1. 密切观察患儿生命体征、神志、瞳孔大小和尿量，及早发现颅内高压或脑疝，以便及时采取急救措施。

2. 保持室内安静、通风，避免一切不必要的刺激，护理操作尽量集中完成。

3. 惊厥发作时，应保持呼吸道通畅，必要时吸痰，防止误吸和窒息；给予吸氧，必要时行人工辅助呼吸。注意防止舌咬伤、坠床等意外；大发作时勿强行按压，防止骨折；遵医嘱及时控制惊厥。

4. 遵医嘱给药，观察药物疗效及副作用，协助处理药物毒副作用。

5. 配合做好腰穿术、侧脑室引流术，以降低颅内压；做好术后护理，定期复查脑脊液结果。

（二）合理营养

评估患儿的进食和营养状况，给予营养丰富、易消化的饮食，保证足够能量摄入以增加机体的抵抗力。清醒的患儿采取舒适体位并协助进食，少食多餐；昏迷、不能吞咽者，可鼻饲和静脉补液。

（三）皮肤黏膜护理

保持床铺整洁干燥，保持皮肤清洁干燥。对昏迷及瘫痪患儿，每2小时翻身、拍背一次，以防止压疮和坠积性肺炎。对昏迷眼不能闭合者，可涂眼膏并用纱布覆盖，保护角膜。每日口腔护理2~3次，以免因呕吐致口腔不洁细菌繁殖或并发吸入性肺炎。

（四）心理护理

结脑患儿病情重，病程和疗程均较长，易发生并发症和后遗症。病程中应加强与患儿家长的沟通，及时告知病情变化和治疗效果，增强其信心。关怀体贴患儿和家长，了解其心理需求，给予心理上的支持，缓解其焦虑情绪，减轻恐惧。恢复期给予指导，协助家庭和社会支持，使患儿及家长能更好地配合治疗护理与康复训练，尽早康复。

（五）健康教育

1. 有肺部结核病灶的患儿住院期间应隔离，做好物品和分泌物的消毒处理。

2. 病情好转出院后，应给予下述家庭护理指导：① 自觉执行治疗计划：治疗期间应坚持全程正规服药，并作好病情及药物毒副作用的观察，定期门诊复查。② 为患儿制定良好的生活制度：保证休息时间，适当地进行户外活动，同时供给充足的营养。③ 有后遗症者：指导进行瘫痪肢体的功能锻炼，防止肌挛缩，帮助早期恢复；对失语和智力低下者，进行语言训练和适当教育。

（赵秀芳）

学习小结

本章感染性疾病患儿的护理首先介绍了感染性疾病和传染性疾病的概念、儿童传染性疾病的临床特点和传染病患儿的护理，学生通过本部分内容的学习能解释传染性疾病的概念，理解疾病发展的阶段性及其转归，并对传染病患儿的护理包括护理评估、护理诊断/问题及护理措施有一个整体的认识。其次介绍了常见的儿童时期传染病，包括麻疹、水痘、流行性腮腺炎、手足口病、猩红热和结核病，通过此部分内容的学习，学生能够阐述儿童常见传染性疾病的概念、病原学特点、流行病学特征、典型的临床经过及其表现、常用的辅助检查、治疗要点等，能运用护理程序的方法正确全面评估患儿，作出护理诊断，并为感染性疾病患儿提供有关护理措施。

（一）选择题

1. 麻疹患儿早期诊断的特异性表现是

    A. 上呼吸道炎

    B. 发热

    C. 麻疹黏膜斑

    D. 结膜炎

    E. 上消化道症状

2. 下列**不是**水痘患儿发热时的护理措施的是

    A. 卧床休息

    B. 保持室温适宜

    C. 温水浴

    D. 对乙酰氨基酚口服

    E. 必要时应用阿司匹林

3. 关于流行性腮腺炎的临床特征正确的是

    A. 仅一侧腮腺受累

    B. 只出现腮腺病变

    C. 发热少见

    D. 腮腺导管口有大量分泌物

    E. 甚少出现二次发病

4. 治疗猩红热首选的药物是

    A. 青霉素

    B. 红霉素

    C. 氯霉素

    D. 头孢菌素

    E. 喹洛酮类

5. 患儿，女，9个月，发热、咳嗽5天，皮疹2天。体格检查：T 38.1℃，P 130次/min，R 25次/min；烦躁，耳后颈部、面部、躯干和手臂有红色斑丘疹，疹间皮肤正常。血常规正常。未进行过预防接种。最适合该患儿的降温措施是

    A. 不做处理

    B. 对乙酰氨基酚口服

    C. 温水浴

    D. 酒精擦浴

    E. 阿司匹林口服

答案：1. C；2. E；3. E；4. A；5. C

（二）简答题

1. 感染性疾病的基本特征。

2. 麻疹的流行病学特征及预防疾病传播措施。

3. 儿童出疹性疾病的鉴别。

第十八章

危重症患儿的护理

第一节 儿童急性中毒的护理

学习目标

知识目标	1. 掌握儿童急性中毒的治疗要点及常见护理诊断 / 问题及相应的护理措施。 2. 熟悉儿童急性中毒的定义、途径和临床表现。 3. 了解儿童急性中毒的发病机制。
能力目标	能够运用所学知识为急性中毒患儿及其家庭实施整体护理和健康教育。
素质目标	培养护生珍爱生命，关注儿童健康的职业精神。

急性中毒（acute poisoning）是指人体在短时间内接触毒物或超过中毒量的药物后，机体产生的一系列病理生理变化及其临床表现。儿童急性中毒好发于1~5岁，是儿科急诊和儿童重症监护病房（PICU）的常见急危重症，是儿童意外死亡的第四大原因。

【中毒途径】

1. **消化道吸收** 为最常见的中毒形式，90%以上通过该途径发生。常见的原因有食物中毒、药物误服、有毒动植物中毒、灌肠时药物剂量过量等。

2. **皮肤接触** 儿童皮肤较薄，脂溶性毒物易于吸收。常见的原因有接触穿着农药污染的衣服、蜂刺、虫咬、动物咬伤等。

3. **呼吸道吸入** 多见于气态或挥发性毒物的吸入。常见有一氧化碳中毒、有机磷农药吸入中毒等。

4. **注射吸收** 多为误注药物所引起，其中毒物或过量药物直接注入静脉被机体吸收的速度最快。

5. **经创伤口、创伤面吸收** 大面积创伤治疗过程中用药不当，可经创面或创口吸收中毒。

【中毒机制】

常见的中毒机制包括：

1. **干扰酶的活性** 大部分毒物或代谢产物是通过抑制酶的活性而产生毒性作用。如有机磷农药抑制胆碱酯酶等。

2. **抑制血红蛋白的携氧功能** 如一氧化碳中毒，使氧合血红蛋白形成碳氧血红蛋白、亚硝酸盐中毒形成高铁血红蛋白，使携氧功能丧失，造成机体缺氧。

3. 直接化学性损伤　如强酸、强碱化学物质误服。

4. 变态反应　由抗原抗体作用在体内激发各种异常的免疫反应。

5. 麻醉作用　如苯、汽油、煤油等有机溶剂、吸入性麻醉药，可通过血脑屏障蓄积于脑细胞膜而抑制脑细胞的功能。

6. 干扰细胞膜或细胞器的生理功能　如河豚毒素和一些重金属等干扰细胞膜的离子运动、膜兴奋性和能量代谢而产生毒性作用。

【临床表现】

1. 胆碱样综合征　包括毒蕈碱样综合征和烟碱样综合征。毒蕈碱样综合征表现为心动过缓、流涎、多汗、瞳孔缩小、支气管分泌液过多、呕吐、腹泻、多尿，严重时可导致肺水肿，主要见于有机磷酸盐、毛果芸香碱和某些毒蘑菇中毒等。烟碱样综合征表现为心动过速、血压升高、肌束颤动、肌无力等，主要见于烟碱样杀虫剂中毒、黑寡妇蜘蛛中毒等。

2. 抗胆碱综合征　主要表现为心动过速、体温升高、瞳孔散大、尿潴留、肠鸣音减弱甚至肠梗阻，严重时可出现谵妄、幻觉、呼吸衰竭等，主要见于颠茄、阿托品、曼陀罗、某些毒蘑菇等中毒。

3. 交感神经样中毒综合征　主要表现为抽搐、血压升高、心动过速、体温升高、多汗、瞳孔散大，可能与体内儿茶酚胺升高有关，主要见于氨茶碱、咖啡因、安非他命、可卡因等中毒。

4. 麻醉样综合征　主要表现为呼吸抑制、血压下降、瞳孔缩小、心动过缓、肠蠕动减弱，体温降低，严重时昏迷，主要见于可待因、海洛因、丙氧酚中毒等。

5. 阿片综合征　主要表现同麻醉样综合征，多见于阿片类、严重乙醇及镇静催眠药等中毒。

【辅助检查】

毒物检测分析是急性中毒的客观诊断方法，有助于评估病情和判断预后。当诊断急性中毒或疑为急性中毒时，常规留取残余物或可能含毒的标本，如呕吐物、胃内容物、剩余食物及胃液、血、尿、粪等送检。

【治疗要点】

儿童急性中毒救治原则：迅速识别威胁生命的情况；清除未被吸收的毒物；促进吸收入血毒物的清除；及时应用解毒药物；器官功能支持。

1. 迅速识别威胁生命的情况　对于确认或疑诊急性中毒患儿需立即评估患儿的意识、呼吸及循环状态，并积极处理。

2. 清除未被吸收的毒物

（1）对接触中毒的处理：脱去已污染的衣服，清水冲洗受污染的皮肤，避免使用热水，以免增加毒物的吸收。眼部毒物要用温水及时、彻底反复冲洗；皮肤化学性烧伤的毒物可考虑使用中和剂处理，但强酸、强碱等腐蚀性毒物忌用，因化学反应可加重损伤。强酸、强碱灼伤皮肤时应用大量清水冲洗10分钟以上，然后对强酸灼伤局部用2%碳酸氢钠、1%氨水或肥皂水中和，再用清水冲洗。对强碱灼伤，用清水冲洗10分钟后，局部用弱酸（1%醋酸）中和，再用清水冲洗。切勿在首次清水冲洗之前应用中和方法，否则由于中和反应产生热量，加重损伤。只可用大量清水冲洗，不用中和解毒药，避免加重损伤。皮肤黏膜发生糜烂、溃疡者，清洗后应予保护皮肤与预防继发感染。

（2）对吸入中毒者的处理：立即移离有毒场所，呼吸新鲜空气，保持气道通畅，必要时吸氧或进行人工辅助通气。

（3）对消化道中毒的处理：可采用催吐、洗胃、导泻和全肠灌洗，以清除胃肠道内毒物。

1）催吐：适合吞服毒物时间1小时以内且神志清楚能合作的中毒患儿。常用方法有刺激引吐和药物催吐。6个月以下婴儿、持续惊厥、昏迷、有出血倾向、严重心脏病、食管静脉曲张和摄入强腐蚀性毒物、汽油等禁用催吐法。

2）洗胃：洗胃的原则为愈早愈好，适合于消化道服毒后4小时内；颗粒状、油状毒物及无特效解毒剂的毒物可延长至4~6小时，甚至6小时以上。洗胃前需抽净胃内高浓度毒物及内容物，洗胃液一般使用清水或1/2张盐水。洗胃时应注意以下几个方面：① 左侧卧头稍低位，防止反流误吸；② 置入较粗的胃管；③ 手工洗胃，不推荐洗胃机洗胃；④ 每次洗胃的液体量不超过该年龄胃容量的1/2，快进快出，尽量出入量相等，直至洗出液清洁（无色无味）为止。腐蚀性毒物中毒或患有上消化道出血、胃穿孔、食管静脉曲张患儿禁用洗胃法。

3）导泻：常用导泻药物为硫酸镁或硫酸钠。肾衰竭、严重腹泻、肠梗阻和腹部创伤患儿禁用导泻。

4）全肠灌洗：适合服入毒物量大且摄入时间超过4小时的患儿，洗肠液可用10g/L温盐水、肥皂水、清水或聚乙二醇溶液。肠梗阻、肠麻痹、消化道出血及吞服腐蚀性毒物患儿禁用全肠灌洗。

3. 促进已吸收的毒物排泄 可采用补液利尿或血液净化疗法促进毒性产物的排泄。

4. 及时应用特效解毒剂 对有解毒药的中毒一旦明确诊断，应尽快用特效解毒药治疗，如亚硝酸盐中毒可用亚甲蓝，有机磷中毒可用解磷定，一氧化碳（煤气）中毒可用100%氧气吸入或高压氧舱，河豚中毒可用半胱氨酸等。

5. 器官功能支持 心搏停止患儿按照儿童高级生命支持指南立即进行心肺复苏；呼吸道梗阻患儿立即清理呼吸道，开放呼吸道，必要时建立人工气道通气；针对中毒重症合并难治性循环与呼吸衰竭患儿，包括心脏、呼吸骤停复苏后的患儿，可选用体外膜肺氧合，有助于提高救治成功率。

【护理评估】

1. 健康史 评估患儿的年龄、营养状态及生长发育史、病前饮食内容、生活状况等；了解患儿发病经过，有无毒物接触史，特别是杀虫药、毒鼠药；同伴是否患病等。

2. 身体状况 评估有无中毒特征，如呼气、呕吐物是否有与某种物质相关的特殊气味，出汗情况，口唇、甲床是否发绀或呈樱桃红色，皮肤色泽、呼吸状态、瞳孔和心律等；检查衣物及皮肤是否留有毒物；评估有无循环、神经、消化系统受累表现；评估血液检测结果、毒物检测分析等辅助检查结果。

3. 心理-社会状况 评估患儿及家长对急性中毒病因和防护知识的了解程度、居住环境、家庭经济状况及有无住院经历；评估患儿有无因中毒等不适及陌生环境而产生焦虑和恐惧；评估患儿有无再次发生自发性服毒的风险；评估家长有无因患儿住院而产生焦虑、恐惧的情绪。

【常见护理诊断/问题】

1. **气体交换受损** 与中毒引起肺部通气、换气功能障碍有关。

2. **营养失调：低于机体需要量** 与中毒后禁饮禁食有关。

3. **潜在并发症**：脑水肿、肺水肿、呼吸衰竭、循环衰竭等。

4. **焦虑/恐惧** 与中毒引起不适、环境陌生、担心疾病预后有关。

【预期目标】

1. 患儿呼吸功能恢复，能维持正常的呼吸功能。

2. 患儿营养摄入量满足日常活动和机体代谢的需要。

3. 患儿中毒及时纠正，无并发症发生或发生时能够得到及时有效处理。

4. 患儿能较好地表达自己的感受，保持安静，较少出现焦虑/恐惧。

【护理措施】

（一）维持最佳呼吸功能

开放气道，保持呼吸道通畅，对于呼吸困难者，遵医嘱予以吸氧。呼吸衰竭及昏迷患儿头偏向一侧，及时清除呼吸道分泌物，防止误吸，必要时吸痰，床旁备好气管插管、气管切开、呼吸机等急救设备，必要时建立人工气道通气，专人监护。

（二）维持营养均衡

1. 加强口腔护理，保持口腔湿润、清洁，以增进食欲。

2. 禁食期遵医嘱给予肠道外营养，如脂肪乳、氨基酸等。

3. 非禁食期遵医嘱进食高热量、高蛋白、高维生素、清淡易消化，意识障碍者遵医嘱给予24小时鼻饲流质。

（三）密切观察病情变化

包括意识、呼吸频率及节律、脉率、血压、瞳孔等。注意观察呕吐物及大小便色泽、性状等，必要时留取标本送检。记录出入量，维持有效循环血量，防止并发症发生。如发生病情变化，立即通知医生，做好各种抢救工作。

（四）心理护理

患儿可因病情急重、洗胃灌肠等有创操作感到焦虑、恐惧，护士应尽力安抚患儿，实施人文关怀措施。针对家长缺乏疾病相关知识，对未照顾好小孩感到自责，护士应积极讲解疾病知识及治疗方案，提供心理和信息支持。

（五）健康教育

嘱家长注意识别和消除家庭伤害危险因素，如家中药品、剧毒物品妥善保管存放，勿擅自给儿童用药；不要将外用药物装入内服药品中；农村或家庭日常用的灭虫、灭蚊、灭鼠剧毒药品更要妥善处理，避免儿童接触；禁止儿童玩耍带毒性物质的用具（如装敌敌畏的小瓶、灭鼠用具等）；同时告知家长，如果怀疑孩子服用了中毒物质，立刻就诊，尽早处理。

【护理评价】

1. 患儿能否维持正常的呼吸功能。

2. 患儿营养状况能否保持良好。

3. 患儿中毒能否及时纠正，无严重并发症发生。

4. 患儿住院期间能否得到有效的照顾，焦虑、恐惧情绪减轻。

第二节　脓毒症休克患儿的护理

学习目标

知识目标	1. 掌握脓毒症休克的定义、常见护理诊断/问题及相应的护理措施。 2. 熟悉脓毒症休克的临床表现、治疗要点。 3. 了解脓毒症休克的病因、发病机制和辅助检查。
能力目标	能够运用所学知识为脓毒症休克患儿及其家庭实施整体护理和健康教育。
素质目标	培养护生爱伤观念、慎独精神，在危重患儿护理过程中体现人文关怀。

脓毒症休克（septic shock）是指脓毒症诱导的组织低灌注和心血管功能障碍。一般为分布异常性休克，儿童常同时伴低血容量性休克。早期可表现为血压正常，晚期呈难治性低血压。脓毒症休克的并发症发生率和病死率很高，未及时发现则临床结局很差。

知识拓展 | **脓毒症休克相关概念**

近20年，国际和国内危重病学家就脓毒症进行了大量研究，提出了系统性炎症反应综合征、脓毒症、严重脓毒症、脓毒症休克等概念，并对其发病机制、诊断治疗制定了新指南，改变了人们对感染、炎症反应等概念及本质的认识。

1. 脓毒症　是一种并发于重度感染的临床综合征，其特征是系统性炎症反应综合征、免疫失调、微循环紊乱和终末器官功能障碍。发生该综合征时，远离原发灶的组织可表现出炎症的主要征象，包括血管扩张、微血管通透性增高和白细胞聚集。

2. 严重脓毒症　若伴有心血管功能障碍、急性呼吸窘迫综合征，或者有≥2个其他器官系统出现功能障碍，则为严重脓毒症。2016年拯救脓毒症运动指南Sepsis 3.0发布，删除了严重脓毒症的概念。

3. 系统性炎症反应综合征　是指机体在各种感染、创伤、缺氧等因素刺激下产生的一种广泛的系统性炎症反应。

4. 多脏器功能障碍综合征　是指机体遭受严重创伤、休克、感染及外科大手术等急性损害后，引起同时或序贯性的多个脏器功能不全，不能维持体内环境稳定的临床综合征。

【分型】

根据血流动力学特点可将脓毒症休克分为：

1. 暖休克　高排低阻型休克。可有意识障碍（如昏迷、昏睡）、尿量减少或代谢性酸中毒等，但四肢温暖、脉搏有力、毛细血管再充盈时间（capillary refill time，CRT）正常、心率快、血压降低。

2. 冷休克　低排高阻或低排低阻型休克。除意识障碍、尿量减少外，表现为四肢凉、皮肤苍白或花斑纹、外周脉搏快而细弱、CRT延长。休克代偿期血压可正常，失代偿期血压降低。

【病因与发病机制】

1. 病因　主要由各种重症感染性和传染性疾病、外科系统疾病、急危重症继发医院感染、恶性肿瘤、心跳呼吸骤停心肺复苏后伴MODS以及非感染性休克等，发展为难治性脓毒症休克。临床上以细菌感染所致较多见，最常见的病因是革兰氏阴性杆菌感染。

2. 发病机制

（1）免疫炎症反应失控：是脓毒症休克的始动机制。全身或局部感染时，病原体刺激血管内皮细胞、中性粒细胞、单核巨噬细胞等产生多种促炎和抗炎介质。由于促炎-抗炎平衡失调，发生系统性炎症反应综合征或代偿性抗炎综合征。

（2）神经-内分泌-体液因子机制：神经-体液因子调节紊乱是休克微循环功能障碍的基础。交感-肾上腺系统和肾素-血管紧张素-醛固酮系统兴奋，儿茶酚胺、肾上腺皮质激素等应激激素分泌增加，引起血管舒缩功能障碍，内皮细胞炎症反应使血管通透性增加，心肌抑制，凝血纤溶调节紊乱。

（3）分子生物学机制：在病原体刺激下细胞因子和炎症介质网络调节紊乱，细胞能量代谢障碍、功能障碍，甚至结构破坏，导致细胞凋亡、损伤。休克细胞是器官功能障碍的基础。

【病理生理】

脓毒症休克的病理生理机制复杂，主要表现为有效循环血量减少、心排血量下降、微循环障碍，导致机体代谢改变和继发性器官损害。毛细血管壁通透性增加是各种休克微循环变化最严重的后果之一，是导致休克时血容量减少、组织水肿、DIC形成及各器官缺血缺氧等一系列危及生命的关键因素。

微生物只是引起脓毒症休克的间接因素，直接引起休克的因素是机体本身所合成和释放的各种体液因子。此外，休克导致氧代谢异常可出现氧输送减少和氧利用障碍，细胞代谢异常可出现高血糖、高乳酸血症等。如果休克继续加重，可导致多脏器功能衰竭甚至死亡。

【临床表现】

脓毒症休克的临床表现差异较大，可因原发病、年龄、感染病原体及治疗干预措施不同而异。临床分期如下：

1. 代偿期　主要为组织低灌注表现：

（1）外周动脉搏动细弱、心率和脉搏增快。

（2）面色苍白或苍灰、皮肤湿冷或大理石花纹（如暖休克可表现为四肢温暖、皮肤干燥）。

（3）CRT延长（>3s），暖休克时CRT可正常。

（4）液体复苏后尿量仍<0.5ml/（kg·h），持续至少2小时。

（5）乳酸性酸中毒（除外其他缺血缺氧及代谢因素等），动脉血乳酸>2mmol/L。

（6）休克早期患儿可出现烦躁不安或萎靡、表情淡漠，晚期意识模糊甚至昏迷、惊厥。

患儿感染后出现上述3条或以上组织低灌注表现时血压正常，可诊断脓毒症休克代偿期。各年龄组儿童心率变量及不同年龄儿童低血压标准（表18-2-1）。

▼ 表18-2-1　各年龄组儿童心率变量及低血压标准

年龄组	心率/（次·min⁻¹）		年龄组	收缩压/mmHg
	心动过速	心动过缓		
≤1周	>180	<100	≤1个月	<60
>1周~1个月	>180	<100	>1个月~1岁	<70
>1个月~1岁	>180	<90	>1~9岁	<70+（2×岁）
>1~6岁	>140	<60	≥10岁	<90
>6~12岁	>130	<60		
>12~18岁	>110	<60		

2. 失代偿期　代偿期灌注不足的临床表现加重且伴血压下降，则进展为失代偿期。出现烦躁、嗜睡、谵妄甚至昏迷，面色青灰，皮肤湿冷、苍白，唇/趾端明显发绀，CRT>3s，心音低钝，血压下降，尿量减少甚至无尿等，可合并肺水肿、脑水肿、肾衰竭、胃肠功能衰竭等多脏器功能衰竭。

【辅助检查】

1. 实验室检查　病原学、血常规、尿常规、肾功能检查、血生化及血气分析等。如血小板计数<80×10⁹/L或较过去3日的最高值下降了50%；有年龄特异性的白细胞增多或减少；血气分析显示代谢性酸中毒及动脉血乳酸水平升高>2mmol/L，提示乳酸酸中毒；血清肌酐是该年龄下正常上限的2倍或以上，或者增至基线肌酐值的2倍提示肾功能不全；总胆红素≥4mg/dl（不适用于新生儿）或谷丙转氨酶>年龄正常上限的2倍提示肝功能不全；脓尿提示泌尿道感染。

2. 影像学检查　心电图、X线检查等。

【治疗要点】

1. 初期复苏　儿童脓毒症休克治疗的初期目标是迅速识别感染后是否发生严重脓毒症（有可能迅速进展为脓毒症休克）及脓毒症休克。早期识别、及时诊断、及早治疗是改善预后、降低病死率的关键。

第一个6小时内让患儿达到：CRT=2s，血压正常（同等年龄），脉搏正常且外周和中央搏动无差异，肢端温暖，尿量1ml/（kg·h），意识状态正常。如果有条件，进一步监测以下指标并使患儿达到：CVP 8~12mmHg，中央静脉混合血氧饱和度≥70%，心脏指数3.3~6.0L/（min·m²）。

2. 呼吸及循环支持　采用ABC治疗法则，即开放气道（A）、提供氧气（B）、改善循环（C）。

（1）呼吸支持：确保气道通畅，给予氧气治疗。

（2）循环支持：应用正性肌力药增强心肌收缩力，或应用血管舒缩药物调节适宜的心脏压力负荷。液体治疗：① 液体复苏，尽早建立2条静脉通路。首剂首选等渗液（常用0.9%氯化钠）20ml/kg，10分钟静脉输注。若体循环灌注无明显改善，再予第2剂、第3剂，可按10~20ml/kg，并适当减慢输注速度，1小时内液体总量可达40~60ml/kg。接近成人体重的患儿液体复苏量为每次等渗液500~1 000ml，于30分钟内输入。② 继续和维持输液，可用1/2~2/3张液体，根据血电解质测定结果进行调整，6~8小时内输液速度为5~10ml/（kg·h）。维持输液用1/3张液体，24小时内输液速度2~4ml（kg·h），24小时后根据情况进行调整。不能单纯根据临床症状来区分脓毒症休克患儿是冷休克还是暖休克，在有条件的情况下，尽可能监测高级血流动力学指标以及血乳酸的动态变化趋势，以此来指导液体复苏。

3. 血管活性药物　经液体复苏，休克难以纠正（如：补液达40~60ml/kg），仍有低血压、明显灌注不良等表现时，可使用血管活性药物。如发生液体过剩的征象或有心肌功能障碍，则更早启用血管活性药物。如肾上腺素、去甲肾上腺素等。

4. 抗感染治疗　诊断脓毒症休克后1小时内，应静脉使用有效抗微生物制剂，尽早实行经验性抗微生物治疗。尽可能在应用抗生素前获取血培养。一般需要两个静脉输液接口或输液部位：一个专门用于液体复苏，一个专门用于给予抗生素。尽快确定和祛除感染灶，如采取清创术、引流、冲洗、修补、去除感染装置等措施。

5. 控制血糖　快速监测血糖，开始每1~2小时测定1次，稳定后每4小时监测1次。脓毒症休克可诱发应激性高血糖，如连续2次血糖超过10mmol/L（180mg/dl）可予以胰岛素静脉输注，剂量0.05~0.10U/（kg·h），血糖控制目标值≤10mmol/L。脓毒症休克患儿也有发生低血糖的风险，如有低血糖发生，可予葡萄糖静脉输注。

6. 其他治疗　如抗凝治疗、糖皮质激素、体外膜肺氧合、镇静镇痛、连续性血液净化、营养支持等。

【常见护理诊断/问题】

1. 组织灌注量改变　与微循环障碍、有效循环血量不足等有关。

2. 气体交换受损　与肺萎缩、通气血流比例失调、DIC等有关。

3. 体温过高　与细菌毒素吸收、感染等有关。

4. 潜在并发症：多脏器功能衰竭、DIC等。

【护理措施】

（一）维持有效的外周组织灌注

给予休克卧位。建立静脉双通路，若静脉通路无法成功建立，可采取骨髓通路输液，条件允许应放置中心静脉导管。根据患儿心肺功能及血压等情况调整输液速度。遵医嘱应用血管活性药物，注意观察及更换输液部位，防止局部组织坏死。液体复苏期间严密监测患儿对容量的反应性，观察有无容量负荷过度。准确记录出入量，尿量既可反映肾微循环情况，亦可反映重要脏器血流灌注状况。

（二）维持最佳呼吸功能

保持呼吸道通畅，及时清除气道分泌物。给予鼻导管或面罩氧气吸入，必要时行无创正压通气或气管插管机械通气。

（三）维持体温正常

遵医嘱给予抗生素，积极控制感染。监测体温，如体温升高≤38.5℃，遵医嘱予物理降温；如体温升高＞38.5℃，遵医嘱予药物降温。保持衣物及床单元干净整洁，及时更换汗湿的衣物，做好口腔护理和皮肤护理。

（四）密切观察病情变化

观察意识、生命体征、皮肤颜色、肢端温度、毛细血管充盈、DIC、尿量、血压等。监测呼吸状况、血氧饱和度及动脉血气等。

（五）健康教育

指导家长保持心情舒畅，避免焦虑紧张。合理安排患儿休息，保证充足的睡眠和休息，积极控制感染。进食清淡易消化的食物，少量多餐，多吃新鲜蔬菜和水果，多饮水。遵医嘱合理补液、规律使用抗生素，指导观察药物疗效及不良反应。向患儿及家长介绍脓毒症休克的病因、临床表现、治疗及护理情况。指导家长早期识别休克的特征，使患儿在早期得到及时控制与救治。

第三节　儿童惊厥的护理

学习目标

知识目标
1. 掌握儿童惊厥的定义、常见护理诊断/问题及相应的护理措施。
2. 熟悉儿童惊厥的病因分类、发病机制、临床表现、治疗要点。
3. 了解儿童惊厥的病理生理、辅助检查。

能力目标
能够运用所学知识为惊厥患儿采取急救措施，并对惊厥患儿及家长实施整体护理和健康教育。

素质目标
培养护生尊重爱护患儿，重视患儿及其家长心理健康的职业精神。

案例导入与思考

患儿，女，2岁，主因"发热1天、抽搐2小时"入院。患儿1天前出现发热，体温波动在38.6~40.5℃，抽搐发作时伴有面部及四肢肌肉强直性或阵挛性收缩，双眼上翻，意识丧失，牙关紧闭。

体格检查：T 39.9℃，P 148次/min，R 45次/min。患儿意识丧失，前囟闭合，双侧瞳孔等大等圆，直径0.5cm，对光发射迟钝，四肢强直抖动，肌张力增高。

辅助检查：脑脊液检查，压力262mmH$_2$O，白细胞20.0×10^9/L；生化，葡萄糖4.88mmol/L，微量总蛋白1 245mg/L，潘氏球蛋白定性试验（＋）。颅脑CT：蛛网膜下腔出血可疑。脑电图：中-高度异常（多量弥漫性持续性活动）。

请思考：

1. 护士应如何评估和观察患儿？

2. 该患儿目前主要的护理诊断/问题是什么？

3. 护士接诊后，针对患儿的病情应配合医生采取哪些护理措施？

4. 患儿发生惊厥后，家长非常紧张、焦虑，不知所措，作为护士，应采取哪些护理措施？

惊厥（convulsion）是由于中枢神经系统疾病或全身性疾病导致大脑神经元异常放电，神经系统突发、一过性的功能紊乱，主要表现为全身或局部骨骼肌不自主、强烈地收缩，常伴有不同程度的意识障碍。大约有4%儿童有惊厥史，其中近50%为热性惊厥。惊厥是儿童常见急重症之一，年龄愈小发生率愈高。

【病因和发病机制】

（一）病因

1. 感染性疾病

（1）颅内感染：细菌、病毒、寄生虫、真菌等病原体引起的脑膜炎或脑炎。

（2）颅外感染：如急性上呼吸道感染、肺炎、胃肠炎、其他部位感染引起的中毒性脑病、败血症、破伤风等。

2. 非感染性疾病

（1）颅内疾病：原发性癫痫、颅内占位性病变（如肿瘤、囊肿等）、先天性脑发育畸形、脑外伤等。

（2）颅外疾病：窒息、缺血缺氧性脑病、各类中毒、各类内分泌代谢紊乱性疾患及严重的心、肺、肾疾病。

（二）发病机制

惊厥是一种暂时性神经系统功能紊乱。因儿童大脑皮质发育尚未完善，神经髓鞘未完全形成，因此，较弱的刺激也能在大脑皮质形成强烈的兴奋灶并迅速泛化，导致神经细胞突然大量、异常、反复放电而引起惊厥。

【病理生理】

1. 癫痫性发作　不同原因导致脑细胞功能紊乱，大脑神经元兴奋性增高，神经元突然异常超同步放电，引起骨骼肌运动性发作。

2. 非癫痫性发作　其发生与脑部电生理紊乱无关，而是由生理或心理功能障碍引起。如心理功能障碍所致的癔症性抽搐。

【临床表现】

1. 典型表现　突然发生的意识丧失，面部及四肢肌肉呈强直性或阵挛性收缩，头向后仰，眼球上翻、斜视或凝视，口吐白沫、牙关紧闭、屏气、口唇青紫，部分患儿有大小便失禁。持续时间为数秒至数分钟，严重者可反复发作，发作停止后多入睡。低钙血症惊厥时，患儿可意识清醒。

2. 常见惊厥发作形式

（1）强直-阵挛性发作：突然意识丧失，肌肉剧烈强直收缩，呼吸暂停，面色青紫，持续1~2分钟后转入阵挛期，肢体出现有节律抽动，持续数分钟逐渐停止。

（2）强直性发作：意识丧失，肌肉强烈收缩并且维持某种姿势数秒至数分钟。

（3）阵挛性发作：意识丧失，面部或肢体肌肉有节律地反复抽动。

（4）肌阵挛发作：意识丧失，全身或某组肌群突然快速有力收缩，突发有力低头弯腰或后仰而摔倒。

（5）局限性运动性发作：意识丧失，仅躯体某个部位抽动。

新生儿期惊厥表现不典型，少有全身性抽搐，多数表现为呼吸节律不规整、呼吸暂停、阵发性青紫或苍白、双眼凝视、眼球震颤、眼睑颤动以及不自主地吮吸、咀嚼等。常因幅度轻微而被忽视。

3. 惊厥持续状态（status epilepticus，SE）　是指惊厥持续>30分钟，或惊厥反复发作，且在间歇期意识不恢复者。由于临床全面性强直阵挛性惊厥发作鲜有持续超过5分钟者，因此，主张惊厥持续状态的持续时间概念为5分钟。惊厥持续状态若抢救不及时，可引起脑水肿、缺氧性脑损害甚至脑疝。

4. 热性惊厥（febrile seizures，FS）　热性惊厥的发作均与发热性疾病过程中体温骤然升高有关。是儿童时期最常见的惊厥类型，70%与上呼吸道感染有关，需注意不包括脑炎、中毒性脑病等各种颅脑病变引起的急性惊厥。根据临床特点将热性惊厥分为两型，即单纯型热性惊厥（又称典型热性惊厥）和复杂型热性惊厥（又称非典型热性惊厥），其主要区别见表18-3-1。

▼ 表18-3-1　单纯性与复杂性热性惊厥的区分要点

区分要点	单纯型热性惊厥	复杂型热性惊厥
发病占比	在热性惊厥中约占70%~80%	在热性惊厥中约占20%~30%
发作形式	多呈全身性强直-阵挛性发作	局限性或不对称
持续时间	短暂发作，<15分钟	长时间发作，≥15分钟
发作次数	一次热病程中仅有1~2次发作	24小时内反复多次发作
患儿年龄	6个月~5岁	6个月~5岁，可<6个月或>5岁
热性惊厥复发总次数	≤4次	≥5次
脑电图表现	热退一周后脑电图正常	热退一周后脑电图可异常
预后	良好，不发展为癫痫	有可能发展为癫痫

儿童热性惊厥一般随年龄增长而停止发作，部分患儿发展为癫痫，发生癫痫的危险因素主要包括：① 高热且伴癫痫遗传病史；② 复杂性热性惊厥。

知识拓展 | **儿童惊厥的紧急救助**

儿童惊厥是儿科常见急症之一，可由多种因素引起，惊厥发作时家长要保持冷静，可以这样做：① 确保患儿周围环境安全，协助患儿顺势躺倒，去除孩子附近的坚硬或尖锐物体；② 解开过紧的衣领裤带，头偏向一侧，保持呼吸道通畅；③ 疏散周围围观人群，确保空气流通；④ 尽量仔细观察患儿表现（开始惊厥及结束时间，全身情况等），尽可能拍摄发作过程视频，发作时的视频资料是医生诊断疾病、制定治疗方案的重要依据；⑤ 家长可拨打120急救电话寻求指导，为抢救赢得时间；⑥ 惊厥过后，带孩子去医院就诊，明确惊厥原因。

孩子惊厥时，家长不要做这些动作：① 不要掐孩子人中，没有止惊作用；② 不要在惊厥的时候给孩子喂水或者喂药，很容易造成误吸窒息；③ 不要约束或紧抱孩子，容易造成孩子受伤；④ 在惊厥发作期间，不要在孩子的嘴里放任何物品：患儿抽搐时发生舌咬伤的概率并不大，反倒是往口中塞手指或毛巾等物品，容易造成呼吸不通畅或者口腔损伤。

【辅助检查】

1. 血、尿、大小便常规 儿童惊厥时白细胞计数可增高，故不能据此鉴别病毒性或细菌性感染。婴幼儿病因不明的感染性惊厥，注意查尿液以排除尿路感染。2~7岁不明原因的感染性惊厥，在夏秋季，必须取粪便镜检，以鉴别中毒性细菌性痢疾。

2. 血生化检查 血糖、电解质、血肌酐、尿素氮等。

3. 脑脊液检查 患儿意识障碍、颅内感染不能除外时，应作脑脊液检查，高热惊厥和中毒性脑病时脑脊液正常，颅内感染时脑脊液检查多有异常。

4. 其他检查

（1）脑电图：有助于癫痫的诊断及预测。

（2）颅脑X线检查：颅内钙化灶常提示先天性感染。

（3）颅脑B超：适用于前囟未闭患儿，有助于脑室内出血、脑积水等诊断。

（4）颅脑CT、磁共振成像（MRI）：有助于颅内出血、占位性病变和颅脑畸形等诊断。

【治疗要点】

控制惊厥发作，查找并治疗病因，预防惊厥复发。

1. 止惊药物

（1）地西泮：为儿童抗惊厥的首选药物，尤其适用于惊厥持续状态。每次剂量0.3~0.5mg/kg（≤10mg/次），速度1~2mg/min，如推注过程中发作终止即停止推注，若5min后发作仍未控制或控制后复发，可重复一剂；如仍不能控制，按惊厥持续状态处理。地西泮可不经稀释直接注射，也可用0.9%生理盐水稀释，稀释后产生的浑浊不影响疗效。该药起效快，一般注射后1~3min发挥作用，但推注速度过快可能出现呼吸抑制、血压降低等不良反应，所以用药过程中要密切观察患儿的呼吸和血压变化。

（2）苯巴比妥：是新生儿惊厥的首选药，但新生儿破伤风惊厥时仍首选地西泮。单次负荷量（20mg/kg）不能控制的惊厥，半小时后可按照每次10~20mg/kg追加，但总的负荷量不超过40mg/kg。苯巴比妥优点是作用时间长，缺点是有呼吸抑制、血压下降等副作用。

（3）10%水合氯醛：每次0.5ml/kg，一次最大剂量不超过10ml，可经胃管给药或加等量生理盐水保留灌肠。因用法便捷，在临床被广泛使用。

（4）苯妥英钠：当癫痫持续状态地西泮治疗无效时使用，负荷量为15~30mg/kg缓慢静脉注射，速度为0.5~1.0mg/kg。如果惊厥控制，12~24小时后使用维持量为3~9mg/kg，分两次给药。苯妥英钠必须用0.9%生理盐水溶解，用药过程在心电监护下使用，以防心律失常。

2. 对症治疗　高热者药物降温或/和物理降温；脑水肿者要静脉应用甘露醇或呋塞米以及肾上腺皮质激素。

3. 病因治疗　查找引起惊厥的病因，采取相应的治疗措施。

【护理评估】

1. 健康史　详细询问病史，了解患儿出生情况，包括是否顺产，有无窒息史；预防接种史，即生后是否按时接种疫苗；生长发育史及既往病史，包括评估患儿家族史、惊厥史、用药史、病前有无呼吸道感染、发热等。

2. 身体状况　评估患儿有无发热、烦躁不安、前囟膨胀、肌张力降低或增强、抽搐、活动障碍、脑神经损伤及智力障碍等中枢神经受累表现。有无咳嗽、气促、呼吸困难等呼吸系统表现。

3. 心理–社会状况　评估家长对儿童惊厥了解程度，知识需求及心理反应；患儿家庭及幼儿园对患儿的照顾能力等。

【常见护理诊断/问题】

1. 急性意识障碍　与惊厥发作有关。

2. 体温过高　与感染及惊厥持续状态有关。

3. 有窒息的危险　与惊厥发作、咳嗽及呕吐反射减弱、呼吸道堵塞有关。

4. 有受伤的危险　与抽搐、意识障碍有关。

5. 潜在并发症：脑水肿、骨折。

6. 焦虑（家长）　与患儿家长担心疾病预后不良有关。

7. 知识缺乏：患儿家长缺乏儿童惊厥相关知识及急救措施。

【预期目标】

1. 患儿有效控制惊厥，意识恢复正常。

2. 体温恢复正常。

3. 保持呼吸道通畅，恢复自主呼吸。

4. 保护措施得当，未发生外伤。

5. 患儿无并发症发生或发生时能够得到及时有效处理。

6. 患儿能较好地表达自己的感受，较少出现焦虑、恐惧。

7. 患儿家长能了解儿童惊厥基本知识，掌握常见的急救措施。

【护理措施】

（一）控制惊厥

1. 立即就地抢救，遵医嘱予止惊药物，如地西泮、苯巴比妥等，观察并记录患儿用药后的反应。

2. 保持安静，减少一切不必要的刺激，防止惊厥加重或再发生。

（二）维持体温正常

1. 严密监测并记录体温，有热性惊厥史者，每1~2小时监测1次。

2. 患儿发热时，及时采取物理降温和/或药物降温。

3. 高热者还应注意头局部降温，以减轻对脑的刺激，可使用退热贴、冰袋、冰枕等。

（三）预防窒息的发生

1. 患儿平卧，解开衣领，头偏一侧，略后仰，防止呕吐物吸入呼吸道。

2. 清理呼吸道分泌物，保持呼吸道通畅；观察口腔，发现舌后坠时，用纱布包住舌头用手牵拉或用舌钳子轻轻拉出。

3. 惊厥较重或时间较长者予以氧气吸入，鼻前庭给氧0.5~1L/min，面罩给氧2~4L/min。

4. 备好吸痰器、气管插管等急救用品。

（四）安全防护，避免受伤

1. 惊厥发作前期，口腔可以自由开合时，可以在上下齿之间放置牙垫，防止舌咬伤；需要用开口器时，要从臼齿处放入，防止损坏牙齿。

2. 头部、肘下、腋下、掌心等用力摩擦的部位要垫软垫或纱布以防擦伤。

3. 及时上床挡，防止坠床；坚硬、尖锐等危险物品远离患儿，以防碰伤。

4. 切勿强力牵拉或按压肢体，以防脱臼甚至骨折。

5. 对可能发生惊厥的患儿要有专人守护，以防发作时受伤。

（五）密切观察病情变化

密切观察生命体征、意识、瞳孔变化及有无缺氧表现等，出现脑水肿早期症状时，遵医嘱予20%甘露醇静脉滴注或予呋塞米静脉注射。

（六）心理护理

经常与患儿及家长交流，关心关爱患儿，进行心理疏导，消除其焦虑和自卑心理。

（七）健康教育

向家长交代病情，说明惊厥的诱因和病因，指导家长掌握防治惊厥的家庭护理措施，对发作时间较长或反复发作的患儿，要指导家长在日常活动或游戏中观察其有无神经系统后遗症，如肢体活动障碍、听力下降、智能下降等。

【护理评价】

1. 经过治疗及护理，患儿是否及时有效止惊。

2. 患儿体温是否恢复到正常。

3. 患儿是否有窒息发生。

4. 患儿是否有外伤发生。

5. 患儿是否有严重并发症发生或发生时能够得到及时有效处理。

6. 患儿/家长住院期间能否得到有效的照顾，焦虑、恐惧情绪减轻。

7. 患儿/家长是否能了解儿童惊厥基本知识，掌握常见的急救措施。

第四节　急性呼吸衰竭患儿的护理

学习目标

知识目标	1. 掌握急性呼吸衰竭的定义、分型、常见护理诊断/问题及相应护理措施。 2. 熟悉急性呼吸衰竭的临床表现、治疗要点。 3. 了解急性呼吸衰竭的病因、发病机制和辅助检查。
能力目标	能够运用所学知识为急性呼吸衰竭患儿及其家庭实施整体护理和健康教育。
素质目标	培养护生人文关怀意识，对ICU内上呼吸机患儿具有爱心及对家长具备同理心。

【概念】

急性呼吸衰竭（acute respiratory failure，ARF）是指各种原因导致的呼吸功能异常，通气或换气功能严重障碍，出现缺氧和/或二氧化碳潴留而引起一系列生理功能和代谢紊乱的临床综合征。是小儿常见危急重症之一，多种疾病均可导致其发生。本病预后较差，死亡率高。

【分型】

1. 根据病变部位分型　中枢性呼吸衰竭和周围性呼吸衰竭。

2. 根据呼吸功能障碍性质分型　通气功能障碍和换气功能障碍。

3. 根据血气分析结果分型

（1）Ⅰ型呼吸衰竭（低氧血症型呼吸衰竭）：因肺通气及血流灌注不匹配而产生，常伴有不同程度肺内分流。特点为低氧血症，$PaO_2 < 60mmHg$，$PaCO_2$正常或降低，常见于呼吸衰竭早期或轻症。

（2）Ⅱ型呼吸衰竭（通气功能衰竭）：因通气不足无法满足生理需要。特点为高碳酸血症和低氧血症同时存在，$PaO_2 < 60mmHg$、$PaCO_2 > 50mmHg$。常见于呼吸衰竭晚期或重症。

【病因】

1. 呼吸道梗阻　通气障碍为主。

（1）上呼吸道梗阻：如异物吸入、扁桃体肥大、咽喉壁脓肿、喉头水肿、喉痉挛等。

（2）下呼吸道梗阻：如哮喘急性发作、毛细支气管炎、溺水、支气管软化或狭窄等。

2. 肺实质病变 换气障碍为主。如肺炎、毛细支气管炎、肺水肿、肺出血、新生儿呼吸窘迫综合征等。

3. 呼吸泵功能异常 引起通气不足，晚期可继发感染、肺不张等肺实质病变。如重症肌无力、吉兰-巴雷综合征、肋骨骨折、严重脊柱侧弯、胸腔积液、气胸或血气胸、药物过量引起呼吸抑制等。

【病理生理】

缺氧与二氧化碳潴留（即低氧血症与高碳酸血症）是呼吸衰竭最基本的病理生理改变。呼吸衰竭分为通气障碍和换气障碍，通气障碍使肺泡有效通气量减少，CO_2排出受阻，肺泡内氧气分压降低，故出现低氧血症和高碳酸血症。此类低氧血症较易通过吸氧得到纠正。任何原因引起的通气血流比例失调、氧及CO_2弥散障碍或肺内动静脉分流均可引起肺换气功能障碍。由于CO_2弥散能力明显高于氧，故CO_2排出受阻不明显（$PaCO_2$正常或稍低），主要表现为低氧血症，此类低氧血症多不易通过吸氧纠正。

【临床表现】

1. 原发病表现 根据原发病不同而异。

2. 呼吸系统表现

（1）中枢性呼吸衰竭：主要表现为呼吸节律改变，可呈呼吸浅慢，严重时可出现潮式呼吸、抽泣样呼吸、叹息样呼吸、呼吸暂停和下颌式呼吸等。

（2）周围性呼吸衰竭：主要表现为不同程度的呼吸困难，患儿呼吸做功增加，可见三凹征、鼻翼扇动等。早期呼吸频率多增快，晚期呼吸减慢无力。上呼吸道梗阻以吸气性呼吸困难为主，下呼吸道阻塞以呼气性呼吸困难为主。

3. 低氧血症表现

（1）发绀：是缺氧的典型表现。一般当$PaO_2 < 50mmHg$或$SaO_2 < 80\%$时出现，以口唇、口周、甲床等处为甚，但严重贫血者发绀不明显。休克患儿由于末梢循环不良，$SaO_2 > 80\%$时也可出现发绀。

（2）循环系统表现：缺氧初期心率增快、血压升高、心排血量增加，严重时则心率减慢、血压下降、心音低钝，甚至心律失常、休克。

（3）神经精神症状：初期可有睡眠不安、烦躁、易激惹，继而出现意识障碍，甚至昏迷、惊厥。

（4）消化系统症状：出现肠麻痹、消化道出血、肝功能损害。

（5）肾功能损害：少尿、无尿，尿中出现蛋白、白细胞、红细胞及管型，严重者导致肾衰竭。

4. 高碳酸血症表现 $PaCO_2$轻度增高时，表现为多汗、摇头、不安，并可出现四肢温暖、皮肤潮红、瞳孔缩小、脉速、血压升高、口唇暗红；当$PaCO_2$进一步增高时，则表现为昏睡、肌肉震颤、心率增快、球结膜充血；如$PaCO_2$继续增高则出现惊厥、昏迷、视神经乳头水肿等。

5. 水、电解质及酸碱失衡 可出现高钾血症、低钠血症、低钙血症、水潴留、呼吸性或混合性酸中毒等。

【辅助检查】

1. **外周血检查** 病毒感染白细胞大多正常或降低，细菌感染白细胞总数及中性粒细胞常增高，血清C反应蛋白（CRP）浓度升高。

2. **病原学检查** 采集痰液、血液、气道分泌物、胸腔穿刺液等做细菌培养、病毒分离、病原特异性抗原检测等。

3. **胸部X线检查** 可有肺纹理增粗、大小不等的斑片状阴影、肺气肿及肺不张等表现。

4. **血气分析** 测定PaO_2、$PaCO_2$、SaO_2、动脉血pH、SB、BE、BB等，以判断呼吸衰竭类型、程度及酸碱平衡紊乱程度。

【治疗要点】

1. **病因治疗** 呼吸衰竭治疗的根本。引起呼吸衰竭的病因各异，要针对不同病因予以相应治疗。对严重濒危者而言，应先进行抢救，再明确病因给予针对性治疗。

2. **气道管理** 置于舒适体位，保持气道开放。予翻身、叩背、湿化、雾化、吸痰及体位引流，促进痰液排出；解除支气管水肿及痉挛，保持呼吸道通畅。

3. **呼吸治疗** 积极纠正缺氧。根据原发病、病情、缺氧程度选择适宜氧疗方法，如面罩、头罩、高流量鼻导管吸氧（high flow nasal cannula，HFNC）等，重症患儿可采用机械通气维持呼吸，如无效可给予体外膜肺氧合、液体通气、高频通气、吸入NO等特殊呼吸支持。合理调节用氧浓度，避免氧中毒。

4. **营养治疗** 提高营养摄入可促进疾病恢复、降低死亡率。维持每日能量为50kcal/kg，液体为每日60~80ml/kg。

5. **对症治疗** 密切关注神经系统表现，防治颅内压增高、脑水肿及中毒性脑病；使用血管活性药物，改善微循环；控制输液量及速度，防止充血性心力衰竭发生；根据血气结果调整通气参数，酌情使用碱性液等纠正水电解质及酸碱失衡。

【护理评估】

1. **健康史** 评估患儿的年龄、营养状态及生长发育状况。询问发病时间、起病急缓、病情轻重及病程长短等。了解既往病史、围产期病史、预防接种史等。重点关注有无营养不良、体格发育异常、先天性心脏病及免疫缺陷等病史。询问家庭成员是否有相关疾病史。

2. **身体状况** 除原发病临床表现外，主要是呼吸系统症状及低氧血症、高碳酸血症的临床表现。如评估患儿呼吸频率、节律，有无呼吸困难；是否有发绀及发绀程度；有无心率增快、血压上升等循环系统受累表现；有无烦躁、激惹、意识障碍出现；有无多汗、皮肤潮红、瞳孔缩小、球结膜充血、视神经乳头水肿等高碳酸血症表现。评估血常规、病原学、胸部X线等辅助检查结果。

3. **心理-社会状况** 评估患儿及家长对呼吸衰竭相关知识的认识程度，家庭环境、经济状况、父母文化程度等。了解患儿既往有无住院经历，是否有因环境陌生、与家长分离等因素而产生的焦虑和恐惧心理。评估家长心理状态，有无因患儿住院时间长、知识缺乏等产生焦虑、恐惧等心理反应。

【常见护理诊断/问题】

1. 气体交换受损 与肺通气、换气功能障碍有关。

2. 清理呼吸道无效 与呼吸道分泌物黏稠、咳嗽无力、呼吸功能受损有关。

3. 营养失调：低于机体需要量 与疾病消耗及摄入不足有关。

4. 潜在并发症：继发感染、多器官功能衰竭等。

5. 恐惧／焦虑 与病情危重及家长知识缺乏有关。

【预期目标】

1. 患儿缺氧得到纠正，呼吸平稳。

2. 患儿能充分排出呼吸道分泌物，保持呼吸道通畅。

3. 患儿无营养失调发生。

4. 患儿无严重并发症发生。

5. 患儿和／或家长能较好地表达自己的感受，恐惧／焦虑有所缓解。

【护理措施】

（一）维持最佳呼吸功能

1. 合理给氧 给氧的原则为能缓解缺氧但不抑制颈动脉窦和主动脉体对低氧分压的敏感性为准，故应低流量持续吸氧（1~2L/min），以维持 PaO_2 在 8.67~11.33kPa（65~85mmHg）为宜。给氧应进行温湿化。用氧方式包括：鼻导管、面罩、头罩、高流量吸氧、持续气道正压给氧等。急性缺氧吸氧浓度40%~50%，慢性缺氧吸氧浓度30%~40%，紧急抢救需要时可100%纯氧吸入，但持续时间不超过6小时，以免引起氧中毒。

2. 气管插管及气管切开 新生儿及小婴儿气管切开并发症较多，应尽量少用。气管插管的指征：存在难以解除的上呼吸道梗阻；心肺衰竭；吞咽麻痹、呼吸肌麻痹及昏迷；需要行机械通气；需经气管插管清理下呼吸道分泌物、肺部灌洗；抢救生命时无法建立静脉通路，需要气管插管给药。

3. 机械通气 根据病情及血气分析判断是否行机械通气。机械通气护理措施：

（1）监测呼吸机参数，合理设置报警范围，不可关闭报警功能。

（2）保持管路连接紧密、通畅、无扭曲，积水杯处管路最低位置，按要求更换管路及湿化装置。

（3）观察患儿自主呼吸状况、是否存在呼吸机抵抗；遵医嘱适当镇静镇痛，并实施每日唤醒评估。

（4）保持气囊压力在25~30cmH_2O之间，通气时长>72小时者行声门下分泌物吸引；若无禁忌证，抬高床头30°~45°，可实施俯卧位通气，以改善氧合；使用0.12%~0.2%洗必泰进行口腔护理。

（5）做好呼吸机及床单元清洁消毒，严格执行手卫生，行吸痰等与气道相关的操作严格遵循无菌原则，防止呼吸机相关性肺炎（ventilator associated pneumonia，VAP）发生。

根据病情转归逐步撤离呼吸机，帮助患儿进行呼吸肌功能锻炼。

（二）保持呼吸道通畅

1. 协助排痰 鼓励清醒患儿咳嗽排痰，对咳嗽乏力的患儿，可叩背或机械振动排痰；咳嗽无力、昏迷、气管插管及气管切开患儿，根据吸痰指征适时吸痰。吸痰前充分给氧（儿童提供100%氧，婴儿采用高于基线10%~20%的氧气吸入），以避免低氧血症发生。吸痰时依序吸出口、鼻咽部及气道内的分泌物。动作轻柔，负压不宜过大（儿童<40kPa，新生儿<13.3kPa），吸引时间不宜过长（<15秒），以防损伤气道黏膜。注意观察咳嗽、咳痰性状、痰鸣音等。

2. 气道湿化和雾化吸入 采用加温湿化器湿化呼吸道。必要时予雾化吸入治疗。

（三）维持营养均衡

保障热量及营养供给，选择高热量、高蛋白、易消化和富含维生素的饮食。无法进食者可鼻饲或肠外营养支持。

（四）预防感染

做好病室通风、物品表面及地面等消毒；限制探视人数；严格执行手卫生、遵守无菌操作规程；做好口腔、皮肤及会阴护理。观察体温及感染征象。

（五）密切观察病情变化

监测患儿的意识、呼吸频率及节律、心率、体温、末梢循环及尿量等情况，昏迷患儿还应重点注意瞳孔、肌张力、神经反射等变化。

（六）心理护理

急性呼吸衰竭患儿常因需监护与家长分离，可出现焦虑、恐惧心理及不配合现象，应安抚患儿，实施人文关怀措施，尽可能避免出现心理创伤。患儿家长因担心患儿病情及预后而焦虑，护士应讲解相关疾病知识及治疗方案，提供心理和信息支持，指导减轻焦虑和恐惧的方法。

（七）健康教育

指导家长加强患儿营养，培养良好饮食和卫生习惯。锻炼身体，增强体质，改善呼吸功能。婴幼儿应少去人多的公共场合，尽可能避免接触呼吸道感染者。有基础疾病者应积极治疗。教会家长处理呼吸道感染的方法，使患儿在疾病早期得到及时控制。

【护理评价】

1. 患儿缺氧是否得到纠正，是否能维持正常呼吸功能。

2. 患儿是否能充分排出呼吸道分泌物，保持呼吸道通畅。

3. 患儿是否有营养失调发生。

4. 患儿是否出现严重并发症。

5. 患儿及家长住院期间能否得到有效的照顾，焦虑、恐惧情绪减轻。

第五节 充血性心力衰竭患儿的护理

学习目标

知识目标	1. 掌握充血性心力衰竭的临床表现、常见护理诊断/问题及相应的护理措施。 2. 熟悉充血性心力衰竭的定义、分类、病因及治疗要点。 3. 了解充血性心力衰竭的病理生理及辅助检查。
能力目标	能够运用所学知识为充血性心力衰竭患儿及其家庭实施整体护理和健康教育。
素质目标	培养护生爱伤观念和慎独精神，在危重患儿抢救过程中体现人文关怀。

患儿，男，10个月，因"反复咳嗽5天，加重伴呼吸困难1天"由急救车紧急护送入院。患儿5天前无明显诱因出现咳嗽，在家服药无好转，1天前咳嗽逐渐加重，伴有呼吸急促，面色发绀，吃奶差，烦躁哭闹，精神欠佳。无发热、呕吐、腹泻等症状。大小便正常。家长非常紧张、焦虑，不知所措。

体格检查：T 37.2℃，P 175次/min，R 75次/min。神志清楚，反应差，呼吸急促，面色、口唇发绀，鼻翼扇动，三凹征阳性。双肺呼吸音粗，可闻及密集的中小湿啰音，心音低钝，胸骨左缘3~4肋间可闻及Ⅳ/Ⅵ收缩期吹风样杂音。腹平软，肝肋下3cm，双下肢无水肿。

辅助检查：WBC $14.6×10^9$/L，Hb 100g/L，PLT $168×10^9$/L。胸片提示心影增大，肺纹理增多，双肺下野片状阴影。

请思考：

1. 护士应如何评估和观察患儿？

2. 该患儿目前主要的护理诊断/问题是什么？

3. 护士针对患儿目前情况应配合医生采取哪些护理措施？

4. 护士应如何缓解家长恐惧和焦虑心理？

充血性心力衰竭（congestive heart failure，CHF）简称心衰，是指心肌收缩或舒张功能障碍导致心排血量绝对或相对不足，组织血液灌注减少，不能满足机体需要，造成神经-内分泌系统过度激活，导致血流动力学改变引起的临床综合征。婴幼儿期心力衰竭以1岁内发病率最高，多由先天性心脏病引起。儿童期以风湿性心脏病和急性肾炎所致多见。充血性心力衰竭是儿童时期危重症之一。

【分类】

1. 按起病缓急分类　急性心衰和慢性心衰。

2. 按心脏受累部位分类　左心衰、右心衰和全心衰。

3. 根据心排血量分类　低排血量型心衰和高排血量型心衰。

4. 按心衰时心肌收缩和舒张功能改变分类　收缩性心衰和舒张性心衰。

【病因和发病机制】

1. 心肌病变　缺血性心脏病或原发性心肌病变可造成心肌损害而引发心衰，常见有病毒性或中毒性心肌炎、心肌病、心内膜弹力纤维增生症、川崎病、休克、严重贫血、高原病、维生素B_1缺乏等。

2. 心室压力负荷过重　各种疾病造成左室右室压力负荷过重，常见于主动脉缩窄、主动脉瓣狭窄、肺动脉瓣狭窄、肺动脉高压等。

3. 心室容量负荷过重　各种疾病造成左室右室容量负荷过重，常见于室间隔缺损、主动脉瓣或二尖瓣关闭不全、动脉导管未闭、房间隔缺损、三尖瓣或肺动脉瓣关闭不全、严重贫血、甲状腺功能亢进、肾脏疾病等。

贫血、严重感染、电解质紊乱、营养不良、心律失常等可诱发儿童心衰的发生。

【病理生理】

当心肌发生病变或心脏长期负荷过重，心肌收缩力逐渐下降，早期机体通过心率增快、心肌增厚、心脏扩大进行代偿，以提高心排血量，满足机体需要，此时机体处于心功能代偿期，可无明显临床症状。当病因继续存在持续加重时，上述代偿机制不能够维持足够的心排血量，即发展成充血性心力衰竭，机体出现静脉回流受阻、脏器淤血、组织间液过多等症状。

【临床表现】

1. 心肌功能障碍 可表现为：① 心脏扩大；② 心动过速，婴儿心率>160次/min，学龄儿童>100次/min，是较早出现的代偿表现；③ 第一心音低钝，重者可闻及舒张期奔马律，是由于心室突然扩张与快速充盈所致；④ 外周灌注不良，脉压窄，部分患儿出现四肢末梢发凉、交替脉，是急性体循环血流量减少的征象。

2. 肺循环淤血 肺循环淤血多发生在体循环淤血之前，可表现为：① 呼吸急促，甚至呼吸困难及皮肤发绀，婴幼儿主要表现为呼吸困难和喂养困难，呼吸频率甚至可达60~100次/min，青春期儿童主要表现为运动后气促和乏力；② 肺部啰音，肺动脉和左心房扩大压迫支气管可闻哮鸣音；③ 泡沫血痰，系肺泡或支气管黏膜淤血所致，婴幼儿少见。

3. 体循环淤血 可表现为：① 肝脏肿大：肝大是最早、最常见的体征。如婴幼儿肝脏在肋下2cm处扪及且边缘较钝应考虑，短时间内肝脏进行性增大更有意义；② 颈静脉怒张：在半坐位时，可见颈外静脉膨胀，肝、颈静脉回流征阳性。婴儿则可见头皮静脉怒张等表现；③ 水肿：小婴儿水肿常为全身性，眼睑和骶尾部较明显，体重增长较快，但很少为周围性凹陷性水肿。

【辅助检查】

1. 实验室检查 血常规、肝肾功能、电解质、甲状腺激素水平可用于评估心衰原发病及常见并发症。

2. 影像学检查

（1）胸部X线检查：有助于确定心脏大小及肺部情况，当有明显肺淤血、肺水肿则提示左心衰。

（2）心电图：对心律失常及心肌缺血引起的心衰有诊断价值。对使用洋地黄治疗具有指导意义，洋地黄中毒多为各种心律失常，常见的有房性期前收缩、室性期前收缩、房室结性或室性心动过速、房颤和房室传导阻滞、室颤、窦性心动过缓、窦性停搏等。

（3）超声心动图：对于病因诊断及治疗前后心功能评估有重要意义。心脏收缩功能指标以射血分数最为常用，射血分数低于55%和/或短轴缩短率小于25%提示收缩功能障碍。

【治疗要点】

重视病因治疗，改善心功能，减轻心脏负担，减少氧消耗，纠正代谢紊乱。

1. 病因治疗 儿童心衰主要病因之一为先天性心脏畸形，尤其是常见的左向右分流型先天性心脏病，应予适当时机手术根治。其他病因也应积极治疗，如对感染性心内膜炎进行抗感染治疗等。

2. 一般治疗

（1）保持患儿安静，尽量采取半卧位，降低代谢率、减少氧耗，减轻心脏负担。烦躁、哭闹的患儿可适当镇静，但应注意避免呼吸抑制。

（2）有呼吸困难、烦躁、发绀者应尽早给氧。

（3）及时纠正水、电解质及酸碱代谢失衡，限制水、钠摄入，予易消化、富有营养的饮食。

3. 药物治疗

（1）洋地黄类药物：迄今为止洋地黄类药物仍是儿科临床上广泛使用的强心药之一。心衰患儿应用洋地黄，可增强心肌收缩力、减慢心率，增加心脏排血量，降低心室舒张末期压力，改善组织灌注及静脉淤血状态。地高辛是儿童时期最常用的洋地黄制剂，可口服或静脉注射，用药后起效快、排泄迅速，因此，用药剂量容易调节，药物中毒时也比较容易处理。一般患儿年龄越小，对洋地黄越敏感，应注意个体差异，并进行血药浓度监测。儿童常用剂量和用法如下表（表18-5-1）。

▼ 表18-5-1　洋地黄类药物的临床应用

洋地黄类药物（剂型）	给药途径	负荷量/（mg·kg^{-1}）	每日平均维持量/（mg·kg^{-1}）
地高辛	口服、静脉注射	早产儿 0.02 足月儿 0.02~0.03 婴儿及儿童 0.025~0.04 75% 口服量	1/5~1/4 负荷量，分2次
毛花苷C（西地兰）	静脉注射	<2岁 0.03~0.04 ≥2岁 0.02~0.03	

洋地黄类药物用法有两种：① 负荷量法：在24小时内投以负荷量，首次用量为负荷量的1/2，余半量分两次，每隔6~12小时一次。负荷量12小时后，再加用维持量。② 维持量法：每日用维持量，地高辛维持量为负荷量的1/5~1/4，分两次服用。每日服用地高辛维持量，经过4~5个半衰期，即6~8天，可达到稳定的有效血药浓度。对于起病迅速、病情严重的急性心衰患儿，多采用负荷量法，以便及时控制心衰。慢性心衰者，可用维持量法。维持量应持续多久，应视病因能否解除而定。

（2）利尿药：主要作用为降低血容量、回心血量及心室充盈压，减轻肺水肿，减轻心室前负荷。使用洋地黄类药物症状仍未完全控制，或伴有明显水肿时，宜加用利尿剂。急性心衰及肺水肿者，可用呋塞米等快速强力利尿剂，慢性心衰一般联合应用噻嗪类与保钾利尿剂（氢氯噻嗪和螺内酯），间歇给药防电解质紊乱。

（3）血管扩张剂：通过扩张静脉容量血管和动脉阻力血管，减轻心室前、后负荷，提高心排血量，减低心肌耗氧、改善心功能。常用药物有卡托普利、硝普钠、酚妥拉明等。

（4）其他药物：包括非洋地黄类正性肌力药物、β受体阻滞剂、抗心律失常药物、改善心肌代谢药物或钙通道阻滞剂等。

【护理评估】

1. 健康史　了解患儿饮食、生活方式、活动、尿量等。询问患儿既往有无先天性心脏病、病毒性或中毒性心肌炎、心肌病、心内膜弹力纤维增生症、川崎病、贫血、营养不良、电解质紊乱、严重感染等情况及其诊治经过。

2. 身体状况　婴幼儿发生心衰可表现为：呼吸快速、浅表，频率可达 50~100 次/min，烦躁多汗，哭声低弱，喂养困难，体重增长缓慢，肺部可闻及湿啰音或哮鸣音，肝脏进行性增大，水肿首先出现于眼睑、颜面等部位，严重时鼻唇三角区青紫。

年长儿心衰症状与成人相似，主要表现为：① 心排血量不足，乏力、多汗、心率增快、呼吸浅快、食欲减低等；② 体循环淤血，颈静脉怒张、肝颈反流试验阳性、肝脏增大、有压痛、尿量明显减少、水肿等；③ 肺循环淤血，气促、呼吸困难、端坐呼吸、咳嗽、肺底部闻及湿啰音等。

3. 心理-社会状况　评估患儿及家长对心衰病因和防护知识的了解程度、居住环境、家庭经济状况及有无住院经历；评估患儿有无因心动加速、气促、呼吸困难等不适及陌生环境而产生焦虑和恐惧；评估家长对心衰的心理反应，有无因患儿住院而产生焦虑不安、恐惧心理，担心患儿病情及预后。

【常见护理诊断/问题】

1. 心排血量减少　与心肌收缩力下降有关。

2. 气体交换受损　与肺淤血有关。

3. 体液过多　与心功能下降、循环淤血有关。

4. 营养失调：低于机体需要量　与患儿食欲减退、喂养困难等有关。

5. 潜在并发症：药物毒副作用。

6. 焦虑/恐惧　与患儿/家长担心病情及愈后有关。

【预期目标】

1. 患儿能维持足够心排血量。

2. 患儿能维持有效气体交换。

3. 患儿能维持体液平衡。

4. 患儿能维持足够营养摄入。

5. 患儿无并发症发生或发生时能够及时有效处理。

6. 患儿及家长能较好地表达自己的感受，保持安静。

【护理措施】

（一）活动与休息

为降低机体代谢率，减少氧耗，减轻心脏负担，建议心衰患儿充分休息，严重者绝对卧床休息，同时保持病室安静，集中护理操作，避免各种刺激，减少患儿哭闹。

心衰控制后根据病情逐渐增加活动量，制订个性化康复方案。根据患儿耐力情况安排活动和休息，避免情绪激动和过度活动。

（二）维持最佳呼吸功能

按需动态评估患儿呼吸状况、氧饱和度、呼吸音等，出现呼吸困难和发绀时应及时吸氧。一般采用鼻导管湿化给氧，氧流量为 0.5~1L/min，氧浓度不超过 40%；缺氧明显者可用面罩给氧，氧流量为2~4L/min，氧浓度为50%~60%；有呼吸衰竭者，应用人工呼吸器或机械通气，急性肺水肿时，给予经酒精湿化的氧气吸入。患儿吸氧过程中增加巡视病房频次，保证呼吸道通畅，注意观察氧疗效果，如有异常及时处理。

知识拓展 ｜ **教你快速识别和紧急处理急性左心衰竭（肺水肿）**

急性左心衰竭（肺水肿）常发生于严重慢性心衰急剧加重时、急性心肌梗死、急性左室容量负荷过重及二尖瓣狭窄等。患儿发生急性呼吸困难、咳粉色泡沫痰、心动过速、大汗及发绀，肺部有喘鸣及啰音，动脉血氧饱和度下降。

发生急性左心衰竭应紧急治疗：① 体位，患儿取坐位，双下肢下垂床边，以利呼吸，并可减少静脉回流；② 吸氧，高流量6~8L/min，20%~30%酒精湿化吸氧，维持动脉血氧分压在60mmHg以上，严重者用机械通气；③ 遵医嘱予以镇静、利尿、扩血管、增加心肌收缩力、肾上腺皮质激素等药物；④ 及时针对病因治疗；⑤ 密切观察神志、面色、心率、心律、呼吸、血压、尿量、静脉滴速、用药反应等，及时、准确、详细记录。

（三）维持体液平衡

控制水钠摄入量，限制水分摄入，输液、输血速度要慢，每小时不宜超过5ml/kg。准确记录液体出入量，水肿明显的患儿定时测量体重，以了解水肿的变化。

（四）维持营养均衡

少量多餐，给予高热量、高维生素、易消化、低盐食物，每日钠盐摄入量不超过0.5~1g，重者予无盐饮食。限制液体摄入，控制在50~60ml/kg。喂奶时奶嘴孔应稍大，避免吸吮费力，同时注意观察有无呛咳。吸吮困难者可用滴管喂哺，必要时采用鼻饲，保证营养供给。年长儿多食蔬菜水果，避免便秘或用力排便诱发心力衰竭。

（五）用药护理

1. 洋地黄类药物　要注意给药的剂量、方法，密切观察有无洋地黄中毒反应：① 每次应用洋地黄之前要测量脉搏，测不清时要听心率，当婴幼儿脉率<90次/min，儿童<80次/min，年长儿<60次/min时应暂停给药，并通知医生。② 给药剂量要准确，当注射用药剂量小于0.5ml时要用生理盐水稀释后用1ml注射器抽取，口服药用量杯准确量取，并与其他药物分开服用。③ 当出现心动过缓、心律失常、食欲减退、恶心呕吐、视物模糊、黄绿视、嗜睡、头晕等中毒反应时，要停用洋地黄并通知医生处理。

2. 利尿剂　根据利尿药作用时间安排给药，一般应在清晨或上午给药，以免夜间多次排尿影响睡眠。注意记录尿量和体重，了解水肿变化。用药期间鼓励患儿多进食含钾丰富的食物。观察患儿有无腹胀、四肢无力、心音低钝、心律失常等低血钾的表现。

3. 血管扩张剂　密切观察血压变化，避免过度降压。缩血管药应特别注意避免药液外渗，以防局部组织坏死。硝普钠遇光可降解，应避光保存和使用，现用现配。

（六）健康教育

向患儿及家长介绍心力衰竭的原因、诱因及相关治疗护理情况。指导家长及患儿根据病情适当安排休息，避免劳累或情绪激动；注意营养，防止受凉感冒，鼓励患儿多吃水果、蔬菜，必要时睡前口服少量植物油或用开塞露通便，避免用力排便。安抚患儿及家长情绪，经常交流，避免过分焦虑或恐惧产生应激，加重心脏负担。

【护理评价】

1. 患儿能否维持足够心排血量及体液平衡。

2. 患儿呼吸困难及发绀能否缓解。

3. 患儿能否维持体液平衡。

4. 患儿能否维持足够营养摄入。

5. 患儿是否发生并发症以及并发症能否及时处理。

6. 患儿及家长心理舒适度能否得到改善，有效应对焦虑或恐惧。

第六节 急性肾衰竭患儿的护理

学习目标

知识目标	1. 掌握急性肾衰竭的定义、分类、常见护理诊断/问题。 2. 熟悉急性肾衰竭的病因及发病机制、治疗原则。 3. 了解急性肾衰竭的辅助检查。
能力目标	能够运用所学知识为急性肾衰竭患儿及其家庭实施整体护理和健康教育。
素质目标	培养护生珍爱生命，关注儿童健康的职业精神。

急性肾衰竭（acute renal failure，ARF）是由多种原因引起的肾生理功能在短期内急剧下降或丧失的临床综合征，因患儿体内代谢产物堆积，出现氮质血症、水及电解质紊乱和代谢性酸中毒等症状。新生儿期以围生期缺氧、败血症、严重溶血或出血引起者较常见，婴儿期以严重腹泻脱水、重症感染及先天畸形引起者多见，年长儿则多因肾炎、休克所致。近年来，为了早期诊断、早期治疗、降低病死率，已逐渐采用急性肾损伤（acute kidney injury，AKI）的概念取代急性肾衰竭。

【病因与分类】

按病因不同分为肾前性肾衰竭、肾实质性肾衰竭和肾后性肾衰竭。

1. 肾前性肾衰竭 任何原因引起有效循环血量急剧减少，均可使肾血流量不足、肾小球滤过率降低，从而导致肾衰竭。常见病因有：① 呕吐、腹泻及胃肠减压等使胃肠道液体大量丢失，大面积烧伤、大手术或创伤、大出血等引起血容量绝对不足；② 休克、低蛋白血症、严重心律失常、心包压塞和充血性心力衰竭等引起血容量相对不足。

2. 肾实质性肾衰竭 即肾性肾衰竭，系肾实质病变或肾前性肾衰竭病因未及时袪除、病情加重的结果。常见的原因包括急性肾小管坏死、急性肾小球肾炎、溶血尿毒症综合征、急性间质性肾炎、肾血管病变以及慢性肾脏疾患在某些诱因刺激下肾功能急剧衰退。

3. 肾后性肾衰竭 是各种原因所致的泌尿道梗阻引起的急性肾衰竭。如尿路结石、尿路畸形、尿路结核、尿路肿瘤、血块堵塞等。

【发病机制】

目前急性肾衰竭发病机制尚不十分清楚，不同病因其发病机制亦不相同，且常为多种因素综合作用的结果。

1. 肾血流动力学改变学说 任何原因引起血管内有效循环量减少，使肾血流减少，均可导致少尿、无尿。

2. 肾小管损伤学说 肾缺血或中毒均可引起肾小管损伤，使肾小管上皮细胞变性、坏死、基膜断裂，一方面脱落的上皮细胞引起肾小管堵塞，造成管内压升高和小管扩张，致使肾小球有效滤过压降低和少尿；另一方面肾小管内液反漏入间质，造成肾间质水肿。

3. 缺血-再灌注肾损伤学说 肾缺血灌注时，细胞内钙通道开放，钙离子内流，造成细胞内钙超负荷；同时局部产生大量的氧自由基，可使肾小管细胞的损伤发展为不可逆性损伤。

【临床表现】

根据尿量减少与否，急性肾衰竭可分为少尿型和非少尿型。急性肾衰竭伴少尿或无尿表现者称为少尿型。非少尿型系指血尿素氮、血肌酐迅速升高，肌酐清除率迅速降低而不伴有少尿表现。临床常见为少尿型急性肾衰竭，分为三期：

1. 少尿期 少尿：尿量<250ml/d；无尿：尿量<50ml/d。一般持续1~2周，长者4~6周，持续时间越长，肾功能损害越严重。具体症状有：

（1）水钠潴留：表现为全身水肿、胸腹水、高血压，严重者发生脑水肿、肺水肿和心力衰竭，是此期死亡重要原因。

（2）电解质紊乱：常见有"三高"：即高钾、高镁、高磷血症；"三低"：即低钠、低钙、低氯血症。

（3）代谢性酸中毒：表现为精神萎靡、疲乏、嗜睡、恶心、呕吐、呼吸深长、面色发灰、口唇樱桃红色，可伴心律不齐。

（4）尿毒症：因肾脏排泄障碍，各种毒性物质在体内积聚所致，可出现全身各系统中毒症状。

1）消化系统：表现为食欲减退、恶心、呕吐和腹泻等，严重者可出现消化道出血或黄疸。

2）神经系统：可出现意识障碍、躁动、谵妄、抽搐、昏迷等症状。

3）血液系统：可出现贫血及出血倾向（牙龈出血、鼻出血、皮肤瘀斑瘀点等）。

（5）感染：感染是ARF最常见的并发症，以呼吸道和泌尿道感染多见。

2. 利尿期 患儿尿量逐渐增多，全身水肿减轻，尿量超过250ml/d表示进入利尿期，一般持续1~2周，部分可长达1~2个月。此期由于大量排尿，可出现脱水、低钠和低钾血症。

3. 恢复期 恢复期肾功能改善，尿量正常，肾浓缩功能需要数月才可恢复正常，此期患儿体质仍较弱，消瘦、营养不良、贫血和免疫功能低下等。

【辅助检查】

1. 尿液检查 监测尿比重、尿渗透压、尿肌酐等。

2. 血生化检查 监测电解质、肌酐、尿素氮的变化。

3. 影像学检查 采用腹部平片、超声波、CT、磁共振等检查可帮助了解肾脏大小、形态，血管、输尿管、下尿路有无梗阻，以及肾小球、肾小管功能、肾血流量情况。但造影剂可能会对肾脏造成损害，应慎用。

4. 肾活检 对原因不明的ARF，肾活检是可靠的诊断手段，并可以帮助评估预后。

【治疗要点】

祛除病因，治疗原发病，减轻症状，改善肾功能，预防并发症。

1. 少尿期治疗

（1）严格控制水分入量：坚持"量出为入"原则，每日液体量=尿量+显性失水（呕吐、大便、引流量）+不显性失水－内生水。无发热患儿每日不显性失水按每日300ml/（m^2·d），体温每升高1℃增加75ml/（m^2·d）。内生水在非高分解代谢状态约为100ml/（m^2·d）。

（2）营养治疗：为了促进蛋白质合成，可用苯丙酸诺龙25mg肌内注射，每周1~2次。高分解状态或不能口服者予以静脉营养支持。

（3）纠正电解质紊乱：包括处理高钾血症、低钠血症、低钙血症和高磷血症等。

（4）纠正代谢性酸中毒：轻症多不治疗。当血浆HCO$_3^-$<12mmol/L或动脉血pH<7.2，应予以5%碳酸氢钠5ml/kg。

（5）透析治疗：凡上述保守治疗无效者，均应尽早进行透析。透析分为腹膜透析、血液透析和连续动静脉血液滤过三种技术，根据具体情况选择。透析指征：① 有严重容量负荷（肺水肿、重度高血压、左心衰）；② 血钾≥6.5mmol/L或心电图有高钾表现；③ 严重酸中毒（HCO$_3^-$<12mmol/L或动脉血pH<7.2）；④ 严重的氮质血症，血浆尿素氮>28.6mmol/L，或血浆肌酐>707.2μmol/L。

2. 利尿期治疗 及时纠正水、电解质紊乱，当血浆肌酐接近正常水平时，应增加饮食中蛋白质的摄入量。

3. 恢复期的治疗 应注意休息和加强营养，防止感染。

知识拓展 | 连续性血液净化（CBP）技术

连续性血液净化（continuous blood purification，CBP）是在连续性肾脏替代治疗（continuous renal replacement therapy，CRRT）基础上发展起来的一组体外生命支持技术，是所有持续、缓慢清除水分和溶质的治疗方式的总称。近年来，该技术已由单纯的肾脏替代治疗拓展至危重症领域包括非肾性疾病的救治。同时，血液净化的其他模式如血浆置换、血液灌流及杂合模式等亦在CRRT基础上拓展应用于危重症的治疗。

CBP常用模式有缓慢连续超滤、连续静－静脉血液滤过、连续静－静脉血液透析、连续静－静脉血液透析滤过、高容量血液滤过；其他血液净化模式还有血浆置换、血液灌流、血浆吸附等。近年来提出的杂合模式包括延长低效透析及双重血浆滤过技术、配对血浆滤过吸附，另外还包括分子吸附再循环系统和双重血浆分子吸附系统等。

儿童危重症CBP主要适应证为急性肾损伤、液体超负荷、危及生命或常规治疗无效的电解质紊乱，其他适应证包括中毒、肝功能衰竭、严重全身炎症反应性疾病、自身免疫性疾病、代谢性疾病等。CBP无绝对禁忌证。无法提供或建立合适的血管通路及无法获得适合于小婴儿的滤器时，常不能开展CBP。严重的凝血功能障碍、活动性出血尤其颅内出血、药物不能纠正的低血压、恶性肿瘤等疾病的终末期（脑功能衰竭或脑死亡）应慎重进行CBP。

【护理评估】

1. 健康史　评估患儿的年龄、营养状态及生长发育史；了解患儿既往有无呕吐、腹泻、肾脏疾病史；了解患儿的预防接种史。

2. 身体状况　评估患儿有无少尿、全身水肿的情况；有无食欲缺乏、恶心呕吐和腹部不适等消化系统症状；有无心律失常、高血压等心血管系统症状；有无嗜睡、神志混乱、抽搐、昏迷等神经系统受累症状；有无贫血及牙龈出血、鼻出血、消化道出血等出血倾向；有无呼吸道和尿路感染等情况。评估尿液检查、血生化、影像学检查等辅助检查结果。

3. 心理－社会状况　评估患儿及家长对急性肾衰竭病因和防护知识的了解程度，居住环境、家庭经济状况及有无住院经历；评估患儿有无因水肿等不适及陌生环境而出现哭闹、易激惹等表现；评估家长对急性肾衰竭的心理反应，有无因患儿住院而产生焦虑、恐惧等不良情绪。

【常见护理诊断/问题】

1. 体液过多　与肾小球滤过率降低有关。

2. 营养失调：低于机体需要量　与摄入不足及丢失过多有关。

3. 有感染的危险　与机体免疫力下降有关。

4. 潜在并发症：心力衰竭、肺水肿、脑水肿等。

5. 焦虑/恐惧　与病情危重、环境或治疗过程陌生有关。

6. 知识缺乏：缺乏疾病相关知识。

【预期目标】

1. 患儿电解质紊乱得到纠正，体液平衡。

2. 患儿住院期间能得到充足的营养。

3. 患儿未发生感染，或发生感染时能得到及时有效的处理。

4. 患儿无并发症发生或发生时能够得到及时有效的处理。

5. 患儿能较好地表达自己的感受，保持安静。

6. 患儿及家长能了解急性肾衰竭的相关健康教育知识。

【护理措施】

（一）维持体液平衡

少尿期应限制水、钠、钾、磷摄入。观察生命体征、尿量、尿常规、肾功能等。记录24小时出入量，每日监测体重，及时发现有无水、电解质紊乱。

（二）维持营养均衡

应选择高糖、低蛋白、富含维生素的饮食。供给热量200~250J/（kg·d），脂肪占总热量的30%~40%。蛋白质0.5g/（kg·d），以优质动物蛋白为主（如鸡蛋、肉类、奶类蛋白），少尿期限制蛋白摄入量。透析治疗时因丢失大量蛋白质，可不限制蛋白质入量。

（三）预防感染

常见的感染部位为呼吸道、泌尿道、皮肤，做好保护性隔离。尽量将患儿安置于单人病室，做好病室的清洁和空气消毒；避免不必要的检查；严格执行无菌操作；加强皮肤护理、口腔护理及会阴部护理，保持患儿清洁舒适；定时翻身、叩背，保持呼吸道通畅。

（四）密切观察病情变化

急性肾衰竭常以感染、心力衰竭、心律失常、电解质紊乱等为主要死亡原因，注意观察患儿生命体征、尿量、尿常规、肾功能等的变化，及早发现、及时救治。少尿期和利尿期患儿需卧床休息，卧床时间视病情而定，恢复期逐渐增加活动。

（五）心理护理

患儿可因病情、疼痛等出现烦躁不安、恐惧、焦虑等，应为患儿提供舒适护理和心理支持。患儿父母因患儿病情及治疗承受极大压力，应帮助其有效应对，做好沟通和信息支持。

（六）健康教育

教会患儿及家长积极配合治疗、护理，并告知家长肾衰竭早期透析的重要性及各期的护理要点，如饮食护理、个人卫生护理、预防感染措施、休息、避免使用肾毒性药品等。

【护理评价】

1. 住院期间电解质紊乱是否得到纠正，体液平衡。

2. 住院期间是否得到充足的营养。

3. 是否有发生感染，或发生感染时能否得到及时有效的处理。

4. 是否有并发症发生或发生时能否得到及时有效的处理。

5. 住院过程中是否得到及时有效的照护，焦虑、恐惧情绪减轻。

6. 患儿/家长心理舒适度是否得到改善，依从性是否提高。

第七节 儿童心肺脑复苏与护理

学习目标

知识目标	1. 掌握心搏呼吸骤停及心肺脑复苏术的定义、治疗要点及心搏呼吸骤停患儿常见护理诊断/问题及相应护理措施。 2. 熟悉心搏呼吸骤停的病因、病理生理。 3. 了解心搏呼吸骤停的辅助检查。
能力目标	熟悉并掌握儿童心肺脑复苏的操作流程及注意事项，按护理程序为患儿实施整体护理。
素质目标	培养护生应急救护和团队协作能力，注重人文素养能力的提升。

心搏呼吸骤停（cardiopulmonary arrest，CPA）指患儿突然出现呼吸、心脏停搏，意识丧失，脉搏消失，血压测不出的现象。

心肺复苏术（cardiopulmonary resuscitation，CPR）指对心搏、呼吸骤停患儿采取的使其恢复自主循环和自主呼吸的紧急医疗救治措施。随着对保护脑功能和脑复苏重要性认识的深化，更推荐将复苏全过程称为心肺脑复苏（cardiopulmonary cerebral resuscitation，CPCR）。

【病因和发病机制】

1. **窒息性心跳停止** 各种原因导致的窒息，如气管异物、喉痉挛、胃食管反流等。

2. **意外伤害** 如外伤、电击、溺水、烧伤、车祸等。

3. **心脏病** 如心肌炎、心肌病、先天性心脏病、严重心律失常、急性心脏压塞、完全性房室传导阻滞等。

4. **各种感染** 如脓毒血症、感染性休克、颅内感染、重症肺炎、急性喉炎等。

5. **酸碱平衡失调与电解质紊乱** 如严重酸中毒、血钾过高或过低、低钙喉痉挛等。

6. **药物中毒或过敏** 如洋地黄、奎尼丁、锑剂中毒，麻醉剂、镇静药物过量，青霉素过敏，血清学反应等。

7. **医源性因素** 如心包穿刺、气管插管、心血管介入治疗操作、心血管造影术、心脏手术过程中，由于机械性刺激、迷走神经过度兴奋而引起心搏骤停等。

8. **婴儿猝死综合征**

知识拓展 | 婴儿猝死综合征

　　婴儿猝死综合征（sudden infant death syndrome，SIDS）是指1岁以下的婴儿猝死，通过死亡后的全面细致检查，包括完全的尸解、现场勘验和临床病史审查仍不能解释其原因的突然死亡。由于病史及死亡背景的调查不能完全排除许多先天性和后

天性疾病，因此，对任何突然的不能预料的婴儿死亡病例均应尸解。在发达国家，SIDS是新生儿期婴儿死亡的常见原因，发生率约为0.05%。目前认为SIDS并非由单一病因所致，而是由婴儿发育、周围环境和多种病理生理因素相互作用所致。为了预防SIDS建议婴儿睡眠时仰卧位，与父母同房间分床睡。床面硬实，周围不要放置柔软物品如围巾、玩具等。环境温度适宜，不应过热。睡眠时可用安抚奶嘴。母孕期不吸烟，婴儿生后避免烟草暴露等。

【病理生理】

1. 缺氧　呼吸心搏骤停时首先导致机体缺氧。

（1）对心脏的影响：① 心脏的正常传导受到抑制，导致心律失常及心动过缓；② 组织出现无氧糖酵解，导致代谢性酸中毒，易引发心室纤颤；③ 心肌细胞无氧代谢使ATP产生不足，K^+从细胞内溢出，细胞外高血钾和酸中毒促使或加重心室纤颤而停搏。

（2）脑组织改变：心脏停搏1~2分钟，因酸中毒导致毛细血管通透性增加以及脑微循环的自动调节功能丧失，造成脑血管扩张，促使脑水肿的发生，进一步加重脑细胞缺血缺氧。当心搏呼吸停止4~6分钟，大脑即可发生不可逆性损害，即使复苏成功，也必留有神经系统后遗症。

2. 二氧化碳潴留　心搏呼吸骤停的最初几分钟内，体内即有CO_2潴留，导致呼吸性酸中毒。CO_2浓度增高，可抑制窦房结和房室结的兴奋和传导，同时兴奋心脏抑制中枢，引起心动过缓和心律不齐，并抑制心肌收缩力。此外，CO_2浓度增高可扩张脑血管，导致脑水肿。CO_2潴留时间长会造成CO_2麻醉，直接抑制呼吸中枢。

【临床表现】

1. 昏迷　一般心脏停搏8~12秒后即出现昏迷，部分病例可有一过性抽搐。

2. 大动脉搏动消失　颈动脉、股动脉、肱动脉搏动消失。

3. 瞳孔扩大　心脏停搏30~40秒瞳孔开始扩大，对光反射消失。

4. 心动过缓或心音消失　心率<60次/min或心音消失。

5. 严重呼吸困难或呼吸停止　面色苍白或青紫，胸腹式呼吸运动消失，听诊无呼吸音，或仅有喘息性呼吸，继而呼吸停止。

【辅助检查】

心电图监护，患儿心搏骤停的心电图类型为：① 心动过缓，最多见；② 室性心动过速；③ 心室纤颤，儿童少见；④ 心室停搏，较多见。前三者为心搏骤停的先兆。

【治疗要点】

现场抢救，争分夺秒。根据《2020美国心脏协会心肺复苏及心血管急救指南》婴儿和儿童按C–A–B的心肺复苏程序进行抢救。

1. 心肺复苏的主要措施

（1）识别心搏骤停并启动应急反应系统：救护者通过轻拍或大声呼唤患儿来判断其意识水平，如果无反应，立即就近呼救；同时检查脉搏和呼吸，在5~10秒内未检测到脉搏及呼吸（或仅是喘息），立即启动应急反应系统。

（2）人工循环（circulation，C）：当患儿无意识、无呼吸，且触摸不到脉搏（或婴儿及儿童心率<60次/min伴有灌注不良体征）时，应立即开始胸外心脏按压。心脏按压的频率为100~120次/min，下压时间与放松时间相等，按压深度至少为胸部前后径的1/3（儿童约5cm，婴儿约4cm，青少年至少5cm且不超过6cm），每次按压后保证胸廓充分回弹。

具体方法包括：① 双掌按压法（图18-7-1），适用于8岁以上年长儿。抢救者将双手掌根部放在患儿双乳头连线水平之胸骨上，肘关节伸直，借体重及肩臂之力垂直向脊柱方向挤压，施救者应避免在按压间隙倚靠在患儿胸部，以便每次按压后使胸廓充分回弹；② 单掌按压法（图18-7-2），适用于1~8岁的儿童。仅用一只手掌按压，方法及位置同上；③ 手指按压法（图18-7-3），适用于婴儿。抢救者用两根手指或者将拇指置于两乳头连线中点下方，按压胸骨，此方法适用于单人施救时，效果不及两拇指环绕法；④ 拇指环绕按压法（图18-7-4），适用于婴儿。抢救者双手大拇指重叠或平放置于胸骨前，位置同双指按压法，其余四指环绕婴儿胸部置于背部，两拇指与其余四指同时相对按压。

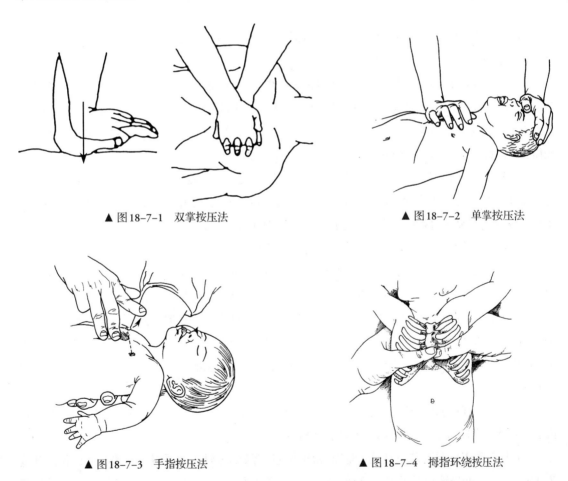

▲ 图18-7-1　双掌按压法　　　　　　　　　　▲ 图18-7-2　单掌按压法

▲ 图18-7-3　手指按压法　　　　　　　　　　▲ 图18-7-4　拇指环绕按压法

（3）保持呼吸道通畅（airway，A）：首先清除呼吸道分泌物、呕吐物或异物。对不伴有头颈部创伤的患儿采用仰头抬颏法（图18-7-5）开放气道，以防舌后坠阻塞气道。对疑有颈椎损伤的患儿采取托颌法（图18-7-6）打开气道。注意婴幼儿头部不可过度后仰，以免造成气管塌陷而阻塞气道，甚至造成颈椎脱位或压迫椎动脉及颈静脉而加重脑循环障碍，还应注意不要挤压颌下的软组织，以免阻塞气道。放置口咽通气道，可使口咽部处于开放状态。

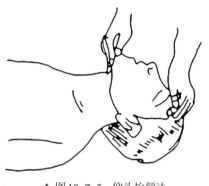

▲图18-7-5　仰头抬颏法

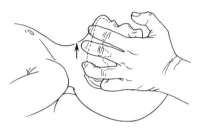

▲图18-7-6　托颌法

（4）人工呼吸（breathing，B）：气道通畅后，患儿仍无有效的自主呼吸，应采用人工辅助呼吸。常用方法有：

1）口对口人工呼吸：适用于无任何器械时的现场急救。抢救者平静吸气，用口包住患儿的口，同时捏住患儿鼻孔，给患儿两次缓慢的人工呼吸，看到胸廓起伏为有效，每次持续1秒钟以上；对于1岁以内的小婴儿，可进行口对口鼻人工呼吸。单人心肺复苏按压–通气比为30∶2，即按压30次后，给予人工呼吸2次；双人心肺复苏为15∶2。

2）简易呼吸器辅助通气：未行插管的患儿可通过简易呼吸器进行正压通气。施救者选用合适的面罩，操作时一手将面罩罩住患儿口鼻并托起下颌，使头后仰，勿漏气，露出眼睛，另一手按压气囊送气。复苏过程中观察胸廓起伏程度，以判断送气量是否合适。

3）气管插管加压给氧：当面罩给氧不能提供足够通气或需要持久通气时，需行气管内插管。插管时应选择带套囊的气管导管，并注意导管尺寸、位置的准确，套囊充气压力应<20~25cmH$_2$O，建立气管插管后，应进行持续胸外按压并每2~3秒给予一次人工呼吸（呼吸频率20~30次/min）。

（5）除颤：在复苏过程中出现心室纤颤和无脉性室性心动过速时，除颤是最有效的救治方法。初始除颤能量为2J/kg，若需第二次除颤，则电击能量至少升至4J/kg，但不超过10J/kg。有条件的情况下尽可能使用儿科手动或剂量衰减型除颤仪，一次电击后应立即进行CPR，2分钟再评估心律。

（6）心肺复苏药物治疗：为促进自主呼吸和心搏的恢复，建立人工循环和人工呼吸的同时，或1~2分钟后，即可加用复苏药物。常用药物有：

1）肾上腺素：是复苏首选药，通常在胸外按压开始5分钟内接受肾上腺素治疗，每次剂量为0.01mg/kg，可静脉或骨髓腔内给药，也可经气管插管内给药（0.1mg/kg），每隔3~5分钟重复一次。

2）5%碳酸氢钠：当自主循环建立及抗休克液体输入后，可根据血气分析的结果选用此药，不建议常规使用碳酸氢钠。

3）阿托品：可用于治疗迷走神经张力增高所致的心动过缓、二度房室传导阻滞等，对于存在心动过缓高危风险的病例，紧急气管插管可使用阿托品作为前期用药（0.02mg/kg）。

4）胺碘酮：可用于休克及除颤无法纠正的室颤或无脉室速，静脉/骨髓腔内注射剂量为5mg/kg。

5）利多卡因：仅作为无胺碘酮时的替代药物。初始剂量为1.0mg/kg，如患儿持续出现心室纤颤/室性心动过速（VF/VT），可给予额外剂量0.50~0.75mg/kg，间隔5~10分钟静脉用药一次，最大剂量为3mg/kg。

2. 复苏成功与停止复苏的指征

（1）心脏复苏成功的标志：① 按压的同时可触及颈动脉、股动脉搏动；② 扩大的瞳孔缩小，对光反射恢复；③ 面色、口唇、甲床由发绀转红润；④ 肌张力增强或出现不自主运动；⑤ 出现自主呼吸。

（2）停止复苏的指征：经积极抢救15~30分钟，患儿仍深昏迷，无自主呼吸，瞳孔散大、固定，往往提示脑死亡，凡证实为脑死亡应停止抢救。

【护理评估】

1. 健康史 评估患儿的年龄、营养状态及生长发育史；了解患儿既往有无心律失常、药物中毒、气胸、颅内感染、严重电解质紊乱等诱因。

2. 身体状况 评估患儿有无呼吸停止、大动脉（颈动脉、股动脉、肱动脉）搏动消失、面色发绀、瞳孔散大和对光反射消失，听诊心音有无消失、心电图检查是否显示心动过缓或心室颤动等。

3. 心理-社会状况 评估家长对心搏呼吸骤停相关知识的了解程度、居住环境、家庭经济状况及有无住院经历等；评估家长对心搏呼吸骤停的心理反应，有无因患儿住院而产生恐惧、紧张、焦虑等不良情绪。

【常见护理诊断/问题】

1. 心排血量减少 与循环衰竭有关。

2. 不能维持自主呼吸 与呼吸停止有关。

3. 有受伤的危险 与实施心肺复苏有关。

4. 有感染的危险 与免疫功能下降或使用机械通气有关。

5. 潜在并发症：肾衰竭、水电解质紊乱、脑损伤等。

6. 焦虑/恐惧 与突发疾病担心疾病预后、环境陌生等有关。

【预期目标】

1. 患儿能维持正常的循环功能。

2. 患儿自主呼吸恢复，呼吸平稳。

3. 患儿未发生因抢救所致的外伤。

4. 患儿无感染发生。

5. 患儿未发生并发症或发生时能够得到及时有效的处理。

6. 患儿/家长能较好地表达自己的感受。

【护理措施】

（一）循环功能监护

心肺复苏后心律易波动，必须密切监测心律、心率、血压、脉搏的变化，密切观察患儿口唇、皮肤、指/趾甲床的颜色，四肢的温度，以了解末梢循环恢复情况，从而判断循环功能恢复情况。

（二）维持有效呼吸

加强呼吸道管理，保持呼吸道通畅。定时翻身、叩背、气道湿化，促进痰液排出，并遵医嘱应用抗生素，防止呼吸系统感染。对于气管插管、气管切开及使用人工呼吸机辅助呼吸的患儿，按需吸痰，观察导管有无堵塞、痰液是否易于吸出，气管黏膜有无溃疡，管路连接是否可靠，有无过度通气或通气不足等现象。注意观察患儿有无呼吸困难，呼吸节律、频率异常，警惕呼吸衰竭的发生。

（三）安全防护，避免受伤

抢救患儿时注意检查环境是否安全，如果旁边存在火源等，应先脱离危险环境；实施胸外按压位置和方法正确，颈椎有损伤者切勿随意搬动颈部。

（四）预防感染

保持病室空气清新；维护患儿的个人卫生清洁，做好皮肤护理、口腔护理、会阴护理；严格无菌操作，做好吸氧用具、吸痰用具、呼吸机管路等消毒处理，防止院内感染；监测体温变化，及早发现感染征象。

（五）密切观察病情变化

1. **肾功能监护**　使用血管活性药物时，注意监测尿量。注意观察尿的颜色与尿比重，如果血尿和少尿同时存在，尿比重＞1.010或肌酐、尿素氮升高，应警惕肾衰竭。

2. **水、电解质与酸碱平衡监护**

（1）控制水的供给：复苏患儿均存在不同程度的水潴留，治疗时使出入量略呈负平衡状态，不使体重增加为宜。

（2）纠正电解质紊乱：① 当应用大量脱水剂、碱性溶液、激素和葡萄糖溶液并同时伴有多尿时，易引起低钾血症与代谢性碱中毒，要注意观察有无低血钾表现，及时补钾；② 当大量使用碳酸氢钠及皮质激素时，在复苏后早期可出现高钠血症，应注意血电解质化验结果，遵医嘱予低张溶液补液。

（3）纠正酸中毒：心肺复苏后，因缺氧所致的代谢性酸中毒尚未得到纠正，应监测动脉血气变化，根据血气分析结果选用碳酸氢钠。

3. **脑复苏的监护**

（1）减轻或消除继发的脑低灌注状态：密切观察血压，维持正常血压，予以脱水剂等治疗脑水肿及颅内高压。

（2）保证脑细胞氧和能量的供应：监测动脉血氧饱和度，使其维持在94%~99%，防止因动脉血氧分压过高加重脑再灌注时的氧化损伤。观察瞳孔的变化，如果瞳孔缩小、对光反射、角膜反射、吞咽反射、咳嗽反射等逐渐恢复，提示脑复苏有效。

（3）镇静：积极治疗缺氧后的惊厥发作，遵医嘱给予镇静药物，使用时监测患儿的心律、血压、血氧饱和度、体温等，注意避免呼吸抑制。

（4）低温治疗：可对复苏后仍昏迷的患儿进行低温治疗，将体温控制在32~34℃，维持12~24小时，注意监测体温、心律、血糖等变化。

（六）心理护理

患儿可因病情、疼痛等出现烦躁不安、恐惧、焦虑等，应为患儿提供舒适护理和心理支持。患儿父母因患儿病情及治疗承受极大压力，应帮助其有效应对，做好沟通和信息支持。

【护理评价】

1. 经过治疗及护理，患儿是否能维持正常的循环功能。

2. 患儿自主呼吸是否恢复，呼吸平稳。

3. 患儿是否发生因抢救所致的外伤。

4. 患儿是否有感染发生。

5. 患儿是否有严重并发症发生。

6. 患儿/家长住院过程中是否得到有效的照顾，恐惧、紧张、焦虑情绪减轻。

（毛孝容）

学习小结

本章儿童危重症疾病需及早发现、及时治疗。脓毒症休克、急性呼吸衰竭、充血性心力衰竭、急性肾衰竭继发于其他疾病，临床表现为各系统的功能障碍，是儿童重症疾病，儿童急性中毒、小儿惊厥是儿童急症，心肺脑复苏是对心搏、呼吸骤停患儿采取的紧急医疗救治措施。学习过程中，学生在理解疾病病理生理改变的基础上，能够阐述疾病的概念、临床表现和治疗方法，以便能快速识别和紧急处理，并能够运用整体护理程序对患儿实施正确有效的护理，为患儿及家长讲解疾病相关知识，缓解患儿及家长焦虑、恐惧的不良情绪。

（一）选择题

1. 禁用催吐方法的中毒患儿是
   A. 毒物食入在2~4小时内
   B. 毒物食入在4~6小时内
   C. 神志清醒的患儿
   D. 学龄前儿童
   E. 神志不清和腐蚀剂中毒者

2. 脓毒症休克临床上最常见的细菌感染是
   A. 肺炎克雷伯菌感染
   B. 铜绿假单胞菌
   C. 革兰氏阳性杆菌感染
   D. 革兰氏阴性杆菌感染
   E. 金黄色葡萄球菌

3. 患儿，女，2岁3个月，诊断为心力衰竭，其肺循环淤血的主要表现是
   A. 肺部啰音
   B. 水肿
   C. 呼吸困难和喂养困难
   D. 泡沫血痰
   E. 肝脏肿大

4. 急性呼吸衰竭为小儿常见的急重症之一，临床根据血气分析结果可分为两种类型，下列有关Ⅱ型呼吸衰竭的说法正确的是
   A. 见于呼吸衰竭的早期
   B. 为呼吸衰竭的轻症
   C. 为单纯性低氧血症
   D. 低氧血症伴高碳酸血症
   E. 低氧血症伴低碳酸血症

5. 关于儿童心肺复苏说法**错误**的是
   A. 儿童CPR的顺序为C-A-B
   B. 胸外按压与呼吸的配合为单人15:2，双人30:2
   C. 按压深度使胸骨下陷至少达前后径的1/3
   D. 按压2分钟后观察有无生命体征改变
   E. 每次按压与放松比例1:1

   答案：1. E；2. D；3. C；4. D；5. B

（二）简答题

1. 简述急性有机磷农药中毒患儿应该如何护理。
2. 简述急性惊厥发作患儿应该如何护理。
3. 简述急性左心衰的急救处理措施。
4. 对心搏呼吸骤停患儿如何实施心肺脑复苏？怎样判断心肺脑复苏是否成功？

推荐阅读

［1］范玲，沙丽艳. 儿科护理学［M］. 3版. 北京：人民卫生出版社，2018.

［2］崔焱，张玉侠. 儿科护理学［M］. 7版. 北京：人民卫生出版社，2021.

［3］范玲. 儿童护理学［M］. 4版. 北京：人民卫生出版社，2022.

［4］张琳琪，王天有. 实用儿科护理学［M］. 北京：人民卫生出版社，2018.

［5］王天有，申昆玲，沈颖. 诸福棠实用儿科学［M］. 9版. 北京：人民卫生出版社，2022.

［6］王卫平，孙锟，常立文. 儿科学［M］. 9版. 北京：人民卫生出版社，2018.

［7］蒋小平，贾晓慧. 儿科护理学［M］. 北京：高等教育出版社，2023.

［8］张瑛，赵秀芳. 儿科护理学［M］. 2版. 北京：中国医药科技出版社，2022.

［9］段红梅，葛莉. 儿科护理学［M］. 3版. 北京：人民卫生出版社，2021.

［10］周乐山，崔文香. 儿科护理学［M］. 3版. 北京：人民卫生出版社，2020.

［11］蔡威，张潍平，魏光辉. 小儿外科学［M］. 6版. 北京：人民卫生出版社，2020.

［12］孙锟，沈颖，黄国英. 小儿内科学［M］. 6版. 北京：人民卫生出版社，2020.

［13］邵肖梅，叶鸿瑁，丘小汕. 实用新生儿学［M］. 5版. 北京：人民卫生出版社，2019.

［14］龚仁蓉，刘雨薇，何凌霄，等. 高级实践护士核心能力框架构建［J］. 中国护理管理，2023，23（05）：654-659.

［15］安力彬，李小花，岳彤，等.《护理学类专业课程思政教学指南》解读［J］. 中华护理教育，2023，20（01）：10-14.

［16］董途，马鑫，马姝丽，等. WHO儿童基本药物示范目录、WHO和我国基本药物目录中抗感染药物的比较与启示［J］. 中国药房，2023，34（11）：1293-1297.

［17］李烟花，李海燕，曾力，等. 儿童肾移植围手术期护理规范专家共识［J］. 器官移植，2023，14（03）：343-351.

［18］中华医学会儿科学分会内分泌遗传代谢学组. 中枢性性早熟诊断与治疗专家共识（2022）［J］. 中华儿科杂志，2023，61（01）：16-22.

［19］李燕虹. 性早熟的规范诊断［J］. 中华全科医师杂志，2023，22（04）：361-366.

［20］朱铭强，董关萍. 儿童糖尿病的诊断与管理［J］. 中华全科医师杂志，2023，22（07）：671-676.

［21］陈立，邵洁，陈艳妮，等. 儿童铁缺乏和缺铁性贫血防治专家共识［J］. 中国实用儿科杂志，2023，38（03）：161-167.

［22］邱璐瑶，安云飞，赵晓东.《免疫出生错误：国际免疫学会联合会专家委员会2019年分类更新》解读[J]. 中国实用儿科杂志，2020，35（4）：278-283.

［23］张学鹏，吉毅，陈思源. 拯救脓毒症运动儿童脓毒症休克和脓毒症相关器官功能障碍国际指南解读[J]. 中国当代儿科杂志，2020，22（04）：305-309.

［24］杨雪. 心理护理+综合护理在小儿高热惊厥护理中的应用效果及对其护理满意度的影响[J]. 中国医药指南，2022，20（16）：177-180.

［25］中华医学会儿科学分会新生儿学组. 新生儿惊厥临床管理专家共识（2022版）[J]. 中华儿科杂志，2022，60（11）：1127-1133.

［26］杨丹丹，陈军华. 儿童耐药结核病诊治进展[J]. 国际儿科学杂志，2022，49（02）：109-113.

［27］国家儿童医学中心儿科护理联盟《危重症儿童临终关怀专家共识》制作组. 中国危重症儿童临终关怀专家共识（2022版）[J]. 中国小儿急救医学，2022，29（08）：600-605.

［28］中国新生儿复苏项目专家组，中华医学会围产医学分会新生儿复苏学组. 中国新生儿复苏指南（2021年修订）[J]. 中华围产医学杂志，2022，25（01）：4-12.

［29］中华医学会儿科分会新生儿学组. 亚低温治疗新生儿缺氧缺血性脑病专家共识（2022）[J]. 中华儿科杂志，2022，60（10）：983-989.

［30］中华医学会血液学分会红细胞疾病（贫血学组）. 铁缺乏症和缺铁性贫血诊治和预防的多学科专家共识（2022年版）[J]. 中华医学杂志，2022，102（41）：3246-3256.

［31］中华医学会血液学分会干细胞应用学组，中华医学会儿科学分会. 异基因造血干细胞移植治疗儿童急性淋巴细胞白血病中国专家共识（2022年版）[J]. 中华血液学杂志，2022，43（10）：793-801.

［32］崔璀，郑显兰. 儿童急性癫痫发作行动计划的应用进展和启示[J]. 中国护理管理杂志，2022，10（15）：1567-1571.

［33］朱建芳，王春林. 矮身材的诊断思路[J]. 中华全科医师杂志，2022（04）：358-361.

［34］国务院印发《中国妇女发展纲要（2021—2030年）》和《中国儿童发展纲要（2021—2030年）》. 上海护理，2021，21（10）：22.

［35］中华预防医学会儿童保健分会. 中国儿童维生素A、维生素D临床应用专家共识[J]. 中国儿童保健杂志，2021，29（01）：111-116.

［36］国家卫生健康委员会国家结构性心脏病介入质量控制中心，国家心血管病中心结构性心脏病介入质量控制中心，中华医学会心血管病学分会先心病经皮介入治疗指南工作组，等. 常见先天性心脏病经皮介入治疗指南（2021版）[J]. 中华医学杂志，2021，101（38）：3054-3076.

［37］吴润晖. 儿童血友病家庭治疗专家共识［J］. 中国实用儿科杂志，2021，36（12）：881-889.

［38］中国儿童原发性免疫性血小板减少症诊断与治疗指南改编工作组，中华医学会儿科学分会血液学组，中华儿科杂志编辑委员会. 中国儿童原发性免疫性血小板减少症诊断与治疗改编指南（2021版）［J］. 中华儿科杂志，2021，59（10）：810-819.

［39］中华医学会儿科学分会内分泌遗传代谢学组，中华医学会儿科学分会儿童保健学组，中华儿科杂志编辑委员会. 儿童体格发育评估与管理临床实践专家共识［J］. 中华儿科杂志，2021，59（03）：169-174.

［40］王媛，崔爱利，许文波，等. 2004—2020年中国流行性腮腺炎突发公共卫生事件报告及影响因素分析［J］. 中华实验和临床病毒学杂志，2021，35（02）：176-181.

［41］马玉芬，朱丽筠，鲁乔丹，等. 专科护理门诊的创新发展路径研究［J］. 中国护理管理，2020，20（10）：1441-1444.

［42］周吉华，陆国平. 儿童成分输血与输全血的选择［J］. 中国实用儿科杂志，2020，35（12）：953-957.

［43］国家卫生健康委办公厅. 儿童血友病诊疗规范（2019年版）［J］. 全科医学临床与教育，2020，18（01）：4-9.

［44］中华医学会血液学分会血栓与止血学组，中国血友病协作组. 血友病治疗中国指南（2020年版）［J］. 中华血液学杂志，2020，41（04）：4-9.

［45］中华医学会儿科学分会内分泌遗传代谢学组. 中国儿童1型糖尿病标准化诊断与治疗专家共识（2020版）［J］. 中华儿科杂志，2020，58（6）：447-454.

［46］鲁卫卫，孟繁岳，郭会杰，等. 肠道病毒71型灭活疫苗（Vero细胞）接种5年免疫持久性观察［J］. 国际生物制品学杂志，2020，43（06）：261-266.

［47］焦伟伟，申阿东. 儿童结核病药物治疗现状及进展［J］. 中华实用儿科临床杂志，2020，35（10）：753-758.

［48］《中国高血压防治指南》修订委员会. 中国高血压防治指南2018年修订版［J］. 心脑血管病防治，2019，19（01）：20.

［49］曾吉，唐田，王一军，等. 肠道病毒A71型灭活疫苗（Vero细胞）上市后多中心安全性研究［J］. 中华预防医学杂志，2019，53（03）：252-257.

［50］中华医学会急诊医学分会儿科学组，中华医学会儿科学分会急救学组. 儿科急诊室建设与管理专家建议［J］. 中国小儿急救医学，2018，25（03）：190-192.

［51］《儿童青少年糖尿病营养治疗专家共识（2018版）》编写委员会. 儿童青少年糖尿病营养治疗专家共识（2018版）［J］. 中华糖尿病杂志，2018，10（09）：569-576.

［52］苏琪茹，刘隽，马超，等. 2004—2013年中国流行性腮腺炎流行病学特征分析［J］. 中华预防医学杂志，2016，50（07）：611-614.

［53］赵奇，朱俊萍. 中国手足口病的流行状况及病原谱变化分析[J]. 病毒学报，2015，31（05）：554-559.

［54］AMERICAN DIABETES ASSOCIATION PROFESSIONAL PRACTICE COMMITTEE. 14. Children and Adolescents：Standards of Medical Care in Diabetes-2022[J]. Diabetes Care，2022，45（Suppl 1）：S208-S231.

索　引

Bayley婴儿发育量表（Bayley scales of infant development，BSID）　044

Gesell发育量表（Gesell developmental scales，GDS）　044

Wechsler儿童智能量表（Wechsler intelligence scale for children，WISC）　044

Wechsler学前及初小智能量表（Wechsler preschool and primary scale of intelligence，
　WPPSI）　044

X连锁无丙种球蛋白血症（X-linked agammaglobulinemia，XLA）　360

B

被动免疫（passive immunization）　068

苯丙酮尿症（phenylketonuria，PKU）　382

闭锁肺（silent lung）　215

病毒性脑炎（viral encephalitis）　320

病毒性心肌炎（viral myocarditis）　240

C

肠套叠（intussusception）　267

超低出生体重儿（extremely low birth weight neonate）　123

充血性心力衰竭（congestive heart failure，CHF）　435

川崎病（kawasaki disease，KD）　369

D

大于胎龄儿（large for gestational age，LGA）　124

大运动（gross motor）　026

代谢性酸中毒（metabolic acidosis）　260

丹佛发育筛查测验（Denver developmental screening test，DDST）　044

蛋白质-能量营养不良（protein-energy malnutrition，PEM）　176

道德发展学说（theory of moral development）　033

等渗性脱水（isotonic dehydration）　259

低出生体重儿（low birth weight neonate）　123

低钾血症（hypokalemia）　259

低渗性脱水（hypotonic dehydration）　259

低体重（underweight）　035

低血容量性休克（hypovolemic shock）　307

癫痫（epilepsy）　331

碘缺乏症（iodine deficiency disorders，IDD）　195

电解质紊乱（electrolyte disturbances） 307

顶臀长（crown-rump length） 019

动脉导管未闭（patent ductus arteriosus） 230

E

儿科护理学（pediatric nursing） 001

儿童单纯性肥胖症（children obesity） 180

F

发育（development） 015

发育水平（growth level） 042

法洛四联症（tetralogy of Fallot，TOF） 232

房间隔缺损（atrial septal defect，ASD） 228

肥胖-换气不良综合征（Pickwickian syndrome） 181

腓反射（peroneal reflex） 191

肺表面活性物质（pulmonary surfactant，PS） 135

肺动脉瓣狭窄（pulmonary stenosis，PS） 235

肺透明膜病（hyaline membrane disease，HMD） 135

肺炎（pneumonia） 205

腹泻病（diarrhea） 250

G

感染（infection） 307

感染性疾病（infectious disease） 386

感知（sensation and perception） 024

高身材（tall status） 035

高渗性脱水（hypertonic dehydration） 259

高危儿（high risk infant） 124

个性（personality） 028

佝偻病串珠（rachitic rosary） 185

孤独症谱系障碍（autism spectrum disorder，ASD） 037

骨龄（bone age） 021

骨髓外造血（extramedullary hematopoiesis） 272

光照疗法（phototherapy） 117

过敏性紫癜（anaphylactoid purpura） 363

过期产儿（post-term infant） 123

H

郝氏沟（Harrison groove） 185

亨-舒综合征（Henoch-Schonlein syndrome，Henoch-Schonlein purpura，HSP） 363

换血疗法（exchange transfusion） 119

绘人试验（human figure drawings，HFD） 044

J

鸡胸（pigeon chest） 185

基因重组人生长激素（recombinant human growth hormone，rhGH） 344

极低出生体重儿（very low birth weight neonate） 123

急性白血病（acute leukemia） 289

急性非链球菌感染后肾炎（non-post-streptococcal glomerulonephritis） 299

急性感染性喉炎（acute infectious laryngitis） 202

急性呼吸衰竭（acute respiratory failure，ARF） 429

急性链球菌感染后肾炎（acute post-streptococcal glomerulonephritis，APSGN） 299

急性上呼吸道感染（acute upper respiratory infection，AURI） 199

急性肾衰竭（acute renal failure，ARF） 308，440

急性肾损伤（acute kidney injury，AKI） 440

急性肾小球肾炎（acute glomerulonephritis，AGN） 299

急性中毒（acute poisoning） 415

计划免疫（planned immunization） 067

记忆（memory） 027

健康促进（health promotion） 049

结核病（tuberculosis） 405

结核性脑膜炎（tuberculous meningitis） 410

惊厥（convulsion） 424

精细运动（fine motor） 026

巨大儿（giant neonate） 123

K

口炎（stomatitis） 247

L

临终关怀（hospice care） 085

流行性腮腺炎（mumps，epidemic parotitis） 397

漏斗胸（funnel chest） 185

M

麻疹（measles） 389

泌尿道感染（urinary tract infection，UTI） 312

免疫（immunity） 356

免疫球蛋白（immunoglobulin，Ig） 358

免疫性血小板减少症（immune thrombocytopenia，ITP） 282

面神经征（Chvostek sign） 191

N

脑性瘫痪（cerebral palsy，CP） 327

黏膜皮肤淋巴结综合征（mucocutaneous lymphnode syndrome，MCLS） 369

脓毒症休克（septic shock） 419

P

疱疹性咽峡炎（herpangina） 200

贫血（anemia） 274

普通变异型免疫缺陷病（common variable immunodeficiency，CVID） 360

Q

青春期（adolescence） 006

缺铁性贫血（iron deficiency anemia，IDA） 275

R

认知发展理论（theory of cognitive development） 032

S

上臂围（upper arm circumference，UAC） 019

身材矮小（short stature） 035

身高（height） 018

身长（recumbent length） 018

肾病综合征（nephritic syndrome，NS） 305

生理性贫血（physiological anemia） 273

生长（growth） 015

生长迟缓（stunting） 178

生长激素缺乏症（growth hormone deficiency，GHD） 343

生长速度（growth velocity） 042

适于胎龄儿（appropriate for gestational age，AGA） 124

室间隔缺损（ventricular septal defect，VSD） 226

手足口病（hand-foot-mouth disease，HFMD） 399

栓塞（embolism） 307

水痘（varicella，chickenpox） 394

思维（thinking） 028

T

胎儿期（fetal period） 004

唐氏综合征（Down syndrome，DS） 378

糖尿病（diabetes mellitus，DM） 348

陶瑟征（Trousseau sign） 191

体格生长偏离（deviation of growth） 034

体重（weight） 018

体重低下（underweight） 178

体重过重（overweight） 034

头围（head circumference，HC） 019

图片词汇测验（Peabody picture vocabulary test，PPVT） 044

脱水（dehydration） 258

W

外周性性早熟（peripheral precocious puperty，PPP） 345

晚期新生儿（late newborn） 124

围产期（perinatal period） 123

围生期（perinatal period） 005

维生素A缺乏症（vitamin A deficiency disorder） 192

维生素D缺乏性手足搐搦症（tetany of vitamin D deficiency） 190

胃食管反流（gastroesophageal reflux，GER） 263

无分流型（non-shunt lesions） 226

无症状性菌尿（asymptomatic bacteriuria） 312

X

细菌性脑膜炎（bacterial meningitis） 324

先天性甲状腺功能减退症（congenital hypothyroidism） 339

先天性巨结肠（congenital megacolon） 269

先天性梅毒（congenital syphilis） 152

先天性心脏病（congenital heart disease，CHD） 225

想象（imagination） 028

消瘦（wasting） 178

小于胎龄儿（small for gestational age，SGA） 123

心搏呼吸骤停（cardiopulmonary arrest，CPA） 445

心肺复苏术（cardiopulmonary resuscitation，CPR） 445

心肺脑复苏（cardiopulmonary cerebral resuscitation，CPCR） 445

心理社会发展理论（theory of psychosocial development） 031

锌缺乏症（zinc deficiency） 193

新生儿（neonate，newborn） 123

新生儿败血症（neonatal septicemia） 149

新生儿低血糖症（neonatal hypoglycemia） 155

新生儿感染性肺炎（neonatal infection pneumonia） 150

新生儿呼吸窘迫综合征（respiratory distress syndrome，RDS） 135

新生儿坏死性小肠结肠炎（neonatal necrotizing enterocolitis，NEC） 159

新生儿黄疸（neonatal jaundice） 146

新生儿颅内出血（intracranial hemorrhage of the newborn） 142

新生儿梅毒（neonatal syphilis） 152

新生儿期（neonatal period） 005

新生儿缺氧缺血性脑病（hypoxic-ischemic encephalopathy，HIE） 139

新生儿听力筛查（neonatal hearing screening，NHS） 025

新生儿窒息（asphyxia of newborn） 131

新生儿重症监护室（NICU） 162

猩红热（scarlet fever） 402

性发育延迟（delayed puberty） 023

性格（character） 028

性心理发展理论（theory of psychosexual development） 030

性早熟（precocious puberty） 023，345

胸围（chest circumference，CC） 019

胸腺发育不良（DiGeorge anomaly，DA） 360

选择性IgA缺乏症（selective IgA deficiency，sIgAD） 360

学龄期（school age） 006

学龄前期（preschool age） 006

学习障碍（learning disability） 037

血栓形成（thrombosis） 307

血友病（hemophilia） 285

Y

咽结膜热（pharyngo-conjunctival fever） 200

胰岛素样生长因子（insulin-like growth factors，IGF） 343

遗传代谢性疾病（genetic disease） 374

遗尿症（enuresis） 036

疫苗（vaccine） 067

意外事故（unintentional accident） 064

婴儿期（infant period） 005

营养性巨幼细胞贫血（nutritional megaloblastic anemia，NMA） 279

营养性维生素D缺乏性佝偻病（rickets of vitamin D deficiency） 183

右向左分流型（right-to-left shunt lesions） 226

幼儿期（toddler period） 005

幼年特发性关节炎（juvenile idiopathic arthritis，JIA） 366

语言（language） 027

原发型肺结核（primary pulmonary tuberculosis） 409

原发性免疫缺陷病（primary immunodeficiency diseases，PID） 359

匀称程度（proportion of body） 042

Z

早产儿（pre-term infant） 123，128

早期新生儿（early newborn） 124

造血干细胞移植（hematopoietic stem cell transplantation，HSCT） 291

正常出生体重儿（normal birth weight neonate） 123

正常足月儿（normal full-term infant） 125

症状性泌尿道感染（symptomatic urinary tract infection） 312

支气管哮喘（bronchial asthma） 213

中枢性性早熟（central precocious puperty，CPP） 345

重度联合免疫缺陷病（severe combined immunodeficiency disease，SCID） 361

主动免疫（active immunization） 067

注意（attention） 027

注意缺陷多动障碍（attention deficit hyperactivity disorder，ADHD） 037

足月儿（full-term infant） 123

左向右分流型（left-to-right shunt lesions） 226

坐高（sitting height） 019